U0534458

福田赳夫评传

寻求战后日本的繁荣与安定

[日] 五百旗头真 主编
[日] 井上正也 上西朗夫
长濑要石 著
赵刚 等译
杨伯江 王敏 监译

中国社会科学出版社

图书在版编目（CIP）数据

福田赳夫评传：寻求战后日本的繁荣与安定／（日）五百旗头真主编；赵刚，王京，史歌译 . —北京：中国社会科学出版社，2023.8
 ISBN 978-7-5227-2216-0

Ⅰ.①福… Ⅱ.①五…②赵…③王…④史… Ⅲ.①福田赳夫（Fukuda,Takeo 1905-1995）—评传 Ⅳ.①K833.137=5

中国国家版本馆 CIP 数据核字（2023）第 129024 号

出 版 人	赵剑英
责任编辑	侯聪睿
责任校对	李　莉
责任印制	王　超

出　　版		中国社会科学出版社
社　　址		北京鼓楼西大街甲 158 号
邮　　编		100720
网　　址		http://www.csspw.cn
发 行 部		010-84083685
门 市 部		010-84029450
经　　销		新华书店及其他书店

印刷装订	三河市华骏印务包装有限公司
版　　次	2023 年 8 月第 1 版
印　　次	2023 年 8 月第 1 次印刷

开　　本	710×1000　1/16
印　　张	36.75
插　　页	2
字　　数	566 千字
定　　价	198.00 元

凡购买中国社会科学出版社图书，如有质量问题请与本社营销中心联系调换
电话：010-84083683
版权所有　侵权必究

前　言

各位中国朋友：

值此《日中和平友好条约》签订45周年之际，《评传福田赳夫》汉译版正式发行，我为此感到由衷高兴。本书由中国社会科学院日本研究所优秀的学者所译，在此谨向组织本次翻译工作的日本研究所以及出版社的各位表示衷心感谢。

日本与中国一衣带水，自古以来就有着密切的交往。但是，20世纪前半期的一段时间，由于日本国策的失误，走上了对外侵略扩张的道路，给包括中国在内的亚洲邻国带来巨大伤害。而第二次世界大战后，在严峻的东西方冷战的背景下，日本与中华人民共和国之间，很长时间没有实现邦交正常化。

直至步入20世纪70年代，情况才发生了变化。我的父亲福田赳夫出于对日本与亚洲各国的协助及关联的重要性的思考，在其担任首相的1977年出访东南亚各国的时候，提出了"福田主义"的主张，"福田主义"体现了日本不寻求成为军事大国，以真诚交往的手段建立相互信赖关系的外交原则，也明确反映了福田赳夫率领日本以和平国家的姿态为世界作出贡献的信念。同时，福田在1978年《日中和平友好条约》签订前又提出了"全方位和平外交"的倡议，这也体现出福田希望日本与周边各国建立友好关系的愿望。

此外，福田赳夫在其离任首相后的1983年创立了国际行动理事会。国际行动理事会的创设目标是推动世界的和平与发展，该理事会向联合国递交了《世界人类责任宣言》并获采纳。宣言中所引用的《论语》中所说的"己所不欲勿施于人"，正是落实全人类责任的关键所在，其理念

前 言

与实践至今依然未曾改变。

日本在第二次世界大战后经历了战后重建以及经济高速增长期,在经济层面取得了巨大的成就。其间,福田赳夫在内阁先后担任了农林大臣、大藏大臣、外务大臣、经济企划厅长官等职务,在自民党内也出任了政调会长以及干事长等要职。在经济、财政政策方面为战后日本的经济发展作出了贡献。20世纪70年代以后,在因石油危机给包括日本在内的世界经济秩序造成动荡的时刻,福田赳夫作为日本经济的指导者,及时地为日本找到了摆脱困境的路径。同时,他还以20世纪30年代失败的封闭经济的历史教训为戒,对各国首脑反复强调加强协作的重要性。

当下,迄今为止受到全球化恩惠的国际社会又直面被割裂的危机,仿佛又重现了过去那种以铁幕隔断东西方交流的冷战时代的情况。同时,如同泡沫经济破裂后的日本那样,现在的中国社会也面临着伴随高度经济发展而产生的问题。由衷期待这本描述福田赳夫在战后日本生平事迹的书,能为中国未来的飞跃发展以及日中关系的安定成长贡献一点菲薄之力。

福田康夫

中文版序

福田赳夫是日本战后著名政治家，在历任佐藤内阁大藏大臣、田中内阁大藏大臣、三木内阁副首相兼经济企划厅长官等多个要职后，于1976年就任日本第67任首相。福田赳夫叱咤政坛的年代，恰逢战后日本经济从高速增长走向低速增长的过渡期，福田内阁相关政策调整及制度设计思想对此后日本经济社会发展产生了深远影响。福田重视经济民生，凭借杰出的财政政策能力，较为成功地带领日本克服危机，恢复了经济增长势头。同时，他重视保护经济弱势群体和地区利益。借用本书原著的观点，"战后日本之所以能够成为既有福利保障、又无显著贫富差别的社会，福田在其中发挥了很大作用"。

福田赳夫将与亚洲邻国的关系置于外交重要地位，曾就日本对东南亚政策提出著名的"福田主义"。其要点包括，日本不做军事大国，要为东南亚乃至世界的和平与繁荣作出贡献；日本要在政治、经济、社会、文化等各方面与地区国家加强交流，并作为真正的朋友，建立心连心的互信关系；作为对等的合作者的立场，积极配合东南亚各国的团结和"坚韧性"，致力改善与中南半岛各国的关系，努力促进整个东南亚地区的和平与繁荣。"依仁成里，与德为邻"，对日本外交而言，"福田主义"所包含的和平、平等、协调理念至今仍不乏重要借鉴意义。

与中国领导人一道推动实现《中日和平友好条约》的成功签署，是福田赳夫最重要的外交功绩。条约以法律形式将中日和平友好关系固定下来，为扩大两国各领域交流合作开辟了广阔前景。1978年8月12日，条约在北京签署之际，福田赳夫与大平正芳等自民党高层在首相官邸全程观看了电视转播。他有感于"《日中联合声明》为日中两国架起了一座

中文版序

吊桥，现在这座吊桥变成了铁桥"，表示"我想利用这座铁桥运输重物，积极地与中国进行交流"。福田还发表谈话，"希望日中友好和平条约不仅可以巩固和发展两国长远的和平友好关系，而且可以对亚洲乃至全世界的和平与稳定做出贡献"。值得一提的是，30年后，2008年5月7日，福田赳夫长子、时任日本首相福田康夫与中国领导人共同签署《中日关于全面推进战略互惠关系的联合声明》。至此，中日两国自邦交正常化以来签署的四份政治文件当中，有两份是由福田两父子在任内签署的，他们对当代中日关系的贡献值得中日双方铭记。

在战后历史上，福田赳夫无疑是一位对日本内政外交、经济社会走向都产生了重要影响的政治家。在20世纪70年代初开始的十余年间，自民党五大派阀领袖激烈竞争，形成"三角大福中"群雄逐鹿局面，最终相继出任首相。而与田中角荣、大平正芳、中曾根康弘相比，中国学界关于福田赳夫的系统研究成果并不多见。在此意义上，《福田赳夫评传——寻求战后日本的繁荣与安定》中文版值此中日缔约45周年之际出版，不仅极具历史纪念意义，同样也具有填补相关成果不足的重要学术价值。

本书原著由日本岩波书店于2021年6月出版，以大量此前未曾公开的当事人笔记、日记为素材，对福田赳夫的一生进行了全面记述与评价。鉴于本书的重要价值，受福田康夫先生委托，中国社会科学院日本研究所专门组成由赵刚副研究员领衔的翻译团队，在历经数月辛苦努力后出色完成了译稿。我与日本法政大学名誉教授王敏女士作为中译本监译，在认真审校书稿的基础上，与中国社会科学出版社及原著作者沟通协商，对书中个别处进行了妥善处理，包括必要的删减。期待本书中译本的出版对推动中国学界深化对战后日本发展轨迹、特别是福田赳夫思想及政策体系的研究能有所助益。

最后，由衷感谢福田康夫先生为本书中译本顺利出版所作的重要贡献，感谢王敏教授的悉心帮助，感谢中国社会科学出版社赵剑英社长、中国社会科学出版社原副总编辑王茵、中国社会科学出版社重大项目出版中心副主任张潜和乔镜蛮编辑提供的大力支持及付出的辛勤努力。

杨伯江
2023年9月

序

  福田赳夫出生于上州（群马县）高崎近郊的一户农家。俗话说"三岁看到老"，这一方土地，在政治家福田的成长过程中，留下了深深的痕迹。福田的祖父幸助是佐久间象山的爱徒，文武全才。自1889年（明治二十二年）起担任金古町的首任町长，他也是给福田起名为"赳夫"的人。其后，福田的父亲和兄长曾先后担任过町长职务，福田家也成了当地的富农和名门。作为出身于地方政治世家的福田，其充满责任感以及追求正义的品行的形成，来自家庭的影响尤为重要。

  对聪明伶俐的福田，父母在他幼小的时候就严格地教育他：对待他人不可傲慢，不能看不起别人，同时更不能欺负弱小。

  榛名山麓一带的土地成分主要由火山灰组成，无法播种水稻。农民以种植杂粮及蚕桑为生，在当时是属于比较贫困的农村。福田也曾经亲自背着孩子，参加过桑田的劳作。福田家的周围也都是这样的贫困农家。福田家由于替福田父亲看病，又因替别人做连带保证人有了借贷而陷入窘况。使家庭摆脱贫困，也是福田从政的一个原因，而从政后的福田，在对制定帮助贫困人群政策的问题上尤为积极。战后日本之所以能成为既有福利保障又无显著贫富差别的社会，福田在其中发挥了很大作用。

  福田赳夫经历了从第一高中到东京帝国大学，其后又成为大藏省官僚的精英路线。战后转身政界后，又历任多个部门的重要阁僚，从1976年（昭和五十一年）起担任了两年首相的职务。

  福田的人生经历从表面上看起来风平浪静，其实他的一生经历过各种高低起伏。当他作为大藏省官僚一路升迁，眼看就要成为官僚最高级

序

别的次官的时候，因为被卷入昭电事件而不得不含冤辞职。其后，福田以无党派的身份当选为众议院议员，在自民党建党后，作为政策专家在岸信介内阁中发挥了重要的作用。但是在池田勇人政权时代，又因为积极参加党风整顿运动，对政府进行了严厉的批判而遭受冷遇。

作为政治家的福田赳夫，其才能真正得到发挥的时期是在执政长达七年八个月的佐藤荣作时代。他先后出任了藏相、外相以及自民党干事长等职务，他的政策能力得到了充分的发挥。

被大家公认为后佐藤时代的接班人的福田，在参加自民党总裁选举的时候却意外地输给了田中角荣。其后，经过种种迂回曲折，终于在1976年成为首相。福田在重振经济的同时，在外交和内政方面也取得了显著的成绩，其领导的内阁曾被期待成为长期安定政权。但是，出乎意料的是，在首次自民党总裁选举中，惜败于得到田中派支持的大平正芳。究其原因，主要是福田不能接受田中派那样将金钱与政治肆意勾结的做法。

福田作为一个政治家，他最擅长的是对经济和财政的运营能力。事实上也证明，福田的财政政策能力，在日本战后政治家中是最为卓越的。

说发生于20世纪60年代到70年代的经济危机是由福田解救的并不为过。在经济政策的问题上，福田并不依赖特定的专家，而是以自己的专业能力进行判断，同时，这样的判断并非拘泥于学术层面，福田作为一个实体经济的"医生"，是一个彻头彻尾的现实主义者。福田认为"（繁荣）的山脉有多高，对应的山谷就有多深"，而这样的意识，源自他青年时代的官僚时期，在井上准之助和高桥是清身边工作时受到的影响。素以高桥是清的后继者为荣的福田，经历了日本经济发展的高潮期和不景气的时代，在为日本经济把脉这件事上，是一个从来就没有出现过失误的名医。

在考察福田的时候，还有一点不可遗漏之处，那就是他作为国际协调主义者的一面。

福田在昭和初期，曾作为年轻的大藏省官僚被派到伦敦工作，他亲身经历了日本在处理国际危机问题时，因为丧失了协调的机会，最终遭受失败的教训。也就是在那一刻，福田形成了"世界中的日本"的世界观。在战后国际社会相互依存的大环境下，福田主张日本从非军事的角度，为世界和平及繁荣作出积极贡献。为帮助亚洲各国摆脱贫困，进入高速成长的经济轨道，福田提倡并推动了日本在ODA（政府开发援助）方面的投入。

如同诞生于1977年的所谓"福田主义"所表明的那样，伴随经济腾飞提高了国际地位的日本，放弃走"军事大国"路线而寻求成为"和平大国"，是福田的一贯主张。同时，为解决国与国之间的各种矛盾，从文化层面强化相互理解，福田建议并设立了国际交流基金。

但是，福田的生涯迄今为止并没有被得到准确的描述。在对战后日本政治史进行解析的时候，以吉田茂为源头，池田勇人、佐藤荣作等战后保守派政治家被称为"保守本流"，与此相对，作为岸信介的继承者的福田，则被定义为其"支流"。

在"保守本流"时代，"保守本流"有两重意义。其一，"保守本流"是指与吉田人脉相关联的系统。其二，以"日美基轴"为基础，提倡"轻军备，经济优先"，是战后日本和平发展的基本路线。关于前者，拒绝了池田的邀请而选择与岸站在一起的福田虽然可谓"否"，但是，就政治路线而言，福田就是完完全全的保守本流。与田中不顾影响到日美关系与中国实现了邦交正常化，以及推行资源外交政策相比，福田则以日美基轴为前提，谨慎地与中国进行交涉，最终签订了《日中和平友好条约》，全方位推动了日本的和平外交。从政策路线而言，福田才可谓是真正的"保守本流"。

福田对日本的政治脱离了国家和公共的原则，丧失良知、沉醉于金权政治以及派阀政治充满了危机感，反复强调政党改革的必要性，即便是在他本人遭遇政治困境的时刻，对于违反原则的问题，也没有进行任何妥协。

后来成为日本首相的森喜朗，在刚当选议员的时候，恰逢福田与田中争夺佐藤继承人的斗争。森当时判断党内的主要势力倾向于田中，为了扭转局势，森在与福田一起外出途中向福田建议："用钱砸"。福田听了以后大发雷霆说道："我一直因为你是个大有前途的年轻人而器重你，如果你要给我出这么卑劣的主意，请你立刻下车。"这件事是森在日后进

序

行反省的时候告诉别人的。① 森认为，为了取得政治斗争的胜利，不光是只说好听的，也需要伴之以强硬的手段，而福田则认为宁可输掉选举也不能做出违反政治伦理的事情。

对福田而言，最为惋惜的事情是，因为日本当时正逢金权政治和派阀政治的全盛期，还未能成功构筑理想的政治基础。也正因为如此，他设想中的党内改革的目标大多数未能实现。不过，尽管遭受多次挫折，福田依然保持了乐观及就事论事的态度，从来不曾表露出成功者的傲慢，反而是充满幽默，乐于助人，犹如"仙人"一般。因此他也经常被人簇拥，人们都愿意与他交往。

同时，福田还是一个权力欲和虚荣心不强的政治家。对政治，他追求伦理。对生活，他杜绝浪费。成为政界的大佬后，其朴素的生活态度也未曾改变丝毫。有很多政治家拥有豪宅和别墅，而福田只在大藏省辞任后的闲居时代，购买了位于世田谷野泽的房子，终其一生，他都没有离开过那里。无论是吃的还是穿的，福田对物质没有特别的嗜好。从青年官僚时代到其离世，他的一生都在为国家殚精竭虑。

福田在政治家现役时代，虽然是一名卓越的政策领袖，但是多次输给了以金钱和人数为后盾的田中政治体制。时至如今，重温政治家福田究竟有什么现实意义呢？

在冷战结束后的20世纪90年代的日本，政治改革形成了一种风潮。细川护熙内阁为结束金钱政治和派阀政治，实现政权交替，进行了以小选举区制为基础的选举制度的改革，也实施了对政党的行政补助，金权和派阀政治问题明显得到改善。福田一再提倡的主张，在其从政界引退后，在某种程度上得到了实现。

尽管如此，政治腐败的丑闻，其后依然络绎不绝。冷战后局势变化多端，急需政治家拥有以大局观为基础的政策能力和政治能力，但是现实中，日本的政治还很难说具备了这样的条件。国民在面对种种问题的时候，越来越多地感到幻灭和焦躁。在经济财政方面、外交安全方面，在处理重大

---

① 五百旗头真、伊藤元重、药师寺克行编《九十年代的证言 森喜朗》（朝日新闻社，2007年）第39页。

灾害和新冠问题方面，国民热切地期待着正直公平政治的出现。

正因为目前依然面对这样的状况，我们今天有必要重新审视一下这位真挚的"政策家"福田赳夫。

笔者想对本书的副标题——"寻求战后日本的繁荣与安定"做一补充。

作为战后日本经济复兴政策的设计者，毫无疑问，吉田茂和池田勇人在历史上发挥了巨大作用。1964年东京奥运会后，福田接起了持续繁荣经济的重任。在解决了1965年的经济衰退问题后，在经济运营上维持了长期高速增长，确保实现了战后日本经济的繁荣。对因田中角荣政权期间推进的列岛改造热和石油危机综合诱发的经济动荡，福田也进行了纠偏。前述行为，不仅是简单地恢复了经济高速增长，而是为20世纪80年代日本经济的安定成长打下了良好的基础。可以说，像福田这样为战后日本的经济繁荣作出贡献的人实属凤毛麟角。

与池田以及田中那样以经济发展为压倒性主轴的行为相比，福田将安定与协调作为第二轴同样加以重视。他认为经济发展虽然必不可缺，但是如果引发内外不均衡的副作用，就会失去它的积极意义。为在国内处于经济弱势地位的农村、中小企业、劳工们确立了保护制度，努力构筑公平的社会，福田在55年体制形成前后就做了大量的准备工作。

战后日本成功实现了经济高速增长及社会繁荣，福田高度重视日本以负责任的态度参与国际社会的协调工作。作为战前在伦敦驻留期间目睹日本因为失去了国际协调而陷入世界大战泥潭的福田，深刻明白"世界中的日本"的道理。具体而言，福田追求的是，在回顾20世纪历史的基础上，给予力图摆脱贫困的亚洲各国以支援，并与它们建立"心心相印"的友谊。同时，在石油危机诱发的20世纪70年代国际经济秩序混乱的情况下，欧美日等西方国家不再重蹈20世纪30年代的失败覆辙，在"七国集团会议"体制下，日本积极承担起责任，发挥协调作用。

福田不仅在战后日本实现经济繁荣的过程中作出了重要的贡献，也为创建日本国内公平、和谐、安定的社会发挥了积极作用。同时，他经常告诫大家不能只追求本国繁荣的本国第一主义，坚持一直努力强化世界和平的基础。加上他晚年一直寻求的国际协调以及和平主义观点，福

序

田可谓是一个追求繁荣与安定的政治家。

本书作为第一本政治家福田赳夫的真实评传,力求在实证的基础上将他的历史面貌展示给读者。

本书分为四个部分:

第一部分主要描述福田从幼儿期到大藏省官僚直至成为政治家时代的经历,也就是所谓福田的成长期。

第二部分重点描述福田在自民党内初露头角的经历。在这个时期,福田作为岸信介的心腹,全面施展了才华。同时,在池田政权时期,他发起了刷新党风的运动;在佐藤政权时期,作为藏相,他成功克服了东京奥运会后的短期不景气,使经济持续保持了高速增长。这个时代也是政治家福田顺风顺水的时期。

第三部分描述福田在佐藤政权时期作为外相,经历参与"角福战争"的失败,终于迎来了成为首相的机会。同时,这个阶段也是福田作为日本经济的指挥官,成功带领日本摆脱石油危机、迎来经济复兴的时期。

第四部分详细描述了福田政权两年间的内政外交。同时,尤其值得关注的是,福田从首相退任后创立了国际行动理事会,这也是福田政治生涯所最值得瞩目的成就之一。

迄今为止所发行的与福田相关的评传,绝大多数都是与他有密切交往的记者所著,基本上都因为缺乏一手资料而在实证方面有所欠缺。但是,近年来,伴随新的资料被不断公开,福田担任阁僚的20世纪50年代至70年代,成为正式的历史研究课题。比如,关于福田参与的外交政策的研究,基于《情报公开法》被解除了保密期的外交文书,如今已经成为详细分析的对象。关于福田的经济、财政政策也可以运用大藏省文书及与此关联的《昭和财政史》的材料进行分析。同时,与政治局势相关的研究也因为近年来战后主要政坛大佬的个人文档被公开而逐步深入。本书力争基于上述史料,对福田的政治家形象进行全方位立体描述。

研究福田的思想及政策最为有用的资料是他本人留下的为数众多的笔记。福田在《日本经济新闻》连载的《我的履历书》的开头做了如下描述:

序

我的书架上有着一百册以上，一米多长的笔记本。它们是我从1952年（昭和二十七年）成为政治家以后撰写的笔记。我每天早上起床后就将昨天的工作记录下来。投身政界以后，稍微想偷懒一下，很多事就会流于日常，就像是透过雨帘看旧版电影的感觉。《福田笔记》就是将在日常冷静时所思考的东西进行总结，也就是备忘录。①

《福田笔记》很久以前就为人所知，但是迄今为止，除了在福田亲自所书的《回顾九十年》中可以见到极少一部分的引用，基本上都是不为人所见的。在为本书执笔之际，第一次被允许借阅《福田笔记》，通过笔记我们可以得知福田的想法以及与他有过交往的当时众多相关人士的发言。

除了上述一手资料，本书还参考了众多的先行研究文章，同时还对相关人士进行了采访。本书也收集了反方的意见，力争保持文章总体的平衡感。其目的在于力求能对政治家福田进行去伪存真的描述。

在序章的最后，想引用原德国总理赫尔穆德·施密特的致辞作为结语。他在福田去世两个月后，在位于东京九段的日本武道馆由内阁与自民党共同举办的福田追悼会上，特意从德国赶来，在5000名参加人员面前发表悼词。这也是这位一贯以冷静、坦率而闻名的前欧洲政治家，从侧面观察到的福田像。

> 在过往的25年间我曾与为数众多的人打过交道。福田赳夫是其中最为杰出的一位（略）。第一次见到福田赳夫前首相是在1981年，我们不仅在同一时期担任过财政部长，而且都还成为了首相（总理）。这样偶然相同的经历，我们两个国家也有了更多的合作的机缘，在此基础上，我们两个人的合作也变得更为紧密。在20世纪80年代前期，福田先生担任国际行动理事会的名誉议长。国际行动理事会每年都举办会议，起到了对各国政府建言献策的作用（略）。针对以迅猛的速度增长的世界人口、为了他们的生存提供必需的物质

---

① 福田赳夫《我的履历书》（同《我的履历书 保守政治的承担者》，日本经济新闻出版社，2007年）第113页。

条件、为维持和平而克服宗教与制度的不同，寻求相互理解及和解是必不可缺的……我们利用了一切可以利用的机会呼吁同时代的人们关注上述问题。之所以能坚持这样做，源于福田先生对我们精神上给予的支持（略），福田先生在担任总理职务的时候创立了"福田主义"理念，表达了日本再也不谋求成为军事大国的愿望。同时，福田先生寻求与亚洲太平洋地区所有的国家，尤其是与中国建立和解、和平的国家关系。（福田的做法）与现在德国政府所作所为是一样的。从遥远的德国可以感受到福田为日本国民努力工作的姿态，同时也高度评价福田先生在政治层面为日本做出的巨大贡献（略）。[1]

---

[1] 《友人代表赫尔穆德·施密特的悼词》（《故福田赳夫内阁，自由民主党共同葬仪记录》内阁总理大臣官房，1996年）第485—486页。

凡　　例

文中的（）为原文，所有［］为作者所补充。

在引用资料的时候，旧体字改为新体字，片假名改为平假名。同时适当地增加了标点符号以及句列的更改，也对既有的误字进行了修改。

对首次出现的外国人名、组织用英语进行表述。

国会会议记录引用自下述网页：

国会会议记录检索系统（https：//kokai. ndl. go. jp/#；2021/4/10）。

国会演说引用自下述网页：

数据库《世界与日本》（https：//worldjpn. grips. ac. jp/2021/4/10）。

《楠田实资料》为网络版《楠田实资料（佐藤荣作官邸文书）》（丸善雄松堂，2016 年）所未收录的部分，近期将会公开发布。

各章节的执笔者名单如后文所记，但是如同后记中所述的那样，监修者与各执笔者参与了原稿各章节的撰写。

上西：第一至第三章；

长濑：第四章第一、三节，第五章第一节，第六章，第八章，第九章第二至第四节，第十章第二节，第十一章第三至第五节，第十二章，第十四章；

井上：序章，第四章前言、第二节，第五章前言、第二节，第七章，第九章前言、第一节，第十章前言及第一、三、四节，第十一章前言、第一至第二节，第十三章，第十五至第十八章，结语。

本书在翻译和出版过程中对原著部分内容进行了修改。

目 录

第 一 部

第一章 上州的神童 ……………………………………… (3)
  前言 ……………………………………………………… (3)
  一 故乡 ………………………………………………… (4)
  二 成长 ………………………………………………… (10)
  三 少年时代 …………………………………………… (16)
  四 一高 帝国大学时代 ……………………………… (26)

第二章 军部与大藏省 …………………………………… (36)
  前言 ……………………………………………………… (36)
  一 作为大藏省官僚的起点 …………………………… (37)
  二 在大萧条时期的欧洲 ……………………………… (42)
  三 军备扩张与健全财政 ……………………………… (51)
  四 前往中国大陆 ……………………………………… (64)

第三章 从战败走向战后 ………………………………… (75)
  前言 ……………………………………………………… (75)
  一 战败 ………………………………………………… (76)
  二 占领改革 …………………………………………… (82)
  三 昭电事件 …………………………………………… (91)

目　录

　　四　转身政界 …………………………………………………… (95)

第二部

第四章　建构稳定与发展的基础 ……………………………… (107)
　　前言 …………………………………………………………… (107)
　　一　"政策达人福田"的登场 ………………………………… (108)
　　二　作为岸信介的心腹 ……………………………………… (116)
　　三　实现全民社会保障 ……………………………………… (128)

第五章　福田农政与安保斗争 ………………………………… (135)
　　前言 …………………………………………………………… (135)
　　一　福田农政的开展 ………………………………………… (136)
　　二　安保斗争 ………………………………………………… (143)

第六章　收入倍增 ……………………………………………… (155)
　　前言 …………………………………………………………… (155)
　　一　收入倍增计划与福田 …………………………………… (156)
　　二　对超高速增长论的批判 ………………………………… (166)

第七章　党风革新 ……………………………………………… (176)
　　前言 …………………………………………………………… (176)
　　一　访问欧美 ………………………………………………… (177)
　　二　党风革新运动 …………………………………………… (180)
　　三　瞄准后池田时代 ………………………………………… (191)

第八章　战胜"65年萧条" …………………………………… (197)
　　前言 …………………………………………………………… (197)
　　一　福田财政登场 …………………………………………… (198)
　　二　发行赤字公债 …………………………………………… (205)

三　正式推行公债政策 ………………………………… (209)
　　四　财政新时代的开幕 ………………………………… (215)

第九章　伊奘诺景气和昭和元禄 ………………………… (220)
　　前言 …………………………………………………………… (220)
　　一　巩固长期政权的根基 ……………………………… (221)
　　二　中立型的财政运营 ………………………………… (229)
　　三　与工资、物价问题的斗争 ………………………… (241)
　　四　打破昭和元禄的世态 ……………………………… (245)

第三部

第十章　世界中的日本 …………………………………… (255)
　　前言 …………………………………………………………… (255)
　　一　"返还"冲绳的谈判 ……………………………… (256)
　　二　国际货币体系的动摇 ……………………………… (262)
　　三　"尼克松冲击"和日美关系 ……………………… (272)
　　四　中国问题 …………………………………………… (289)

第十一章　反对列岛改造 ………………………………… (294)
　　前言 …………………………………………………………… (294)
　　一　"角福战争" ……………………………………… (295)
　　二　"和平大国论"VS"列岛改造论" ……………… (305)
　　三　第一次石油冲击 …………………………………… (317)
　　四　打压"物价飞涨" ………………………………… (322)
　　五　田中下台 …………………………………………… (334)

第十二章　三木政权下的经济总理 ……………………… (341)
　　前言 …………………………………………………………… (341)
　　一　全治三年的战略 …………………………………… (342)

— 3 —

目录

　　二　"物价大臣"的经济萧条对策 ·················· (348)
　　三　天皇访美 ···································· (360)
　　四　稳定增长思想的新计划 ······················ (366)

第十三章　三木倒阁行动 ·························· (372)
　前言 ·· (372)
　　一　洛克希德事件带来的冲击 ···················· (373)
　　二　三木政权 VS 举党协 ························ (380)

第四部

第十四章　福田内阁内政工作的开展 ················ (393)
　前言 ·· (393)
　　一　福田内阁的诞生——"经济之年"的设定 ········ (394)
　　二　15 个月预算与 7% 的经济增长目标 ············ (403)
　　三　未能实施的福田蓝图 ························ (411)
　　四　人命重于地球 ······························ (417)
　　五　成田机场通航 ······························ (425)
　　六　为将来作准备 ······························ (433)

第十五章　宏观经济政策协调与日美关系 ············ (440)
　前言 ·· (440)
　　一　巩固日美关系的基础 ························ (442)
　　二　峰会与"火车头理论" ······················ (446)
　　三　资源能源问题方面的举措 ···················· (458)

第十六章　全方位和平外交 ························ (465)
　前言 ·· (465)
　　一　"福田主义" ································ (467)
　　二　在中苏对立的夹缝之中 ······················ (477)

— 4 —

三　日中和平友好条约的签订 ·················· (486)
　　四　未完成的全方位和平外交 ················· (492)

第十七章　"大福对决" ························· (500)
　　前言 ··· (500)
　　一　总裁预选 ································· (501)
　　二　"40日抗争" ······························· (509)
　　三　"大福对决"的结果 ······················· (518)

第十八章　世界的福田 ························· (529)
　　前言 ··· (529)
　　一　创设国际行动理事会 ····················· (530)
　　二　面向冷战的终结 ·························· (537)
　　三　注视21世纪 ······························· (545)

结　语 ··· (553)

后　记 ··· (558)

福田赳夫年谱 ··································· (562)

作者简介 ·· (565)

— 5 —

第一部

第一章

上州的神童

前　言

　　1905年（明治三十八年）1月4日，福田赳夫出生于群马县金古町足门。对福田而言，他的出生地具有非常重要的意义。其原因在于，福田的人格的形成与当地的风土人情以及福田家在当地所发挥的作用，有着密不可分的关联。

　　福田的家庭在当地是首屈一指的富农。他自小受到了以剑术闻名且担任过町长的祖父幸助的教育熏陶。这体现为福田身上的那种无畏无惧的性格。

　　本章描述自福田出生至1929年（昭和四年）进入大藏省的阶段。形成福田人格的乡土人情是怎样的？福田的家人又给予了他怎样的影响？同时，福田在青春多感的时期积累了怎样的经验？准确描绘真实的政治家福田的人格画面，是本章的目的之所在。

　　在写作政治家的评传的时候，往往缺乏其年幼时期和青年时期的可信赖的历史材料。但是，关于福田，值得庆幸的是1966年发行的《小说 福田赳夫》，详细地记录了他从幼小时期到青年时代所经历过的事情。[①]

[①] 岸宪《小说 福田赳夫》（上毛新闻社，1966年）。

一　故乡

（一）金古的粟米饭

在江户时代，沿着穿越上州和越后的三国街道，在接近高崎的地方，有一条叫金古宿的住宿街。到明治初年为止，当地有将近30家的旅馆和茶室，是一条颇具规模的住宿街。

与金古宿的西南相接的农村地带，有一个叫足门的村庄。金古宿是幕府的自领地，足门村则归距离金古宿往北30公里的沼田藩管辖。金古宿和足门村到江户时代为止分别归属于不同的领主，但是伴随明治市制、町村制的实施（1889年），合并成为金古町。

福田诞生于金古町成立十六年后的1905年（明治三十八年），正值日俄战争的时期。

福田家拥有30町步（约30公顷）的土地，是金古町数一数二的大地主。当时的金古町有520户，人口约2300人。虽然之前的金古宿时代的旅馆已经改换门庭，继续进行着商业活动，但从人口比例而言，绝大多数都是农户。这些农家的平均耕地为七八反（10反约为1町），也有很多没有耕地的长工。从拥有土地的面积来看，福田家在当地可谓首屈一指。

但是，这些土地也有很大的缺陷。原因是这一带的土地属于榛名山火山石灰岩地带，因为水利设施不好而不能种米，平时只能收割一些诸如杂粮类的粟米以及长茄子之类的农作物。在以粮食收成为要的年代，凡是收成不好的地区，都被视作落后的农村。准确地说，金古町虽然也能收割旱稻，但是无论是质还是量都欠佳。就算是拥有大量的土地，跟利根川周围的水田地带相比，其价值连它们的一半都不到。

在《金古町志》中，福田回顾幼时曾经写下了以下的文字：[①]

[①] 金古町志刊行会编《金古町志》（金古町志刊行会，1966年），虽然写了"无数的坟冢"，其准确的数量为125座。

第一章　上州的神童

"金古的粟米饭，足门的长茄子"，对小时候的农村有过这样的记忆。尽管离东边有着丰富水源的利根川只有不到一里地，在水利设施不发达的年代，周围丰富的水源并未能给这一带带来恩惠。缺乏水田的金田町，绝大部分的土地种植了桑树、大麦、旱稻和蔬菜，中间夹杂有一些橡树林，在橡树林中又有很多古坟。已经逝去的父亲出生的地方就有一片橡树林，它们一直延续到榛名山麓脚下（略）。

水利工程需要大笔资金。金古町从明治时代开始，就不断向县以及中央政府申请资助。但是，直到太平洋战争结束后的1952年（昭和二十七年）才得到批复。其后，群马县将利根川引水工程列入其水利规划，1960年5月终于得以竣工。

福田在《金古町志》中写下其对金古町的回忆，是在工程竣工三年后的事情，"金古的粟米饭"也成了往事，在《金古町志》中福田还写下了以下的文字：

那片橡树林逐渐被砍伐一空，古坟也慢慢消失，那个村庄也变成了普通的农村，伴随水资源被引入乡里，新开的农田不断增加，想吃的粟米饭没有了，长茄子也不再是当地的名产了。

福田用他平淡独特的笔法描述了对故乡的怀念和乡愁。金古町在1955年3月与其他村落合并成为群马町，2006年（平成十八年）1月，并入高崎市至今。

（二）法国蚕桑的毁灭

榛名山又被称为榛名富士，作为观光胜地闻名遐迩的榛名湖就是它的火口湖。榛名湖火山喷发大概是在6世纪的时候。在6世纪初以及中期，有过两次大的火山喷发。火山喷发产生的大量的火山灰和火山石，布满了周围一带。连距离火山顶15公里外的村庄和群落，也都埋没在两米高度的火山灰里。

第一部

在群马县的其他地方还有很多火山。在国定忠次的《任侠传》里描写的赤城山是位于群马县东北部的大火山。跟榛名山一样有名，它们是位于上州平野北部的两大火山。

同时，在长野县境内的浅间山从16世纪以后直至20世纪为止，火山经常喷发，火山灰覆盖了从上州到信州，以及关东一带的地域，导致了周围地带的农作物颗粒无收，爆发了悲惨的大饥荒。特别是江户时代爆发的天明火山喷发，一直持续了五年之久，火山爆发造成了大饥荒，在上州和信州，有很多类似金古町这样的区域无法种植水稻。

但是，上州和信州在幕末时期发生了一个巨大的变革，起因是佩里（Matthew Perry）黑船的到来以及神奈川和横滨的门户开放。

期待因横滨港的开放而能一本万利的欧美商人络绎不绝地来到横滨，其中最为活跃的是进行生丝及绢丝物品的贸易商人。

特别是作为欧洲最大的养蚕地域的法国，由于家蚕易患的两大病状——微粒子病和软化病的蔓延，几乎所有的产地都受到了影响。从1855年开始，疫情一直延续到当时也依然不见好转。

欧美在产业革命以后，以新兴资产阶级为代表的富裕阶层对丝绸的需求急剧增长。但是，欧洲蚕蛹的产量骤减使供给发生了问题，导致绢丝的价格居高不下。

由于上述原因，欧美各国只能在法国以外的地区寻找绢以及生丝的产地。因为中国是养蚕的发源地，他们首先关注中国。但是，当时的中国却因为鸦片战争和太平天国的动乱而政局不稳。

因此，他们又将目光转移到了日本。日本在公元2世纪的前期从中国得到了养蚕技术，比卑弥呼的时代稍早一些。其后，养蚕技术在日本生根发芽，尤其在江户时代中叶以后，产地急速扩展。因为绢织物非常昂贵，在古代和中世纪，只是一小部分贵族的特需品。但是，在江户时代中期以后，富裕阶层快速增长，上层武士以及富商大贾的需求增加。随之上州及信州的粮农也都转而成为蚕农。①

---

① 西垣晴次、山本隆志、丑木幸男编《新版群马县的历史》（山川出版社，1997年）第195—197页。

养蚕必不可缺的是桑叶，而火山的土地有利于桑树的生长。因此，当地的养蚕业也逐渐变得引人注目。但是，从事养蚕的农家都是一些零散农户，他们无力进行大规模的桑田经营。也因为如此，当时的农家主要还是依靠野生桑树，产量即便有所提高也终有限度。当时的日本也正值幕末维新的动乱时期，也不能被称为安定社会。

即便这样，各国的贸易商也是在跟中国市场比较后选择了日本，他们派了很多专家到日本各地考察。

其中最为引人注目的是法国考察团。他们前后两次访问上州和信州、甲州以及越后等地，并向本国提交了详细的报告。①

考察团第二次的调查是在1870年（明治三年）进行的。考察团里有一名叫保罗·布鲁纳（Paul Brunat）的养蚕工程师在他的报告书里做了以下的陈述："如果在日本建设现代化的生丝工厂，（拥有像榛名山那样适合养蚕的山地的）上州富冈地区是最合适的"。得知保罗报告的明治政府立刻聘用了保罗，仅用两年时间，即1872年，就在富冈建成日本第一家国营现代化生丝工厂。富冈生丝工厂在2014年（平成二十六年）正式被列为世界文化遗产。

其后不久，日本的商人们从外国贸易商那里接单，为数众多的商人或代理人为了购买生丝在全国各地奔忙。他们告诉蚕农说："生丝有多少就会收多少"。因为外国商人有无限量的需求。听到他们这么说，粮农们倍感欣喜。金古町的福田家也不例外，他们带头大规模改田植桑。

（三）象山的徒孙

福田家的祖先在战国时代上杉谦信与北条氏康争夺关东地区霸权的时候，据说是上杉在群马所筑众多小城堡中一个的家老。但是因为没有经过文献考据，只限于传闻。

可考据且有确切记载的资料直到幕末才有。在介绍上州剑士的《上毛剑士》中，有一位被记录在册的足门村富农的长子，他就是年轻时代

---

① 《关于日本的绢文化的报告》明治大学收藏（Christian Philippe Pola Collection）。

的福田的祖父——幸助。①

在江户时代末期，由于政局不稳，士农工商的身份制度也动摇了。农民阶层也出现了大量练习剑术的人物，与此同时，练习剑术的道场也纷纷出现。

前来学习的人群主要由生活条件较为宽裕的富农家的老二、老三构成。这不仅是为了可以在动乱时代护身，也因为农民阶层期待在政局不稳的时代，通过成为剑术名家而取代武士阶层。

在这些农民剑士中最为有名的是，出生于武藏国多摩的天然理心流的近藤勇以及土方岁三。在幕府召集浪士队的时候，这些虽然出身农家但是对自己的剑术颇有自信的年轻人积极响应，到了京都后当选了新撰组的队长或是队副，成为当时的有名人物。根据当时的剑术史的记载，特别是在幕府的管辖区域的关东地区，像近藤这样优秀的农民剑士还是挺多的。②

在他们中间，最为有名的是上州金古宿的富农中泽家的老四中泽清忠，他从小就身强体壮，又精通中国古典，成年后即往江户游学。

到江户后，中泽清忠又进入小野派一刀流的中西道场拜师学艺，迅速提高了武艺，而且只用短短几年就得到真传。他那时候的师兄弟里有一位叫千叶周作的人，后来成为坂本龙马的剑术老师。

中泽清忠结束了在江户的修行后又周游列国、交流剑术，最终回到故乡创立了一家名为英隆馆的道场。其后不久，信浓松代藩通过同属上州的沼田藩，邀请他出任剑术教头。沼田藩与松代藩的共同祖先是真田氏，所以他们之间有着密切交流。③

在家排行老四的中泽清忠从小就成为金古宿邻村的足门村一户姓间庭家的养子。而足门村如同前文所述属于沼田藩管辖。因此，可以推测，

---

① 诸田政治《上毛剑术史（下）上毛剑士总览》（焕乎堂，1991年）第478—480页。
② 渡边一郎编《幕末关东剑术英名录的研究》（渡边书店，1967年）。
③ 沼田地区原本就是归真田信之统领的，1600年关原之战的时候，父昌幸弟幸繁（幸村）跟随西军，兄信之跟随东军。因此，信之除了沼田地区还得到了父亲的领地，创建了上田藩。1622年，信之被转封到信浓松代藩。1658年内乱的时候，沼田地区独立成为沼田藩。其后，虽然沼田藩主更替了很多轮，直至幕末，两个藩的交流依然很频繁。

正是因为沼田藩主向松代藩主推荐，中泽清忠同时也成为松代藩的剑术教头。①

福田赳夫的祖父——幸助正是在那个时候，成为寄宿在中泽清忠的松代藩中泽道场中的入室弟子。福田幸助作为福田平四郎家的长子，生于1850年（嘉永三年）。据传幸助自幼聪明伶俐，因此6岁的时候就成了中泽的入室弟子。

将幸助带去遥远的松代的是他的祖父藤兵卫。藤兵卫也是中泽的好友。藤兵卫认为，为了将幸助培养为一个优秀的人物，除了投身中泽门下以外别无选择。幸助也没有辜负他祖父的厚望，在中泽门下经历了各种磨炼后，很快成为一名干练之才。

出山后的幸助不仅剑术超群，学问也出类拔萃。还考入刚开设不久的"象山塾"，而当时的塾长就是幕末最著名的开明人士佐久间象山。

象山虽然只是松代藩的低级武士，但是他从青年时代就饱读诗书，在获悉鸦片战争的情报后，将关注点放到国防研究，还特意前往江户学习西洋炮术和当时流行的兰学。与此同时，他又提倡"东洋道德、西洋艺术"，主张向西方学习科学技术和先进文化。象山把这样的观点灌输给了吉田松阴、胜海舟、坂本龙马等人，"知己知彼"（了解世界，了解日本）是象山教育的出发点。同样，幸助也把这样的理念传输给自己的孙子福田赳夫。

吉田松阴在佩里来航的时候，曾想坐船偷渡前往美国学习，但是因为被发现而未能成行。象山也受此牵连被赶出江户回到松代蛰居。幸助正是在象山蛰居期间考入象山塾学习的。

聪明伶俐的幸助在象山塾被称为神童。而很多年以后，幼年的赳夫从小跟着祖父学习汉文，同时也对社会构造提出了各种各样的问题。毫无疑问，幸助将自己在象山塾学到的各种知识进行了倾心传授，从这个角度来说，福田也能被视为象山的徒孙。

从中泽道场及象山塾学习结束回到故乡足门村的幸助当时已经20周岁，时值明治维新后的1870年（明治三年）的秋天。虽然他在外游学学

---

① 诸田政治《上毛剑术史（下）上毛剑士总览》（焕乎堂，1991年）第471—475页。

到很多本领，但是当时的环境也发生了很大变化。光凭剑术已经无法谋生。因此，幸助回家后全身心投入了农业，与当地的伙伴一起为养蚕业的发展付出了巨大的努力。

1887年（明治十年）的《足门村志》载有足门与金古两地的比较数据：① 居民人数，金古1235人，足门531人。从人口看足门不及金古的一半。但是，足门的蚕茧产量、生丝产量、绢产量却分别是金古的1.6倍、2.2倍、3倍。从这些数据可以看出，作为足门富农的福田家为此作出巨大的贡献，同时这也体现出为养蚕业发展呕心沥血的福田幸助的功劳。以养蚕业的高度发展为背景，金古和足门的人口迅速增长，从福田赳夫出生的明治三十八年（1905年）的2300人，到大正年间已经有了2500人。

二　成长

（一）"赳赳武夫"

如同上文中曾经记述过的那样，福田赳夫出生于1905年（明治三十八年）1月14日。

那时候，在远离群马县的中国大陆，刚刚结束了在日俄战争中最为著名的旅顺战役。旅顺位于辽东半岛的最南端，是一座军港。当时为俄国所租用，也是俄国太平洋舰队的根据地，俄国将旅顺建成了一座坚不可破的堡垒，日军为了攻占此地，付出了极大的代价。

第三军司令乃木希典与俄方要塞司令斯捷谢利（Anatoly Stessel）在水师大营进行会面是在1905年1月5日，日军占领旅顺港的日子是1月13日。福田就是诞生于次日的1月14日。当时的日本只是一个亚洲小国，却以弱胜强打败北方强国俄国。日本举国欢庆，这样的气氛也传播到了福田的出生地金古町。

福田家的剑侠，平时沉着冷静的祖父幸助也显得异常兴奋，因为在举国欢庆的时刻，家里又添了新丁。

---

① 金古町志刊行会编《金古町志》（金古町志刊行会，1966年）第93—97页。

作为象山弟子的幸助翻阅了大量的汉文典籍，为新生儿起名"赳夫"。关于名字的由来，幸助进行过如下解释：赳夫出自中国古典《诗经》中的"兔罝篇"（捕兔子的笼子）。为其反复出现的"赳赳武夫"所吸引，"赳赳武夫，公侯干城"，"赳"字代表着健壮威武的样子，而"赳夫"则是强壮勇武的男子汉的意思。

福田是善治和母亲蔦的第二个儿子，他之前已经有了一个哥哥和姐姐，之后还有两个弟弟和三个妹妹。他的哥哥叫平四郎，姐姐叫美知，弟弟分别是宏一和哲夫，妹妹叫秋代、千冬和早苗。

这些名字虽然显得平凡和善，但是与一般普通农家子弟非常匹配。唯独福田一人的名字与众不同，根本不像是农家子弟的名字。

日俄战争结束后，对各路"军神"的歌颂，不再仅限于各大报刊，也为各种戏剧、评书、连环画所表现。受此影响，成为军人，也成了农家子弟的憧憬。据说在福田的幼小时期，成为"陆军大将"曾经是他的梦想。毕竟只有他的名字是由祖父亲自所起，而且还被寄予了成为强壮勇武的男子汉的期待。

事实上，祖父确实期待福田能够成为一个军人。但是，福田的个子在他的同伴里却是最矮的。虽然他的聪明伶俐使他祖父感到惊讶，奔跑弹跳的能力却跟普通孩子没有什么区别，根本无法跟祖父当年的身手敏捷相提并论。据说福田也对自己能否成为军人表示了怀疑，他跑去问祖父给自己所起名字的缘由。祖父告诉福田说：赳夫的"赳"有多重含义，不仅代表强壮，也代表了为社会为他人忘我奉献的精神。[①]

祖父教育福田不光要成为一个强壮的人，而且要立志成为一个"为他人、为社会"奉献的人。虽然不清楚"赳"字是否包括上述含义，但毫无疑问，福田领会了祖父对他的期待。

（二）名人町长

如同前述，1889 年（明治二十二年）足门村与金古宿合并成为金古町。祖父幸助被选为第一任町长，固然也有因为他是村里首屈一指的富

---

① 岸宪《小说 福田赳夫》（上毛新闻社，1966 年）第 88—89 页。

第一部

农的因素，更重要的是因为他自身的实力。他是一个既有教养又饱读诗书的人。在明治维新以后，他在维持家业的同时，又积极推动桑蚕养殖，是将周围一带变成蚕蛹和生丝生产基地的领头人。而且，每次面对饥荒、疾病，他也率先带头救济，在自己家里架锅施粥。对饿死街头不知姓名的人士也给予厚葬。对失去亲人的孩子、丧失劳动力的人也给予各方面的照顾，在福田家经常会住着十来个这样的人。①

幸助成为町长后，立刻成为遭人诟病的对象。当时所管郡厅向县政府上报的材料有如下记载："旧金古宿有个叫柳原某的人，他经常煽动贫民在町议会选举及社寺总代选举之际煽风点火，又在召开町议会时鼓动众人进行各种妨害活动，同时还在町政府办公室揭露公职人员的缺点，充满暴戾行为。"②

上述骚动在全国范围均有所见，当时的町村合并是因为以往的村以及宿的规模小，税收少，连小学都无法设置。合并存在操之过急的现象。经历漫长的江户时代形成了各自独特文化的部落，想要一下子统合，的确不是一朝一夕能够实现的。

对于金古町的合并，旧金古宿的人们有很多不满，他们找到各种由头对旧足门村的幸助进行攻击。尽管都是一些子虚乌有的指责，幸助作为町长冷静应对。围绕当时的社会动荡，前述上报材料在总结篇章里写道："众多的住民感到厌倦，与他们共鸣的人也越来越少，组织者的收入减少，骚动无法持续，社会恢复了稳定。其后，金古町也不再有骚动以及党派的纠纷。"

幸助虽然巧妙地处理了围绕合并发生的骚动，但是事件并没有完全平息，其后也是各种纷争此起彼伏。前述上报材料继续写道："由于连续两年霜冻，桑叶枯死，养蚕业受到极大打击，当地居民生活遭遇极大困难。"

霜冻灾害不仅影响了金古町，也波及周围地区。受其影响，作为

---

① 岸宪《小说 福田赳夫》（上毛新闻社，1966 年）第 33 页。
② 西群马片冈郡长，伊藤祐之《金古町巡视表》（1892 年 12 月）。笔者将原文从汉文式文体改编为容易阅读的文体。该史料源于手岛氏的指导。

县内养蚕农家的收入来源的公立富冈制丝工厂差点儿倒闭。因为连续的赤字经营，政府财政受到了压力，考虑将它卖给民营企业。但是，开始时没有愿意接收的企业。在当时，如果连富冈制丝工厂都关闭的话，那么这对金古町养蚕业将会产生极大的打击，因为如果这样，蚕蛹将被运送到更远的地区而增加生产成本。幸好当时的县令楫取素彦极力反对关闭工厂，富冈制丝工厂最终被三井收购，生产也得以持续。[1]

幸助也采取各种措施应对霜冻，帮助蚕农摆脱了经营危机，但是本人却因为过度劳累而病倒。报告书里有以下的记载："町长因为失眠等疾病经常请假，但是职员们既无缺勤者也无迟到者，经常加班到黄昏，他们的工作非常勤勉没有疏忽倦怠。"

好不容易，幸助作为町长完成了他的四年任期（明治二十二—二十六年）。期满后幸助将职务让给后辈。有不少人对幸助退任感到惋惜，但是也有好几个人觊觎他的职位。

幸助后任的町长基本上只干了半年或是一年就被迫无奈退任，像幸助这样干满四年的人物基本上没有。幸助退任后，日本社会连续遭遇霜冻、痢疾、洪灾、火山喷发等自然灾害，仅在明治时期，就先后有14人交替担任町长的职务。[2] 町民经常会回想起幸助町长的时代。

（三）棋手的诱惑

福田的父亲善治跟他的名字一样，是一个得到大家公认的勤快的好人。但是，在福田四岁的时候，善治不幸患了脱疽病。虽然家人也曾带他去东京的大学附属医院等医院治疗却不见好转，后来被截除了右脚不得不依靠拐棍生活。在福田上初中的时候，其余下的左脚也接受截肢手术，成了一个失去双脚的残疾人。

已经懂事的福田记得那时候的善治将家里的大部分事情交给妻子蔦

---

[1] 手岛仁《手岛仁的"群马学"讲座》（上毛新闻社，2015年）第4—15页。
[2] 其后，该地区持续发生了全区域霜害（1893年，明治二十六年）、赤痢（1896年，明治二十九年）、霜害（同年）、全区域的暴风雨（同年）、草津白根山火山（1903年，明治三十六年）、全区域水灾（1910年，明治四十三年）等自然灾害。

和长子平四郎还有家里的佣人们，自己专注于喜爱的围棋。

在江户时代的后期，围棋不仅在武士阶层，在一般商人和农民以及市民之间也流行起来。然而到了幕末动乱时期，受大环境影响，围棋热降温不少。进入明治十年时期，围棋又有了复兴的迹象。善治也是这个时期一个热心的围棋爱好者。在群马的农村到处都有喜欢下棋的人，善治从不缺棋友。

福田家喜欢下围棋的不只善治。每逢棋局开始的时候，小赳夫就坐在父亲的膝盖上，毫不厌倦地看着大人下棋。慢慢地，虽然没有谁指导过他，每当父亲下错棋的时候，小赳夫就会及时指出。那时候，他才满五岁。

这样的事情传到了外面，有很多好事之徒就找上门想跟小赳夫下上一局。在福田刚上小学的时候，就有听了这样传闻的棋手特意从东京赶来找他。这个棋手看出福田具备成为优秀棋手的先天条件，于是就询问福田的家人："这孩子将来必成大器，是否有意将他培养成专业棋手？"[1]

当时的围棋界为了培养新的优秀棋手，各个团体都像打了鸡血一样积极行动。在明治时代后期，围棋界的本因坊和方圆社两大流派相互竞争、齐头并进，同时各地又不断有新社团加入形成了新竞争。[2]

但是，福田拒绝了父母希望他学习围棋的愿望。理由就是，他的祖父曾经对他说过的教诲："成为一个对世人有用的人"。福田甚至误解为这是对他的一种羞辱。与其成为一个有专门技术的人，还不如选择成为一个能改变社会的人，幼小的福田从祖父那里继承了这样的志向。

（四）"三不装"的家教

前面说了福田围棋神童的故事。其实这也是因为他遗传了祖父幸助的基因。从旧照片看，福田的父亲善治、哥哥平四郎都是圆脸微胖的体型，祖父幸助却是瘦脸细身的人。同样，福田也是瘦脸细身，特别是他

---

[1] 岸宪《小说 福田赳夫》（上毛新闻社，1966年）第72—74页。
[2] 藤泽秀行《围棋入门》（土屋书店，2005年）。

的眼睛尤其跟祖父相似。福田不光在聪明这一点上跟祖父一样，连长相也跟祖父最为接近。①

幼小的福田不仅对围棋感兴趣，对周围所有的新鲜事物都表现出极大的关心。在他五岁左右的时候，他跟祖父变得更为亲近，比起跟其他小伙伴一起玩耍的时间，更多的时候他都愿意跑到祖父的房间里跟祖父待在一起。

那时候的幸助已是隐居状态，整天钻在汉文古籍堆里抄写自己喜欢的诗文及孔孟的经典词句。刚开始的时候，福田只是默默在一旁观看，后来逐渐地就会寻问这些文字的读法以及意思。

福田是幸助最喜欢的孙子，当然不会觉得厌烦。针对福田的提问，幸助每次都是尽可能和蔼可亲且通俗易懂地进行解答。其结果，福田在上小学前就已经掌握了基本汉字的读写，逐渐也学会了较难的成语格言以及汉唐诗文。如果说幸助在年轻的时候就曾经是佐久间象山的学生，那么，福田也就是象山的徒孙了。

但是，福田的父母与其说为聪明的儿子感到骄傲，还不如说感到有些担心。因为经常会发生小孩子过于早熟而被人讨厌的事情。现实生活中，福田父母也经常看见比福田大三岁的姐姐美知因为回答不出弟弟所问的汉字而感到窘迫的模样。②

福田的父母虽然平时不会严厉训斥子女，但是平素的管教还是很严格的。父母教育福田"装模作样会导致人生的毁灭"，具体而言就是"不装傲慢""不装聪明""不装有钱"的三个不装。如果违反了这三个原则，不仅会遭人唾弃，也会影响自身的成长，就像一棵小树苗还没有成长就萎靡了一样。③

福田父母这样教育子女，也源于养蚕业需要亲友之间强有力的相互支撑的关系。

养蚕业从流程上来说，就是从幼虫的孵化开始，每天需要给幼虫喂养

---

① 祖父幸助在明治二十二年金古町成立的时候担任首任町长，父亲善治在大正末期、兄平四郎在昭和十年开始担任町长。福田家祖孙三代担任过金古町的町长。
② 岸宪《小说 福田赳夫》（上毛新闻社，1966年）第52—55页。
③ 岸宪《小说 福田赳夫》（上毛新闻社，1966年）第133页。

桑叶，直至它们结成蚕茧，进而剥茧抽丝制成生丝。其工作量是很大的。

人类养蚕虽然已经有了几千年的历史，但是仍然必须得有人将桑叶送到蚕宝宝的嘴边，稍有懈怠就不能生产出优质的蚕茧。人们从早到晚就要多次往返于桑田与蚕室之间。养蚕所需时间很长，得从早春一直忙到晚秋。一般来说，在明治初期只有"春蚕"一种，其后经过品种的改良，才慢慢地有了"夏蚕""秋蚕""晚秋蚕""晚晚秋蚕"等并普及开来。

另外，一半以上的养蚕农家还保留着代代相传的农地以及旱稻耕地。在养蚕的间隙，还得进行粮食耕作和蔬菜的种植。这些劳作往往与养蚕的繁忙期重合，因此不仅需要动员全家参与劳动，经常还需要亲戚与周围邻居的帮助。

养蚕业是一项需要动员全家庭、族人甚至全村人互相帮助、共同参加的工作。因此，最为忌讳的是在家族村落之间发生矛盾。因此，"装傲慢""装聪明""装有钱"是最不应该发生的。

三 少年时代

（一）唯一的一个"乙"

福田进入当地的金古小学是在1911年（明治四十四年）的4月，很多年后，他在回忆当时的情景时做了如下的陈述：

> 入学之初由于新校舍尚在建设，直到四年级为止是在旧校舍度过的。旧校舍位于一个叫作四家的地方，距离住所很远。小时候的我发育较晚，也是班上长得最小的一个。每天早上，在已经隐居的祖父陪伴下上学，而雨雪天的时候则骑马去学校。学校破旧不堪，每次下雨的时候只能将课桌集中到一处上课。但是，教师都是些好人。[①]

[①] 金古町志刊行会编《金古町志》（金古町志刊行会，1966年），序文。

明治政府在1872年（明治五年）公布了学校制度。根据新的学校制度，群马县设置了3所初中以及350所小学。但是因为缺乏财政预算，大部分的学校都设置在寺庙和神社里，教员的大部分也都是之前的武士或是老秀才，跟之前的"寺小屋"没有什么区别。①

打破这个僵局的契机是1889年的地方制度改革。政府实施了大规模的町村合并，目的在于集中税收，进而推进现代化教育。如同前述，当时的第一任町长就是福田的祖父幸助，幸助在就任町长之后立即着手开始新校舍的建设，同时也想招聘一批毕业于师范学校的毕业生而不是继续沿用之前的武士。

当时的金古町为了应对连续遭遇两年的霜冻灾害，财政预算面临长期不足。新校舍的建设一拖再拖，最终的完成只能委托给后任町长，连临时校舍也是在幸助退任町长两年之后完成的。②

福田入学金古小学的时候，临时校舍已经使用了18年，校舍已经非常陈旧，每逢下雨的时候连正常的上课都无法进行。这样的情况不仅在金古町，在全日本也随处可见。

情况在福田上小学时开始改善。义务教育年限从四年延长到六年，伴随人口的增加，学生人数也不断增加，原本的教室已经容纳不下新的学生。为此，日本全国各地掀起新建校舍的高潮。福田所说的"四年级的时候搬进了新校舍"也正是反映了那个时代的现状。③

颇有意思的是，福田由祖父相伴上学，雨雪天气还骑马前往。祖父幸助喜欢骑马，在家门口建了马场，为参加当地的赛马比赛还养了几匹马，福田大概就是骑着那几匹马去的学校吧。④尽管他的父母一再教导他不要"装有钱"，但还是挡不住祖父对他的溺爱。

在福田的父母看来，福田即便再聪明，也只是一个小孩子。对于幸

---

① 西垣晴次、山本隆志、丑木幸男编《新版群马县的历史》（山川出版社，1997年）第282—286页。
② 金古町志刊行会编《金古町志》（金古町志刊行会，1966年）第129—131页。
③ 伴随金古町人口的增加，金古小学的学生也从明治九年的108人，明治二十五年的180人，明治四十一年的389人，逐步增加。金古町志刊行会编《金古町志》（金古町志刊行会，1966年）第129—133页。
④ 岸宪《小说 福田赳夫》（上毛新闻社，1966年）第102页。

助的溺爱他们虽然不能说什么，但并不是没有不满。那是发生在福田小学一年级结束，拿回成绩单时候的事情。福田的国语、算数等成绩全都是"甲"，唯有操行的评价得了一个"乙"。当时的小学成绩评价分"甲、乙、丙、丁"四个等级。就算是"乙"也是在平均分之上，换了其他的家长或许不会介意。但是，福田的父母因为幸助对福田的溺爱，怀疑福田会就此认为自己是一个特殊人物，在学校不听从老师的教育而特别任性。

某一天母亲蔦在街上遇到福田的班主任并询问福田的情况。班主任反而表扬了福田，说道："正是因为他太优秀了"。福田上课时对课程内容的理解比任何人都快，有时候甚至都能说在老师前面。父母的担心虽然是多余的，但是福田这样做会给别人造成麻烦，于是当天晚上父母将福田叫到身边对他进行教育。福田本人原本没有注意到这点，于是一边点头一边接受了父母的教诲。①

之后，福田虽然还只是个小学生，但是就像变了一个人似的，上课的时候再也不插嘴，想提问的时候先取得教员的同意后再发言，教师们也特别喜欢福田，就算他偶尔插嘴也不会生气。②

因此，当福田升到二年级的时候，操行的成绩也不再是"乙"而是"甲"，所有的成绩都是"甲"。而且一直到他毕业为止都保持着这个成绩。这样的学生自建校以后也是第一个。

（二）初中升学"危机"

福田放学回到家里后也不只是需要学习，福田家既然以养蚕业为主，就算是家有良田百顷也没有方法只让儿子专注学习。回家以后，他还需要帮助干家务，基本上没有时间学习。

即便是福田家也是如此，孩子们从懂事的那一天起，就要学会擦煤油灯。每天都要擦干净被煤油烟熏黑的油灯。

幸运的是，在福田进入小学半年前的1910年（明治四十三年）的9

---

① 岸宪《小说 福田赳夫》（上毛新闻社，1966年）第89—93页。
② 岸宪《小说 福田赳夫》（上毛新闻社，1966年）第104—106页。

月，金田町也有了电灯。福田终于不用再擦油灯了，但是他马上又有了照顾弟弟妹妹的工作。特别是1914年当福田上三年级的时候，比他小9岁的弟弟宏一出生了。背着年幼的弟弟成了福田的日常任务，别说是学习，连跟邻居伙伴玩耍的时间都没有了。

同时，在福田从四年级升入五年级的时候，采摘桑叶又成了他每天的工作。每天放学直到天黑为止，福田背着跟他身高差不多的箩筐，无数次往返于桑田和蚕室之间。

蚕农家庭，无论哪家的小学生都会被要求帮助做家务，福田的父母也不能对他有特别的照顾。

不同的是，别人家的孩子往往会以帮助养蚕为借口偷懒不写作业，也不作预习和复习，因此在农忙的时候成绩会骤然下降。

但是，福田跟他们不一样。除了认真完成家庭作业，成绩也都是满分或是接近满分。他的同学都感到不可思议，纷纷议论道："他究竟是什么时候学习的啊？"

但是伴随小学毕业的临近，发生了一件奇怪的事情。因为福田的学习成绩一向优异，大家都认为他小学毕业后自然就能升入初中。但是，福田的父母突然提出了让他停止升学的要求。

当时的初中不是义务教育，学制是五年。不仅学费昂贵，在被要求捐赠的同时还要经过严格的入学考试。因为上初中的主要目的是考上高中，所以吸引了各地的优秀学子。事情就发生在大家都认为凭借福田的实力考上初中毫无疑问之时。六年级的班主任觉得奇怪，于是便问了福田。福田回答说："因为自己体格太弱，家人担心他无法一个人去学校，父母让他留一年级，看看情况再说。"[1]

（三）福田家的阴影

群马县除了北部的山区，在南部的平原地区以位于中间地带的利根川为界，经济圈分为东西两部分。西部的中心城市是高崎市，东部的中心城市是前桥市。县政府所在地原本是高崎市，不久后搬到了前桥。

---

[1] 岸宪《小说 福田赳夫》（上毛新闻社，1966年）第116—120页。

第一部

福田小学毕业的时候，群马县有10所初中（县立6所，町立1所，私立3所），其他还有很多师范学校、养蚕学校以及私塾等。其中特别有名的是被称为"东前中，西高中"的前桥中学和高崎中学。两所学校在各方面都十分优秀，一有机会就相互竞争。虽然前桥中学设立的时间早于高崎中学，但是高崎中学在建校之初就集全町的力量从全国各地招聘了优秀的教员和校长，所以就成了跟前桥中学一样的好学校。

金古町属于高崎经济圈，福田如果上初中就只能去高崎，父母因为担心福田体弱而让他稍缓入学。因为从金古町到高崎的路程约为二里半（约10公里）。[①] 在当时，如果是一个健康的人，走这点路是根本不在话下的。遇到有特殊情况的人，老人、儿童以及残障者则可以坐电车。1910年（明治四十三年）高崎到涩川之间开通了电车路线，金古町也有了单线电车。[②] 但是高崎中学不仅禁止学生坐电车上学，连骑当时已经普及的自行车上学也都被禁止了。高崎中学以朴实刚健为校训，严禁饱食衣暖。步行困难又不准许坐电车上学，福田只能放弃上初中的念头。

但是，这个事情还是有点奇怪，福田虽然是地主家的少爷，但是并非娇生惯养。从小就帮助家里干活，在小学高年级的时候就背着大大的箩筐无数次往返于桑田与蚕室之间。个子虽然小，但是他跟同龄的人相比一点也看不出身体的虚弱。

福田是在1917年3月小学毕业的。那一年日本养蚕业最为繁盛，也被称为"养蚕业的黄金时代"。三年前爆发的第一次世界大战也给日本带来了特需景气。从日本到美国的生丝出口量激增，群马县的蚕茧生产量，假设以1907年为100，到第一次世界大战结束时的1918年已经达到了186。产值也因为价格的上涨增加了2.3倍。[③]

但即便在这样的背景下，福田家也开始走上了下坡路，因为他们家遭遇了一连串的厄运。历年在遭遇旱灾洪涝时花费的赈灾款、为善治治

[①] 日制单位的"一里"约为3927.2米。——译者注
[②] 群马县志编撰委员会编《群马县志 通史篇八 近代现代二》（群马县，1989年）第413—414页。
[③] 群马县志编撰委员会编《群马县志 通史篇八 近代现代二》（群马县，1989年）第497—499页。

疗脱疽病支出的巨额费用、为别人当借款保证人等。①

当时能让孩子进入初中学习的人家,一般都是比较富足的家庭。因为不是义务教育,县政府基本上没有多少行政补助,学校的经营主要依靠学费及捐赠。

家庭遇到了困难,如果让福田继续升学,就只能削减家庭其他的开支和其他兄弟的学费。对福田家而言,维持祖产是头等大事。因此,福田的父母决定看一看情况再说。但是对外又不能这么直白地说,于是只能将福田的身体作为推迟升学的借口。

但是,福田的班主任认为福田的父母以家业为重的想法是错误的。福田的班主任叫山田岩尾,毕业于师范学校,虽然刚到金田町赴任,但已经是公认的好教员。山田决心说服福田父母,去福田家当面请求福田父母同意福田上初中。福田的父母虽然被老师的诚意所感动,当时却只是沉默地听着并没有作声,不过最终还是接受了老师的建议。之后,福田的父母也转变了迄今为止以维持福田家的家业为重的想法,决心将福田培养成社会栋梁之才。②

(四) 高崎中学时代

虽然临近初中的入学考试,但是,福田一点都没有做什么特别的复习准备。他以第一名的成绩考入初中,也因此被学校任命为"组长"。举行入学仪式的时候也是由他带领新生进入场地。三年级军训的时候更是站在第一排。③

---

① 福田家彻底没落的时期是在昭和的初期,福田在东大就读的时候,据手岛仁氏的介绍称:"因为为当地的酒店做了借贷的连带保证人,失去了除祖屋和周围的土地以外的所有的财产。战后实行农地改革的时候,家里也没有什么农田了。"

② 安田谦编《寄托于风筝的梦——安田德次郎遗稿集》(上毛新闻社出版局,1993年)第13页。岸宪《小说 福田赳夫》(上毛新闻社,1966年)第116—118页。这位教员多年后在福田事务所的内部通讯上写道:"那个时候的福田学习成绩优异,性格温顺、沉着,但是当自己批评其他同学的时候,会出面保护,以难看的脸色对抗教员"。山田岩尾《荞麦面与菲力牛排》(《新风》1966年1月1日)。

③ 安田谦编《寄托于风筝的梦——安田德次郎遗稿集》(上毛新闻社出版局,1993年)第14—15页。

第一部

根据群马县的教育统计资料，在福田考入高崎中学的 1917 年（大正六年），同时报名的考生有 211 人，合格者为 144 人，报录比为 147：100。前桥中学也差不多是同样的数据，而其他学校为两倍以上。之所以会产生这样的结果，是因为在考试前已经要求小学方面对报考人员进行了筛选。①

对于以第一名的优异成绩考入高崎中学的福田，当时的数学教员事后有如下回忆：

> 他的考试成绩总是满分。从零分到满分有 100 分的差距，即便是用再严厉的评分标准对他的答卷反复审核，竟然连一个错别字都没有，只能给他打满分。他毕业考试平均分是 98.7 分。这么好的成绩，是高崎中学自创立以来最好的，直到我离开学校也没有人超过他。②

他父母用以推托他升学理由的身体情况也没有引起任何问题。每天走二里半去学校反倒是很轻松的一件事。高崎中学虽然原则上只允许徒步上学，但是为了防止意外情况，要求集体上下学。跟福田一样从金田町和涩川方向上学的同学，每天在三国街道集中后一起出发，他们被称为"三国团"。

"三国团"不仅一起上下学，放学后他们还在一起或闲谈或打棒球或进行相扑运动。一位当时的同学事后有如下回忆：

> 在团员的里面有一个说话很严肃，身体长得瘦瘦的学生，比我高一年级，虽然我的相扑比他强一百倍，但是听说他的学习成绩一直在学校是第一、二名。他叫"小赳"。具体的记忆已经有点模糊了，有一次他跟我比相扑，因为他实在太弱，就稍做让步，就在那

---

① 群马县志编撰委员会编《群马县志 通史篇八 近代现代三》（群马县，1990 年）第 196 页。

② 中曾根宇内《出蓝的誉》（《新风》1965 年 7 月 10 日）。

时候，他放开了紧抓着我的手说道："认真点跟我比"，我说："我很认真的啊。"他说："没有，你在故意让我，没劲。"当我真的用上了全力的时候，他被我摔了一个人仰马翻。然后他依然不屈不挠几次三番地向我扑过来（略）。①

父母对福田上初中所表示的担心，看来根本就是多余的。

但是，那时候的福田也正值年少多感的年龄。在他上初中的时候，父亲善治的双脚被截，家庭也出现了一系列的困难。尽管从外表上看，福田还是显得很阳光，但内心还是有些忧郁。

前面那位数学教员有过这样的回忆：

在他两年级的时候，有一次我去教室视察伙食。一边吃饭，一边对坐在面前组长座位的福田说："你的盒饭也是红色的。"他马上站起来看了我的饭盒，因为我的盒饭也是红色的，于是他便笑着坐回了原处。如果我当时对他说的是："你的盒饭是红色的"，很可能他会感到被侮辱而不会站起来。他听到了"你的盒饭也是"，所以就凭直觉认为老师的也是，于是便站了起来确认。短短的一瞬间，他就分清了"是"和"也"的区别，他能如此在瞬间做出反应，不能不让人感到佩服。②

"红盒饭"是因为在做饭的时候，将要装在饭盒里的大米放到一个小箩筐里跟小麦一起煮而被染成红色。当时农家的主食是小麦，而初中生都是来自比较富裕的家庭，基本上没有人会带小麦饭去学校。因此，福田的母亲蔦特意为福田做的白米饭也就被染成了"红盒饭"。因为这位教员也是农村出生的，所以他对这种情况特别了解。福田在贫困的生活中所体现出来的敏感与机智，在这个初中时代的故事中体现无疑。

---

① 南云今朝雄《三国团》（《新风》1965 年 4 月 15 日）。南云是位妇产科医生，与文人颇有交往，后来成为井伏下鳟二的小说《本日休诊》中的主人公。

② 中曾根宇内《出蓝的誉》（《新风》1965 年 7 月 10 日）。

第一部

（五）祖父的死

进入初中后的福田也步入了多愁善感的年龄，为各种事情烦恼的日子也变得越来越多。成为政治家以后的福田虽然会写备忘录，并没有写日记的习惯。但是，在他少年时代写的日记有一小部分保留了下来，从中可以探知福田当时的心情。①

福田刚开始写日记是在1919年（大正八年）的1月1日。当时他是初中二年级的学生。当天的日记里写道："在大年夜的夜晚跟勉一起围坐于暖炉边，早上两点起床，洗完澡后跟周围的邻居一起，伴随着鸡鸣的声音，相互致以新年的祝福。"

字迹工整、谁都能读懂、内容也很明确的日记只是最初的几天。逐渐地，字迹变得非常潦草，时间变成了时隔数日那种，字也写得像蚯蚓一样的扭曲，看上去像英文字母般的模样。

阅读当时的日记，多次重复出现的相同词语就是"祖父生病"。祖父幸助在年近古稀的那年得了哮喘病。到了3月的时候，因为病情加重而显得非常痛苦。福田虽然面临期末考试，但是每次从学校回家，第一时间就到祖父身边照顾他。

对于福田而言，祖父是偶像一样的存在。其后的日记里几乎都是记载着祖父的事项。

祖父卧榻，学校早归（三月八日）
祖父病状日益恶化（三月十一日）
祖父病危（三月十二日）
祖父的生命与傍晚连续不断的降雨一起消逝了（三月十三日）

祖父幸助亡于三月十三日，母亲蔦在祖父临终前将福田叫到他的身边，向他保证道："爷爷啊！赳夫在这里呢，我们一定好好培养他，您放心吧！"祖父听了母亲的话以后点了点头，对福田来说，这一天跟自己父

---

① 现存的日记是1919年（大正八年）的记录，记载在博文馆发行的《当用日记》中。

母的亡日一样，是一个终生难忘的日子。其后，每年的忌日，福田都会在佛坛上献上鲜花并合掌祈祷。①

在福田的日记里跟"祖父的病情"同样频繁出现的还有"金敷的伯父"。

> 金敷的伯父来访（二月二十八日）
> 金敷的伯父来访了（三月五日）
> 金敷的伯父留宿（三月九日）

金敷的伯父是福田家关系最亲密的亲戚，幸助病倒不过三天就到福田家看望。当然到福田家看望的不只是伯父，也有很多其他亲戚。因为他当过金古町长和郡议会的议员，县里相关人员也应该有多人到访。

但是，在福田的日记里只留下伯父的记录。对福田来说，伯父的到访是一件重要的事情。实际上也是，在福田上初中的时候，正逢父亲善治因脱疽病，在截除了右脚后又截除了左脚，伯父建议福田将来成为医生。

伯父跟福田的父母关系非常和睦，几乎无话不说。因此，伯父对福田家面临困境的事情也很清楚。从伯父的角度来看，福田家家道中落的主要原因就是幸助在政治上过多投入。那时候的福田家有祖父和父母双亲，外加福田其他的兄弟八人，是一个名副其实的大家庭。当时福田的长兄已经结婚，为给父亲治病花费诸多，在家道中落的时刻维持这样一个大家庭的生计实属不易。

初中二年级的福田并没有幼稚到不能体会到伯父希望他成为医生的良苦用心。因此，福田的内心思绪万千，以至于在梦中也会出现伯父的身影，看着因为疾病而痛苦的祖父，对是否应该听从伯父的劝告成为医生，福田的内心是非常矛盾的。②

---

① 岸宪《小说 福田赳夫》（上毛新闻社，1966年）第149页。
② 岸宪《小说 福田赳夫》（上毛新闻社，1966年）第146—148页。

四　一高 帝国大学时代

（一）入学一高

在初中时代成绩优异的福田，毕业后升入高中是一项既定的选择。曾经在初中升学时有过犹豫的父母，此时此刻，学费的多少已经不再是考虑的问题。

旧制度时代的高中是为进入帝国大学等大学机构学习做准备的预备教育机关。起初只有像第一高等学校（东京）、第二高等学校（仙台）、第三高等学校（京都）等以数字为校名的学校。第一次世界大战后为推广高中教育，才出现了很多以地名为校名的高中学校。

福田的升学目标是当时位于东京本乡的第一高等学校（以下略称一高）。在一系列以数字为校名的高中学校里，一高无疑是最难考的。来自全国的才子们都以一高为目标，普通的学习成绩一般的话肯定是考不上的。

一高的录取榜发布日，寄住在亲戚家的福田显得不慌不忙，早早就吃完晚饭后去了一家附近的电影院。

福田是在1922年（大正十一年）春天成功考入一高文科丙类的。福田没有选择理科而是选择了文科，说明他决定不听从伯父希望他成为医生的建议。

有意思的是，他选择了法语学科（文科丙类），战前的法律制度是以显示中央集权的普鲁士法体系为样本的。而且，在高中阶段设置以法语为专业的丙类的学校本身也很少。一高时代的同学回忆当年的福田曾经说过："他的法语译文非常有艺术性，我曾默默想过，福田可以成为法语教员，或是诗人、作家。"① 的确，福田从初中时代就喜欢短歌和诗文，一高时期，就写下了关于母爱和多愁善感的青春诗歌，他曾经与北原白秋书信交流。② 之所以选择学习法语，大概是因为对自己在未来的工作尚未能确定，想暂且在一个比较自由的氛围中慢慢思考吧！

---

① 《同学说"福田"》（《新风》1966年3月15日）。
② 岸宪《小说 福田赳夫》（上毛新闻社，1966年）第166页。

同时，为福田的将来考虑的还有他的父亲善治。在福田上初中四年级的时候，恰逢宪政会的木桧三四郎议员因为巡回讲演回到了家乡，当议员到达金古的时候，善治向他提出了带着福田一起跟他见面的要求，同时还请求他成为福田前往东京求学时的担保人。当时的群马县政界受到中央的影响，政友会与宪政会的对立十分激烈。福田家从祖父时代开始就是属于宪政会的木桧的支持者。①

　　木桧把宪政会的实力人物江木翼介绍给他们。江木自东京帝国大学毕业以后，进入内务省工作，历任法制局参事官等职务后，曾经两次出任内阁书记长官。他以精通法律以及聪明睿智闻名，后来成为民政党的核心人物。②

　　福田去江木家拜访的时候，发现同时还有好多同龄青年。江木每月都在家召集一次政治讲座。在这里，福田不仅受到江木的教诲，也学到了政治、经济、军事、国际形势等知识。福田事后曾经回忆道："我跟山口县岩国市出生的一高学生宋渊氏受到了关注。"③ 江木所说的政治论不是单纯的原则论，福田也第一次了解到政治的深奥。

（二）最初的"财政复兴"

　　旧制的高中实行全体入学者寄宿制度。一高在开始的时候有五个寮，福田入学的时候增加到八个，一高的学生在这里共同生活。

　　当时的旧制高中生以敝衣破帽为特征，足履木屐、身着披肩、腰挂棉巾。他们这样的穿着形成了独特的旧制高中文化。跟当时流行的洋气相比，他们这个可谓是"蛮气"。他们在同龄人中间也是属于前1%的精英。在进入大学前的缓冲期，即便稍微有点行为放纵也是社会允

---

① 手岛仁《手岛仁的"群马学"讲座》（上毛新闻社，2015年）第133页，福田赳夫《上州内阁的实现》（自由民主党群马县支部联合会监修《县政风云录》，自由民主党群马县支部联合会，1985年）第28—29页。

② 《东京朝日新闻》1932年9月19日。

③ 福田赳夫《我的履历书》（同《我的履历书 保守政治的承担者》，日本经济新闻出版社，2007年）第121—122页，手岛仁《手岛仁的"群马学"讲座》（上毛新闻社，2015年）第133页。中川后来成为临济宗的禅僧，师从山本轩峰，成为静冈县三岛龙泽寺的方丈。

第一部

许的。①

但是，学生们所面对的社会环境已经逐渐发生了变化。

倡导民本主义的东京帝国大学教授吉野作造在1918年（大正七年）创立了"新人会"。第二年在早稻田大学由后来成为社会党委员长的浅沼稻次郎等创立的"建设者同盟"也正式宣布成立。1922年堺利彦、山川均等组成了日本共产党。同时，东京帝国大学的右翼宪法学者上杉慎吉也在1919年成立了"兴国同志会"。与此前后的时间"浪人会"（东大）、"纵横俱乐部"（早大）等学生团体也纷纷登场。

当时正值百家争鸣的大正德谟克拉西时代，一高的学生寮里五花八门的会员前辈们积极地寻找活动组织者。福田这边也有很多这样的前辈到访，特别是到了二年级的时候，更是由两人成一组，隔天到访游说。但是，福田对于思想问题的探讨没有更多的深入参与。因为福田感到抽象的观念与现实的距离过于遥远。②

与思想问题保持距离的同时，福田并没有只专注于学习。在一高时代，福田非常热衷于棒球运动。

说到明治时代以后的日本棒球史就不能不提一高。因为最早采取了全寮制，无论是对选手的获得还是练习时间的保证，一高都占据了先机，那段时间也是一高棒球的黄金时期。但即便如此，具有绝对优势的一高，到了明治后期也因为有了像早稻田和庆应大学这样强劲的对手而逐渐失去了往日的锋芒。

那时候，一高出现了一位像彗星一样闪亮的左撇子选手——内村祐之。他是出生于群马县的无教派基督徒，也是内村鉴三的独生子。内村以擅长的速投和曲线球为武器，在1918年先后击败了第三高等学校（以下略称三高）、早稻田、庆应义塾、学习院等对手，使一高重新坐回王者宝座。③

---

① 秦郁彦《旧制高中物语》（《文艺春秋》2003年）第84页。
② 《同学说"福田"》（《新风》1966年3月15日）。
③ 服部喜久雄编《一高对三高棒球战史》（私家版，1954年）第228—229页。内村后来成为精神医学界的权威，担任东大医学部教授、松泽医院院长以及大学棒球联盟会长等职务。同时，内村也被福田的母校高崎高中的棒球部招聘为教练。

— 28 —

第一章　上州的神童

　　内村引退后，一高棒球队重新又面临低迷状态。因为在一年级时看了一高与三高的比赛，而对棒球入迷的福田，被推荐为棒球部经理人。对于那段棒球部经理人的工作经历，福田曾经回忆道："忙得几乎没有学习时间，每天都得去赛场，因为一到夏天甲子园就开始了初中棒球，为了寻找优秀的选手而四处奔波。"①

　　福田出任棒球部经理人后不久发生了关东大地震。那时候福田虽然因为暑假回到金田町，但是马上返回东京。木结构的学生赛并未受到损害，但是一高砖瓦结构的校舍发生了坍塌。同时作为学校象征的钟楼也有了裂痕，不久后便请来陆军工兵队拆除。②

　　这次大地震也影响到了棒球部运营。一高棒球部由于经常去外地比赛以及团队的合宿需要很多经费，原本这些经费都是来自校友会的捐赠，大地震发生以后，因为这些经费被用于对学校其他受灾者的支援，于是各个俱乐部的资金就产生了困难。

　　那时候，曾经的对手三高后援队如同谚语中讲的"越后的谦信给甲斐的武田送盐巴般的情谊"那样③，还特意把在三高募集的援助款送到了一高。一高的棒球部成员流着眼泪接受了来自对手的好意。但是，这笔捐款也并不全是给棒球队而是给学校全体的。棒球部还是不得不自己筹集运营资金。其后，一高与早稻田以及庆应义塾之间也开始了付费式比赛。该比赛被命名为"震灾学生救援大会"，向普通观众收取门票。但是，这种做法

---

①　福田赳夫《我的履历书》（同《我的履历书 保守政治的承担者》，日本经济新闻出版社，2007年）第122—123页。福田成为棒球部经理人的时间，不同的文献记载各异。《我的履历书》中写道："到了二年级的时候被推荐为棒球部经理人。"关东大地震的时候，作为经理人的工作也被记录了下来（第122页）。《小说 福田赳夫》里记载道：1925年（大正十四年）6月14日被推荐为经理人，是三年级第一学期（第166页）。有可能是二年级加入棒球部，成为经理人助理，三年级的时候正式成为经理人。同时，当时高中的标准是三年制，根据福田的履历从1922年4月入学，到1926年4月进入东京帝国大学为止，一共在学是四年时间。如果认同福田在三年级的时候就任棒球部经理人，那就是说他在一年级或二年级的时候留了级。在一高，当时留级并不少见，大部分是因为热衷于体育、文学、艺术而缺课导致因为课时不足而留级。同时，福田的留级跟担任棒球部经理人的事情是否有因果关系不甚明了。岸道三传记刊行会编《岸道三这个男子》（中央公论事业出版，1965年）第74页。

②　福田赳夫《我的履历书》（同《我的履历书 保守政治的承担者》，日本经济新闻出版社，2007年）第123—124页。

③　服部喜久雄编《一高对三高棒球战史》（私家版，1954年）第362页。

— 29 —

因为遭到文化部的批评，仅举办了一次就草草收场。[1]

福田认为，做强团队，丰厚的资金是前提条件。于是他便着手强化棒球部后援会的力量，并穿梭于活跃在一线的前辈之间请求他们支援。[2]与福田同时期担任经理人的朋友事后回忆道：

> 我从棒球部开始练习就一直跟着他们一起在球场，福田君则根本不去球场，下课后他就飞快地跑出去。（略）他跟众多的前辈交流，很多时候要很晚才回到食堂吃点剩饭。（略）从早春到十一月，一高与早大、庆大比赛的所有资金全部由福田一个人筹集完成，这该是操了多大的心啊。[3]

棒球部的资金由于有了福田的运作，得到充分保障。迄今为止，那些在运动器具商店前徘徊的棒球部相关人员，都还清了借款，可以大摇大摆地走在街头了。[4]

福田在为棒球部解决了资金困境的同时，也为他本人的未来找到了发展方向。福田大学毕业后进入大藏省，而将他引入门的正是他的一高棒球部前辈经理人、后来成为大藏省主税局长的青木得三。青木在劝福田到大藏省就职的时候曾对福田说："大藏省是决定预算的部门，因此对国会具有相当大的影响力。同时，在所有的政府机构里，大藏省也是最有社会影响力的部门。"[5] 可以说，一高棒球部的"财政复兴"实践也是福田迈向未来财政家福田的重要一步。

（三）乡土联队

一高时代对福田来说也不只有青春的美好回忆。对他来说，留下深

---

[1] 服部喜久雄编《一高对三高棒球战史》（私家版，1954年）第374—376、422页。根据福田的回忆，当时最为反对进行有偿比赛的是比福田高一年级的辩论部前辈大桥武夫。大桥武夫追想录刊行会编《大桥武夫追想录》（二十一世纪社，1987年）福田的追悼文。

[2] 服部喜久雄编《一高对三高棒球战史》（私家版，1954年）第422页。

[3] 《同学说"福田"》（《新风》1966年3月15日）。

[4] 服部喜久雄编《一高对三高棒球战史》（私家版，1954年）第422页。

[5] 福田赳夫《我的履历书》（同《我的履历书 保守政治的承担者》，日本经济新闻出版社，2007年）第126页。

刻印象的是征兵。在全民皆兵的战前，年满 20 岁的男子都有接受征兵体检的义务。福田在三年级的夏天回乡的时候也接受了征兵体检。在当地实施体检的是驻留当地的步兵第十五联队（以下略称高崎联队），而体检的地点就是他的母校金古小学。

对于当时的情景，福田有着以下的记录："从附近的村落来了很多适龄青年，十五联队派出了以检查执行官为首的军医、护士。体检工作进行得很严肃。附近村落的町村长们在旁边的屋子里守候本村青年的体检结果。"①

福田的体检结果是乙种合格。乙种合格就是体检的结果虽然不如甲种，但是也适合服现役兵役，也就是所谓的"准合格"。福田虽然健康合格，但是因为身高不够，所以成了乙种合格。

福田接受征兵体检那年是 1924 年（大正十三年），第一次世界大战结束后，日本的陆海军也缩编了。这一年在日本全国接受征兵的男子中，作为现役从军的只有 20％左右。② 并且因为是在校生，福田也是征兵的豁免对象，所以福田得以继续学业。但是，时代进入昭和以后状态发生了变化。高崎部队是一支在日俄战争的时候曾经参加过旅顺包围战的精锐部队，如同内村鉴三在题为《上州人》的律诗中所言的"刚毅朴讷"那样，高崎部队强悍刚毅的表现与群马县的民风有着很大的关系。

也因为这个，在福田的家乡，被征兵入伍的一般农家子弟也出现了很多伤亡人员。福田的乡亲大部分都是养蚕的农家，区域连带感特别强。对一直关心照顾周边人的福田来说，也不可能不知道那些出征家庭的心情。

其后，在福田进入大藏省并前往伦敦驻留的时候，正值"九一八事变"爆发，福田在伦敦经常从母亲和兄弟那里收到诸如乡里的某人今天被征入伍之类的消息。福田回复道："正值养蚕的时期，家中有人被征兵，真的会忙上加忙。但是，动员令早晚会解除，他们也会回归故里，请替我转达问候，请他们暂且忍耐。"③

---

① 福田赳夫《写给联队史刊行》（步兵第十五联队史刊行会《步兵第十五联队史》，上毛新闻社出版局，1985 年）第 8 页。
② 加藤阳子《征兵制与近代日本》（吉川弘文馆，1996 年）第 66 页。
③ 岸宪《小说 福田赳夫》（上毛新闻社，1966 年）第 221 页。

第一部

太平洋战争开战时，高崎部队驻扎在中国东北北部的齐齐哈尔。伴随战局的恶化，该部队被派遣至太平洋中部的帕劳。在帕劳诸岛的贝里琉岛上，日军守备部队与登岛的美军展开了激烈的战斗，战斗异常惨烈，以致高崎部队的第二、三联队全体阵亡。[①]

曾经是日本托管统治的帕劳，"二战"后转归联合国托管，其后又归美国管理。帕劳自治政府是在1981年（昭和五十六年）成立的。帕劳虽然是一个只有2万人口的小国，但以渔业和观光为依托寻求经济独立，同时，又坚持以非核为原则、坚持宪法自主，推进和平外交。[②]

正巧那个时候，刚离任首相职务的福田打算召集各国的前首脑组建国际行动理事会，就如何维护世界和平进行探讨。得知此事的帕劳，通过国会表决邀请福田来访，同时派遣国会议员赴日，亲手将表决公文递交给福田。

（四）终身伴侣

一高时代的福田还有一件事不得不提，那就是他在那里遇到了他终身的益友。

那个时候，高崎中学时代的好朋友新井敏男，因为在足尾铜矿担任工程师的父亲离世，跟随家人一起从群马搬回东京。只要有空闲，福田就会去他家做客。

新井家有位叫三枝的姑娘，出身于富裕家庭的她清纯聪明且善解人意。福田跟三枝结婚是在进入大藏省工作四年以后的1933年（昭和八年）6月。当时福田28岁，三枝21岁，离两人初次相识已经过去了十年。在父母指婚为主流的时代，他们这样自由恋爱式的结婚还是很少见的。

当时在一高和东大上学的学生被期待为将来成为"大臣或是博士"的精英，父母以及周围的亲戚都在考虑寻找能对孩子将来的发展有所帮

[①] 防卫厅防卫研修所战史室编《战史丛书 中部太平洋陆军作战（二）》（朝云新闻社，1968年）第155—211页。

[②] 《朝日新闻》1980年12月31日。

助的结婚对象。福田大部分的同学也都是由父母指婚。同样，福田在一高时代也有过婚约商谈。福田的同学回忆道："我曾经做过帮人介绍对象的事。当时我初中的同学问：'你们班上有没有优秀的人啊？'我回答：'有个叫福田的。'那人也是群马的，所以特别高兴。他说：'要不就介绍给我的妹妹吧！我叔叔还是国会议员呢，而且无论是生意上还是财产上都有保障。'当然像那样详细的情况并没有跟福田说，但是介绍对象的事情被福田谢绝。虽然不知道那时候福田跟三枝夫人之间是否已经确立了关系，但还是很佩服福田的为人。"①

福田只是被三枝的个人魅力所吸引，跟她的家庭出身并没有什么关系。三枝的祖父虽然曾经担任过最高法院的法官，但已经是很久之前的事情了，很难说是豪门望族。在两个人的结婚仪式上担任介绍人的是新井家的亲戚、原内务次官井上孝哉，但是跟已经进入大藏省工作的福田没有直接关联。同时，三枝夫人的表姐妹里也有未来成为证券公司董事长夫人以及大型商社社长夫人的，但也都不是经由福田介绍的。②

对福田而言，成为出色的人物跟婚姻是两回事。他认为，成为出色的人物主要得依靠自己的努力，像依靠夫人家的势力那样的事情，他根本都没有想过。

结婚后的福田夫妇的关系非常好。夫人支持福田的各项工作，福田也对夫人言听计从。

很多年后，在福田担任自民党干事长的时候，他曾经被推荐担任"日本怕老婆会"的会长。

群马县的男子以"怕老婆"有名。"日本怕老婆会"的前会长，新闻记者出身后来成为NHK（日本放送协会）会长的阿部真之助也是出生于群马县的。但是在福田看来，他们对"怕老婆"的理解有问题。

---

① 《同学说"福田"》（《新风》1966年3月15日）。
② 山种证券的创始人山崎种二的福夫人，是三枝夫人的表妹。原三井物产社长后来又出任日本贸易会会长水上达三的津弥夫人又是山崎种二的表亲。水上承担了与福田的竞争对手田中角荣以及与财界的沟通工作。佐藤雄一编著《福田赳夫论》（住宅新报社，1976年）第157—158页。

养蚕业以女性为主要劳动力，福田认为"怕老婆"包含着对这些妇女的敬畏之意。福田说：如果请他担任"爱妻会"的会长，他就愿意接受。所以，他很干脆地拒绝了出任"怕老婆会"会长的职务。

（五）选择成为大藏省官僚

1926年（大正十五年）4月，福田从一高毕业后成为东京帝国大学法学部法学学科学生。在这年年底，大正天皇驾崩，裕仁亲王继位，年号从大正变成了昭和。

福田在东京帝大的三年，正值第一次世界大战后日本陷入经济困境的时代。由战争时期的景气引发的战后经济恐慌，造成了绵丝和生丝价格的暴跌。外加关东大地震的影响，日本经济陷入长期衰退的困境。在这样的情况下，1927年3月，以藏相片冈直温的失言为契机发生的金融风波引发了中小银行的金融恐慌。

长期的经济不景气也造成就业难的问题。当时的大学毕业生里每三人就有一人找不到工作，初中及专门学校的毕业生有一半无法就业。东京帝国大学也不例外。临近毕业的学生们四处奔波寻找关系，同时，如果成绩不好，企业在审查资料的时候就会被退回。于是，在同学们之间就有了各种"补习班"。为了给自己的成绩单争取一个好看的分数，大家都非常认真地向前辈讨教学习经验[1]。

但是，因为成绩优秀，福田根本不用担心这些问题。上二年级的时候，还因为前年法国法考试成绩优异得到了特别奖学金。福田的学习成绩优异，14个科目有12个科目是优，2个科目为良。宪法学的上杉慎吉教授曾经考虑将他留校任教。福田笔记里有过这样的记录："临近毕业，上杉教授曾经两次请我在外面喝茶。他对我所写毕业论文《论我国宪法的三权分立》非常感兴趣，说他想听一下我的想法。同时也有想把我收为入室弟子并留校任教的意思。"[2]

---

[1] 福田受朋友委托，找到大桥武夫，请他去朋友家，就准备考试的关键要点进行了指导。大桥武夫追想录刊行会编《大桥武夫追想录》（二十一世纪社，1987年）福田的追悼文。

[2] 福田赳夫《我的履历书》（同《我的履历书 保守政治的承担者》，日本经济新闻出版社，2007年）第124页。

第一章　上州的神童

　　福田在大学二年级的秋季，通过了"高等行政科考试"（以下略称"高文考试"）。而他53岁的父亲善治在他考试前不幸去世。身患脱疽重症行走困难的父亲，为了自己的前途带着他拜访当地议员的情景，肯定是福田难以忘怀的。福田也肯定是想让自己的父亲看到高文考试合格喜讯的，可惜最终没有实现。①

　　成绩优异的福田得到了来自各省厅的前辈的邀请。当时在高文合格者中最有人气的是内务省。但福田最后选择了大藏省。决定了就职单位后的福田，大学第三年的生活过得非常舒适。从北关东的山脉到日本阿尔普斯，从伊豆到九州的海岸，到处都留下了福田的足迹。

　　大藏省的面试是在临近大学毕业前1929年（昭和四年）2月进行的。与其说是考试，还不如说是对去年内定结果的走过场。面试是在大藏省大臣官邸进行的，考官有新井诚一郎文书科长、青木一男秘书科长等。

　　当时一起参加面试的还有其他三名来自一高的校友。其中一位是战后成为众议院议员的前尾繁三郎。前尾在面试的时候排在福田的前面，福田提醒前尾说："最好把大藏省各位局长的名字记一下"，"说不定会被问黄金解禁的事情"等。结果，这些问题都被他说中了。而轮到福田的时候，他只是被问了"你的名字怎么念？"就结束了面试，害得他白白紧张了一回。②

　　一个月后，也就是1929年的3月，福田从东京帝国大学毕业。这位来自上州的神童成长为一名大藏省的官僚，并投身于奔腾的时代洪流。

---

① 岸宪《小说 福田赳夫》（上毛新闻社，1966年）第176页。
② 福田赳夫《回顾九十年》（岩波书店，1995年）第15页；福田赳夫《我的履历书》（同《我的履历书 保守政治的承担者》，日本经济新闻出版社，2007年）第26—127页。

第 二 章

军部与大藏省

前 言

　　1929 年（昭和四年）4 月，东京帝国大学毕业的福田进入了大藏省，时年 24 岁。这是福田约 21 年半的官僚生涯的开始。本章描述福田从进入大藏省到担任南京汪伪政府财政顾问的 14 年的历程。福田担任大藏省官僚并积累经验的这段时间，与军部崛起的时间线几乎重合。由于外部危机，军费开支无止境地扩大，如何维护财政纪律成为大藏省官僚当局面临的问题。站在反对军部最前沿的是当时的藏相高桥是清。作为财政当局的一员，年轻的福田是如何应对军部的？本章节试图通过对福田官僚时代活动的描述，探讨他作为财政专家的成长过程。

　　如同我们在稍后所描述的那样，福田在战后日本表现出对经济财政的卓越掌舵能力。无论是将 1964 年东京奥运会后曾一度陷入经济不景气的日本经济加以重建，并带来昭和时代最长的伊奘诺景气，还是在 1973 年石油危机后力挽涨价狂潮和经济衰退，都只有时任藏相的福田才能做到。为什么是福田？正是因为在战前军部鼎盛时期，福田目睹了当时的藏相高桥是清为规范财政纪律而殉职的现实，这段经历给福田的职业基础提供了锻炼。

　　本章重点介绍福田作为官僚的海外经历。福田作为大藏省官员在海外的工作经验一共五年，分别被派驻伦敦和南京。进入大藏省后不久就奉命驻守伦敦的福田亲眼见证了发源于美国的世界经济大萧条。当时，每个国家都倾向于经济民族主义，其结果就是造成了大战前的国际合作体系的崩溃。福田是为数不多在欧洲见证了这个政治进程的日本人之一。福田的另一段海外经历就是驻留南京。福田虽然年仅三十多岁，却被任命为财政顾问，负责汪伪政权的经济和财政政策。作为财政顾问，福田被夹在日军和南京汪伪政府中间，他又实施了怎样的政策？本章通过对福田海外经历的描述，了解他的国际问题意识是如何形成的。

一　作为大藏省官僚的起点

（一）直接进入"核心"

福田进入内阁时，政府机关的所在地不在霞关，而是在大手町。大藏省也在那个区域，与内政部等并列在一起。

明治时代的大藏省有一座时尚的二层洋楼。到了春天的时候，院子里绽放的樱花与复古的建筑一起，增添了更多美感，成为如同锦缎画中所描绘那样的东京名胜之一。然而，在关东大地震时，大火蔓延导致院子里的所有树木被烧毁，大部分珍贵的财政资料也都化成灰烬。灾后，在被烧毁的地方搭建了一座木制单层建筑作为临时办公场所，直至1940年（昭和十五年）因雷击导致火势蔓延而再次被烧毁。[1]

福田进入大藏省时的办公室虽然位于一处类似军营的临时场所，但不影响它源于明治时代以来所树立起来的权威。福田的第一个配属机构是大臣官房文书科。文书科是为大臣准备需要其批准的文件，同时协助其推进工作的部门，承担了综合协调大藏省行政工作的重要任务。文书科与大臣办公室隔着走廊正相对，两侧邻接大臣会议室、次官室、参与室，位于大藏省的"核心"地带。[2]

作为大藏省中枢部门的文书科，当时只有五名工作人员，一名科长，三名学士组成员，还有一名负责礼仪的官员。刚入省的福田，只是一个学徒的身份[3]，尽管如此，福田是在同年入省职员中唯一进入"核心"的人。

---

[1] 大藏省百年史编辑室编《大藏省百年史》上（大藏财务协会，1969年）第374—375页。
[2] 福田赳夫《回顾九十年》（岩波书店，1995年）第16页。
[3] 河野幸之助《福田赳夫》（日本时报社，1966年）第136页。

第一部

  战前的官僚机构，和军队不分伯仲，精英和非精英之间存在严重的等级差别待遇。通过高级文官考试的精英组与其他人连食堂和厕所都不一样。而且，即便同在精英组中，高级文官考试的成绩（高文排名）优秀的人会享受到特殊待遇，之后也会步入精英成长的道路。非精英而想逆转至出人头地，基本上不太可能。

  福田从一开始就享受到了特殊待遇，但他本人并不认可一切都由学历以及高文考试的成绩来定论的人事制度，福田后来成为掌握人事权的官房长官后，进行了人事改革，任命毕业于私立大学的官员担任科长，提拔工作多年的司机为技术官僚等。①

  青年时代的福田有一段非常不像精英官僚的逸事。福田进入大藏省后，人事科的工作人员带着他去各个部门打招呼，福田却提出："我想跟大臣打个招呼。"上司回复他说，大藏省没有这样的惯例。但福田坚称："惯例归惯例，但如果连和自己的长官都没打过照面的话，怎么开展工作。"这让人事科感到非常头疼。福田的想法是，大家既然一起工作，比起上下级的划分，更应该相互了解，建立合理的相互协作的工作关系。但是从大藏省内部的阶层制度来看，作为一个刚入省的新人，这样的行为显得很异类。

  几天后，大藏省大臣三土忠造光户从秘书科科长青木一男处听到这件事情后感到很有趣，于是就把福田叫到了大臣办公室。三土见到福田后鼓励他说道："你是来自上州的吧？好好加油啊！"作为第一个要求跟大臣打招呼的新人，他的事情很快传遍了省内各个部门。②

（二）井上藏相与黄金解禁政策

  福田是在政友会的田中义一内阁时期进入的大藏省。田中内阁是因未能成功应对昭和金融危机，在1927年（昭和二年）4月宣布全体辞职

---

① 岸宪《小说 福田赳夫》（上毛新闻社，1966年）。
② 岸宪《小说 福田赳夫》（上毛新闻社，1966年）第185—187页。此传说有若干夸张的可能性。福田在多年后的采访中说：由三土的弟弟，内务官僚的宫胁梅吉引见陪同前往住在麻布三土大臣家，得到了大臣的接见。因为是通过中间人的介绍得到了接见，所以才会有这样的传闻。福田赳夫《昭和动乱期的大藏省》（中）[《金融财政事情》第36卷18号（1985年）]。

的若槻礼次郎内阁的后继者。当时在全国各地银行挤兑。在高桥是清藏相的指挥下，日本银行在暂停支付的同时，发放了巨额救济贷款，终于平息了席卷全国的金融危机。①

然而，对华政策让田中内阁陷入了困境。在当时的中国大陆，蒋介石领导的国民党正在为统一中国而北伐。如何保护日本的既得利益免受影响，是当时内阁面临的一个重大问题。支持币原外交的民政党内阁对干涉中国内政持谨慎态度，而从陆军大将成为政友会会长的田中首相为了维护日本在中国东北的利益，打着保护日本居民的旗号三次派兵到山东。在第二次出兵时，日军与国民革命军之间发生了武装冲突（济南事变）。

进而对田中内阁造成致命打击的是1928年6月的皇姑屯事件。如何处置这起由关东军独自谋划的事件，田中首相感到左右为难。随之他也因为失去了昭和天皇的信任而宣布辞职。其时正值福田入省三个月。

代替田中义一组阁的是在野政党民政党总裁滨口雄幸。一直以来，滨口批评政友会的经济政策是"放任散漫财政"。担任滨口内阁大藏大臣的是井上准之助。井上之前曾历任藏相和央行行长，精通金融及货币政策。启用非民政党党员，且接近于政友会的井上的人事任命，大出周围人的意料之外。

滨口—井上组合以黄金解禁政策作为摆脱经济衰退的重要手段。在第一次世界大战之前，世界上主要国家多采取了金本位体制，允许将可兑换货币兑换成黄金。然而，当第一次世界大战爆发后，随着经济的扩张，各国出于对黄金外流的担忧，纷纷退出金本位体制。1917年（大正六年）9月以后，日本也对黄金出口采取实质上的禁令。

然而，战争结束后，以美国为首的主要国家恢复了金本位体制。与此相对，日本遭遇战后经济衰退的困境，又因关东大地震后需要采取相关金融措施而推迟了解除黄金禁令，落后于国际金本位体制重建的潮流。

这项黄金解禁政策的最大问题是如何设定日元的价值。当时的兑换

---

① 中村隆英《昭和史》上（东洋经济新报社，2012年）第104页。

第一部

市场由于日本持续超额进口，日元比金本位时期贬值了近10%。因此，最大的争议焦点是日元升值，是以禁令前的旧平价进行解禁，还是按照与实体经济相匹配的新价格进行解禁的问题。

滨口和井上知难而上地选择了以旧平价解除禁令的方式。其目的是在维护日元国际公信力的同时，推动产业结构合理化，改善日本的经济体制。

此外，为了避免因日元升值导致贸易逆差扩大，他们还试图减少财政支出，下调国内物价。为此，井上采取了彻底紧缩货币的政策，虽然执政时的年度预算额度已经在前田中内阁时确定了下来，但还是通过大幅降低新项目的费用，调整了预算。此外，下一财年也将继续执行紧缩型预算。同时，裁军也对减少预算起到了作用。滨口内阁很早就决定了参加定于1930年（昭和五年）1月在伦敦举行的海军裁军谈判。[1]

福田所在的文书科实际上处于执行黄金解禁政策的最前线。每当井上藏相需要文书科处理问题时，就会敲响专用的铃铛。文书科长荒井诚一郎每次在大臣办公室接受工作指示后回到部门，又给部下逐一分配工作。在这个除科长外只有三个科员的文书科，身为学徒的福田，每天都忙得团团转。

井上藏相为了让人们知道为什么要解禁黄金，进行了大量的公关宣传活动。在民政党具有影响力的内政大臣安达谦的指挥下，各都道府县都成立了地方紧缩委员会，除在各地举办讲座，还制作了许多呼吁紧缩政策的公关宣传片。为了降低物价，他极力呼吁民众抑制消费，提倡强化储蓄。[2]

福田被命令制作一本用于向普通公众宣传以旧价格解除黄金禁令的

---

[1] 中村隆英《昭和经济史》（岩波书店，1986年）第44—49页，武田晴人《日本经济史》（有斐阁，2019年）第236—240页。滨口内阁1929年10月提出了以降低官僚工资的方案作为对策。但是，司法省的法官们以法律（《旧裁判所构成法》）为武器，实际上进行了联合罢工。在商工省，以岸信介为首的官僚们准备好了辞职信与大臣进行直接交涉。为此，滨口内阁在一星期后撤回了该方案。中村政则《昭和的历史2 昭和的恐慌》（小学馆，1988年）第242—245页。

[2] NHK采访组编《日本的选择6 金融小国日本的悲剧》（角川书店，1995年）第123—126页。关于黄金解禁的准备实施过程。此外还参考了大藏省百年史编辑室编《大藏省百年史》上（大藏省财务协会，1969年）第12—15页。

必要性的宣传册。

与面向大藏省内部的文件不同，宣传册的目标对象是普通民众。因此不仅需要保证内容的准确性，还必须简单明了，以便让大家都能看懂。新井课长根据井上大臣的口述做出总结，并将自己总结的内容口头传达给福田等人。好在大藏省内有很多解除黄金禁令政策的参考资料。黄金解禁政策是历届政府关注的问题，这项调查研究已经进行了十年左右。福田仔细研读了这些资料，整理出主要观点和重点并形成文字，通过这次工作，福田回忆道："对于这些问题，究竟有过怎样的争论，问题的焦点又是什么，我有了十分清晰的了解。"①

就这样，完成后的宣传册《重建国民经济，解除黄金禁令》于1929年（昭和四年）9月，委托千仓书房出版并在全国发行。在这本宣传册中，井上试图坦率地说服国民，即在经济不稳定时期采取紧缩政策来解除黄金禁令，如果人们降低消费水准，物价会下跌，经济会更加萧条。但是，如果人们努力践行"节约消费"并"勤奋工作"，就一定会走出衰退并能取得未来的发展。②

井上的总体思路是，即使面临暂时困难，经济发展也不能走偏道捷径而要坚持走正道。这种思想方针在未来的"福田财政"中也被继承了下来。

井上和大藏省出色的公关活动抓住了那些长期遭受经济衰退困惑的人们的心理，舆论也逐渐倾向于解禁黄金禁令。《大阪每日新闻》《大阪朝日新闻》等主要报纸媒体也转向支持滨口内阁，舆论也倾向于以旧平价解禁黄金禁令，并称之为"为增长而收缩"。③

滨口内阁在1929年11月，宣布将于次年1月开始以旧平价的方法实施解禁黄金禁令。这项命令是在新政府成立仅四个半月后宣布的。随后，

---

① 福田赳夫《我的履历书》（同《我的履历书 保守政治的承担者》，日本经济新闻出版社，2007年）第127—128页，福田赳夫《回顾九十年》（岩波书店，1995年）第18页，大藏省百年史编辑室编《大藏省百年史》下（大藏省财务协会，1969年）第5—11页。

② 井上准之助《国民经济的重振与黄金解禁》（千仓书房，1929年）。

③ 每日新闻社编《"每日"的三世纪》上（每日新闻社，2002年）第686页，朝日新闻社百年史编修委员会编《朝日新闻社史 大正，昭和战前编》（朝日新闻社，1995年）第337—340页。

在次年 2 月 20 日举行的第十七次大选中,民政党以 273 个席位大胜了只获得 174 个席位的政友会。

这次选举是日本实施普遍选举后的第二次大选。以纳税金额来设定选举权的规定已被取消,凡 25 岁以上的成年男子都拥有选举权。选民人数因此猛增,比实行普遍选举前增加了 4 倍。传统选举方法已经不再适用,井上等人寻求的解除黄金禁令的"宣传"也取得很显著的效果。参与其中的福田后来回忆道:"我通过这次政治运营活动,明白了宣传对于一个大项目的成功是多么重要,对宣传的威力也有了新的理解。"①

福田在解除黄金禁令的工作中负责宣传杂志的制作,成功的宣传最终成为民政党内阁在大选中获胜的重要原因之一。然而,解除黄金禁令政策,并没有如承诺所说的那样很容易地就带来日本经济的复苏。在当时,农村出现了"卖女儿",城市出现了"大学毕业就失业"的严重问题。在经济严重衰退的情况下,解除黄金禁令意味着将实施进一步的财政紧缩政策。这最终导致昭和初期出现了各种悲惨情况。

稳健的财政支出与收入相匹配的原则固然重要,但在衰退期间采取紧缩措施调整平衡,将严重损害整体经济。在经济衰退期,应通过积极的财政政策来刺激经济,在经济繁荣时则应通过减少发行国债来取得平衡。福田从井上财政的失败和高桥财政的实践中吸取了以上的教训。

二 在大萧条时期的欧洲

(一)成为驻伦敦财务书记官

福田进入大藏省的时候,高文考试成绩优秀的人,会很快被派遣到海外。在当时的大藏省,人们以铁路一等座车票的颜色为例,将那些早早就被派往海外的潜在股称为"白色票组"。福田当然也是其中的一人。刚进大藏省不久,文书科的上级就对他说:"福田,总有一天你会

---

① 福田赳夫《回顾九十年》(岩波书店,1995 年)第 19 页。

被派往海外。"同时又介绍他与临时返回日本的驻伦敦财务官津岛重一认识。①

大藏省的驻外财务官，起源于日俄战争时期为发行军费债券，而在纽约和伦敦派遣帝国政府特派财政委员的制度。第一任委员是当时的日本银行副总裁高桥是清。特派财政委员制度后来被财务官制度替代。津岛出生于香川县，东京帝国大学毕业后，进入大藏省，历任高桥藏相秘书官等职务。作为担任长达16年之久财务官的森贤吾的后任，于1927年（昭和二年）就任驻英法财务官的职务。②

对财务官津岛来说，解除黄金禁令是一个很重大的问题。为了替解除黄金禁令做准备，就有必要设置授信额度，以便可以从美国和英国的银行获得融资。津岛接到了前田中内阁的三土藏相的命令返回日本研究授信问题。但是，由于田中内阁在津岛回国途中被滨口内阁取代，津岛便留在日本参与协商工作。③

在大藏省内与福田见面的津岛询问福田是否愿意去伦敦赴任，对此，福田立刻表达了愿意前往的想法。

1929年12月，福田得到了作为驻英法财务官事务所财务书记官派往伦敦的聘用指令。出发日期是1930年2月。福田从横滨港登上了北美航线的"高丽丸号"（これや丸），穿越太平洋抵达旧金山后，又穿越美洲大陆访问了纽约和华盛顿。接着，他又乘坐大型客轮"庄严号"（Majestic）穿越大西洋，于3月21日抵达伦敦。福田进入大藏省后仅10个月左右就开始了他的海外派遣生活。④

福田在赴任之初就闹了一个滑稽的失败。福田奉命去伦敦多维多利亚车站迎接前任迫水久常、野田卯一，于是他在晚上8点左右就前往津岛财务官的官邸去聆听指示，然而，麻将打在兴头上的津岛却一直没有

---

① 泽木耕太郎《1960》（文艺春秋，2004年）第56页，福田赳夫《昭和动乱期的大藏省（上）》。
② 三谷太一郎《华尔街与远东》（东京大学出版会，2009年）第37—38页，大藏省财政室编《大藏省史》第一卷（大藏省财务协会，1998年）第491页。
③ 安藤良雄编《给昭和经济史的证言》上（每日新闻社，1965年）第58—59页。
④ 岸宪《小说 福田赳夫》（上毛新闻社，1966年）第200—201页。

第一部

出来。福田因为无聊便向女仆借了洗澡间，打算洗去长途奔波后的风尘。福田一边伸展四肢泡着澡，顿时心情大好，便唱起了家乡的民歌。福田唱的是"草津节"还是"八木节"，传说有很多版本，但不管是哪个，福田那并不动听的歌声在夜晚回荡，引发了周围邻居的投诉。

虽然津岛对福田这种礼仪不周的行为感到很愤怒，但在野田等人的调解下，怒火得以平息。到达伦敦后才意识到自己无知的福田，从外出购物到参加聚会一直跟在津岛夫人身边，学习了西方的礼节。或许正因为如此，福田很快就重新获得了津岛的信任。[1]

然而，这样的福田也仅限于那一次。福田的学习能力无论在生活还是工作上都表现得很出色，所以很快适应了新环境。同时，在与迫水、野田等伦敦财政官事务所的前辈们一起收集和分析西方经济形势的过程中，福田意识到当时的世界正面临着严重的危机，同时也必须以世界的视野考虑日本的问题。

（二）在大萧条时期

1929年10月24日（昭和四年），这一天后来被称为"黑暗星期四"。这一天，纽约华尔街证券交易所发生了股市崩盘。主导世界经济的美国经济动荡，迅速蔓延到世界各地，最终导致世界经济大萧条。

即使在福田所在的英国，美国由于停止了对欧洲的资金流动，导致对美贸易急剧减少，进而面临前所未有的经济衰退。当时的英国首相是麦克唐纳，在贵族和大地主掌权的时代，他是英国历史上第一个工党内阁首相，然而麦克唐纳政府为了能够拿到美国政府的借款，宣布大幅削减行政开支，遭到党内左派的强烈反对，导致1931年工党内阁下台。

此后，在感到事态严重的英皇乔治五世的斡旋下，以麦克唐纳为首成立了联合内阁。内阁决定英镑放弃金本位。在加拿大渥太华召开的会

---

[1] 柳川卓也《评传福田赳夫——反骨人的九十年》[《中央公论》第110卷12号（1995年）]，越智通雄《增补改订 父 福田赳夫》（产经出版，1975年）第118—120页，福田赳夫《回顾九十年》（岩波书店，1995年）第19—20页，高崎高校百年史编撰委员会编《翠峦的群像》（群马县立高崎高等学校创立百周年纪念实行委员会，1998年）第10页。

议上，决定了英联邦国家之间设立优惠关税制度。在降低英联邦国家之间的关税的同时，提高对外部国家的关税，促进了区域经济发展。

另外，经济大萧条的浪潮也波及日本。作为英国代表性的国际通讯公司，"路透社"成立于1851年。伴随第一次世界大战后国际化进程的推进，身在异国的福田（通过媒体）也能大致了解日本国内的情况。事实上，1931年5月16日，在金古町的丝绸市场的一次电影放映中，由于胶片管理不善发生了火灾，14人被烧死。英国媒体也报道了这一惨案，福田在写给母亲的信中询问了此事。[①]

在大萧条迫在眉睫的情况下，滨口内阁强行推进解除黄金禁令政策造成了可怕的后果。由于出口锐减，大量硬币流向海外，日本经济陷入萧条状态。此外，藏相井上坚持紧缩货币政策，进一步加剧了经济衰退。

民众对滨口内阁的期待彻底消失，舆论充满了怨恨。滨口和井上试图通过解除黄金禁令来摆脱长期的经济衰退，招致了悲惨的结局。滨口在东京站遭右翼枪击，因伤辞去首相职务，不久后去世。在滨口死后半年，井上也因遭到血盟团成员的枪击而身亡。

最终，政友会的犬养毅内阁组阁后，成为藏相的高桥是清立即着手废除黄金解禁政策。

随着大萧条的加剧，福田特别担心日本养蚕业的命运。他的故乡群马是日本有名的养蚕区之一，当时日本最大的出口商品是生丝。然而，对美出口并以此获得外汇的主要出口产品生丝，在大萧条的环境下遭受了很大的冲击。

从小就勤于文笔的福田，从横滨港出发去海外后，就常常给母亲、兄弟和熟人写信，在信中，福田讲述不同寻常的风景和国外的生活方式。做事认真的福田在寄信时给收件人都设定了编号。一开始，信件内容最多的就是"昨晚很晚安全到达纽约"之类的内容。抵达伦敦后不久，信件的内容就不仅提到国际经济局势的变化，还多次提到家乡的养蚕业。信中写道："很遗憾，美国经济复苏缓慢，今年的丝价也没有好转的迹象"，"在世界大萧条的环境下，英国也不例外，普通民众也都苦不堪言。

---

① 岸宪《小说 福田赳夫》（上毛新闻社，1966年）第202—204页。

生丝的价格也受此影响价格下跌，如此廉价，实在是深感同情"。远在伦敦但挂念家乡的福田，在观察着世界经济的同时，也一直在思考着日本养蚕业的未来。①

（三）参与国际经济会议的经历

后来成为政治家的福田，在他的思想的形成过程中，不容忽视的是他在伦敦工作期间参与各种国际经济会议的经历。

第一次世界大战后成为战败国的德国，根据《凡尔赛和约》，需要向战胜国支付1320亿金马克（320亿美元）的赔偿金。1923年，法国和比利时以德国不支付赔偿金为由占领了鲁尔工业区。此次事件导致德国通货膨胀迅速加剧，经济陷入危机，引发社会动荡。

面对这些危机，德国政府呼吁国际联盟调查德国的经济状况和支付赔偿的能力。为此，国联成立了以美国银行家道斯为主席的专家委员会，并按照1914年8月通过的"道斯计划"减轻支付赔偿金。德国向美国借贷促进经济复苏，并以此向英国和法国支付赔偿金，英美两国再用这笔资金向美国支付战争债券，由此形成支付循环体系。然而，1929年（昭和四年）的大萧条破坏了这一构架。德国再次无力支付赔偿，为了讨论如何解决这个问题，相关国家召开了国际经济会议。

福田第一次参加的国际会议是1931年12月在瑞士北部巴塞尔召开的国际清算银行的专家会议。国际清算银行（BIS）是一个成立于1930年的国际组织，目的在于促进德国能顺利支付赔款。横滨正金银行伦敦分行的行长野原大辅是日本方面的代表，福田作为随员旁听了这次会议。这次会议得出的结论是，德国延迟支付赔偿金在所难免。

福田随后又参加了1932年6月在瑞士西南部洛桑举行的赔偿会议。日本驻意大利大使吉田茂（后来的首相）是全权代表，津岛财务官作为吉田的副手也参与了这次会议。福田再次作为随员参加了会议。会议由英国首相麦克唐纳主持，法国总理埃利奥、德国总理弗朗茨·冯·帕彭等欧洲主要领导人参加了此次会议。

---

① 岸宪《小说 福田赳夫》（上毛新闻社，1966年）第200—204页。

会上，法国强烈反对德国废除赔偿义务的主张，其后，在英国的协调下，各国签订了《洛桑协定》，将德国的赔偿金大幅降至30亿德国马克。

参加洛桑会议是福田了解外交谈判博弈的宝贵机会。福田在给弟弟宏一的明信片里写道："会议每天都在忙碌中进行。看到各国政客各显神通互相争斗博弈，真的觉得很有趣。"另外，会议秘书处的工作非常辛苦。福田在给同在大藏省工作的同乡安田德次郎的信中写道："我一个月都没有泡澡，每天都在沙发上睡觉。"①

然而，《洛桑协定》最终未得到批准。英国和法国都试图通过《洛桑协定》免除美国的战争债券，但美国没有同意。②

洛桑会议后，为重建国际货币体系，停止关税战争，1933年6月召开了伦敦国际经济会议，福田因为当年3月要回日本，没有参加正式会议，但是作为代表的随员参加了筹备会议。

有64个国家参加的伦敦国际经济会议的主要目的是应对崩溃的金本位制度以及稳定国际货币体系。然而，由于各国之间的激烈对立，为期46天的会议没有任何具体成果而草草收场。此后，各国都以本国第一主义为旗号，优先重建本国经济，致使国际贸易额度萎缩，全球经济纵断化愈演愈烈。

其后，掌握德国政权的纳粹党搅乱了第一次世界大战后的国际秩序。1933年1月，希特勒成为总理。以希特勒为首的纳粹党通过呼吁修改和废除《凡尔赛和约》，恢复德国军事地位的主张，获得了德国民众的支持。在宣布退出国际联盟后，1935年3月，纳粹德国又宣布重建军队，试图以暴力打破现状。

回首过往，福田在伦敦的三年正值大萧条时期，以自由贸易和固定汇率为基础的自由资本主义面临巨大风险。在此危机时刻，原本应该参与协调应对危机的主要国家却各自为政，且都倾向于经济民族主义。结

---

① 福田赳夫《回顾九十年》（岩波书店，1995年）第20—24页，岸宪《小说 福田赳夫》（上毛新闻社，1966年）第224页，安田谦编《寄托于风筝的梦——安田德次郎遗稿集》（上毛新闻社出版局，1993年）第35页。

② 木村昌人《伦敦国际经济会议（1933年）与日美协调》《国际政治》97号（1991年）。

果导致世界经济进一步萎缩，致使法西斯主义迅速蔓延。①

在伦敦目睹欧洲一步步陷入"二战"泥潭的这段经历，对未来的福田产生了重大影响。战后成为政治家后，福田经常谈到20世纪30年代的"历史教训"，反复强调国际合作的重要性，主张不再重蹈悲惨的世界大战历史覆辙，而这一切都来自他当年的实际体验。

（四）军部的崛起

除了财政和金融问题，伦敦的财务官事务所也收到了很多有关日本国内政治局势的信息。伴随世界大萧条与昭和大萧条的联动愈发紧密，在日本国内，由军人和右翼人士发起的激进的国家改造运动也活跃了起来。1931年（昭和六年），陆军青年军官武装政变未遂（3月事件、10月事件）。次年，右翼血盟团成员又实行了前述的针对井上藏相、三井合名会社理事长团琢磨的暗杀事件。

另外，中国主张收回包括日本在内的列强在华权益的"主权恢复"运动也越来越激烈。面对这些动向，军队和右翼在日本鼓吹"满蒙危机"，越来越多的人主张将中国东北地区与中国切割后置于日本的势力范围内，以此化解日本国内的困境。

在这种背景下，1931年9月18日，时任关东军参谋的石原莞尔和坂桓征四郎在沈阳近郊的柳条湖对南满铁路路轨实施爆破，将此栽赃嫁祸于中国军队，并借机展开了军事行动。此次"九一八"事变是根据石原"以计谋制造机会，以军部主导迫使国家协同"的想法而精心策划的（《满蒙问题之我见》1931年5月）。中国东北除了肥沃的土壤和森林资源外，还拥有煤炭、矿产等地下资源。与石原等人关联密切的陆军核心幕僚们，在世界经济危机越来越严重的时刻，企图占领中国，为将来应对全面战争做好准备。②

当时的首相是民政党的若槻礼次郎，前任滨口因遭到恐怖袭击而退

---

① 马克·马佐尔（中田瑞穗、网谷龙介译）《黑暗大陆——欧洲的20世纪》（未来社，2015年）第四章。

② 波多野澄雄《大东亚战争的时代》（朝日出版社，1988年）第32—43页。

任。在接到"九一八"事变报告后召开的内阁会议上，外务大臣币原喜重郎根据外务省获得的信息，暗示该事件可能是军方策划实施的，同时表达了不希望扩大事变规模的意见。币原外相在推动签署《伦敦海军军缩条约》等问题上显示出与英美合作的基本立场，然而，在这件事情上，他不希望欧美各国介入，而是试图通过日中两国之间的直接交涉来解决问题。为此，他认为日本政府在保持克制的同时，让军方接受不扩大事变的方针至关重要。

然而，关东军无视了陆军中央的制止命令，在占领满铁沿线的各大城市的同时，10月对张学良军队聚集的战略要地锦州实施了无差别空袭。11月，关东军又将自己的势力范围推进到了苏联势力范围圈的中国东北的北部。若槻内阁与政友会合作成立了"协作内阁"，试图将所有政党联合在一起，对陆军施加压力，但终因内阁意见不能统一而未能如愿。12月，内阁宣布解散。①

针对当地军队的"独断专行"，日本国内媒体却盛赞他们这样做是为了维护日本的威信和利益。就连大正德谟克拉西的旗手《大阪朝日新闻》等进步报纸也改变了论调，转而对事变表示支持。②

在英国的福田冷静地关注着这些局势的转变。"九一八"事变后，他深感国际反日情绪迅速高涨。他在1931年10月15日寄回家乡的一封信中写道："关于'九一八'事变的情况一条不漏地作为头条新闻在英国的无线电广播播报。并且最近关于'九一八'事变的舆论走向也完全变了，英国的电台和报纸等媒体都对日本进行了负面的批判报道。"③

若槻内阁倒台后，重任就落到政友会的犬养毅身上。犬养是从1890年第一次众议院选举中当选后连选连任的政界长老，多年来积极投身护宪运动，与尾崎行雄一起被称为"宪政之神"。

犬养还与中国的革命家交往亲密。作为一个经验丰富的老牌政治家，

---

① 服部龙二《币原喜重郎》（有斐阁，2006年）第66—167页，小林道彦《政党内阁的崩溃与"九一八"事变》（密涅瓦书房，2010年）第三章。

② 每日新闻社编《"每日"的三世纪》上（每日新闻社，2002年）第8776页；朝日新闻社百年史编修委员会编《朝日新闻社史 大正，昭和战前编》（朝日新闻社，1995年）第699页。

③ 岸宪《小说 福田赳夫》（上毛新闻社，1966年）第219页。

第一部

他一方面允许陆军向中国东北增兵,另一方面又承认中国拥有宗主权,他试图在中国东北建立一个独立的政府来平稳局势。于是,他暗中派与中国国民党有交往的菅野长知去南京与国民政府谈判。① 犬养认识到恢复对军队的控制将决定事情的成败,因此寻求一种方法来做到这一点。

然而,1932 年 1 月之后,日中两国在上海的紧张局势加剧,日本海军陆战队与中国军队发生了大规模武装冲突("一·二八事变")。此外,当年 3 月,由关东军主导、清朝末代皇帝溥仪作为领导人成立了伪满洲国。犬养没有立即承认伪满洲国,他试图找到与现有国际秩序不冲突的方法。然而,在"一·二八事变"和伪满洲国成立的背景下,日方与国民政府的交涉空间变得越来越窄。②

犬养在当年发生的"五·一五事件"中被闯入总理大臣官邸的海军青年军官击毙,表明政治控制军队的努力已经完全失败。自 1924 年(大正十三年)以后持续了八年的政党内阁时代也落下帷幕。

福田清楚地记得"五·一五事件"发生的那一天。那是一个周日,福田应津岛财务官的邀请去伦敦郊区打高尔夫球。结束回家的途中,在财务官官邸听 BBC(英国广播公司)广播时,津岛注意到关于对犬养首相的背景介绍全部都是过去时态的。福田立即打电话给日本大使馆,但大使馆说还没有收到东京的通报。当他打电话给在租用了《泰晤士报》一个房间作为办公场地的《朝日新闻》伦敦分社时,他被告知"刚刚接到电话,犬养首相被年轻军官杀害了"。③

我们在福田寄往家乡的一封信中,可以感受到福田在认真地思考日本的未来。信中写道:"从一国的首相被军人枪杀感受到重大冲击,英国人民对日本的感情也非常不容乐观。此外,未来关于中国东北的问题也肯定会多灾多难,受此影响,国债有持续下跌的倾向。离开故土日本身在海外,反而更能清晰且准确地看清日本未来的走向。"在福田看来,身

---

① 小林道彦《政党内阁的崩溃与"九一八"事变》(密涅瓦书房,2010 年)第 237—238 页。
② 北冈伸一《日本的近代 5 从政党到军部》(中央公论新社,1999 年)第 172—173 页。
③ 福田赳夫《回顾九十年》(岩波书店,1995 年)第 28—29 页,福田赳夫《昭和动乱期的大藏省(上)》。

— 50 —

在日本却不了解自己国家前途的国民是不幸的。①

犬养死后，元老西园寺公望推荐属于稳健派的海军大将斋藤实继任首相。"末代长老"也暂时放弃了政党内阁的念头。斋藤内阁在政友会和民政党两大政党的合作下，旨在成立一个由军队、政党和官僚组成的"举国一致政府"。然而，这种折中性质的政权，结果往往被内阁内部的强硬派所引导。斋藤内阁推进了被上届政府推迟的对伪满洲国的承认。帝国议会已经一致同意承认伪满洲国，外相内田康哉也对此积极响应。"九一八"事变的结果使曾参与制定《凯洛格非战公约》、被视为具备代表国际合作主义精神的外交官内田也一反常态，在国会发表了"即便变成焦土也要保护既有成果"的"充满激情"的演讲。

日本政府的这种态度，是对国际联盟派来了解"九一八"事变实际情况的李顿调查团的正面挑战。李顿调查团的调查报告，在认定伪满洲国是日本的傀儡政府的同时，也认可了日本在中国东北的特殊利益。报告内容体现了妥协的态度。然而，当1933年2月国际联盟临时大会通过一项要求日本撤回承认伪满洲国的决议时，松冈洋右等日本全体代表当即离开会场。次月，日本政府正式宣布退出国际联盟。当福田的伦敦时代即将结束时，日本已经开始在国际孤立的死胡同里徘徊。

三 军备扩张与健全财政

（一）短暂的平安

福田结束三年的伦敦工作回国的时候，正值日本脱离国际联盟的1933年（昭和八年）3月。怀着对日本未来的不安，福田乘坐日本邮船"榛名丸"号，途经地中海、苏伊士运河、印度洋，四月到达神户港，旅程用了四十天左右。到达日本后，福田从神户换乘火车前往东京，在东京站，他的兄长平四郎、弟弟宏一以及众多的朋友前往迎接，当晚又参加了有众多亲友参加的祝贺归国的宴会。②

---

① 岸宪《小说 福田赳夫》（上毛新闻社，1966年）第219—220页。
② 岸宪《小说 福田赳夫》（上毛新闻社，1966年）第226—230页。

第一部

按照大藏省的惯例，干部候选人至少要被派往地方工作两年。回到日本后，福田被派往京都下京税务署担任署长。与此同时，他也完成了见习判任官的阶段，被任命为高级七等官职。

京都下京税务署大约有 40 名员工。28 岁的福田成为税务署署长。上任前，他穿上新做的礼服，意气风发地登上了开往京都火车的一等车厢。根据事前约定，工作人员应该拿着写着下京税务署字样的灯笼从前站的大津站上车，在车里与福田会合。然而出乎意料的是，迎接的工作人员并没有出现，福田最终还是坐到了京都站。

后来知道，这是因为大多数新任署长到任的时候都没有乘坐过一等车。当时，大藏省官僚在赴任的时候，会给报销一等车厢的车费，但作为"常识"，大家都会乘坐二等车厢并将差额作为额外收入。好在最后福田在京都站被工作人员找到，不然他就会迷路了。[①]

赴任京都后，福田与高崎中学时代好友的妹妹新井三枝结婚。婚宴安排在东京日比谷的松本楼，媒人是井上孝哉。井上是新井家的亲戚，曾任神奈川县知事、总务省副大臣，在内务省是有影响力的人物。婚后三枝留在东京，福田一个人前往京都赴任。其间，他数次邀请三枝到京都，两人在京都和东京之间的往返旅程就成了新婚旅行。

独自住在京都的福田觉得自己做饭很麻烦，于是就下榻在旅馆里。第一天用餐的时候，却迟迟不见饭菜被端出来，福田便催促旅馆的女服务员，对方却回复："署长还没出来呢。"原来福田被误认为是替署长提前来体验旅馆客房的年轻职员。在这之后，福田在旅馆里的名声发生了很大的变化。这是因为他邀请母亲笃到了京都，白天他带着母亲到处参观，晚上在旅馆中帮母亲按摩肩膀，这让大家都认为他是一个孝顺的儿子。[②]

福田在京都大约当了 10 个月税务署署长，在这之后，福田又担任了横滨税务署署长。在横滨他终于可以和三枝在一起开始甜蜜的生活了。

起初，福田住进了野毛山的署长宿舍。然而，一到晚上就会有一大

[①] 福田赳夫《回顾九十年》（岩波书店，1995 年）第 30—31 页。
[②] 岸宪《小说 福田赳夫》（上毛新闻社，1966 年）第 233—235 页。

群臭虫来袭。前任署长建议他在床脚边放一个盛水的盆，这样臭虫就会飞到水里出不来了。然而，臭虫又飞到房梁上，从上往下毫不留情地攻击福田夫妇。到了第四天，福田终于没有办法再忍耐，搬到了矶子山山顶。这是一个有四个房间的出租屋。当时，可以从这里眺望东京湾。①

福田的长女和子出生在这间屋子里，福田当上了父亲。此后，三枝又生下长子康夫、次子征夫、三子恒夫、二女玲子，福田家人丁兴旺。

横滨的生活在短短五个月后就中止了。这是因为福田受到帝人事件的牵连。所谓帝人事件，就是一个叫"番町会"的实业家组织的成员通过与大藏省官员暗中勾结，以低价买入台湾银行持有的帝国人造绢丝的股份，从中赚取巨额利润。对事件的调查波及大藏省，次官黑田英雄、银行局局长和科长相继被捕，最终导致斋藤内阁下台。虽然后来这些人都被无罪释放了，大藏省内部还是突然进行了人事调整，福田也因此被召回大藏省本部。至此，福田青年结束了为期一年三个月在地方的悠闲外派生活。②

（二）陆军主计局事务官

1934年（昭和九年）7月，福田从地方被调回本部，出身于海军的冈田启介刚刚接任垮台的斋藤内阁。

福田被分配到主计局。主计局是分配国家预算的重要部门。由于战前的明治宪法没有赋予国会预算的提案权，预算的编制主要在行政部门内部进行，而主计局作为其核心部门掌握着实际的权力。福田是负责陆军的大藏事务官，相当于现在的主计官。③ 福田的主要工作内容是，对每年各部委下达的预算申请进行审查，然后编制每年的预算。虽然各部委都想尽可能多地拿到预算，但从民间可获取的税收财力有限。因此，为了与各部委谈判预算，主计局的事务官必须是很擅长学习的人，不然的

---

① 福田赳夫《回顾九十年》（岩波书店，1995年）第32—33页。
② 大藏省财政室编《大藏省史》第二卷（大藏财务协会，1998年）第119—123页。
③ 1924年12月进行行政梳理的时候，主计官（三名）被废除，原任主计官成为大藏事务官。大藏省财政室编《大藏省史》第一卷，第734页；大藏省昭和财政史编辑室编《昭和财政史 第二卷 财政机关》（东洋经济新报社，1956年）第24页。

话，很可能因为业务知识不精通而被各个部委所牵制。

不过，在进入大藏省的第五年，年仅29岁的福田就负责"九一八"事变之后权势极大的陆军部的预算审查及编制工作，这在当时是一个非常不寻常的人事任命。比福田早一年在会计局负责海军部的植木庚子郎大福田五岁。年轻的福田被任命，可能不仅是因为他作为官僚的工作能力受到大家的认可，还因为他视野开阔，勇气和胆量都值得称道。

福田作为当事人并非没有感到负担，但是，既然被看好，唯有全力以赴。福田后来回忆道："我也迸发出了男子汉的勇气。"[①]"男子汉的勇气"的这一说法来源于日本大藏省的前辈滨口雄幸首相在东京站被右翼分子枪击的事件。福田在炎热的夏天上任，但他没有休夏季休假，而是开始努力研究学习陆军军队的编制、人员、设备成本、劳动力成本等。当时陆军最大的假想敌是苏联，因此，福田也研习了苏联的内部情况。在学习掌握了各种情况后，福田开始与陆军谈判。

作为一个巨型组织，陆军的预算需求十分庞大。一张张薄薄的预算需求书，一年积攒下来，竟然比福田的身高还要高。福田仔细审阅了这些为数众多的预算需求，在他认为重要的地方画了红线，要求陆军对这些问题进行解释。[②]

在评估现场，主计局局长贺屋兴宣对福田进行了严格的训练。贺屋长期从事主计工作，是分管陆军和海军的主计官，对军事技术和武器的熟悉程度不亚于职业军人。在进行评估的时候，贺屋不像往常那样形式化地过一遍流程，而是认真检查武器、弹药、装备等作战物资成本的细节，甚至连讨论合计额单价这种行为也不罕见。也许是贺屋认为福田值得训练，在增设一个机械化部队的小分队时，福田被要求从机关枪数量到人数配置都需要进行事无巨细的调查。之后，福田在评价贺屋时说："贺屋从纵、横、侧面等不同角度来看事物，并将各种详细的数据收集归拢来判断问题，他一直以这种思维方式来指导工作。"福田同时又说：

[①] 福田赳夫《回顾九十年》（岩波书店，1995年）第35页。

[②] 福田赳夫《我的履历书》（同《我的履历书 保守政治的承担者》，日本经济新闻出版社，2007年）第139页。

"贺屋教会了我很多东西。"①

福田在陆军方面的主要对接部门是军务局军事课的预算组，陆军方面也向大藏省主管预算的负责人详细说明了军队的各种实际情况。据福田称，陆军部为了说明相关预算，不得不将保密材料放在大藏省保管。陆军部给大藏省运去一个坚固的大型保险箱，大藏省每次收到机密资料时，将确认清单交给陆军部，并将资料保存在保险箱中。

不久之后的1940年6月，位于大手町的大藏省在一场大火中被烧毁，保存于保险箱中的连军队内部都鲜为人知的"战时组织表"及"动员计划"等机密文件也被烧毁。当时，陆军部内部有人担心情报会泄露给苏联。因此，作为负责人的福田接受了查问，并在现场勘察作了取证记录。如同此事表明的那样，和军部事务有关的大藏省官员的保密意识非常强烈。成为政治家后，福田虽然喜欢轻描淡写地发表言论，但他对消息来源保持沉默，对随行记者也不泄露信息。这可能与他曾经长期处理军事机密不无关系。②

福田不惧怕任何对手，对他们都做到了以诚相待。福田出生并成长于重视人际关系的养蚕地区，擅长和来自不同领域的陌生人打交道。

作为军事科的预算班长，曾与福田一同前往伪满边境视察的西浦进少佐曾经对福田有过这样的评价："他作为大藏省的官员既有胸怀，同时又具备政治头脑，跟他一起工作非常顺畅。"③

（三）藏相藤井之死

福田虽然开始在主计局工作，但是对大藏省的情况并不容易把握。自"九一八"事变以后，陆军的预算需求逐年增加。出任犬养内阁藏相的高桥是清为摆脱经济危机，让日本央行发行赤字国债，从而大规模扩

---

① 福田赳夫《昭和动乱期的大藏省》（中）《金融财政事情》第36卷19号（1985年），昭和大藏省外史刊行会编《昭和大藏外史》（中）（财经详报社，1969年）第308—309页，大前信也《作为政治势力的陆军》（中央公论新社，2015年）第78—82页。

② 福田赳夫《回顾九十年》（岩波书店，1995年）第44—45页，福田赳夫《我的履历书》（同《我的履历书 保守政治的承担者》，日本经济新闻出版社，2007年）第140页。

③ 西浦进《昭和战争史的证言》（日本经济新闻出版社，2013年）第154—155页，《西浦进氏谈话速记录》上（日本近代史料研究会，1968年）第64页。

大了财政支出。不断膨胀的财政支出大部分用于军费开支，同时也用于被称为"时局匡救事业"的农村救助的土木工程建设。这种被誉为凯恩斯主义政策先驱的"高桥财政"，随着黄金出口禁令带来了出口增加，为产业界注入了活力。为此，日本经济领先于其他资本主义国家率先从大萧条中复苏。①

但是，伴随公共财政的扩大，军队的预算需求也变得巨大，远远超出了国家财政允许的范围。因此，1933年（昭和八年）之后，当经济进入复苏进程时，高桥藏相推出了逐步减少发行国债的政策，试图以此稳定公共财政。然而，陆军和海军以"非常时期"为借口扩大军备，在预算内阁会议上与大藏省发生了尖锐的冲突。②

在政党失去权力并避免与军方发生冲突的情况下，坚持控制军费开支的大藏省成为唯一可以遏制军部的部门。冈田内阁成立时，高桥推荐大藏省次官藤井真信为其继任者。藤井升任后，福田驻伦敦时期的上司津岛寿一成为大藏省次官。此外，青木一男被任命为理财局局长，和主计局局长津岛寿一、主税局局长石渡庄太郎一起，成为大藏省的铁三角。大藏省试图以这个铁腕阵容与军部对阵。③

藤井藏相原本就是伴随着政党衰落而出现的"新官僚"中的一人。他在担任主计局局长时就深受军方信任，被周围人视为具有"国士风采"的人物。不过，作为自滨口内阁以来首位大藏省出身的藏相，藤井继承了高桥路线，力图恢复财政收支平衡，杜绝通货膨胀。因此，他一上任就提出了增税计划，并在1935年（昭和十年）的年度预算中，试图尽量压制新的预算要求，减少国债的发行额度。④

军方对此强烈反对，主要是因为陆军方面为这一时期远东苏联军队实力增强，日苏之间的实力差距越来越大而深感危机。截至1934年6月，

---

① 中村隆英《昭和经济史》（若波书店，1986年）第65—74页。
② 大藏省财政室编《大藏省史》第二卷，第91—93页。
③ 昭和大藏省外史刊行会编《昭和大藏外史》（中）（财经详报社，1969年）第97—98、100页。
④ 藤井是国维会的成员，以阳明学者安冈正笃为师，也是当时正值风头的官僚。由于斋藤、冈田两内阁的阁僚中有很多人都是国维会的成员，故也被称为"国维会内阁"。秦郁彦《官僚的研究》（讲谈社，1983年）第117—119页。

苏联远东部队人数大约为23万人，这与当时日军陆军总兵力相当。在伪满洲和朝鲜的兵力还不及远东苏联兵力的30%，完全处于劣势状态。[①] 鉴于这些情况，旨在扩大军备的陆军开始公开干预财政预算。陆军省印发题为《国防的本意及强化的倡导》的宣传册（所谓的"陆军宣传册"），向社会呼吁扩大军备的必要性。

财政预算的编制时期在每年的五月中旬到六月，首先内阁会议制定预算的方针，到了夏季，由各省提交支出概算书。其后，主计局会听取各部委的负责人对所提预算的内容说明，并根据说明对支出概算进行评估。随后，大藏省召开会议决定财政支出总预算的草案，提交预算内阁会议审议。然而，在预算内阁会议上，各省都会要求恢复各自的预算额，因此很难顺利达成一致意见，每年都有争议。[②]

1934年11月5日召开的第一次预算内阁会议上，针对严苛的大藏草案，陆海军要求恢复原有预算额度的态度强硬。预算内阁会议于11月21日再次召开，还是没有达成一致意见。22日傍晚开始的内阁会议一直延续到深夜。

过去因为身体状态不好而有过咯血经历的藤井，在首相官邸的小房间里躺在床上指挥谈判，内阁会议虽然也有过全体辞职的意见，最后还是得出了以铁道省设法挤出财源满足各省要求的意见。但是，藤井在经过激烈的预算编制谈判后，因身体状况恶化，在预算正式成立后辞去藏相职务。两个月后去世，终年50岁。[③]

（四）相泽事件的冲击

1934年（昭和九年）11月藤井之后的藏相，还是高桥是清。这是高桥第七次被任命为藏相。津岛次官在藤井藏相辞职后，应冈田首相的要

---

① 防卫厅防卫研修所战史室编《战史丛书 大本营陆军部（1）》（朝云新闻社，1967年）第352—353页。
② 大前信也《昭和战前期的预算编成与政治》（木铎社，2006年）第115—119页。
③ 津岛寿一《芳塘随想 第九集 高桥是清翁记事》（芳塘刊行会，1962年）第236—237页，松元崇《直面恐慌的男子汉——高桥是清》（中央公论新社，2012年）第348—351页，昭和大藏省外史刊行会编《昭和大藏外史》（中）（财经详报社，1969年）第108—113页。

求，邀请高桥再次出山担任藏相。可能是因为感到自己推荐的藤井因为卧病不能履行职务的责任，高桥对政友会的元老望月圭介邮政相表明了自己的决心："自己已经到了这个年纪，打算就这样死在任上"。于是82岁的高桥再次以老迈之躯出任了藏相。

高桥藏相有一种无所畏惧的胆量，只要是为了国家，不拘泥于任何事物，也不畏惧任何事情。在内阁会议上面对干涉教育和一般行政的陆军大臣林铣十郎，高桥也经常毫不畏惧地和对方据理力争。[①]

然而，为了对抗高桥的强硬立场，军方在政治方面的发言不断增加。1935年，贵族院的一名军部出身的议员，指责美浓部达吉教授所谓的天皇制度论是反国家体制的，这迅速变成了政治问题。屈服于军方和右翼暴力攻击的冈田内阁发表了《国体明征声明》，否定了美浓部的学说。

与这个问题相关联，军队内部的派系冲突也达到了高潮。皇道派的教育总监真崎甚三郎向全军下达了反击"天皇机关说"的训示，并加大了对政府的批判力度。另外，对主张改造国家、鼓动青年军官的皇道派越来越不信任的林陆军大臣，最终决定罢免真崎。然而对此愤愤不平的皇道派的相泽三郎中佐认为，导致真崎被罢免的黑幕是军务局局长永田铁山少将，永田于8月12日中午在陆军部的军务局长室被相泽杀害。[②]

福田清楚地记得相泽事件发生的那一天。福田在大藏省的办公桌上设置了可以和军务局军事科长的直通电话线路。当时的军事科长是桥本群大佐。那天福田打电话给桥本的时候，一向彬彬有礼的桥本说了句"不好意思"就挂断了电话。福田正觉得奇怪，10分钟后桥本又打来电话说："对不起。其实，军务局局长永田铁山阁下刚才在隔壁的局长办公室被杀害了。"感到惊讶的福田，立即前往陆军部。当时，陆军部等陆军的中枢部门在三宅坂。因此，从大藏省所在的大手町前往三宅坂需要一些时间。等福田冲进陆军部的时候，房间已经被打扫干净，永田的尸体被

[①] 津岛《芳塘随想 第九集 高桥是清翁记事》（芳塘刊行会，1962年）第238—239页，松元前《直面恐慌的男子汉——高桥是清》（中央公论新社，2012年）第348—352页，昭和大藏省外史刊行会编《昭和大藏外史》（中）（财经详报社，1969年）第122—124页。

[②] 户部良一《逆说军队》（中央公论新社，2012年）第288—289页，森靖夫《日本陆军与日中战争》（密涅瓦书房，2010年）第147—150页。

放在桌子上,脸上盖着一块像纱布一样的白布。①

作为统制派核心人物的永田之死令人震惊。永田是一位典型的政治型军人,他与同时期的许多官僚和政治家都有交往。福田虽然和永田年纪相差不少,但和永田的关系不错。永田对福田的能力也有很高的评价,在陆军会议上他有什么不明白的地方就会吩咐手下去问福田。随着掌权人物永田的去世,陆军内部的控制变得越来越难。相泽事件后,陆军全面调整大臣以下的干部人事,但"下克上"的风潮变得更加强烈。②

(五) 异常冗长的内阁会议

藏相高桥和大藏省面临的最大挑战是如何在1936年(昭和十一年)预算提案中,坚持逐步减少国债和抑制军费开支的基本方针。此时,财政支出总额为22亿日元左右,但因发行赤字国债而导致通胀显著,市场难以消化政府债券。

大藏省考虑到审核以及恢复预算的要求会比往年更为激烈,于是决定比往年更早地提出预算编制方针。但是,与海军省以及其他各省削减或压缩预算的行动相反,陆军如同无视此方针一般,提出了增加预算金额的要求。

在这一年的预算编制中,大藏省决定将军事预算与其他各省区别对待。也就是说,与军方的交涉,由津岛次官与贺屋主计局局长、石渡主税局局长、青木理财局局长三人直接进行,在预算评估前,他们事先前往陆军部进行了预算说明。③

在陆军预算请求的评估中,陆军最初提出了大约3.6亿日元的新请求。但是,为了抑制军费开支,大藏省最初设定的评估金额为2.2亿日元至2.3亿日元。但是,与陆军的谈判极其困难,事务级别的谈判完全陷入僵局。

---

① 福田赳夫《回顾九十年》(岩波书店,1995年)第36页。
② 福田赳夫《我的履历书》(同《我的履历书 保守政治的承担者》,日本经济新闻出版社,2007年)第136页,北冈伸一《作为官僚制的日本陆军》(筑摩书房,2012年)第84—89页。
③ 大藏省财政室编前揭《大藏省史》第二卷,第96页。

第一部

在这种情况下，望月邮政相开始在陆军和大藏省之间进行调解。结果，面见了陆海军大臣的高桥藏相甚至提出了折中方案，承诺向陆军和海军各增加1000万日元的预算。然而，对于这个提议，陆军内部的意见没有达成一致。在没有得出最终结论的情况下，大藏省主计局进行了通宵的清点工作，为次日的预算内阁会议准备材料。[1]

引人注目的预算内阁会议在11月26日下午召开。这一天，高桥命令津岛次官整理汇编了关于国民收入和其他可以实际反映日本经济实际状况的各种数据。在内阁会议上，高桥发表了同意接受先前商定的向陆军和海军各自恢复增加1000万日元预算的发言。

高桥首先解释了国际形势。他提到，日本自然资源贫乏，不具备自给自足的条件，因此必须谨慎地思考国家的前途，最紧迫的任务是维护日本的金融政策在国际上的公信力。如果日本只专注于国防，疯狂地过度发行国债，会造成恶性通货膨胀，破坏国家信誉，那么国防也谈不上是安全的。在日本国内，自然灾害一直在发生，在社会政策面上需要考虑的事情有很多。他热情地敦促军方仔细思考这一点。[2]

高桥的演讲持续了1小时20分钟，显示出财政当局捍卫其财政生命线、对抗军方的勇气。关于这次演讲，津岛副官这样写道："这是有史以来最紧张的场面，因为军部大臣无法与他对军队的坦率声明相抗衡，他对军队的意图给内阁大臣们留下了如此深刻的印象。"[3] 然而，第二天早上，事情突然发生了变化。前一天，一位新闻记者向内阁首席秘书询问预算内阁会议的情况，他详细介绍了藏相高桥的重要讲话。结果，各大报纸的晨报刊登了讲话的全部内容。报纸媒体对军方的反感越发强烈，并广泛地报道了高桥大臣的讲话。

由于本来不应该对外报告的内阁发言被报道了出来，陆军内部充斥着不满的气氛。核心幕僚推动陆军大臣川岛义之在28日以陆军非正式声明的形式发表了一份"当局谈话"。谈话对"我国目前的紧急状态是由军

---

[1] 大前信也《作为政治势力的陆军》第72—73页，大藏省财政室编《大藏省史》第二卷，第97页。
[2] 《东京朝日新闻》1935年11月27日。
[3] 津岛《芳塘随想 第九集 高桥是清翁记事》（芳塘刊行会，1962年）第272—276页。

方造成的"这一论调表示愤怒,并为军方坚持认为加强军备会增加人民负担的担忧应"由操纵汇率的人发挥聪明才智来解决当前的困境"的说法提供了正当化的理由。①

陆军和大藏省现在发生了正面冲突:在27日举行的第二次预算内阁会议上,陆军拒绝对之前提出的增加4000万日元军备预算的方案退步,此次会议以双方各自坚持自己的意见落幕。在一次记者见面会上,大藏省次官津岛明确表示,大藏省的政策是在任何情况下都不增加赤字公债,对此,陆军回应说:这是一种倒退的观点,试图阻止我们民族的进步。②

虽然大藏省坚持其不批准增加赤字国债的政策,但为了与陆军达成协议,它决定批准将"'九一八'事变储备基金"合并到陆军部,并且除加上各部带来的资金之外,在此基础上再增加1000万日元的预算。

11月29日,冈田首相、川岛陆相、大角岑生海相、高桥藏相等从一早就召开了四相会谈,接着在下午召开内阁预算会议。根据福田的回忆,这一天,他跟津岛次官、三局长一起在阁议室旁边的房间里候命,随时准备辅助大臣们的工作。

当高桥准备进入内阁会议室时,福田向他提交了一份他自己准备的《关于内阁会议的应答大纲》。然而,高桥没有接受,而是让他去找一张世界地图。福田从官邸的一个房间里取出一张世界地图,递给高桥,高桥将卷起来的地图夹在腋下进入了内阁会议室。

福田和他的同事们别无选择,只能在隔壁房间等待内阁会议的结束。当他们问从厕所走出来的文部大臣松田源治里面发生了什么时,松田告诉他们:"高桥大臣现在正对着世界地图,和陆军大臣川岛展开激烈论战,说日本和苏联不应该打仗。"③

在29日上午四相会议之后,总算得出了陆军和海军最终接受增加

---

① 《东京朝日新闻》1935年11月28日,大前信也《作为政治势力的陆军》第96—97页。
② 津岛《芳塘随想 第九集 高桥是清翁记事》(芳塘刊行会,1962年)第276—277页。
③ 福田赳夫《回顾九十年》(岩波书店,1995年)第37—38页。福田将交付世界地图的日期记载为29日早晨的内阁会议的时候。但是,当天上午冈田首相与川岛陆相、大角岑生海相、高桥藏相等召开了四相会议,关于预算的内阁会议是在下午召开的。《东京朝日新闻》1935年11月30日。

1000万日元的预算（陆军800万日元，海军200万日元）的结果。当天下午2点30分开始举行的第三次预算内阁会议后，大藏省与陆军和海军之间开始了事务磋商，福田也参加了磋商。

然而，与陆军的磋商仍然很艰难。这是因为缺乏统帅力的川岛陆相无法将陆军内部的意见统一起来。以总参谋部为核心，提出了激烈的反对意见。11月30日午夜，总参谋部杉山元次长前往首相官邸，在没有经过陆军省同意的情况下，直接向内阁传达了自己的要求。这种作为军令部门的总参谋部越过主管的陆军省，直接干预预算的事态可谓实属罕见。

急于应对苏联远东军备扩张的总参谋部，反对陆军部和大藏省已协商好的作战物资费用年度分配的决定，且要求将分配时间从7年缩短为6年。大藏省由于担心内阁决议会被进一步拖延，最终表示了同意。

最后一次内阁会议最终于11月30日上午7点举行。此次会议通过了昭和十一年度的预算草案。大藏省在对陆军方面接连提出的各种要求做出让步的同时，最终还是贯彻了不增加发行赤字国债的既定政策。第三次内阁预算会议于前一天下午2点30分开始，中途多次中断，整整持续了17个小时。为时三天的预算内阁会议总共持续了36个小时，异常漫长。

高桥大臣在会后直接回家。当汽车离开首相官邸，向平河町驶去时，大藏省记者团（财政研究会）的成员在永田町的大藏省大臣官邸前列队相送，向这位老藏相欢呼"万岁"。辅佐高桥的福田，在离开大臣官邸时目睹了这一令人感动的场景。①

（六）"二二六事件"

昭和十一年度预算编制是高桥藏相和大藏省维持财政纪律的一个关键时刻。然而，财政当局与陆军的奋力抗争造成了悲惨的后果。在那场长达36小时的内阁会议后未及三个月的1936年（昭和十一年）2月26日早晨6点前，福田被一阵刺耳的电话铃声惊醒，电话来自内务省文书

---

① 昭和大藏省外史刊行会编《昭和大藏外史》（中）第148—149页，福田赳夫《回顾九十年》（岩波书店，1995年）第38页。

课课长。他向福田通报了高桥大臣被陆军士兵袭击并杀害的事情。

深感震惊的福田,想立即赶到位于大手町的大藏省。然而,由于路面还有积雪,叫不到出租车,他只能选择乘坐始发的巴士。在当时电话和收音机的使用并不广泛,司机和其他乘客似乎还并不知晓这个重大的消息。此外,当他们到达半藏门前时,士兵们挡住了他们的去路,命令他们下车。福田别无选择,只能步行前往大藏省,当他到达办公室后,第一时间给高桥府邸打了电话,高桥的秘书告诉了他事件的来龙去脉。[①]

高桥府邸位于赤坂见附的三岔路口附近,在面向青山方向的市电街道南侧的赤坂表町。当天凌晨5点过后,约140人的队伍冲进高桥住宅。高桥听到异常的响声时,已经起身坐到了蒲团上。高桥看见他们后,喝问道:"你们想干什么?!"青年将官们只是叫嚷着"这是天诛",在至近距离对藏相连连开枪,更是挥刀乱砍,将他杀害了。

这场后来被称为"二二六事件"的叛乱,是近代日本史上最大的一次军事政变。受北一辉思想影响的皇道派的青年军官,率领约1400名士兵杀死政府要员并占领了首都的中心地区。高桥大藏大臣成为杀害目标的主要原因就是他在前一年预算汇编时的发言。如同叛乱部队军官后来招供的那样,报纸上发表的高桥主张缩减陆军预算的讲话激怒了年轻军官。[②]

这次事件后,皇道派虽然被清除了,但陆军的政治话语权变得更加强大。接替冈田首相的广田弘毅,在接受了军队对内阁大臣人选及扩大军备的要求后才总算成立了内阁。

为扩张军备而扩大公共财政的压力也波及大藏省。马场锳一被任命为广田内阁的大藏大臣。作为日本劝业银行的前总裁,由于曾经目睹农村经济的衰退,主张采取积极的财政政策。因此,马场改变了当时的财

[①] 福田赳夫《回顾九十年》(岩波书店,1995年)第39—40页,Richard J. Smethurst 著,镇目雅人、早川大介、大贯磨里译,《高桥是清——日本的凯恩斯 其生涯与思想》(东洋经济新报社,2010年)第371—371页。

[②] 大前信也《作为政治势力的陆军》第121—122页,Richard J. Smethurst 著,镇目雅人、早川大介、大贯磨里译,《高桥是清——日本的凯恩斯 其生涯与思想》(东洋经济新报社,2010年)第366页。

政政策，放弃了高桥前藏相制定的健全财政政策，同时试图通过以发行国债为不断膨胀的军事开支填补窟窿。

此外，马场还进行了"史无前例的人事变动"，他替换了那些支持高桥前藏相的大藏省高级官员。津岛次官退休，贺屋主计局局长被平调为理财局局长，石渡主税局局长成为内阁调查局调查官，理财局局长青木被调离大藏省，担任对满事务局次长。①

年轻的福田虽然继续留在了主计局，但他对马场财政的未来感到强烈忧虑。结果证明，1937年（昭和十二年）的年度预算是日本公共财政的一个重大转折关口。之前一直保持在22亿日元水平的普通会计支出突然超过了30亿日元，军事支出被允许比前一年增加40%以上。军事装备的扩张不设上限的情况，已经超出了像福田这样的普通行政官员的掌控能力。②

四　前往中国大陆

（一）中日战争爆发

"九一八"事变爆发后，关东军的军事入侵伴随着1933年（昭和八年）5月签署的《塘沽停火协议》而告一段落。然而，从1935年起，关东军将中国的华北地区（河北省、察哈尔省、绥远省、山西省、山东省）从国民政府的统治中分离出来，试图对这些省份进行统治。他们宣布将包括北京在内的河北省东部地区设为"非军事区"，并在空白地带建立了一个傀儡政府——"冀东防共自治政府"。

日本的一系列举动导致中国的抗日运动不断高涨。以1936年12月的西安事变为契机，国民党和共产党停止了内战，建立了抗日统一战线。在这之后，抗日烽火在中国全国范围内进一步蔓延，北京的学生示威运动也变得更加频繁。

---

① 大藏省财政室编《大藏省史》第二卷，第143—144页。
② 福田赳夫《回顾九十年》（岩波书店，1995年）第41页，大藏省财政室编《大藏省史》第二卷，第148—149页。

在日益紧张的局势下，1937年7月7日，日中双方在北京郊区的卢沟桥附近发生了武装冲突。尽管达成了暂时停火协议，但近卫文麿首相还是决意派遣在日本国内的三个师团前往战场。战场最初虽仅限于华北地区，但当8月在上海爆发武装冲突时，近卫内阁决定撤回不扩大战争的政策，这也导致了日本和中国之间爆发了全面战争。①

日中战争的爆发也迫使大藏省的政策转向战时财政。1937年9月3日召开的国会会议上，新设立了临时军事特别会计预算。

日本在甲午战争、日俄战争和第一次世界大战期间，曾三次设立了特别会计预算，以区别于一般会计预算。临时军事特别会计预算，不按通常的会计年度分开，而是将军事预算从一般账户中分离，直到战争结束作为一个会计年度来做特殊处理。那时候，虽然日本政府因为还没有对华宣战，使用了"事件"的称呼，但实际上是作为战争来对待的。②

由于军事行动需要高度保密，临时军事特别会计的支出只有概要说明。福田回顾道："虽然削减了那些明显不当的支出，但关于这些费用的使用用途等细节方面却无法验证。"在缺乏财政当局监督的情况下，随着战争的扩大，军事预算进一步膨胀，要求增加预算开支的决议也一个接着一个。其中许多是通过发行更多的政府债券来填补的，诸如此类，"对财政当局来说最糟糕的行为"③。

（二）外国视察

自从在主计局任职以来，福田决定在每年春季预算编制告一段落的时候去视察陆军军队的设施。"九一八"事变后，随着陆军活动区域的扩大，在中国东北以及其他地方进行实地调研以确认预算执行情况是否合适变得尤为重要。④

---

① 波多野澄雄《大东亚战争的时代》（朝日出版社，1988年）第106—118页。
② 大藏省财政室编《大藏省史》第二卷，第163—165页。该特别会计预算在太平洋战争开始后也继续存在，直至战败后的1946年2月为止，将大约一共8年的时间作为一个会计年度。
③ 福田赳夫《回顾九十年》（岩波书店，1995年）第41—42页。
④ 福田赳夫《我的履历书》（同《我的履历书 保守政治的承担者》，日本经济新闻出版社，2007年）第139页。

第一部

1938年（昭和十三年）4月，福田从朝鲜半岛出发视察了伪满地区，随后又去了华北地区。这次视察的行程安排得十分紧凑。4月14日，福田在位于朝鲜半岛最北端、靠近苏联边境的雄基给他的哥哥平四郎的信中写道："这些天一直非常繁忙。从明天起，我终于要去满洲了。重要的工作堆积如山，明天晚上我将在吉林住宿。后天我终于可以见到早苗他们了，感到非常开心。"

早苗是福田最小的妹妹。那时候，她作为邮政省官僚的夫人，住在伪满洲国的"首都""新京"（长春）。16日，福田和许久不见的早苗夫妇见了面。第二天，他在新京进行了与预算有关的调查。[1]

在对长春进行为期一周的视察后，福田乘飞机前往哈尔滨，从那里北上前往黑龙江南岸的黑河。黑河的对岸是苏联的布拉戈维申斯克（海兰泡）。其后，福田在满洲里、海拉尔和昂昂溪区域进行了为期两到三天的行程紧凑的视察，并对苏联前线作战基地也进行了视察。[2]

在这之后，福田从长春坐火车前往华北，进入山海关后经天津，进入北平。福田在北平得到了爱知揆一的照顾。爱知是比福田晚两年入职大藏省的后辈，他作为福田的后任成为派驻在伦敦的财务书记官，从那年的1月起被派驻中国。[3]

当福田前往北平时，陆军的徐州会战已进入最后阶段。为围歼聚集在徐州附近的国民党的大约40万人主力军队，日军从南北方发动进攻。从北京出发的福田乘坐陆军飞机视察情况，并在飞机上听取了关于徐州作战的简要介绍。

然而，在济南停留了一夜之后，由于沙尘无法飞行，福田只好坐火车返回北京。当时，华北是抗日游击队出没的地带。在回程中时常遭遇袭击，碰到这种情况时，乘客们都听从列车长的指示，在袭击方向的反

---

[1] 岸宪《小说 福田赳夫》（上毛新闻社，1966年）第243—244页。福田那次与早苗的见面，应该是他们的最后一次。早苗在战争结束后的动乱中，死于伪满洲国。

[2] 岸宪《小说 福田赳夫》（上毛新闻社，1966年）第244—247页。

[3] 福田赳夫《回顾九十年》（岩波书店，1995年）第44页。福田虽然写了"在北京兴亚院事务所工作"，正确的情况是，兴亚院是在同年11月设置的。爱知的履历显示，他从同年1月开始前往中国出差，从6月开始常驻。1939年4月开始担任兴亚院的书记官，配属于华北联络部经济第一局。

面下车，以下蹲的姿势避免危险。①

在中日战争升级的同时，日本与北方苏联的紧张局势也在加剧。1938年7月，在苏联和伪满洲国边境的张鼓峰发生了武装冲突。此外，1939年5月，在伪满洲国和蒙古国交界处，关东军和苏联军队发生了大规模武装冲突，这就是历史上的诺门坎战役。

1940年春天，福田视察了库页岛（现在的萨哈林岛）。萨哈林以北纬50度为界，以南是日本领土，以北是苏联领土。苏联军队在伪满洲国和苏联的交界地带设置了大规模的防御阵地，同样在库页岛地区也开始了布防。陆军队需要为此做好准备。福田前往北纬50度的前线基地进行了视察。②

此时，欧洲的形势也发生了急剧变化。诺门坎武装冲突后的1939年8月，德国与苏联签署了互不侵犯条约。随后的9月，德国突然侵略了波兰。由于德国的军事行动，英法两国对德宣战，欧洲爆发了战争。这个欧洲大战，其后发展成为包括亚洲在内的第二次世界大战。

德苏签署互不侵犯条约的消息震惊了日本。当时的平沼骐一郎内阁留下了欧洲局势"复杂奇怪"的名言后宣布辞职。面对当时的国际局势、围绕中日战争，日本不得不重新思考对外战略。迄今为止，日本连同德国、意大利等轴心国对被视为有可能会妨碍解决中日战争的英国和苏联进行了牵制。但是，在德苏签署互不侵犯条约的情况下，日本只能独自摸索解决中日战争的方法了。③

所谓的"南进论"就是在这样的背景下浮现的。从1940年春天开始到夏季的欧洲西部战线的闪电战中，德军瞬间就占领了比利时、荷兰、法国。日本也有了与德国联动，出兵占领法属印度支那（法印）的计划。法属印度支那是美英两国对华援助路线（援蒋路线）中的一条。日本将其切断，对国民政府形成打击。同时，计划在法属印度支那建立基地，以呼应德军登陆英国本土，武力占领马来西亚、新加坡等远东英属领地，

---

① 福田赳夫《回顾九十年》（岩波书店，1995年）第43—44页。
② 福田赳夫《回顾九十年》（岩波书店，1995年）第44页。
③ 波多野澄雄《大东亚战争的时代》（朝日出版社，1988年）第159—161页。

第一部

进而占领荷属东印度获取南方的战略资源。①

日军从 1940 年 9 月开始进驻北部法属印度支那。福田在这个月升任主计局调查科长。② 在 9 月 23 日的秋季皇灵祭日放假的时候,福田带着一家老小前往登户向丘游园。下午在园内的茶室里休息的时候,听到了"我军跨过了法属印度支那的边境,向河内进军"的广播新闻。福田当时的感觉是:"中日战争已经让日本焦头烂额,接下来的局势更将是一发不可收拾了。"③

1941 年 5 月,福田实地考察区域是中国南方及法属印度支那。这也是他在主计局在任时的最后一次实地考察。福田首先去了位于海南岛的海军基地,随之前往位于广州的华南方面军司令部听取说明,当天晚上还参加了后宫淳司令为他举办的晚宴。

其后,福田搭乘陆军的飞机前往法属印度支那,首先到达河内。在河内迎接福田的是由澄田来四郎少将统领的澄田机关。当时担任法属印度支那国境监视委员的澄田,带领特务机关与法属印度支那总督府以及当地的军队进行交涉。澄田的长子智,这一年四月从东京帝国大学毕业后进入大藏省工作。智后来曾经在多方面协助成为大藏省事务次官以及藏相的福田。

福田在澄田机关的帮助下,从河内南下到西贡,参观了很多地方。在随处可见的法式风格及琳琅满目的法式商品面前,进驻越南的日军主力却居住在沿河内到海防的街道路边搭建的简陋宿舍里,饱受风吹雨淋。为此,陆军向福田提出了改善居住条件的要求。④

(三) 成为南京汪伪政府顾问

在考察途经广州时,福田意外地接到一封来自东京的电报。内容是:作为南京汪伪政权最高顾问的青木一男希望福田出任汪伪的财政顾问。青木虽然在马场藏相时期被降职调任到对满事务局,但后来应近卫首相

---

① 波多野澄雄《大东亚战争的时代》(朝日出版社,1988 年)第 167—173 页。
② 《东京朝日新闻》1940 年 9 月 7 日。
③ 福田赳夫《回顾九十年》(岩波书店,1995 年)第 45—46 页。
④ 福田赳夫《回顾九十年》(岩波书店,1995 年)第 46—47 页。

之邀参与了企划院的设立，至阿部信行内阁，作为企划院总裁兼藏相入阁。其后，在1940年（昭和十五年）4月以汪伪政权特命全权大使顾问身份前往南京赴任。

以汪精卫为首的南京伪国民政府，是日本在中国大陆占领地上建立的傀儡政权。日本陆军虽然在1938年秋天占领了汉口和广东，但是以重庆为临时首都的蒋介石并未放弃彻底抗战姿态。扩大战线已达到极限的日军，此后尽量避免大规模作战，转入长期持久战态势，重点从使用军事力量转为使用政治谋略。

在这个背景下，出现了抬出身居国民政府高位的汪精卫建立新政府、以瓦解国民党政权的构想。日方以参谋总部影佐祯昭大佐为核心、中方有国民政府外交部的高宗武以及汪精卫的同道者周佛海等参与策划了这一构想。

1938年12月，汪精卫在影佐等人的帮助下成功逃离重庆。然而，无论是国民党将领还是各地军阀，几乎无人响应汪精卫之举，这令日方的期待落空。其后，经过各种曲折，日本政府在1940年11月正式宣布承认汪伪政权。这时所谓的"桐工作"等对重庆的劝降活动已经完全走入死胡同。

汪伪政权成立之初，日本政府派遣顾问的事项成为了双方的争议点。汪伪政权为避免日方干涉内政，反对设置政治顾问的职务。作为对日交涉代表的周佛海认为，即便是在日军占领区域成立的傀儡政权也应该保持作为"中国政府"的颜面。最终双方达成了南京汪伪政权向日方"招聘财政、经济、自然科学等领域技术顾问"的妥协。[1] 不久后的1941年5月，日本政府发布了汪伪政权顾问团的名单。除最高顾问青木一男之外，顾问团成员有：政务顾问犬养健（众议院议员），财政顾问福田赳夫，产业顾问桥井真（商工省总务局生产扩展科长），农业顾问难波理平（农林省总务局企划科长）。他们同时还兼任汪伪政权设立的"全国经济委员会"的顾问。[2]

---

[1] 刘杰《汉奸审判》（中央公论新社，2000年）第100—103页。
[2] 《东京朝日新闻》1941年6月22日，在他们出任顾问前，木村增太郎（前东京商工会议所理事）已经作为中央储备银行的顾问，到南京赴任。《东京朝日新闻》1941年1月7日。

在顾问团内作为青木左膀右臂、"事务总长"一样存在的福田，在南京市内拥有公馆府邸。被称为"福田公馆"的建筑是一栋二层的洋楼，在这个公馆里居住着福田与其他三名来自大藏省的部下。①

在福田赴任5个月后的1941年11月5日夜晚，福田从公馆的庭院看到了日军飞机组成编队向南飞行的场面。这是与偷袭珍珠港联动的南方作战的主力部队在行动。福田在南京经历了12月8日太平洋战争的开战。②

（四）货币战争

从1941年（昭和十六年）5月到1943年6月，福田在南京工作了两年。关于顾问团的工作，福田有过这样的回忆："顾问团的任务，一方面是帮助'建国'初期的汪伪政权加强基础建设，同时也是为了阻止占领日军过度的行为，从而保障'新政府'的'权威'和'面子'。"③

福田充分理解了自己作为顾问的任务是协助汪伪政权强化经济基础，同时又保持他们的"面子与权威"。他与"新政府"的人员平等相处，同时也时常为他们阻挡军方的无理取闹。福田在政策以及预算执行方面虽然有一些严厉的意见，但是汪精卫以及周佛海等汪伪政权的高官好像都能理解他的行为。

福田作为汪伪政权的财政顾问，发挥的最大作用是他的货币政策。战争期间，中国大陆各种货币并存，就像是货币战争状态。华北的日本军部想让汪伪傀儡临时政府设立的中国联合准备银行（联银）发行的联银券成为流通货币，也就是打算将联银券作为跟日元等价的流通货币，将华北区域纳入日本的日元货币圈内。

华中以及华北占领区的情况十分复杂。华中地区是蒋介石浙江财阀

---

① 福田赳夫《回顾九十年》（岩波书店，1995年）第48—49页，福田赳夫《我的履历书》（同《我的履历书 保守政治的承担者》，日本经济新闻出版社，2007年）第142页，福田康夫氏访谈（2020年12月11日）。

② 福田赳夫《我的履历书》（同《我的履历书 保守政治的承担者》，日本经济新闻出版社，2007年）第142页。

③ 福田赳夫《回顾九十年》（岩波书店，1995年）第49页。

的根据地，他们接受英美的援助，以法币为中心打造了自己的经济网络。为此，军部也放弃了统一货币的念头，转而实施流通军票的政策。这样的情况在1941年1月汪伪政权成立相当于"国家"银行的"中央"储备银行（以下称储备银行）以后也没有改变。日本军部不允许汪伪政权实施对军票不利的金融货币政策，相反，为了维持军票的价值，命令新成立的储备银行必须给予军部协助。①

但是，太平洋战争改变了这样的状况。战争爆发的同时，日军侵入上海租界，接管了浙江财阀的银行，因为掌握了为法币流通背书的上海租界，日本方面也宣布禁止法币流通，以储备银行发行的新法币（储备券）统一华中货币的时机已经成熟。

不过，围绕币制改革的意见对立依然存在。在"占领区"主管对华政策的兴亚院、青木最高顾问以及顾问团，主张赶出深受英美影响的法币体系，扩展日元货币圈，早日实现货币统一。与此相反，中国派遣军以及当地的日本企业认为时机尚未成熟，主张允许法币和储备券同时流通。

福田负责调整在统一货币过程中相关方的利益分配，从1942年1月到3月，福田等顾问团的成员与汪伪政权、东京的大藏省、中国派遣军方面进行了反复磋商。② 兴亚院在3月6日宣布决定回收法币，统一货币。此后，先是军票的标准兑换价格变为储备券兑换价格，3月30日更是宣布取消储备券对法币的等价兑换。

正好在那个时候法币币值下降，储备银行无法即时回收法币，就这样过了一段时间，直至6月8日才开始全面实施交换。这年的12月，日本占领区禁止法币流通，第二年的4月停止军票发行。就这样，在日本占领区，不断推进用储备券统一货币的计划。③

---

① 小林英夫《"大东亚共荣圈"的形成与崩溃》（御茶之水书房，1975年）第138—142页，山本有造《"大东亚共荣圈"经济史研究》（名古屋大学出版会，2011年）第165—166页。

② 南京赴任后从1942年1月至第二年回国为止的福田日记保存完好，可以查阅到当时的谈判过程。

③ 小林英夫、林道生《日中战争史》（御茶之水书房2005年）第204页，JACAR（亚洲历史资料中心）C11110852500《中国事变军票史 第六卷 昭和12年至昭和18年》。

（五）稳定财政政策的挫败

作为财政顾问的福田参与的不仅是货币统一的事项，也参与了为稳定汪伪政权财政基础的税收以及预算编制工作。才三十多岁的福田肩负着一个政权的经济财政命脉。除了对他作为一个能干的大藏省官僚的高度认可，福田对军部以及日本政府也表现出某种程度的自律，汪精卫以及汪伪政权在很多重要问题上都征求他的意见。对福田而言，在中国大陆统一货币，以及站在国家全体视野角度的经济财政运营经验，也为他日后成为财政家打下了良好的基础。

汪伪政权的财政基础是关税、盐税和统税。在汪伪政权成立之初的政府收入里，关税为 3.4 亿—3.5 亿元，盐税和统税大概是 5 亿—6 亿元，占全中国税收的 85%，汪伪政权的财政基础比重庆蒋介石政府更为牢固。①

其中，盐税是拥有沿海地区的汪伪政权的重要财源。1942 年（昭和十七年）1 月，福田前往江苏海州考察盐田现场，听取了当地军方以及特务机关负责人对盐务行政的汇报。福田在他的日记里对特务机关负责人的工作汇报作了以下的记录："盐的问题，困难在于理念的不同。日方：经过流血才获取的权益；中方：毫无自主权（日方要求须确保满足日方要求，除此之外的才能给中方）。"日方在对福田提交的《关于盐的诉求》报告里，要求福田拿出"体现出政、经、军都能接受的一贯性政策"，"表明盐的生产目标"的方案。② 福田的工作内容与日本军部以及汪伪政权的利益直接相关。福田经过实际调查，听取当地工作人员的意见，提交了很多有利于汪伪政权确立稳定的财政基础的方案。

同时，福田也积极参与汪伪政权的政府预算编制工作。在福田到任的时候，以半年为一期的汪伪政权的预算方案（预算概算报告）已经完成。为此，福田作为财政顾问参与预算编制的是，从 1941 年下半年开始

---

① 堀内干城外务省东亚局长的讲演［刘杰《汉奸审判》（中央公论新社，2000 年）第 107—108 页］。

② 《福田日记》1942 年 1 月 25 日记事。

到 1943 年上半年为止的四期。占 1942 年预算很大比例的是军备预算、治安工作的清乡经费以及物资管制设备费。①

福田接到了汪精卫要求增加军事预算费用的要求，从 1942 年 1 月 2 日到 8 日，严格地进行了预算审核。其后的同年 9 月 17 日，福田与周佛海"财政部长"进行了会谈，除了建议用结余的资金给职员增加工资以外，还建议必须进行行政梳理，"尽快编制政府财政预算"。在 10 月 7 日的会谈中，更是要求周佛海特别关注财政支出。周佛海在他的日记里写道："顾问对财政极为关注，实在是很难应对。但是我们的浪费确实太多，给了别人很多口实，也算是自作自受。"②

但是，福田要求强化财政规则的努力并没有得到多大成效。1943 年 1 月汪伪政权对英美宣战，带动了军事预算的大规模增加。在福田即将回国前的 5 月 17 日，周佛海在他的日记里又写道："下午接见了冈田、福田两位顾问，商量了明年的预算问题，由于军费开支的激增，都不知道从何处下手，实感焦虑。"③

伴随军费的急剧膨胀，增加储备券货币的发行也不可避免。而且根据横滨正金银行和储备银行之间的虚报注册协议，巨额的日军军费开支都是从储备银行中提取的，从 1943 年后期开始，储备券通胀极为严重。而且随着 1945 年以后战局的恶化，空前严重的通货膨胀席卷华中地区，民生遭遇极大困难。

（六）福田的回国

由于"最高顾问"青木一男成为首任大东亚相要回日本赴任，1942 年 11 月 2 日，石渡庄太郎原藏相作为他的后任到达南京。同年岁末，石渡"最高顾问"收到谷口恒二大藏次官的电报，内容是要求福田回国担任文书科长，但石渡强烈反对。

福田到南京上任后的一年多一直是一个人，1942 年 9 月他将妻子三

---

① 小林英夫《日中战争与汪精卫》（吉川弘文馆，2003 年）第 177—179 页。
② 《福田日记》1942 年 9 月 17 日记事。蔡德金（村田忠禧等译）《周佛海日记》（美铃书房，1992 年）1942 年 10 月 7 日记事。
③ 蔡德金（村田忠禧等译）《周佛海日记》（美铃书房，1992 年）1943 年 5 月 17 日记事。

枝和孩子们都接到南京。但是，随着战局的恶化，日本本土与上海之间的航路开始遭遇潜水艇的攻击。为此，福田让家人们先回日本。12月14日，福田在上海的码头目送了家人后，第二天也从上海机场出发踏上了前往日本的行程，这次回日本主要是为了陪同汪精卫访日。回国后的福田与谷口次官等见面，就自己的人事安排与他们进行了商量。

福田的回国问题在这之后也有各种不同的声音。就在福田正式收到文书科长的委任通知后，石渡也一直不同意。也许这是因为福田的工作能力太强，没有人可以取代他的职位吧。据福田说：大约有半年多的时间，围绕福田的回国问题，石渡最高顾问和谷口次官之间一直在进行电报交涉。福田最终在1943年6月回到了日本。①

汪精卫也对福田的回国感到惋惜。汪精卫作为伪"军事委员会委员长"统领军务，对预算非常关注，他也不想失去这位值得信赖的财政顾问。在欢送福田回国的宴会上，汪精卫还赠诗一首饯行。②

回国后的福田，最后一次是在名古屋见到了汪精卫。汪精卫因为早年在北京遭暗杀时残留在体内的子弹，诱发了多发性骨髓肿。为了治疗，汪精卫入住名古屋帝国大学医院。福田去看望他的时候，汪精卫躺在巨大的防空洞地下室内的床上。汪精卫是在1944年11月10日去世的。福田担任顾问时期有过交往的汪伪政权的高官们，其后都由于日本战败以及汪伪政权崩溃，以协助敌国的罪行被处以汉奸罪。

福田在战后几乎没有讲述过自己在南京时与政策制定相关的事情。描述福田生平的书籍也回避了他在南京的那一段时间。这与进行了抗日战争的国共双方都把汪精卫等定为汉奸有着密切关系。

---

① 《福田日记》1942年12月13—15日，福田赳夫《回顾九十年》（岩波书店，1995年）第52页，鹿喰清一编《心如水 纪念石渡先生》（私家版，1982年）第245—246页。

② 福田赳夫《回顾九十年》（岩波书店，1995年）第52—53页。

第三章

从战败走向战后

前　言

　　1929年（昭和四年）进入大藏省后，福田以其精准处理问题的能力和不装腔作势的作风，在省内获得了一致好评。大藏省的主管官员都想着把他留在身边，上司们争夺福田的滑稽场面，在1942年（昭和十六年）年末福田卸任汪伪南京政府财政顾问回国后的工作安排上更是表现得淋漓尽致。

　　1943年6月，福田回国后担任文书科长的中枢要职。1944年2月，东条内阁改造后，福田在南京伪政权时代的上司石渡成为藏相，福田担任秘书科长的同时兼任大臣秘书官。这在大藏省中枢可谓是最具备权势的官僚。

　　从太平洋战争到占领期，大藏省最为费力的工作就是阻止超过度通胀的发生。随着军部的作战总动员，军费开支飙升，已经不可能像以往那样遵守财政规律。因此，大藏省集中力量一边调集军费一边通过各种金融统筹压缩通胀。战败后，在物资缺乏的同时由于取消了金融统筹，恶性通胀迅速抬头。大藏省一边配合驻日盟军总司令部（GHQ）处理行政事务，一边推进在金融方面的战后处理工作，以发行新版日币为手段，遏制通胀、解决粮食不足问题。

　　困难时期，福田一直都是大藏省的中枢骨干。尤其是1946年2月在实施金融紧急措施命令的时候，福田作为官房长官，起到了指挥塔般的作用。福田的"如果不能遏制过度通胀，日本的经济就将崩溃"的想法，始终贯穿战中战后。本章节首先就战争期间福田作为大藏省官僚所起到的作用进行阐述。

福田如果在战争期间已经是大臣或是次官那样的干部，战后或许会被追责，会被开除公职。前述的中枢作用也只是作为科长辅助主要干部工作。级别不高，某种意义上或许也是一种幸运。他成为官房长官以及局长，那都是战后的事了。

虽然如此，回首那段身处紧急状态的繁忙工作，福田在多年以后回忆道："我曾经有过两次觉得自己快要死了"。一次是1945年5月东京山手遭遇空袭，他去津岛寿一前藏相家帮助灭火，后背被燃烧弹点着时，在肉体上感受到死亡的恐怖。另一次是1948年他因为昭电事件被逮捕的时候，感受到在社会政治上的死亡恐怖。虽然10年后的判决明确宣布他无罪，但是福田在事件两年后辞去了大藏省的工作。[①]

被卷入昭电事件的福田，其结果是作为政治家开始了他的第二人生。福田作为政治家发挥了重大作用，但是他的能力大多来自在大藏省作为青年、核心干部大约二十年的成长过程。他跟着像井上准之助以及高桥是清这样代表战前日本的藏相学习了财政政策，在伦敦目睹了面临经济危机的国际社会却缺乏协调机制的现实，回国后又作为负责陆军财务的主官考察了亚洲各地的实际情况。这些经历是福田赳夫未来从政的基础。

一　战败

（一）非同寻常的军费开支

1943年（昭和十八年）6月，福田回国担任大藏省的文书科长。那时候，大藏省的办公地点搬到了霞关。如同前述，1940年6月的火灾烧毁了位于大手町的所有官舍。文书科是福田进入大藏省后被首次配属的部门，也是大藏省枢纽部门。

战争期间，大藏省最为关心的是如何调剂军费开支。与美国开战后，军费开支激增。以维持财政运营中心的临时军费特别会计为例，1941年

[①] 越智通雄《增补改订 父 福田赳夫》（产经出版，1975年）第138—139页。

的费用为94亿9千万日元，而1944年的费用为734亿9千万日元，短短的三年增加了近7倍，归根结底还是财源问题。日俄战争的时候，军费的四成来自英美等国的外债，太平洋战争的费用则完全来自日本国内。因此尽管每年反复增税，临时军费特别会计的95%还得依靠发行名为"大东亚战争国库券"的公债。公债每年发行量都在增加，这完全违背了经济发展的合理性，完全是一场毫无谋略的战争。尽管明白这些道理，但是福田作为国家公仆也无法论及是非，只好尽可能开动脑筋维持运营。然而，结果还是无法满足庞大的军费开支。1943年以后便只能从战场及占领地的特殊金融机构调到当地的资金了。①

在军费不断增加的情况下，大藏省将工作重点放到鼓励国民储蓄上。扩大国民储蓄就能降低过度购买，从而达到降低通胀的目的。

侵华战争开始后，大藏省新设国民储蓄奖励局，并在全国设置了地方机构，以推动提高储蓄率。刚开始的时候主要是进行精神方面的储蓄动员，不久以后各都道府县的银行和邮局被赋予了任务，无论是普通国民还是国民储蓄组合的成员，实际上已经变得被迫不得不储蓄。推动这样以表现爱国心为形式的储蓄奖励运动的是东条内阁成员、当时的藏相贺屋兴宣。贺屋认为，为筹集军费，可以无限量印刷钞票，只要这些钱不被用于"非正常的消费"，就可以阻止通胀的发生。②

在福田成为文书科长的时候，奖励储蓄的运动正值高潮，储蓄的额度也被大幅提升。同时，为了推进国债销售，政府同时通过邻组推动国债储蓄，也就是强行将国债分摊到每一个国民的身上。筹集延续战争所需要的巨额经费，不同于以往靠外债，而是靠国民的巨大牺牲。

但是，即便这样努力地"筹集"军费，当1943年以美国为首的盟军开始正式对日本反攻作战后，日本根本就毫无招架之力。尤其是当太平洋战争呈现消耗战局面的时候，日本就完全无法与具有强大工业生产能力的美国对抗。

---

① 大藏省财政室编《大藏省史》第二卷（大藏财务协会，1998年）第241—242、249页。
② 大藏省财政室编《大藏省史》第二卷（大藏财务协会，1998年）第328—329页，贺屋兴宣《战前。战后八十年》（经济往来社，1976年）第136—137页。

第一部

1943年9月30日，在御前会议上，日本决定收缩战线、巩固后方，以千岛、小笠原、内南洋、西部新几内亚、巽他、缅甸为确保区域（"绝对国防圈"）。缩小西太平洋广阔战线，建立持久战略体系以迎击盟军。但是不久后，因为日军在中太平洋吉尔伯特群岛、马绍尔群岛的海战中丧失了航空战斗力，在美军登陆岛屿的时候，日军进行了自杀性的抵抗。

东条英机为了强化战时指挥体系，1944年2月亲自兼任总参谋长，同时让海军大臣岛田繁太郎兼任军令部总长，确立了政治与军事的统一指挥体系。命令下达的当天，作为东条内阁重要成员的贺屋辞去了藏相的职务。① 取而代之的是曾经担任过南京汪伪政府最高顾问的石渡庄太郎。当时石渡任命福田出任文书科长兼秘书科长，同时担任大藏大臣秘书官的职务。就这样，福田跟大藏大臣一起实际上在大藏省内成为决定政策的中心人物。

但是，战局变得进一步恶化起来。从1943年中期开始，美军正式开始大规模用潜水艇袭击商船，导致大量船舶受损。进入1944年后，民用船只更是受损严重，日本国内粮食严重不足。同时，1944年6月15日，美军成功登陆日本"绝对国防圈"中心的塞班岛。日本海军虽然为此发动了"一号作战"，但是在马里亚纳群岛海战中遭遇惨败。

失去塞班岛后，包括前首相在内的各方大员积极推动对东条内阁的倒阁运动。东条虽然想了很多方法企图加以阻止，但是因为他的声望已经坠地，不得不于1944年7月18日退任。同年7月22日小矶国昭内阁诞生，其时的藏相是福田在伦敦时的上司津岛寿一。②

---

① 贺屋辞职的原因是在储备券与日元兑换的价格问题上与东条首相的对立，贺屋主张因为已经不符合经济的实际情况，储备券的兑换价格应该下调。但是，大东亚相青木一男出于考虑到维持南京伪政权的安定，对此表示了反对。最终因为东条支持了青木的主张，贺屋提交了辞呈。与青木持同样观点的石渡出任了藏相。青木一男《回顾九十年的人生》（讲谈社，1981年）第189—190页。

② 吉田裕、森茂树《亚洲，太平洋战争》（吉川弘文馆，2007年）第168—169、236页，古川隆久《东条英机》（山川出版社，2009年）第72—73、79—82页，福田赳夫《回顾九十年》（岩波书店，1995年）第57页。

（二）九死一生

1944年（昭和十九年）日本失去马里亚纳群岛后，美国在岛上修建了很多航空基地，同时配备了当时最先进的战略轰炸机 B-29。这样，除了北海道以外的日本领土都被覆盖在它的轰炸圈里。东京在塞班岛被攻占后，考虑到有可能出现的空袭也开始疏散学生。福田也回到家乡并疏散了家人，自己则搬到位于隼町的大藏大臣秘书官官舍。但是，不久后他就又搬到大藏省官舍。福田因为同时兼任文书科长和秘书科长，在大藏省内有两个办公室。他将文书科长办公室作为工作室，将床放进秘书科长办公室作为休息室。但是仅从秘书室走到隔壁的文书室无法进入上班状态，于是每天早上，他穿上在英国穿过的灯笼裤，戴上鸭舌帽，拿着手杖在大藏省内行走一圈后回到作为工作室的文书科长办公室，成了一种习惯。

在战时状态下，大藏省的职员们平时都戴着战斗帽、穿着防空服和绑腿上班。在这样的情况下，福田穿着英伦风格的服装在省内行走，很显然会引起大家的关注。福田之所以这样做，是为了让大家能稍稍从沉重的氛围中有所解脱，也体现了他的幽默与绅士风格。

福田这样的风格获得了大家的好评，以山际正道次官为首的将近四五十人搬到省内居住。福田作为组长将大家组织起来，为大家分配食粮。同时福田也担任了大藏省的"防卫队长"，每天早上8点，对大家进行"防卫指示"。①

进入1945年后，美军的空袭目标从产业设施转移到了主要城市的人口密集地。为摧毁日本人的战斗意识，美军开始针对包括一般民众在内的无差别式轰炸。燃烧弹是可燃性特殊炸弹，木制房屋一旦中弹就无法挽救。特别是3月10日针对东京老城区的东京大空袭，造成的损失跟关东大地震几乎一样严重。而且不幸的是当天正值强风，而强风又造成火

---

① 福田赳夫《回顾九十年》（岩波书店，1995年）第58—59页，福田赳夫《我的履历书》（同《我的履历书 保守政治的承担者》，日本经济新闻出版社，2007年）第114页，福田赳夫《昭和动乱期的大藏省》（中）《金融财政事情》第36卷19号（1985年）。

第一部

势大面积的蔓延，火灾瞬间就将半个东京带入了火海，仅这一个晚上就造成10万人死亡。①

东京大空袭后，大藏省各局分散各处，只留下了"防卫队"，变成了临时办公场所。大臣以下的30多名局长搬到位于日本桥的日本银行的三楼办公。日本银行的地下一楼有一个巨大金库，冷暖设备俱备，一旦发生紧急状况，就能移动至那里避难。

福田也险些在空袭中丧生。5月25日夜，包括福田在内的几名主要干部为了替省内前辈津岛寿一开慰问会，聚集在六本木的鳗鱼店"山之茶屋"。随着小矶内阁的倒台，津岛也辞去了藏相职务。当时因为缺乏各种物资，很难找到酒类。而津岛家中有储备，于是一行在用餐后一起来到位于麹町三番町的津岛家准备小酌一杯。正当其时，空袭警报响起。这是继3月10日针对老城区的东京大空袭之后，针对山手区域的山手大空袭。

火势在很短的时间内就变得非常猛烈，大量火星也飘到津岛家，如果放任不管就会引发大火。福田手持竹竿将浸水后的抹布缠于前端，拼命想将屋顶上的火星扑灭。但是，一枚燃烧弹击中了津岛家，福田被热浪冲到草地上昏死过去。醒来后的福田躲进津岛家的防空洞里避过一难，走出防空洞的时候发现津岛家完全陷入火海。

之后，福田为找到安全的地点步行到四谷。一路之上四处尽是火海，烟气使呼吸都变得很困难。福田历经艰险终于到达一座大桥的下面，在那里休息了两个小时后发现周围的火势减弱了很多。福田觉得回到大藏省是最好选择，于是便往大藏省方向走去。走了300多米就是上智大学，大学隔壁是日产管理层总帅鲇川义介的府邸。鲇川家大门敞开，家人们都在救护受伤的灾民。当福田报上名字后，鲇川夫人亲自出来接待。鲇川夫人对福田说："您真不容易啊！头部后方的头发都烧掉了，耳垂和颈部也都红肿了。"于是便让家人为福田涂抹了药品。接受救治后，福田向

---

① 美军飞机的空袭迄今为止是100架次的编队，但是这一天是325架次，投下了1665吨燃烧弹。每日新闻社编《昭和史全记录》（每日新闻社，1989年）第310页。

— 80 —

他们借了自行车回到了大藏省。①

从1944年末到战争结束为止，B-29一共"光顾"东京130次。其中受损最大的是3月10日的东京大空袭，但是5月25日福田经历的山手大空袭导致超过3000人失去生命。大藏省的前次官，曾经担任过日本银行副总裁的谷口恒二在这次空袭中行踪不明，后来被认定为死于空袭。②

战争末期，不仅是东京，日本的全国各地都因遭受美军空袭以及炮舰攻击损失惨重。大藏省与地方机构的联络被迫中断，失去了作为行政官厅的作用。

（三）接受《波茨坦公告》

尽管日本的败局已经非常明确，但是陆军方面依然还叫嚣着要进行"本土决战"。尽管如此，与强硬的态度相矛盾的是，军部内部也开始秘密讨论结束战争的方法。大藏省也在塞班失守后，由总务局牵头，从财政、经济方面就战后的应对进行了研究。在总务局内部设置的"秘密委员会"里，石桥湛山、高桥龟吉、中山伊知郎、工藤昭四郎等人作为大藏省的顾问参加了活动，围绕日本全国的领土、人口、物资的统筹的存废问题进行了研究。

尽管目前还没有发现福田参加"秘密委员会"讨论的记录，但是，作为省内中枢部门总务局文书科长兼秘书科长的福田，肯定会知道这个委员会的工作内容。③

1945年（昭和二十年）4月7日成立的铃木贯太郎内阁，实际上是承担着"停战内阁"的使命诞生的。内阁的大藏大臣是广濑丰作，内阁书记长是出身于大藏省的迫水久常。福田尽管作为广濑藏相的助手坚守着岗位，但是迫近战争结束的前夕，在财政政策上并没有得到发挥作用

---

① 福田赳夫《回顾九十年》（岩波书店，1995年）第59—62页，福田《昭和动乱期的大藏省》（中）《金融财政事情》第36卷19号（1985年）。

② 昭和大藏省外史刊行会编《昭和大藏外史》（中）（财经详报社，1969年）第557—561页，每日新闻社编《昭和史全记录》（每日新闻社，1989年），第317页。

③ 昭和大藏省外史刊行会编《昭和大藏外史》（中）第542—544页。

的机会。

失去了接受盟国方面7月26日《波茨坦公告》机会的日本，在陆军的主导下继续坚持彻底抵抗、本土决战的路线。对此，美军8月6日在广岛投下了原子弹。紧接着，9日清晨4时左右，莫斯科广播突然也发布了对日宣战的公告。当日上午11时，日本政府召开最高军事指挥会议，围绕是否接受《波茨坦公告》进行了讨论。几乎跟会议同时，长崎被投下了第二颗原子弹。至此，铃木贯太郎首相和木户幸一内大臣一致认为，已经到了以天皇"圣断"的方式结束战争的时刻。次日的8月10日深夜12点御前会议召开，在会议上天皇"圣断"决定，日本接受《波茨坦公告》。①

据福田的回忆，广濑是一位对待工作非常认真的人。即便时间再晚，他在回家前一定会回一次位于日本银行三楼的办公室。广濑藏相在御前会议结束后，回到大藏省官厅，向在此等候的福田等人详细说明了会议的情况。对福田来说，跟8月15日听见"玉音放送"②相比，10日凌晨的停战决定，更让他感慨万千。8月12日福田回到家乡群马与分散避难的家人相聚。他当然不会告诉家人日本投降的消息，在鼓励家人后便于当日回到东京。③

8月15日的"玉音放送"，福田是在日本银行的地下室里听到的，即便是在事前就知道了日本投降的消息，但对日本的未来还是一无所知。但是，因为战败结局已定，福田所在的大藏省将承担起战后复兴的重任，福田的人生也将随着新时代的到来而发生重大变化。

二　占领改革

（一）美军进驻

决定停战后的铃木内阁马上宣布集体辞职，接替组阁的是东久迩宫

---

① 铃木多闻《"终战"的政治史》（东京大学出版会，2011年）第171—175页。
② 即日本昭和天皇通过广播宣读《终战诏书》。——译者注
③ 福田赳夫《我的履历书》（同《我的履历书 保守政治的承担者》，日本经济新闻出版社，2007年）第145—146页，福田赳夫《回顾九十年》（岩波书店，1995年）第63页。

稔彦王。作为宪政史上首任皇族内阁，它被赋予了压制因为停战可能发生的军部暴乱，以及保障美军及盟国方面顺利接收的任务。为此，各位皇族被派遣至各地的军队，传达天皇的意愿。海军方面，虽然厚木基地的航空部队抵触投降，最终还是被解除了武装。8月30日，麦克阿瑟盟军司令带领占领军在厚木机场降落。

津岛寿一作为东久迩宫内阁的藏相返回政坛。作为国际派人物的他首先遇到如何处理为数众多的盟军占领军在进驻日本以后的货币使用问题。如同前文所述，日本侵略军在中国华中地区的事例说明，占领军如果使用军票不仅会加速通货膨胀，同时也会使日本政府无法进行财政管理。为此，大藏省与占领军反复交涉，以在指定区域不限量发行日本银行券为代价成功阻止了军票流通。同时，如果使用军票或许会引发占领军"直接军政"等严峻的问题。

9月2日在密苏里巡洋舰上举行投降签约仪式后，驻日盟军司令部（以下简称GHQ）将包括使用军票等"三项通告"告知日本。为此，3日重光葵外相在拜访麦克阿瑟时，成功地说服他取消了"三项通告"。并且，大藏省很早以前就准备好了大量的日元，与美方交涉。最后，到了9月下旬，日元取代了美国军票。[1]

福田在9月1日升任官房长，当时只有大藏省设置官房长职务，而其他省厅则是总务局长。同时，福田还继续兼任迄今为止担任的秘书科长和大臣秘书官的职务。另外，他还兼任了与GHQ进行谈判的停战联络部长的职务。[2]

福田担任新职务后就为大藏省搬迁的问题与GHQ反复谈判。到达日本后的麦克阿瑟从9月中旬开始将司令部设置在日比谷的第一生命大楼里，位于霞关的大藏省官厅将被征用为占领军的兵营，大藏省被要求在9月15日中午之前完成搬迁。

大藏省在停战后正准备将分散在各避难所的各分支机构重新归拢到

---

[1] 大藏省财政室编《大藏省史》第三卷，第7—9页；五百旗头真《占领期——首相们的新日本》（讲谈社，2007年）第65—71页。

[2] 福田赳夫《回顾九十年》（岩波书店，1995年）第65页。

霞关，而此时此刻收到 GHQ 的搬迁通知，而且仅给了四天时间，这在省内引发了骚动。最感到气愤的是刚与 GHQ 就军票问题达成信赖关系的津岛藏相。津岛说道："跟他们已经建立了如此深厚的信赖关系，居然还被欺骗，实在是麻烦。既然这样，我们就去日比谷公园搭建帐篷，在那里办公吧！"第一生命大楼就在日比谷公园的正对面，虽然津岛是为了表示对麦克阿瑟不满命令调集帐篷，但是不可能找到能收容大藏省官员的那么多的帐篷，因此这条命令也就自然消失了。

最终，福田担任了搬迁的总负责，急速推进搬迁工作。因为实在事出仓促，以至于最后只能从三、四楼的窗口将文件甚至是椅子、桌子等扔下去。大藏省也再次被迫分散到各处办公，中心部门搬到内幸町的日本劝业银行，其后又搬到原本为陆军伤病员收容站的四谷第三小学内。大藏官僚们将因为学生疏散而暂时空闲的教室作为办公室，办公条件非常简陋。大藏省直至 1956 年（昭和三十一年）才搬回原来的办公地点——霞关。①

（二）突破危机的信号

东久迩宫内阁虽然克服了解除军队武装以及接受占领军的进驻两大难题，但是不久以后，围绕占领政策与 GHQ 的矛盾浮出了表面。1945 年（昭和二十年）10 月，东久迩宫内阁仅仅成立 54 天就宣布了总辞职。其后组阁的是币原喜重郎，他虽然是在战前四次出任过民政党内阁外相的亲英美的外交官，后因军部势力的抬头而离开政界，但是因为同为亲英美的外交官吉田茂的极力推荐，73 岁的他被赋予了组阁大权。②

停战两个月后成立的币原内阁，财政当局面临的是急速增长的通货膨胀。大藏省在战争中用诸如价格管制、鼓励储蓄等方法巧妙地遏制了通货膨胀，战败后因为取消了一切管制措施，不仅需要支付拖欠的军队以及军需的巨额临时军事费，同时还要负担占领军的各种费用，物价便

---

① 福田赳夫《回顾九十年》（岩波书店，1995 年）第 66 页，福田赳夫《昭和动乱期的大藏省》（下）《金融财政事情》第 36 卷 20 号（1985 年），昭和大藏省外史刊行会编前揭《昭和大藏外史》（下）第 21 页。

② 服部龙二《币原喜重郎与二十世纪的日本》（有斐阁，2006 年）第 213—215 页。

急速上涨。

还有一个更深刻的问题是粮食危机。战败那年,日本因为发生全国规模的水灾而歉收,以至于大米收成只有往年的三分之二。粮食危机给城市居民带来了巨大影响。粮食配给不足以满足日常需求,市民除下乡购买、家庭种植的应对措施以外,在黑市购买大米也是一种无奈的选择。但是,随着黑市米价的上涨,大米的囤积以及惜售成了常态。其结果是,停战后两个月,黑市米的价格涨到配给米的130倍。政府也尽力追查那些隐藏应该向政府出售大米的农家,但是未能取得较为满意的成果,如果这样持续下去的话,会出现饿死者,从而造成严重的社会动荡。

币原内阁成立后不久,著名的马克思主义经济学者、东京帝国大学的大内兵卫教授在广播电台发表了题为《与涩泽藏相交流》的演说。其主题内容就是让大藏大臣拿出勇气,将高达1200亿日元的战时公债一笔勾销,否则战后振兴为空谈。当时的藏相涩泽敬三是明治产业界的大佬涩泽荣一的孙子,他本人也是银行家,在战争期间曾任日本银行总裁,币原内阁成立的时候,在首相的再三邀请下,出任了藏相。[①]

大内的广播演说对包括涩泽在内的大藏省官僚产生了极大影响。根据福田的回忆,涩泽当时的想法是:"财政的问题固然重要,更为重要的是要推动社会改革。"涩泽的理想与福田等大藏官僚的想法是一致的,他们都认为应该在重建财政的同时,改变因为随着战争而扩大的社会发展的不均衡状态。这些胸怀大志的大藏省官僚内心有着打造一个公平社会的理想,这在考察日后成为政治家福田的时候也是一个重要的因素。他们虽然没有什么改造国家的豪言壮语,但是这群运用行政手段,推动实际改革的精英,对战后日本的发展起到了重要作用。

其后,大藏省内在福田官房长的带领下,以文书科长爱知揆一、伊原隆、西原直廉、酒井俊彦等人为中心,多次召开了财政复兴相关的会

---

① 五百旗头真《占领期——首相们的新日本》(讲谈社,2007年)第128—134页,大藏省财政史室编《昭和财政史——从终战到讲和》第11卷"政府债务"(东洋经济新报社,1983年)第86—88页,由井常彦、武田晴人编《历史的见证人——昭和史中的涩泽敬三》(日本经济评论社,2015年)第97—99页。

第一部

议。其中一项成果就是，引入对个人所有财产予以一次性课税的财产税制度。同时，在进行财产税课税的时候，讨论了实施"金融紧急措施"，采取激进手段确认个人的金融资产。即，在临时冻结存款的同时，回收流通的旧货币、发行新的货币。①

冻结存款以及替换新币是解决粮食危机问题的重要手段。为防止大量囤积粮食，最终的手段无外乎是切断购买粮食的资金源。可以说，"金融紧急措施"不仅是防止通货膨胀的手段，同时也是应对粮食危机、消除社会不公的综合对策。

大藏省官僚的这项冻结存款、新旧货币切换的方案，在1945年的12月31日夜正式提交给涩泽藏相。尽管福田、爱知、西原三位官僚表现出"相当强硬"的态度，涩泽藏相并没有立即采纳。其后，爱知、西原在餐饮后的深夜10点又去涩泽的官邸继续说服。最后终于在凌晨四五点的时候得到涩泽藏相的同意。②

涩泽在1946年元旦晋谒天皇的时候，将此事告诉了内阁书记官长次田大三郎。"金融紧急措施"的实施也正式开始。在严冬开始的时候，虽然为数不多，但是在各地还是出现了饿死的人。新闻机构则在主要版面登载了仅仅依靠经常断供的配给而饿死人的消息。抗议粮食不足的游行波及各地，全国上下形成了不安稳的气氛。如果任由事态发展，币原内阁有可能会因此倒台，迄今为止忙于各种政务而无暇顾及经济政策的次田，立即同意实施"金融紧急措施"，同时召集各省厅相关人员召开了紧急经济对策会议。③

那段时间，福田在涩谷代官山的同润会公寓，与结束疏散回来的家

---

① 福田《昭和动乱期的大藏省》（下），大藏省财政史室编《昭和财政史——从终战到讲和》第12卷"金融（1）"（东洋经济新报社，1976年）第70—72页，大月高监修《实录战后金融行政史》（金融财政事情研究会，1985年）第74—75页。

② 大藏省财政史室编《昭和财政史——从终战到讲和》第12卷"金融（1）"，第93页，福田赳夫《新元旋风的秘密》，《文艺春秋》第32卷16号（1954年）。

③ 每日新闻社编《昭和史全记录》（每日新闻社，1989年）第349、352页。以1945年11月在日比谷公园召开的"饿死对策国民大会"为契机，全国各地也组织了相同内容的示威游行。第二年五月举行的"粮食五一"活动将它推向了高潮。大藏省财政史室编《昭和财政史——从终战到讲和》第12卷"金融（1）"，第81—83页。

人一起生活。① 内阁审议官桥井真也来到福田管辖的部门要求召集会议。桥井是福田在南京一起共事过的老朋友。1月2日次田书记官长指示用一个星期的时间提出解决通货膨胀和粮食危机的具体方案。虽然次田的指示横跨内务、工商、农林、大藏四大部门，但是福田认识到最终问题的解决还是会落到大藏省，于是便在第二天一早就召集前述人员（爱知揆一、伊原隆、西原直廉、酒井俊彦等）组建项目团队。因为项目涉及机密，会议不在省内召开，而是被安排在战争中作为大藏次官官邸租用的、位于芝白金的畠山一清府邸里举行。他们就是在这个后来成为料亭"般若苑"的畠山一清府邸里，策划了冻结存款和实施新旧币切换的"金融紧急措施"方案。②

（三）《金融紧急措施令》的实施

实施前所未闻的冻结存款和新旧币切换有两大难点。

第一个是如何得到GHQ的认可？针对日方的方案，GHQ原则上没有异议。但是，他们对于在回收的旧币上粘贴证书作为新币流通的提议，因为担心会发生欺诈和遗失的问题而反对。然而，由于无法等待新版纸币印刷完成后再实施紧急措施，最后又因为涩泽亮出辞职底牌，GHQ方面最终同意了粘贴证书的方案。③

第二个是如何保证计划实施前机密不被泄露？管理各金融机构的不仅包括大藏省，农林省、工商省、通信院也拥有各自的金融机构，因此若要冻结存款，与各省厅进行事前交涉原本是必不可缺的。但是，万一事前将情报泄露出去，政策就会失效。为此，与各省厅之间直至召开次官会议的前一日为止，该事项一直保密。但是，因为向业界征订了大量的用于贴在新币上的证书，货币将进行更替的传言很快就传遍市场，以换物为目的的

---

① 福田在战争期间租住在世田谷区野泽。家人疏散，自己也搬到大藏省内居住后，将房子借给了大藏省的后辈河野一之，但是，由于停战后住宅紧缺，河野没有办法搬出，福田有一段时间无法回到自己家里。《福田康夫采访》（2020年10月23日）。

② 福田《昭和动乱期的大藏省》（下），大藏省财政史室编《昭和财政史——从终战到讲和》第12卷"金融（1）"（东洋经济新报社，1976年）。

③ 大藏省财政史室编《昭和财政史——从终战到讲和》第12卷"金融（1）"，第87—89页。

第一部

消费致使储蓄减少，为此当局决定提前实施计划。①

1946年（昭和二十一年）2月16日傍晚，当局发表了《金融紧急措施令》。涩泽藏相当天在广播里对法令的概要进行了说明，以期获得国民理解。其内容主要如下："现行纸币（旧元）从3月2日开始禁止流通并与新元进行兑换。兑换的限度为，户主300元，家庭成员每人100元，上限最多500元。其他的旧元可以作为储蓄继续存在金融机构里，但是暂时作为冻结储蓄，不能自由提取。"②

毫无疑问，前述举措的最大目的就是解决粮食危机的问题。冻结储蓄、抑制有钱人的购买力，这样他们就没有办法买断粮食。即便如此，大藏省也无法判断这样做是否真的有效。尤其是大藏省在停战之日以大藏省大臣谈话的形式宣布过：绝对不会对储蓄等支付手段进行限制。像这样突袭式地实施冻结储蓄大有将"循规蹈矩的人视为笨蛋"的危险，大藏省对此也持有慎重的态度。福田也曾记得当时的心情相当紧张，大有"皇国的兴废在此一举"的感觉。③

《金融紧急措施令》是针对包括企业在内的所有经济体的储蓄进行冻结的大范围措施。但是，为了保障经济活动能顺利进行，也必须留有例外许可的通道。为此，大藏省发布了各种告示进行灵活对应，在银行局内部设立监察科，对于企业运营必需的资金，制定了可以从储蓄中提取的制度。其结果是，银行局的走廊里站满了申请许可的企业主，甚至发生了针对职员的暴力行为。其中还有穿着一条短裤直接跑到次官的办公室，找次官进行谈判的猛者。④

尽管发生了各种各样的混乱，到3月8日，还是总计回收了503亿元纸币，同时货币发行量也从2月18日的618亿元降到3月8日的152亿元⑤。因为减少了货币供给，以食品价格上涨为代表的通货膨胀暂时得到

---

① 福田《昭和动乱期的大藏省》（下），大月高监修《实录战后金融行政史》（金融财政事情研究会，1985年）第88—89页。
② 大藏省财政史室编《昭和财政史——从终战到讲和》第12卷"金融（1）"，第100—101页。
③ 福田赳夫《回顾九十年》（岩波书店，1995年）第72页。
④ 大月高监修《实录战后金融行政史》（金融财政事情研究会，1985年）第90—94页。
⑤ 大藏省财政史室编《昭和财政史——从终战到讲和》第12卷"金融（1）"，第101页。

抑制。

令人担忧的粮食危机也因为 GHQ 的介入得到缓解。5 月 19 日，约 25 万人聚集在皇宫前广场举行了"粮食五一"游行。在游行队伍里有人打出了反对天皇的标语。看到这么大规模的游行，重视民生安定的 GHQ 发布了发放小麦的紧急命令，不久后又投入"占领区救济政府资金"进行支援。就这样，曾经担心会有 1000 万人饿死的粮食危机终于化解了。

（四）站在十字街头的宗家

在 GHQ 的指导下进行的财阀解体、土地改革、劳动改革的过程中，政党也逐步重组或是新建起来。在 1946 年（昭和二十一年）4 月举行的战后首次众议院选举时，鸠山一郎率领的日本自由党（以下简称自由党）成了第一大党。但是不久后，因为鸠山受到开除公职的处分，5 月份，第一届吉田内阁诞生。

第一届吉田内阁诞生后不久，福田出任银行局长。那也是因为前任的江泽省三在任职 5 个月后就辞去了职务。出身于日本银行的江泽，是为了协助 GHQ 完成官民交流的工作任务，才出任了大藏省银行局长，但是，在任中疲于应付国会和请愿解除储蓄，感到身心疲惫，趁着政权交替的机会，回到日本银行。

如同江泽的人事异动一样，战败也改变了很多人的命运。迄今为止，在官厅里领导工作的干部因为遭到 GHQ 开除公职的处分而失去了原有的职位。大藏省也不例外，在 1946 年 1 月的开除令发布后，以山际正道次官为首的主要干部都被开除，省内重要岗位有了空缺。福田因为担任过南京汪伪政权的财政顾问也接受过开除追诉，但是因为职位不高，最后避免了开除处分。①

因为大企业以及政府机构为数众多的干部被开除，迄今为止作为非主流阶级，40 多岁的中间管理层干部得到了意外的提拔。大藏省的代表例子就是主税局长池田勇人。在以东京帝国大学毕业生为主流的大藏省，

---

① 福田《昭和动乱期的大藏省》（下），大藏省财政史室编《昭和财政史——从终战到讲和》第 12 卷"金融（1）"（东洋经济新报社，1976 年）。

京都帝国大学毕业的池田属于非主流。他在进入大藏省工作后一直在各地的税务署工作，同时又因为患了重病，休假五年。重回职场后，他以税收专家的身份得到了重用。从国税科长开始，战争末期担任了主税局长。战后，池田又以税收制度专家的身份，在创设财产税发挥积极作用的同时，与经济界也建立了紧密关系。同时，在他众多的同僚干部被开除的情况下，他成了大藏省次官。其后，池田又因为得到吉田茂的赏识进入政界，不久就出任大藏大臣。[①]

虽然不如池田那样显眼，福田也不可避免地与重新回到政治舞台的政党、政治家有各种关联。根据福田回忆录的记载，在银行局长任上，他曾经直接被吉田首相打电话叫到官邸，到了官邸后，吉田故弄玄虚地对他说："福田君，从事政治活动室是需要资金的，眼看马上就要进行选举，而我却没有钱。"随后，吉田把安藤组的社长介绍给了福田，同时要求他解除对安藤组的企业资金的冻结。

福田在银行局长任上，究竟为了哪几位政治家？从哪里调集了多少资金？谁也说不清楚。但是这些行为在将来他步入政界后，肯定起到积极作用。[②]

福田担任银行局长的时候，日本已经逐步摆脱了粮食不足的危机。但是，储蓄冻结而造成的企业资金不足的问题依然严峻。加速这种严峻局势的是 GHQ 发布的终止战时补偿的命令。日本政府最初计划在收取财产税、冻结储蓄的同时，向民众支付在战争中承诺过的补偿和债务。但是，GHQ 为了让日本民众明白战争不是赚钱的机会这个道理，决定终止支付战时赔偿。这样一来，得不到赔偿的企业和借给企业资金的金融机构将会因为巨大损失而面临倒闭的危机。

面对这样的局势，第一届吉田内阁的石桥湛三藏相认为，为扩大生产而增加财政赤字不可避免。石桥是信奉凯恩斯主义的经济学家。1947

[①] 笔者参考了藤井信幸著《池田勇人》（密涅瓦书房，2012 年）。该书是池田勇人的最新评传。

[②] 福田赳夫《回顾九十年》（岩波书店，1995 年）第 75—76 页，福田《昭和动乱期的大藏省》（下），大藏省财政史室编《昭和财政史——从终战到讲和》第 12 卷 "金融（1）"（东洋经济新报社，1976 年）。

年1月，政府建立了复兴金融金库，为重要产业提供必要的资金。同时还采取产业倾斜的方式，针对日本的支柱产业煤炭、钢铁重点投入资金。不久后，这些产业逐步恢复了活力。同时，财政规模的扩大形成"复兴资金通胀"，导致物价再次上涨。①

福田不愿坐视好不容易取得的改革成果，在不到一年的时间内又回到原本状态。为了阻止通胀的蔓延，他又考虑重新恢复在战争中使用过的鼓励储蓄的手段，为此福田投入了很大精力。因为想要强调"细水长流"，鼓励储蓄活动由福田亲自命名为极富时代感且又有号召力的"救国储蓄运动"。银行局内部任命了负责储蓄的次长，由国民储蓄科承担运动任务，同时也新设了抽签中奖可获取高额奖励的定期储蓄制度以及不记名定期储蓄制度。对于不记名定期储蓄因为会给税务调查增加难度，主税局反对，最后还是由福田出面说服了出身于主税局的池田勇人次官才得以实现。②

又因为感到如果运动只依靠大藏省会显得力度不够，福田又考虑说服众议院和日本银行共同参与。于是，众议院内设立了超党派的货币稳定对策本部，由来自茨城县的叶梨新五郎议员出任会长收集大家的意见。福田也为了强化储蓄运动，与众议院的工作人员一起前往全国各地巡回演讲。停战后混乱时期的火车非常拥挤，出行相当辛苦。每周六、日之外，平时也经常可以看见福田的身影。像政治家在街头讲演那样的事情，福田早在官僚时代就已经开始。后来，福田自称为"站在十字街头的宗家"③。

三　昭电事件

（一）社会党政权的内斗

在"复兴资金通胀"发挥威力的1947年（昭和二十二年）4月，日

---

① 中村隆英《日本经济史第七卷"计划化"与"民主化"》（岩波书店，1989年）第141—142页。
② 大月高监修《实录战后金融行政史》（金融财政事情研究会，1985年）第275—277页。
③ 福田赳夫《回顾九十年》（岩波书店，1995年）第77—79页。

第一部

本举行了战后第二次众议院选举。选举结果是日本社会党（以下简称社会党）成为第一大党。在经济状况持续恶化、大众运动气氛活跃的情况下，大众既不偏向保守政治也不偏向共产主义，而是向往稳健的社会主义。但是，社会党在议会的议席并没有过半，各政党之间展开各种博弈，最终由社会党、日本民主党（以下简称民主党）、国民协同党三党成立了中道联合政权。首相是社会党委员长片山哲。

片山内阁与日本宪法同时启航，这是一个同时具备民主主义与和平主义理念的内阁。现实上也是，在GHQ民政当局的支持下，片山内阁具体落实宪法的精神，在废除了内务省的同时，还对民法进行了修订。

进展顺利的片山内阁，在煤矿的国家管理问题上遭受了最初的挫折。社会党将煤炭工业的国家管理作为招牌政策，但是当片山内阁向国会提交煤矿国家管理法案的时候，不仅是约定好在政府外部进行合作的自由党，就连共同执政的民主党也强烈反对。为此，该法案只能在社会党进行大幅度让步的情况下才得以勉强通过。这场混乱过后，民主党内部分裂，片山内阁的向心力也出现了阴影。

更为严峻的是，政权内部也意见对立，使内阁变得不太稳定。片山内阁经济政策由和田博雄领导的经济安定本部（以下简称安本）统领。但是，战前曾是农民运动家的农相平野力三对将粮食对策都包括在内的所有经济问题都交给安本管理表示强烈不满。虽然最终由于来自占领军司令部民政局的压力，片山首相罢免了平野，但是这也破坏了社会党内的平衡，在这之后，党内左右两派的对立变得更为激烈。

导致片山政权倒台的导火索是补充预算案。由于物价高涨，片山内阁应公务员工会的要求，同意作为生活补助对公务员发放2.8个月的临时工资，其中0.8个月的工资在一月份发放。问题在于财源保障。安本认为不用特意准备特别的财源，随着税收的自然增加，完全可以应对。但是，以确保财政收支均衡为目标的大藏省，坚持以铁路交通费用以及通信费用的提价所得作为财源。当时编制预算的负责人是福田。1947年9月，他从银行局长平调为主计局长。

GHQ虽然对安本和大藏省的对立感到非常困惑，但是由于池田次官等一众的强烈运作，最终大藏省的方案尘埃落定。其结果是，补充预算案经由片山内阁议决，1948年1月29日提交至国会审议。①

但是，公务员工会以及社会党的左派，以通信和国铁的涨价会对物价产生不良影响为由，表明了反对的态度，片山的说服也无效而终。2月5日，左派的铃木茂三郎众议院预算委员会委员长，在以社会党右派为首的执政党委员都缺席的情况下，在社会党左派、自由党、共产党委员的支持下，废除了政府提出的方案。②

由于执政党内的社会党左派的"造反"，片山首相决定结束刚成立八个月的内阁政权。补充预算案原本不应该成为倒阁结果的大问题，但是安本和大藏省围绕主导权的争端变成了导火索，造成社会党内左右势力的矛盾激化，最终导致政权倒台。由于大藏省也间接参与倒阁，于是国会内部就有了"福田（主计局长）打倒了片山内阁"这样的传言。③

GHQ民政当局对片山内阁的倒台感到惋惜。为了延续中间路线，他们希望由民主党的芦田均出任首相。虽然吉田茂带领的自由党抬出了按战前两大政党的惯例"宪政常道论"，主张应该将政权让给自由党，但是最后还是经由众议院的表决，芦田均获得胜利。于是，芦田均内阁在1948年3月30日正式诞生。

（二）蒙冤被捕

自1947年（昭和二十二年）9月出任主计局长的福田，被大家一致认为将是下任次官。当时，福田与池田勇人次官、野田卯一专卖局长一起被称为大藏省的"三田"。④ 跟以往的青木、贺屋、石渡被称为"三羽鸟"一样，都是大藏省的中心人物。但是，福田被卷入一件意料外的事件。那就是为从复兴金融金库得到巨额融资，一家叫昭和电工的化工企业向各关系部门行贿的"昭电事件"。

---

① 五百旗头真《占领期——首相们的新日本》（讲谈社，2007年）第340—351页，升味准之辅《战后政治史》（上）（东京大学出版会，1983年）第240—251页，大藏省财政史室编《昭和财政史——从终战到讲和》第5卷"岁计（1）"（东洋经济新报社1982年）第277—281页。

② 中北浩尔《经济复兴与战后政治》（东京大学出版会，1998年）第136—141页。

③ 福田赳夫《回顾九十年》（岩波书店，1995年）第84页。

④ 《朝日新闻》1948年9月14日。

第一部

从 1948 年 5 月末开始调查的检方，将昭和电工社长日野原节三以行贿嫌疑逮捕。根据日野原的供述以及从昭和电工公司没收的账本记载，9 月 13 日清晨从世田谷区野泽的家中，以自行出庭的形式将福田带走，在同日傍晚又以受贿嫌疑的名义执行逮捕。

同时，检方又将大野伴睦民主自由党顾问也加以拘留，被逮捕的还有安本的长官栗栖赳夫、前副总理西尾末广等芦田内阁的中枢人物。为此，芦田内阁在 10 月 7 日决定全体辞职。

福田之所以成为嫌疑人，是因为他跟日野原社长是好友。日野原是福田在一高大两级的前辈，事件前就经常出入福田家中，与三枝夫人也有着很亲密的关系。1947 年末的一天早晨，日野原去了福田家，声称一直得到夫人的多方关照，为表达谢意，硬是将一个信封塞到三枝夫人的手里。福田看见后想要将信封还给日野原，但是晚了一步，日野原的车子已经开走。检方认为这个信封里装的 10 万日元就是昭和电工的贿金，感谢福田帮助其利用复兴资金进行融资。①

福田被捕后，第一时间有所反应的是他的一高时期的伙伴们。成为律师的同学集中到福田家，家里也变得杂乱。但是不久后，事实证明了对福田的逮捕是不妥当的。

判断福田接受现金是否属于受贿最重要的是，福田是否动用自己对复兴融资的影响力。复兴融资很早就归大藏省银行局所辖"复金委员会"审查，福田从担任银行局长开始就是这个委员会的成员之一。为此，检方认为福田具备职务权限。

但是，这个委员会不仅有大藏省的官员，还有日本银行、安本以及其他省厅的人员。不仅是福田，即便是大藏省也无法单独行使决定权。而且，由于流程非常复杂，在委员会的下面设有由各省的负责科长组成的干事会，具体事项由干事会审核。因此，"复金委员会"只是对干事会做出的决定，事后在形式上做出认可的一种摆设。实际上，福田一次都没有出席过"复金委员会"的会议，所做的也仅是在事后盖章认可而已。

根据在审判时作为证人出庭的银行局复金科长谷村裕的陈述，发生

---

① 岸宪《小说 福田赳夫》（上毛新闻社，1966 年）第 256—260 页。

问题的申请提交到委员会审核的时候，福田因为感冒在家静养。谷村作为干事会的首席，打算坐着轻轨去福田家找他盖章，结果因为天黑没有找到他家，用公用电话给福田家打电话请示，接电话的三枝夫人说："先生说这样的事情不用请示，直接过了就行。"①

昭电事件导致芦田内阁的倒台，包括政治家、官僚在内共有64人被逮捕，但是，几乎所有被告都被宣告无罪释放。可以说，这是一起虚构事件。至今为止，还是有很多疑点，可以说这是一起由GHQ民政当局与参谋第二部（G2）的权力斗争引发的具有强烈政治色彩的事件。②

经过约两个月在东京拘留所的拘留，福田在11月17日被释放，因为确信自己无罪，被假释的时候，福田显得非常坦然。被释放后的福田，在结束了停职之后的1950年11月7日，向大藏省提交了辞呈，也结束了他将近21年的官僚生涯。虽然1952年10月宣布了对他的无罪一审判决，但是由于检方的反控，二审的结果又等待了6年。而最终被确定无罪是在1958年11月。审判长在判决书里这样写道："检察官的观点基于为了非要将被告人（的行为）说成是故意所为，其论证的方法如同非要将白鹭说成乌鸦一般。"由此可见，福田完全是被陷害的。

四　转身政界

（一）打好选举的基础

大学毕业后，福田作为大藏官僚在国家经济的中枢部门每天忙忙碌碌。被迫停职后，一下子变成了放飞的风筝。闲散时期给予福田关怀的是一高时代的朋友们。福田除了向朋友借了位于丸之内事务所的办公室每天通勤工作，还挤出时间来带着孩子们爬山。③

福田思考了退休后的人生计划，首先考虑到的就是投身政界。如同

---

① 大月高监修《实录战后金融行政史》（金融财政事情研究会，1985年）第251—253页。
② 西尾末广《西尾末广的政治备忘录》（每日新闻社，1968年）第300—310页。昭和电工在战前是森矗昶的森集团的核心企业。但是，财阀解散后，由菅原通济的表弟日野原节三出任社长。
③《福田康夫采访》（2020年10月23日）。

第一部

前文所述，福田家从祖父幸助开始担任金古町的町长，其后，父善治、兄平四郎也先后担任过町长。因此，福田从小就非常关心政治。

更让福田受到刺激的是，一高时代的同学远藤三郎和前尾繁三郎也当选成为众议院议员步入政界。1948年（昭和二十三年）10月，芦田内阁倒台后，吉田茂出任了首相。吉田茂为了确保党务运营的人才，召募了很多官僚入党。于是，他们参加了1949年1月的众议院选举，而且其中的大部分都顺利当选成功。大藏省的池田勇人、前尾、桥本龙伍也在这次选举中当选，其后，他们作为"吉田学校"的核心力量活跃于政坛。

福田老家的金古町在群马三区，包含的选举区域为高崎市、群马郡、多野郡、北甘乐郡、碓冰郡、吾妻郡等。那时候，群马选举三区报名的候选人很多，最终促使福田下定决心参选的是他的家族成员。熟知当地的选举情况的兄长平四郎首先提出要推荐福田参选议员，母亲也赞同，并说："他在大藏省已经做到了这么高的职位，今后投身政界应该也错不了。"[1]

福田是在1950年的夏天下决心参选众议院议员的。然而，福田即便作为大藏省的官僚在官界赫赫有名，但是在家乡几乎默默无闻。为此，在参选之前有必要给选举区的名门望族以及选民们留下深刻印象。如同他对朋友说的"我没有钱，但是有的是时间"那样，从这一年的秋天开始到第二年的1951年年末，他走遍了群马第三选区的所有村落。福田的朋友以及金古町的众人也分别跟选区内的町村长和组长们见面，主动宣传介绍福田的为人。就是这样，福田和他的支持者们一步步打好了基础，第三选区的参选新人福田的名字也被众多的选民记住了。[2]

同时，福田还正式着手组织巩固选举基础的团队，设立了作为后援团队的福田经济研究会，以高崎市为中心，在各地成立了支部，还在各选区召开两三百人规模的小型讲演会，围绕国际形势和日本经济的复兴等问题进行宣讲。福田希望通过对自己擅长经济领域的宣讲获得更多的

---

[1] 福田赳夫《回顾九十年》（岩波书店，1995年）第88—89页。
[2] 岸宪《小说 福田赳夫》（上毛新闻社，1966年）第268、271—274页。

支持者。经过种种努力，到 1951 年年底的时候，福田经济研究会已经扩大到在 80 个町村成立支部的规模。①

（二）作为无党派议员初次当选

福田在家乡为选举奔忙的时候，日本的国内外形势发生了很大的变化。1950 年（昭和二十五年）6 月朝鲜战争爆发以后，美国重新认识到了日本诸岛的战略价值，于是便决定结束占领状态，与日本讲和并缔结和解条约。吉田茂首相也决定与西方各国单独讲和，和谈后以允许美军继续驻留作为保障日本安全的手段。于是，在 1951 年 9 月，日本与美国以及西方各国分别签署了《旧金山和约》和《日美安全保障条约》。

但是，因为和解后而失去靠山的吉田内阁政权的政治基础也发生了动摇。还没有等到讲和条约正式发布，根据解除取消公职的命令，鸠山一郎、石桥湛山等重量级的政治家重返政坛。自由党内的反吉田势力也变得强大起来。

作为应对，吉田方面打算在鸠山等反对势力的选举准备工作还没有完成前就进行选举。于是，吉田在 1952 年 8 月 28 日进行了"突击解散"选举。

虽然这次解散选举距离上次大选已经过去了三年半，但还是显得很突然。尽管没有打好选举基础，福田还是下了参选的决心。福田的参选讲演在金古町的小学校舍进行，讲演结束后他获得了雷鸣般的掌声。

福田在参选时提出了"复兴日本经济"和"政坛改革"两大主张。关于复兴经济的问题，福田认为如同富士山是从山坡开始打造的那样，构造上等同于山坡的农村地带如果得到改善，中小企业就能得到发展，地方城市也会变得繁荣。这也是对迄今为止政府、执政党偏向于扶持具

---

① 福田赳夫《回顾九十年》（岩波书店，1995 年）第 92—93 页，柳川卓也《评传福田赳夫——反骨人的九十年》，《中央公论》第 110 卷 12 号（1995 年），福田赳夫《现在正式开始——金融财政事情研究会与我》，《金融财政事情》第 30 卷 17 号（1979 年）。福田指派布施陶一制定福田经济研究会的纲领。布施出生于群马县草津，担任由福田支援的金融财政事情研究会的理事长。

第一部

备国际竞争力的大企业经济政策的反击。①

为了达到实现政坛改革的目的,福田选择以无党派身份参选。现实情况是,当得知福田参加选举后,自由党、改进党、社会党方面都对他伸出了橄榄枝。自由党方面派出了迄今为止跟福田并没有交往的绪方竹虎到群马做了后援讲演。改进党方面通过三木武夫干事长在选举过程中邮寄了选举资金。但是,群马三区既有被解封了的政坛元老的参选,又有各党推荐的候选人,情况显得非常复杂。因此,福田决定不依靠任何政党,以树立政坛新风为目标,以保守系无党派身份参选。②

福田在亲戚安田德次郎所借的房子里设立了选举总部事务所。安田跟福田自幼相识,曾经在横滨海关工作,但那时候是高崎市的市长助理。当他听说福田决定参选后,便辞去了市长助理的工作,担任了福田选举活动的"参谋长"。不仅是安田,金古町福田家众多的亲友也都加入了福田的竞选活动。③

福田的选举战以地缘、血缘为核心形成组织,夯实周围的基础。这种方式与以充足的政治资金为后盾,自上而下形成组织体系的"金权选举"形成鲜明对比。进入选举阶段后,福田比以往更积极地前往町村走访选民。在各地举办的讲演会上,津岛寿一、青木一男等曾经担任过藏相的大藏省原职员,以及评论家老友、女演员入江高子等也纷纷从外地赶来,为福田做支援演说。

福田的演说口才实在说不上很好。在选民面前,福田经常反复强调储蓄对经济复兴的重要性,这也是他作为大藏省官僚时代的一贯主张。但是,因为担心选票会为此减少,对于福田的演讲内容,福田的团队保

---

① 福田赳夫《回顾九十年》(岩波书店,1995 年)第 93—94 页。

② 福田赳夫《回顾九十年》(岩波书店,1995 年)第 93—98 页。群马县在战后,由进步、民主、改进组成的民主党派系,在吉田政权的时代也很意外地保持了优势地位。直至"五五年体制"成立为止,在群马县的政坛,进步、民主、改进的民主党派系和自由、民主自由的自由党派系的候选人众多。社会党的左右派也对立激烈。为此,每次大选都会有大批议员更替,政治很不稳定。手岛仁《中岛知久平与国政研究会》(下)(三山文库,2007 年)第 210—212 页。

③ 岸宪《小说 福田赳夫》(上毛新闻社,1966 年)第 277 页,福田赳夫《终身"城代家老"》[安田谦编《寄托于风筝的梦——安田德次郎遗稿集》(上毛新闻社出版局,1993 年)]。

持沉默。对于福田本人来说，如何让更多的选民理解并接受自己的经济政策，也是一件大费周章的事情。①

在福田首次参加的选举活动中还发生了一件意外。1951年1月，福田经历了母亲蔦的葬礼，选举五天前其兄平四郎又突然去世。曾经担任町长、有着广泛人脉的兄长的突然去世，不仅对福田本人，也对福田的参选团队带来很大打击。然而，福田克服了失去亲人的悲痛，获得了选举的胜利。在1952年10月1日举行的众议员选举中，福田获得了46531张选票。在四名被选出的议员中，以仅次于中曾根康弘（改进党）的第二名当选为众议院议员。

福田获得胜利的原因是什么？除花费大量时间打造强有力的组织体系以外，面对选民，他没有用任何美丽的辞藻，自始至终都用平实的语言向选民诉说复兴日本经济的想法，因而得到了众多选民的支持。在家乡父老的支持下，福田正式走上了政治家的道路。

（三）无所属俱乐部

1952年（昭和二十七年）10月的众议院选举，是日本摆脱盟军占领控制后的第一次选举。选举的结果是，执政党自由党的议席减少为242席。自由党的选举成为吉田与鸠山的分裂选举，鸠山派在党总部外成立了事务所进行选举。选举后，他们在党内组建了"民主化同盟"成为党内的"在野党"，结果是支持吉田的议员数量在实际上未能过半。

在支持和反对吉田的势力斗争的过程中，每逢重要法案表决的时候，掌握决定权的是无党派议员的态度。在这一年的大选中，以无党派当选的众议院议员，以福田为首共有18名，包括了诸如近卫内阁时期的内阁书记长官风见章，原外相有田八郎及原陆军参谋、战后为逃避战犯起诉而潜伏于农村的辻政信等知名度很高的大人物。《东京日日新闻》的原记者，曾经负责报道大藏省的坊秀男也是无党派当选的一员。坊后来跟福

---

① 柳川卓也《评传福田赳夫——反骨人的九十年》，《中央公论》第110卷12号（1995年），岸宪《小说 福田赳夫》（上毛新闻社，1966年）第282—283页，柳泽本次氏谈（2019年10月29日）。

田他们一起组建"无党派俱乐部"。福田在那里负责政策的提案,被分配在预算委员会和大藏省委员会。①

1952年11月对池田勇人通产大臣的不信任表决案,凸显出"无党派俱乐部"的重要性。池田在众议院全体会议上接受社会党保守派议员加藤勘十提问,就通胀经济向稳定经济转化问题发言道:"那些因为过度担心倒闭而自杀的人固然非常值得同情,但是也是没有办法。"这一发言在国会引发骚乱,在野党提交不信任决议案。由于自由党内吉田的反对派均缺席投票,而无党派俱乐部的大部分成员投下赞成票,针对池田的不信任案,最终仅以7票之差被通过。②

投票前,大平正芳找到福田,希望"无党派俱乐部"对不信任案弃权。大平作为比福田晚七年进入大藏省的后辈,在1952年10月的大选中首次当选并归属于自由党。福田虽然答应了大平的请求,但是由于"无党派俱乐部"内部辻政信的态度非常强硬,结果在投票的时候他们采取了自行表决的形式。福田虽然选择弃权,但是对结果感到气愤的池田批评了福田,他认为之所以导致这样的结果,是因为福田的唆使。

福田与池田的距离感其实在福田初次当选后就已经产生。当选议员后,福田立刻去向大藏省的前辈池田表示问候。虽然池田邀请了福田加入自由党,福田却以想践行自己的财政政策为由加以谢绝。当时,包括参议院议员在内,大藏省出身的议员有24名,几乎所有人都经由池田的介绍加入自由党,唯独福田选择了不同的道路。这也是日后两人在自民党内发生激烈对峙的起因。③

"无党派俱乐部"只是一个短暂的存在。伴随自由党内吉田派与鸠山派的斗争越来越尖锐化,1953年3月"浑蛋解散"后,再次举行了大选。对福田而言,首次当选后仅过了5个月,又第二次面临选举。

福田在1953年4月的众议院选举中再次当选为议员,但是18名"无

---

① 福田赳夫《回顾九十年》(岩波书店,1995年)第99页。
② 《第15次国会众议院总会第7号》1952年11月27日,藤井信幸著《池田勇人》(密涅瓦书房,2012年)第145—146页。
③ 福田赳夫《回顾九十年》(岩波书店,1995年)第97—98、101页。

党派俱乐部"的成员中，以无党派再次当选的仅存 4 名。选举后，社会党的有田八郎以及自由党的吉田茂都游说他。但是福田拒绝了这些邀请，继续保持无党派身份。①

（四）与岸信介的相识

吉田茂率领自由党在 1953 年（昭和二十八年）4 月的大选中获得 202 个议席，成为未过半数的执政党内阁。这次选举的焦点集中于"恢复军备"的问题，对"恢复军备"持反对态度的左派社会党在选举中获得很多人的支持。围绕安保问题，保守势力与革新势力的对立非常鲜明。

选举后，岸信介的行动引起福田的关注。作为工商官僚的岸信介，战前曾经在伪满洲国推行管制经济，是一个在政界广为人知的人物。他先担任商工次官，后来成为东条英机内阁的工商大臣。但又在反东条内阁运动中发挥关键作用。战败后，岸虽曾作为甲级战犯被逮捕拘留，但是未被送往东京审判法庭，最终也未被起诉。福田与岸第一次见面是在 1949 年年初。当时，岸刚从巢鸭监狱出来不久。介绍两人认识的是日本兴业银行前副总裁二宫善基。以此为契机，他们每年都会有两三次会餐下棋的机会。②

除部分右倾言论之外，福田与岸信介的政治理念有很多共同点。1952 年 4 月岸与三好英之等人组建"日本再建联盟"。"占领时期的政治责任不应该由既存政党，而是应该由新成立的政党来承担"，以及"政界刷新"的想法都是二者所共有的理念。同时，岸信介认为，为维持正常的议会政治运营，实施保守与革新两大政党制度必不可缺。在英国考察过保守党与工党政治运营的福田也完全是同样的想法。③

在经济政策方面，两人的想法也是一致的。"日本再建联盟"政治纲

---

① 福田赳夫《回顾九十年》（岩波书店，1995 年）第 102—103 页。
② 福田赳夫《回顾九十年》（岩波书店，1995 年）第 103—104 页。
③ 福田赳夫《回顾九十年》（岩波书店，1995 年）第 104 页。

第一部

领中的"振兴农业渔业，扶植中小企业，增加员工福利，促进民生安定"与提倡必须从基层开始抓振兴日本经济的福田经济政策完全一致。①

"日本再建联盟"的成员在 1952 年 10 月的大选中惨败。岸在其弟佐藤荣作的邀请下加入自由党。福田也追随岸，这是因为福田意识到，加入自由党、从自由党内推动政界革新的方法更为有效。于是，他便在 1953 年 12 月结束了无党派身份，加入自由党。②

岸的目标是团结保守政党势力，组建新党。1954 年，"造船疑狱"事件浮出水面，吉田政权的稳定受到影响，自由党内部产生了保守合流的动态。在打算为吉田内阁延命的自由党佐藤荣作干事长，以及试图迫使吉田退任的改进党内部的新党推进派的对立中，岸在 4 月 28 日联合自由党的石桥湛山和改进党的芦田均打出了"新党结成促进协议会"的大旗。但是，岸的新党结社行为使自由党的高层产生了危机感。于是，自由党 11 月 8 日召开了临时总务会，宣布开除岸和石桥的党籍。③

那时候在岸的周围聚集了与他志同道合的议员，以在岸担任工商大臣时期的工商委员们为主，其他的就是战后初次当选，与岸的新党运动理念有共鸣的议员们。福田也是他们中的一个。岸被自由党开除后，与岸关系密切的议员们也跟随他一起离开自由党。他们聚集在赤坂的高级饭店"高井"，在"鸟之子纸"（鸡蛋色高级和纸）上签署了离党的署名。他们当时被称为"鸟之子组合"。这些人后来成了岸派的中心成员。④

1954 年 11 月 24 日，改进党和日本自由党党内的鸠山派以及岸派共同组成日本民主党（不同于 1947—1950 年的日本民主党）。总裁鸠山一

---

① 福永文夫《岸信介与自民党政治》［中村隆、宫崎正康编《岸信介政权与高度成长》（东洋经济新报社，2003 年）］第 115 页。

② 福田赳夫《我的履历书》（同《我的履历书 保守政治的承担者》，日本经济新闻出版社，2007 年）第 156—157 页。

③ 原彬久《岸信介》（岩波书店，1995 年）第 160—164 页。

④ 鸟之子组合的成员，不同书籍的表述各异。岸的回忆录有以下十四名成员，分别是大村清一、南条德男、川岛正次郎、武知勇记、远藤三郎、冈本忠雄、小笠公韶、坊秀男、福田赳夫、藤枝泉介、永田亮一、田中龙夫、田中好、赤城宗德。《岸信介回忆录》（广济堂，1983 年）第 154—155 页。此外，福田在上述人员之外加上了参议院的三好英之，共计 15 名。福田赳夫《回顾九十年》（岩波书店，1995 年）第 114 页。读卖新闻政治部记者渡边恒雄采用了除三好和大村清一的"岸派 13 人"的说法。渡边恒雄《派阀》（弘文堂，2014 年）第 116—117 页。

郎，副总裁重光葵，干事长岸信介。不足一个月，吉田首相宣布总辞职，长达七年两个月的长期政权降下帷幕。随后，鸠山一郎内阁诞生，以保守合流为契机，自由民主党朝着组党的方向开展了行动。

第二部

第 四 章

建构稳定与发展的基础

前　言

　　1954年（昭和二十九年）11月，脱离了自由党的鸠山一郎一派与改进党联手，成立了日本民主党。一直以来与岸信介共同活动的福田脱离了自由党，加入了日本民主党。日本民主党与左右两社会党的议席数合计已超过众议院议席的半数，因此通过对吉田政权的内阁不信任案已是胜券在握。如此一来，总共在政界驰骋了七年两个月之久的吉田政权终于走到尽头。1955年，为了应对左右社会党的再次统一，保守政党日本民主党与自由党合并，成立了自由民主党。保革两大政党对峙的"55年体制"就此拉开帷幕。

　　本章主要讲述从日本民主党成立，经历了基于保守党联盟的自民党的成立，到岸信介政权下自民党体制建立的这段时期。在这期间，福田出任日本民主党的政务调查会副会长，担任负责党的政策制定的重要职位，并迅速崭露头角。岸信介从巢鸭监狱出狱后，只用了短短8年时间就成为日本首相，而福田紧随其后，在初次当选后的短时间内就一举登上政界的舞台。

　　那么，在被称为"55年体制"摇篮期的这段时间内，福田究竟有何成就？

　　第一，经济、财政政策的拟定。福田曾参与日本民主党、自民党两党的建党文件的拟定，尤其是在经济、财政政策纲领的制定上，福田发挥了核心作用。福田所重视的是，通过制定经济计划来实现经济扩大发展和"福利国家"的建设。其中也包含针对社会党的对抗措施。但是，更重要的是反映了福田想要实现让经济增长的成果惠及全民的"社会均衡"理念。因此，在进入高速经济增长期之后，福田一方面推进经济计划的制定，另一方面全力引入国民年金制度，实现农业基本法的立法。虽然注重福利等自由主义政策是战后日本保守政治的特征之一，但是其实际形成离不开福田在背后发挥的实质性作用。

第二，建构将政党置于政策决定中心地位的制度。可以说，在随后发生的政党间竞争中，福田所具备的政策制定能力是其成败的关键。因此，福田试图强化党的政务调查会机构，使政府与执政党共同处理各项政治课题。以政务调查会为舞台，福田最初展露手腕的就是预算编制工作。福田一方面确保党在预算编制方面的主导权，另一方面也自我收敛，避免党过度介入，从而顺利地完成了预算编制。此外，在担任政调会长时期，福田还确立了"政策先议"原则，即党率先决定预算中的重要项目，建立了由政府和执政党共同制定重要政策的新制度。

福田以"政策达人"的身份在政界崭露头角的同时，还作为副干事长、干事长参与了党的运营及大大小小的选举战。由大藏官僚一跃成为政坛新宠的福田，作为岸信介的亲信八面玲珑，逐渐成长为一名成熟的政治家。

美国政治学家彭佩尔（T. J. Pempel）曾就战后日本的自民党政治撰写了一部名为《日本的政策与政治：创造性的保守主义》的著作，该书认为战后日本活跃的、长久的保守政治体系得以建立，正是得益于福田在政策方面发挥的重要作用。[1]

一 "政策达人福田"的登场

（一）日本民主党政调会

福田早期活跃的舞台是政务调查会（下称政调会）。

---

[1] T. J. Pempel, *Policy and Politics in Japan: Creative Conservatism*, Philadelphia: Temple University Press, 1982.

所谓的政调会，是负责政党政策议案的调查、研究、制定工作的机构。原本吉田茂率领的自由党的政调会，主要由出身于高级官僚的专家，以及关注特定政策的少数议员构成。这些成员在吉田的强势领导下几乎没有话语权，而吉田的政调会也是没有存在感的"一言堂"组织。

与之相对，日本民主党的政调会却大不相同。高举"反吉田"旗帜的日本民主党十分重视"党内民主主义"，因此，民主党也非常注重政调会在广泛听取所属议员声音方面所发挥的作用。日本民主党政调会对应各个省厅设置分会，几乎所有没有进入内阁的党议员都从属于其中某一个分会。[1]

福田在其中发挥了重要作用。"吉田学校"中出身于官僚者居多，而日本民主党只有福田是出身于大藏省官僚的议员。政治家要想和官僚之间进行势均力敌的角逐，少不了具备足够政策制定能力的出身于官僚的议员在身边协助。福田就任负责预算和综合协调的日本民主党政调会副会长，作为"政策达人福田"，开始尽情展示他出色的才干。[2]

日本民主党的建党文件在1954年（昭和二十九年）11月召开的建党大会当天通过。该文件由"宣言""纲领"和"政策大纲"三个方面组成。这些文件是福田等政调会成员在短时间内整理出来的。据福田所说，日本民主党的政策以自由党时代确立的方针为核心，并听取了当时的在野党——改进党的意见。[3]

下面我们来看一下日本民主党的建党文件。首先在"宣言"部分，明确表示与"放任占领时期的惰性，毫无独立自主的风骨"的吉田路线彻底划清界限；其次，在"纲领"部分，表明要将"改革占领期以来的各项制度，实现独立和自卫"，进一步开展"自主国民外交"；最后，在"政策大纲"部分，表明要修正现行宪法和完善自主防卫体制。由此可见，日本民主党的政策强调国家身份认同，与占领期的吉田路线截然相反。

---

[1] 奥健太郎《自民党政务调查会的诞生》[奥健太郎、河野康子编《自民党政治的源流》（吉田书店，2015年）] 第201—206页、214—227页。

[2] 福田在《回顾九十年》（岩波书店，1995年）中提到自己就任"第一副会长"一事。1955年3月，日本民主党政调会中有4名负责综合协调的副会长，还有13名负责各个分会事务、相当于分会长的副会长。福田与松浦周太郎、远藤三郎、古井喜实共同担任负责综合协调的副会长。奥健太郎《自民党政务调查会的诞生》，第216页。

[3] 《自由民主党的政策①》，《朝日新闻》1955年11月16日。

福田主要参与经济、财政政策的拟定。在"纲领"中,有"通过综合计划确立自主经济,依据社会正义稳定人民生活,全面建设福利国家"的表述,在经济中引入计划要素,原本是改进党的主张,但也与福田的想法一致。实际上,福田在日本民主党建党以前就曾主张,实现经济自立离不开振兴出口和开发国内资源等"有力的、综合的政策"。①

与厌恶计划经济的吉田形成鲜明对比,日本民主党却试图对其加以政治上的利用,以应对即将到来的总选举。1954年12月10日,鸠山一郎内阁成立,松村谦三政调会长委托总理直属的咨询机构经济审议会负责探讨长期经济计划。于是,次年1月,鸠山政权在短时间内整理出的《综合经济六年计划构想》在内阁会议上宣布。②

民主党的目标是以综合的政策运营为依托实现经济增长,自民党政权继承了这一方针。于是,福田也将在岸政权下参与"新长期经济计划"及"国民收入倍增计划"的制定。

(二) 自由民主党的成立

在1955年(昭和三十年)2月27日举行的众议院总选举上,日本民主党凭借"鸠山热潮"获得185个议席,取得全面胜利。但是,民主党却与议席数减少至112的少数派执政党自由党之间加快成立保守党联盟。该联盟的协议由日本民主党的岸信介、三木武吉及自由党的石井光次郎、大野伴睦四人为中心负责起草。同时,政策协定的协议也在同步推进。

6月30日,在四人会谈上决定成立新党政策委员会。委员由日本民主党和自由党分别选出10名。福田作为日本民主党一方的委员加入该委员会。但是,两党之间的政策协调并非易事。政策委员会首先围绕政策的基本方向进行了三次自由讨论。③

根据当时政策会谈的记录,7月6日第一次会谈上首先发言的是与福

---

① 自由民主党编《自由民主党史 资料编》(自由民主党,1987年)第1132—1133页,福田赳夫《有关经济自立的九章》,《经济时代》19卷9号(1954年)。

② 河野康子《日本的历史24 战后与高速增长的终结》(讲谈社,2002年)第169—170页。

③ 自由民主党编《自由民主党党史》(自由民主党,1987年)第96—97页。

田关系密切的大藏省前辈青木一男。青木认为,两派社会党的目的是发起共产革命,为了防止"民族的自我灭亡","保守党内部的分离和对立绝不可取",强调了保守党联盟基础上成立新党的必要性。福田第二个发言,讲述了新党的具体政策草案。其中提到了今后的政策协议内容,主要包括实现完全雇用和收支平衡的"经济自立"政策,以及劳动政策及国民年金制等有关"建设福利国家"的相关政策。

这次会谈上福田的发言强调政治伦理,这一点让人印象深刻。福田认为新党不仅仅是"站在与社会主义对决的、世界立场上的政党",还必须与迄今为止的以"金钱、腐败、老板型支配"为特征的保守党彻底诀别。在此基础上,他使用"保守革命"这一概念,表明了让保守政党焕然一新的决心。

为了与拥有顽固的意识形态和组织的革新政党相对抗,福田认为应该从保守政党的旧的惯例中脱离出来,将自民党建设成现代化的组织。此后福田批评了自民党内的金权政治,表示要实现政党的现代化和派阀的解体,而这些理念早在自民党建党之前就已经在福田心中逐渐成形了。①

结束了三次会谈的新党委员会于7月13日举行的第四次会谈上设置了负责整理新党政策纲领的小委员会。福田也作为这一小委员会的成员,参与起草"新党的使命""新党的性质""新党的政治纲领"等文件。

为了与左派社会党对抗,自民党的政策纲领中加入大量日本民主党的纲领内容。例如,在"新党的政治纲领"中,加入第一次会谈时福田提出的"建立新的医疗制度、年金制度、扶贫制度、单亲(母亲)家庭福利制度等,综合完善社会保障政策",以及建设"福利社会"等进步内容。② 福田认为:"社会保障政策不是社会党的专属政策。新保守党也将致力于社会保障政策的制定,(略)为家庭生活的现代化、住宅问题的解决、国民生活水平的提高而努力。"③

---

① 《第一次政策会谈(发言记录)》1955年7月6日《村川一郎资料》(5-4)宪政纪念馆,《第三次政策会谈(发言记录)》1955年7月10日《村川一郎资料》(5-9)宪政纪念馆。

② 中北浩尔《1955年体制的成立》(东京大学出版会,2002年)第238—239页,自由民主党编《自由民主党史 资料编》(自由民主党,1987年)第964—966页。

③ 福田赳夫《新政局与我党的使命》,《经济展望》28卷1号(1956年)。

第二部

　　自民党宣扬的进步的政策纲领与纲领中确立"正确的民主主义和爱国的国民道德"这一传统的国家观念并不矛盾。20世纪50年代的保守主义者们一方面从社会秩序和公共福利的增进这一角度肯定建设福利国家的必要性，另一方面也有不少人对日本国宪法中规定的个人本位的人权规定持有异议。这些传统派从战前以来的维护家族共同体的观点出发，长期抱有"国"有责任保护"家"的观念。[①]

　　福田也不例外。他尤其赞赏"人是不可能独立生存的"这句话，认为对他人的奉献和对社会的贡献是评价一个人的重要标准。因此，福田对于随着日本经济复兴而逐渐蔓延的社会道德的衰退和个人主义的横行深感担忧。福田一方面主张引入现代福利政策，具有进步主义的一面，另一方面也是一位坚守传统价值观的保守主义者。福田认为家庭是国家的根基，他重视家庭，同时也强调国民共同体的重要性。

　　面向新党建立的协议在政策上达成一致之后，在联盟的时间点和党首问题上的对立又持续一段时间。但是，10月13日，曾分裂为左右两派的社会党的再次统一，成为保守党联盟正式成立的重要契机。

　　11月15日，自由民主党的结党大会在中央大学骏河台讲堂召开。在当天发布的"建党宣言"中提到，自民党的使命和任务是"对内安定民政，增进公共福利，对外自主独立、恢复权威，协调确立实现和平的必要条件"。此外，当天通过的"纲领"中提到：（1）建立文化民主国家；（2）实现自主独立；（3）建设福利国家这三大目标。尤其是第三个目标，提出要"规范公共福利，制定并实施以个人创意和企业自由为基础的经济综合计划，以期实现民生的安定和福利国家的建立"，比起宪法修订和军备恢复，经济政策被置于更重要的地位。此外，正如"党的性质"部分开头所说的那样，若社会党自称为"阶级政党"，那么自民党则定位为"国民政党"，"为全体国民的利益和幸福做出贡献"。

　　如前所述，福田从一开始就参与了自民党基本政策的制定。自民党的政策纲领很大程度上受到民主党的影响，认为建设福利国家是重中之

[①] 樋口阳一《日本宪法学与"福祉"问题》[东京大学社会科学研究所编《福祉国家 第四卷 日本的法与福祉》（东京大学出版会，1984年）]第65—66页。

重。从这一点看，可以说在日本民主党政调会担任经济、财政政策制定的福田在其中发挥了举足轻重的作用。

福田对于自民党的建党文件也有自己的想法。此后，在自民党金权政治风气弥漫、权力斗争不断激化之时，福田以保守党联盟的发展历史为素材，号召大家重新找回"建党精神"。这些建党文件不仅是自民党的起点，也是即将为了确立自己的政治理念而不断斗争下去的福田自己的重要起点。[1]

（三）自民党政调会的制度建构

自民党结党之后，福田继续担任政调会副会长，并未升迁。根据保守党联盟的规定，就任第一任自民党政调会会长的是水田三喜男。水田在大学时代博览马克思主义著作，曾经是河上肇教授的贴身保镖，同时也是党人派中少见的"政策通"。[2] 政调会的副会长共有六名。除了福田，还有郡佑一、床次德二、滩尾弘吉、井出一太郎、松野赖三。其中郡、床次、滩尾是原内务省官僚，政调会各个分会的会长职位也多出身官僚。

福田开始尝试提高自己在自民党政调会中的地位。福田认为，在自民党与社会党两大政党制的时代到来之时，决定成败的不是策略和权谋，而是要在政策方面一争高下。因此，他担任了新党组织委员会的委员，以政调会为舞台，开始着手以政策制定为核心的政治运营。

福田等新党组织委员会的成员主要进行以下几方面尝试。第一，将党的政策决定权限向政调会集中。在自民党的党规中，有"作为党的政策所采纳的议案必须经过政调会的审议"一项，明确规定法案在内阁会议上通过之前必须事先知会政务调查会。

第二，法案先在分会上审议，此后再拿到负责协调各分会之间分歧的政策审议会（政审）上讨论。另外根据党规，自民党所属的所有议员都必须加入某个分会。通过在政调会上广泛消除议员的私人利益，培养

---

[1] 自由民主党编《自由民主党史 资料编》（自由民主党，1987年）第8—9页，福田赳夫《纠正我党的态度》，《经济往来》16卷8号（1964年）。

[2] 有关水田请参照以下文献：铃木健一《水田三喜男传 寒椿》（城西大学出版会，2015年）。

自民党内重视政策的风气，使党作为一个整体团结得更加紧密。以上都是建立"创造性的保守"政党所不可或缺的条件。

以上政调会的各项制度继承了日本民主党时代的党组织制度。此外，政府提出法案及预算案必须事先经过执政党内部审查这一制度，也是一直以来都存在的惯例，只不过在此处明文化罢了。

福田等新党组织委员会的成员认为，通过将政策决定的权限向政调会集中，能够顺利实现政府与执政党共同行使政权的新局面。他们眼中的政党政治的理想形态，是为国内各阶层利益代言的国会议员能够集中起来，共同围绕国家政策进行充分讨论。他们正在以政调会为平台努力使这一理想成为现实。①

（四）政调会与预算编制

最初检验自民党政调会工作能力的试金石便是预算编制。

讲和后的日本预算编制由于保守政界的混乱等因素一直处于不安定的状态。吉田政权下的 1954 年（昭和二十九年）度和 1955 年度的预算由于国际收支赤字而采取了紧缩政策，也就是所谓的"一兆日元预算"。但是，财政紧缩政策遭到政界的强烈反对，针对紧缩政策的扩大均衡论和要求发行公债的呼声越来越高。②

自民党政调会试图确立党在预算编制方面的主导权。也就是说，在编制次年度预算时，优先考虑执政党的意见，预算编制方针和重要政策在政策审议会上决定，在确定政府方案前与大藏省事先协调。

福田在此处也展示了其非凡的手腕。当时，由于党内对财政紧缩政策的反对，要求采取积极财政政策的呼声越来越高。但是，福田认为必须遵守财政规律，通过与大藏省协调，守住一兆日元的财政规模，同时推进政调会主导的预算编制工作。大藏省的森永贞一郎会计局局长曾经回忆道，

---

① 奥健太郎《关于事先审查制的起点和采纳的考察》，《法学研究》87 卷 1 号（2014 年）第 54—59 页，奥健太郎《自民党政务调查会的诞生》［奥健太郎、河野康子编《自民党政治的源流》（吉田书店，2015 年）］第 224—232 页。

② 大藏省财政史室编《昭和财政史 昭和二十七—四十九年度 第三卷 预算（一）》（东洋经济新报社，1994 年）第 251 页。

第四章　建构稳定与发展的基础

"当时，党与会计局的联系比较紧密。福田操持着党内的政策审议会，我们也预先就预算规模进行了商定。"于是，预算规模停留在计划范围内，大藏省也拿出了几乎完全采纳了自民党政策的大藏省原案①。曾是大藏省"一霸"的福田与大藏省现任官僚之间在此事上达成紧密的合作关系。

然而，随后问题就出现了。提交大藏省原案的1955年12月30日的内阁会议上发生了纠纷，藏相一万田尚登对大藏省原案的说明提出异议，要求重新提交。其中，态度最为强硬的是农林大臣河野一郎。

此外，次年年初大藏原案在各省厅内部公示以后，党内也展开了激烈的"复活折冲"（即大藏省完成政府预算草案之后，在一定时间内，各省厅针对被预算草案删减的部分重新进行请求）。以合理的水准确定预算总额的工作难以推进。

此后，双方在政府与执政党联络会议上就此进行协调，最终，在1956年1月19日夜，决定将预算总额提高五十亿日元。福田在提出"复活"要求的执政党和想要遵守财政规律的大藏省之间斡旋调整，敲定了预算编制的"最后一锤"。②

1956年度预算是自民党从预算编制的阶段就开始积极参与的一次先例。一般情况下，按照拥有稳定多数议席的执政党的意向进行编制的预算原案，都会在国会上顺利通过。基于保守党联盟的稳定局面为预算编制的顺利推进提供了必要条件。

福田在预算规模上一方面遵守大藏省所重视的财政规律，另一方面，在预算编制上，自民党政调会举行事先审议，确立了"所有编制政策都由党来指示政府完成的方针"。③ 在预算编制方面展现了出色的政治手腕的福田，迅速在全党确立了"财政通"的地位。

然而，在政调会的运营方面还存在一些残留问题。面对代表各种利

---

① 森永贞一郎《昭和三十一、三十二年度预算》依据信息公开法的财务省公开文书（财研146－1号），大藏省财政史室编《昭和财政史 昭和二十七—四十八年度 第二卷 财政—政策及制度》（东洋经济新报社，1998年）第92页。

② 《朝日新闻》1956年1月20日，松林松男编《回忆录·战后大藏政策史》（政策时报社，1976年）第251页。

③ 福田赳夫《新政局与我党的使命》，《经济展望》28卷1号（1956年）。

益的众多议员的"复活"要求,政调会难以应对。实际上,福田在《新经济》杂志的座谈会上,曾就党内协调一事有过如下发言。"这正是我用心良苦的地方。在编制预算时,各省都有('复活')要求,但是党的要求实际上比各省的要求还要强烈。这一点请大家了解。希望大家从国家的现状出发,不要影响民主经济的发展。"[①] 如何一边在政调会上压缩预算规模,一边在党主导下使预算流向重点政策?对于福田来说,这是一个巨大的难题。

二 作为岸信介的心腹

(一)岸信介政权的确立

福田虽然以出色的政策制定能力受到关注,但是使他的存在感得以一举提升的是 1957 年(昭和三十二年)2 月岸信介政权的确立。

1956 年 11 月 2 日,以日苏邦交正常化为契机,鸠山首相表明了辞职的意向。按照规定,鸠山的继任者应该在自民党结党以来的第一次总裁选举中诞生。当时的候选人包括岸信介干事长、石井光次郎总务会长、石桥湛山通产相三位。因为自己派阀的领袖最终要参与总裁选举,受到激励的福田与岸派的其他同志一起为选举运动东奔西走,各处周旋。

在自民党总裁选举中,无论从党内的派阀势力还是从资金能力上,岸信介都处于优势地位。但是,最后取得胜利的是石桥。石桥在派阀尚未形成的参议院和地方代议员中挑拨离间,并与石井派之间成立了"二、三名(次于岸信介的第二名、第三名)联盟"。其用意是,在总裁选举的最后一轮投票中由票数第三名的候选人全力支持票数第二名的候选人。如此一来,石桥逆袭,取得了最后的胜利。

12 月 23 日成立的石桥湛山政权刚开始就遇到困难,由于针对各个派阀的待遇存在不公,派阀之间的对立情绪严重,因此在阁僚人事任命上迟迟没有进展。政调会成员也大面积改换,淡泊坦然的福田选择留任政

[①] 福田赳夫及其他(座谈会)《扩大均衡还是紧缩预算》刊载于《新经济》15 卷 9 号(1956 年)。

调副会长，扎实学习、研究政策的制定问题。但是，1957年1月25日早上，石桥在自己家中突发脑梗晕倒，此后恢复的情况也不尽如人意。由于存在着语言障碍的可能性，他决定急流勇退，短短63天的石桥政权以总辞职而告终。①

作为石桥的继任者重新组建内阁的是以外务大臣身份入阁的岸信介。2月25日，岸信介沿用了石桥内阁的阁僚，自己则兼任外相，组建了第一次岸内阁。回归政界不到四年，岸信介就一口气爬到了顶峰。

3月21日，召开了自民党定期例会，岸信介被选为第三任自民党总裁。在大会上，福田作为党大会政策委员长，就"政策概要"做了报告。这个报告可以说是福田作为政调副会长的"收官之作"。

福田首先指出，战后保守党的经济政策从根本上来讲没有严重错误。因此，财政情况持续好转，经济发展动力增强，"从内部看，为建设和平新日本的各项积极政策得以开展，从外部看，以众望所归地加入联合国为契机，实现了强力推进自主和平外交"。

在上述认识的基础上，福田提出了：（1）彻底进行大规模减税；（2）扩大经济发展政策；（3）确保社会均衡；（4）振兴文体教育；（5）自主和平外交；（6）自卫体制的完备；（7）地方行政和财政的改善；（8）用户民主政治、议会政治；（9）宪法问题共九项政策。②

其中福田尤为关注的，是"扩大经济发展政策"和"确保社会均衡"政策。这是福田从自民党时代以来的一贯主张，前者与岸信介政权下的"生产力倍增十年计划"相关联，后者则发展为由国民年金及社会保险制度构成的社会保障政策的扩充。由于岸信介政权的诞生，福田即将在更大的舞台上为实现自己的理想而充分施展才华。

（二）对美贷款与"锅底萧条"（指1957年7月至1958年6月日本的一次短暂的经济萧条）

岸政权确立以后，福田最先面对的就是国际收支问题。日本的高速

---

① 增田弘《石桥湛山》（密涅瓦书房，2017年）第302—303页。
② 自由民主党编《自由民主党史 资料编》（自由民主党，1987年）第111—119页。

第二部

经济增长以1955年（昭和三十年）开始的神武景气为开端。支撑神武景气的是在钢铁、电机、纺织、化工等广泛领域的生产扩大和技术革新。但是，高速增长并非一帆风顺。当时，阻碍经济增长的拦路石便是"国际收支的天花板"。若要达到扩大生产的目的，无论是原材料还是生产技术的引进都必须先扩大进口规模，而这会逐步导致外汇不足，进而导致政府、日银不得不定期采取紧缩政策。① 由此带来的经济周期该如何应对，是福田面临的首要问题。

1957年2月岸政权刚刚确立时，由于以设备投资热为主要特点的神武景气的反作用力，国际收支状况迅速恶化。外汇储备从前一年末的9.4亿美元骤降一半，发生了严重的外汇危机。②

福田为了应对这一外汇危机，建议岸信介不要让相关各省各自行动，而是集结金融、财政、通商等各部门制定"综合政策"。于是，在6月14日的内阁会议上，制定了"国际收支改善紧急对策"以应对上述情况。

但是"综合政策"从实施到收效至少需要几个月时间，在这期间日本经济很有可能陷入巨大危机。因此，福田与当时的藏相池田勇人会面，商定在6月岸信介首相访美之时，向美国请求紧急短期贷款。

1957年6月16日，岸首相前往华盛顿参加与艾森豪威尔（Dwight Eisenhower）总统的首脑会谈。对于同行的福田来说，距离上次美国之行已经过去了27年。

到达华盛顿的福田与岸首相一行分别行动，与大藏省的西原直廉财务参事官等人共同就贷款事宜进行交涉。最初决定从IMF（国际货币基金组织）贷款。日本政府请求贷出相当于本国对IMF出资配额50%——也就是1.25亿美元的金额。与IMF的交涉进展顺利，在6月27日召开的IMF理事会上日本政府的申请获得通过。

而另一边与华盛顿进出口银行（以下简称进出口银行）的贷款交涉却寸步难行。当时，在贷款方面世界银行与进出口银行之间存在竞争关

---

① 浅井良夫《高速增长与财政金融》[石井宽治、原朗、武田晴人编《日本经济史5 高速增长期》（东京大学出版会，2010年）] 第166—167页。

② 经济企划厅《现代日本经济的展开》（大藏省印刷局，1976年）第109—113页。

系。因此，试图向日本提供无指定用途贷款（Impact loan）的世界银行在面对来自进出口银行的贷款时必定会面露难色。

为了解决这一问题，福田与大藏省的谈判团队请求美国财政部从中斡旋。日方向世界银行解释道，贷款分为长期贷款和短期贷款，而向世界银行请求的是长期贷款，向进出口银行请求的是短期贷款。

此后，随岸信介首相一同前往纽约的福田再次回到华盛顿，在伯格（Warren Burgess）财务部副部长的斡旋之下，多次与相关人员进行交涉。最后，成功地从进出口银行借入1.1亿美元棉花贷款和6500万美元粮食贷款，合计1.75亿美元。

交涉团曾考虑延长留美时间，等贷款问题解决后，一行人从华盛顿飞往夏威夷，并在那里与已经准备回国的岸首相一行会合。6月28日上午，岸首相在皇家夏威夷酒店举办的记者招待会上，宣布成功从美国借入总额3亿美元的短期贷款。这是岸首相以友好亲善为目的的访美所收到的"唯一的实质性成果"。

日本外汇储备的最低谷是1957年的4.6亿美元。3亿美元大致相当于这一金额的三分之二，对于当时的日本经济来说无异于天降甘霖。

福田认为，当初原本打算另外进行的贷款交涉能够与岸首相访美的时期相重合，使得"日美合作的形势向好"，最终交涉顺利进行。此外，福田还认为此次岸首相访美实现了两国战后首次"平等对话"，意义重大。福田认为之所以能够取得成功，正是由于日本的经济实力快速增强，日本的国际地位显著提高，使得美国对日本刮目相看。[1]

另外，为了摆脱外汇危机所采取的金融紧缩政策产生了强大的通缩效果，神武景气宣告结束，经济进入衰退阶段。于是，对"锅底萧条"——即长期化的经济萧条的担忧不断加深。

有关经济发展的前景问题，多数学者和评论家持悲观态度。因此，

---

[1] 福田赳夫、西原直廉、谷村裕《岸首相访美的舞台背后》《预算》8卷6号（1957年），大藏省财政史室编《昭和财政史 昭和二十七—四十八年度 第11卷 国际金融 对外关系事项（一）》（东洋经济新报社，1999年）第517页，西原直廉《昭和三十二—三十四年的涉外关系》依据信息公开法的财务省公开文书（财研第146-3号），福田赳夫《关于日本经济的重建》《经济展望》29卷3号（1957年）。

整体来看他们都希望能够实行积极的经济刺激政策。① 与之相对，福田却对经济发展的前景持乐观态度。他认为，所谓的"锅底萧条"充其量只能算是不景气，还没有到"萧条"的地步。而且，这是政府实施"紧急综合政策所导致的必然结果"，是"政策带来的必要影响"。此外，日本的国际竞争力已经明显提高，一旦世界经济状况好转，日本的对外出口就会呈爆发式增长，外汇储备量也会稳步增加。就算不推行经济刺激政策，预测从秋季开始经济也将逐渐恢复。②

最终的结果正如福田预测的那样，日本经济从1958年后半年开始呈"V"字形恢复，同时这也是持续了42个月之久的岩户景气的开端。福田运作的美国贷款避免了"锅底萧条"带来的最坏情况，并促使日本经济步入岩户景气。

（三）专注于岸信介体制的确立

1957年（昭和三十二年）7月，岸信介继成功访美之后，开始改组内阁。岸上台以后曾留用石桥内阁时期的阁僚，而这次是他第一次着手建立自己的内阁。

在此次人事变动中，岸令自己的心腹川岛正次郎任干事长一职。比岸年长六岁的川岛是资深的党人（所属某个政党的人）政治家，战争期间曾以商工委员的身份辅佐商工大臣佐岸，二人交情匪浅。福田就任川岛手下的第一副干事长一职，一直以来都专注于政策制定的福田第一次踏足党人的圈子。③

川岛发现了福田超出常人的才能，将党的财政工作全部交给福田，福田因此受到重用。另外，福田也受到来自资深党人川岛的熏陶，从此

---

① 岸宣仁《经济白书物语》（文艺春秋，1999年）第100页，尾原荣夫编《新版 从发展年表看日本经济的足迹》（财经详报社，1994年）第80—81页。
② 福田赳夫·胜间田清一（对谈）《如何看待应对经济萧条政策？》《演讲时报》934号（1958年），福田赳夫《处于上升阶段的日本经济》《经济展望》308卷8号（1958年），福田赳夫、村川为五郎（对谈）《岸内阁能否拯救经济》《实业界》141号（1958年）。
③ 岸信介《知人达人》［川岛正次郎先生追想录编辑委员会编《川岛正次郎》（交友俱乐部，1971年）］第88—89页。福田在《回国九十年》中记录其在访美时担任副干事长，实际上在当时担任政调副会长。

开始关注外交问题。福田曾表示在川岛的影响下,"原本对外交问题一无所知的自己也逐渐开始关注外交问题"。①

当时,岸政权面临的最大问题就是小选举区制的实施与宪法修正。岸信介在鸠山政权下担任干事长之时就曾试图实施小选举区制,然而最终因为在参议院上未能完成审议,成为一项废案。此外,关于宪法修正,在7月指定了设置于内阁内部的宪法调查会委员,并在次年1月召开了第一次全体会议。

但是,上述政策的实现并不是当时岸信介心中的首要目标。当时,岸信介更专注于整顿党内基础,通过经济政策和福利问题赢得国民支持,并在总选举中战胜社会党。以政权的长期持续为目标的岸信介,计划先稳固政权基础,再应对各项政治课题。②

然而,横亘在岸信介建立强有力政权这一目标面前的障碍,是自民党内部的派阀对立。

以1956年的自民党总裁选举为契机,一直以来流动性较强的派阀体系逐渐固化,同时加入多个派阀的现象几乎完全消失。此外,岸政权确立后,以派阀为单位的资金筹集和职位争斗也愈发激烈。为了在公职选举法范畴以外的总裁选举中取得胜利,需要大量的资金支持。各个派阀以政治结社为名进行申报登记,各自筹集资金,公然以"党中党"的形式进行运作。此时的政治形态已经离福田在建党时提倡的摒弃"金权、腐败、老板型支配"的理想状态越来越远,逐渐沦为金钱政治。③

对于党的高层部门来说,无法容忍此种现象继续蔓延。若任由派阀公然筹集自派资金,则原本应该流入自民党正规部门的资金就会流向派阀,党本部的力量就会被削弱。此时福田等党高层领导做出的尝试是让派阀自发解散。

9月6日,岸首相、川岛干事长和砂田总务会长在党本部举行会谈,

---

① 福田赳夫《昭和的坂本龙马》(川岛正次郎先生追想录编辑委员会编)第210—211页,(无署名)《福田赳夫与13名副干事长》《日本与日本人》10卷4号(1959年)。

② 《读卖新闻》1957年8月5日。

③ 《朝日新闻》1957年8月7日,中北浩尔《自民党政治的变迁》(NHK出版,2014年)第34—35页。

就党首脑和阁僚相关的党内政治结社的解散问题达成一致。此后,宣布自己所属的派阀团体——箕山会解散。如此一来,大野派的白政会、佐藤派的木曜会、池田派的丙申会、河野派的春秋会等派阀也相继宣布解散。

党高层部门的目的是通过解散派阀来实现资金向党本部集中,以此强化党的领导体制。1959年12月,自民党成立自由国民联盟(后改名为国民协会)。这一组织也是为了让来自经济界的政治捐款集中流向党本部。[1] 福田彻底清除了派阀政治,通过实现自民党的现代化使党的面目焕然一新,朝着组织型政党一步步迈进。

然而,要想解散长期以来资金与职位密切相关的派阀绝非易事。虽然各派阀都关闭了事务所,但以党内反主流派为中心的部分人很快又披着"政策派阀"的外衣继续开展派阀活动。[2] 即便如此,福田对于实现政党的现代化目标的热情依然没有冷却。此后,福田只要抓住机会就会执着地继续投身于解散派阀的工作。

福田作为第一副干事长,在1958年5月22日举行的众议院总选举中发挥了重要作用。自鸠山政权确立之后不久举行的总选举以来,已经过了三年零三个月,也是自民党与社会党的第一次正面对决。负责选举经费问题的福田作为川岛干事长的得力助手,不仅要从经济界筹集资金,还要负责资金的高效分配。[3]

最终,与选举前的自民党式微、社会党爆冷的预测正好相反,自民党获得了287个议席。此外,由于保守系无所属议员的加入,最终确保了超过解散时议席数量的298议席,几乎占到总议席数的三分之二。

(四)就任政调会长与"政策先议"

众议院选举的大获全胜大大巩固了岸首相在党内的执政基础。1958年(昭和三十三年)6月开始的第二次岸内阁由主流派阀岸、佐藤、大

---

[1] 财团法人国民协会编《国民协会十年历程》(财团法人国民协会,1972年)第14—16页。
[2] 渡边恒雄《派阀》(弘文堂,2014年)第68—69页。
[3] (无署名)《福田赳夫与13名副干事长》《日本与日本人》10卷4号(1959年)。

野、河野派占据"党三役"（指干事长、总务会长和政调会长三大要职）及重要阁僚的位置，建立了保守派联合以来最为稳定的权力基础。同时，岸内阁也到达了权力的顶峰。

随着岸政权的基础不断牢固，福田也更加受到重用。第二次内阁成立的同时，福田被任命为政调会长。这一任命是川岛干事长的"强烈要求"。川岛想要与福田通力合作确立岸信介在党内不可动摇的地位。

此外，岸首相认为应该加强内阁与党之间的合作，强化政府执政党联络会议的作用。该会议原则上由政府一方的首相岸、藏相佐藤荣作、国务相池田勇人、经济企划厅长官三木武夫，以及党一方的大野伴睦副总裁、川岛干事长、河野一郎总务会长、福田政调会长共同出席。如此一来，福田实际上已经作为岸政权的核心内阁（Inner Cabinet）成员参与重要政策的制定。①

当了政调会长的福田为了推进岸政权的各项政策，计划第二年年度预算审议之时，建立政府与执政党一体化的新预算编制方式。由此，福田提出了"政策先议"原则。

所谓"政策先议"，指的是党先决定预算编制涉及的重点项目，且仅仅介入重要政策上的问题。也就是说，党对介入的程度自我限制，而与此同时，大藏省草拟包含了党的意向的大藏省原案。如此一来，就能够避免原案在内阁会议上提出后党与大藏省之间产生激烈冲突，达到迅速完成预算编制的目的。②

福田所列举的预算编制重点项目包括众议院总选举时自民党做出的两大承诺——即国民年金制度与减税问题。③ 福田指示政调会各分会先听取各省厅的概算要求，在此基础上，决定"预算编制的基本原则"并向政府汇报。

---

① 《朝日新闻》1958 年 6 月 18 日，牧原出《内阁政治与"大藏省支配"》（中央公论新社，2003 年）第 196—197 页。

② 吉田修《自民党农政史》（大成出版社，2012 年）第 41 页。牧原出《内阁政治与"大藏省支配"》（中央公论新社，2003 年）第 202—203 页，福田赳夫《回顾三十四年预算编制》《政策月报》37 号（1959 年）。

③ 福田赳夫《来年预算的基本构想》《国会》11 号（1958 年）。

第二部

11月以后，在政策审议会上，各分会长在听取并了解了预算编制重点项目之后，与财政当局共同推进预算编制大纲的制定。出席政策审议会的有大藏省的会计局担当次长和会计官，不得不说是"党与财政当局之间的一场刀光剑影的激烈论战"。财政当局无论如何都不肯妥协的事项由福田政调会长最后进行把握，也存在有些事项暂时搁置的情况。如此一来，自民党与大藏省进行多次磨合，残留的政治问题则可以作为调整事项拿到党干部的协议中解决。

1959年度预算的显著特征在于，在福田政调会长的主导下预算编制以"年内完成编制"为目标推进。12月23日大藏省原案提交之后，由于事先已经与党的要求充分磨合，因此在短短的一周时间里就完成了预算恢复谈判，12月31日预算原案在内阁会议上通过。福田充分发挥了政调会的机能，使得讲和后第一次在年内实现政府原案的成立。①

1959年度的预算编制由大藏省和自民党在相互协调合作的基础上推进，令人意外地顺利完成。其背后的原因虽然也有后述自民党内派阀斗争的激化导致执政党议员无暇顾及预算编制事宜，但不得不说，正是福田在执政党内部的周旋协调，才避免了预算编制成为政治斗争的筹码。

（五）身为干事长的手腕

虽说"政策先议"是福田担任政调会长提出的新方式，但是其前提条件是岸信介政权稳定的权力基础，而这一基础并不存在。第一个障碍就是警察官职务执行法（下称警执法）的修正问题。1958年（昭和三十三年）10月8日，岸政权在国会上提交了警执法修正案，社会党指出"此为侵犯国民权利与自由的行为"，立刻成立了由总评、全劳（全国劳动省劳动组合）、新产别（新产别驾驶者劳动组合）和护宪联盟组成的共斗会议，组织了全国规模的罢工、游行队伍包围国会等院外的大众抗议活动。受此影响，警执法修正案的国会审议难以推进，被迫

---

① 吉田修《自民党农政史》第41页，大藏省财政史室编《昭和财政史 昭和二十七—四十八年度 第三卷 预算（一）》（东洋经济新报社，1994年）第430—433页。

搁置。①

警执法修正的失败从两个方面沉重打击了岸政权。第一，以"警察国家的复活"为理念的岸信介的警执法修正，结合岸自身的战前经历，加深了国民舆论对岸的负面印象。革新势力发起的院外大众斗争的成功使得反对警执法的斗争开始向着阻止安保修正的斗争上继续发展。

第二，对岸信介政治手段的不信任点燃了自民党内派阀斗争的导火索。12月17日，反主流派成员国务大臣池田勇人、经济企划厅三木武夫长官、文部大臣滩尾弘吉三位阁僚围绕着警执法修正的失败，要求追究执行部门的责任以及人员上的变动，并提交了辞呈。于是，自民党内形成了四股反主流派势力（池田派、三木·松村派、石井派、石桥派），反岸势力愈发增强。②

随着岸政权的权力基础开始动摇，福田身处的环境也发生了巨大变化。1958年11月18日，有关昭电事件的二审无罪判决下达。如此一来，福田没有了后顾之忧，开始专注自己的政治活动。

不久以后，岸信介指名福田担任干事长一职，此举出乎所有人的意料，1959年1月6日，补充了辞职阁僚的人事空缺，并满足反主流派的要求，着手进行党内人事改革。就在此时，担任政调会长的福田代替川岛正次郎接任干事长一职。

岸信介对福田相当信任。他曾经回忆道，"只有年轻的福田赳夫君才能在党内发生重大波动之后迅速恢复党内融合并取得参议院选举的胜利"。③

干事长是党内要职，不仅要负责政治经费的筹措和分配，还要担起候选人的选定等选举对策的制定工作，甚至对党内的职位分配也有影响。吉田茂首相曾经起用佐藤荣作、池田勇人等官僚出身的政治家担任干事长一职。此外，依据保守党联盟，成立自民党之时，就任第一任干事长并确立干事长仅次于首相的极高地位的正是岸信介自己。

---

① 原彬久《战后史中的日本社会党》（中央公论新社，2000年）第128—129页。
② 原彬久《战后日本与国际政治》（中央公论新社，1988年）第211页。
③ 原彬久编《岸信介证言录》（每日新闻社，2003年）第197页。

第二部

福田已经意识到干事长的地位与权力直接挂钩。但是，当时他并没有因此而抱有具体的野心。福田的行事原则是在政策方面忠实支持岸信介，他自己仅仅将这一地位看作与下一次内阁改组相关联的暂时安排。①

但是，对福田的任用在岸派内部还是激起意料之外的波澜。任命福田为干事长一事使得党内外产生了岸将福田视为其继任者这一猜测。川岛、赤城宗德、椎名悦三郎等岸派的干部是从战前、战争期间与岸信介生死与共的同志，而福田是战后才进入政界，却在短时间内迅速提高了存在感。因此，在他们看来，重用福田的岸信介的行为无异于"兔死狗烹、鸟尽弓藏"。岸派内部的这一矛盾给岸政权的运作蒙上一层阴影，进一步导致岸派的分裂。②

虽然被拥有实权的党内大人物包围、背后被嘲笑为"轻量干事长"，却丝毫没有影响福田发挥自己的才干。福田最初着手的是自民党总裁选举。原本岸信介的总裁任期到1959年3月结束，但岸试图提前结束任期。反主流派却认为在自身尚无有实力的候选人的情况下，1月的公选很可能让岸信介体制更为牢固，因此强烈反对。

岸信介不顾反主流派的反对，执意在1月举行公选。1月3日，岸信介在热海会见大野伴睦副总裁、河野一郎总务会长，向他们承诺只要二人愿意协助自己实现安保修正，作为交换条件，将推举大野接任总裁一职。岸信介试图通过承诺总裁一职来换取大野的合作。

这一承诺后来成为书面文字，1月16日，在帝国酒店，岸、大野、河野、佐藤荣作四人在该"誓约书"上签字。岸信介为了维持自己的权力毫不犹豫地采取特殊手段。③

另外，福田在对"誓约书"毫不知情的情况下，正扎实推进1月公选的各项准备工作。虽然反主流派拥护松村谦三，但实际上却是对岸信介的信任投票（在新内阁成立后三十天内，内阁总理与其他部长一起出

---

① 原彬久《战后日本与国际政治》（中央公论社，1988年）第218—219页。
② 大日向一郎《岸政权1241天》（行政问题研究所，1985年）第201—203页。
③ 岸信介《岸信介回忆录》（广济堂，1983年）第448—456页，大野伴睦《大野伴睦回忆录》（弘文堂，1962年）第145—147页。

席国会全体会议，提出并辩论新政府的总体政策以及政府将采取的主要措施，随后国会就此事进行辩论、投票，信任投票必须得到国会议员席位一半加一的赞成票才能被批准）。在 1 月 24 日举行的总裁选举上，虽然反主流派全力以赴，但结果依然以岸信介的再次当选告终。

此后在福田担任干事长的半年间曾两次管理选举事宜，每一次都以胜利告终。受到川岛干事长熏陶的福田在选举问题上也发挥了强有力的作用。福田在选举事宜上的诀窍在于通过巧妙的调整让票数向候选人集中，尽量减少废票的数量。

福田第一次负责的选举是 1959 年 4 月举行的第四次统一地方选举，这是自民党成立以来的第一次统一地方选举。福田负责把握党主导下的选举态势，在候选人选拔上严格把关。从开票结果来看，稳稳拿下了东京、大阪、北海道的知事选举。改选后的各个党派当选全国 46 个都道府县知事的数量分别为，自民党 13 名、保守系（自民党系）19 名，总共 32 名，全国知事超过半数被保守系党派占领。此外，在都道府县议会选举、市长选举以及其他地方选举中，以自民党为中心的保守系也取得了全面胜利。借用福田的话来说，是"可以被称为完美游戏的压倒性胜利"。

在同年 6 月 2 日举行的第五次参议院议员通常选举中，福田大幅精减了候选人的数量。从得票结果来看，总共 71 名议员当选，加上非改选议员总共获得 133 个议席，以一己之力确保了参议院议席的稳定多数。另外，社会党增加了 7 个议席，虽然超过了能够阻止宪法修正的总议席数量的三分之一，但当选者只有 38 名，得票率偏低，远远没有达到预期目标。[①]

上述两次选举中福田的表现，充分证明了其作为干事长的工作能力。由于福田出色地完成了任务，不论在政策方面还是选举方面都受到了极高的评价。

---

① 自由民主党编《自由民主党党史》（自由民主党，1987 年）第 268—272 页。

三　实现全民社会保障

（一）对"社会均衡"的摸索

福田在岸信介政权下做出的政绩中值得一提的是，面向"建设福利国家"的社会保障政策的扩充。如前所述，在岸信介就任自民党总裁的党大会上，福田表明了自民党今后将要采取的方针政策。在这些政策中，福田尤为关注的课题是"扩大经济发展政策"和"确保社会均衡政策"。

对于福田来说，以上两个课题是相互关联的。他认为，在高速经济增长的过程中，很有可能伴随着"社会层面的不均衡"。福田表示支援那些被经济发展遗落的人们，缩小社会差距是政治责任，对于"今后建立崭新的日本是不可或缺的要素"。

因此，福田倡导确立全民保险制度及年金制度、彻底消灭结核病、支援低收入者、为单亲（母亲）家庭和残障人士提供援助。此外，还提出要实现"一户一宅"、支持半工半读的学生、减轻国民纳税负担等目标。[1]

福田口中的"社会均衡"一词典出何处并不明确，在当时的经济学专业著作中也很少见到使用该词的例子，或许是福田独创的概念。[2]

福田为何要致力于实现"社会均衡"？为了与社会党竞争，打出"提高国民生活水平"这张牌是非常必要的，这当然是原因之一。社会党在社会保障政策方面已经走在自民党的前面，在保守党与革新势力之间，这个问题是政策分歧的焦点。[3] 作为"政策达人"的福田，重视福利政策也是情理之中。

然而，福田从日本民主党时代开始就倡导"建设福利国家"，其背后最重要的原因，在于他的亲身经历使他一早就抱有注重社会平等的思想观念。

---

[1] 福田赳夫《昭和三十二年度预算与日本经济》《政策月报》14 号（1957 年）。

[2] 维尔弗雷多·帕累托的（户田武雄译）《历史与社会均衡》（三笠书房，1939 年）等是极为罕见的例子之一。

[3] 矢野聪《日本公共年金政策史》（密涅瓦书房，2012 年）第 114—115、134 页。

首先是福田幼年时期的经历。福田的祖父福田幸助曾是金古町町长，为振兴农耕和町民生活的安定奉献了自己的一生。福田从小就耳濡目染，他经常会想起自己给每户农民分发缴纳"年贡"通知书时那莫名的不快。可以想象，在贫困乡村里的生活体验正是孕育福田"社会均衡"思想的摇篮。[①]

第二是官僚时代的留英经历。在20世纪初期，英国就已经初步建立了失业保险和养老金制度等社会保障体系。在经济大萧条下的英国，年轻的福田深深体会到社会政策的重要作用。他目睹保守党逐步建立起完备的社会保障制度，暗自认为日本今后也应该建立以英国式的福利社会为目标的社会模式。[②]

福田认为，"社会均衡"理念是岸信介政权政策体系的最大亮点，应倾注全力落实到具体政策中去。虽然与池田勇人提出的"国民收入倍增计划"相比，"社会均衡"一词并没有那么广为人知，但这一观念最终又引导福田创造了"国民皆富"这一概念，与佐藤荣作政权时代倡导的"社会开发"相互连接。

（二）国民年金制度的引入

被自民党定为"政策先议"重点项目的国民年金制度的建立，是以福田从保守党联盟时代以前就一贯主张的"建设福祉国家"为目标的核心政策。

社会保障制度的完善以全民保险和全民年金为目标逐步推进。其中关于国民健康保险制度，已经在岸信介政权下得以具体化。厚生省提出了让1960年度为止的未加入者全部加入国保的政策。配合该项政策，政府于1958年（昭和三十三年）12月制定了《新国民健康保险法》。

《新国民健康保险法》的实施在城市遇到的困难大于农村。这是因为在大城市里，人口迁移较为频繁，资格认定和保费的征收工作较难开展。

[①] 福田赳夫《我的履历书》（同《我的履历书 保守政治的承担者》，日本经济新闻出版社，2007年）第118页。

[②] 福田赳夫《昭和三十二年度预算与日本经济》。

因此，必须等待 1961 年 4 月在全国的市区町村实施新法之后，方能实现真正意义上的全民保险。①

另外，退休后年金制度的创立则经历了更为曲折的过程。自民党在成立之时曾在党的政治纲领中加入了"创立国民年金制度，成立调查机关"一项。但是在建立制度初期，有堆积如山的问题需要慢慢梳理。

当经济开始高速增长，大量人口开始迁移，固有的家庭制度也开始动摇。其中，为老年生活提供保障的年金制度的创立成为国民舆论关注的焦点。实际上，一些地方自治体已经开始尝试给老年人支付年金了。国民年金制度的建立正在成为重要的政治课题。②

岸政权积极展开这项课题。1957 年 5 月，政府对社会保障制度审议会（下称制度审议会）进行了有关"国民年金制度相关基本方针"的咨询。同时，在厚生省内部设立了国民年金委员会（下称五人委员会）。

出席制度审议会的，尽是对社会保障理论和意识形态夸夸其谈的委员，而后者的五人委员会则由一些精通行政财政和年金计算方式的专业人员参加。③

同年 11 月，收到五人委员会提案的自民党政调会决定，国民年金以缴纳制为基本原则，同时实行非缴纳制，覆盖全国国民。次年年初，制度审议会和五人委员会分别公布了制度试行方案。④ 由此，国民年金制度框架逐渐形成。

1958 年 4 月，岸信介首相将这一国民年金制度作为参加众议院选举时的选举公约。也就是说，岸首相将宣布 1959 年（昭和三十四年）开始逐渐实施国民年金制度，以此来促使社会保障制度实现划时代的进步。⑤

---

① 土田武史《全民保险五十年的轨迹》（国立社会保障·人口问题研究所）（www.ip-ss. go. jp/syoushika/bunken/data/pdf/19613904. pdf：2016/9/10）。
② 矢野聪《日本公共年金政策史》（密涅瓦书房，2012 年）第 115—116 页。厚生省编《厚生白书 1958 年度版》（大藏省印刷局，1958 年）第 56—58 页。
③ 矢野聪《日本公共年金政策史》（密涅瓦书房，2012 年）第 118—120、134 页。据说，因为"执政党内部普遍认为审议会形同虚设"，同时在一些担任具体实务的厚生省官僚的强烈要求下，成立了五人委员会。
④ 矢野聪《日本公共年金政策史》（密涅瓦书房，2012 年）第 120、125—126 页。
⑤ 野田卯一《国民年金法解读》（宝文馆，1959 年）第 23 页。

福田担任政调会长的1958年后半年间，正是夯实国民年金制度的关键时刻。

　　自民党于7月在政调会内部设置了"国民年金实施对策特别委员会"，由野田卯一担任会长。野田委员会的主要任务是在党的主导下统一制度审议会和五人委员会相矛盾的试行方案。①

　　野田委员会在五个月的时间里先后召开了30次会议讨论该法案。同时进行的还有厚生省主导的立法工作，与野田委员会的工作相互呼应，推进制度的建立。②

　　7月，野田委员会开始讨论该法案。同时，福田在自民党妇女部的演讲中阐述了自己对国民年金制度的看法③。福田首先提到，国民年金制度是自民党完成建立社会保障制度这一伟大事业的压轴戏。此外，关于建立年金制度的原因，福田表示"一直以来，只有官员有权享受养老金。这是不正常的。（略）全体国民中只有一小部分人能够享受生活保障是极其不合常理的事"。最后，福田面向现金收入较少的农村和中小企业家庭，认为"如果因为家里有老人而每月都有现金收入的话"，那么"就会获得与家庭生活不同的另一种乐趣"。

　　福田的视野从"社会均衡"进一步扩展到农村人口和中小企业职员等被经济发展所抛弃的阶层。他曾表示"无论是在工厂工作，还是在商店工作，都是在为国家做出贡献"。"为国家做贡献"这一说法听起来有些古板，但这是因为福田站在国民共同体的立场上，希望能将经济增长的成果惠及所有阶层，而这正是自民党向着国民政党发展的不可或缺的一步。

　　9月24日，野田委员会发表了《国民年金制度纲要第一次案》。该案在厚生省的协助下完成，其核心内容有以下几点。（1）国民年金以缴纳制为主，逐步地、补充性地引入无缴纳制；（2）以未加入公共年金的20岁以上60岁以下的全体国民为对象；（3）保险费用，20—34岁每月100

---

① 牧原出《内阁政治与"大藏省支配"》第205—207页。
② 野田卯一《国民年金法解读》第45页，矢野聪《日本公共年金政策史》（密涅瓦书房，2012年）第126、523—524页。
③ 福田赳夫《我党政策面临的课题》《政策月报》31号（1958年）。

日元，35—59 岁每月 150 日元；（4）连续缴纳保费 25 年以上的人群从 65 岁开始领取年金；（5）无缴纳制年金从 70 岁开始支付，每月 1000 日元；（6）缴纳保险费的二分之一由国家税收负担。12 月 20 日，该纲要同时提交给福田政调会长，并立即在自民党总务会上通过。①

此时面临的是财政来源问题。大藏省受到"锅底萧条"的影响，在经济前景不明朗的情况下，对于采取积极的财政政策表现出非常谨慎的态度。但是，自民党通过"政策先议"原则，将国民年金制度作为党的公约，放在非常重要的位置上。于是，无缴纳制的三种年金［老年人、单亲（母亲）家庭、残障人士］从 1959 年度率先开始实施，所需经费纳入财政预算。② 之后，完成预算编制，政府将国民年金法案进行统合，于 1959 年 1 月 30 日在内阁会议上通过。

虽然厚生省早已对国民年金制度的设立有所准备，但整体看来，该制度基本是在岸政权的政治主导下实现的。厚生省官员、曾任国民年金准备委员会事务局局长的小山进次郎曾经赞叹道，国民年金制度的建立"不仅仅是政治上的一个提议，其核心部分也是基于政治建立起来的"，"国民年金制度的建立实现了立宪政治下政治与事务的完美结合，实属难得"。③

综上所述，正是福田率领的政调会稳固了岸政权的政治主导地位。福田基于"政策先议"的原则，以党为主导建构了国民年金制度的框架，进一步为确保财政来源对预算编制发挥一定的影响力。于是，1959 年度预算成为日本社会保障制度的一个划时代的里程碑。

（三）"自社对决"

身为干事长的福田，一方面忙于选举对策，另一方面延续政调会长时代的工作，为实现国民年金法案站在了国会审议的第一线。

1958 年（昭和三十三年）12 月开始的通常国会由于第二年即将举行

---

① 野田卯一《国民年金法解读》第 51—65 页。
② 《朝日新闻》1958 年 12 月 15 日。
③ 野田卯一《国民年金法解读》，小山进次郎撰写的序。

的参议院选举而充满剑拔弩张的紧张气氛。其中一个争论的焦点就是国民年金法案。社会党为了与政府以及自民党的方案对抗,向国会提交了同名的法案。在国会上,围绕如何保障国民的老年生活这个问题,政府及自民党与社会党方案对立尖锐,政治攻防战不断上演。[①]

社会党从阶级斗争的观点看待社会保障问题。例如,社会党成员成田知巳在与福田等人的讨论中这样说道,"自民党致力于社会保障主要是因为经济矛盾一旦扩大,自己就会站不稳脚跟,社会保障不过是为了稳固政权的无奈之举罢了。而社会党是将社会保障制度作为社会主义政策的一个必要环节建立起来的,二者之间存在天壤之别。"此外,有许多社会保障领域的相关学者也持有与上述革新政党相类似的观点。这类观点反映出当时马克思主义经济学和社会政策论正在成为学术界和各类论坛的主流。[②]

政府提出的国民年金法案于1959年4月在国会上通过,并于11月1日开始正式实施。无缴纳制年金从当日开始,缴纳制年金从1961年4月1日开始实施。由此,全民年金体制正式确立。

然而,即便在国民年金法案通过之后,双方的对立依然没有缓解。1959年5月以后,革新政党开始开展妨碍地方公共团体执行国民年金事务的"拒绝适用国民年金运动"。

福田对于社会党发起的大众运动感到非常苦恼。当时,在社会党内部,日本劳动组合总评议会(下称总评)主导的左派影响力较大。在阻止警执法斗争中取得胜利的社会党通过院外的大众斗争进一步强化了与岸政权之间的对立关系。

福田对于社会党这一蔑视议会政治的做法进行了强烈的批评。[③] 为了让社会党尊重议会主义精神,开辟两党制的可能性,与其对决不如对话。但是,事实并非像福田想象的一般顺利,以总评为核心的政治斗争作为

[①] 野田卯一《国民年金法解读》第77—79页。
[②] 福田赳夫、成田知巳、志贺义雄《探秘选举——解密各党的经济政策》《经济评论》8卷6号(1959年),佐口卓《社会保障的历史》(松尾均编《日本社会保障读本》,东洋经济新报社,1964年)第70页。
[③] 福田赳夫《批判社会党的自我批判》《政策月报》23号(1957年)。

安保斗争的余温,一直持续到 1962 年的春天。①

无论如何,在岸政权的主导下,由全民保险、全民年金、公共扶助三大支柱构成的社会保障框架建立起来了。这一框架自下而上地支撑着经济高速增长,使得经济增长取得的成果能够惠及全体国民。

人们提到岸信介政权,恐怕印象最深的多为安保修正。但是,在列举岸政权的政绩之时,不能忽略的就是对国民安定生活基础的建构。回顾战后日本社会保障政策的形成过程,新国民健康保险法的制定、国民年金法的制定以及最低工资法的制定等,都是岸政权时期划时代的成果。

这些以国民生活为中心的政策,皆是自民党从日本民主党继承而来的政策遗产。在以"完全雇用"为目标,用医疗保险和老龄年金覆盖全国民的社会保障政策的思想背后,是纠正经济社会差距、实现社会整体公平的重要理念。② 福田将其解释为"确保社会均衡"。

从日本民主党成立到自民党岸信介政权下就任农相的四年零七个月里,福田在两党政策制定方面发挥了举足轻重的作用。自民党从日本民主党继承了重视国民生活的政策遗产,并进一步发扬、发展,其中,福田扮演了最为重要的角色。

岸政权以建设福利国家为宗旨,开展以国民生活的安定、繁荣为目的的各项政策,在这背后,少不了福田做出的重要贡献。他将日本民主党的政策遗产置换为"确保社会均衡"的口号,全力推进政策的制定和引导。这表明自民党并非右派国家主义政党,反而立志成为拥有广泛国民基础的包容性政党。在战后初期的日本,上述制度的基础尚薄弱。在这种不利条件下完成制度的建构,使得即便是在 20 世纪 60 年代的高速经济增长期,战后日本的社会差距也并未继续拉大,反而逐渐形成了带有"中流意识"色彩的具备公平性和安定性的自由民主主义社会。

---

① 矢野聪《日本公共年金政策史》第 131—132、135 页。
② 河野康子《日本的历史 24 战后与高速增长的终结》(讲谈社,2002 年)第 166—177 页。

第五章

福田农政与安保斗争

前　言

　　1959年（昭和三十四年）6月，福田在内阁改组时首次成为阁僚的一员。虽说担任农林水产省的大臣纯属偶然，但出身于农家的福田天生对这个职位有着特殊的感情。本章将主要回顾在岸信介政权后期福田担任农林大臣时期的经历。在占领期的农地改革实施十年之际，日本的农政来到了一个十字路口。本章将揭示福田对日本农业发展的思路。

　　本章的另一个要点是福田在担任农林大臣的时代面临的有关日美安保条约修正（下称"安保修正"）的交涉问题。福田当时并非该事项的负责大臣，因此也几乎从未参与其中。但是，在国会被游行队伍包围、事态日渐紧迫之时，福田直到最后一刻都没有背叛已经千疮百孔、岌岌可危的岸信介政权。

　　"安保修正"是"保革对立"（保守派与革新派的对立）在战后达到顶点时的一个重要分歧点。在革命前夜的骚乱中，岸首相毅然决然地坚持推进新条约的签订，而福田是他最忠实的支持者。

　　在新安保条约正式生效、岸内阁下台之后，令人意外的平稳时代到来了。而且在那之后，日本再也没有出现过第二次可能导致内乱的严重政治危机。安保斗争给战后的日本带来了教训，而条约本身对于此后的日本来说也是一笔最基本的政治财产。日美同盟在其共同的敌人苏联解体之后也得以存续。不仅如此，日美同盟在冷战之后变得更加紧密，成了几乎可以称为"半永久化"的长期同盟。这正是1960年安保改定所带来的结果,内乱前夜的状况与其历史影响之间形成了鲜明的对比。

一　福田农政的开展

（一）就任农相

岸信介首相在1959年（昭和三十四年）6月的参议院选举中胜出之后,便开始着手改组内阁,此项改造以建立能够实现安保改革的体制为主要目的。然而,福田在这次内阁改组中虽然向着自己一直以来的目标——大藏大臣的职务努力,却遗憾地错失了机会。

这次内阁改组的最大焦点在于河野一郎和池田勇人的任用。一直以来,以干事长为目标的河野因未能如愿以偿而转向反主流派。另外,池田虽然在半年之前刚刚辞去了阁僚的职务,却在本次改组中再次入阁。福田在组阁结束前的几天曾携带任命池田为经济企划厅长官的岸信介的方案为池田的入阁多方游说。[①]

岸信介指派福田在本次内阁改组中负责整理人事档案,也是在这个时候,岸萌生了将福田任命为大藏大臣的想法。他曾经盼咐福田先将大藏大臣那一栏空出。据说,当福田将整理好的人事档案带到首相官邸之时,岸将福田的名字写入了大藏大臣那一栏。但是,这一人事任命遭到佐藤荣作的强烈反对,因此,岸不得不承诺先安排福田就任通产大臣。几个小时后,池田又表明了就任通产大臣的强烈意愿,最终,福田的名字被写入了阁僚名单中一直处于空白状态的农林大臣那一栏。[②]

就这样,福田就任农林大臣。1959年6月18日正式开始运作的第二次岸信介改组内阁中,福田以54岁的年龄首次成为阁僚的一员。虽然此前曾在大藏省有过长期工作积累,但成为阁僚也是开启政治家生涯后仅仅七年的事。

由于福田是第一位出身于大藏省的农林大臣,同时又是一位"政策通",因此农林省各级官僚对这位新任领导满怀期待。就任后的福田第一

[①] 原彬久《战后日本与国际政治》（中央公论社,1988年）第262—263页。

[②] 福田赳夫《回顾九十年》（岩波书店,1995年）第127—129页。

时间就向各级干部指出"要想解决农村人口问题，首先必须通过经济的整体发展来增加人员就业"，明确了将农政视为经济政策的重要环节这一方针。

当时，农林大臣的地位远比现在重要。当时的农村是坐拥600万规模的票区大户，农村政策的效果对于自民党来说可谓生死攸关。也正因为如此，农政的方向极难把握，毫厘之差，便会引来民怨沸腾，因此历任农林大臣多不能善终，而这一职位也成了所有人避之唯恐不及的"高危职位"①。

历任农林大臣面临的两大难关是米价审议会和肥料审议会。这两次会议通常是检验农林大臣工作能力的试金石，而福田经受住了考验。此外，福田还将一直以来每年增加一成左右的农林相关预算，在1960年度预算时一下子提高至两成，这一壮举，让农政记者们对福田的手腕刮目相看。面对深谙预算编制之道的福田，就连会计局也无可奈何。②

（二）福田的农政思想

福田就任农相之时，正值日本农业迎来重要的转折点。占领期实行农地改革以来已经过去十年，自耕农体制的瓦解已经初露端倪。在进入高度经济增长期的过程中，由于农业主要是以自耕农为依托的小农经营形式，农业的生产能力一直维持原来的水准，农产品需求也没有进一步提高的空间，都市家庭和农村家庭之间的收入差距愈发加大。③

福田农政思想由主要方面的"纵向政策"和次要方面的"横向政策"两个方面构成。

---

① 农政记者恳谈会《农林官僚列传》（农林渔业问题研究会，1959年）第192—194、228页，《朝日新闻》1959年6月19日、24日。
② 农政记者恳谈会《农林官僚列传》第197页。寺山义雄《战后历代农相论（19）福田赳夫》《农业与经济》35卷1号（1969年）。
③ 福田赳夫《我认为的农政基本方向》《经济时代》25卷4号（1960年）。农林渔业基本问题调查会事务局《农业的基本问题与基本对策（解说）》（农林统计协会，1960年）第88页。有关当时的农政问题请参考以下文献：小仓武一《农政的转折点》（农民教育协会，1961年）第51—61页。

"纵向政策"将农业纳入国民经济发展的框架之内。农产品的需求低迷和农村人口过剩等问题一直以来都是在农业政策的框架之内讨论的，而福田则主张应该将其与国民经济的发展关联起来，整体进行把握。由于当时经济增长的势头十分迅猛，通过将其纳入经济发展框架之内，能够使农业问题得到有效的解决，这是福田就任农相之后一贯主张的基本思想。① 这一将农业政策纳入经济政策框架中的理念，体现了福田农政的创新性。实际上，当时在农业经济学领域，马克思主义经济学正处于全盛时期。而从近代经济学的立场出发，与马克思主义经济学相悖的、摒弃将农业问题视为"农业内部问题"的方法，而是将其视为"伴随经济发展的产业之间的问题"的观点也尚处在萌芽时期。②

而作为次要方面的"横向政策"，福田最为重视的是"深根固本"。③在当选农相之时，福田指出自己的财政方针并非"自上而下夯实基础"，而是"先发展农村中小企业等基础部分，再由下而上"。④ 福田一贯秉承以农业政策为基础，实现日本经济的整体发展这一理念。"农村一旦繁荣就能惠及地方的中小企业，进一步惠及大城市的大企业，从而进入良性循环，促进日本整体经济发展"是福田一直以来坚持的观念。福田试图通过推动农村发展环境的改善，提高农业生产能力，来进一步提高日本经济、社会的整体活力。⑤

福田的农政思想既重视经济上的合理性，又饱含对百姓和村庄的人文关怀。在担任干事长期间，他曾说"我比任何人都更热爱我们的农民"，这番话并非是哗众取宠，而是发自内心的表达。

这一点在福田对兼职农家的看法中也能窥见一斑。关于兼职农家对提高收入的效果，福田持乐观的态度。他认为应该在给予农家子弟职业

---

① 福田赳夫《我认为的农政基本方向》《经济时代》25卷4号（1960年）、福田赳夫《丰收与日本经济》《经济展望》31卷11号（1959年），福田赳夫《新年致辞》《农林时报》19卷1号（1960年），福田赳夫及其他（座谈会）《日本农业与农业基本法》《政策月报63号》（1961年）。
② 井上龙夫《农业问题经济学》（大明堂，1959年）第2页。
③ 福田赳夫《丰收与日本经济》《经济展望》31卷11号（1959年）。
④ 福田赳夫《回顾九十年》（岩波书店，1995年）第96页。
⑤ 福田赳夫《新年致辞》《农林时报》19卷1号（1960年）。

训练机会的同时，鼓励地方发展，同时解决地域发展和农家子弟的就业问题。因此，福田主张"在每个地方府县建立三十万或五十万人口规模城市"。福田认为，这些城市将为农家子弟提供大量就业机会，同时在中心城市周围还能多样化开展蔬菜栽培等农耕事业，以此达到全面提高农业生产能力和农民收入的目的。①

将提高农民收入、实行农业改革、实现人员产业间流动、发展区域经济等方面统筹把握，以此来实现农业政策问题的全面解决，这便是福田农政的一大特色。

（三）面向农业基本法的制定

在秉承上述观点的基础上，福田积极投身被称为"农业领域的宪法"的《农业基本法》的制定。

1955 年，当时的联邦德国制定了规定农业从事者与其他产业从事者拥有平等社会地位的《农业法》。当时日本的农林相关预算增长进入停滞状态，农业团体被联邦德国这一《农业法》深深激励。于是，全国农业会议所等组织开始向自民党提出制定《农业基本法》的要求。②

福田从就任农相之前就开始积极筹备设立以制定《农业基本法》为目标的调查会。③ 就任农相后的 1959 年（昭和三十四年）7 月 7 日，政府新设农林渔业基本问题调查会，由农业经济学者东畑精一就任会长。当时，在经济审议会上已经开始对国民收入倍增计划的审议，因此经济企划厅与农林省的工作得以同步开展。正如福田所期待的那样，农业的基本问题被成功纳入"日本经济发展的框架内"进行探讨。④

1960 年 10 月，东畑牵头的调查会在与自民党调查会充分协调的基础

---

① 福田赳夫、成田知巳、和田传（座谈会）《能否回应来自农村的需求——关于农业基本法案》《朝日 journal》3 卷 20 号（1961 年），福田及其他《日本农业与农业基本法》。
② 户田博爱《现代日本的农业政策》（农林统计协会，1986 年）第 31 页，吉田修《自民党农政史》（大成出版社，2012 年）第 50 页，小仓武一《日本的农政》（岩波书店，1965 年）第 51 页。
③ 吉田修《自民党农政史》第 37—47 页。
④ 小仓武一《日本的农政》第 52 页，农林渔业基本问题调查会事务局《农业的基本问题与基本对策（解说）》。

上，就"农业的基本问题与基本对策"向政府报告。该报告指出，为改善战前以来的"小农经济模式"导致的农业生产水平和收入水平的低下，需要从收入、生产、结构三个方面来实施农业基本政策。①

此后，由于岸信介下台，该法案的立法工作在池田勇人政权下继续开展。9月5日，自民党发布新政策，宣布了制定《农业基本法》的决定。但是，社会党和民社党在总选举之时均承诺将主导《农业基本法》的制定，执政党与在野党之间的分歧逐渐白热化。次年，农林省在通常国会上提交了《农业基本法》的法案，而以社民党为中心的在野党则表示坚决反对该法案。《农业基本法》成为自民党与社民党斗争的焦点，这是继安保斗争之后，一次围绕"农业界宪法"的激烈冲突。在此背景下，福田在1960年12月7日再次就任政调会长，担任以法案制定为目的的协调工作。自民党成立了《农业基本法》推进工作组，福田担任组长，全面负责工作的开展。

福田在国会以外的场合也积极参与各种言论活动，例如，与社会党的成田知已等人进行辩论。两人争论的最大焦点在于农业人口问题。福田主张，为了纠正收入差距，一方面需要提高农业生产能力，另一方面要推进工厂的地方分散化，并一定程度上纳入较为发达的矿工业中，除此之外别无他法。与此相对，成田则主张推进新垦田的开发，并认为"农业的问题由农业解决"。

另一个争论的焦点是结构改革。社会党的方案以农业经营的统一化为目标。而与此相对，福田认为必须尊重"农民的自由意志"，倡导"以家族经营为中心的协同作业"。实际上，当时福田和成田的争论已经超出了单纯的政策观点，属于意识形态上的激烈对立。②

负责审议《农业基本法》的众议院农林水产委员会遭到社会党的强烈反对，工作一度无法推进。1961年4月27日，自民党与民社党一起在委员会上强行通过该法案。第三天，社会党缺席了将正式通过该法案的

---

① 吉田修《自民党农政史》第48页，农林渔业基本问题调查会事务局《农业的基本问题与基本对策（解说）》，户田博爱《现代日本的农业政策》第32—35页。

② 福田赳夫《能否回应来自农村的需求》。

众议院总会议,表明了抗议的姿态。6月6日,在参议院总会议上该法案获得通过。福田作为《农业基本法》推进工作小组的组长功不可没,展现了福田对农政事业抱有的极大热情。

(四)养蚕业的衰退与山村的振兴

有关福田对农政事业的贡献,另有一件事值得一提,他曾致力于解决自己故乡的养蚕事业和山村问题。福田的故乡——上州是三面环山的旱田地带。德富芦花曾将上州的风土比喻为"机之音、丝之烟、桑之海",形象地描绘了当地人以养蚕为生的画面。1958年(昭和三十三年),县内农家的三分之二都从事养蚕业。但是,以这一年为转折点,桑农的数量开始直线下降。其主要原因是化学纤维的登场。

人们对于蚕丝的需求逐渐减少,蚕丝价格也开始下跌,为了稳定蚕茧的价格,必须重新对桑树林进行调整、规划。即便福田对桑农的艰难处境同情万分,也不得不将这项工作推进下去。此外,福田还曾努力优化蚕茧的定价政策。在修订稳定蚕茧价格临时措施,并采取一定的预算措施的基础上,1960年3月,制定了稳定蚕茧价格特别会计法的修订法案。虽然对于养蚕业的衰退深感心痛,但为了缓和迎面而来的沉重打击,福田也可谓呕心沥血了。[①]

此外,山村振兴也是福田长年致力于解决的课题。福田有意回避与特定的利益团体之间的交往,但唯一例外的就是与山村振兴事业有关的团体。

福田担任农相时期,全国偏远山村振兴协会的副会长一行曾到访福田的私宅,福田是该协会的顾问,他们在这次到访中提出,希望福田就任会长。福田因为已经就任农林大臣,便推荐了前大臣三浦一雄,同时回答道"我不会接受其他任何团体的任职邀请,但如果是山村振兴事业的话则另当别论。我希望我能让'充满温度的政治'去照亮那些阳光无

[①] 群马县农政部蚕丝园艺科《支撑群马近代化的养蚕业》(http://www.pref.gunma.jp/06/f2210011.html;2018/3/26),古泽健一《福田赳夫与日本经济》(讲谈社,1983年)第36页,吉田修《自民党农政史》第45、56页。

法到达的偏远山村"。此后,三浦突然去世,1963年6月19日,福田担任该协会会长。

就任会长之后,福田将该组织的名称改为"全国山村振兴联盟",并表明将着手一系列立法措施。福田在自民党政调会内部设立了山村振兴特别委员会,自己就任委员长。这成为推进山村振兴法制定的重要契机。①

1964年3月,该委员会向农林省等各个省厅提交了《有关山村振兴法案(暂定)的基本思路》。此后,福田判断山村振兴将作为政府所有部门的重要课题受到重视,于是将经济企划厅定为负责该事务的部门,由包括福田在内的五名成员向国会提交了该法案。但是,针对该法案的审议未能完成。

此后,福田逐渐意识到超越党派的立法更为可行,于是在听取社会党意见的基础之上,再次向国会提交了山村振兴法案。最终,该法案于1965年4月28日正式颁布。由此,重点发展的山村被明确列入了名单,以山村振兴计划为蓝图的事业得以稳步推进。②

在全国山村振兴联盟成立之际,福田提出希望国会议员也能贡献部分会费。有超过230位国会议员对此做出回应,成为该联盟的成员。这也是因为以地方为主要活动范围的国会议员中大部分都在自己的选举区内拥有部分山村地带。此后,福田在担任大臣期间,令副会长代替会长主持工作,自己曾相当于结束了联盟会长的任职。从1973年1月一直到就任总理大臣,福田一直担任该联盟的最高顾问。③

究竟是什么原因驱使福田投身于山村振兴事业?或许是因为自己的家乡——上州多为山村地带,但不仅如此。其根本原因,在于福田抱有一种"社会均等观念",以及"深根固本"的福田方式。他认为,只有去

---

① 全国山村振兴联盟《山村振兴运动二十年》(全国山村振兴联盟,1977年)第2、58页。
② 经济企划厅《经济企划厅综合开发事业的发展》(大藏省印刷局,1975年)第183—188页。
③ 全国山村振兴联盟《山村振兴运动二十年》(全国山村振兴联盟,1977年)第2、96页,附录。

支持、去弥补那些在不利条件下努力生活的人们，才是真正的政治。对于福田来说，政治的责任就是让阳光照进阴暗的地方，而山村振兴事业便是基于这一理念的具体实践。

二　安保斗争

（一）日美安保条约改定交涉

福田担任农相期间，岸信介政权面临的最大政治课题便是《日美安全保障条约》的修正问题。

由于《日美安全保障条约》（下称《日美安保条约》）的规定，曾在日本驻留的美国占领军在占领期结束后也要作为在日美军继续驻留。但是，在日美安保条约中，存在在日美军无义务对日本防卫担责、包含"内乱条款"（指日本发生内乱时美军也有权干预的规定）、没有明确规定条约期限等问题，作为两个独立国家间的平等条约还存在许多漏洞。

宣称日本已经完成"独立"的岸信介首相，试图修改《日美安保条约》，使之成为一个"相互防卫条约"。于是，他想要首先以修正引起国民公愤的条约中的漏洞来获得他们的支持。

当初对于安保条约的修正持消极态度的美国，由于日本国内反美军基地运动的勃发，也开始重新规划在日美军基地的启用。于是，美方向日方提出了不强制日本海外出兵、保障双方互负义务的安保条约修正案。岸信介接受了这一提案，并决定以不违背宪法解释的形式与美方缔结条约。

1958年（昭和三十三年）10月开始的安保修正交涉原本计划在年内达成一致，但最终却持续了相当长的时间。围绕警察官职务执行法的改定问题，岸信介首相在自民党内部的声望逐渐下降，这是因为由于转为反主流派的河野一郎、池田勇人、三木武夫等人的运作，使得行政协定的全面改定交涉也与安保条约交涉得以同时推进。

此外，社会党也以警职法问题为契机，向岸信介表明了强硬的态度。1959年4月，社会党与总评、共产党等共同成立了阻止《日美安保条约》修正国民会议，正式开始包括动员大众参与在内的反安保运动。

历经一系列曲折,《新日美安保条约》于 1960 年 1 月 19 日正式成立。在华盛顿举行的美日首脑会谈上,除了新条约的缔结,还决定在同年的 6 月 19 日,时任美国总统艾森豪威尔访问日本,以祝贺日美两国友好 100 周年的到来。岸信介的计划是等新条约在国内完成一系列认可手续之后再迎接总统的到访,并上演一出"日美新时代"的好戏。

然而,2 月 5 日新条约、新协定在国会上提出之后,坚决反对安保条约修正的革新势力与岸信介政权之间产生了不可调和的激烈冲突。岸信介政权曾计划在 5 月 26 日国会会期结束之前使新条约和新协定获得通过,但是,围绕新安保条约中有关[①]"远东的范围""事前协议"等定义,双方产生了严重分歧,岸信介的计划难以如期实现。

(二) 日苏渔业谈判

在此期间,福田几乎没有参与安保条约修正谈判。在国会审议上围绕着安保条约问题双方激烈对峙之时,作为农林大臣,福田的关注点在于与苏联之间的鲑鱼、鳟鱼捕捞作业等渔业问题的交涉。

北太平洋的堪察加海域、白令海以及鄂霍次克海因有丰富的鲑鱼、鳟鱼资源而闻名于世界,该地区的渔业活动从"二战"之前就开始繁盛。

有关该海域的鲑鱼、鳟鱼捕捞问题,根据 1956 年(昭和三十一年)缔结的《日苏渔业条约》,两国每年进行一次谈判来决定当年的捕捞量。但是,围绕鲑鱼、鳟鱼的捕捞量问题,声称由于日方的过量捕捞造成资源减少的苏方与日方之间产生激烈对立,日苏渔业谈判次次受阻。

1960 年 2 月,日苏渔业谈判在莫斯科举行,原本福田并未计划参加。岸信介委托日本水产会会长高碕达之助前通产大臣作为首席代表前往交涉。但是,这个决定遭到自民党内和农林省的反对,最终,同年 4 月中

[①] 有关日美安保条约改定谈判的过程请参照以下文献:原彬久《战后日本与国际政治》、坂元一哉《美日同盟的纽带(增补版)》(有斐阁,2020 年)、山本章子《美国与日美安保条约改定》(吉田书店,2017 年)。

旬，福田与高碕一同前往莫斯科进行渔业谈判。① 福田在出发前，与岸信介首相及藤山爱一郎外相面谈，二人嘱咐他"整体上交由你全权负责，仅就你判断为重要事项的内容请示即可"，实际上是将谈判权完全交给了福田。②

然而，不出所料，围绕捕捞量和禁渔期问题，双方互不相让，交涉难以推进。北洋渔业的最佳捕捞时期即将临近，而谈判处于胶着状态。

这次被福田称为"各自闭门谢客"的，在莫斯科的谈判持续了33天之久。日苏渔业谈判表面上以对海洋资源的科学研究协议为前提，然而却常常沦为一场政治谈判。这便是福田经历的第一次与苏联之间的谈判。

在谈判过程中，福田与当时苏联的最高领导人赫鲁晓夫（Nikita Khrushchev）第一书记进行了会谈。这次会谈对福田今后的对苏外交理念产生了巨大的影响。据福田所说，在会谈的最后阶段，当北方领土问题这一话题被提出之时，赫鲁晓夫说道："美国如果将冲绳返还给日本，那么我们也会立即返还南千岛群岛。"福田在很久以后曾称赫鲁晓夫的这一言论"在脑海中挥之不去"。此后，福田也曾经参与冲绳返还谈判。于是，日苏和平条约的缔结以及北方领土问题的解决等，都将成为福田外交的重要课题。③

最终，日苏渔业谈判于5月17日下午达成一致。此时东京方面也做出决定，为了防止错失捕鱼船队出海的最佳时机，由领头船队先行从钏路和函馆出港并在海上待命，等谈判结束后立即开始捕捞作业。签字仪式于18日下午一点举行，但福田并未出席，而是于当天踏上了回国的旅途。此时，在国会上安保问题迎来了最后一幕。④

---

① 吉泽清次郎监修《日本外交史 第二十九卷 讲和后的外交1 对列国关系》下（鹿岛研究所出版会，1973年）第253页，高碕达之助《第四次日苏渔业谈判的经过》（日期不明）《高碕达之助文书》（文书编号97）公益财团法人东洋食品研究所，村上友章《"国境之海"与国家主义》《国际政治》170号（2012年）。
② 《福田笔记（昭和三十五年4月 莫斯科行）》。
③ 福田赳夫《回顾九十年》（岩波书店，1995年）第132—133页。
④ 《读卖新闻》1960年5月14日，同19日。

(三) 与麦克阿瑟大使的秘密会见

1960年（昭和三十五年）5月19日深夜到20日黎明，岸信介政权要求延长国会会期并通过新日美安保条约，由自民党单方面强行通过了该条约。

如前所述，艾森豪威尔访日原本定在6月19日。根据宪法规定，需要参众两院承认的法案无论参议院审议是否按时通过，经过一定的时间后，该法案都将自动成立。在野党迟迟不对审议做出回应，为了使新安保条约自动成立，最少需要留出30天的时间，也就是5月19日该法案成立，因此6月19日的艾森豪威尔访日安排对于岸信介来说是个冒险的决定。[①]

然而与此同时，岸信介周围有人提出应该只延长国会会期以应对在野党的审议要求。虽然可能赶不上艾森豪威尔访日，但是，6月上半月在众议院通过，此后再以自动成立为目标，这种方式更为稳妥，可以将可能产生的混乱控制在最低程度。

福田心中也是同样的想法。在访苏之前与岸信介面谈之时，福田曾建议不要强行通过安保条约的修正，而只延长会期。当福田在巴黎机场听到强行通过的消息时，曾经因为过于出乎意料而"半信半疑"[②]。

岸信介主导的强行通过，导致了超出当事人预料的严重后果。对于以社会党、总评为核心的安保反对势力来说，在院内安排500人的警力，在在野党缺席的情况下强行通过该条约，是"破坏议会制民主主义"的行为。

正如当时主导院外斗争的总评事务局局长岩井章所说，"如果没有5月19日的强行通过，那么大众斗争或许还在可以控制的范围之内"。在强行通过之前，院外的"反安保"运动开展得并不顺利，也没有得到广泛的响应。但是，安保斗争与其说是对条约修正本身的反对，不如说是

[①] 原彬久编《岸信介证言录》（每日新闻社，2003年）第267—268页。
[②] 福田赳夫（谈话人田原总一郎）《福田赳夫 我与自民党的斗争》《中央公论》110卷1号（1995年）第60页，福田赳夫《我的履历书》（同《我的履历书 保守政权的担当者》日本经济新闻出版社，2007年）第164页。

第五章　福田农政与安保斗争

由于岸信介的强行通过所造成的"议会制民主主义的破坏"而瞬间爆发。院外大众斗争的势头瞬间蔓延，在强行通过后的一周，也就是5月26日，全国已经有四五万人（警察统计数据）参与到该运动当中，规模空前。针对条约成立和艾森豪威尔访日等政治问题的反政权的热度，随着6月19日的临近逐渐冷却下来。①

福田于5月22日下午回到日本。② 此时，岸信介作为官邸使用的南平台的私宅、国会议事堂都被游行队伍紧紧包围，场面十分混乱。安保条约已进入等待自动成立的状态，留给岸信介政权的课题，就是如何实现已写入国际公约的艾森豪威尔的访日了。

非常时期的决定，大多仅限于最高领导人和身边亲信参与。为了应对时间紧迫、未来形势不明朗的情况，也常有少数权力较大的亲信越过官僚机构的纵向层级直接行动。安保斗争就属于这种情况。在危机之时，福田一直紧跟岸信介首相的步伐。从回国之后一直到岸信介政权倒台大约一个月的时间里，福田一步也没有踏进过农林省的大门，而是一直留在首相官邸与首相一起应对安保问题。③

原本陪伴在岸信介身旁应对安保问题的是官房长官椎名悦三郎，但是，由于岸信介重用福田，椎名为此心生不满，岸信介身边的亲信集团内部发生了严重的分裂。因此，福田代替椎名继续帮助岸信介解决安保问题。

5月25日下午，得到岸信介授意的福田，越过外务省，以私人身份前往会见美国驻日大使麦克阿瑟。据美国国务院文件记载，福田向麦克阿瑟传达：从当时的日本国内形势来看，如果美国总统访日与条约成立同时进行，就会给左翼势力以抗议活动的正当理由，从而使岸信介首相陷入艰难的境地。此外，福田还特别强调"这完全是我个人的见解"，同时又向美方建议在条约成立、生效顺利实现之前，暂时将美国总统访日

---

① 原彬久《岸信介证言录》第269页，斋藤一郎《安保斗争史》（三一书房，1962年）第221—232页。
② 《坊秀男日记》1960年5月22日条，《坊秀男关系文书》（请求号37号）国立国会图书馆宪政资料室。
③ 原彬久《战后政治的证人们》（岩波书店，2015年）第130—131页。

向后延期十天或十四天。针对福田的提议,麦克阿瑟回答说:从福田的提案与议会及其他国事行为之间的关系来看难以应允,并提出了自己的代替方案——将访日延期至 8 月。①

福田之所以私下试探艾森豪威尔对访日延期事宜的态度,是因为这件事与当时的政局发展密切相关。岸信介政权所面临的难题绝不仅仅是大众游行。自民党内部的三木·松村派、石桥派、河野派等反主流派曾公开要求岸信介下台。他们虽然没有公开表明与在野党势力步调一致,但在非公开场合曾主张艾森豪威尔访日延期,并试图使岸信介政权垮台。②

毫无疑问,艾森豪威尔访日延期直接导致岸信介政权的垮台,自民党内各派与其说是基于政策的对错,不如说是为了与岸信介保持政治距离而采取了相应的立场。

福田的提案与导致岸信介下台的访日延期论之间界限分明,其目的在于通过劝说美国在条约顺利通过后留出一段时间的缓冲期,再推进访日事宜,以此来挽救岌岌可危的岸信介政权。但是,福田的提案存在重大问题,即必须由美方主动提出访日延期,才能避免反对势力利用延期对岸政权进行打击。因此,福田得到岸信介的授意,在纪尾井町的料亭福田家与麦克阿瑟进行了第二次会面。但是,针对福田的请求,麦克阿瑟则表示访日延期必须由日本提出,最终谈判破裂。③

福田进行秘密谈判的同时,大众游行的规模不断扩大。6 月 4 日总评、社会党主导的"第十七次统一行动"(六四罢工)的参与者们总计达到 8.4 万人(警察数据)。④

6 月 10 日来到日本的总统新闻科秘书哈格蒂(James Hagerty)乘坐的车辆在羽田近郊遭到了游行队伍的包围,最终依靠直升机才得以脱困,

---

① Telegram from the Embassy in Japan to the Department of State, May 25, 1960, *Foreign Relations of the United States* (hereafter *FRUS*), 1958–1960, Vol. XVIII, Document 162 (https://history. State. gov/historicaldocuments/Eisenhower:2018/3/27).

② 原彬久《战后日本与国际政治》(中央公论社,1988 年)第 422—424 页。

③ NHK 采访组《NHK 特别节目战后 50 年 当时的日本》一卷(日本放送出版协会,1995 年)第 296—299 页。

④ 《读卖新闻》1960 年 6 月 5 日。

这就是所谓的"哈格蒂事件"。

岸信介的信心也因此受到沉重的打击。6月12日上午与麦克阿瑟会见之后，岸信介就总统访日时的安保问题，依然态度坚决地表示已做好了万全的准备。但是，他也非常直接地表明无法完全避免给总统带来不快以及违反国际礼仪的事情发生。①

当时，为了弥补警力不足，甚至讨论了派出自卫队的可能性。自卫队在6月中旬完成治安任务的准备工作，进入待命状态。福田在此时，与岸信介共同到访防卫厅，就自卫队的待命状态听取说明并交换意见。防卫长官赤城宗德在此后发生的"桦事件"（后述日本学生运动家桦美智子在安保斗争中死亡的事件）之前，曾受到来自岸信介的关于自卫队出动治安任务的"试探"。但是，因为防卫厅和自卫队内部也存在一些消极的声音，因此赤城拒绝了岸信介的请求。于是，在这种极其紧张的气氛中迎来了6月15日这一天。②

（四）艾森豪威尔访日计划破灭

6月15日下午，全学联主流派7000余人冲入国会，与警察发生激烈冲突，女大学生桦美智子遭到踩踏不幸身亡。在次日16时开始的临时内阁会议的开头，岸信介正式表明艾森豪威尔访日计划延期（中止）。正在远东地区休闲旅游的艾森豪威尔尽管已经到达马尼拉，在收到了延期通知后立刻发表了同意该决定的声明。

岸信介在决定艾森豪威尔访日计划中止的同时，也决定给自己的政治生涯画上休止符。他指派福田负责起草内阁总辞职声明。虽然他嘴上说"并非真的要总辞职，只是以防万一"，但福田心里明白，岸信介打算在安保条约自动成立之后立刻卸任。③

艾森豪威尔访日计划中止以后，岸信介只需等待6月19日零时安保

---

① Telegram from the Embassy in Japan to the Department of State, June 12, 1960. FORUS, 1958–1960, Vol. XVIII, Document 117.

② HNK采访组《NHK特别节目战后50年 当时的日本》一卷，第335—336页，原彬久《战后政治的证人们》（岩波书店，2015年）第158—164页。

③ 福田赳夫《回顾九十年》（岩波书店，1995年）第137页。

条约自动成立了。6月18日，大众游行的气势达到顶峰，甚至有传言说国会和首相官邸都已被游行的人群烧毁。岸信介在回忆录中写道，18日夜里，他让聚集在首相官邸的阁僚们回到各自的工作地点，而自己和弟弟佐藤荣作在首相执务室一起等待条约自动成立的那一刻。实际上，福田、官方长官椎名、防卫厅长官赤城等数名岸派阁僚都一直留在首相官邸。①

岸政权提前准备了于6月19日零点发布的宣布《新日美安保条约》成立的内阁声明，但声明的内容必须事先经过"党四役"（副总裁大野、干事长川岛、总务会长石井光次郎、政调会长船田中）的认可。然而，当时身处赤坂王子酒店的除川岛之外的其他三人，因声明中没有"岸信介内阁辞职"的内容而表示反对。② 他们提出，虽然条约生效所必需的批准书需要天皇亲笔签字，但是目前局势混乱，无法将文件送入宫中，为了安抚群众，岸信介必须表明辞职的意向。

此时，围绕岸信介继任者的权力斗争已经开始。大野通过要求岸信介在安保条约成立的同时辞职，暗地里试图履行1959年1月交换的政权授受"誓约书"。实际上，早在6月10日，大野就表现出在岸信介辞职后、条约批准前借新内阁之手解散众议院的意图。

此外，早已对岸信介政权失去信心的川岛干事长也是一样。6月8日，川岛、福田、椎名、赤城等岸派干部举行了四方会谈。在这一天的"福田笔记"中写道，"收拾局面的对策川岛氏表明想法。姑且一致。核心问题——众议院解散由临时内阁执行，还是由新内阁执行？"川岛的想法是先成立一个大野临时内阁。实际上，川岛以党内团结为名义，曾强烈要求岸信介表明辞职意向。③

但是，岸信介并未打算在安保条约批准之前宣布辞职。于是，他命令福田谎称批准书的交换早在十天前就已经在夏威夷完成，以此来得到党内干部的认可。

---

① 岸信介《岸信介回忆录》（广济堂，1983年）第562—563页，山田荣三《正传佐藤荣作》上（新潮社，1988年）第359页，《坊秀男日记》1960年6月18日条。
② 福田赳夫《回顾九十年》（岩波书店，1995年）第138—139页。
③ 原彬久《岸信介证言录》第294—295页，《福田笔记（昭和三十五年6月）》。

若要前往党内干部集中的赤坂王子酒店，则必须突破首相官邸旁游行群众的重重包围。虽然存在一条从官邸到溜池方向的地下通道，但是，当夜就连地下通道的出口附近都堵满了游行队伍。于是，福田装扮成工人模样从官邸后门出去，偷偷混入举着"反对安保"横幅的游行队伍中，前往赤坂王子酒店。

福田在危机时刻还能泰然处之，据说当时他还曾边走边悠闲地哼唱着八木节（栃木、群马、埼玉等地的民谣）。后来福田回忆说"当时我心想，如果暴露身份就大事不好了"。他或许是在生死攸关的夜路中为了掩饰自己的紧张心情而哼起了家乡的民谣吧。①

夜里11点30分左右，赶到赤坂王子酒店的福田按照岸信介吩咐的那样进行了说明，最终，内阁声明获得党内干部的承认。但福田等人没有就此返回首相官邸，而是在酒店等待零时条约自动成立。②

新日美安保条约批准书的交换于6月23日上午10点10分在芝白金台的外相官邸举行。藤山外相和麦克阿瑟大使之间进行了批准书、地位协定相关文件、记录签名的交换等事宜，同时，在官邸召开了临时内阁会议，岸信介宣布以内阁总辞职的形式辞去总理大臣一职。

（五）西尾政权构想

安保斗争从某种意义上来说就是一场反对岸信介的斗争。因此，当岸政权宣布结束后，曾在国会周边如革命前夜般斗志昂扬的学生游行队伍迅速消失了踪影。与之相对，自民党内部围绕岸信介的继任者展开了激烈的权力斗争。岸信介决定辞职之后，一直以来党内的主流派与反主流派之间的对立消失，更为错综复杂的明争暗斗已经拉开帷幕。③

最让人关注的是，岸信介会让谁当自己的接班人。岸派是拥有参众

---

① 每日新闻政治部编《检证首相官邸》（朝日SONORAMA，1988年）第60—61页，福家俊一《撑起自民党一片天的新领导》（KK long salers，1986年）第189—192页，《世界中的日本——福田赳夫回想录》《楠田实资料》（2E-12-3）。同文书也是《回顾九十年》的草稿。

② 岩见隆夫《昭和的妖怪 岸信介》（中央公论新社，2012年；初版学阳书房，1979年）第230—231页，儿岛襄《冲入国会》（讲谈社，1968年）第185页。

③ 大日向一郎《岸政权1241天》（行政问题研究所，1985年）第264—265页。

两院共 120 个席位的最强势的一派，如果仅看数字的话，确实拥有继续掌握政权的实力。虽然围绕着岸信介后任有着各种各样的猜测，但是其中最为特别的，是提名福田推荐的民社党委员长西尾末广为首相，建立联合政权的构想。

民社党是 1960 年（昭和三十五年）才刚刚成立的、由社会党中分离出来的政党。社会党苦于迟迟不能增加议席数量，在这个过程中，主张"国民政党"的右派与主张"阶级政党"的左派之间发生了激烈的对立。①

西尾由于对总评主导的政党运营持强烈批评态度而被社会党除名，之后他集合了众参两院的独立会派，成立了民社党。

福田说服了固执己见的岸信介，曾三度在位于麻布的竹田仪一（原民主党干事长）的别墅中秘密会见西尾。当时，福田回忆起面对世界经济危机影响下的英国的经济危机，英国的保守党推举了工党党首麦克唐纳担任首相并成立了举国一致内阁的这一段历史。当时福田认为，"只有强有力的内阁才能够在动荡时刻安抚民心，哪怕是左翼内阁"，于是想要提名西尾担任首相并建立举国体制。②

福田为何会在安保斗争之后对这个构想抱有胜算呢？福田的民社党联合政府构想，实际上与自民党的"整党"运动相互关联。

原本岸信介在辞职之前想要行使最后的权限——解散众议院。在条约批准前的 6 月 21 日，岸曾试探着与福田和川岛探讨"解散计划"。③ 岸信介所不能原谅的是日美关系的核心——安保条约在争取国会通过的关键时刻，河野一郎、三木武夫、松村谦三三人均未在场。岸信介想要将这三人从党内除名，一举推进解散总选举（指的是解散众议院之后，再举行总选举）。

然而，福田认为此时匆忙解散国会有可能会导致"国内对立的激化"。此外，川岛干事长在明知大概率会落选的情况下也不会轻易答应。④

---

① 原彬久《战后史中的日本社会党》（中央公论新社，2000 年）第 138—140 页。
② 福田赳夫《回顾九十年》（岩波书店，1995 年）第 140—143 页，《朝日新闻》1990 年 4 月 23 日。
③ 《福田笔记（昭和 35 年 6 月）》。
④ 《福田笔记（昭和 35 年 6 月）》。

因此，岸信介放弃了解散众议院的念头。

但是，如果仅彻底进行整党运动，那么摆在面前的难题就是在国会上需要提名下一任首相。福田此时正在笔记上记录首相提名选举的票数。根据统计，岸阵营中，岸派77票，池田派41票，佐藤派36票，石井派23票，总共177票，即使加上大野派的25票，也只有202票。而反岸阵营中，社会党124票，民社党40票，松村、三木、石桥派30票，河野派30票，共产党1票，总计240票。① 如果被除名的河野与社会党、民社党联手的话，那么岸阵营就必将败北。当时自民党结党还不满五年，分裂出来的反主流派与在野党联手的可能性较大。

福田的西尾首相构想，是针对自民党反主流派与在野党联手这一可能性的专门策略。如果通过联合执政将民社党拉入岸阵营，那么即便由于"誓约书"的违约大野派脱离，从数量上来说岸阵营依然处于优势地位。就算不吸收民社党，也可以通过首相提名来阻止其与社会党联手，从中进行牵制。

否定岸信介"解散计划"后的6月21日下午3点半，福田与西尾进行面谈。根据福田的笔记，该谈话包含以下内容。

　　福田：咱们可否合作？
　　西尾：我党与社会党已经划清界限，如给名分，就有合作空间。
　　福田：联合执政的方式，如何？
　　西尾：目前不行。到自民党分裂之时可以考虑。我提出三党首进行会谈。
　　福田：能否出席首相提名？
　　西尾：尽力。

西尾在福田当选之时，曾以大藏省大臣一职作为交换条件，劝说其加入社会党。此外，忌惮社会党势力的保守财团也曾支持西尾的分党独

---

① 《福田笔记（昭和三十五年6月）》。

立。西尾与支持岸政权的保守势力在反共主义这一点上基本一致。①

但是，回顾当时的党内形势，不得不说，福田构想实现的可能性微乎其微。实际上，也因为岸信介与大野之间存在"誓约书"一事，他对福田的这一构想始终持消极态度。

当然，主要还是因为西尾最后拒绝了福田的邀请。西尾认为，"如果由我来担任首相，我恐怕将以政治家的身份葬身于此"。② 对于曾担任短命的片山联合政权内阁官房长官的西尾来说，如果他成为自民党掌握实权的联合政权的首相，则一定会将民社党拉入万劫不复之地。

最终，虽然大野、石井、池田三人都有接班岸政权的意向，但岸信介宣布辞职之后过了三周，党内调整依然没有完成。多数派与其他各派间的权钱交易屡禁不止，岸信介标榜的"整党"口号也渐渐失去力量。此后，松村谦三和藤山爱一郎也表明要参与此次竞争。

岸派中的一部分支持池田，川岛派分出了支持大野和支持藤山爱一郎的一派，如果在此种情况下开始选举，那么岸派必将四分五裂。

在最后的局面中发挥重要作用的是川岛干事长。主张以"党人派"为理念建立政权的川岛在选举前一天，以大野不可能战胜池田为理由，将大野从候选人名单中除去，并使得大野的选票流入石井处。然而，岸信介却命令川岛集结岸派成员全力支持池田。川岛只得服从。于是，7月14日的自民党总裁选举中池田勇人以压倒性优势获胜。③

7月15日夜，持续了三年零四个月的岸政权最终迎来了总辞职。战后复兴期以来福田与岸信介一直并肩战斗，他的下台让福田深深感到一个时代已宣告结束。

---

① 福田赳夫《回顾九十年》（岩波书店，1995年）第97页，原彬久《战后日本与国际政治》第296—297页。

② 福田赳夫《回顾九十年》（岩波书店，1995年）第151—152页。

③ 大日向一郎《岸政权1241天》（行政问题研究所，1985年）第265—267页。

第 六 章

收入倍增

前 言

  1960年（昭和三十五年）7月19日，池田勇人内阁诞生。成为总理后的池田，为了缓和国内由于安保引发的激烈冲突，始终保持了"宽容与忍耐"的低姿态。实际上池田内阁与岸内阁也形成了鲜明对比。池田首相在内阁成立记者招待会上明确表示：不会修改岸内阁时期制定的宪法。同时跟曾经与在野党发生激烈冲突的岸内阁不同，池田在国会运营的问题上也表态将尽可能与在野党协商。

  本章主要描述20世纪60年代前期，福田在池田内阁时期的所作所为。池田内阁时期，也是福田作为一个政治家最为艰难的阶段。福田与志同道合的议员一起成立了刷新党风恳谈会（之后成为联盟），呼吁自民党必须改革以实现政党的现代化。但是，福田的主张建议被池田内阁所排斥，他自己也成为党内反主流派成员。

  为什么同为出身于大藏官僚的福田与池田会发生激烈对立呢？福田与池田在围绕高速经济发展的经济思想问题上发生了对立，他们各自拥有着自己的"收入倍增"理论。福田立足于以稳定增长为基础的"倍增计划"，池田则主张在高速经济增长中一鼓作气推进"倍增政策"。两者思考的立足点就不相同。福田希望能在立足计划的基础上，巧妙地运用好经济的"油门"和"刹车"进而推动经济增长。福田认为经济变动就如同高山与低谷一般有不断起伏，对他来说，池田那种一味追求增长的做法，就如同只踩油门一样。为此，福田反对池田内阁推进的"倍增政策",将在经济扩展过程中的那些浮夸的风潮现象揶揄为"昭和元禄"加以批判。

本章节首先对池田内阁的招牌政策收入倍增的源头——岸内阁时期制订的"国民收入倍增计划"进行分析。其次,描述了围绕池田内阁期间的热门话题"收入倍增",以福田的"京都谈话"发言为契机,福田与池田的矛盾公开化的过程。

一 收入倍增计划与福田

(一) 经济计划与政治——两种潮流

池田内阁最为出名的政策就是收入倍增。在参加总裁候选的时候,池田在被问到政策方针的时候,他回答了那段有名的话:"那只有经济政策啊,使国民收入倍增"。实际上也是,如同他说的那样,池田内阁将因安保斗争而迷失的民心,聚集到了经济增长这个全体国民的共同目标上,将时代成功地从"政治时代"转化到了"经济时代"。[①]

但是,"收入倍增"的想法并非池田的独创,该设想来自多个源头。福田就与其中的一个源头有着深刻的关系,为了说明这一点就有必要把时钟拨回保守派联合前进行说明。

战后的保守政治,围绕政府的经济计划有两种观点,即对经济计划持否定态度且消极对应的吉田—池田派系观点和积极肯定的岸—福田派系观点。

吉田素以讨厌计划而闻名。吉田主张"个人在自由市场的基础上努力"。他批判统制经济,认为经济计划是战时遗留的老旧思想,并对此完全排斥。作为"吉田学校"优等生的池田勇人,在某种意义上正是吉田流派自由主义的继承人。为此,池田也对于经济计划持有消极态度,尽可能减少国家对经济的干涉,认为政府的作用"限定于为各行业发挥创

[①] 伊藤昌哉《池田勇人 其生与死》(至诚堂,1966年)第76页,中村隆英《池田勇人》(渡边昭夫编著《战后日本的宰相们》,中央公论新社,2001年)第176页,河野康子《日本的历史24 战后与高速增长的终结》(讲谈社,2002年)第198—199页。

造力提供最佳的外部条件"。① 但是，作为一个经济的门外汉、只是单纯信奉自由主义经济的吉田与在大藏省接受培养、满脑子数字的池田还是有所不同的。池田虽然不喜欢过度的经济计划，但是发展经济寄托了他的全部心愿。

　　岸的想法正好与此相反。岸从刚回到政界的时候就否定了"散漫的自由主义经济"，转而积极推进"有计划的自主经济"。他的起点是在伪满时期"伪满洲国产业发展五年计划"的体验。岸的目标是：将苏联那种中央集权的指令型经济计划转换为市场型的经济计划，建立以个人的创造力与自由的行动为基础的计划型自由经济体系。②

　　与岸采取共同政治步调的福田也主张经济计划的重要性。1953 年（昭和二十八年）福田在亲自担任理事长的金融财政事情研究会的杂志上，将经济计划比喻为"攀登富士山的心理准备"。也就是说，由国家设定目标和长期计划，各部门按照方案"默默前行"才是关键。这样的主张与吉田内阁的"自由开放政策"完全相反。福田与岸同样，都是以自由主义发挥个人的创造力，同时在"综合计划的基础上进行协调，逐渐达成经济自立的目标"。③

　　岸—福田派系的势力增长始于自民党建立之初。如同前一章所述，福田作为民主党政调会副会长，在保守派合流的时候，就参与了新党纲领的制定工作。其结果，新党纲领继承了日本民主党的纲领，写入了"制定实施经济的综合计划"一条。

　　以往在吉田内阁被束之高阁的经济计划，一下子就成了主流。鸠山内阁刚成立时就通过内阁审议的《综合经济六年计划的构想》，在保守派合流后修正为《经济自立五年计划》，通过了内阁审议。同时，经济审议

---

① 星野进保（综合研究开发机构编）《作为政治的经济计划》（日本经济评论社，2003年）第 89—90 页。池田勇人《我的"增长论"与"月工资二倍论"的依据》，《进路》第六卷第五号（1959 年）。

② 原彬久《岸信介》（岩波书店，1995 年）第 59—61、241 页，同编《岸信介证言录》（每日新闻社，2003 年）第 358 页。

③ 福田赳夫《攀登富士山的心理准备》《金融财政事情》第四卷第二四号（1953 年），福田赳夫《危机解除已经开始》《经济展望》第二七卷第一号（1955 年），福田赳夫、船田中、御手洗辰雄（NHK 政治座谈会）《保守新党结党前夕》《周刊论调》第九二号（1955 年）。

厅也改组为经济企划厅,被赋予经济计划的制定实施的权限。①

(二) 福田的"倍增提案"

"国民收入倍增"的说法第一次出现在自民党的文件中,是在《经济白皮书》表述"现在已经不是战后了"的1956年(昭和三十一年)。这一年的12月27日,自民党通过了《昭和三十二年度预算编制的基本方针(预算编制大纲)》,在这个大纲里明确写着"制定以全民雇用即国民收入倍增为目标的新经济计划"。②

毫无疑问,作为政调会副会长负责预算编制的福田,肯定参与了这个大纲的制定。次日下午,福田等政调会的干部们,将池田勇人藏相请到自民党总部,希望他对自民党制定的预算编制大纲给予尊重。

"国民收入倍增"的口号并没有得到很大的关注。在完成预算编制后,福田在《政策月报》上发表了一篇关于1957年度预算的文章。在文章里他指出预算的两大关键是"打通经济的闭塞,确保社会的均衡",以及"两大政策如能达成目标,立刻就能与扩大两倍经济规模的长期计划相关联"。"国民收入倍增"换言之就是"经济规模扩大两倍"。通过经济计划获得收入倍增的想法,在这一节点已有雏形。③

福田第一次想要将这"两倍"的数字与经济计划相关联是在1957年1月岸内阁会议制定《长期经济计划》的时候。当时作为经济企划厅长官,负责经济计划工作的大来佐武郎,有过这样的回忆:

>(昭和)三十二年,我拿着《新长期经济计划》去找当时自民党(副)干事长的福田说明情况。福田跟我说:"你有没有将它写成两倍的表述方法?"我回答:"这是五年计划,所以有点困难。"福田回

---

① 小金芳弘《最初的经济计划与经济企划厅》《ESP》2012年冬号。
② 自由民主党编《自由民主党党史》(自由民主,1987年)第197页,同书对关于预算编制大纲,介绍了在党的文件中首次出现"国民收入倍增"的说法。评价道:"不久后正式成为党和政府政策的'国民收入倍增计划'在这一时期已经有了萌芽。"
③ 福田赳夫《昭和三十二年度预算与日本经济》《政策月报》第一四卷第四九号(1957年)。

答"哦！是嘛"，在那个时候，两倍的想法，还没有浮出水面。①

福田在谈到这段谈判的时候这样说：

> 前年，在制定经济五年计划（《新长期经济计划》）的时候，实际增长率如果达到 6.5% 或是 7%，我提议倒不如将它改为十年规划，将它变为党的行动口号。但是因为目标太遥远，所以还是写成五年计划。②

福田考虑将设定中的五年经济计划变成"十年计划"，将政治上给人强烈印象的"两倍"的数字加入其中，但是由于考虑到规划部门对十年之后的计划难以估算，福田便指示："可以考虑将它分为前后期，这次的计划就可以作为 10 年计划的前期计划。"③

福田就是这样，站在时代的先端做了"倍增提案"，但是为实现福田的提案所需要的经济环境及支撑计划的体制尚未健全，只能算是一种想法。

执政党对长期计划的要求，对负责经济计划的大来等官方专家产生了影响。完成了《新长期经济计划》的大来，其后应洛克菲勒财团的邀请，外访做了为期五个月的世界经济考察。通过这次考察，大来得出了可将日本的经济计划分为短期（两年）、中期（五年）、长期（10—20年）的三阶段方式的初步结论。经济企划厅在大来的主导下，开始了《二十年展望》的工作，于是，这项工作与国民收入倍增计划的工作便关联起来。④

---

① 大来佐武郎《我的履历书》（日本经济新闻社，1977 年）第 117—118 页。
② 福田赳夫、成田知巳、志贺义雄（采访）《诊断各党的经济政策》《经济展望》第三一卷第六号（1959 年）。
③ 福田赳夫、金子佐一郎、村田为五郎、油井宏之《新春畅谈》《实业界》第一五九号（1960 年）。
④ 小野善郎《志在千里：大来佐武郎评传》（日本经济新闻社，2004 年）第 170 页。

（三）池田的"工资两倍论"与福田的"生产力倍增十年计划"

"国民收入倍增"的想法逐步转化为现实，体现在始于 1958 年（昭和三十三年）6 月开始的岩户景气，经济以迄今为止从未有过的速度增长。在这样大好的背景下，接受"倍增"的环境已经成熟。

1959 年 1 月，经济学家中山伊知郎在《读卖新闻》上发表了"提倡工资翻倍"内容的文章。他以访问捷克斯洛伐克中央计划厅的实际体验为前提，提出了以"两倍工资"为目标的日本经济发展的未来方向。[①]

首先关注到中山这一提议的是池田勇人。当时池田因为警职法的问题辞去阁僚职务。2 月 21 日，以在野身份出席自民党广岛县联大会时，池田抛出了"工资两倍论"，其后又变成了"月工资两倍论"。[②]

池田的"工资两倍论"虽然得到关注，但是打算很认真地接受这个计划的财界、政界大佬并不多。对此表现出极度关切的是当时任干事长的福田。福田对于原本属于自己的"两倍提案"经由池田被重新唤醒，内心感觉有些复杂。特别是福田对池田将焦点集中于工资这一点尤感违和。福田重视的是生产倍增，对会引发以消费为美德的"工资两倍论"，不在他的考虑范围内。如果把焦点集中到工资上，从事农业及工商业的个体经营者很难受益。从政治角度来看也不是可取的方法。

4 月的地方统一选举结束后，福田在接受杂志采访，被问及池田的"工资两倍论"的时候答复如下：

"无节制"的消费（略）对经济未来的发展没有帮助。池田氏所谓"工资两倍论"从这个角度而言是被误解了。实际上应该不是两倍工资，而是国民收入的两倍论。"工资"这个词只是被政治利用

[①] 中山伊知郎《工资二倍提倡》，《读卖新闻》1959 年 1 月 3 日。中山表示"工资是一个广义概念，不单是指作为受雇者的劳动收入"。

[②] 《日本经济新闻》1959 年 2 月 23 日。

了。国民收入按现在的增长速度不用十年必然翻倍。所以我们非常赞成国民收入两倍论。①

公布进行参议院选举后,池田的亲信宫泽喜一也向池田提了跟福田一样意见:"月工资两倍,会被认为只惠及工薪阶层","收入倍增的说法比较合适"。于是,池田便将说法改成了"收入两倍"。②

其间,福田提出了《生产力倍增十年计划》。福田在参议院选举自民党将要获胜的形势已定情况下,考虑为岸内阁明确"将收入倍增作为经济政策"的方针。福田在向岸提出建议后,在投票的数日之前发表了该计划。福田的想法是,根据"十年计划",将国民总产值、国际收支、能源消费等全部实现倍增。③

池田勇人的传记将《生产力倍增十年计划》描述为"福田对月工资两倍论的偷梁换柱"而加以否定。但是,这种说法有些偏颇。在福田看来,池田的"月工资两倍论"才是对他很久前就已经设想的"倍增论"的歪曲理解。④

福田也不是没有政治上的考虑。他打算以《生产力倍增十年计划》将当时身处阁外的池田吸引到同一阵营里,也是因为针对参议院选举结束后的组阁人事,如何将被视为岸的后任人选的河野一郎及池田安排到内阁里。

大藏省的石野信一官房长有过这样的证言:1959年春天的时候,福田给他打了电话问道:"岸内阁打算推动收入倍增计划,大藏省没有什么意见吧?"石野回答:"如果岸内阁提出收入倍增计划,大众会认为这是对池田先生的政治妥协吧?"福田回答道:"也正是有这个意思。"⑤

---

① 福田赳夫《回顾九十年》(岩波书店,1995年)第126页,福田赳夫、成田知巳、志贺义雄(采访)《诊断各党的经济政策》《经济展望》第三一卷第六号(1959年)。
② 泽木耕太郎《危机宰相》(魁星出版,2006年)第149页。
③ 福田赳夫《大米为什么便宜不了》《实业日本》第六三卷第三号(1960年),福田赳夫《回顾九十年》(岩波书店,1995年)第126页。
④ 藤井信幸《池田勇人》(密涅瓦书房,2012年)第217页。
⑤ 经济学家编辑部《证言 高速增长期的日本》上(每日新闻社,1984年)第71页,松林松男编《回顾录 战后大藏财政政策史》(政策时报社,1978年)第96页。

1959年6月18日，岸改组内阁正式成立。在这次改组后，池田作为通产相再次入阁，福田担任农业相。岸改组内阁以国民收入倍增计划为第一目标，策划实施了一系列与之相关的政策。

但是，在改组内阁表面上已经合二为一的池田和福田的收入倍增计划，实际上还是似是而非的东西。

池田在首次内阁会议上发表了他的"积极增长"理论。他反对岸信介认为需要十年时间才能完成倍增计划的提案，强调目标在"十年以内可以达成"。在记者会见的时候他也强调了"从国际收支能力以及设备能力的现状来看，日本经济已经具备了即便比现在更大的幅度增长，也不会出现通货膨胀的实力"。

与此对比，福田的构想是，以健全的财政为基础，在扩张经济的基础的同时保证"日本经济的稳定增长"。当时，如果按照新长期经济计划设定的增长率正常发展，用十年的时间可以达到国民生产总值翻番的目标。福田更为重视的是，如何调节在实现国力翻番时所造成的各种不均等现象。①

福田的想法与制定国民收入倍增计划的经济企划厅的方针是一致的。比如，综合计划局长大来佐武郎批判了池田的智囊下村治所谓"积极增长政策如果超过极限，反而可以惠及作为经济弱者的中小企业"的增长论观点。在改组内阁担任农相的福田，无论是从自己的财政政策的观点，还是从其所主管的极容易受社会不均等影响的农业的角度，都强化了与经济企划厅的合作。②

（四）岸内阁的"倍增计划"

第二次岸内阁围绕"倍增计划"，同时以两种形态推进，分别是岸首相向经济审议会咨询且由经济企划厅负责推进的"国民收入倍增计划"，以及池田的智囊下村治的"长期未来推算"（下村方案）。

---

① 《日本经济新闻》及《朝日新闻》1959年6月19日，福田赳夫《大米为什么便宜不了》《实业日本》第六三卷第三号（1960年）。

② 牧原出《内阁政治与"大藏省统治"》（中央公论新社，2003年）第230—232页。

前者会聚了各省厅及有识之士按照岸、福田的方针进行的大规模政府行为，与此相对，后者则是建立在独创的增长理论基础上的，孤傲的经济学家的私人行为。池田打算按照下村方案推进倍增政策。

首先让我们来看一下岸内阁时期收入倍增计划的执行情况。

收入倍增计划的执行过程中，尽管一直有池田的反对，但还是按照福田及经济企划厅的想法，以十年计划期为前提予以推进。主导计划的是自民党中央。1959年（昭和三十四年）7月8日，自民党在党内设立了经济调查会，开始对"倍增计划"的基本构想进行规划。其后，在经济企划厅方案的基础上，自民党经济调查会起草了《国民收入倍增计划的构想》，岸内阁准备将它放到次年的预算编制中。

但是，对于以次年预算为目标仓促完成的政府基本构想，经济企划厅内部也有不同的意见，大藏省也认为"内容不明确"，提出了反对意见。为此，在10月21日的经济关联内阁会议上，池田通产相以及佐藤荣作藏相对基本构想的数据及体系化存在的问题提出了严厉的批评。当时的报纸上写道："对长期计划持有反对意见的池田通产相故意积极表态，对此，'倍增计划'的首要提倡者福田农相，可能因为感觉情况不妙，始终没有回应。"①

为此，收入倍增计划的政府基本构想被撤销，11月26日，岸首相要求内阁设置的经济审议会重新制定新的计划。

接受岸首相要求的经济审议会，讨论了倍增计划的大纲。他们将计划分为前后期各五年，前期为具体计划，后期则是大致展望。"十年计划"分为前后两期的想法，也与以前福田跟大来说的是一样的。

以中山伊知郎为首的经济审议会的综合政策部会，以倍增计划为前提及基本方针进行了审议。为方便进行专业的研讨，还新设了政策小委员会以及方法论小委员会。其结果是，他们判断在今后十年的时间可以实现每年6.5%—8.0%的经济增长，因此设定了计划年增长率为7.2%。

---

① 伊东正直《国民收入倍增计划与财政、金融政策》[原朗编著《高速增长展开期的日本经济》（东京大学出版会，2011年）] 第74—75页，武田晴人《解读"收入倍增计划"》（日本经济评论社，2014年）第21页，《日本经济新闻》1959年10月22日。

综合政策部会将此进行了总结后，于 4 月下旬提交了《国民收入倍增计划纲要》。①

计划具体内容的制定工作的高峰期是在 1960 年的夏季。为推进计划的制订，除综合部会外还设了三个部会。在此基础上又设立了 17 个小委员会。6 月 2 日大家第一次见面。上述工作由 250 多名专家学者及各界代表作为委员参加，召开了 152 次会议，总计出席会议人数达到了 2000 人。② 当时经济企划厅所在的位于霞关的人事院大楼的周围，充满了反对安保游行人群的嘈杂声响。倍增计划也被安保斗争淹没而变得悄无声息。

收入倍增计划的草案在岸内阁的时期已经完成，但是，岸内阁还没有等到计划完成，就在安保斗争结束后退场了。

（五）池田的坚强后盾"下村方案"

让我们来看一下池田所全面依托的"下村方案"。

池田的"工资两倍论"的理论依据就是池田的智囊下村治对"高速度增长"的预测。1934 年（昭和九年）进入大藏省的下村，一边与病魔斗争一边进行研究工作。以《经济变动的乘数分析》一文获取博士学位。下村受到世人关注是在 1958 年春季，他与大来佐武郎之间围绕日本经济增长能力展开了"下村、大来论争"。下村坚持认为，日本正面临"历史发展机遇"，年经济增长可超过 10%，即便是面对著名主流经济学家的集中反击也毫不动摇地坚持自己的想法。③

将下村与池田结合在一起的是与池田同期在大藏省的田村敏雄。战前曾经被派往伪满工作，后来在西伯利亚又被羁留的田村，为让池田成为宰相建立了宏池会，自己当了秘书长。1958 年为制定未来的池田内阁

---

① 经济企划厅《经济审议会概要（昭和三十四年12月4日）》，《朝日新闻》1959 年 12 月 4 日、同 5 日，伊东正直《国民收入倍增计划与财政、金融政策》［原朗编著《高速增长展开期的日本经济》（东京大学出版会，2011 年）］第 75 页，武田晴人《解读"收入倍增计划"》（日本经济评论社，2014 年）第 22—23 页。

② 大来佐武郎《收入倍增计划的解说》（日本经济新闻社，1960 年）第 20—21 页，小野善郎《志在千里：大来佐武郎评传》（日本经济新闻社，2004 年）第 189—192 页。

③ 大来佐武郎《我的履历书》（日本经济新闻社，1977 年）第 114—115 页，宫崎勇《有先见性理论与警告》［下村治《日本经济增长论》（中央公论新社，2009 年）］第 2 页。

的经济政策方针，田村召集了一些经济学家成立名为"周四会"的学习小组。以这个学习小组为媒介，下村的主张成了支撑池田的"工资两倍论"的理论支柱。①

下村的"高速增长"是基于怎样的思考呢？下村通过凯恩斯的经济理论与细致的统计分析发现，经济增长的核心要素在于设备投资。于是，他将眼光转向民间设备投资与国民生产总值的关系上，假定"前年度的设备投资纯增加额可使国民生产总值增加0.9倍"。②

大藏省的调查人员、东淳、泉田章等人，对下村的烦琐且庞大的推算工作给予帮助。这些工作在1960年8月19日完成，与收入倍增计划的中期报告提交给内阁会议的日期相同。与下村关系亲密的杂志编辑去他家做客时，下村拿起跟榻榻米一贴大小的表格说道："这里面包括了一切。"③

按照"下村方案"，1960—1965年的经济增长率是11.3%，1961—1970年为9.5%，经济规模七年可以实现倍增。下村认为："如果进一步开放国民的创造力，今后十年国民生产总值将不只是翻倍，还可达到2.5—3倍之多。""这样的高速增长将带动经济活动的所有领域发生颠覆性变化。"还一语道破"政府的基本任务就是制定具有创造意义的增长政策"。④

经济企划厅的大来等人不可能不知道这个"下村方案"，因为他们时常在宏池会听大来讲课。但是，经济审议会、经济企划厅方面与池田、大来方面针对经济增长能力的见解有着认识上的不同。官方的倍增计划与私人的下村方案直至最后也是不相交的平行线状态。⑤

---

① 小林英夫《田村敏雄传》（教育评论社，2018年）第158—171页。
② 下村治《增长政策的基本问题》[下村治《日本经济增长论》（中央公论新社，2009年）]第15—24页，同论文原载于《金融财政事情》1960年11月7日号。
③ 泽木耕太郎《危机宰相》（魁星出版，2006年）第207页。
④ 下村治《增长政策的基本问题》[下村治《日本经济增长论》（中央公论新社，2009年）]。
⑤ 宫崎勇《有先见性理论与警告》[下村治《日本经济增长论》（中央公论新社，2009年）]第140页。宫崎勇《证言战后日本经济》（岩波书店，2005年）第140页。

二 对超高速增长论的批判

（一）"倍增计划"与"倍增政策"的相克

1960 年（昭和三十五年）7 月 19 日池田内阁诞生，这也是池田的"倍增政策"开始针对岸政权的"倍增计划"的反扑。声称成为总理后要推进"收入倍增"的池田，无疑就是要采用"下村方案"。

如同前文所述，池田组阁的时候正值倍增计划规划作业已经完成。在新内阁就任经济企划厅长官的迫水久常在内阁会议上作了《收入倍增计划》的中期报告。经济审议会也对计划的中期报告进行了审议，随后将按计划进入最后的总结阶段。

然而，审议未能按计划推进。原因是对该计划案感到不满的池田要求他们对方案进行修正。大来佐武郎回忆道："虽然已经向池田首相说明了倍增计划的方案，但是当时首相看上去不是很高兴的样子"，"从接受了下村的高速增长论的池田首相看来，十年倍增的方案太保守，增长速度可以更快一些"。①

9 月初举行的政府、执政党的领导人会谈的时候，围绕在新计划中加入经济增长率的问题，也发生了争执。针对池田提出的高速增长要求，迫水经济企划厅长官以及藏相水田三喜对池田以消费促生产的建议表示疑问。②

最终根据池田首相的决定，从 1961 年开始三年的经济增长率被定为 9%。这是将倍增计划的 7.2% 加上下村方案的 11%，然后除以 2 的政治妥协的结果。③ 9 月 5 日自民党接受了与政府的协商结果，发表了"新政策"。在新政策的前文中，明确描述了"实现福利国家"的目标，紧接着又申明"今后十年将提高两倍的国民生产总值"，"从第二年开始未来三

---

① 大来佐武郎《我的履历书》（日本经济新闻社，1977 年）第 119 页，小野善郎《志在千里：大来佐武郎评传》（日本经济新闻社，2004 年）第 194 页。
② 《朝日新闻》1960 年 9 月 2 日（朝刊、晚刊）同 4 日。
③ 上久保敏《评传下村治》（日本经济评论社，2008 年）第 132 页，《朝日新闻》1960 年 9 月 4 日、同 5 日、同 6 日。

年的经济增长率保持在9%"的政策。

但是，对比池田的积极论，经济审议会依然表示需要慎重对待。因为按照当时的常识，战后复兴期后的经济增长率，与战前的水准或是欧美的水准会拉开一定距离。为此，审议会坚持不更改标准增长率，还是按既定的方针推进工作。报告也不写入池田内阁主张的"三年9%增长率"。

池田与经济审议会的见解不同显而易见。1960年12月27日正式由内阁审议通过的《国民收入倍增计划》，在战后14次确定的经济计划方案中是非常例外的。这表现在虽然《国民收入倍增计划》（以下简称计划正文）确定为政府决定的计划，但是有"今后的经济运营（略）按照附件《国民收入倍增计划构想》（以下附件构想）执行"的表述。[1]

计划正文写着："国民经济的规模，今后大约十年将实现实际上的倍增"的目标，每年的平均增长率也只写了7.2%。这个跟经济审议会以及经济企划厅提出的"10年倍增"的基本方针是一致的。

与此相比，"附件构想"不仅反映农林及落后区域的主张及施政方向，池田所主张的"初步计划三年"年平均增长率为9%的政策也被明确了下来，也就是要在"10年内"实现收入倍增。[2]

接受了福田观点以及岸的意见的收入倍增计划的基本路线，在计划正文中得到了体现。因此，池田方面则要在"附件构想"中明确自己主张的"倍增政策"，同时更要明确它优先于计划正文。

总而言之，"收入倍增"有两个不同的概念。其中一个是跟岸、福田的体系关联的，由经济审议会、经济企划厅起草的，作为行政计划的"倍增政策"。另一个是池田所倡导的政治上的"倍增政策"。与其他经济计划相比，这个国民收入倍增计划可谓明显存在政治与行

---

[1] 这份内阁决议与其他的经济计划有着明显的不同。比如在《经济社会发展计划》（1967年3月13日阁议决定）中写道："政府决定以附件《经济社会发展计划》为自昭和四十二年至昭和四十六年期间的经济运营的指导方针。"

[2] 《朝日新闻》1960年12月22日、同24日，武田前揭书，第37页。

政的裂痕。①

以收入倍增为口号并成为总理的池田，就这样无可奈何地将两个内容不同的政策集于一身。为此，池田的发言经常自相矛盾。有些场合他会对倍增计划自卖自夸，但是换了场合，他又会公然声称"倍增计划跟自己的想法并不一致"。甚至连在国会答辩的时候也不掩饰矛盾的存在："不打算按收入倍增的计划（略）那样执行，就如同我在预算委员会以及其他地方陈述的那样，该计划跟我们的想法有很多地方并不一致。"②

（二）沸腾的收入倍增风潮

尽管矛盾重重，池田所提倡的收入倍增口号，作为政治宣传取得空前成功。因为安保斗争而分为两大阵营的舆论，瞬间就被"收入倍增风潮"吞没了。无论是企业、消费者还是工会，都被池田提倡的经济高增长理论所吸引，同时寄予了极大的希望。

1960年（昭和三十五年）10月24日众议院解散选举的时候，池田在呼吁民众将经济问题交给他处理的同时，以收入倍增为口号，进行了全国范围的游说。其结果是，自民党在11月20日的大选中以确保296个议席而获胜。社会党虽然也获得145个议席，但是民社党有27名议员落选，在国会只留下17个议席。池田成功地将"政治时代"转换成为"经济时代"。

池田可谓是时代的幸运儿。池田内阁所在的1960年7月，岩户景气像一阵狂风一样到来。在人们还没有完全摆脱安保斗争的兴奋状态的时候，经济迎来空前的好景气。

岩户景气的主力是民间设备投资。民间设备投资在1959年的时候达到年均33%的增长，1960年的时候达到40%，正式进入技术革命时代，到处都在建设新工厂。这也是由岸内阁时代决定的自由化计划带来的刺激，经济进入为实现贸易自由化的现代化投资阶段。

---

① 大来佐武郎《日本的经济政策》（有纪书房，1961年）第110页，宫崎勇《证言战后日本经济》（岩波书店，2005年）第143页。

② 《第三十八届国会众议院商工委员会会议记录》，1961年5月26日。

第六章 收入倍增

《经济白皮书》对该现代化投资的特点做了分析，得出"以投资吸引投资"的结论。经济高增长其实在池田内阁成立前作为事实已经存在，池田首相只不过是将这一现实用明确的语言进行了表述，同时又进一步使其加速了一把。

在岸内阁的最后阶段，日本银行考虑不再进行追加的金融缓和措施，打算维持现状，使"高原景气"变得更为持久一些。但是，池田内阁追求的是以最快的速度实现"收入倍增"和最大的经济效益。作为刺激经济的手段，采取了降低基准利率等进一步宽松的货币政策。由此，企业方面更是增强了投资的愿望。证券市场也增加了活力，公债和公司债投资信托等变得火爆。企业好像陷入了"现在可以无限制地得到投资"的幻想之中。[①]

就这样，"高原景气"变得更为疯狂。而使其进一步加速的，无疑就是"收入倍增风潮"。这也是由池田的倍增政策引发的经济社会现象。

"收入倍增风潮"，在投资和消费的双方都得到呈现。企业变得更为强势，工会则认为春斗时提出的工资上涨两位数也是理所应当的。以"消费为美德"的风潮也正是在这个时期形成的。倍增风潮是以后的列岛改造风潮和平成泡沫经济的先锋。

然而就在倍增风潮沸腾的经济增长过程中，"收入倍增"所包含的"倍增计划"和"倍增政策"的断裂关系显露了出来。池田一味追求最大限度的增长，无视经济审议会提出的"需准备好在景气变动阶段产生负面影响时的有效政策手段"。

1961年春季的时候，岩户景气下的经济进一步过热。在这时候经济指标已经亮了红灯。

第一个就是国际贸易收支恶化。1961年1月开始，贸易收支与经常收支变为赤字。由于美国经济的衰退，出口遇到困难，国内由于经济景

[①] 有泽广已监修《昭和经济史》中（日本经济新闻社，1994年）第220—223页，香西泰《高速增长的时代》（日本评论社，1981年）第150页，尾崎荣夫编《新版 从年表看日本经济的发展轨迹》（财经详报社，1994年）第99页，胜又寿良《战后50年的日本经济》（东洋经济新报社，1995年）第109—110页，日本银行百年史编撰委员会编《日本银行百年史》第六卷（日本银行，1986年）第26页。

气而大量增加进口。到了5月，显示对外支付能力的综合收支也变成负数，外汇储备开始减少。日本经济再次与"国际贸易收支的最高值"相撞。

第二个就是物价上涨。由设备投资的风潮带动了以钢材、木材为中心的批发价格上涨。这样，消费者物价也开始上涨。神武景气的时候消费者物价保持了稳定。现在各种物价上涨，原因就在于劳动力短缺。

在当时，围绕设备投资是否过度的问题，学者与评论家之间发生了各种争论。大藏省认为设备投资有点过热，需要加以某种程度的限制，日本银行也建议对抑制设备投资进行行政指导。

对于这些意见，池田依然展现出强势态度，根本就没有进行约束的意思，反而认为为应对贸易自由化竞争，为提高企业竞争能力，有必要继续保持低利率的政策。[1]

认识到事态严重性的是在经济审议会负责起草《倍增计划》的中山伊知郎。他也是"工资两倍论"的倡导者。中山为此召开记者招待会，发表了对过热的设备投资进行修正、希望政府与民间相互协助调整经济动向的谈话。对于池田内阁在经济运行中出现的脱离倍增计划的行为，中山明确表示了担忧。同时，他从重视平衡的经济计划的角度，试图对开始失控的池田倍增政策加以减速控制。中山的谈话经过经济审议会的综合部会的审议，得到了全场一致的赞同。[2]

同一时期，财界也发出担心的声音。在财界领袖会议上，在赞同池田的"反对进行金融压缩"的意见占大多数的情况下，经团联会长石坂泰三质问道："池田内阁与日本，哪一个更重要？"[3]

就这样，从1961年的春季到夏季，日本社会对池田的超高速增长论的担心开始扩大。不仅是日本银行、大藏省、经济企划厅，舆论界、财界也发出了要求进行政策转换的声音。

---

[1] 尾原荣夫编《新版 从发展年表看日本经济的足迹》（财经详报社，1994年）第109页，石井宽治、原朗、武田晴人《日本经济史5 高速增长期》（东京大学出版会，2010年）第168页。

[2] 《朝日新闻》1961年6月16日。

[3] 有泽广已监修《昭和经济史》中（日本经济新闻社，1994年）第240、243页。

(三) 京都谈话

再次把视点回到福田身上。1960年（昭和三十五年）12月，福田在内阁改组后再次出任政调会长的职务。次年的预算概要因为已经完成，福田在就任之初就不得不面对由经济规模扩大带来的财政支出增加的压力。以"倍增风潮"为背景的"预算优势"愈演愈烈的情况下，福田必须充当协调的角色。①

在福田看来，按当下的经济增长率，收入倍增的目标一定可以实现。因此可以在保持经济社会均衡发展的前提下，"政府应该拿出切实可行的方法，以良好的形态实现倍增"。② 按《收入倍增计划》中既有的年平均7.2%的基础增长率，保证基本发展速度，防止阶级差距扩大，保持社会均衡发展。

但是，在池田内阁急速推动收入倍增的过程中，福田越来越感到担忧，尤其是对国际贸易收支中赤字增长与过度的设备投资。他担心由于过度进行设备投资，未来的一两年会出现生产过剩的情况，"就如同在火山口跳舞一样"。③

福田在正式场合对增长过热的经济态势表示担忧，就是1961年6月24日的"京都谈话"。

当日，为跟关西的财界人士进行恳谈而抵达京都的福田，在记者招待会上用他的理论，对池田的经济政策进行了近乎批评的发言。④

福田首先对国际贸易收支进行了批评。他提到了国际贸易收支的赤字问题，评论道："目前的赤字不是临时的，而是可以看见慢性的前兆，必须认识到赤字今后还将持续很久。"

---

① 纳富一郎、岩元和秋、中村良广、古川卓万《战后财政史》（税务经理协会，1988年）第110页，大藏省财政史室编《昭和财政史昭和二七～四八年度 第三卷 预算（一）》（东洋经济新报社，1994年）第530—536页。

② 福田赳夫、胜间田清一、大来佐武郎《中小企业怎么办？》《经济往来》第一三卷四号（1961年）。

③ 福田赳夫《自民党目前的政策课题》《经济时代》第二六卷第六号（1961年），福田赳夫《自民党的经济政策与日本经济》《化学协月报》第一四卷第六号（1961年）。

④ 《读卖新闻》1961年6月25日。

其次，福田对池田内阁的经济增长速度表示担忧，提出要对国民消费与设备投资两个方面加以抑制。在福田看来，国际贸易收支出现赤字的原因在于，过度的产业投资造成了进口增加，外加出口量的减少。经济增长政策的关键在于平衡"景气的起伏"。他认为，当下与其要求继续高速增长还不如考虑如何稳定经济。

福田"京都谈话"的重点在于制造抑制经济的氛围，防止景气的急剧变化。但是，这与池田倡导的"倍增风潮"完全是针锋相对的。

在福田的回忆录里虽然记载着从一开始福田就计划与池田对立，但实际上在发表"京都谈话"的时候，福田并没有明确想要对立的样子。①

福田的谈话被《读卖新闻》和《日本经济新闻》登载在头版头条，引发了意想不到的波澜。

各大新闻将这次福田谈话视作与政局相关联，是岸派针对将访美的成果展示给世人、试图保持长期执政的池田的批评。② 池田首相在出访地夏威夷看到了登载着"京都谈话"的报纸，据说读完后立刻气得将报纸撕毁。③ 此事虽然不知真伪，但是对刚与肯尼迪（John. F. Kennedy）在帆船上进行了会谈、正在兴头上的池田来说，不难想象当他遭到身边的政调会长的批评时，心情该有多糟糕。

观察此后的经济动向，不难发现福田"京都谈话"的内容完全击中了政策要害。池田首相在这之后还是坚持了一段时间倍增政策，但是，股市跌落、停止设备投资的企业不断出现。到了10月，不得不接受"过度的设备投资，扭曲了日本的经济"的现实。④ 池田不得不转而采取抑制景气的手段。为阻止景气过热，对金融加强了管控，对财政支出也采取

---

① 从福田在记者恳谈会上的发言来看，起初福田并没有与池田全面对立的打算。当记者说道"首相在夏威夷有点感到不快……"的时候，福田虽然表情严肃地答复道："我这也是代表着党内的一种声音"，但是马上又半开玩笑地说："福田谈话也变成国际级别了。"他的关注点还是内阁的改组。同时福田又说道："虽然不知道将来会不会有天灾，但是我现在就遇到了人祸，真是麻烦啊。"《读卖新闻》1961年6月30日。

② 《东京新闻》1961年6月25日。

③ 福田赳夫《回顾九十年》（岩波书店，1995年）第145页。

④ 中村前揭《池田勇人》第198页，中村隆英《昭和史》下（东洋经济新报社，2012年）第679—800页。

了延期措施。倍增政策的兴奋感低下，留下的只是幻灭的感觉。实际上也是，虽然经济增长率在1961年突然跳跃到了13.5%，然而第二年只增长了上一年度一半的6.4%，完全从山顶坠落到谷底。① 岩户景气在1961年12月结束，1962年则是经济低迷的一年。池田不得不认识到过热的增长会引发反弹的事实。

但是，与池田首相对立的政治代价是巨大的。福田写道："因为'京都谈话'，与池田首相的关系变得紧张起来，在与7月举行的内阁改组同时进行的自民党人事变动的时候，自己被撤掉了政调会长的职务。"② 后任的政调会长是佐藤派的干部田中角荣。由于这次党的干部调换，池田的高速增长论与福田的稳定论的意见对立被暴露在光天化日之下。没有想到，"京都谈话"居然成为福田以在野的身份与池田进行政策争论的契机。

（四）池田与福田

池田是阻拦在福田面前的巨大存在。虽然同样出身大藏省官僚，作为"吉田学校"优等生的池田与受到岸重用的福田的对立，也是保守政权的两大经济思想——稳定增长论与超高速增长论的对立。

对倾向于高速增长的池田经济政策进行批评的福田，是基于对自战前20世纪30年代以来的日本财政观察而来的。福田坚持的稳定增长论，也是他一生从未放弃过的信念。

福田的稳定增长论由以下四个方面构成：

第一，减少景气变动的幅度。福田的稳定增长论的原理就是，通过财政金融政策运行来控制景气的高峰和低谷。为此，福田时常关注国际贸易收支与物价指数变化。从20世纪50年代到1965年前，制约日本经济发展的主要原因就是"国际贸易收支的最高值"。能及时发现国际贸易收支的变化，并迅速采取行动的福田，作为财政专家，其能力是超

---

① 经济企划厅《经济企划厅综合开发行政的轨迹》（大藏省印刷局，1975年）第704—705页。
② 福田赳夫《回顾九十年》（岩波书店，1995年）第145页。

群的。

同时，国际贸易收支以及物价变化，是由于供需平衡被打破造成的。因此，福田便重点关注日本经济的总供给与总需求的平衡点，并以巧妙的紧缩与刺激的手段操作。

第二，福田特别重视可保持持续、稳定增长的经济计划的作用。福田认为，国家有必要制定长期目标，明确供需平衡的增长趋势。他虽然主张稳定增长，但绝不是主张低速增长。如同本章所述，整个昭和三十年代，福田一直主张日本的长期增长率为6.5%—7.5%。尽管这个数字比当时的一般常识要高出很多，但是福田却认为这是均衡发展的必经之路。

第三，重视均衡发展。福田高度警惕在经济增长过程中容易产生的贫富差距以及不公平现象。他理想中的经济增长模式是，国民生产总值、国际贸易收支、能源消费量之间的平衡发展。他唯恐在经济增长过程中因失去平衡而导致扭曲扩大。在当时的日本，大企业与农业以及中小企业的双重结构已经带来很大的社会问题。福田为防止产业之间差距的扩大，加大了对生产效率较低部门的改造投入。《农业基本法》以及《中小企业基本法》也因此应运而生。[1]

第四，为使国民实际享受到经济增长的成果，福田特别重视整修保养住宅。他认为，居住条件是经济与生活平衡的象征。同时，福田还一直主张，将城市工薪阶层享有的健康保险以及年金惠及农民与个体经营者，是国家应尽的责任。上述这些都是福田所主张的"社会均衡思想"的源泉。

与此相比，池田所寻求的高速成长路线是，调动国家全部的资源，在可能的范围内追求最大限度的增长率，以此推动日本经济增长。同时池田对这段在日本经济发展史上前所未有的增长瞬间，不加思考地讴歌雀跃，认为增长速度越快越好。其结果是，供需的差距越来越大，景气变动的因素也变得更极端化。

同时，池田还是一个彻底的经济理性主义信徒，他认为贯彻市场原

---

[1] 福田赳夫《回顾九十年》（岩波书店，1995年）第126页。

理至关重要。诸如"中小企业倒闭也不奇怪""穷人可以吃大麦"等发言，表明他深信通过贯彻市场原理就能实现经济最佳状态的想法。

池田与福田两人经济思想的对立，最终变成福田发起反池田运动的重要原因。

第七章

党风革新

前　言

在1961年（昭和三十六年）的内阁改组中，福田辞去政调会长一职。在"京都谈话"后，福田与池田的斗争逐渐浮出水面。他们不仅对于经济政策各执一词，而且两人关于自民党现代化的看法亦是截然不同。

当初最让岸信介政权头疼的是自民党内部的派阀争斗问题。福田认为，要想根除派阀争斗的弊端，就必须实现政党现代化。因此，他主张实行政治资金改革，并且希望将现行的在同一选区内自民党议员互相对决的中选举区制改为小选举区制。

池田首相虽然也宣称要消除派阀争斗，但实际上对此持消极态度。在1960年11月的众议院总选举中，各派阀为了扩大自己的势力版图，纷纷采取行动。他们向自己派系内的候选人发放远超过规定额度的巨额选举资金，掀起了一场空前的金权选举。① 同时在这一时期，政府和党内职务也开始按照派系分配。因此，在岸信介政权下尚处于萌芽状态的派阀政治在池田政治时期已光明正大地被制度化。

面对一成不变的派阀优先风气，经济增长下蔓延的"昭和元禄"世态和在此背景之下形成的池田政权的金权本质，福田逐渐加强了抗争。出于对派阀政治的担忧，自民党内部以福田为中心，开展了一场党风革

---

① 《朝日新闻》1960年10月28日，林茂、辻清明编集《日本内阁史录》六（第一法规，1981年）第10—14、39—40页。

新运动。该运动以实现政党现代化为目标,是一场超党派运动。它提倡以下改革措施:废除以派阀为本位的总裁选举,改为以政策为中心选举总裁;引入小选举区制度,实现政党本位的选举;实行政治资金改革,由政党统一管理政治资金。可以说,这场党风革新运动所追求的理想,遥遥领先于日本20世纪90年代开始的政治改革的内容。

但是实现任何政治理念,都需要在权力斗争中获得胜利。以政党复兴的理想为出发点的党风革新运动,随着其反池田色彩日渐浓郁,也就无法和自民党内部的党派争斗分割开来。福田出身于岸派十日会。以党风革新运动为契机,加上岸派干部们对福田的复杂情绪,最终十日会走向分裂。在自民党内部,当池田和佐藤荣作的交锋愈演愈烈之际,由于福田明确表示支持佐藤,因此卷入权力斗争旋涡。总之,可以说党风革新运动是此后福田旷日持久的脱离派阀、实现政党现代化之战的起点。

一　访问欧美

福田于1961年8月22日启程访问欧美各国。这次访问团成员包括岸信介夫妇、福田夫妇、坊秀男和田中龙夫。福田一行人出发之时,由于美苏两国围绕柏林问题紧张对峙,所以当时欧洲形势十分严峻。冷战正式开始后,德国分裂为东西两部分,然而柏林市西部依然处于西方各国的管控之下。就这样,西柏林宛若民主德国境内的一座孤岛,拥有专业知识和熟练技术的人才经由此处从民主德国流向联邦德国。苏联在很早以前就要求西方各国撤出西柏林,这是东西两大阵营的巨大冲突点。

1961年6月初,美苏首脑会晤在维也纳举行。时任苏联共产党第一书记的赫鲁晓夫要求在1961年年底前解决好柏林问题。对此,美国的肯尼迪总统在7月25日发表声明称,为了做好与苏联对峙的准备,美军将大规模增强兵力形成对苏联的强有力牵制,绝不会让苏联在柏林问题上单方面随意行动。

福田后来留下了数份关于此次欧美之行的手记。根据福田的记录,他们一行人为了出席MRA(道德再武装运动)大会,首站访问了瑞士,

第二部

之后又前往意大利和奥地利。①

9月6日傍晚，福田一行到达联邦德国。他们从杜塞尔多夫骑着自行车前往波恩。从1961年8月13日黎明起，柏林市内的东西边界被封锁，苏联和民主德国修筑起了"柏林墙"。

福田一行在波恩同康拉德·阿登纳（Konrad Adenauer）总理会谈。岸信介当时与阿登纳总理寒暄道："十分抱歉在您即将大选，加之处理柏林问题分身乏术之际前来叨扰。"阿登纳回答道："你们特地前来，怎么能不见呢"，并且表示自己面对选举心情十分镇定。此外，阿登纳总理推测柏林问题不会演变为战争，并表示必须通过将世界范围内的诸多问题统筹起来进行商讨的方式来解决柏林问题。

结束了与阿登纳的会谈后，福田一行人于9月8日早晨乘坐飞机由波恩出发，访问了已被分裂成东西两部分的柏林。

回国后，福田发表了题为《亲眼所见的柏林危机》的手记。其中，如下记载着柏林市内的情况。

> 到柏林后，发现此地实在凄惨，可谓"死亡之城"，也可称作"没有笑容的城市""人间地狱"。（略）在以道路为分界线的地方，靠近东柏林一侧的房屋的一层和二层都镶嵌着巨大的砖块，使得人们无法从此处进出。孩子和老人从三层的窗子探出头，呆呆地望着马路。他们的面庞给我留下深刻印象。另外，在分界线与空地相接的地方，正建造着类似于监狱围墙的砖墙。②

可以说，福田的此次柏林之行来到了东西对立第一线，这使他再次体会到国际政治的残酷性与非人道性。福田也深刻认识到，美苏危机已经由欧洲蔓延至亚洲，日本早已与国际社会成为命运共同体。

在面对冷战这一现实问题的同时，更让福田感到震惊的是欧洲市场的加速整合。1956年6月，法国、联邦德国、意大利、比荷卢（比利时、

---

① 福田赳夫《东西对立一触即发》《国会》14卷12号（1961年）。
② 福田赳夫《亲眼所见的柏林危机》《经济时代》26卷11号（1961年）。

第七章　党风革新

荷兰、卢森堡三国）在意大利的墨西拿表决通过了面向一般经济整合的共同市场提案，组建了讨论具体提案的斯巴克委员会（Spaak Committee）。之后以该委员会的报告书为基础，在1957年3月，欧洲成立了欧洲经济共同体（EEC）。

他们从联邦德国出发后，经由荷兰到达比利时，同EEC的首任主席华特·哈尔斯坦（Walter Hallstein）会面。哈尔斯坦强调EEC的理念："它绝对不是一个封闭的集团。要想实现世界自由贸易，必须首先实现欧洲自由交流，我们的最终目标是实现欧洲政治上的联合。"亲身了解到欧洲市场统一现状的福田，再次深切地感受到欧洲市场对日本的重要性。

9月13日傍晚，福田一行到达法国巴黎。在这里，他们与被称作欧洲统一运动之父的让·莫内（Jean Monnet）会谈。① 莫内自信地对福田等人说，欧洲共同体的成立是欧洲人思想转变的问题，如果人们能够形成同命运的共识，那么欧洲政治一体化立刻就能大有进展。②

不难想象，着重强调欧洲政治统一理念的哈尔斯坦和让·莫内给福田留下深刻印象。福田归国后写下的手记中这样记载道："现在并非单纯是欧洲共同市场的问题，而是欧洲统一的阶段即将来临。"此外福田还预测，凌驾于美国之上的统一欧洲的出现，在经济方面将引起世界范围内的巨变，在政治方面也将对东西对立的局面产生巨大影响。③

9月18日，福田一行抵达英国。岸信介独自同麦克米伦首相（Harold Macmillan）会面。9月21日，福田一行动身前往本次访问的最后一站——美国纽约。在这里，岸信介在对美国外交政策有着巨大影响力的外交关系委员会（Council on Foreign Relations），发表英文演讲。

福田一行虽然希望能与肯尼迪总统会晤，但是总统政务繁忙，所以未能如愿，由戴维·迪安·腊斯克（Dean Rusk）国务卿代为会面。此外，他们还与前总统艾森豪威尔会谈。由于当时艾森豪威尔已经退出政

---

① 《福田笔记（欧美旅行 昭和三十六年10月7日记）》。
② 福田赳夫《欧美人的命运只有一个》《产经新闻》1961年10月1日。
③ 福田赳夫《围绕欧美》《政策月报》69号（1961年）。

坛，所以会谈气氛十分轻松愉快，双方天南海北地交谈了许多。

福田一行在外访问四十多天，回到日本已是10月4日。当时国会议员常常打着海外考察的幌子去游山玩水，但是福田把此次访问之行中，与各国政要会谈的内容、国际形势、经济状况等都事无巨细地记录下来以积极的态度加深了对急剧变化的世界的了解。

通过这次访问，福田目睹了作为世界冷战组成部分的柏林问题，以及朝着政治统一方向大步迈进的欧洲现状。这些都磨炼了福田的国际化思维。面貌发生改变的欧洲，构成了福田后来提出的"世界中的日本"理论的一部分。

二 党风革新运动

（一）党风革新恳谈会

访问结束后不久，福田便基于自己的政治理念，开始行动起来。他掀起了一场党风革新运动。这场运动成为福田在自民党内部作为一股政治力量被承认的机会，同时也成为"福田派"诞生的契机，尽管福田本人并不喜欢"派阀"一词。

党风革新可以追溯至安保斗争刚刚结束之际。在目睹安保斗争中社会党动员大众的情形后，福田下定决心让自民党脱胎换骨，使之成为具有强有力的执行部门的组织政党。因此他超越派阀关系，与有志之士们一同创建了"现代化委员会"。[①] 1960年（昭和三十五年）8月2日，该委员会的成员同池田首相会面，并表明为了促进"党风革新"与"消除党内派阀"，希望在党内设置特别委员会。[②]

对此，池田首相也为了整顿政党的体制，设置了第一届组织调查会，提出了实现政党现代化的方略。该调查会首先讨论了筹措资金的方法，同时它作为承袭了经济重建恳谈会和自由国民联合的组织，于1961年7

[①] 当时，福田记载道："今后的课题就是使青木正、滩尾弘吉和福田赳夫的联合更加坚定。"《福田笔记（1960年6月）》。

[②] 《读卖新闻》1960年8月3日，福田赳夫《我所深信的——党风革新运动的理念与行动》。

月设立了财团法人国民协会。国民协会仿效支持社会党的日本工会总评议会设立，它以会费为党费，以实现中小企业、劳动者、青年等国民各阶层的组织化为目标。①

之后在1961年8月，第二届组织调查会成立，仓石忠雄出任会长一职。该调查会整理了包括消除派阀、设置人事局、改善选举制度等内容的中期报告，希望继续推进政党现代化。

但是，池田对于消除派系的政党改革要点，一贯持消极态度。因为支持池田政权的河野一郎和大野伴睦等自由民主党党人派的实权人物们都主张"派阀效用论"，牵制着消除派阀的举措。最终，池田政权与福田等人的呼声背道而行，理所当然地保留了重视派阀平衡的政权运行模式。例如，从八大派阀之中各选出一人担任副干事长。福田下台后，"实权者内阁"上台，它也采取了典型的平衡各个派系的人事安排，也就是将各个派阀的领袖拉拢为主要阁僚。

同时，由于派阀的压力，政调会也变得形同虚设。各个派系都有了除政调会之外的政策审议场所，重要法案必须由相关的大臣事先向各派系说明。如果派系政治被强化，就有可能导致政策被扭曲。通过政调会建立"政策先议"机制的福田，大概无法对此坐视不管。②

围绕政党现代化的问题，福田对池田政权积攒的不满与日俱增。在这样的背景之下，第二届组织调查会提出的在自民党总裁选举中记名投票的提案又在自民党总务会中搁置。1962年6月30日，自民党内部中坚议员中的有志之士们相聚于赤坂的一家料亭（一种高级的传统日本料理餐厅）内，成立了由仓石、福田等九位常任负责人组成的党风革新恳谈会的筹备会。③

党风革新恳谈会以负责人为中心推进筹备工作，自4月中旬起，他

---

① 中北浩尔《自民党政治的演变》（NHK出版社，2014年）第40—42页。
② 福田赳夫《我所深信的——党风革新运动的理念与行动》。
③ 《读卖新闻》1960年8月3日，《坊秀男日记》1962年1月12日、同16日、同17日记，《坊秀男相关文书》（申请号码39号）国立国会图书馆宪政资料室。常任负责人共有九名，除福田外，还有青木正、小岛彻三、仓石忠雄、坂田道太、小金义照、萨摩雄次、塚原俊郎、大坪保雄。

第二部

们开始劝说自民党的全体参众两院议员们入会。坊秀男是岸派的议员，后期曾与福田一起行动。他在4月末的日记中记载道："在素心会上，我听说了福田赳夫组建的党风革新恳谈会的事。先提交入会申请。"① 之后在5月7日上午9点，包括前议员在内的六十五名自民党议员前往赤坂王子酒店，共同召开了创立总会，就此党风革新恳谈会正式成立。②

针对消除派系的问题，党风革新恳谈会提出了以下三点。

第一，总裁选举改革。恳谈会要求把曾激化派阀对立矛盾的总裁选举制度，改为通过商议的方式选举总裁。

第二，选举制度改革。恳谈会主张改变现行的中选举区制度，引入小选举区制度，即不再让自民党议员在同一选举区对决，实行政党本位的选举。

第三，政治资金改革。他们认为，为了实现政党现代化，必须改变政治资金依赖于经济界的局面，有必要构建稳固的政党财政基础。恳谈会主张政党财政应以国民为基础，政治资金应由政党有组织地运营。③

恳谈会的改革方案被众多自民党成员接受的原因在于，以自民党的中坚议员为中心，他们的危机感日益加重。当时，作为自民党票仓的农村地区，人口不断减少，而以城市为中心的革新势力的票数却与日俱增。翌年一月，石田博英发表了"保守政党的前景"，预测未来社会党的得票数将超过自民党。这一推论十分引人注目。自民党若是继续埋头于派阀抗争，懈怠变革，那么它作为执政党的地位将会不保，这逐渐成为人们的广泛共识。

（二）短期决战构想的失败

福田在这一时期创立党风革新恳谈会是怀有战略目的的。因为在两

---

① 《坊秀男日记》1962年4月3日记。
② 《读卖新闻》1962年5月7日（晚报）。福田赳夫《党近代化与派阀》《政治与国民》12号（1962年）。
③ 《福田笔记（1962年1月1日——　）》，福田赳夫《党革新问题与EEC问题》（1962年10月15日）（福田事务所藏），福田赳夫《自民党党风革新运动的焦点 消除派阀与改革选举制度》《国会》15卷11号（1962年）。

个月之后，日本将迎来自民党总裁选举，他认为这是推进党风革新的绝佳机会。6月28日，福田和仓石代表党风革新恳谈会召开记者招待会，提出以总裁选举为契机，解散党内所有派系。①

虽然社会舆论大多以友善态度接纳了该恳谈会，但是自民党内部出现了许多质疑之声。特别是加入恳谈会的议员多为岸派、佐藤派、藤山派的成员，所以在池田首相和党人派看来，恳谈会就是明目张胆的反池田运动。因此，池田、大野、河野各派严禁本派成员加入恳谈会。②

实际上，福田的行动被这样看待也是有原因的。很早以前，为了打倒池田政权，福田曾秘密谋划与佐藤荣作和山爱一郎合作。③

当时，福田设想了以下两种情形：在总裁选举中，池田再次当选，地位稳固不可动摇；藤山和佐藤出马，总裁选举陷入乱战。针对这两种情况，福田探讨了恳谈会应该如何展开行动并作了记录。他提出了"短期决战构想"，以池田内阁下台为目标，将根据具体情况，从恳谈会中推选统一候选人。

池田再次当选的情况下：

1. 基本方针
理想主义的态度、长期战
2. 针对池田个人的提问
①是否认同消除派阀、实现政党现代化的必要性　热情
②是否认可将现行的个人本位的选举改为政党本位的选举　付诸实践的热情
3. 劝说议员（包括代议员在内）自主投票
4. 恳谈会
①改变名称②配备事务局、事务所③各部门负责人④实行脱藩

---

① 《读卖新闻》1962年6月29日。
② 升味准之辅《现代政治》上（东京大学出版会，1985年）第118—119页。
③ 4月4日，福田与藤山会谈。藤山问道："如果我参加总裁选举的话，岸派会支持我吗？"福田回答："以佐藤藤山一体化为前提。"《福田笔记（1962年1月1日——　）》。

第二部

（即脱离所属派阀）

陷入乱战的情况下：

1. 基本方针
一边考虑与现实妥协，一边在此期间，一举收到新体制的实效
2. 对各派阀提出解散的要求（预料）
3. 要求议员参加革新运动
4. 恳谈会根据现实情况推举统一候选人①

但是，福田的此次行动虽然迅速，却称不上细致。他急于实现"派阀解体"和"池田内阁下台"的两大目标，没有花费足够的时间来增加党风革新运动的支持者。他甚至被岸信介告诫道"不要只凭借主观推测行动"。②

另外，由于"派阀解体"和"池田内阁下台"两大目的的二重性，恳谈会的运行方针变得含混不清。福田倡导"脱藩论"，希望恳谈会的成员都脱离各自的派阀。但是，大多数会员在选举对策方面无法轻易脱离派系，而且会员之间也存在分歧。在这种情况下，坊秀男在日记中记录下自己的不满："尚未确立指导方针，并且大多数成员们也缺乏信心，态度不明朗。这场运动看上去前途坎坷。"③

最终，恳谈会内部并没有像福田所预想的那样，对池田内阁倒台保持意见一致。而福田等人在总裁选举中明确的反池田举动，也为党风革新运动高举的政党现代化理念蒙上一层阴影，损害了这场运动崭新而富有生机的形象。

福田动员佐藤和藤山在解散派阀的基础上，参加总裁选举，然而两人均决定不参加竞选。就这样，福田短期决战的构想破灭了。

---

① 《福田笔记（1962年4月—　）》。
② 《福田笔记（1962年4月—　）》。
③ 《坊秀男日记》1962年6月4日记。

第七章　党风革新

7月5日到6日，福田和仓石拜访了各个派阀的领袖，重申解散派阀一事。虽然领袖们大致都赞同解散派阀，但是均不约而同地提出各种条件，他们表示难以立刻解散派阀。最终，解散派阀的提议并没有达到总体赞成、仅个别反对的程度。①

之后，福田和仓石去拜访在箱根静养的池田首相，但被拒绝会面。在7月16日的总裁选举中，虽然池田有75张反对票，但是他仍然算得上无竞争对手，再次当选总裁。②

（三）岸派十日会的分裂

总裁选举后不久，恳谈会提出了两条有关今后的方针，即不要明显地表露出反池田的色彩；以政党的机构为中心，开展革新运动。党风革新运动开始与政局保持距离，回归为以实现政党现代化为长期目标的运动。③

恳谈会的制度建设也在同步推进。8月9日，福田在赤坂的王子酒店召开了恳谈会的总会，78名参众两院议员们出席参加了会议（会员总数为141名）。当天，福田将恳谈会改名为党风革新联盟，设置相当于最高干部会的议长团，通过了以集体领导来运营政党等提案。

但是，党风革新联盟的前路依旧坎坷。其中对福田打击最大的是，岸派十日会走向分裂。原本十日会是岸政权时期自民党内最大的派阀，即使在池田政权时期，也有49名成员，是日本所谓"八个师团"之一。但是自从岸信介辞去首相一职后，十日会渐渐失去向心力。一方面，岸信介自身难以筹措政治资金来维持如此偌大的派阀，另一方面，福田的集团与川岛正次郎等人的党人派围绕主导权产生纷争，所以十日会的活动变得越来越不活跃。④

---

① 《福田笔记（1962年4月—　）》。
② 升味准之辅《现代政治》上（东京大学出版会，1985年）第119页，《坊秀男日记》1962年7月5日记。
③ 《福田笔记（1962年4月—　）》。
④ 《朝日新闻》1962年8月9日（晚报），小畑绅一《政界前方一片黑暗——某川岛担当记者的手记》（黄帆社，1972年）第38—39页。

在这样的背景之下,党风革新运动成为十日会走向分裂的决定性因素。福田希望在解散党内所有派阀之前,岸信介首先解散十日会。岸接受了福田的这个申请,并且打算亲自说服川岛、赤城、椎名等派阀干部。①

但是,这遭到川岛正次郎等人的强烈反对。深知派阀威力的川岛本就对党风革新运动持怀疑态度,他认为如果十日会能够保持着派阀的整体性,那么就有可能再次和政局产生联系,所以今后也就有可能孕育出多位首相。因此,川岛和与他想法一致的议员们努力地劝说岸信介保留十日会。

由于川岛等人的反对,福田暂时停止行动。《坊秀男日记》中记载道:"十日会被川岛操纵,并无向党风革新方向发展的进展。以福田为首,田中(龙夫)、堀内(一雄)、保科(善四郎)等人完全不是川岛的对手。(9月6日)"从上述记载中,我们可以看到,年长的川岛巧妙地主导着派阀内部的议论之声,他比福田更胜一筹。

福田在派阀解体行动陷入困境后,转而考虑"单独脱藩论",即包括自己在内的党风革新联盟议长团率先独自脱离派系,然而,在议长团中也几乎没有人赞成福田的脱藩论。②

最终,岸信介向孤立无援的福田伸出援助之手。10月16日,岸信介对前来汇报"单独脱藩论"的福田传达了解散十日会的意向。当时,正如岸所说,"这样对福田比较有利"。③ 他的想法是,即使暂时解散派阀,随着时间的流逝,通过加入党风革新联盟的形式,十日会的议员们也可以再次聚集在一起。就这样,岸不顾川岛等人的拼命劝说,在11月2日召开的派阀总会上正式提交了解散十日会的议案。

然而,岸信介的想法落空了。十日会解散后,一部分成员并没有加入党风革新联盟,他们以川岛为中心,企图成立新派阀。最初,川岛有些担心政治资金筹措问题,因此对成立新派阀一事十分犹豫。但是出身

---

① 《福田笔记(1962年4月—)》,《坊秀男日记》1962年6月27日记。
② 《坊秀男日记》1962年9月6日、19日记。
③ 《福田笔记(1962年4月—)》。

第七章 党风革新

工商业官僚，并且在经济界也吃得开的椎名悦三郎选择与川岛联合，这无疑加强了川岛的决心。①

椎名从"二战"前就忠实地追随岸信介，他之所以选择与川岛联合，是出于对势力急速扩大的福田的复杂情绪。很早之前，椎名就对岸信介打算将十日会托付给福田一事十分不满。椎名在手账中就派阀继承问题，暗中对福田批评道："如果真的有野心的话，那个人就应该凭借自己的品德、声望和实力创造新集团。"②

就这样，满是裂痕的十日会一下子走向分裂。由于交友俱乐部（川岛派）的成立，十日会分裂为岸直系、党风革新联盟、交友俱乐部三派。

十日会的分裂对党风革新联盟而言，也是沉痛一击。一开始，川岛系议员也参加了党风革新联盟，但是后来他们渐渐地都不出席联盟总会了，最后正式地退出联盟。为了拉拢原十日会议员，党风革新联盟和交友俱乐部纷纷开展行动，它们希望自己派系的人数能超过其他派系。然而一段时间过后，原十日会中仅有二十人左右选择追随福田。③

位于赤坂王子酒店旧址的十日会事务所继承权问题，也成了双方的争议点。对于这一问题，王子酒店的老板堤康次郎同意由党风革新联盟继续使用事务所。因此，福田一方在这一问题上赢得胜利。通过掌管派阀事务所虽然可以宣示福田作为岸派继承人的正统地位，但是十日会的分裂还是极大程度上摧毁了福田的政治根基。不仅如此，十日会分裂之际，川岛、椎名和福田的纠葛为福田日后的政治活动罩上了一层巨大的阴影。

---

① 小畑绅一《政界前方一片黑暗——某川岛担当记者的手记》（黄帆社，1972年）第42—44页，《坊秀男日记》1962年11月2日记。

② 《昭和三十六年手贴》（二）《椎名悦三郎相关文书》（申请号码34）国立国会图书馆宪政资料室。

③ 这一时期，跟随福田的人员如下所示：千叶三郎、池田正之辅、森下国雄、小川半二、永山忠则、小岛彻三、松浦东介、小金义照、大藏三郎、坊秀男、有田喜一、小枝一雄、田中龙夫、保科善四郎、一万田尚登、渡海元三郎、久保田円次、高桥桢一、伊东隆治。佐藤雄一编著《福田赳夫论》（住宅新报社，1976年）第127—128页。

(四) 党风革新联盟的解散

对党风革新联盟而言，最大的打击无疑是自民党成立了第三届组织调查会（三木调查会）。

1962年（昭和三十七年）10月4日，池田指名自民党顾问三木武夫担任第三届组织调查会（三木调查会）的会长。该调查会由大约100名委员构成，下设5个小委员会，分别是政党的基本小委员会、选举制度小委员会、党组织小委员会、资金小委员会和团结小委员会，围绕政党现代会问题进行商讨。① 池田将与岸信介齐名的政党现代化的领军人物——三木任命为会长，试图削弱党风革新联盟的势力。

对于三木调查会，福田的心情十分复杂。福田虽然与三木调查会秉持着相同的目的，却没有加入调查会，因为他希望能够彻底贯彻党风革新联盟的初心。当时，福田在笔记中记载着"面对三木调查会的态度"，"高举着派阀解体的旗帜，并且打算把调查的主要力量放在这上面。（我）排斥这种茫然地进行调查审议，目标不明的态度"。② 此外，笔记中还写道"对方是慢车，我们是特快列车"。正如这句话所讲的那样，福田试图从更激进的立场，看清三木调查会行动的本质。③

然而，与福田的预想相反，三木调查会精力十足地展开行动。因此，一直高举着派阀解体和政党现代化旗帜的党风革新联盟的存在感越来越薄弱了。

福田将希望都赌在了1963年7月的党·内阁人事调整中。三木调查会对政党地方支部的干部和有识之士开展了问卷调查，并且他们基于调查结果，在内阁改造之前，向池田首相提交了有关人事的中期报告。在这份中期报告中，调查会在提出消除派阀的同时，也强烈希望池田政权能够站在全党的立场考虑，实行人尽其才的人事安排。④

党风革新联盟也在七月份人事调整之前，再次向池田首相提议消除

---

① 自由民主党编《自由民主党党史》（自由民主党，1978年）第368—370页。
② 《福田笔记（1962年10月—1963年2月）》。
③ （无署名）《党风革新运动的前途》《朝日 Journal》4卷45号（1962年）。
④ 自由民主党编《自由民主党党史》第379—380页。

派阀。7月12日，福田与池田会面，强调了消除派阀的具体措施。

从福田当日的会谈记录中，可以看出他努力劝说池田实行政党改革的姿态。

> 福田
> 一、我作为革新的代表，无需地位、名誉、权力。
> 二、作为自民党的党员，我十分担心自民党现在的情况。因为自民党正走向陈朽，现在已经暴露出了诸多缺陷。其根源在于派阀。
> 三、虽然有观点认为派阀解体会给池田带来困难，但是能否实现目标还是取决于总裁的决心。希望池田最起码要做好准备，来建立按照地区划分各自范围的自由民主俱乐部，并且总裁要亲自前往俱乐部。另一方面，要召开派阀解体会议，待设施建成后，成员们一起宣誓派阀解体、关闭事务所。现在正是时机。在解体会议召开后再决定7月份的人事调整。①

但是，三木调查会的中期汇报和党风革新联盟的申请均未能使池田改变想法。7月份的人事调整依旧是老样子，各派阀均各自内定了内阁候选人，并将候选人名单通过被称作代理的次实权人物传达给政党的执行部门。

最让福田沮丧的是，被期待会担任反池田领袖的佐藤荣作再次进入内阁。现如今，党风革新联盟成为自民党内唯一的反主流派系。②

福田在7月20日的记者招待会中发出抗议，称在人事调整中解散派阀的呼声完全被无视，并且表示今后将致力于扩大联盟的势力。但是党风革新联盟逐渐丧失了其作为革新运动的势头，联盟参加者在人事方面也被池田政权冷淡对待。但是在此背景下，联盟内部开始缓慢地走向团结。当时，福田一方面继续批评池田政权，另一方面他担心参加者会脱离联盟，所以没有果断地采取措施。对此，联盟内部不满的声音日益

---

① 《福田笔记（1963年6月25日）》。
② 升味准之辅《现代政治》上（东京大学出版会，1985年）第129—130页。

高涨。①

10月17日三木调查会提交了"关于政党现代化的最终汇报",为党风革新联盟的活动按下结束键。调查会提出了解散派阀的具体措施,如新设立政党的人事局、通过强化选举制度委员会来严格选定政党正式承认的制度,设置总裁候选人推荐机构等。②

因此,在自民党内部,以作为总裁派阀的池田派为首,其他主要派阀均慢慢走向解体。但是各个派阀的解体不过是暂时的伪装,与党风革新联盟所主张的解散派阀仍相差甚远。各派系只是换了个名称,从基于《政治资金规正法》的团体转变为亲睦团体,继续像以前一样开展活动。

不管改革的实际情况如何,随着三木汇报的发布,党风革新联盟内部也有越来越多的意见认为该联盟已经没有用处了。10月24日,党风革新联盟常任责任人大会宣称:"三木汇报完成,我们就解散革新联盟意见达成一致。"③但是,实际上在联盟内部,大多数联盟责任人都认为:"各个派阀解体不过是徒有其表,装装样子而已,今后,为了采取具体的对策推进政党的现代化,有必要让联盟继续存留下来。"他们针对联盟的去留问题,展开持续讨论。④

12月21日,党风革新联盟的议长团会议决定解散联盟。坊在日记中记载道:"从9时开始,我们在王子酒店召开议长团会议。虽然针对联盟解体一事,也有人持有相当强烈的反对意见。但是那被认为是想要保留自己立足之地的'利己感伤论'。因此大家便主张'立即解体论',结果会议就决定了今天解体。"⑤

以推进全党改革为目标而成立的党风革新联盟,自恳谈会创立以来,历经约一年七个月后,最终落下帷幕。

---

① 《坊秀男日记》1963年8月8日、同28日记,8月8日的《坊秀男日记》中记载道:"党风革新运动将以悲惨结局告终"。此后,坊秀男还记录下了自己的不满:"显然福田没有明确而坚定的理念与决心。这样的话,我根本没有想认真去做的心情。"
② 中北浩尔《自民党政治的演变》(NHK出版社,2014年)第45—46页。
③ 《坊秀男日记》1963年10月24日记。
④ 《读卖新闻》1963年12月19日(晚报)。
⑤ 《坊秀男日记》1963年12月21日记。

三　瞄准后池田时代

（一）昭和元禄

党风革新联盟解散后，其中的 24 名国会议员选择继续跟随福田。他们作为事实上的"福田派"成员，以赤坂王子酒店旧址作为活动据点。当时，他们不仅在人事调整问题上被池田政权冷淡对待，而且池田政权还实行了"切断敌军粮道"、收缩敌人政治资金来源的战略。可以说，这是福田最艰难的时期。[①]

但是即便如此，福田也没有停止批评池田政权的脚步。福田继续将批评的矛头指向经济政策。由于岩户景气时期设备投资热潮的反作用，1962 年（昭和三十七年）日本遭遇经济萧条。然而由于欧美经济复苏，日本出口急剧增加，所以这次的经济萧条并不算严重，日本经济到 10 月份就已经触底了。之后因为 1964 年秋季将召开东京奥运会，所以从 1963 年到 1964 年，日本再次迎来经济大繁荣。

奥运会经济的主角是日本史上罕见的大规模建设投资。当时，东海道新干线、首都—东名—名神的高速公路、东京的地铁、东京的单轨铁路、奥运会竞技场等设施均迅速建成。奥运会使得东京发生了翻天覆地的变化，带有江户风趣的古老街道消失不见了，取而代之的是充满现代化气息的大都市建筑。[②]

但是，福田担心奥运景气会和收入倍增热潮一样，造成日本景气过热。正所谓"山高谷必深"，如果政府违背经济发展趋势，一味地追求高速发展，那么这必然会加剧经济失调。所以福田认为，在奥运会结束后将要来临的经济不振中，有必要进行更加深刻的调整。

正当全日本都沉浸在"奥运会气氛"中，欢呼兴奋之际，更让福田担心

[①] 佐藤雄一编著《福田赳夫论》（住宅新报社，1976 年）第 134—135 页。

[②] 中村隆英《昭和史》下（东洋经济新报社，2012 年）第 668 页，内野达郎《战后日本经济史》（谈讲社，1978 年）第 194—195 页，读卖新闻昭和时代 project《昭和时代 三十年代》（中央公论新社，2012 年）第 424—426 页，世论风俗观察汇编《现代世相风俗史年表》（河出书房新社，2009 年）第 120 页。

的是，娱乐热潮和"消费即美德"的观念已经在全社会蔓延开来。① 这时，大众消费社会拉开帷幕，"只要有物质和金钱就足够了"的风潮不断扩散，人们渐渐失去了节俭和质朴的心灵，这些都给福田敲响了警钟。实际上，这种风潮也给政治界带来了影响，它使得金权政治蔓延开来。池田政权的金权本质最终在九头龙川水库贪污事件和吹原产业事件发生后暴露出来。

福田"昭和元禄"的发言，恰恰象征着他对这些社会现象的担忧。1964年6月14日，在京都召开的记者招待会上，福田激烈地批判了池田政权，并且公开要求池田下台。福田的批评如下所示。

> 池田内阁的收入倍增、高度增长政策导致日本社会被物质至上主义所支配，日本国民之间充斥着休闲、度假和对生活的不负责、无力感。"元禄调"的世态支配着整个日本社会。在经济方面，物价高涨，国际收支陷入前所未有的困境，给广大日本国民造成了难以跨越的贫富差距。②

福田将消费热潮中所呈现的世态称作"元禄调（即盛世风气）"。并且他在之后的投稿消息中写道："虽然我把如今的世态称作'昭和元禄（即昭和盛世）'，但是在这样的潮流之中，作为培育新日本人的基础，即塑造新日本人的灵魂工作，似乎有被遗忘的倾向。"之后，"昭和元禄"成为福田自创词汇中最为脍炙人口的一个。它给飞速向经济高度增长迈进的日本敲响了警钟，最终被后世流传至今。③

福田发出的"昭和元禄"的批评，不仅是从精神和伦理角度，同时也是基于他的经济理性主义而展开的。福田重视日本经济总供给和总需求的平衡，其经济政策运行的特点在于巧妙地运用缰绳似的经济对策，在需求量超过供给时，采取紧缩政策，反之则采取刺激政策。福田认为虽然国际收支有天花板的限制，但是为了经济增长，不能缩减对社会资

---

① 筱崎尚夫《"消费即美德"的经济思想》[老川庆喜《东京奥运会的社会经济史》（日本经济评论社，2009年）]第78页。
② 柳川卓也《福田赳夫语录》（政经社，1984年）第44—45页。
③ 福田赳夫《匡正我党的态度》《经济往来》16卷8号（1964年）。

金整备和产业设备方面的支出,所以为了控制总需求,只能冷却"奥运会激情",抑制国民消费。

福田深刻地明白,经济波动会受到心理因素的左右。因此他不断强调在"昭和元禄(昭和盛世)"中要警惕消费美德论的舆论,并且应该首先建立"抑制消费的气氛"。20世纪70年代,说明经济政策如何回应人们期待的合理预期形成的概念被引入宏观经济学。其实远在此之前,福田的经济政策就已经十分重视"预期形成"的作用。[①]

对于福田而言,经济政策应该针对经济周期采取"反循周期"的运行方式。他的稳定增长论虽然以控制经济波动为重点,但也追求经济的持续性和社会的平等性。在福田看来,池田政权的经济政策缺乏对经济波动的考虑,仅仅是扩大了经济周期而已。因此福田严厉地批评池田政权的经济至上主义,并强调要将经济政策的基调由高度增长政策转变为稳步增长政策,有必要使日本的经济"回归常轨"。[②]

(二) 与池田的决战

不论是多么正确的政治主张,要想实现它,都必须在权力斗争中获胜。自民党总裁选举预定于1964年(昭和三十九年)举行,这一年对福田而言可谓大决战之年。

为了阻止池田第三次当选总裁,佐藤荣作和藤山爱一郎发出了挑战。福田等原党风革新联盟的成员们,从1月中旬起,就开始积极推动佐藤当选七月全党大会的候选人。当然,这背后也有佐藤的亲哥哥——岸信介的支援和帮助。[③]

佐藤表面上并没有采取与池田对战的态势。因为佐藤的老师,即前首相吉田茂考虑将政权由池田禅让给佐藤。但是,佐藤周围的人早已开

[①] 例如,Charles I. Jones(宫川努他译)《琼斯宏观经济学Ⅱ》(东洋经济新报社,2022年)第210—214页。

[②] 中村隆英《日本经济史——成长与循环》(东京大学出版会,1978年)第243页。福田赳夫《自民党日日反省》《实业日本》67卷4号(1964年)。福田赳夫《经济基调转换和总裁公选》《经济展望》35卷6号(1964年)。

[③] 山田荣三《佐藤荣作正传》上(新潮社,1988年)第425页。

第二部

始了行动。

福田也为了在总裁选举中支持佐藤，早已精力十足地开展了活动。其中，福田最努力做的事情就是促使藤山爱一郎同佐藤联合起来。藤山派的大部分成员原本属于岸派，借用藤山本人的话来说就是，"比起我，有一半的藤山派成员都是听命于岸先生的"。因此，主要由福田对藤山做工作。但是由于藤山派内部支持池田派和支持佐藤派的对立不断加剧，并且藤山本人也对与佐藤的合作一事持消极态度，所以对藤山的劝说工作进展得并不顺利。[①]

6月27日，国会闭会后，佐藤、藤山相继辞去阁僚一职。总裁选举终于揭开帷幕。支持池田首相的主要包括河野派、川岛派、原大野派（大野伴睦于5月病死）和党人派，除此之外，国会解散后不久，三木派也明确表示支持池田。与之相对，岸·福田原党风革新联盟和藤山派支持佐藤，石井派尚未表明态度。[②]

以派阀为单位来看，池田占据上风，但是佐藤阵营发起出其不意的反击。在福田提出总裁选举自主投票后，岸和佐藤开始一个个地收买各个派阀的成员。因此三木派瞬间瓦解，而且各个派阀甚至出现了违背领袖的方针转为支持佐藤的"忍者部队"，总裁选举陷入一场乱战。

在这场总裁选举中，诞生了各种各样的隐语，使得选举演变为一场壮烈的收买战。例如，一个一个地收买反对派的议员叫作"单钓"，统一收买称为"拖网"，从两个派系中收取金钱称为"日果"，从三个派阀中收取金钱称为"三得利"，同时从两派、三派中收取金钱，但是不给任何派别投票的称为"老伯"。[③]

福田一边高举革新党风、打破金钱政治的旗帜，一边不得不染指与自

[①] 藤山爱一郎《政治道路》（朝日新闻社，1976年）第142—145页。

[②] 岸采取行动阻止池田第三次当选，川岛则牵制岸。1964年4月下旬，福田笔记中记载了以下对话。"岸·川岛会谈。岸：有必要阻止三次当选。川：你不要行动。因为这涉及了新安保时期的遗留问题。岸：无此意。虽然被称作新安保，但是在此之前的阶段很重要。川：即使批判执行部，他们也都大体支持池田。如果是佐藤的话，就会走向分裂。如果是藤山的话，成不了气候。虽然暂时把藤山考虑在内，但是他在总务大会上失败了。"《福田笔记（昭和三十九年，5月—6月）》。

[③] 升味准之辅《现代政治》上（东京大学出版会，1985年）第135页。

己提倡的理念相距甚远的总裁选举方式。在晚年时，福田并不想提及有关此次选举的任何事情。在之后的角福战争中，福田十分强硬地拒绝了收买议员的提议，这大概是因为此次的总裁选举给福田留下了深刻印象。

不过，不管怎样，在总裁选举的两天前，也就是7月8日，由于福田的事先活动，佐藤和藤山二人决定合作。他们以转为支持佐藤的石井光次郎为中间人，举行了佐藤·藤山会谈。佐藤和藤山二人决定将在最终投票之际共同战斗，就这样第二名与第三名联合起来了。他们双方达成了协议，如果佐藤政权上台的话，作为对藤山的回报，将按照（1）自民党副总裁（2）副总理（3）众议院议长的顺序，安排其职位。①

由于二人联手，佐藤在日记中记载道："胜算渐渐明显了。"并且在总裁选举的前一天，他还命令从支持自己的票中分给藤山三十五票。

对佐藤而言，在最终投票中与池田的对决才是真正的竞争。在第一轮投票中，藤山惨败，佐藤十分担心这会削弱他的斗志。

但是，结果却出乎意料。7月10日总裁选举的结果为，池田242票，佐藤160票，藤山72票。池田在第一次的投票中，以仅超过半数四票的优势第三次当选总裁。坚信胜利在望的佐藤失败了，他在日记中写道"失之交臂"，悔恨之情溢于言表。②

总裁选举的翌日，佐藤在瓢亭举行后援会慰劳会，并且分析了总裁选举的败因。

一是《朝日新闻》在总裁选举前一天刊登了"池田将大胜"的报道。新闻媒体在总裁选举的高潮之际，全都持续报道池田形势一片大好，这对难以抉择的议员们的心理产生了微妙影响。二是佐藤派与藤山派的协调不足。三是表示支持佐藤的石井派内部并未达成一致，被池田派瓦解了。③

福田对此十分气馁。一方面他在当时的杂志报道上展现出了斗志满

---

① 《石井光次郎日记》1964年7月9日记。《石井光次郎相关文书》（资料号码35）国立国会图书馆宪政资料室。

② 伊藤隆监修《佐藤荣作日记》2卷（朝日新闻社，1998年）1964年7月8日、9日、10日的记录。山田荣三《佐藤荣作正传》上（新潮社，1988年）第439页。

③ 《福田笔记（昭和三十九年6月18日— ）》。

身，寸步不让的意志，但是另一方面还是吐露出"有点累了"的真心话。①

虽然福田失去了打倒池田政权的机会，但在这之后，政局又有了巨大发展。三次当选的池田被病魔缠身，他在东京奥运会闭幕的翌日，宣布下台。之后，佐藤荣作作为池田的接班人上台。1964年11月9日，佐藤内阁第一次组阁。除了内阁官房长官改由亲信桥本登美三郎担任外，其他池田内阁的阁僚均被佐藤继续任用。福田期盼已久的佐藤内阁上台就这样通过令人意想不到的方式实现了。

在全日本都因奥运会而欢呼沸腾之际，经济萧条已经悄然而至。这场被称作"二战"后最严重的经济萧条——"1965年大萧条（昭和四十年萧条）"来临了。之后，为了消除此前超高度经济增长带来的弊害，作为池田政权最大批评者的福田承担起了调整政策的重任。虽然对福田而言，池田政权时期是一段充满苦难的岁月，但是跨越这一时期后，他再次迎来了发挥政策能力的机会。

---

① （无署名）《反主流的主角 福田赳夫氏》《国会》17卷9号（1964年）。

第八章

战胜"65年萧条"

前　言

　　1964年（昭和三十九年）是象征着战后日本复兴与发展的一年。在这一年，日本成为IMF（国际货币基金组织）的第八条款国，加入OECD（经济合作与发展组织），跻身发达国家阵营。同年10月，亚洲首次奥运会在日本东京举办。当时，竞技设施和交通网络均已修建完善，人们争先恐后地购买彩色电视机，整个日本社会都沉浸于"奥运会经济"之中。日本国民深切感受到日本作为一个发达国家走向复兴，同时，取得惊人发展的日本也给世界留下深刻印象。

　　但是，在奥运会之后，日本经济立刻迎来巨大转折。就在佐藤政权接替池田政权之时，"65年萧条"突然来袭。这意味着福田敲响的警钟最终还是照进了现实。

　　本章主要叙述1965年6月至1966年12月，福田在佐藤政权下首次担任大藏大臣时的相关经历。与池田政权时期不同，此时的福田作为大藏大臣，获得亲自掌舵日本财政的机会。面对战后最严重的大萧条，福田不遗余力地发挥了自己作为财政家的才能，这让他实现了从政治家到财政家的大飞跃。

　　福田作为大藏大臣最大的功绩在于，为了战胜"65年萧条"，果断发行"二战"后的首次公债。为了维持平衡可持续的经济发展，福田在经济增长来到"高峰"时，实行紧缩的财政政策；在它来到"低谷"时，则利用"二战"前、"二战"中的经验，毫不犹豫地发行向来被视作避讳

第二部

的赤字国债。就这样，对战前的高桥财政有着充分认识的福田，担当着为日本经济财政诊脉的医生角色。福田战胜此次经济萧条，为日本经济进入"伊奘诺景气"铺平了道路。本章主要关注福田在佐藤政权中首次担任大藏大臣时，展现出的财政家理念与高妙手腕。

一　福田财政登场

（一）"65年萧条"来袭

池田首相在奥运会闭幕的翌日，即10月25日，以生病为由宣布下台。实权者们经过两周的党内调整后，最终指定在七月大选中败于池田的佐藤荣作担任新一届的内阁总理大臣。为了铲除池田政权时期高速经济增长带来的弊害，佐藤荣作以"创建尊重人类的社会"为口号，提出稳定发展的方针。11月9日，第一届佐藤荣作内阁上台。

在奥运会的兴奋尚未褪去之际，缓慢的经济衰退早已开始。当时，日本的生产达到顶峰，设备投资已有下跌趋势。12月，日本特殊制钢等公司破产倒闭。但是，即便如此，人们依旧没有察觉到这场经济萧条的严重程度。由于财政来源紧张，1965年（昭和四十年）度的预算带有几分抑制倾向，日本政府从平衡预算主义的立场出发，严格限制支出。而1965年的经济预测值比上一年度略高，为7.5%。所以在那时，日本政府和民间都乐观地认为，从春天开始，经济会向好。[①]

1965年1月27日，在众议院全体议员大会上，福田接受了代表提问。当时会议的主题是福田非常爱用的词汇——"世界中的日本"。福田断定，日本经济处于"高度增长下的萧条"的异常状态中。他表示高速增长的设备投资导致物价和租金暴涨，因此设备过剩的通货紧缩因素与物价、租金高涨的通货膨胀因素交织，最终致使日本经济陷入困境。

福田主张巧妙地利用通货膨胀对策和通货紧缩对策，制定立足于长

[①] 纳富一郎、岩元和秋、中村良广、古川卓万《战后财政史》（税务经理协会，1989年）第167—177页，经济企划厅编《现代日本经济的展开》（大藏省印刷局，1976年）。

期展望的经济正常化方案。因此，他提倡要首先构建好物价稳定的根基，同时快速解除金融紧缩，实行大幅减税，进行"社会开发"。①

上述措施实施后，果然，日本经济向着"65年萧条"的谷底迈进，开始大幅跌落。从春天要来临时起，日本经济就急转直下，接连不断的破产倒闭给经济界带来巨大打击。3月，山阳特殊制钢背负上了战后以来最高额的负债，不得不申请《公司更生法》的保护；纤维行业中破产的中小企业激增。此外，在5月21日，山一证券的经营危机浮上水面。如果政府对此放任不管，那么日本将会陷入"企业间信用破产，甚至可能由此演变为经济危机"的紧急状态。②

当时的大藏大臣是田中角荣。他自1962年7月上任以来，共在位三年。为了维持金融系统的信用，田中决定实行战后首次日银特别融资。这一措施基于日银法的第二十五条，即对于资金不足的金融机构实行无担保、无限制的特别融资。虽然经济混乱暂时因此平息，但是证券金融动荡与实体经济之间螺旋式的关系恶化即将开始。

尽管"65年萧条"呈现不断加剧之势，但是大藏省事务当局依旧墨守平衡财政主义原则，而大藏大臣田中尊重他们的判断。当时，大藏省预计1965年将陷入收入不足，因此为了削减支出，主张保留一成的支出。③

对此，大藏省和通产省均认为此次萧条将会长期持续，因此要求实行相应的经济对策。佐藤首相也指示大藏省探讨经济刺激政策，但是大藏省以财政来源不足为由，拒绝了佐藤的指示。这一处理方式不仅削弱了日银特别融资的效果，还进一步加剧了经济萧条。针对以财政困难为理由减少一成支出的主张，经济策划官香西泰指出，这同美国总统赫伯特·胡佛（Herbert Hoover）在经济危机下为了平衡财政收支而实行的增

---

① 《第四十八回国会众议院全体会议第五号》1965年1月27日。
② 《福田后援会演讲（1965年9月）》[福田赳夫口述，田中宏组织文章结构《福田赳夫把赌注押在保守革命上》（读卖新闻社，1974年）]第227—235页。
③ 纳富一郎、岩元和秋、中村良广、古川卓万《战后财政史》（税务经理协会，1989年）第201—203页。

加税收的举措相同，都是一种失策。①

作为史上最年轻的大藏大臣，田中斗志昂扬，熟读财政六法，努力在大藏省内收拢人心。但是，这也导致了他过于追求与大藏省的主张保持步调一致。田中将大藏省提出的平衡财政主义作为财政的根基，并没有考虑到财政的经济调节功能。田中财政的局限性在于，在日本经济不景气的情况下做出了财政紧缩的决定。②

（二）就任大藏大臣

第一届佐藤内阁除了内阁官房长官外，保留了池田政权的全部内阁成员。半年后，即1965年（昭和四十年）5月，佐藤为了独立组阁，决定实行内阁改造。因此，佐藤任命福田为大藏大臣，全权委托他应对经济萧条。

福田在佐藤政权上台前，就担任佐藤的智囊团成员，负责协助经济政策方面的事宜。在总裁选举即将来临的1964年1月，佐藤成立了探讨自己上台后经济设想的项目组（Soperation，以下简称Sope）。它仿效美国的"肯尼迪机器"（Kennedy machine），由曾任产经报纸政治部次长的楠田实等记者小组组建而成。

福田在Sope中主要从经济、财政政策方面提供协助。他预测在奥运会之后，日本经济将会下滑，因此希望实行发行公债和减税的新型一体化政策。福田的想法被全面地吸收进佐藤阵营的政策构思之中。之后，楠田记载道："经济政策变成了以减税和发行公债为支柱。（略）可以将福田赳夫称作'影子内阁'的大藏大臣，因为他率先提出发行公债，所以将他的理论作为新经济政策的主角亦是理所当然。"③

---

① 香西泰《高度成长的时代》（日本评论社，1981年）第172—173页。

② 水木杨《田中角荣的大善与大恶》（日本经济新闻社，1989年）第115页，早野透《田中角荣》（中央公论新社，2012年）第116—117页，山口二郎《大藏官僚统治的终结》（岩波书店，1987年）第287页。

③ Sope将发行公债和减税的政策构想纳入了5月上旬制定的第一次政策提案中。《我是这样想的——为了共同讨论设立的第一次提案》1964年5月5日［在线版，楠田实资料（佐藤荣作官邸文书）］（E—1—17）（丸善雄松堂，2016年），楠田实《首席秘书官》（文艺春秋，1975年）第29页。

Sope 总结的佐藤的政策设想，以"面向明日的斗争——对来自未来的呼唤之回答"为主题，公开发表。该政治文件多达两万字，与池田政权的收入倍增政策相抗衡，正面提出了"社会开发"论。该理论主张通过预防经济增长导致的社会问题，来应对经济开发带来的弊病，这与福田一贯主张的"均衡发展"理论有共通之处。① 从这个意义上来说，福田为了担任大藏大臣，已经做好了充分准备。

同时，这也意味着日本的经济政策将由"池田路线"转向"佐藤路线"。

1965年5月28日，佐藤与福田会谈，私下请求他担任大藏大臣。当时，福田谈到了高桥是清。日本过去也曾深陷经济萧条的泥潭，时任大藏大臣的高桥发行了救国国债。在经济得到恢复后，高桥实行了公债渐减政策。因此福田表示，如果自己担任大藏大臣的话，希望能采取相同的措施，通过发行公债来战胜经济萧条。佐藤当即对此表示理解。这就是福田与渗透着财政平衡主义思想的老巢——大藏省持久战的开始。②

6月3日，如愿以偿成为大藏大臣的福田，坐在金森次八驾驶的轿车中，驶进了大藏省的大门。金森是福田在大藏省任职期间的司机。在福田成为官房长官后的某日，金森突然提起女儿的事情。他说女儿参加了一所私立女子学校的考试，虽然通过了学科考试，但是她在面试中被询问了父母的职业，然后就被淘汰了。十分痛心的福田当即在大藏省内将司机的身份由"雇员"改为"大藏技术官员"。对此，日本其他省厅也纷纷效仿。金森此时虽然已经从司机走向管理岗，但他仍愿意为大藏大臣福田继续开车。③

（三）"福田财政"启航

福田财政有两大支柱。其一是为了促进"社会开发"，舍弃财政平衡

---

① 《面向明天的战争，回应来自未来的呼唤》［五百旗头真，和田纯编《楠田实日记》（中央公论新社，2001年）］第911—923页。
② 福田赳夫《回顾九十年》（岩波书店，1995年）第165—167页。
③ 佐藤雄一编著《福田赳夫论》（住宅新报社，1967年）第101—102页。越智通雄《增补改定 父·福田赳夫》（产经出版，1975年）第133页。

主义,大胆地引入公债政策;其二是积极灵活地运用财政政策作为经济调整的手段。这意味着福田财政相比以往的财政政策发生了一百八十度的大转变。

为何要实行公债政策?福田这样解释道:"在'二战'后二十年的时间里,大藏省所采取的财政平衡对日本的复兴与发展发挥了重大作用。因为过去政府没有借钱的能力,所以只能通过征税来平衡财政。但是,现在已经不是政府稍微举债就会影响到日本经济增长的时期了。另外,现在企业和家庭的储蓄匮乏。因此,我们有必要构建'有储蓄的企业,有积蓄的家庭'。为此,必须采用大幅度减税和公债政策来兼顾经济的稳定性和财政的健全性。"①

6月3日夜晚,首次到机关上班的福田在记者招待会上明确表示"时期已经不同了,现在政府必须下定决心发行公债"。但是,福田的言论引起党内反对。由于自民党的新三大重要角色(干事长田中角荣、总务会长前尾繁三郎、政调会长赤城宗德)均在池田政权时期处于中心地位,所以有些党内议员认为,发行公债不仅是财政问题,也是围绕着"由池田到佐藤"政策转变的政治问题。

但是,需要警惕的是,大藏省事务当局亦持反对态度。他们表示"如果打破实施道奇方针以来,日本所坚守的健全平衡的政策,就有可能导致财政崩溃",因此对发行公债强烈不满。②

不过,大藏省也并不认为财政平衡主义可以一直沿用下去。主计局长谷村裕也在暗中考虑着:税收已经无法满足财政需要,可以通过发行公债来打开困难局面。③ 实际上,在5月26日,福田还未就任大藏大臣之际,谷村局长就在主计局内部的讨论中主张,如果发行公债的话,不要出于"迫于舆论压力",而要采取"积极主动"的形式。④

---

① 福田赳夫《福田后援会演讲(1965年9月)》(福田赳夫口述,田中宏执笔《福田赳夫把赌注压在保守革命上》)。

② 《每日新闻》1965年6月4日、7日。

③ 古村裕《这样看待发行国债》《经济学家》1958年8月23日号,安藤博《责任与界限,国财政赤字的轨道》上(金融财政事情研究会,1987年)第52—53页。

④ 调查会《关于公债发行的讨论(笔记)》1965年5月3日 [大藏省主计局《关于昭和四十年度及四十一年度发行公债的资料(第一分册)》1966年7月] 第171—173页。

另外，福田也认为"不想迫于财政来源困难而发行公债"，他希望避免为了弥补税收不足而发行赤字国债的行为。他始终以发行有利于社会开发的积极公债为目标，严格警戒经济界所讨论的那种一般公债论。他已经为发行国债确立了明确的框架，提前准备好了停止公债的"制动器"，即为了防止通货膨胀，要坚决避免由日本银行直接承兑的行为。①

在福田观点的影响下，谷村主计局长亲自执笔，于7月18日撰写了题为"关于当前和今后财政政策"的长文。在文章开头，谷村写道，这并非是对财政平衡方针的"放弃"而是对它的"扬弃"。他认为，公债政策的引入是对财政平衡主义的辩证扬弃。

"绝对要避免财政散漫和过度依赖公债"，他写道："我在思考财政在国民经济中的作用时，认为在这种情况下，不必拘泥于以往的财政平衡方针。我们有必要考虑在不惜依赖公债和借款的新方针下，让财政发挥其应有作用。"他还强调："明确申明以下主旨十分重要，即必须严格坚持财政的健全性，绝不能采取有可能导致通货膨胀的运行方式。"

对于谷村而言，财政平衡主义并非"信仰性的命题"，亦非"应该将乡愁与留恋残留于此的理论"。他的基本观点与福田大致相同，他的笔记也成为将福田的发行公债论与主计局的实际工作连接在一起的"桥梁"②。

（四）经济萧条的对策与发行公债的准备

大藏大臣福田一方面提及了对发行公债的相关展望，另一方面立刻实施了应对经济萧条的措施。他首先设立由经济领域的主要阁僚和自民党首脑组成的经济政策会议。6月，福田连续召开三次经济政策会，持续提出了多项经济对策。在金融方面，6月26日，日银降低了法定利率。

---

① 调查课《大藏大臣福田的发行公债论》1965年6月5日［大藏省主计局《关于昭和四十年度及四十一年度发行公债的资料（第一分册）》］第173—177页。

② 古村（富裕）稿《关于目前和今后的经济政策》1965年7月［大藏省主计局《关于昭和四十年度及四十一年度发行公债的资料（第一分册）》］。

第二部

　　将在7月参加众议院大选的福田，一方面采取措施防止经济触底，另一方面四处发表"经济将会在秋天跌落谷底"的强硬应援演讲。选举结束后，为了出席将于7月12日在华盛顿召开的日美经济贸易共同委员会，他动身来到美国。在美国，福田亦是自信满满地提出"早期恢复论"，不过他内心对于经济前景实则战战兢兢，如履薄冰。不论是选举过程还是身在美国之际，福田都紧密关注股价波动等经济信息。虽然他表面上摆出了自信、强硬的姿态，但是实则毫不懈怠，十分谨慎。①

　　7月27日召开的第四次经济政策会议确定了"当前的经济对策"。福田早已准备好摆脱经济萧条的决定性措施，即解除大藏大臣田中领导下的内阁会议所通过的保留一成1965年度预算的决定。此外，他还对经济刺激效果好的领域追加财政投资贷款，下调中小企业政策利率。这些措施都对实体经济产生了立竿见影的效果。②

　　福田指示，把"努力实现财政的健全化、合理化，同时准备发行公债"添加在"当前的经济对策"中。这句话意味着，福田将在1966年以后的预算中"正式发行公债"。他表示"在此之前可以为了应对经济萧条发行'过渡性'公债"，但他明确区分自己多年来主张的正式公债政策和填补1965年收入不足措施的不同。③

　　福田采取的经济萧条对策很快就产生了效果，股市开始活跃起来。7月中旬股价触底后转为上涨，经济界也逐渐恢复了生机。福田也在报纸采访中表示，通过采取这些措施，日本有望在初秋实现经济上升，希望民间能够同政府一道，协力战胜经济萧条。④

　　谷村主计局长在"如何将事务工作层面考虑的政策巧妙地在政治层

---

①　越智通雄《增补改定 父・福田赳夫》（产经出版，1975年）第34—38页。

②　经济企划厅编《现代日本经济的展开》（大藏省印刷局，1976年）第163—164页，纳富一郎、岩元和秋、中村良广、古川卓万《战后财政史》（税务经理协会，1989年）第198—200页。

③　桥口收《新财政事情》（联播出版社，1977年）第107—109页，《关于当前的经济对策》1965年7月27日［大藏省主计局《关于昭和四十年度及四十一年度发行公债的资料（第一分册）》］第239—241页。

④　《经济萧条对策与今后的预测——询问福田首相》《朝日新闻》1965年7月28日。

面和心理层面提出来"这一点上,高度评价福田所展露出的本领,称他"真不愧是政治家"。谷村分析认为,取消保留一成支出的措施和积极拿出财政的"口号"对社会形成"一种呼声"。①

二 发行赤字公债

(一)排除日银直接购买公债

由于经济萧条导致税收不足,1965年(昭和四十年)度的收入预估额逐月下降,7月为2600亿日元。

主计局长谷村再次执笔撰写了有关财政来源对策的总结性备忘录,并交给主计局在7月23日商讨。他提出四条筹措财政资金来源的选项:(1)建设国债(即为筹集建设铁路、公路等公共事业费而发行的国债);(2)发行需要修订法律的赤字公债;(3)一般会计的借款;(4)大藏省证券。

其中,对于由谁承担发行公债,谷村提供了三个选项:(1)资金运用部;(2)民间银行;(3)日本银行(日本的中央银行)。他还分别列举了每个选项的优缺点。②

主计局的大部分官员都认为,即使从财政法的角度出发,由运用部来承担公债发行也是最现实的。但是理财局和银行局对此持反对意见。负责财政融资的理财局表示,运用部的资金十分短缺,已经没有消化国债的余力了。银行局则表示,如果由运用部承担国债发行,那么就不得不放弃金融债券,这对三家长期信用银行而言十分不便。出于以上理由,理财局和银行局都反对由资金运用部承担公债发行,支持由日本银行来承担公债发行。③

---

① 松林松男编《回忆录,战后大藏政策》《时政时报社》1976年,第165—166页。
② 谷村稿《关于四十年度财源对策的商讨会谈记录》1965年7月23日,[大藏省主计局《关于昭和四十年度及四十一年度发行公债的资料(第一分册)》]第209—210页。
③ 企划科《关于四十年度财源对策的协商会议笔记》,1965年7月23日[大藏省主计局《关于昭和四十年度及四十一年度发行公债的资料(第一分册)》]第209—210页,山口二郎《大藏官僚统治的终结》(岩波书店,1987年)第160—161页。

面对这样内部意见对立的局面，一直以来表示"坚决避免日银承担公债发行"的福田，也在 7 月 29 日的记者招待会上称"我们将慎重讨论是否由日银承担公债发行"。①

8 月后，福田明确排除了由日银承担公债发行的选项。他在老家群马县度过盂兰盆节后，在那里发言称，从未考虑直接由日银承担公债发行。在 8 月 16 日的记者招待会上，福田被问到自己的真正想法。他说："由日银直接购买公债的方式非常不好。因为我们还没有在民间银行消化公债上尽到最大努力。"②

由于福田的发言，在 8 月 23 日举行的省务会议也避开了由日银承担的选项，开始准备由民间银行消化公债的条件，最终省内意见达成一致。③ 在"二战"前，为了弥补巨大的军费开支，日本政府滥发公债并由日银直接承担发行，最终导致了政府财政破产。福田正是那段苦难财政史的亲历者。他十分担心通过由日银直接承担公债这种简单的方式，财政将会失去规范。就这样，福田一直坚持"绝对避免由日银直接买单"的设想。

（二）赤字公债的决断

另外，针对为了弥补财政来源不足而发行的公债，是采取建设公债的形式，还是采取特例（赤字）国债的形式，主计局的方针与福田的想法形成了尖锐对立。主计局坚定发行建设公债的方针，福田则考虑发行赤字公债。

根据财政法的规定，只有公共事业费用的财政来源可以通过国会的审议，发行一定金额范围内的公债（第四条第一项附加条款）。主计局认为，设想的公债收入在当初预算的公共事业费等费用的范围内，所以没

---

① 《关于当前的经济对策》［大藏省主计局《关于昭和四十年度及四十一年度发行公债的资料（第一分册）》］第 239—241 页。

② 企划系《干部会议记录》1965 年 8 月 5 日，［大藏省主计局《关于昭和四十年度及四十一年度发行公债的资料（第一分册）》］第 329 页。

③ 省议《关于四十年度财源对策》1965 年 8 月 22 日，［大藏省主计局《关于昭和四十年度及四十一年度发行公债的资料（第一分册）》］第 330—331 页。

有必要特别立法。

对于补充1965年度预算而发行的公债，福田则表示"并不想借用建设公债之名"，他认为"赤字就是赤字，要干干脆脆地发行赤字公债"。①

主计局坚持建设公债论，为了说服福田，他们在8月23日的省务会议即将到来之际，准备了主题为"关于（昭和）四十年度的财政来源对策"的资料。② 在这份资料中，主计局从政治态度、财政法第四条的解释、发行公债的制动器和国会对策这四个方面详细论述了"特别立法论"与"现行法论"的利害得失。

根据主计局的结论，福田所主张的"特别立法论"作为目前的处理政策而言，不过是"感觉上容易接受"而已，如果对两种观点进行比较考量的话，在所有方面"现行法论"都更胜一筹。因此，主计局执着于"现行法论"，不接受在作为基本法的财政法之中增设例外。③

大藏省内有名的干部提出了一场论战，他们坚决否定大藏大臣一贯主张的"特别立法论"。在当时的场面下，无论是多么优秀、精通财政的大藏大臣，畏首畏尾地撤回自己的主张也不会让人感到奇怪。不过，尽管主计局的逻辑十分严密，但是那些在福田听来不过是回避"特别立法"的借口而已。福田并不同意主计局的阐述说明。

最终，使"特别立法论"获胜的是内阁法制局。对于大藏省提出的问题，法制局判定，关于当初预算中完全没有发行的公债，虽说其金额在公共事业等费用总额的范围之内，但事后将其视作建设公债，从财政法的精神来看是有问题的。④

10月24日，福田在伊势市举行记者招待会，表示"在本年度发行国债不过是为了应对税收不足的暂时异常状态"，确定了按照特别法发行赤

---

① 企划系《干部会议记录》1965年8月5日，［大藏省主计局《关于昭和四十年度及四十一年度发行公债的资料（第一分册）》］第329页。
② 省议《关于四十年度财源对策》1965年8月22日，［大藏省主计局《关于昭和四十年度及四十一年度发行公债的资料（第一分册）》］第330—331页。
③ 山口二郎《大藏官僚统治的终结》（岩波书店，1987年）第165页。
④ 法规课《关于四十年度公债有必要实行特立法理由的设想问答》［大藏省主计局《关于昭和四十年度及四十一年度发行公债的资料（第一分册）》］第352—354页。

字公债的流程。① 此外，他还补充道："在向国会提出补正预算的同时，将会一起提交特例法案。"最终关于1965年度公债的法律依据问题，在福田的方案中得到解决。

1965年度补正预算案，将赤字公债列入收入之内，于11月24日提交至临时国会。政府发行的公债总额为2590亿日元，正相当于税收减收部分的金额，确实是"为了应对税收不足的暂时异常状态"而发行的国债。

在12月20日的众议院大藏委员会上，福田表示发行公债是由于"经济界过于前所未有的萧条状态"，"缩小财政规模"并不合适，但是由于税收负担沉重，"也不能以增加税收的方式来应对"。

那么，福田为何拒绝"现行法论（建设公债）"呢？因为这并不是为了开展公共事业，而是"为了防止税收下降而采取的措施"。因此，"作为民主国会，所谓符合财政法第四条是不恰当的"。他还根据现行法断言："如果默默地发行公债，这是违反财政法的。"②

1965年度补正预算在12月27日被表决通过。而且，赤字公债的依据法律，即《有关昭和四十年度财政特别处理的法律》于翌年1月19日颁布实施。最终，此次公债主要由民间银行承担发行，部分由资金运用部承担发行。③

在大藏大臣福田的大力提倡下，大藏省最终决定发行这种特例公债。这其中也包含着福田有意使国民知晓当今财政已经陷入危机的意图，而当机立断地进行特别立法，则淋漓尽致地展现了福田掌管财政的责任感。④

---

① 企划系《大臣记者会见用笔记》1965年10月21日，[大藏省主计局《关于昭和四十年度及四十一年度发行公债的资料（第一分册）》]第344页。

② 《福田关于四十年度公债性质的问答》1965年12月20日，[大藏省主计局《关于昭和四十年度及四十一年度发行公债的资料（第一分册）》]第350—351页。

③ 纳富一郎、岩元和秋、中村良广、古川卓万《战后财政史》（税务经理协会，1989年）第201—204页。

④ 井手英策《财政赤字的渊源》（有斐阁，2012年）第168、192页。

三 正式推行公债政策

（一）学习高桥财政

在1966年（昭和四十一年）度预算中增加建设公债已经成为既定事实。围绕正式推行公债政策，各方面展开了激烈论辩。例如经济界的权威人物大内兵卫严厉批评称，发行公债将会导致通货膨胀，主张实行健全的财政政策。社会党也持同样的意见，书记长成田知巳强硬表示："发行国债是财政政策的重大转变，应该解散众议院，追究国民的是非对错。"[1]

另外，经济界却要求大规模地发行公债。日经连代表常任理事樱田武等人称，需要发行1兆5000亿日元的公债。1兆5000亿日元相当于当时公共事业费的2.2倍之多。[2]

与经济界相呼应，自民党中也出现了要求大规模发行公债的呼声。总务会长前尾繁三郎表示，如果不"发行1兆日元的国债，实行5000亿日元的减税"，那么"就对经济萧条没什么效果"。自民党内部所提出的1兆日元国债论显然与福田战胜萧条和稳定物价的想法截然不同。这种情况与追求稳定增长的佐藤派和追求高速增长的原池田派宏池会的政治对立也有较大关系。

在这样两极对立的论辩中，综合政策研究会提出了中立意见。该研究会是由有泽广巳、稻叶秀三、高桥龟吉、大来佐武郎等学者和评论家组成的政策集团。他们向福田提交了"有关公债政策的建议"，表示正式发行公债作为一种财政政策（调整型财政政策）十分重要，1966年度的公债发行规模应该以大幅度的长期减税为前提，他们希望公债规模为6000亿日元。[3]

就这样，围绕公债的辩论日趋激烈，而公债发行的规模问题实际上

---

[1] 有泽广巳等《批判公债发行论——该如何解决经济危机（座谈会）》刊登于《世界》241号（1965年12月），《朝日新闻》1965年11月27日。
[2] 福田赳夫《回顾九十年》（岩波书店，1995年）第167—168页。
[3] 《朝日新闻》1965年11月20日、25日。

全部由福田决断。① 当时福田参照了高桥是清的财政政策。大藏大臣高桥是清将井上财政时代减少到15亿日元的一般会计支出，在1932年增加到19亿日元，下一年度增加到22亿日元，之后一直到1936年度基本维持不变。而财政资金来源增加的途径就是发行公债。②

福田如下谈论着高桥财政的精髓："高桥遵循着一条主线来运行财政，即在经济繁荣时缩小财政来源的规模；在经济萧条时，则积极扩大其规模。只要科学合理地确定财政规模，就绝对不会出现通货膨胀。高桥先生在这一点上考虑得非常严谨。当时虽然没有'fiscal policy（财政政策）'这一学术词汇，但是高桥先生实际上已经践行了如今的凯恩斯理论和财政政策的经济理论。"③

福田希望像高桥那样，按照经济政策的经济理论来科学、合理地决定财政规模。他表示，民间经济活动与政府财政活动的总和为日本经济的规模。它会伴随经济波动沿着"日本经济趋势线"而发展。当总和偏离趋势线较小的时候，就会成为通货紧缩的主要原因。反之，如果偏离趋势线较大，则会成为通货膨胀的主要原因。因此"在经济繁荣时，要缩小财政规模，而在经济萧条时，则必须扩大财政规模"。所以福田认为，为了摆脱当前的经济萧条，必须发行公债，使政府在国民经济的循环中增加新的财政需求，让经济综合更靠近趋势线。

福田设想的"日本经济趋势线"是实际增长率为7%—8%，名义增长率超过10%。他认为，虽然个人消费和出口会稳步增长，但问题在于民间设备投资。1965年度的设备投资与上年同期相比下降10%。福田认为，"要想摆脱三成设备过剩的困境，达到满负荷作业的状态，还需要一些时间"。因此，福田判断"在经济低迷的状况下，财政承担着弥补民间活动的作用"。他还表示："在开工率回到九成之前，政府应该填补供需缺口，以达到趋势增长率。我希望以这个标准来决定政府的财政活动幅度，遵循建设公债的原则来决定发行额。"

---

① 《朝日新闻》1965年11月25日，福田赳夫《回顾九十年》（岩波书店，1995年）第168页。
② 中村隆英《昭和经济史》（岩波书店，2007年）第74—77页。
③ 福田赳夫《发行国债与财政金融政策》《金融》228号1966年。

第八章 战胜"65年萧条"

福田已经把战胜昭和萧条的高桥和直面65年萧条的自己紧密地联系起来了。①

(二) 7300亿日元的建设公债

1966年（昭和四十一年）度预算案中的公债金额应该设定为多少呢？连日来，相关局长们聚集在大臣室，围绕供需缺口展开讨论直至深夜。

此外，福田还盘点了大藏省内的财政资金来源。大藏事务次官佐藤一郎称，福田彻底调查了资金运用部的实际情况，"让资金运用部吐出了好多资金"。面对福田长年在主计局培养出来的眼力，作为后辈的大藏官僚们很难蒙混过关。②

最初，主计局考虑将1966年度的公债发行额控制在6000亿日元以内。因为他们认为，即使到了11月，估计民间银行可以消化的公债额度最多也只有6500亿日元。在预算编制接近尾声的12月中旬，福田对记者说："国债发行额在坚持建设公债、民间银行消化原则的基础上，希望控制在7000亿日元以下，但也有可能略高于这个数字。"因此，主计局总务课分别就公债发行总额为7000亿日元和7400亿日元的情况进行估算。通过计算，最终他们决定发行金额为7300亿日元。

就这样，在12月30日的内阁会议上，福田提出了1966年度的预算编制方针。日本通过以发行7300亿日元公债为杠杆的财政支出和3000亿日元的大幅度减税，积极扩大有效需求，希望快速促进经济重回稳定发展轨道。该编制方针明确展示了公债政策的原则：（1）使财政规模与国民经济保持平衡，按照每年的经济波动来决定公债发行的金额；（2）公债的对象仅限于公共事业等，经常性的支出由一般收入来填补；（3）由民间银行消化公债。上述原则为国债发行添加了"制动器"，同时也宣告了大藏省在财政运行中将始终遵守财政规律。③

---

① 福田赳夫、布施陶一（对谈）《摆脱经济萧条走向稳定路线》《金融财政事情》17卷1号（1966年）。
② 福田赳夫《回顾九十年》（岩波书店，1995年）第167页，松林松男编《回忆录，战后大藏政策》第145—149页。
③ 《每日新闻》1965年12月31日。

坚持公债即通货膨胀论和 1 兆日元国债论的双方都强烈批评 7300 亿日元的公债发行额。但是据说，当时福田泰然自若地认为他们双方是在互相攻击。

针对发行高额公债会导致通货膨胀的批评，福田表示，供给尚有余力，7300 亿日元的发行额度与国民经济相平衡，即使因为发行公债需求扩大也不会就此导致通货膨胀。另外，福田也受到部分经济界和自民党内部的批评，他们称"由于福田财政，日本经济已经不可能走出萧条泥潭了"。对此，福田表示"超过日本经济的趋势线来扩大需求有可能会导致通货膨胀"，希望得到他们的理解和协助。①

1966 年度预算的政府草案在 1 月 14 日的内阁会议上正式通过。草案通过后，福田这样谈论经济前景。个人消费和出口虽然顺利增长，但是设备投资依旧低迷。"所以要以财政弥补民间设备投资的下降，使实际经济增长率达到 7% 以上。经济将会在 4、5 月左右渐渐回升，到了年末，增长率就会上升。为此，有必要把财政刺激效果的重点放在上半年。"②

正如福田所预测的那样，经济在 4、5 月份慢慢回升，民间设备投资开始以预料之外的速度增加，日本经济再次回到新的增长轨道。至此，长达五年的"伊奘诺景气"开始了。

（三）"一户一住宅"的梦想

在 1966 年（昭和四十一年）度预算中，住房相关问题是重中之重。在公共事业相关支出（增长率 19%）中，明显增加的是公园下水道等支出（共 50%）和住宅对策支出（共 28%）。财政投资融资也是如此。③ 这里面包含着福田对住房的强烈愿望。

福田自成为政治家时起，就非常重视国民的住宅问题。他的主张是，与温饱相比，日本民众居住水平还很落后，因此必须实现国民夙愿——

---

① 越智通雄《增补改定 父・福田赳夫》（产经出版，1975 年）第 56 页，福田赳夫《引入真正的公债政策》刊登于《经济时代》31 卷 1 号（1966 年），福田口述，田中撰写。
② 福田赳夫《福田财政的目标》《新风》1966 年 1 月 1 日。
③ 纳富一郎、岩元和秋、中村良广、古川卓万《战后财政史》（税务经理协会，1989 年）第 219—222 页。

"一户一住宅"。①

在 1965 年 1 月的众议院全体大会的代表提问中，福田表示"住房和土地是最重要的问题"，经济增长本身并不是一个政治目标，不过是提高国民福利的手段而已。因此他认为，所谓"创建尊重人类的社会"就是努力创造富裕的国民生活。福田谈道："许多国民的愿望是希望能有自己的住宅，希望在工作二三十年之后，能够拥有一块土地，欣赏自己庭院里的草坪与鲜花。这就是勤劳的日本国民们共同的愿望吧。"

福田认为，政府需要率先为了实现国民的这个梦想而努力。地价暴涨夺走了国民的住宅梦，同时也加剧了土地拥有者和无土地者之间的差距。他说："这些不合理、不平衡的存在是重大社会和政治问题，我们必须确立土地问题相关的基本理念。"②

因此在 1966 年度预算正式提出之前，当福田被问到来年重点采取的措施是什么时，他干劲十足，立即回答是住宅对策。对于国民因地价上升而难以拥有土地的问题，福田表示"土地不过是私有财产，也是国家接受了国民委托暂时拥有的国民财产"，也流露出了想要彻底修正土地征用法的想法。③

在 1 月 28 日的财政演讲中，福田表明了其重视住宅的政策。福田称 1966 年度预算的目标是，构筑物价稳定、以拥有丰厚储蓄的家庭和企业为支撑的日本经济。福田这种对住宅的热情，延续到了他就任总理大臣后提出的住宅省构想之中。可以说，"一户一住宅"的梦想成为福田演奏的经济财政交响乐中，不可或缺的旋律之一。④

（四）与木村禧八郎的国会论战

1966 年 2 月至 3 月，围绕发行公债问题，日本国会辩论进入白热化阶段。在野党派出论客向福田挑起了论战。其中，福田写道："很怀念在参议院预算委员会上与社会党木村禧八郎围绕公债问题的论战。"在福田

---

① 福田赳夫《昭和 32 年度预算与日本经济》《政策月报》14 号（1957 年）。
② 《第 48 回国会众议院本会议第 5 号》。
③ 《朝日新闻》1966 年 1 月 1 日。
④ 《朝日新闻》1966 年 1 月 28 日。

第二部

漫长的政治生涯中，这场国会论战给他留下深刻印象。

木村是报纸记者出身的经济评论家，也是在野党中首屈一指的财政通。当时，就是木村引出大藏大臣池田勇人说出了那句不该说的话，"穷人吃麦子"。木村重视抑制通货膨胀，这与福田有相通之处。

木村对福田发起的论战内容，首先是财政法为何要严格限制发行公债。木村列举了1947年制定财政法时，严格限制公债发行的三个理由。如果政府轻易地同意发行公债，那么这将导致：第一，有通货膨胀的危险；第二，有变成"军国主义"、卷入战争的危险；第三，税收将变得不公平。木村询问福田大臣是否认同以上三个理由。

福田同意第一条理由，即在财政法立法时，担心轻易发行公债会导致通货膨胀。但他并不赞同第二、三条原因。

首先，关于发行公债与防卫费的关系，福田说："我不认为发行公债与防卫费有任何关联，即使是征税，防卫费也会在该增加的时候增加。无论是公债还是税收，都不会影响到防卫费。"财政法提出建设公债的原则，也是为了避免公债成为防卫费的财政来源。

其次，针对公平性这一点，福田反驳道："因为你只看税收，所以才可能会变成那样。财政对国民收入再分配的影响力，也体现在支出方面。"重要的是，"如何使用公债"和将来"用来偿还公债的税收方面的问题"。福田还回答说："在这一点上，我与你的想法正相反。如果政府全面地考虑财政支出和收入的话，反而会对收入再分配发挥有效作用。"福田阐明了公债是中性的，并且还补充说，它比起税收会给人一种负担较小的错觉。

木村提出的另一个论点是公债即通货膨胀。虽说"二战"结束二十年了，但提起正式发行公债就不得不让人回想起"二战"后日本通货膨胀的噩梦。木村对福田询问道："希望你能明确回答出，发行公债不会导致通货膨胀的依据。"对此，福田解释说："昭和四十一年度发行了7300亿日元的国债来作为财政资金来源，但是它的规模并不会导致当今低迷经济下的国民经济活动出现不平衡。"

由于存在巨大的通货紧缩问题，当时经济的实际情况大大低于适当的"日本经济趋势线"，这就是福田口所说中的"低迷经济"。福田回答道:"现在,民间经济处于低迷状态。政府通过发行国债来扩大财政规模,虽然会使用金钱、物质和劳动力,但是这并不会让民间经济失衡。这就是不会导致通货膨胀的最大理由。"

福田一生都非常小心谨慎,避免让社会总需求超过日本经济的趋势线。眼下离经济蓬勃发展的状态还很远,因此福田判断即使通过发行公债来扩大财政规模,也不会使经济超过趋势线。

福田这样回顾了与木村的论战。"木村强调了过去发行国债的噩梦。国债可以说是'二战'前军费膨胀的支撑,是'二战'后通货膨胀的元凶。我在发行公债时,就已经对排除日银收购国债、不会成为军事大国等问题进行了说明。但是木村并没有理解我的话。"[1]

4月2日,国会表决通过了1966年度预算案。福田在3月判断,"经济已经在去年12月触底了"。确认经济在1965年10月跌入谷底已经是很久以后的事情了。4月,福田表示:"今后经济运行的重点由应对经济萧条转为应对物价问题。日本国际收支存在盈余,所以经济好转的趋势不会早早结束。"

正如福田所判断的那样,日本经济开始朝着强劲的自动增长方向稳步恢复。

四 财政新时代的开幕

(一)宣传——灵活运用20多岁时的经历

日本财政进入了拥抱公债的新时代。为了能让国民们理解和支持此前不太熟悉的公债,福田积极开展宣传活动。

1965年(昭和四十年)10月,福田在大臣官房文书课设置了宣传室,开始刊发宣传杂志 *Finance*。他为该杂志的创刊号撰写了卷首语。

在卷首语中,福田提到了过去大藏大臣井上准之助在解除出口黄金的禁令时大力采取的宣传活动,写道:"它让我明白了宣传对于做成一件

---

[1] 福田赳夫《回顾九十年》(岩波书店,1995年)第167—168页,《第51回国会参议院预算委员会第15号》1966年3月22日,《朝日新闻》1966年3月23日。

大事有多么重要。"福田还强调了宣传的重要性:"在实施划时代的重要政策时,为了收获预期的成果,就必须让国民理解和支持实施该政策的理由和政策内容。"

接着,福田提到他的伦敦经历。"英国国民始终抱有财政和公共经济属于国民的强烈意识。这让我深切地感受到财政运行本身就是在这种意识的支撑下展开的。另一方面,我们国家对财政责任和权利的认识并没有那么强烈。所以为了深化国民对复杂的财政状况的认识,让他们理解穿上公债新衣的财政,我们开始发行 Finance。"[1]

福田仿照井上,举大藏省之力来开展宣传公债政策的活动。1966年春天,《简单国债论》等宣传册和《财政新时代》等解说书相继刊行。[2]福田在《财政新时代》的序文中表示,财政政策的目标是,以富裕家庭和有储蓄的企业为支柱,构建拥有丰厚福利的社会,而公债政策正是实现它的手段。公债有利于充实社会资本,减轻税收负担;同时通过调整公债规模,有利于缩小经济"高峰"与经济"低谷"的差距,让经济能够平稳增长。[3]

福田开展这场宣传活动的动机,来自他年轻时的亲身经历。他从高桥是清身上学到公债政策,从井上准之助身上和英国的情况学到了宣传的重要性。

(二) 对"财政新时代"的提问

作为大藏大臣的福田,通过果断发行公债,拉开了"财政新时代"的序幕。直至今日,财政收入已经成为日本收入的重要支柱。但是当时,围绕福田的公债政策有许多批评之声。

第一种批评认为,设备投资具有强劲的自我恢复能力,所以即使不发行公债,日本经济也可以回升,并战胜萧条。[4]

---

[1] 福田赳夫《卷首语》Finance 1965年12月创刊号,福田赳夫《回顾九十年》(岩波书店,1995年)第15—19页。

[2] 米泽润一《国债膨胀的战后史》(金融财政事情研究会,2013年)第15—16页。

[3] 福田赳夫《(序文)大藏省 财政新时代》(大藏省印刷局,1966年)。

[4] 胜又寿良《战后50年的日本经济》(东洋经济新报社,1995年)第122—130页。

的确，从1966年开始，日本掀起了设备投资的浪潮。然而不能忘记的是，当时设备过剩的情况十分异常。在进入开放经济的前夕，经济界对未来充满着不安。如果暂时搁置开放经济事宜的话，经济萧条极有可能会转化为经济危机。福田通过发行公债来转变财政政策，对社会产生了巨大的心理效果。从客观上来说，以公债为基础的政府支出的增加成为实现经济良性循环的契机。显然，公债政策无论在心理上还是客观上都在战胜经济萧条方面发挥了作用。

第二种批评认为，即使不依赖公债政策，也有可能整备好社会资本。例如，可以利用住宅公营债等政府保证债券来应对相关问题。[1]

在社会资本方面，虽然新干线、住宅、上下水道等由受益者负担的领域也不少，但是当时日本还不具备足以消化政府担保债券的市场条件。另外，快速城市化的浪潮席卷日本，使得民间经济迅猛发展。因此，整备社会资本迫在眉睫。如果不能消除建设公债带来的瓶颈，那么日本经济就无法继续发展。

第三种批评认为，发行公债减缓了财政节减的脚步。

实际上，让福田忧心不已的正是财政散漫问题。为了避免因发行公债而放宽预算要求，福田在内阁会议上反复要求节约经费。在增加投资性经费的同时，对经常性经费进行合理化改革。福田深谙有张有弛地控制预算之道。[2]

第四种批评认为，引入正式的公债政策会导致国债逐步增加。如果在坚持均衡财政方针的情况下，日本经济萧条不加剧，并且社会资本得到整备的话，那么这则批评是正确的。但是当时已经到了紧要关头，如果没有公债收入的话，日本财政将会破产。

避免国债递增的关键是如何使公债"刹车"。其根本要点在于构建"与国民经济相平衡的财政"，这正是福田从高桥是清身上学到的东西。为了明确发行公债的"制动器"，福田明晰了公债政策的规范。

---

[1] 小峰隆也等人《日本经济研究中心50年史编纂委员会汇编》《经济家的战后史》（日本经济新闻社，2013年）第73—74页。

[2] 纳富一郎、岩元和秋、中村良广、古川卓万《战后财政史》（税务经理协会，1989年）第218—219页。

一是"建设公债的原则"。在国会论战中，福田将建设公债的对象定义为"国家国民的财产有所剩余，并且对国民经济的发展有贡献的东西"，并从多种角度条理清晰地针对提问给出了回答。①

其中最复杂的提问是，在国会论战中福田曾被问到建设公债与防卫费的关系。福田表示，防卫费包括的武器、兵营、学校等支出不具备"再生产要素"，即使按照国际惯例，也应该将其从公共事业中排除在外。由此，大藏省主计局也沿袭了福田所秉持的防卫费具有消耗性性质的想法。②

二是"民间银行消化的原则"。福田尊重金融市场的机制，希望能够维持财政的健全性。曾经担任过银行局长的福田也精通金融行政的实务。他系统地进行了说明："由民间银行消化公债是现在的国际标准，这可以增强储蓄，所以吸收国债也没有问题，不过我们要进行适当的操作。"③

当然，这些"制动器"能否发挥作用的关键在于政治。福田认为，如果自己的接班人能够坚守"与国民经济相平衡的财政"方针，那么就可以保持住财政的健全性。④ 问题在于，这在政治上能否成为可能。正如福田所警示的那样，"如果滥用公债，将会犯下大错"⑤，他已经预知到了公债政策深处所隐藏的财政膨胀和财政僵化问题。

（三）昭和的财政家——福田

福田开启了"财政新时代"的大门，开辟了日本经济迈向"伊奘诺景气"的道路。"二战"后日本最严重的经济萧条为财政家福田提供了施展拳脚的舞台，他毫无保留地施展了自己的才能，奠定了日本今后发展的根基。

福田在很早以前就察觉到财政平衡主义已经行不通了。大藏省虽然

---

① 《第51回国会众议院大藏委员会第13号》1966年2月23日，《第51回国会众议院大藏委员会第14号》1966年2月25日，《第51回国会参议院预算委员会第18号》1966年3月25日。
② 《第51回国会众议院大藏委员会第14号》。
③ 《第51回国会参议院预算委员会第13号》1966年2月14日。
④ 井手英策《财政赤字的渊源》（有斐阁，2012年）第166页。
⑤ 福田赳夫《回顾九十年》（岩波书店，1995年）第170页。

第八章 战胜"65年萧条"

也有同样的危机感，但是转变政策需要一定的政治判断。福田就任大藏大臣后不久，就不顾事务当局的反对，成为大胆转变政策的先导。

福田是高桥财政的继任者。他学习了高桥的处理方式，从凯恩斯理论和财政政策理论出发来理解高桥财政的内涵，并且以此来战胜经济萧条。这意味着经济政策的扩张。因为战后的经济政策全都依赖于金融政策，而福田在此基础上，增加了财政调节经济的功能。以金融和财政为两翼的总需求管理政策最终落实，福田成为战后实行总需求管理政策的先驱者。

福田并不是仅仅考虑战胜当前的经济萧条，他在更长的时间轴上定位了经济萧条的坐标。福田认为，生活在国际化的时代里，必须构筑坚固的社会与经济的根基。正是由于这个原因，所以福田提出财政政策的目标是构建"富裕的家庭和有蓄积的企业"，为此必须实现民间经济和公共经济的协同发展。正式的公债政策正是福田从长期发展的立场上所提出的政策。

从1965年（昭和四十年）6月开始，经过半年时间，日本财政完成了转变。这得益于福田丰富的财政知识和卓越的领导能力。果断决定发行公债、避免让日银承担公债、发行赤字公债、决定公债发行的规模等都体现了福田在"重大事情"上寸步不让的性格。但是这些并非独断专行，而是福田在对事务人员的意见斟酌再三后的慎重决定。正因如此，他才赢得了官僚们的尊重和信赖，而不仅仅只是因为他是大藏省官员们的校友。这种基于信任的政治家和官员的合作，体现了政治主导应有的状态。

福田晚年时，回顾自己直面经济萧条、果断发行公债的经历时说："即使现在回想起来，（我当初的做法中）也有值得肯定的地方。"[①] 所以战胜65年经济萧条的事迹，足以使福田当之无愧地以继高桥是清之后的昭和财政家自居。

---

① 福田赳夫《回顾九十年》（岩波书店，1995年）第170页。

第 九 章

伊奘诺景气和昭和元禄

前 言

福田在晚年回顾道:"我从佐藤内阁上台至其下台,一天也没有从执政党的要职中离开过。(略)在长达7年的时间里,我虽然十分忙碌,然而同时也能尽情工作。"①

正如福田所说,他是佐藤首相最信赖的阁僚之一。自1965年(昭和四十年)6月起,福田担任了约一年半的大藏大臣。1966年12月起,福田转至党内担任了约两年的干事长,领导自民党在参众两院大选中获得了胜利。之后从1968年11月起,福田再度担任大藏大臣,此次任期约为2年7个月。在1971年7月佐藤内阁最后的内阁改造中,福田转任外交大臣。

对佐藤而言,福田并不仅仅是一位重要的阁僚。翻开佐藤的日记,可以发现在内阁和自民党人事变化之际,佐藤经常与福田交换意见。在佐藤政权时期,福田总共在佐藤日记中出现过361次。这远远超过佐藤派中两位最权威的人物田中角荣(290次)和保利茂(267次)的出现次数。②

对佐藤政权的运行而言,福田是位不可或缺的人物。

本章主要聚焦在佐藤长期政权下,从1966年到1971年,福田担任干

---

① 福田赳夫《回顾九十年》(岩波书店,1995年)第160页。
② 根据伊藤隆监修《佐藤荣作日记》六卷(朝日新闻社,1999年)的全卷人名索引统计。

— 220 —

事长和第二次担任大藏大臣时的相关内容。

福田被提名为干事长之时，正是佐藤政权由于"黑雾问题"被逼到绝路时。即使处于这样的困境之下，福田依旧在1967年的众议院选举中获胜。福田在担任大藏大臣时，摆脱了1965年经济萧条；在担任干事长时，于"黑雾选举"中获胜。福田的这两项业绩，对佐藤首相构筑稳定的政权基础来说是不可或缺的内容。

佐藤政权得以长期维持的重要原因，首先是被称作人事专家的佐藤进行了巧妙的人事安排。佐藤在任用本派的精英人物田中角荣和福田时，有意让双方形成竞争关系。在田中结束大藏大臣任职后，佐藤就让福田继任该职务；干事长是党内运行的要职，佐藤便让田中和福田二人交替担任。就这样，佐藤让杰出的接班人互相牵制、互相竞争。通过这样巧妙地任用人才，佐藤巩固了自己的政权基础。

其次是佐藤政权时期长时间持续的空前经济繁荣。20世纪60年代后半期，昭和时期最长的"伊奘诺景气"长期持续，日本经济规模不断扩大。

佐藤政权的经济政策常常因其消极性而备受批评，"只是顺其自然地让日本经济持续增长"。① 但是审视一下福田担任大藏大臣时的政策管理，就可以很明显地看出来这种批评失之偏颇。福田第一次担任大藏大臣时的主要问题是如何走出经济萧条，而第二次再任时的问题则是如何抑制"伊奘诺景气"过热，使高速经济增长得以长时间持续下去。堪称日本经济"名医"的福田，一直十分慎重地诊断经济、开出药方。"伊奘诺景气"的出现正是得益于此，而非顺其自然的结果。福田也小心谨慎地让长期经济腾飞在结束之际实现了软着陆。

一 巩固长期政权的根基

（一）就任干事长与"黑雾"选举

佐藤政权共持续了7年8个月之久，它是昭和时代持续时间最长的长

---

① 高坂正尧《楠田实氏的佐藤内阁论》[楠田实《首席秘书官》（文艺春秋，1975年）]第208页。

期政权。不过最初，它的政权根基并不牢固。

佐藤政权一上台就积极地处理池田政权时期没有解决的议案以及被拖延的议案。首先，在外交方面，佐藤政权实现了日韩邦交正常化，推动批准了 ILO（国际劳工组织）87 号条约（《结社自由与保障组织权利公约》）。其次，在内政方面，它推动实施了在野党强烈反对的议案，例如恢复纪元节（建国纪念日）、扩大生存者授勋、农地补偿法案、大学管理的立法化等。但是，佐藤政权采取的"对决型"国会运行方式，即通过国会强行表决来通过法案的方式，遭到在野党的强烈反对。

自上台以来，人气比较低迷也是佐藤政权的一大烦恼。因此，为了向社会舆论展现出自己对内政问题的关心，佐藤将 1966 年（昭和四十一年）定为"内游"年，视察日本国内各地。但是这一举动并没有收获好评，首相的支持率依旧低迷。

在这种情况下，1966 年下半年连续出现的"黑雾"问题，又给佐藤政权雪上加霜。当时，议员田中彰治因恐吓、诈骗嫌疑被逮捕，原农林大臣重政诚之涉及共和制糖事件等，自民党议员连续发生多起丑闻。

政权动摇与派阀斗争具有紧密联系，这是自民党政治的常态。一连串的"黑雾"问题显示首相用人的失败。因此当时在自民党内部出现了一个团体，他们希望能够追究首相的责任。该团体被称作肃党派，成员包括赤城宗德、石田博英、宇都宫德马、川崎秀二、中曾根康弘等人。他们推举作为经济企划厅长官入阁的藤山，在自民党总选举中挑战佐藤。

12 月 1 日举行的总裁选举的结果，十分出乎佐藤的意料。当时，干事长田中角荣曾经预测佐藤的票数不会低于 300 票，但是他的预想落空了。最终，佐藤为 289 票，藤山爱一郎为 89 票，前尾繁三郎为 47 票。虽然佐藤再次当选，但是他收到了众多批评票。佐藤的脸上再也没有两年前刚坐上首相宝座时的笑容了，如今只流露出了严厉之色。①

选举后的第二天，佐藤就着手进行人事调整。他首先举行自民党干部的人事改选。干事长田中角荣为"黑雾"事件负责而辞职；自民党副

---

① 山田荣三《佐藤荣作正传》下（新潮社，1988 年）第 67—79 页，《木村俊夫氏听录》（1974 年 11 月）《楠田实相关资料》（2C-1-10）。

总裁川岛正次郎也为本派中运输大臣荒舩清十郎的丑闻负责,选择辞职。就这样,支持佐藤政权的"川岛—田中阵线"暂时消失。

福田取代田中成为干事长。佐藤在日记中写道:"由此形成了以福田为中心的阵容,(我)决定暂时不选任自民党副总裁。"根据福田的笔记,在日银总裁宇佐美洵就福田调任干事长一职,对佐藤面露难色之际,佐藤说:"我将福田、三木和田中作为我的继任者来培养。所以我需要从这个角度来考虑福田的职位安排。"一般来说,干事长一职是政党运行的关键,它通常由原本属于总裁派阀的人员担任。而佐藤选择了福田来取代自己派阀的田中,这表明佐藤已将福田视作接班人之一。①

但是正如福田自己回想的那样,在当时的情况下,接受干事长的职务,"如同火中取栗,十分危险"。福田在笔记中写下自己的决心,"比起佐藤,我更以自民党为重。我并没有做总裁的意图。见义不为是无勇。上州仁侠"。在自民党面临危机发出呼救时,福田认为不答应首相的请求有违"侠义之道",并以此来激励自己。②

成为干事长的福田最初指挥的是,被称为"黑雾"选举的1967年众议院选举。在报纸记者中,佐藤政权呼声很高。但是人们预测如果佐藤解散政权参加总选举的话,自民党将遭受崩溃性的打击。不过,自民党执行部对每个选区进行了详细讨论,认为即使佐藤解散选举也不会大败。因此,佐藤首相为了打破紧张局面,决定"年末解散,新年进行总选举"。③

面对选举战,福田坚持的要点是严选候选人原则。即使到了大选之际,他仍将候选人的人数压缩至342名,比上次选举时减少了17人。另外,因为"黑雾"事件而备受社会批评的人物,毫无例外地都不被自民党正式承认,因为福田打算正面回应要求自民党肃正纲纪的社会舆论。

然而,干事长福田的政策遭到了党内批评。他们认为放宽选拔标准,

---

① 《佐藤荣作日记》二卷1966年12月2日记,《福田笔记(1966年10月—)》。
② 《福田笔记(1966年10月—)》,福田赳夫《回顾九十年》(岩波书店,1995年)第170—171页。
③ 《木村俊夫氏听录》。

尽可能多地选拔候选人，才能使候选人之间相互竞争，从而挖掘出更多得票。但是，以前社会党在内部对立严重之际，曾胡乱设立候选人，最终在多个选区内发生了候选人两败俱伤的后果。他们如果回想起这个事件的话，就会发现福田的严选候选人原则是正确的。①

1967 年 1 月 29 日选举的结果，完全颠覆了自民党的预测，最终它获得 277 个议席。虽然自民党的公认候补中少了一个议席，但是加上保守系无党派的议席，共有 285 个议席，这远超当初解散时自民党的议席总数。但是实际上，政府在本次选举中增加了 19 名议员的定额，所以自民党的议席率实则下降。不过公明党首次参加众议院选举，推动了在野党多党化的进程。所以在这样的背景之下，自民党能够维持现状就可以称得上胜利了。

福田回顾了本次选举，在笔记中如下列举了最终形成对自民党有利局面的原因。

（一）反省的态度；（二）对残酷形势的认识；（三）严选候补以及候补人的努力；（四）全党的活动（派阀活动低调）；（五）本部事务局的努力，特别是在重点地区获得成功；（六）国民的关心（投票率上升）；（七）对自民党的实际业绩的评价；（八）社会党的内部纷争（胡乱设立候选人）等。②

再加上福田本人的贡献，所以自民党即使处于"黑雾"逆风之中，议席数量也没有大幅度减少。这是佐藤政权自上台以来，首次在众议院选举中获胜，它堵住了反主流派的活动，确立了稳定的党内基础。因此从 1967 年开始，佐藤政权开始真正地走上了长期执政之路。

（二）福田的宪法观

佐藤政权确立了国内的稳定根基后，自 1967 年（昭和四十二年）秋

---

① （无署名）《自民党干事长福田赳夫论》《经济时代》32 卷 3 号（1967 年），田中善一郎《日本的总选举，1946—2003》（东京大学出版会，2005 年）第 79 页。

② 《福田笔记（1966 年 10 月— ）》。

天起，开始致力于最大的外交议题——返还冲绳的谈判。正如本书下一章所描述的那样，福田再次作为干事长，从侧面支持返还冲绳的外交谈判。

另外，在国会运行方面，最让福田伤脑筋的是农林大臣仓石忠雄引起的仓石发言问题。仓石从党风革新时代起，就与福田共同行动，他担任农林大臣也是由于福田的推荐。1968年2月6日，他在内阁会议结束后的记者招待会上，大致作了以下主题的发言，成为事件的开端。

> 美苏的军舰在日本海上开来开去，使得日本渔船非常害怕，不敢靠近日本海。为了渔船的安全作业，我们必须向美苏提出请求，这也是没有办法的事。因为守护自己的国家还是要依靠军舰和大炮，实行自主防卫。凭借现在的宪法，我们只能依靠外力，拥有如此傻气宪法的日本，真像是美国的小妾。

仓石的发言被报纸大肆报道。在七天后的众议院预算委员会上，在野党成员也纷纷抓住上述失言，要求追究仓石的责任。

对于仓石失言问题，自民党当时的负责人福田干事长表现得十分强硬，他打算坚决拥护仓石。原本福田以为只要让事件冷却一段时间，再向在野党提交妥协方案进行交涉就可以解决这个问题。但是由于仓石的发言中包含批评宪法的内容，所以在野党并不接受福田的妥协方案，他们继续要求罢免仓石。报纸媒体也纷纷继续批评仓石的发言。因此，国会审议在此后的17天时间里，都是审而不决，毫无进展。

随着这个问题不断被拖延，自民党内的反主流派开始行动起来。2月13日，反主流派以赤城宗德、藤山爱一郎、松村谦三等人为中心，成立了"新政策恳谈会"。他们的目标是追究福田作为干事长失职的责任，但更重要的目标是阻止佐藤第三次当选首相。

当时，佐藤首相与福田保持着紧密的联系，并且基本上委托福田处理此事。但是佐藤派内部也出现了一种声音："可以理解首相想让干事长尽情发挥自己的能力，但如果让福田继续这样强硬下去，首相自己也会受到伤害。"在这种情况下，除了让农林大臣仓石辞职以外，没有别的解决办法。因此以总务会长桥本登美三郎、田中角荣、木村武雄等人为中心，以仓石辞职为条件，开始谋求国会的正常运行。

最终在 2 月 23 日傍晚，佐藤政权时隔 17 天再次召开预算委员会。农林大臣仓石递交了辞呈，国会开始正常运行。①

当时，日本宪法自制定以来，已经过了 20 多年，在国民中得到了广泛认可。但是仓石的发言，给了人们重新认识宪法的机会。虽然仓石的发言确实不谨慎，可谓失言，但是它是包括福田在内的，原日本民主党派的政治家们自 20 世纪 50 年代开始一直主张的内容。福田认为，本来就应该在国会审议中认真讨论安全保障与宪法等问题。所以他预测，如果在野党故意拖延国会空转时间，舆论对在野党的批评也会加强。但是没想到，以报纸为中心的媒体全部清一色地批评仓石的发言。

此前，福田从未系统性地谈论过自己的宪法观。但是在这次仓石发言事件发生后不久，福田在与评论家臼井吉见的谈话中，罕见地相当直率地表达了自己的宪法观。②

> 宪法第九条并没有否认自卫权，但是它否定了凭借军事力量来推动外交的行为，否定了侵略别国的行为。实际上正应该这样，这条规定显示了国家正确的运行方式。不过我是宪法修改论者。请您从前言开始阅读现在的宪法，您可以看出来，现在的宪法完全是翻译过来的，毫无日本人文章的韵味。内容暂且不论，我认为即使不改变它的内容，在将来也应该由日本人来亲自将它改写为自然的日语。但是能否在不久的将来修改宪法，修改宪法是否有利，是否符合国家利益，这些问题我还没有考虑。因为在修改宪法之前还有很多事情需要我去处理。如果现在修改宪法的话，那么就不得不搁置这些工作。宪法是旗帜吧，象征性的那种。在某个时间点要修改宪法，从象征意义上来说，放在脑子里不就行了吗？

---

① 山田荣三《佐藤荣作正传》（新潮社，1988 年）第 148—152 页。
② 福田赳夫、臼井吉见《仓石发言是日本的叹息》《文艺春秋》46 卷 5 号（1968 年）。

福田虽然主张有必要自主地设立宪法，但是他高度评价现行的日本宪法中和平主义、国际合作主义、尊重基本人权等条文。福田虽然将修改宪法称作"旗帜"，但他同时也明确表示修改宪法并不在目前的政治日程上。福田的上述宪法观与他"和平大国论"的政权构想有着紧密的联系。

（三）后佐藤时代的前哨战

通过处理仓石发言问题，自民党内部派系发生了重大变化，那就是田中角荣发起了反扑。田中在辞去干事长一职后，就暂时没有担任任何职务。但是福田为了拥护仓石，一直保持强硬态度，所以田中便开始暗中开展行动来处理失言问题。不过，在野党的多党化也是此次国会长期瘫痪的原因之一。原本自民党只需要与社会党和民社党来协调国会政策就可以了，但是现在由于公明党的加入，以往的做法行不通了。

田中自担任干事长以来，就与在野党保持着强有力的沟通渠道。在这种情况下，他一边观察事态发展，一边抓住妥协点采取行动，促使自民党内部达成了共识。以此为契机，田中再次加强了在国对政治（指并非是正规协议场所的国会，而是按在国会对策委员会的协议来推动政治的俗语）中的存在感。[1]

历任大藏大臣和干事长的福田，有着"crown prince"（皇太子）之称，被视作佐藤首相最强有力的继承人。[2] 然而比福田年少13岁，却比他有着更长从政经历的田中，对此并不认同。福田对佐藤政权下台后的地位问题表现得十分恬淡。与他相反，田中对福田巩固继承之路的行动，心绪十分不安。

1968年（昭和四十三年）7月7日参议院举行了选举。这是福田作为干事长参加的第三次国政选举。自民党在全国选区内推出了石原慎太郎、金东光、大松博文等知名度高、有才能的候选人来参与选举。

---

[1] 山田荣三《佐藤荣作正传》（新潮社，1988年）第152—153页，福田赳夫、臼井吉见《仓石发言是日本的叹息》《文艺春秋》46卷5号（1968年）。

[2] 草柳大藏《挑战总理宝座的竞争对手》《文艺春秋》46卷3号（1968年）。

另外，在地方选区中福田改变了选举战略，大胆地将此前一直坚持的严选候选人原则改为"二人区独占"的政策。

参议院选举地区的二人区一直保持着由自民党派和社会党派各出一位候选人的稳定状态，因此社会党对二人区的选举持乐观态度。但是福田特意在二人区增加了候选人，并以此为目标参与选举。

最终自民党在全国选区中获得 21 个议席，地方选区中获得 48 个议席，共计 69 个议席，几乎维持了原状。然而，社会党失去 8 个议席，最终惨败。

由于多党化的倾向，自民党的得票率不断下降。在这种情况下，自民党能够维持原状，可谓胜利。此次选举增强了佐藤维持政权的自信，也抑制了党内反主流派的活动。[1]

这一年自民党最关心的事情是总裁选举，参议院选举的结果决定了佐藤三次连任总裁的趋势。眼下正面临着冲绳"返还"问题和 1970 年安保问题，所以佐藤不希望党内因总裁选举而分裂。但是作为外交大臣的三木武夫说出了"男人要一决胜负"的名言，并退出内阁，表明了参加总裁选举的意向。此外，前尾繁三郎也在宏池会上表示要出马竞选总裁。

福田作为干事长，忠实地支持着佐藤体制。他和田中等人一道做中间派的工作。最终在 11 月 27 日的总裁选举中，佐藤获得 249 票，三木获得 107 票，前尾获得 95 票，佐藤第三次当选总裁。

然而在总裁选举的人事调整中，起了一次风波。在总裁选举结束后，佐藤原本考虑让保利茂来担任干事长，让田中角荣担任内阁官房长官。保利是佐藤派的元老级干部，深得佐藤信赖。虽然他落选了，但是佐藤也曾想过让他担任农林大臣。保利在担任总务会长之时，就与担任政调会长的福田共同工作，是佐藤派中的亲福田方。

然而，田中反对这样的人事调整。田中认为如果让保利担任干事长的话，那么，这样的部署无疑是为福田政权做准备。所以，田中在重任

---

[1] 宫崎吉政《确立选举胜利佐藤体三次连任体制的福田赳夫论》《经济时代》33 卷 9 号（1968 年）。

副总裁一职的川岛正次郎的支持下，请求佐藤再次考虑此事。① 最终，佐藤决定由田中担任干事长，由保利担任官房长官。原官房长官木村俊夫接受了佐藤的请求，破例接受了降为副长官的人事安排，全力支持"大长官"保利的工作。

佐藤为何同意由田中担任干事长呢？其一是田中与川岛的关系较好，在选举之前他就全权负责与宏池会前尾派交涉。因此佐藤为了巩固党内根基，顺利推动国会运行，有必要借助田中的力量。

其二可以说，佐藤期待田中能够在筹资方面作出贡献，因为三选总裁所花费的巨额费用的善后工作并不容易。通过干事长福田从经济界寻求的资金协助是有限的，因此佐藤认为有必要利用田中的"手段"。②

然而无论如何，干事长由福田换成田中意味着"川岛—田中阵线"的复活。此后直至1971年6月，田中一直担任干事长一职，构筑了能够与福田相抗衡的政治根基。

二 中立型的财政运营

（一）"伊奘诺景气"的主角

在1968年（昭和四十三年）11月30日的内阁改选中，福田卸任干事长一职，再次成为大藏大臣。因此，经济政策再次由福田全权掌舵。一方面，政党运作由"川岛—田中阵线"掌握；另一方面，经济阁僚由福田所熟悉的伙伴担任。

担任农林大臣的是长谷川四郎。长谷川是上州人，与福田同岁。他从鱼店小伙计起家，是个苦学力行的人。在他去世时，作为葬礼委员长的福田连喊六句"四郎"，悲伤地朗读了用淡墨一口气写完的悼词。③

农林大臣是个问题堆积如山的困难职位。长谷川上任说的第一句话

---

① 安藤俊裕《政客列传》（日本经济新闻出版社，2013年）第275—276页，山田荣三《佐藤荣作正传》（新潮社，1988年）第174—176页。
② 堀越作治《战后政治背面史》（岩波书店，1998年）第185—187页。
③ 手岛仁《评传长谷川四郎》（大间町志刊行委员会《大间町志 别卷6 特论编》2000年）第9、120—124页。

就是：“反正我一个人是走不动的，如果能让福田担任财政大臣和农林大臣，我就帮他跑腿。”老实的长谷川认为，由于粮食管理会计的赤字很严重，所以为了抑制生产者米价，如果没有福田的配合协助的话，是无法克服这些困难的。①

菅野和太郎被任命为经济企划厅长官。他是以论文《近江商人研究》获得博士学位的经济学家。虽然菅野从属于三木派，但是由于他参加了党风革新运动，且在1973年的总裁选举中支持福田，所以最终被三木派除名。

长达2年7个月的第二任期的福田财政开始之际，正值"伊奘诺景气"最高潮之时。"65年经济萧条"之后，1965年10月"伊奘诺景气"开始，它在1970年7月迎来高峰之前，实际上共持续了57个月，超过为期42个月的岩户景气，是昭和时代持续时间最长的经济大繁荣。"伊奘诺景气"的主角是民间设备投资。当时美国出现了历史上罕见的长达106个月的经济繁荣，不断推进重化学工业化的日本，出口增速是世界贸易增速的两倍。与此同时，日本民间设备投资重新恢复活力，经济发展的车轮从设备投资扩展到个人消费和住宅投资。②

福田连任大藏大臣的1968年，对日本来说是具有历史意义的一年。这一年不仅仅是明治百年的节点，也是日本超过联邦德国的GNP（国民生产总值），成为仅次于美国的世界第二大经济大国的一年。这一时期，日本国际收支保持顺差，产业结构向重化学工业型转变，形成了大众消费社会。与此相反，在经济高速增长的同时，产业公害、城市过密、农山渔村过疏和交通事故剧增等现象日益严重。

"伊奘诺景气"并非一直在不断扩大，它在中间阶段也曾出现过波动，甚至也有过一些坏兆头。不过它之所以成为持续时间较长的大型景气，是因为它是由两个小经济循环连接而成的。连接点就是1968年12月前后，正是福田再次担任大藏大臣之时。③

---

① 《朝日新闻》及《日本经济新闻》1968年12月1日。
② 内野达郎《战后日本经济史》（讲谈社，1978年）第206—210页。
③ 筱原三代平《战后50年的经济循环》（日本经济新闻社，1994年）第82—83页，同《在成长与循环中解读日本和亚洲》（日本经济新闻社，2006年）第177—179页。

福田在第二次担任大藏大臣之时，确立了三个经济财政运营的标准。

第一，持续经济繁荣。当好景气进入第四年时，经济波动情况可能会事与愿违。因此，必须努力实行有节制的财政金融政策。福田认为，只要掌握好财政和金融两大方向来应对时局，就能避免经济过热，持续这种经济繁荣。

第二，稳定物价。"通货膨胀是国家的损失"，经济增长与物价是一体化的问题。在促进经济增长的同时，重要的是稳定物价，以免导致通货膨胀。

第三，应对国际化。福田强调："今日，日本已经成为世界第三的经济强国。现在的情况已经不允许日本只在美国的庇护下、美国的援助下来实现经济增长了。"日本必须准备好迎接资本和贸易自由化，并且战胜它们。关于货币不稳定问题，也需要与国际社会协调应对。[1]

福田一边密切关注着物价和世界经济，一边巧妙地采取了进一步持续繁荣经济的措施。香西泰指出，扎根于稳定增长论的谨慎财政运营，在以旺盛的民间设备投资需求为前提时，反而起到了使景气持续上升的作用。[2] 福田财政为延长"伊奘诺景气"做出了贡献。

（二）综合预算主义

大藏省为了解决财政僵化的问题，于1968年（昭和四十三年）度预算中引入了"综合预算主义"。但是在1968年2月前后，即福田就任大藏大臣时，"综合预算主义"已经开始显露出它的局限性。因此，福田要修正政策。

所谓财政僵化，指的是由于"刚性经费"（以既定政策和制度为前提，每年必然会增加的经费）在年度支出中所占的比例增大，导致财政失去了弹性的现象。

---

[1] 福田赳夫《经济是政治的基础》1969年1月24日，福田赳夫《福田财政的目标》（福田事务所，1969年），《第61回国会众议院本会议第2号》1969年1月27日，福田赳夫《处于剧烈变化的国际经济情况之中》《政经人》16卷1号（1969年），福田赳夫《大藏大臣谈财政、金融、物价政策的未来》《经济时代》34卷3号（1969年）。

[2] 香西泰《高度发展的时代》（日本评论社，1981年）第174页。

第二部

打破财政僵化运动的中心人物是以硬汉著称的大藏省主计局的村上孝太郎。①

开展此项运动有两大原因：一是大藏省预测，今后经济高速增长无法持续，税收增长将会停滞；二是议员们关于年度支出的需求非常强烈。在特定政策领域具有强大势力的"族议员"逐渐崛起，他们提出的预算要求已经不可忽视。因此，政府有必要抑制膨胀的财政需求。②

打破财政僵化的手段是"综合预算主义"。以往，随着调整公务员工资和提高生产者米价而产生的粮食管理赤字都由年度中的调整预算进行处理。村上等人认为正是这种惯例助长了财政膨胀，因此，他们构思了在预算编制时将预计调整部分预先计入"预备费"的方法。总之，综合预算主义就是在年中不进行预算修正的思想主张。他们抱有据此来抑制"刚性经费"和修正因素，削减自民党发言权的目标。③

1967年9月，村上等人在得到了佐藤首相的同意后，精力充沛地开展了对各方面的游说工作。最终，1968年预算几乎完全贯彻了大藏省的方针。这一年也被称作"打破财政僵化"元年，他们在公开的财源范围内达成了预算磋商，综合预算主义得以贯彻。④

然而，综合预算主义却早早陷入困境。其契机是，大藏省有关生产者米价的决定。大藏省基于抑制物价的观点，强烈主张不改变生产者米价。但是由于大藏省没能抵抗住来自自民党米价调查会的压力，最终还

---

① 安藤博《责任与界限——财政赤字的轨道》上（金融财政事情研究会，1987年）第43—47页。

② 真渊胜《大藏省统制的政治经济学》（中央公论社，1994年）第212—216页，山口二郎《大藏官僚支配的结局》（岩波书店，1987年）第248—249页。

③ 真渊胜《大藏省统制的政治经济学》（中央公论社，1994年）第223—228页，米泽润一《国债膨胀的战后史》（金融财政事情研究会，2013年）第36—41页，亘理彰编《日本的财政（昭和45年度）》（东洋经济新报社，1970年）第99—100页。关于综合预算主义参考以下书籍：大藏省财政史室编《昭和财政史 昭和二十七—四十八年度第二卷 财政——政策及制度》（东洋经济新报社，1998年）第265页。

④ 真渊胜《大藏省统制的政治经济学》（中央公论社，1994年）第212—213、228—231页，安藤博《责任与界限——财政赤字的轨道》上（金融财政事情研究会，1987年）第44—45页，山口二郎《大藏官僚支配的结局》第255—260页。

是将生产者米价提高了 5.9%。再加上日本当年是丰年，国内大米的购买数量超过了原计划的 25%。因此，粮食管理特别会计不可避免地陷入了赤字增加的境地。另外，医疗费大幅增长，政府也需要追加对国民健康保险的补助费。①

大藏省打算无论什么原因，都坚持不追加补正预算的态度，因为它认为即使是年中增加的强制性经费，也可以推迟到下一年度再解决。就这样，大藏省始终坚持年度不增加预算的综合预算主义原则。

福田正是在这一时期担任大藏大臣。福田不喜欢靠耍小聪明来保全脸面的伎俩，他认为在本年度中增加的强制性经费应该在本年度中立刻处理，而不应该拘泥于综合预算主义，将之推迟到明年处理。不仅如此，福田还认为，如果过分拘泥于综合预算主义，那么经济不景气时的财政扩张（指由公共事业创造出的有效需求）也会变得困难。正式赋予财政景气调整功能的正是福田。最终，他贯彻了"灵活态度"，排除了省内的反对，确定了追加补正预算的方针。②

1968 年度补正预算于 1969 年 6 月 22 日通过成立，自然增收为 2609 亿日元，其中 63% 的金额即 1644 亿日元用于弥补公债减额。追加的补正预算为 987 亿日元。

回想起来，综合预算主义在年中就已经遭遇挫折。其最大原因在于，生产者米价上涨以及意料之外的丰年导致粮食管理特别会计的赤字扩大。福田最终为受挫的综合预算主义收拾了残局。

正如第八章所述，福田非常享受与社会党的木村礼八郎进行的国会论战，因为木村是个财政通，而且论点清楚明了。1969 年 4 月，木村就"综合预算主义"询问福田的见解。

福田认为，在预算编制的阶段，综合预算主义具有一定的意义。"即使是综合预算主义，也要对国家的必要事态追加预算。'财政立，国家不相立'，这样的话就麻烦了。因为只有国家成立才有财政，财政不过是使

---

① 安藤博《责任与界限——财政赤字的轨道》上，第 68—70 页，纳富一郎、岩元和秋、中村良广、古川卓万《战后财政史》（税务经理协会，1988 年）第 239 页。

② 《朝日新闻》1968 年 12 月 4 日，《日本经济新闻》1968 年 12 月 4 日，秋原秀雄《福田赳夫通往政权宝座的道路》《实业日本》72 卷 2 号（1969 年）。

国家运转的临时手段罢了。"

福田将综合预算主义相对化，力戒政府独善其身、自以为是地经营财政。所以，从国家全体的角度来看待财政才是财政家福田的真本领。①

（三）我是 fireman（消防员）

第二次担任大藏大臣的福田自称是 fireman（消防员）。他在国际货币基金组织·世界银行大会中，开玩笑般描述福田财政："我不是 finance minster（大藏大臣），我是 fireman，因为我在努力地为经济增长灭火、泼水。"②

福田口中的"灭火"和"泼水"指的是为防止通货膨胀而进行的经济运行方式。1968 年（昭和四十三年），日本消费者物价增长率为 5.4%，超过了 5.0% 的定期存款利率（6 个月）。这意味着日本发生了实际利率为负值的异常情况。因此福田在就任大藏大臣的记者招待会上表示，要将 1969 年度预算设置为"警戒中立型"预算。这种预算的目标是，为了避免通货膨胀带来国家损失而不采取刺激经济的措施，同时也避免造成通货紧缩。③

在编制预算的过程中，大藏大臣福田与干事长田中也上演了一场激烈的厮杀。但是尽管如此，除地方补助金之外的预算增长都被控制到与名义增长率持平，可以说福田保持住了"警戒中立型"预算的特点。④

从 1969 年（昭和四十四年）的春天开始，景气再次开始上升。进入夏季后，供求关系变得紧张。原本平稳的批发价开始上涨，这必然会波及消费者物价。然而，尽管经济过热，日本国际收支顺差却持续增加。按照以往的经验来看，如果经济过热的话，进口就会增加，外币融资会

---

① 《第 61 回国会参议院大藏委员会第 8 号》1969 年 4 月 3 日。
② 福田赳夫《回顾九十年》（岩波书店，1995 年）第 174 页，福田赳夫《日本的财政与安保条约》《实业日本》66 卷 12 号（1969 年）。
③ 《日本经济新闻》及《朝日新闻》1968 年 12 月 1 日。
④ 《日本经济新闻》1969 年 1 月 7—14 日，《朝日新闻》1969 年 1 月 7—14 日，纳富一郎、岩元和秋、中村良广、古川卓万《战后财政史》（税务经理协会，1989 年）第 241—248 页。

恶化，应该会撞到"国际收支天花板"才对。然而，现在日本却出现了一种新情况，即经济过热与国际收支顺差增加并行。

经济过热、物价上涨开始加速，福田认为这些情况十分异常。而设备投资的巨浪也再次显露出失控的迹象。所以福田判断需要对经济过热"泼水"来扑灭通货膨胀之火，以使经济长期持续增长。就这样，福田在国际收支盈余的情况下采取了"预防性的"紧缩政策。

8月30日，日本银行决定将法定利率由5.8%提高至6.25%。法定利率的相关决定虽然由日本银行专门负责，但是福田还是与日银总裁宇佐美进行了周密的协商，使双方保持步调一致，奠定了向紧缩政策转变的基础。[①] 日本银行公布了提高法定利率的决定后，福田在山形县厅的记者招待会上做出了如下发言：提高法定利率并不是转变经济繁荣的政策路线，而是为了使繁荣持续下去所采取的预防性措施。因此，要根据12月底的经济情况来编制第二年的预算。如果经济平稳的话，就编制为"中立型"预算；如果经济依旧过热的话，就编制为"抑制型"预算。[②]

福田慎重地观察着预防性措施的效果。12月，紧缩政策逐渐向社会渗透，但是实体经济依然根深蒂固地保持着扩张基调。[③]

福田认为20世纪70年代的世界议题是如何在充分就业的条件下，创造出没有通货膨胀的经济增长。他确信日本采取抑制型的政策是完全正确的决定。因此他要求事务当局持续上一年度的预算编制倾向，将1970年度预算编制为"警戒中立型"。为了避免来自经济界的景气刺激，福田设定了适度的预算规模。[④]

[①] 岛村高家《战后历代日银总裁和时代》（东洋经济新报社，2014年）。该书在第71页中写道，宇佐美说服了福田采取紧缩政策。但是，无论是从福田就任大藏大臣以来的言行来看，还是从他与大藏省相关的主审议会会长们恳谈会、为事情做准备的经过来看，福田自身的判断非常明确。因此，很难认为福田采取紧缩政策是响应宇佐美劝说的结果。

[②] 《朝日新闻》1969年9月1日。

[③] 福田赳夫《20世纪70年代前进的方向》《先见经济》1284号（1970年），经济企划厅《月例经济报告》1969年12月。

[④] 福田赳夫《鼓起勇气推动稳定发展》《经济展望》41卷22号（1969年），《日本经济新闻》1970年1月18日。

但是，一般会计规模比上一年度膨胀了约18%。预算规模之所以膨胀，是因为自民党趁着大选胜利的势头发起了猛攻，且日本当年大米生产调整奖励金和道路、治水等公共事业费也有所增加。

预算编制结束后，福田深深地感受到各方面对预算的巨大压力。他感慨地说：" 最让我费心思的是如何使经济政策与财政需求相匹配。"因为在金融方面采取了"预防性的紧缩性政策"，所以"不能让财政失去其效果"。福田始终作为一名消防员对抗着来自"不希望财政出错"要求的压力。①

（四）防范经济萧条

1970年（昭和四十五年），大阪世界博览会盛大开幕。从3月份开始，约半年内，超过6423万人次的观众到访世博会场。日本国民沉醉于这盛大的节日气氛之中。

年轻的通产官员堺屋太一负责世博会的企划工作。正如他幻想的那样，世博会是"大就是好"风潮的顶峰。②

在世博会沸腾的利好氛围中，金融紧缩效应逐渐渗透到实体经济之中。9月世博会落幕之际，人们可以切实地感受到经济增长已经变得稳定。此时，经济学家的意见也分成两类，即坚持紧缩政策和放开紧缩政策。③

10月29日，日本银行将法定利率由6.25%降至6%，放开了防止经济过热而采取的"预防性措施"。

到了12月，人们开始认识到"伊奘诺景气"已经结束。话虽如此，在经济平稳运行的背景之下，消费者物价的上涨势头依然强劲。这就要求政府在警惕经济增长停滞的同时，也要避免通货膨胀。

在决定1971年度预算案的内阁会议上，福田表示对于经济，希望采

---

① 福田赳夫、福良俊之（对谈）《45年度预算与国民生活》《时代的变化》14卷4号（1970年）。

② 堺屋太一《"大就是好"的顶点》[每日新闻社编《决定版昭和史16卷 昭和元禄》（每日新闻社，1984年）]第186—189页。

③ 尾原荣夫《新版 在年表中观察日本经济的足迹》（财经详报社，1994年）第201页。

取"中立机动型"的运营方式，即采取财政政策来机动地应对突然来袭的经济萧条。① 福田削减掉上一年度预算中的"警戒"二字，保留其中的"中立"，是因为政府物资购买服务的增长率为15.4%，超过仅为15.1%的名义增长率。此次预算虽然并非经济刺激型预算，但是福田提出了宽松的且"包含积极性的中立型预算"的要求。由此，日本转变了此前的抑制总需求的态度。②

1971年3月前后，国会审议了该预算案。福田说："目前的经济增长率确实远远低于10%。在1971年度的预算中，蕴含着我相当浓厚的振兴经济的想法。实行相当于2%GNP的预算增额（1兆5000亿日元）正是出于这个原因。在振兴经济的背景下，比起金融，必须使能够直接创造需求的财政成为中心力量。包括提前执行支出在内，通过使该预算收缩，可以进行相当大的经济调整。"

因此，福田在预算中增加了"特别机动手段"。这是一种不需要在一年中"要求临时国会增加补充预算支出"的措施。用福田派的话来说，如果经济不景气的话，就让可以立即出动的"机动部队"随时待命。

"机动部队"由三大分队组成。第一，增加政府担保债券的额度；第二，确立政府金融机构可以随机应变地扩大贷款额度的机制；第三，赋予政府国库债务负担行为的权限，使政府可以预订次年后的支出。上述三大"特别机动手段"共计8000亿日元左右，相当于1%的GNP。福田总结说："如果在昭和四十年代的某次经济萧条中发动'机动部队'的话，日本经济或许可以因此走向复苏。由此推测，这些机动部队大概拥有着强大的影响力。"③

1971年春天来临之际，日本经济更加稳定，当时生产和出货速度减缓，库存率上升。另外，供求关系缓和，批发价格也呈疲软趋势。产业界到处弥漫着不景气的气氛。福田表示："虽然可以看到经济增长有所停

---

① 《日本经济新闻》1970年12月31日。
② 《日本经济新闻》1970年12月23日，1971年1月22日。
③ 福田赳夫《以稳定发展为目标的财政运营和资源问题》《经济时代》36卷4号（1971年），福田赳夫《今天的日本经济及其运营》《经济时代》36卷3号（1971年）。

滞，但是现阶段并不能像以往一样追求'超高速增长'。我们应该把现在作为由超高速增长向稳定增长的过渡阶段。"在这样的背景下，在财政方面，政府将公共事业的实施提前至上半年；在金融方面，在1月20日和5月8日，日银接连两次降低法定利率。"机动部队"也逐渐投入使用。

基于战胜"65年萧条"的经验，福田认为，圆满完成目前的调整过程是十分重要的。他还断言："当现在正在进行的库存调整完成一轮后，我国经济必然会回到稳定增长的轨道。"4月末，在关西经济联合会的总会上，福田说："经济不断向好，不久后便会露出微弱的阳光。"因为福田认为，比起"万里无云，阳光明媚"，"日光微露"的状态才正合适。[1]

实际上，日本经济在1971年初夏已经触底。为了避免日元升值，日本采取了综合对策（第一次日元对策），所以经济开始走向缓慢复苏。

在这一年的7月5日，由于内阁改组，福田被任命为外交大臣。之后，受到8月5日尼克松冲击的影响，日本产业界前景不明朗，一度开始复苏的经济再次呈现停滞倾向，这就是俗称的"日元升值萧条"。尽管如此，到年末，日本经济还是完成了触底反弹，从1972年开始正式走上了复苏之路。

"伊奘诺景气"后1971年的经济情况与岩户景气后的1965年情况相似，二者都处于罕见的大型经济繁荣之后。不过与即将演变为经济危机的1965年萧条相比较，1971年的经济仅仅产生了轻微萧条现象而已，这在很大程度上得益于福田巧妙的财政运营方式。过去池田政权在经济过热时，会进一步放宽银根、扩大财政。与之相对的是，福田则警惕通货膨胀，贯彻"消防员"的职责。

确实，在国际收支顺差的情况下，福田的紧缩性金融政策受到强烈的批评。他的中立型财政运营与要求扩张财政的政治压力之间持续进行着激烈的"拔河"比赛。但是福田为了实现经济的持续增长，始终贯彻

---

[1] 福田赳夫《促进实施公共事业和经济动向》《经济人》18卷5号（1971），福田赳夫《日本经济 内外的课题》《经济人》25卷6号（1971年），三鬼阳之助、福田赳夫《领导过渡期经济的政界名门人士》《周刊产经》20卷7号（1971年）。

着"希望在财政上不出错"的想法。福田后来回顾说:"如果一路不开红灯,放任经济界超越限度,那么日本经济一定会陷入通货紧缩的低谷,或者被无休止的通货膨胀缠身。"①

可以说,正是得益于福田的出色领导,日本才创造了昭和时代持续时间最长的经济繁荣,并且此后的经济衰退也被控制在轻微程度之内。

(五) 逐渐减少国债

正如前一章所述,福田果断决定发行正式公债,摆脱了"65年萧条"。但是,当经济好转时,就必须逐渐削减公债规模。前大藏大臣高桥是清强调国债"具有严格限度"。仿效高桥的例子,对于第二次担任大藏大臣的福田而言,如何贯彻逐渐减少国债的方针无疑是一项重大课题。

1968年(昭和四十三年)重返大藏大臣之职的福田,在记者招待会上被问到减少国债的问题。福田回答说:"我作为决定实行当前国债政策的负责人,现在深觉有责任缩小国债规模。因为在经济繁荣时,减少国债才合乎事理。今年的国债依存度约为11%,为了在今后两三年里将依存度降低至5%,我想尽可能地提前降低依存度。"②

最让福田劳心费力的是,如何使用1兆2000亿日元的自然增加的收入。自民党提出了许多实行积极财政的要求。因此,福田制定了将自然增收中的1500亿日元用于减少公债,将1500亿日元用于减税的方针。③最终,1969年度的公债发行额为4900亿日元,公债依存度由上一年的10.9%降至7.2%。

1969年1月27日,福田在国会进行了财政演讲,称预算的第一大特色是降低了公债依存度。他确立了在经济繁荣时降低公债依存度的基本原则,他表示希望将公债政策的限度原则在日本财政之中得到落实。④

从结果来看,1970年日本公债依存度最低。当初预算将公债发行额

---

① 越智通雄《增补改定 父·福田赳夫》(产经出版,1975年)第65页。
② 《朝日新闻》及《日本经济新闻》1968年12月1日。
③ 《福田赳夫演讲记录》,福田赳夫后援会《新风》1969年3月3日,引自[古泽健一《福田赳夫与日本经济》(讲谈社,1983年)]第98页。
④ 《日本经济新闻》1969年1月27日(晚报)。

抑制在4300亿日元，公债依存度仅为5.4%。在修正预算中依存度为4.6%，在决算阶段降低至4.1%。这就是从1965年度开始的国债减额的终点。①

在逐渐减少国债的同时，福田开展了"火种"论。他认为，公债是灵活型经济政策的有效手段。虽说现在经济繁荣，但是如果停止发行公债，等到经济萧条时再发行的话，就需要花费大量能量与工夫。因此福田认为没有必要过度降低公债依存度，应该保留"火种"等级的公债发行量。②

从1970年初秋开始，日本经济不断平稳增长。因此福田制定了"中立机动型"1971年度预算，在财政中确定了能够灵活应对经济萧条的办法。

在1971年度预算编制前，经济界要求政府采取补救措施刺激经济，也有一些呼声要求增加建设公债的发行量。但是，福田对此并不赞成。他将1971年度的公债发行额保持与上一年度持平，即4300亿日元。最终，公债依存度为4.6%，在当初预算的基础上，实现了控制在5%以内的目标。③

将公债发行额保持在与上一年度相同水平，既保留了福田所希望的"火种"，又包含着灵活应对经济的含义。可以说，福田"鱼与熊掌兼得，同时实现了支撑经济和降低公债依存度"的目标。④

福田离开大藏大臣的宝座之际，逐渐减少公债的方针也走向终点。之后，由于受到尼克松冲击，日本政府于1971年11月制定了大型修正预算。因此，公债依存度攀升至12.6%。同时，提出"列岛改造"和"福利元年"的田中内阁累计制定了积极的大型预算，导致公债大幅增发。

最终逐渐减少发行公债的目标，仅在福田"经济繁荣时减少发行公

---

① 大藏省财政史室编《昭和财政史 昭和二十七—四十八年度第二卷 财政——政策及制度》（东洋经济新报社，1998年）第286页。

② 福田赳夫《回顾九十年》（岩波书店，1995年）第168页，福田赳夫《应对国际化的经济"质地发展"》《金融财政事情》21卷1号（1970年），福田赳夫、田中宏《修正70年代的财政金融政策》《金融财政事情》21卷2号（1970年）。

③ 米泽润一《国债膨胀的战后史》（金融财政事情研究会，1987年）第52页。

④ 大藏省财政史室编《昭和财政史 昭和二十七—四十八年度第二卷 财政——政策及制度》（东洋经济新报社，1998年）第286页。

三　与工资、物价问题的斗争

（一）煞费苦心维持两米价格不变

第二次担任大藏大臣的福田在编制预算时，米价问题最让他大费精力。对于常说"比任何人都爱农民"的福田而言，连续两年保持米价不变是一个艰难的决定。福田担任农林大臣已经是十年前的事，现在日本大米的情况已经发生巨大变化，日本农业深受大米生产过剩和价格上升之苦。

由于开田热潮和产量增收，日本的大米生产自1967年（昭和四十二年）以来连续三年创下1400万吨的纪录。然而，大米的消费量自1964年开始下降。因此在1970年，大米的政府库存高达720万吨，达到了年消费量的一半以上。粮食管理会计已经陷入严重赤字之中。[①]

福田从供需和价格两方面，看待大米问题。一是大米供给过剩。由于生产者米价较高，即使在生产率低的地方也会进行交易，所以人们接二连三地开垦田地。因此，如果现在不解决生产者米价过高的问题，就无法解决大米的供需问题。

二是抑制物价。消费者物价超过5%的原因在于米价。1968年，政府不得不将消费者米价提高8%。其原因是，生产者米价上升了5.9%。为了使消费者米价保持不变，从财政的观点上看，政府也需要维持生产者米价不变。[②]

福田在就任大藏大臣的记者招待会上表示："我们有必要推动农村的发展，但是不能再采取目前依靠米价来推动发展的做法。"在此基础上，福田明确表示政府将讨论维持米价不变或者降低米价。[③]

在编制1969年度预算的过程中，福田与佐藤首相和农林大臣长谷川

[①] 户田博爱《现代日本的农业政策》（农林统计协会，1981年）第72页。
[②] 福田赳夫《经济是政治的基础》1969年1月24日。
[③] 《日本经济新闻》1968年12月1日。

反复商讨，最终决定将两米价（即生产者米价与消费者米价）保持不变。

在保持米价不变的同时，福田还引入了自主流通大米的构想。这是为了促进日本形成能够反映市场供求的大米价格。

但是，农业团体对米价不变的政策表示强烈反对。一群农民示威群众头戴写有"团结"字样的头巾，包围了农林省、大藏省和自民党总部。自民党的集会被激昂的"越共议员"的怒吼声包围，充满杀气的陈情团成群结队地围在大藏大臣办公室门前。深爱着农民、农村的福田，权衡着国家全体的利益与农业的将来，不得不忍受着这些抗议之声。①

福田与自民党方面的谈判也是困难重重。由于总务会上没能得出结论，所以大藏大臣福田不得不与干事长田中等党内三大权威官员进行政治交涉。1969年1月14日上午4点，最终内阁会议表决通过了政府预算案。②

对于1970年度的预算案，福田也从稳定物价的角度，贯彻了两米价保持不变的方针。不过，重要的问题是如何消耗过剩的大米。办法只有一个，那就是减少大米生产。因此，福田打算发放生产调整奖励金，促进农民由种植水稻转向种植其他作物。关于其金额的政治谈判成为1970年度预算中最大的争论点。③

1971年，日本正式拉开了减耕的序幕。福田在编制预算前表示，将对大米的政府购买数量设置明确的限制，同时希望能够在农民的自主合作下，实现国家和农业团体的团结一致，朝着致力于减产的新方向共同努力。④

在重重困难之中，福田最终确立了大米的生产调整对策。其主要内容是，保持生产者米价不变的同时，为了将大米的政府购买数量限制在供需平衡所需的580万吨，并减产过剩的230万吨，政府将采取转作、休耕等生产调整鼓励措施。⑤

---

① 越智通雄《增补改定 父·福田赳夫》（产经出版，1975年）第69—71页。
② 《日本经济新闻》1969年1月24日（晚报）。
③ 《日本经济新闻》1970年1月24日、31日（晚报）。
④ 《日本经济新闻》1970年12月15日。
⑤ 《日本经济新闻》1971年1月22日（晚报）。

这样一来，一心祈求万年丰收的农民不得不做出选择：是努力生产美味的大米，还是改种其他农作物，又或者休耕呢？

从 1971 年开始，大米被排除在物价批准的适用对象之外。大米经销商的新加入也得到政府批准。大米的品质、产地、品牌的差别化日益明显，逐渐形成了基于供求关系的大米价格。

在岸信介政权下，福田担任农林大臣的时代是农业管理的第一个转折点。福田农政基于《农业基本法》，开辟了农业现代化之路。而福田第二次担任大藏大臣时是农业管理的第二个转折点。那时，大米结构性过剩，米价不断上升。如果没有粮食管理制度的保护，那么米价应该会下跌。福田作为大藏大臣，使大米价格保持不变，在谋求直接削减供给的同时，促进形成了反映供求关系的米价。

大米是物价的象征。对于重视物价的福田来说，必须避免大米造成的消费者物价上涨。不过比起大米，福田更担心的是工资—物价的恶性循环。

（二）必须防止工资—物价的恶性循环

1961 年（昭和三十六年）到 1966 年的春季工资平均上涨率为 11.2%。在提出"收入倍增"的池田政权时代，越来越多的人认为，工资上涨两位数是理所当然的。另外，这期间的消费者物价增长率为 6.0%。因此，有人说工资上涨是物价上升的原因之一。

福田十分担心物价和工资的关系。如果需求超过供给，形成超额需求通货膨胀的话，需要采取抑制总需求的政策。但是如果由于工资成本上涨导致工资推动型通货膨胀的话，就没有抑制它的有效手段。因此福田认为，"希望能在提高生产率的范围内，自主制定限制工资上涨的规则"。

福田在首次担任大藏大臣时，曾与日本工会总评议会（以下简称总评）事务局长岩井章讨论过物价、工资、生产性的问题。岩井与总评议长携手组成"太田—岩井阵线"，他是掌握总评实权的重要人物，曾经指导过安保斗争、三井三池罢工，并且确立了现在的"春斗方式"。

当时，福田向岩井提议围绕物价、工资、生产性的问题共同开展研究。岩井对此表示赞同，因此政府与总评开始共同调查。福田认为，由于立场不同，调查必然会有些波折。但是，他十分重视这种双方携手的新趋势。

在福田第二次担任大藏大臣时，他愈发担忧物价与工资的恶性循环。当时福田的演讲和对谈记录中，也多次提到这一问题。

福田判断难以用强制措施来应对物价与工资的恶性循环。因此他的目标是，在提高生产率的范围内，由劳资双方自主决定提高工资的规则。实际上，在对收入政策进行全面讨论的经济审议会"熊谷报告"，也提议让政府呼吁民间企业和工会，通过采取引导政策，使工资和物价控制在一定范围内，而不是由官方直接规定其数额。①

1970 年，福田的危机感日益增强，他认为如果物价问题处理失败，日本将"一亿总沉没"。第二年，他说："人们担心工资上涨、物价加速上涨的恶性循环会反复出现，甚至预测 1—2 年后日本经济会有碰壁的危险。"②

1969 年春季工资上涨率为 15.8%，翌年春天为 16.9%。1969 年消费者物价增长率为 7.6%，次年为 6.6%。显然物价问题已经从需求拉动型通货膨胀进入成本推动型通货膨胀阶段，演变为恶性通货膨胀。虽然工资问题在政治界向来被视作"避讳之事"，但是福田认为，"现在已经没有办法对此闭口不谈，必须发出呼声，赢得国民理解"。③

凭借用法律规定工资的办法无法解决这个问题。因此，福田确信，除在国民达成共识的前提下找出解决方案之外别无他法。在这之后，福田也继续摸索如何达成协议，以切断工资和物价的恶性循环。他所摸索的劳资双方达成协议的方法取得成果，是以后的事。

---

① 福田赳夫（小宫山千秋听录）《大藏大臣福田谈财政、金融、物价政策的发展》《经济时代》34 卷 3 号（1969 年），经济企划厅综合计划局编《物价稳定与收入政策》（经济企划协会，1968 年）。

② 福田赳夫《70 年代的政治经济社会问题》《经济时代》35 卷 6 号（1970 年），福田赳夫《努力充实社会资本》《保险》2502（1971 年）。

③ 福田赳夫《当今日本经济及其命运》《经济时代》36 卷 3 号（1971 年），福田赳夫《以稳定发展为目标的中立型预算》《经济时代》36 卷 2 号（1971 年），福田赳夫《通过机动性经济运营，实现安定成长》《经济时代》36 卷 6 号（1971 年）。

四 打破昭和元禄的世态

（一）讽刺世态的造词——"昭和元禄"

池田政权时期，福田将沉浸于消费热潮的世态称作"昭和元禄"（元禄即文化经济繁荣的太平盛世）。这一词语尖锐地讽刺了日本高速经济发展带来的追求奢侈安逸的社会状况。虽然它后来在政治记者之间也成为热门话题，但是福田在最初使用的时候，它的流传度并没有这么高。

之后，福田在担任干事长时，也非常爱用"昭和元禄"一词。它大概也准确地描绘出了因"伊奘诺景气"而沸腾的日本社会风潮。不久后，这个词语便在社会上广泛流传起来。[1]

今天，"昭和元禄"已经作为一个象征经济高速增长后期日本社会的历史用语固定下来。也就是说，从1964年（昭和三十九年）的东京奥运会到1970年的大阪世博会期间，是一个在好景气下社会持续繁荣，且洋溢着治世气氛的时期，它"充满了能让人联想到元禄时代的成熟消费文化"。[2]

实际上，昭和元禄与江户元禄具有相似性。在江户的元禄时代，开发新田促进了农业发展和人口激增，全国范围内交通网络得到完善，商品经济也不断发展。此外，那时人们的生活方式也发生巨大变化，社会上处处渗透着享乐思想。由于文字的普及，老百姓们也开始对学问与文艺感兴趣。这样的背景之下，出现了松尾芭蕉、近松门左卫门、井原西鹤、尾形光琳等作家，诞生了华丽而富有人情味的元禄文化。[3]

在昭和元禄时代，日本社会也产生了巨变。"二战"后25年左右，

---

[1] 福田赳夫《昭和元禄》《政经人》15卷7号（1968年）。福田赳夫口述，宫崎勇监修《现在，理论充满生机——福田赳夫发言集》（上毛新闻社，2007年）第5—6页。柳川卓也《福田赳夫语录》（政经社，1984年）第46页。

[2] 每日新闻社编《决定版昭和史16卷 昭和元禄》（每日新闻社，1984年）第56页，古川隆久《昭和战后史》中（讲坛社，2006年）第238—239页。

[3] 1688年至1704年，以元禄为年号。"元禄时代"一般指的是五代将军德川纲吉在任期间（1680—1709年）。大石学《元禄时代与赤穗事件》（角川学云出版，2007年）第91页，守屋毅《元禄文化》（讲谈社，2011年）第169—171页。

日本增加了3157万人，丰富的年轻劳动力支撑着日本产业结构由农业向工业、服务业转变。在经济调整增长期，日本升学率急速提高，电视和杂志等大众传媒不断发展。这一时期，日本形成了大众消费社会。同时由于电气化产品和私人汽车的普及，日本人的生活方式也发生了翻天覆地的变化。

另外，经济持续增长之下，饭店、酒吧、（有舞厅的）酒馆不断增多，日本人的饮食生活逐渐变得西洋化。繁华街道与闹市中满是上班族和借公事之名挥霍公款的人，街上的女性也开始追求时尚，争奇斗艳。"从早到晚都在播放着'宴会小曲'等热闹的流行歌曲"，面对这样的世态，福田的心情变得阴郁起来。①

福田担心日本社会将逐渐被"物与金钱的风潮"淹没，日本人也将逐渐失去谦虚的美德与节约的精神。此时的日本社会一味地向物质繁荣倾斜，精神方面的发展却落后了许多。福田认为："建设国家需要充实物质与心灵两个方面，因此确立民族精神，充实人们的心灵层面是十分重要的。"②

福田深刻地认识到："人们一方面主张权利和自我，另一方面却忽视了权利背后的义务，个人繁荣所需的社会繁荣，也忽视了社会团结和对社会的责任。"人是群体性的，"只追求自己过上夫妻融洽的快乐生活，算不上有价值的人生"。如果自己生活的社会和国家没有繁荣与和平，那么自己也无法获得幸福。福田认为，"所以承担起对社会和国家的责任，即是谋求自己的幸福"。③

不可否认，福田的言论中带有一些复古论调。然而他强调的是一种普遍的价值追求，即承担与权利相应的义务，重视个人的自立与对社会的贡献。

---

① 福田赳夫《回顾九十年》（岩波书店，1995年）第146页。
② 福田赳夫《昭和元禄》《政经人》15卷7号（1968年），福田赳夫、小竹即一（对谈）《高举风林火山的旗帜》《政经人》18卷1号（1971年），福田赳夫《日本国民今后的使命》《经济时代》33卷2号（1968年）。
③ 福田赳夫《昭和元禄》《政经人》15卷7号（1968年），福田赳夫、小竹即一（对谈）《大藏大臣福田大谈》《政经人》6卷7号（1969年）。

福田经常批判当时"家庭至上主义"的流行语。所谓"家庭至上主义"指的是在经济调整增长时期在日本人中不断蔓延的一种生活方式与价值观,即比起公共福祉来说,优先重视个人生活。福田不断呼吁日本人摆脱家庭至上主义,他在结婚典礼上常说的祝福语是"为了这个世界,才有了这两个人",这与佐良直美在1967年大火的《世界因为两个人而存在》的歌名意思恰好相反。

当时,佐良甜美而略带低沉的歌声从茶室的电视机里流淌出来,俘获了大街小巷中听众的耳朵。福田认为,这正是"家庭至上主义"的赞歌。因此,他常常引用这首歌来教导新郎新娘们要为社会做出贡献。①

不过,福田认为这种昭和元禄世态并不会长时间持续下去。他将经济的高速增长视作"民族能量的爆发",认为"国家和民族前进到下一个阶段时,必然会伴随着混乱和动荡,但是不经历一场风波就不会有下一个新时代"。② 福田是一位谨慎的乐观派,他祈求着在热闹的繁荣落幕后,日本能迎来平稳、沉静的繁荣。

(二)三岛由纪夫的昭和元禄

福田曾与三岛由纪夫(平冈公威)一起谈论过昭和元禄现象。

1969年(昭和四十四年)是大藏省成立一百周年,时任大臣官房秘书课长的长冈实收到福田的命令。福田要求他"想一想与百年纪念相称的业绩",因此长冈提议邀请三岛参加百年纪念演讲。

三岛与长冈同时期进入大藏省,二人的父亲均为官员且是老友,所以他们两人也结下了深交。但是三岛在进入大藏省的第二年就辞职了,因为他晚上在家里不睡觉写东西,所以白天在大藏省工作时会出差错。长冈说,三岛不愿意为了维持生活而写作,所以进了大藏省,但是他又做不到"脚踏两只船",同时兼顾写作与工作。

最初,长冈拜托三岛参加演讲时,正值三岛撰写《丰饶的海》的第

---

① 《大藏大臣福田大谈财政、金融、物价政策的未来》《经济时代》34卷3号(1969年),福田赳夫、福良俊之对谈《45年度预算与国民生活》《时代变动》14卷4号(1970年)。
② 福田赳夫、有吉佐和子、星新一、堤清二《这个百年,下一个百年》《经济》5卷8号(1969年)。

第二部

四卷"天人五衰"之际,所以遭到拒绝。但是考虑到"一百年才有一次",最终三岛还是同意进行演讲,并由长冈带进大臣办公室。见到了三岛的福田说:"长冈,这不是很有意思吗?"①

此次会面的前一年,三岛发表了《文化防卫论》。他在这篇晦涩论文的开头写道:"虽说叫做昭和元禄,但是在文化成就方面实在令人不安。""昭和元禄中没有近松、西鹤和芭蕉,只有华丽的风俗于世间横行。情怀枯涸,强韧的写实主义荡然无存,诗歌的深化不被重视。"② 三岛心中日渐对昭和元禄感到绝望。③

当时,福田与三岛在杂志上进行了对话。二人会谈的副标题是"政界重量级人物和文坛鬼才抨击太平的日本社会"。④ 在这次会谈中,三岛说,对他人漠不关心的市民社会风潮正在蔓延,与对国家的忠诚心相联系的社会连带感伦理已经消失。福田表示赞同三岛的观点,并回答道:"这是因为'二战'后民主主义被人看成'只主张权利,丝毫感觉不到个人义务'的思想。"随后,福田表明了自己的一贯主张,认为日本必须摆脱憧憬奢侈的社会风潮与家庭至上主义。

三岛说:"昭和元禄可以与德川三百年的太平盛世相匹敌。因此,必须'重新整顿'社会,如果日本依旧故步自封,那么将无法应对如今急剧变化的国际形势。"

他还表示:"比起元禄时代的武士,自卫队要强大得多。"那时的三岛已经有过多次加入自卫队的经历,此外他还成立了盾之会。20世纪60年代后期,三岛愈发对现实世界感到绝望,大概在动笔写"天人五衰"的时候,他就已经开始考虑自杀的时间了。⑤

三岛对福田这样说道:"十天后我可能会为了无聊的意识形态而死。福田先生可能也会被人暗杀。生活在历史中的人不就是这样吗?那个时

---

① 长冈实氏谈 2013 年 5 月 15 日。
② 近松指近松门左卫门,西鹤指井原西鹤,芭蕉指松尾芭蕉,三人均为元禄时代著名文学家。——译者注
③ 三岛由纪夫《文化防卫论》《中央公论》83 卷 7 号(1968 年)。
④ 福田赳夫、三岛由纪夫对谈《败即是胜》《自由》10 卷 7 号(1968 年)。
⑤ 柴田胜二《三岛由纪夫作品中隐藏的自杀之路》(祥传社,2012 年)第 232—234 页。

代，虽然有理想，但还是会为了那些无聊的东西而死。"三岛最后说："我的基本想法是，为了振奋国民精神，我首先需要下定决心开始行动。"二人的对谈就这样结束了。

1970年夏天，三岛对日本的绝望之感已经达到极限。他甚至这样写道："日本将不复存在，一个了无生机的、空洞的、中性的、中立的、富裕的、精明的或者经济发达的大国将取而代之，留在远东的一角。"① 之后，11月25日，三岛在盾之会成员的陪同下，前往位于市谷的自卫队驻扎地，劫持了自卫队东部方面总监为人质。当天，三岛在露台上演讲，鼓动自卫队员揭竿而起。演讲结束后，他剖腹自尽。②

福田与三岛都是杰出的人才。他们二人都看到日本社会沉醉于浮躁的繁荣和华美风俗横行的"昭和元禄"背后潜藏的危机。

在"昭和元禄"达到极致的时候，三岛选择成为"武士"愤然而起。正如他对福田所说的那样，"为了无聊的意识形态"，他选择了死亡。这是三岛对自己人生的了结。而正是这个时候，日本经济高速增长的时代开始散发出日落前的光辉。

福田则为了将浮躁的繁荣引导为真正的繁荣，他以成为日本丸的船长为目标，继续耐心地进行战斗。

（三）由量的发展转变为质的发展

福田一方面担心昭和元禄的世态，另一方面也对过高的经济增长率忧心忡忡。1967年、1968年两年的平均经济增长率为13.2%。③ 福田认为，如果经济增长率比发达国家的平均增长率高3.5倍的话，未免有些过高，所以他反复强调要对此加以抑制。④

1969年（昭和四十四年）6月上旬，福田在经常收支保持顺差的情况下，开始实行紧缩性政策。他这样说道："13%的平均增长率也太高

---

① 三岛由纪夫《无法实现的约定》《产经新闻》1970年7月7日（晚报）。
② 岛内景二《三岛由纪夫》（密涅瓦书房，2010年）第299页，中川右介《昭和四十五年11月25日》（幻冬舍，2010年）第4—5、132页。
③ 原SNA（国民经济核算体系）标准（新SNA标准为12.4%）。
④ 福田赳夫《70年代的政治、经济、社会问题》《经济时代》35卷6号（1970年）。

了。但是如果是 7%—8% 的话，未免太低了。我们要保持经济增长率在 10% 左右。"①

根据福田的上述发言，可以认为他将"日本经济的趋势线"由 7%—8% 改为 10%。但是，这并不意味着福田放弃了稳定增长论选择高速增长论。② 福田稳定增长论的着眼点在于确保供需平衡，而非增长率的高低。

1970 年 5 月，日本确立了"新经济社会发展计划"。这是佐藤政权制定的第二个发展计划。在该计划中，目标增长率由"经济社会发展计划（1967 年 3 月）"的 8.2% 改为 10.6%，上调了 2% 以上。

这份"新计划"，运用宏观经济模型，探讨经济增长模式。他们对多种模式进行模拟，最终将增长率由上一个计划的 8% 左右，改为更接近当前实际成果的 12% 左右。增长率为 8% 左右的话，虽然物价会保持稳定，但是经常收支的顺差将变得过大；12% 左右的话，情况则正相反。所以，福田选择 10% 的增长率是为了保证物价稳定的同时，维持适度的经常收支顺差，实现达到均衡增长率的目标。③

此时，福田开始明确提倡慎重论。他认为，如果经济高速增长长期持续的话，那么这将导致物价上涨、社会资本不足、铁矿和石油生产流程受阻等问题。福田对种种后果形象地描述道，"碰到墙上，流出鼻血，甚至还可能会撞碎脑袋"，因此他认为经济规模不能在五年内倍增，而要控制在八年之内实现倍增，所以必须抑制日本经济增长的速度。④

对于保持着 10% 增长率的日本，福田仍抱有一种难以言说的不安。福田在 1969 年夏天表示，日本经济在三四年内将会碰壁；在 1970 年 5 月

---

① 福田赳夫《大藏大臣福田大谈财政、金融、物价政策的未来》《经济时代》34 卷 3 号（1969 年），福田赳夫《70 年代的日本经济》（福田事务所，1969 年）。

② 福田赳夫（田中宏 聆听）《修正 70 年代的财政金融政策》《金融财政事情》21 卷 2 号（1970 年）。

③ 经济企划厅综合计划局《新经济社会发展计划的全貌》（经济企划协会，1970 年）（计划原文第 70—72 页，说明资料第 37—39 页）。

④ 福田赳夫《日本财政与安保条约》，福田赳夫《20 世纪 70 年代的日本经济》《政经人》16 卷 9 号（1969 年），福田赳夫《70 年代的日本经济》《月刊经济》16 卷 10 号（1969 年），福田赳夫《鼓起勇气推动稳定发展》《经济展望》41 卷 22 号（1969 年）。

他又说两三年内会碰壁；到了1971年4月，他又说在一两年内将会碰壁。①

在这样的背景下，福田在20世纪70年代后明确表示"经济增长的'量时代'已经结束了"。他认为，如果说60年代是十年内能够实现三倍经济增长的"量增长"时代，那么就必须使70年代成为能够确保国内平衡发展的"质充足"时代。②

福田之所以强调量增长的界限，是因为有三大因素制约日本经济的增长。一是资源的制约。由于日本缺乏资源，所以日本在原料问题上处于弱势地位。为了支撑经济规模倍增的发展势头，日本面临着从何处筹措原材料的难题。二是对外关系的制约。日本成为经济大国后，它的经济状况也会对世界经济产生影响。为了避免对外摩擦，日本必须采取更有分寸的行动方式。三是劳动力的制约。如果劳动力不足引起工资竞争，那么就可能导致日本陷入工资与物价的恶性循环中。因此，必须要防止供需推动型通货膨胀演变为成本拉动型通货膨胀。③

以上正是福田必须给高速经济增长画上句号的原因。福田正确地认识到，从外部因素来看，原油等资源的供给限制了日本经济的增长；从内部因素来看，劳动力供给成为限制发展的重要原因。将经济增长由量的增长转变为质的增长是日本经济避免因撞墙而头破血流的办法。

昭和时代持续时间最长的经济繁荣的结束，同时也是日本经济"量增长"的终点。福田表示，"高速增长的梦想啊，不会再有了"。同时物价异常的情况迫在眉睫，就在那时，人们才意识到浮躁的"昭和元禄"可能只是空中楼阁，十分脆弱。

---

① 福田赳夫《日本经济 内外的课题》《经济人》25卷6号（1971年）。
② 福田赳夫《量的发展到质的发展》《金融财政事情》21卷1号（1970年），福田赳夫（聆听者·木村几三郎）《现在的内外政治》《政界往来》36卷1号，福田赳夫《现在的政治经济形势》（福田事务所，1970年）。
③ 福田赳夫《现在的政治经济形势》，福田赳夫、多田实（新春对谈）《询问大藏大臣福田》《时代变动》15卷1号（1971年），福田赳夫《当今的日本经济及其运营》《经济时代》36卷3号（1971年）。

第三部

第 十 章

世界中的日本

前 言

20世纪60年代，日本经济高速增长，并受益于由美国主导的稳定的国际秩序。当日本的保守派与革新派的对立达到顶点，安保斗争爆发后，池田政权实现了从"政治季节"到"经济季节"的转变，确立了以对美为中心的外交路线。当时，美国因为积极开展与亚洲的经济外交而深陷越南战争。于是，佐藤政权也继承了池田政权的外交路线，企图支援美国。

随着经济增长，日本的外交面不断扩大，福田施展才华的舞台也扩大至海外国家。福田在佐藤政权中第二次连任大藏大臣时，他的海外访问足迹不仅涉及美国（日美经济共同委员会）、韩国（日韩经济阁僚会议），甚至还包括在东南亚各国召开的国际货币基金组织—世界银行大会和亚洲开发银行大会等十次国际会议。1971年（昭和四十六年）7月，福田在佐藤内阁最后一次改组中担任外交大臣。实际上，在此之前，福田就已经积累了丰富的外交经验。

本章主要关注在佐藤政权时期，福田与外交的关联。当时，佐藤政权将"返还"冲绳视作日本最大的国家课题，所以福田与外交的大部分关联也都与冲绳问题有关。自担任干事长以来，福田就间接地参与了冲绳问题谈判，并且将以"密使"著称的若泉敬介绍给佐藤；他担任大藏大臣后，深度参与处理和美国的冲绳财政问题；他担任外交大臣后，便致力于处理归还冲绳协定的国会审议事宜。

福田在努力解决"返还"冲绳课题的同时,还要面对日本与美国的种种摩擦。当时的美国由于越南战争消耗了大量国力,同时美国霸权也开始显露出衰退的迹象。日美纤维摩擦问题,可以说是"返还"冲绳的附带品。当时,日本国内业界花费了大量时间处理纤维摩擦,这甚至动摇了日美两国的政治关系。此外,作为外交大臣的福田,还不得不应对尼克松政权接连发布的中美建立友好关系、停止黄金与美元的兑换等"新经济政策"。

福田在谈论外交问题时,常常会提到"世界中的日本"一词。因为他认为,没有世界的繁荣,就没有日本的经济繁荣;既然日本已经成为"经济大国",那么日本不仅要关心本国的国事,还要对国际社会承担起与国力相符的责任。

为了实现这些想法,福田在担任外交大臣时,主导成立了国际交流基金。该基金旨在促进国民之间的文化交流,探索新日本对外参与的形式。福田认为,在今后日本的对外关系中,政府不仅要重视物质因素,还要实现与其他国家"心与心的交流"。后来,这一理想开花结果,发展为福田外交的基本原则与全方位和平外交的理念。

一 "返还"冲绳的谈判

(一) 与冲绳问题的联系

佐藤政权的最大外交课题是与美国进行"返还"冲绳的谈判。太平洋战争后期,冲绳发生了激烈的地面战斗。当时,在"旧金山和约"生效后,冲绳的施政权依旧掌握在美国手中。

福田回想说"我是最初挑起'返还'冲绳问题的政治家之一"。把福田与冲绳联系在一起的是外间政恒。外间是冲绳人,毕业于上海的东亚同文书院,精通汉语。"二战"后,他到冲绳任职,后来又与福田取得联系。[①] 由于外间的积极推动,政调会长福田在 1961 年(昭和三十六年)7

[①] 福田赳夫《回顾九十年》(岩波书店,1995 年)第 178—179 页。

第十章　世界中的日本

月，作为政府执政党干部首次访问冲绳。①

在佐藤政权开始正式采取行动，要求"返还"冲绳施政权时，福田也作为大藏大臣，从财政方面努力提供支援。在日本经济高速增长的背景下，日本政府对冲绳的援助也急速增加，援助费用开支项目由原来的产业振兴逐渐扩大至教育、医疗、社会保障方面。福田认为，扩大援助不仅能够改善冲绳人的生活水平，还可以为将来返还施政权奠定基础。②

然而，随着越南战争愈演愈烈，日本要求美国"返还"冲绳并非易事。1967年夏天，为了实现"返还"冲绳的目标，日本政府开始采取行动。同时日本政府还希望能够在预定于同年11月召开的日美首脑会谈中，推动解决冲绳问题。但是在会谈中，美方的态度十分强硬，只提及早已决定好归还问题的小笠原群岛。③

在无法把握美方真实意图的情况下，干事长福田为了能够从侧面支援佐藤首相，便通过京都产业大学教授若泉敬来打探美国政府内部的态度。若泉主要研究核战略和日本安全保障，他在白宫拥有着以美国总统特别助理罗斯托（Walt Rostow）为代表的众多人脉。④

9月29日傍晚，福田在赤坂王子酒店事务所与若泉会面。他向若泉传达了佐藤首相的意向，并拜托若泉试探华盛顿最高首脑部的真实意图。福田打算通过若泉来确认白宫的真实想法，打探美方在"返还"冲绳后将如何使用美军基地以及核武器的配备情况。

"1967年9月29日，我的第一人生结束，第二人生开始了"，正如若泉所记载的那样，福田的请求改变了他的一生。后来，佐藤首相与若泉会面，并拜托他劝说白宫相关人员，让美方在首脑会谈结束后将签订的日美共同声明中，加入"两三年内"的字样，以明确"返还"冲绳的时

---

① 《回顾九十年》中记载了福田于1958年访问冲绳，并且与高级专员卡拉威（Paul Caraway）会谈的经历。但是，卡拉威实际上于1961年2月上任。或许由于年代久远，福田的回忆有些偏差。

② 河野康子《围绕"返还"冲绳的政治与外交》（东京大学出版会，1994年）第232—234页。

③ 中岛琢磨《现代日本的政治史③高度成长与"返还"冲绳》（吉川弘文馆，2012年）第131—132页。

④ 关于若泉的相关事情参考了以下书籍：后藤乾一《背负〈冲绳核密约〉》（岩波书店，2010年），森田吉彦《评传 若泉敬》（文艺春秋，2011年）。

间。就这样，若泉作为"密使"，接触到两国谈判中最本质的内容。①

此后，若泉也常常与福田会面，向他汇报有关"返还"冲绳和日美纤维谈判的进展情况。直至福田政权时期，若泉仍一直频繁地拜访福田，他如同"军师"一般，全面地对福田提出关于外交问题的忠告。

后来，在1994年，即冲绳"返还"的二十二年后，若泉因病即将不久于人世。于是，他根据自己的经历，撰写、刊发了《可行的最佳途径》一书。书中披露了若泉曾作为"密使"，参与制定了冲绳"返还"谈判时签订的《秘密协议议事录》，即紧急事态下，允许美国携带核武器进入冲绳的"密约"。

据说在完成样书印刷后，若泉将这本书送给了福田。福田对此回礼说："时隔多日，前些日子才得知您的近况。实在怀念啊，我已经反复拜读了您的著作。"但是在翌年，即1995年4月刊发的《回顾九十年》一书中，福田并未提及若泉，并且一生都没把与他的来往公之于众。②

福田向来口风严密，他几乎从不主动提及自己在机要中的工作内容，返还冲绳问题就是一个典型的例子。在佐藤政权中担任首相秘书的楠田实以"对匿名的热情"作为约束自己的座右铭。③ 政权是在无名英雄们的支撑下得以运行的。福田同样也怀抱着这种"对匿名的热情"，一直支持佐藤解决冲绳问题。

（二）处理冲绳财政问题

由于佐藤首相通过若泉积极展开行动，所以在1967年（昭和四十二年）11月的日美首脑会谈上，美国在共同声明中增加了"两三年内"的文字，明确了政权的返还时间。④ 但是在此之后，双方返还谈判的进展并不顺利。由于越南战争日益激烈，所以美国军方对"返还"冲绳十分慎重。他

---

① 若泉敬《可行的最佳途径》（文艺春秋，1994年）第34—35、79—80页。

② 森田吉彦《评传 若泉敬》（文艺春秋，2011年）第269—270页。受若泉委托，福田将《回顾九十年》外交部分的内容寄送给了若泉。据说若泉在这本书出版发行前，阅读了其内容。

③ 楠田实《首席秘书官》（文艺春秋，1975年）第36—37页。

④ 中岛琢磨《现代日本的政治史③高度成长与"返还"冲绳》（吉川弘文馆，2012年）第144—145页。

们要求"返还"冲绳后,维持在冲绳美军基地的部署保持不变。

对此,外交大臣三木武夫希望政府明确向美国提出"与日本本土相同"的返还要求。1968年11月,三木表明将作为候选人参与自民党总裁选举。他提出了与佐藤不同的外交方针,希望以在冲绳美军基地"与本土相同"为目标,开展与美方的冲绳问题谈判。佐藤对此十分愤怒,说自己让三木担任外交大臣是十分愚昧的决定。因为佐藤认为,现在美国的态度尚不明确,所以决定基地的返还形式为时尚早。

之后,佐藤在自民党总裁选举中打败三木,进行内阁改组。在本次内阁改组中,佐藤时刻考虑着返还冲绳的谈判,所以他让福田担任大藏大臣,让自己的亲信爱知揆一担任外交大臣。爱知是福田在大藏省的后辈,与福田互相了解彼此的性情。此外,正如上一章中所提到的,保利茂担任了内阁官房长官,木村俊夫被降为内阁官房副长官,在官邸全权处理对外政策。就这样,佐藤选用自己信赖的亲信来巩固内阁,希望切实地推进日美冲绳"返还"谈判。①

1969年1月,尼克松(Richard Nixon)政权上台。为了使日美双方能在预定于11月召开的日美首脑会谈上对返还问题意见达成一致,日本政府积极展开行动。最终在事务层面,仅在冲绳配备核武器问题与货币交换等财政问题尚未在谈判中得到解决。其中,关于配备核武器的问题,若泉再度担任"密使"参与其中。最终日美达成"秘密协议议事录",日本同意美国在紧急情况下可以再次携带核武器进入冲绳。②

另外,财政问题则由大藏大臣福田负责处理。美国在财政问题上的态度十分强硬,坚持要求日方承担因返还冲绳造成的军事设施转移费用,并且要求基地外部公共设施的转移补偿费用也由日方一揽子支付。此外,美方为了避免在冲绳流通的美元造成美国国际收支恶化,所以要求在返还冲绳后,销毁因货币交换产生的回收美元。

大藏省对此表示反对,认为美方的支出是"统治冲绳的代价",大部

---

① 中岛琢磨《现代日本的政治史③高度成长与"返还"冲绳》(吉川弘文馆,2012年)第171—173页。
② 关于若泉在1969年日美谈判中发挥的作用,本书参考了以下书籍:中岛琢磨《"返还"冲绳与日美安保体制》(有斐阁,2012年)第5章。

分设施应该无偿转移。并且关于货币交换问题，大藏省也反对销毁回收的美元，主张将其充当为日元资产。①

就在日美双方意见难以达成一致之际，1969年9月下旬，日美双方在华盛顿郊外弗吉尼亚州的费尔菲尔德公园里举行了日美财长会谈。福田的谈判对象是原为芝加哥银行家的财政部长肯尼迪（David M. Kennedy）。自从肯尼迪在1966年秋天访问日本后，便与福田成为知己。在日美首脑会谈召开前夕，肯尼迪为了避免向媒体泄露消息，临时改变了会谈场所。最终，他在酒店之王——万豪酒店旗下的费尔菲尔德公园的别墅里热情款待了福田。当时曾发生了一个小插曲，他们二人在小山上散步时，肯尼迪指着天空中飞翔的老鹰说："福田先生在飞翔"，福田则回答说："我是鸽子"。②

与这样平和的氛围截然不同，双方后来进行了激烈辩论。肯尼迪希望双方尽快确定赔偿总额；福田则表示，应该从日美友好关系的角度解决"返还"冲绳问题，不希望因为某些措施，给人们造成日本拿钱购买冲绳的印象。福田还主张将涉及财政问题的双方协议延期至11月佐藤—尼克松首脑会之后解决。在个别问题上，福田主张基于美方的取得成本来支付设施转移费用，而肯尼迪强烈要求日本按照时价来支付费用。在货币交换方面，美方主张烧毁回收的美元，福田则尖锐地批评美方此举并不合理。③

会谈结束后，双方事务当局负责进一步详细讨论。日方财政官员柏木雄介和美方财政部长特别顾问乔利克（Anthony Jurich）进行了谈判。最终在同年2月，双方达成了《柏木—乔立克谅解备忘录》。

在该备忘录中，日方需要支付的条目如下所示。

---

① 波多野澄雄《何谓"密约"》［波多野澄雄编著《冷战演变期的日本外交》（密涅瓦书房，2013年）］第282—283页。本书中关于处理冲绳财政问题的内容，参考了以下书籍：高桥和宏《美元防卫与日美关系》（千仓书房，2018年）第217—232页。

② 越智通雄《增补改定 父·福田赳夫》（产经出版，1975年）第102—103页，福田赳夫《回顾九十年》（岩波书店，1995年）第182—184页。

③ 《福田笔记（1969年9月—11月）》, Cable, Secretary of State Rogers to Tokyo, Sept. 30. 1969. RG319. History of USCAR. Box 12. folder 2. National Archives Ⅱ（hereafter NA）, College Park, MA, USA. 我部政明《何谓返还冲绳》（日本放送出版社协会，2000年）第173—175页。

（一）关于将冲绳的美元兑换为日元的货币交换，日本政府需要将6000万美元或超过6000万美元的实际兑换现金额无息存入美国纽约联邦储备银行，存期为25年。（二）民用资产和共同利用资产1亿7500万美元。（三）归还冲绳相关的军事设施转移费用和其他费用共2亿美元。（四）社会保障费3300万美元。[1]

对于福田而言，财政谈判充满着重重困难。为了避免人们发出"用钱来买"冲绳的批评，政府需要严格审查设施转移补偿费并且累计支付总额。但是福田考虑到单独审查数额如此庞大的费用，必然会花费大量时间，这有可能给返还日程带来负面影响。另外，美方主张的"一揽子支出"恐怕也难以得到舆论的理解，同时也难以在国会上进行说明。因此，福田不得不接受美方"一揽子支付"的要求，且采取非公开的方针来处理这个问题。[2]

非公开的《柏木—乔立克谅解备忘录》成为归还冲绳中日本财政负担的基本方针。关于（一）交换美元方面，最终日本将约1亿美元无利息存入纽约联邦储备银行，由美国获取利息；（二）与（三）的3亿7500万美元，后期经由外务省处理，通过1971年4月的日美谈判，最终变成日方"一揽子支付"3亿美元。后来，在这个金额上追加了本来应该由美方负担的VOA（"美国之音"广播电台）搬迁费和缔结协定前的复原补偿费（土地恢复原状费）。最终，冲绳"返还"协定第七条规定了对美支付总额共计3亿2000万美元。[3]

1969年9月，在华盛顿举行的日美首脑会谈上，日美双方最终达成"归还"冲绳协议。佐藤首相回国后，高兴地说："冲绳回归祖国，是按

---

[1] 波多野澄雄《何谓"密约"》[波多野澄雄编著《冷战演变期的日本外交》（密涅瓦书房，2013年）] 第281—282页。
[2] 波多野澄雄《何谓"密约"》[波多野澄雄编著《冷战演变期的日本外交》（密涅瓦书房，2013年）] 第284—285页。
[3] 波多野澄雄《何谓"密约"》[波多野澄雄编著《冷战演变期的日本外交》（密涅瓦书房，2013年）] 第284—285页。

照国民的意愿实现的,'没有核武器,和本土一样(适用安保条约)'。"

12月2日,趁美国"返还"冲绳之际,佐藤解散了众议院。之后在选举中,自民党获得288个议席,取得了压倒性胜利。后来,包括没有党派所属的议员在内,自民党又扩大了势力,共获得300个议席,巩固了自己的稳定力量。①

但是,冲绳财政问题对日本留下了深深的影响。在冲绳"返还"前夕,即1972年3月,社会党在国会上对政府追问道:在对美支付的一组费用中是否包含400万美元的议和前复原补偿费?当时社会党这样追问的根据是,《每日新闻》的记者从外务省中获得了一份机密公务电报。因此,媒体大肆报道了这次外务省机密泄露事件。②

签订财政密约是为了实现尽早"返还"冲绳的代价。该密约中涉及维持冲绳美军基地的功能问题。由于当时日本的社会舆论强烈反对基地、反对核武器,因此很难让日本国民在这方面达成一致意见。③

福田为了实现佐藤政权"返还"冲绳的宏愿,不得不答应美方荒唐的要求。《柏木—乔立克谅解备忘录》就是在福田的同意下拟定而成的。而福田被视作佐藤首相的接班人,如果备忘录一事被公之于众的话,便可能会影响到他的政治生涯。因此,大藏省将这份备忘录秘密地保存了起来。

二 国际货币体系的动摇

(一)走向货币动荡的旋涡

在"返还"冲绳的谈判中,美国之所以坚决要求回收在冲绳流通的美元,是因为美国的国际收支已经严重恶化。20世纪60年代后

---

① 中岛琢磨《现代日本的政治史③高度成长与返还冲绳》(吉川弘文馆,2012年)第232—233页。

② 中岛琢磨《现代日本的政治史③高度成长与返还冲绳》(吉川弘文馆,2012年)第280—282页。

③ 波多野澄雄《何谓"密约"》[波多野澄雄编著《冷战演变期的日本外交》(密涅瓦书房,2013年)]第308页。

期，越南战争导致美国战费增加，加之美国采取的扩张性经济政策，所以美国的财政赤字不断扩大。在这样的背景下，基本货币美元的信用不断降低。并且欧洲也受到了美元的影响，英德法都产生了货币动荡的问题。支撑着第二次世界大战后国际金融秩序的布雷顿森林体系，如今也发生动摇。

福田第二次连任大藏大臣之时，世界范围内开始爆发货币动荡。马克对基本货币美元贬值，英镑、法郎则升值。如何对这些货币进行调整成为一大难题。

同时，对日本而言，维护国际货币体系的稳定也成为重大问题。①

1969年（昭和四十四年）9月下旬，福田结束了与财政部长肯尼迪关于冲绳财政问题的会谈后，返回华盛顿出席了国际货币基金组织—世界银行大会。

在大会首日，国际货币基金组织执行总裁施韦泽（Pierre. Paul Schweitzer）在开场演讲中突然提到会前发放的材料里没有出现的内容。那就是，他突然收到了来自联邦德国的通知，联邦德国表示马克将暂时脱离固定汇率制改为浮动汇率制。② 因为从8月到9月，联邦德国发生了严重的马克投机。所以在IMF大会首日，联邦德国宣布将采取紧急措施，把马克改为浮动汇率制。之后在联邦德国的总选举中，社会民主党（SPD）获得胜利，它决定从10月27日开始，将采取措施，让马克升值9%以上。③

大会会场瞬间吵嚷起来，记者和部分参会人员匆忙离席。福田走出会场时，小声地对担任秘书的越智通雄（也是福田的女婿）说："日元迟早有一天也会发生与马克相同的情况，所以我们必须想办法加以预防。"之后福田掩饰住内心的不安，面色平静、利落干脆地对在外等候的记者们说："我希望马克能够尽快恢复固定汇率制。日元一定

---

① 福田赳夫《处于急剧变化的国际形势之中》《政经人》16卷1号（1969年）。
② 越智通雄《增补改定 父・福田赳夫》（产经出版，1975年）第73—75页，石丸义富、荒木信义、大宫英一《日元升值与日本经济》（每日新闻社，1971年）第162页。
③ 石丸义富、荒木信义、大宫英一《日元升值与日本经济》第162—164页，加濑正一《国际货币危机》（岩波书店，1975年）第27—38页。

会坚持固定汇率制。"①

但是参加完国际货币基金组织大会回到日本后，福田就不再积极地提及外汇问题。他尤其会避免"日本将助力解决货币动荡问题"之类的发言。

在外汇问题上，福田表示目前的日元正处于被保护的状态之中，现在并不是日元真正的实力，所以不应该使日元升值。② 福田之所以避免提及外汇问题，是因为他已经敏锐地察觉到，这场货币危机的浪潮将波及日本。面对这样的局面，福田作为政策责任人，必须谨慎发言。

然而在联邦德国使马克升值后不久，1969年11月至12月，大藏省开始秘密开展日元升值的准备工作。这项准备工作被以隐语命名为"阿尔法工作"，主要由大臣官房审议官林大造负责推进。③

林等人观察到，在经济过热的情况下，日本国际收支顺差不断增加，因此他们认为，为了解决内外不均衡的问题，必须坚决实行日元升值。日元升值不仅可以缓和超额需求，还可以使日本避免遭到贸易收支顺差过大的谴责。同时，日元升值对稳定物价也有一定效果。他们设想的具体办法是，将美元置于汇率调整的中心地位，对美元价格低的货币实行贬值，对美元价格高的货币则实行升值。

当时大藏省的准备工作做得十分周到，他们甚至准备好了日元升值时的"大藏大臣声明"。文件中还明确记录，大藏省将实施与日元升值相配套的币值变革措施。福田是币值改革论者，他经常把"将日元汇率变成三位数怎么样"挂在嘴边。如果将福田的发言与他观察时机、希望缩小货币单位面值的行为结合起来看的话，将得到一个颇有意思的

---

① 越智通雄《增补改定 父·福田赳夫》（产经出版，1975年）第73—75页。
② 福田赳夫《修正70年代的财政金融政策》《金融财政事情》21卷2号（1970年）。
③ 林大造《日元升值工作始末记》（上）（下）《财政金融事情》25卷24号、25卷25号（1974年），林大造《从"日元升值工作"的挫折到浮动汇率制——关于急剧变化期开展的日元政策回忆录》（一）（二）《金融财政事情》28卷4号、28卷5号（1977年）。

图式。①

围绕"阿尔法工作"的结果,大藏省内秘密地召开了三次领导会议。在会议中,反对日元升值的官员阐述了三条依据。第一,在国际收支顺差稳定的前提下,不能赞同日元升值。第二,1美元等于360日元的汇率制,已经坚持了20多年。它如同圣地一般,不允许人们随意入内加以改变。第三,鉴于日本的政治现实,大藏省不应该大胆"赌博"。

第三次领导会议于12月中旬召开,当时大藏省领导下达的裁断是"由于事关重大,暂时停止本次工作",他们准备到新年时再次讨论该问题。但是到新年时,佐藤首相参拜完伊势神宫后,在记者招待会上暗示了自己的接班人人选。顿时自民党内一片沸腾,再加上需要编制预算,所以当时大藏省内十分繁忙,就没再召开秘密会议。

但是现在我们还无法确定,当初下令停止"阿尔法工作"的大藏省领导,究竟是福田,还是大藏省事务次官澄田智。政府机关的经济学家内野达郎虽然记载称是福田决定停止的,但是他并没有提供任何依据。②不过可以确定的是,澄田参与了这项工作。据澄田所说,日本以联邦德国为先例,开展了一项绝密工作,来探讨是否应该提高日元固定平价。但是在这项工作尚未公布之前,就发生了尼克松冲击。澄田作证表示,日元是否升值问题将由多国间的货币调整来共同解决。③

不过即使福田没有参加上述秘密会议,他也未必会对"阿尔法工作"毫不知情。正如第二章所述,澄田的父亲是出身于群马县的陆军军人。在1941年5月,福田前往法国、印度出差时,正是他的父亲率领着作为特务机关的成田机关,带领福田从河内到达了西贡。④所以即使福田不出

---

① 例如在1971年1月30日的参议院预算委员会答辩上,福田故意提到币值改革,他说:"在发达国家中,与一美元的换算值是三位数的国家只有日本和意大利。从理论上来说,这会影响到国家的威信。因此,我认为日本应该实行币值改革。但是,现在物价正在上涨,所以现在时机不合适。"《众议院预算委员会议事录第三号》1971年1月30日。

② 内野达郎《战后经济史》(讲谈社,1978年)第238页。另外,柏木雄介参加的那场会议中,出席人员还有事务次官、局长、林。本田启吉、秦忠夫编《柏木雄介的证言》(有斐阁,1998年)第48页。

③ 松林松男编《回顾录·战后大藏政策史》(政策时报社,1976年)第191页。

④ 福田赳夫《回顾九十年》(岩波书店,1995年)第47页。

席秘密会议，澄田也会向福田报告"阿尔法工作"的要点。此外，澄田向他咨询停止日元升值的准备工作也不奇怪。

就这样，从1969年年末到1970年，日本政策当局秘密地讨论了日元升值问题。但是在这一时期，财政界和大众传媒都没把日元升值作为谈论的话题。所以，大藏省的"阿尔法工作"在尚未公开的状态下就结束了。[1]

（二）扮演弁庆的福田

借着"返还"冲绳的势头，佐藤政权在众议院选举中大获胜利，迎来了1970年（昭和四十五年）。这一年是日美安保协定自动延期成为"70年安保"之年。但是日本社会与1960年修改安保协定时相比，已经发生了巨大变化。随着产业高度化发展，日本全国范围内白领阶层不断增加，形成了"新中间阶层"。享受着高速经济增长成果的日本国民，比起通过思想斗争变革现状，大部分人都更希望在现行政治体制中谋求生活的稳定与改善。[2]

1970年3月14日开始，日本召开大阪世博会。就在日本全国都为世博会而欢呼沸腾之时，6月23日日美安保协定自动生效。原本人们预想1970年将成为"政治之年"，结果出乎意料，这一年在"昭和元禄"的高潮中走向结束。

然而就在日本空前的经济繁荣持续发展之际，国际货币动荡为日本经济的未来蒙上了一层阴影。在这一年，名为《日元升值时将会怎样》的解说书评论了日元升值问题，成为当时人们的热议话题。[3] 当时的日本国民都认为，1美元等于360日元的固定汇率将永远保持不变。这本书为人们一直以来所坚信的常识敲响了警钟，一经发行，立刻成为当时的畅销书。

---

[1] 大藏省财政史室编《昭和财政史 昭和二十七—四十八年度 第二卷 国际金融·对外关系事项（一）》（东洋经济新报社，1998年）第54页。

[2] 中岛琢磨《现代日本的政治史③高度成长与返还冲绳》（吉川弘文馆，2012年）第238—239页，村上泰亮《新中间大众的时代》（中央公论社，1986年）第238—243页。

[3] 日本经济新闻社编《日元升值时将会怎样》（日本经济新闻社，1969年）。

第十章 世界中的日本

并且在同一年,电力中央研究所和当时 97 岁高龄的松永安左卫门领导的产业计划会议,纷纷开始研究日元升值问题。前者利用计量经济学模型进行模拟分析,最终得出的结果表明,日元的对外价值被低估了 5%—10%。他们认为,调整过度的经常收支顺差的方法是日元升值,除此之外,上述研究还列举了进口自由化、降低关税、海外投资、援助发展国家等途径。由于这些研究将日元升值也作为解决问题的选项,因此受到了社会广泛关注。[1]

然而,大部分社会舆论都反对日元升值。[2] 经济学家高桥龟吉认为,为了防止日元升值,要采取公共投资、设备投资等扩大内需的方式来缩小顺差幅度。下村治也认为,如果日元升值的话,工资就会下降,劳资双方会产生纠纷,那么政府将难以维持产业界的稳定。报纸和经济杂志也都持有相同论点,纷纷寻找避免日元升值的办法。

通产省和经济界也都坚决反对日元升值。人们普遍担心,如果出口产业因为日元升值而遭受打击的话,那么日本经济可能会全盘覆灭。

福田的态度一直保持不变,他认为汇率问题应该完全通过国家间的协调来解决。福田认为,日本顺差扩大和国际货币动荡,是受到了美国赤字扩大和美元大量流出的影响,世界货币膨胀也是因此而产生的。所以,他认为"通过国际对话的方式来解决问题"是十分重要的。[3]

福田设想的多国间协调指的是,在布雷顿森林体系(IMF 协定)的框架内,基于金汇兑本位制,来决定各国货币新的对美元的平价。如果考虑到美元从美国大量流出的话,让美元贬值到 1 盎司黄金等于 35 美元也不足为奇。

福田之所以不同意日元单独升值,是因为他深深地理解,这在技术上很难实现。因为 IMF 协定明确规定,只有在发生"基础性不平衡"的

---

[1] 建元正弘、内田光穗《日元升值》(日本放送出版协会,1971 年)第 5—6、212 页,石丸义富、荒木信义、大宫英一《日元升值与日本经济》前言,第 87 页。
[2] 加藤治彦编《从年表看日本经济的动向》(财经详报社,2002 年)第 161 页。
[3] 福田赳夫《应对国际化的经济质的增长》《金融财政事情》21 卷 2 号(1970 年)。

情况下，各国才可以改变货币平价。① 福田认为日本当时并不属于基础性不平衡的状态。虽然日本的外汇储备金额不断增加，在 1969 年达到 35 亿美元，但是福田认为为了增加日本经济实力，政府需要 50 亿美元的外汇储备金额。② 但是到了 1971 年，美国上一年度的国际收支赤字达到了 98 亿美元，创下历史最高纪录。日本的外汇储备金额也在 1971 年 1 月达到 45 亿美元。

面对这种情况，福田评价道，日本如同"耸立的富士山"，在世界上备受瞩目。但是福田也有些担忧，他认为如果放任外汇储备金额不断增加的话，日本必然会被国际社会"挑毛病"，那么这最终将成为日本发展道路上的灾难。③ 大藏省为了防止外币突然增加，提出了中止发行外债的政策。同时，为了维护稳定的贸易关系，福田强调要实行"有秩序的进口"。④

福田利用海外出差的机会，不断与各国财政长官交换意见。此外，他还命令财务官柏木雄介，与主要货币国家的次官级负责人秘密商谈。⑤ 柏木称，当时的政策当局都坚持固定汇率制。虽然有些学者主张"浮动汇率制比较好"，但是货币当局都认为"那样的说法不过是歪理罢了"。包括美国在内的政府当局都一致认为"如果放弃固定汇率制的话，就难以维持世界秩序"。⑥

福田越来越担心，将来日元可能像马克一样，走到必须升值的地步。1971 年春天，日本的外汇储备进一步增加，而美国的国际收支进一步恶化。即便如此，福田依旧宣称"日元绝对会坚守固定汇率制"。但他在心里明确区分了将来可能发生的事态与当前现实的政策选择之间的区别：

---

① 伊藤正直、浅井良夫《战后 IMF 史》（名古屋大学出版会，2014 年）第 8 页。
② 福田赳夫《应对国际化的经济质的增长》。之后，日本政府在 1970 年的外汇储备金为 44 亿美元，1971 年为 152 亿美元。
③ 福田赳夫《以稳定成长为目标的财政运营与资源问题》《经济时代》36 卷 4 号（1971 年）。
④ 《朝日新闻》1970 年 2 月 18 日，福田赳夫《以稳定成长为目标的财政运营与资源问题》。
⑤ 行天丰雄《日元的兴亡》（朝日新闻出版社，2013 年）第 23—30 页。
⑥ 本田启吉、秦忠夫编《柏木雄介的证言》（有斐阁，1998 年）第 50 页。

将来日元可能升值或改为浮动汇率制，但当前的政策选择是维持日元汇率不变、坚持固定汇率制。

当时，大阪大学的建元正弘教授是日元升值论者，他的发言颇有意思。建元指出，IMF的固定汇率制是一种在国际收支不陷入"根本性不平衡"的困难境地前，各国都不能调整汇率的结构；倘若大藏大臣们不小心说出"可能升值"，那么整个世界便会因为投机行为而混乱。因此他希望大藏大臣能够像阅读《劝进账》的弁庆一样，坚称"我大脑的任何角落里都没有一丁点日元升值的想法"。① 建元大概把福田所说的"大脑的任何角落里都没有日元升值的想法"放在心上了。在日元升值后，福田的这句话自然遭到人们的质疑。对此，福田给出的回答是："日元升值确实不在我大脑的角落里，而在正中间。"这也成为一段有名的逸闻。

在日元升值问题上，福田一直扮演着弁庆的角色，闯过了国际投机行为等待着的"安宅关"。

（三）货币动荡与八项日元对策

1971年（昭和四十六年）5月，欧洲货币动荡，世界局势一下子紧张起来。这场货币动荡的起源还是马克。4月下旬，联邦德国财政部长席勒（Karl Schiller）表示"西欧各国在发生新的货币危机前，应该构建更有弹性的国际货币制度"，并宣布联邦德国将在5月3日积极讨论采用浮动汇率制。因此对马克和瑞士法郎的投机行为一下子浮上水面，所以联邦德国联邦银行不得不买进巨额美元，并在5日暂时关闭外汇市场。②

5月6日，大藏省和日本银行紧急商谈，双方再次确认了避免日元升值的方针。福田与日银总裁佐佐木直立刻公布了"维持日元平价"的谈话，并且还作出如下说明。由于联邦德国的外汇管理较为自由，所以短期资金才会如同海啸一般流入外汇市场；但是日本的外汇管理十分严格，

---

① 建元正弘、内田光穗《日元升值》第210—211页。此处典故为江户时代经典歌舞伎剧目《劝进帐》的故事。——译者注

② 加濑正一《国际货币危机》（岩波书店，1975年）第38—41页。

所以不会发生严重的日元投机行为。①

翌日，福田立即召开了相关阁僚恳谈会，共同商讨在国际货币动荡之际，日本应该采取何种措施。他们商定，在维持日元现行平价的同时，为了避免外国要求日元升值的压力，日本政府要大力推进确立出口秩序、促进贸易自由化等防止日元升值的对策。

5月10日，联邦德国再次开放外汇市场，将马克改为浮动汇率制，真正地实现了马克升值。紧跟马克的步伐，荷兰也将荷兰盾改为浮动汇率制，而瑞士、奥地利也果断实行了外汇升值的措施。与此同时，欧洲市场大量买进日元，所以在欧日本银行不得不停止日元交易。②

在面临国际货币危机的情况下，当时在日本国内，反对日元升值论依然占据上风。经济团体联合会表示，如果日元升值的话，将造成日本国内经济危机。所以为了避免日元升值，应该果断采取减少外币的政策。由于日元升值将遭受到严重打击的是，对出口依赖度较高的制造业，造船业甚至向相关业界呼吁成立"反对日元升值联盟"。在政治界，从自民党到共产党，所有政党均反对日元升值。劳动界也一致拒绝日元升值。③

在这样的情况下，假如政府当局提出日元升值，那么必定会遭到"群殴"。即使当局委婉地暗示变更汇率，日本大概也会发生严重的投机行为。因为关于外汇的各方评论中带有他们各自的想法与私心，所以调整汇率一事并不适合采取诉诸舆论的手段。总之，日本在政治层面上实现日元升值是完全不可能的。所以在这种情况下大家都害怕，倘若不小心提到日元升值的话，会被国民视作卖国贼。④

6月4日下午，福田等五位阁僚在总理大臣官邸召开了相关阁僚恳谈会，决定了综合对外经济政策（即八条日元对策）。这八条对策几乎网罗

---

① 《朝日新闻》1971年5月7日（晚报）。
② 大藏省财政史室编《昭和财政史 昭和二十七—四十八年度 第二卷》第55页，加濑正一《国际货币危机》（岩波书店，1975年）第38—41页。
③ 《朝日新闻》1971年5月15日。
④ 田所昌幸《美元体制的重组与日本》《年报政治学》48号（1997年）第28页。

了当前他们考虑到的所有减少外币的政策。福田大胆地转变了以往重视出口的原则,希望改变国际收支不平衡的状态。他在记者招待会上说:"假如完全实施这些措施的话,就能够消除外国在通商方面对日本的批判吧。"①

有意思的是,这些日元对策的重点,与福田此前于4月2日在关西经济联合会上的演讲内容惊人地吻合。当时他在演讲中说,日本必须率先推进对贸易保护主义的挑战,要采取推动进口自由化的措施,给发达国家特惠关税。福田还表示将降低关税,倡导"佐藤回合"或者"日本回合";促进资本自由化,促进对外投资;在对发展中国家的经济协助方面,不仅要加大支援力度,还要努力构筑"让双方心连心的组织框架"。此外还有一个重大课题,那就是日本必须对出口、投资的方式进行讨论。这个演讲还有福田后期在外交中爱说的短语——"心灵互通"的原型。②

福田原本设想通过日美两国协商,来防止贸易保护主义抬头。基于这个构想,在福田的主导下,日本紧急制定了抑制外汇储备剧增、抑制日元投机的对策。因此降低关税的"日本回合"和经济协作中"心连心的组织框架"作为将来的课题,被日本政府推迟了。

原本,日元对策的基本路线是政府不直接调整汇率,以间接方式缓解日元升值的压力。但正因如此,日本现在亟须制定具体的对策。日本将在两个月左右的时间内,开始实施上述八项具体对策。③

福田一方面斩钉截铁地表示"日元绝不会升值",另一方面却避免深入谈及外汇问题。他之所以对"日元"闭口不谈,恰恰是因为谈到了日元对策。④ 直到在内阁改组中辞去大藏大臣一职前,福田一直在货币动荡的暴风雨中,扮演着弁庆的角色。

---

① 《朝日新闻》1971年6月5日。关于八项日元政策《昭和财政史 昭和二十七—四十八年度 第一卷 总说》(东阳经济新报社,2000年)第368—369页。八项政策分别为:(一)促进进口自由化;(二)尽早实施特惠关税;(三)促进降低关税;(四)促进资本自由化;(五)清除非关税壁垒;(六)促进经济合作;(七)确立出口秩序;(八)机动地运行财政金融政策。

② 福田赳夫《日本经济·内外的课题》《经济人》25卷6号(1971年)。

③ 大藏省财政史室编《昭和财政史 昭和二十七—四十八年度 第一卷 总说》第369—370页。

④ 《于1971年7月1日全国证券大会中的寒暄》(《朝日新闻》,1971年)7月2日。

三 "尼克松冲击"和日美关系

（一）担任外交大臣

1971年（昭和四十六年）7月5日，在佐藤政权最后的内阁改组中，福田担任了外交大臣。

佐藤首相之所以让福田担任外交大臣，不仅是为了让接班人福田积累外交经验，他还希望在昭和天皇自即位后首次访问欧洲之际，让福田担任天皇的首席随行员。①

虽然福田首次担任外交大臣，但是由于他在佐藤政权下常常担任要职，所以早就对国际情况了如指掌。福田不仅有官方消息来源，还有自己专门的信息来源——军事评论家天川勇。天川在"二战"前担任海军省特约顾问，"二战"后与美国中央情报局（CIA）保持着密切联系，掌握着国际情况和军事情况相关的详细消息。②

20世纪50年代开始，天川便定期向福田汇报美国和中南半岛的相关情况。福田非常重视天川这个情报来源，他在笔记中详细地记录了天川带来的所有消息。

为了巩固接任首相之位的根基，福田有意识地不断学习日本周边的国际情况。1971年4月，佐藤试探福田是否愿意担任外交大臣。福田在笔记中，将自己对外交的看法汇总成一篇文章，题目为《世界中的日本》。③

文中这样写道："成为经济大国的日本要开展新大国的实验，要摒弃军事，坚持无核化。当然新大国如果想要核武器的话，也可以拥有核武器。我们要将日本对内建设为福利大国，对外建设为和平大国。"他总结的"世界中的日本的任务"如下。

---

① 《朝日新闻》1971年7月6日小和田恒氏谈（2016年7月4日）。
② 鹿内信隆、樱田武《现在揭露日本秘史》下（产经出版，1983年）第153—154页。本书中关于田中的内容参照以下书籍：伊藤隆、季武嘉也编《近现代日本人物史料情报词典》4卷（吉川弘文馆，2011年）第6—7页。
③ 《福田笔记（S46 1971年1月—4月）》。

第十章　世界中的日本

　　日本不能从日本的角度，而应该站在世界的顶点眺望世界，来决定日本在世界中的发展道路。日本的行动将会对世界各个角落产生影响，同时在世界角落里发生的所有事情，也将对日本产生影响。日本正是世界中的日本。（略）

上述记载体现了福田此后参加自民党总裁选举时提出的"和平大国"论的精髓。就这样，福田在就任外交大臣之前，早已描绘出了今后日本努力的前景。

7月9日，福田就任外交大臣后不久，便在东京都虎门医院住院做了胆结石摘除手术。他在30岁左右就患有胆囊炎，时常遭受类似于胃痉挛般剧痛的折磨。[①] 1970年秋天，福田在医院接受了详细检查。通过检查发现，福田体内的胆结石已经相当大了。在佐藤打探福田是否愿意就任外交大臣时，福田担心陪同天皇访欧时老毛病复发，因此面露难色。所以佐藤劝说福田就任外交大臣后直接住院，在访问欧洲之前进行手术。

7月12日，福田做了手术，摘除了537块黄色的胆结石。他哈哈大笑着把那些"金色的石头"拿给客人看。这后来成为一段广为人知的故事。7月27日至8月29日，福田出院后，一直在箱根仙石原的酒店里静养。[②]

（二）美中关系破冰与尼克松冲击

没想到在福田50天左右的静养期内，世界迎来了"二战"后历史上的一大转折。[③] 7月15日夜晚，美国政府宣布，国家安全事务助理基辛格已经秘密访问了中国，而且明年也就是1972年，尼克松总统也将访问中国。这是自朝鲜战争以来，在亚洲地区持续对峙的中美两国关系的戏剧性转变。

中美关系拉近在日本也引起了巨大反响。当时，日本的各大报纸在

[①] 福田赳夫《当今世界形势与日本》《经济时代》36卷10号（1971年）。

[②] 福田赳夫《回顾九十年》（岩波书店，1995年）第175页，《读卖新闻》1971年7月13日。

[③] 福田赳夫《回顾九十年》（岩波书店，1995年）第175—176页。

评价美中关系破冰的同时，也在批评佐藤政权没有对中国采取有效政策。在下一周的国会上，在野党围绕中国问题提出了尖锐质疑。加上日本政府在中国政策上的无能，本就对长期政权感到倦怠的媒体，一下子放大了对佐藤的不满。

福田就任外交大臣后，佐藤指定小和田恒担任外交大臣秘书。小和田在福田住院期间，持续向他汇报国际形势。福田出院后，小和田几乎每日往返于东京和箱根，向他汇报当日的外交事件，听取完福田的指示后再回去。

最初，小和田在虎门医院向福田报告中美破冰的消息时，他记得当时福田立刻说："从哪里经过的？是巴基斯坦，还是罗马尼亚？"实际上，尼克松政权曾委托巴基斯坦和罗马尼亚两国来担任中美关系破冰的中间人，但最终他选择经由巴基斯坦进入中国。福田刚刚担任外交大臣，就已经对国际情况了如指掌，这让小和田感到十分震惊。①

实际上，福田是通过天川得知了中美联系的消息。7月25日，福田从天川口中得知了基辛格访华的经过，以及在北京举行的基辛格周恩来会谈的概要，并将这些消息记录在笔记中。② 即使躺在病床上，福田也努力收集包含了对华关系在内的国际情况的相关消息。

但是现实仿佛在嘲笑福田的努力一般，8月15日（日本时间16日），日本遭受到了被称作美元冲击的第二大打击。尼克松总统面向全美通过收音机和电视进行演讲，公布了"紧急经济对策"。他在演讲中强调，美国经济正处于失业、货币膨胀、国际投机的困境之中，而紧急经济对策则是应对上述问题的综合政策。紧急经济对策主要包括：（一）暂时停止黄金与美元的兑换；（二）征收10%的进口附加税；（三）将工资和物价冻结90天；（四）实行62亿美元的减税；（五）削减10%的对外援助。③

尼克松政权不仅没有事先告知日本，甚至在没有通知其他发达国家政府和记者媒体的情况下，就突然公开发布了美国政府内部秘密准备的

---

① 《朝日新闻》1971年7月6日小和田恒氏谈（2016年7月4日）。
② 《福田笔记（S46 1971年5月—8月）》。
③ 《朝日新闻》1971年8月16日（晚报），速水优《没有海图的航海》（东洋经济新报社，1992年）。

紧急经济对策。

所以正如文字所示，这是一次在世界上掀起轩然大波的"尼克松冲击"。

尼克松政权上台时，美国的国际收支赤字不断扩大，黄金储备持续减少，所以美国必须重新讨论货币政策。① 而5月，马克改为浮动汇率制，又加剧了世界范围内货币的紧张形势。在这样的背景之下，被称作货币集团的财政部副部长沃尔克（Paul A. Volcker）等人，修改完善了实施计划方案，他们在方案中增加了停止黄金兑换和美元贬值等内容。由于当时美国贸易收支恶化，所以在8月初，尼克松也下定决心实行相关计划。② 8月13日，由于英国提出兑换30亿美元的黄金，所以尼克松当即召集高官们前往戴维营的总统别墅，着手准备演讲事宜。③

尼克松总统的演讲于日本时间8月16日上午10点开始。当时，日本刚刚开放外汇市场。上午9点半，佐藤首相在总理大臣府邸接到了美国国务卿罗杰斯（William Rogers）的电话。当佐藤首相匆忙地叫来翻译官，给罗杰斯回电话时，距离尼克松总统开始演讲仅有十分钟的时间了。罗杰斯开头说，"我受总统之命给您打电话"，随后简要说明了紧急对策的要点。佐藤在日记中写道："在感到震惊的同时，我立刻联系水田（三喜男大藏大臣），让他注意外汇市场的动向。我感觉已经无能为力了。"对于中美关系破冰后，接踵而来的尼克松冲击，佐藤流露出了愤怒、苦恼之情。④

福田一边在箱根静养，一边凝神关注着紧急大事。8月16日，东京

---

① Paul Volcker、行天丰雄（江泽雄一监译）《财富的兴亡》（东洋经济新报社，1992年）第96—104页。田所昌幸《美元体制的重组与日本》《年报政治学》48号（1997年）第22—23页。

② Paul Volcker、行天丰雄（江泽雄一监译）《财富的兴亡》（东洋经济新报社，1992年）第113—114页。

③ Paul Volcker、行天丰雄（江泽雄一监译）《财富的兴亡》（东洋经济新报社，1992年）第116—120页。田所昌幸《美元体制的重组与日本》《年报政治学》48号（1997年）第24—25页。

④ 《朝日新闻》1971年8月17日，堀越作治《战后政治背面史》（岩波书店，1998年）225页。伊藤隆监修《佐藤荣作日记》4卷（朝日新闻社，1997年）1971年8月16日记。

外汇市场出现了抛售美元、买入日元的现象。在世界主要外汇市场接连关闭的情况下，日本银行在这一天出手6亿多美元进行托市。① 同一天傍晚，大藏省官员们在大藏大臣办公室召开紧急会议。针对翌日后继续开放还是关闭日本市场一事，官员们形成两派意见。国内派的事务次官鸠山威一郎主张关闭市场，国际派的柏木雄介顾问则反对关闭市场。最终与柏木的主张相同，大藏省决定17日以后继续开放市场。佐藤首相在日记中，记录下了自己的判断："因为有外汇管理命令，所以日本应该不会发生投机性的买卖行为。因此我们决定继续开放外汇市场。"②

之后，佐藤首相紧急派遣柏木前往欧美各国。③ 柏木五天内从欧洲到美国，绕了地球一周。他得出的结论是"涉及所有主要货币国家的多边货币调整"将成为重大课题，"日元也无法避免升值"。④

柏木在出差时，也向在箱根静养的福田逐一汇报情况。8月21日，柏木通过国际电话对福田说："沃尔克认为货币调整是不可避免的。日元不调整的话，美元也不可能贬值"。此外国际货币基金组织的专务理事施韦策认为，从政治论的角度来看，"仅让美元保持不变的解决办法是不妥当的"，"仅靠日美两国，是不可能解决这个问题的"，必须尽早召开十国集团（G10）会议。⑤

福田一直认为，货币问题必须通过多边协调来解决，要避免采取单独让日元升值的措施。此时，主要国际货币集团的意见与福田的想法相吻合。

原本强烈反对日元升值的日本国内舆论也急剧转变。此时，日本银行的美元购入额接近40亿美元。同时越来越多的人认为美元必定会贬值，他们对托盘美元的政府和日本银行的批评日益加剧。日本经济界强烈认为应该实行与进口附加税等额的日元升值。

---

① 《朝日新闻》1971年8月17日。
② 岸宣仁《经济白书物语》（文艺春秋，1999年）第64页，读卖新闻昭和时代项目《昭和时代 战后转换期》（中央公论新社，2013年）第246—247页。
③ 柏木雄介《动荡期的货币外交》（金融财政事情研究会，1972年）第4页，本田启吉、秦忠夫《柏木雄介的证言》（有斐阁，1998年）第62页。
④ 本田启吉、秦忠夫编《柏木雄介的证言》（有斐阁，1998年）第62—63页。
⑤ 《福田笔记（S46 1971年5月—8月）》。

8月22日，大藏省召开了省务会议，决定停止买进美元，确定了变动日元的政策。大藏省等待柏木回到日本，给银行等机构留出了充足的应对时间。8月27日晚上8点，大藏省宣布从次日起，日元汇价将暂时采用浮动汇率制。于是日本坚持了22年的固定汇率制，暂时成为过去。①

尼克松总统的紧急对策，过于贯彻了对内政治的原则，轻视了这些举措将给世界经济带来的深刻影响。美国把国际收支恶化与货币动荡的原因归咎于外国，没有承担起作为基准货币国的责任，动摇了同盟国家的信任，最终造成后期的经济混乱。

（三）日美纤维纷争

福田听到尼克松政权发布紧急经济对策的消息后表示："如果我们更好、更早地解决纤维问题，就不会把尼克松总统逼到这个地步了。"②

当时在日美关系中，悬而未决的最大问题是返还冲绳谈判的副产品即纤维问题。日美纤维纷争起源于私人原因，即尼克松总统的利益诱导。当时由于日本扩大了对美国皮毛、化合纤维物品的出口量，美国南部的纤维产业受到重创。因此尼克松在总统大选时，为了获得美国南部各州纤维业界的支持，提出了限制外国产纤维产品的出口公约。

1969年（昭和四十四年）11月，在即将召开佐藤—尼克松首脑会谈之际，尼克松企图将返还冲绳问题与纤维问题挂钩。

在尼克松的授意下，国家安全事务助理基辛格通过若泉敬这一非公开途径，向佐藤首相传达了要求。美方要求日本接受一项双边协定，该协定以皮毛、化合纤维制品为对象，为期五年，预计从1970年1月开始实施。因此佐藤在日美首脑会谈上向尼克松口头保证，将在年内解决纤维问题。这就是所谓的"绳与线交易"。

---

① 田所昌幸《美元体制的重组与日本》《年报政治学》48号（1997年）第31页，Paul Volcker、行天丰雄（江泽雄一监译）《财富的兴亡》（东洋经济新报社，1992年）第138—139页，本田启吉、秦忠夫编《柏木雄介的证言》（有斐阁，1998年）第63—64页，《没有海图的航海》（东洋经济新报社，1992年）第32页，岸宣仁《经济白书物语》（文艺春秋，1999年）第164页。

② 越智通雄《增补改定 父·福田赳夫》（产经出版，1975年）第105页。

然而佐藤并没有亲自出面解决纤维问题，并且由于负责推进秘密谈判的若泉和基辛格都缺乏纤维方面的知识，所以在"达成协议"时，日美双方产生了分歧。无论如何，佐藤违背了约定年内解决纤维问题的"绳与线交易"，使纤维问题发展为日美两国的一大矛盾。

当初，佐藤把谈判事宜委托给通产大臣大平正芳。但是佐藤并没有把"绳与线交易"告知以大平为首的通产省干部，所以日美谈判毫无进展。之后宫泽喜一成为大藏大臣，代替大平与美国商务部长斯坦斯（Maurice H. Stans）进行谈判，但是双方依然没有消除分歧，最终日美会谈破裂。

1970年10月，佐藤首相因出席联合国大会到美国，他与尼克松总统再次进行首脑会谈。佐藤首相主张再次开启日美纤维问题谈判，并且约定将按照美方要求的形式解决问题。之后，佐藤让驻美大使牛场信彦负责纤维谈判。虽然他与美国总统助理弗拉纳甘（Peter M. Flanigan）共同推进双方谈判，但是在双方即将达成协议之前，即同年12月，日美谈判再次破裂。这次谈判破裂的决定性因素是尼克松总统并不信任佐藤首相。

在这种情况下，1971年3月，日本的纺织行业团体提出的自主规制法案，更为纤维摩擦火上浇油。在两国因纤维问题产生纠纷之际，日本纺织行业的领导人担心，美国议会将通过严格的纤维进口限制法案，所以就暗中与民主党实权人物——众议院筹款委员会主席米尔斯（William Mills）取得联系，他们宣布单方面实施对美自主规制。但是尼克松总统因为日本业界与自己的政敌米尔斯串通大发雷霆，随后以总统之名发表了拒绝声明。①

在1971年4月前财政部长肯尼迪访日之后，福田开始参与纤维谈判。肯尼迪在卸任财政部长一职后，受尼克松委托，负责解决纤维谈判问题。他以无任所大使的身份，前往包括日本在内的，同样存在纤维摩

---

① 石井修《霸权的阴影》（柏书房，2015年）第274—276页。关于纤维《密约》的形成过程，参考以下书籍：L. M. Destler、福井治弘、佐藤英夫《日美纤维纷争》（日本经济新闻社，1980年），信夫隆司《若泉敬与日美密约》（日本评论社，2012年）。

第十章　世界中的日本

擦问题的韩国以及中国台湾、中国香港等远东地区。肯尼迪不像之前的美方负责人那样急于解决问题，而是首先努力与日方政治领导人构建信赖关系。

4月23日，肯尼迪访问日本，与福田进行会谈。根据日本报纸报道，当天下午日美双方进行了会谈，美方并没有在纤维问题方面提出要求。①但是实际上，在此之前，从上午10点半开始，双方已经围绕纤维问题举行了秘密会谈。为了防止向业界人士走漏消息，该会谈不仅不通过外务省、国务省举办，甚至连翻译也不让大使馆人员担任，而是直接使用了中央情报局要员。②

肯尼迪希望能够在"下任总理"福田的帮助下，解决纤维问题。在会谈上肯尼迪表示，虽然牛场和弗拉纳甘会谈即将达成协议，但是日方单方面宣称采取自主规制法案的行为惹怒了尼克松总统。对此福田回答称，日美之间确实存在认识上的分歧，"虽然尼克松总统称佐藤对那件事表示同意，但是佐藤称并不了解具体情况。想必是那样了。"③

之后肯尼迪重点与福田、佐藤和岸信介三人谈判。日方一边关注着肯尼迪在韩国以及中国台湾、中国香港的谈判进展，一边希望在纤维产业制定的自主规制法案方面，取得美国同意。实际上日本政府为了从7月1日开始实施自主规制法案，正在与业界团体进行协调，并决定支出751亿日元，实行购买纺织机等行业救济措施。④

另外，因为通产大臣负责处理纤维问题，所以日本国民们十分关心下一任通产大臣的人选。在1971年7月的内阁改组之际，福田反复与佐藤商谈，他们将福田一视作该职位有力的候选人。福田一是由纤维产业繁荣的福井县选出的议员，过去也曾有过担任通产大臣的经验。因此，他们认为福田一能够胜任说服纤维业界、解决纤维纷争的工作。但是福田一与米尔斯议员关系亲密，这就成为一大问题，所以最终佐藤决定由

---

① 《朝日新闻》1971年4月2日。
② 石井修《霸权的阴影》（柏书房，2015年）第298—299页。
③ 《福田笔记（S46 1971年1月—4月）》。
④ L. M. Destler、福井治弘、佐藤英夫《日美纤维纷争》（日本经济新闻社，1980年）第263页。

干事长田中角荣担任通产大臣。①

在 1972 年的总统大选即将来临之际,尼克松总统希望能够尽快解决纤维纷争。7 月 24 日,肯尼迪与佐藤会谈时表示,采用自主规制法案的方式,本身就无法"挽回总统的面子",所以他提出了对皮毛、化纤产品等二十个条目实行个别限制的"肯尼迪方案"。美方再次要求与日本缔结政府间协议,并且肯尼迪希望在一个月内解决问题纤维问题。但是他与佐藤之间存在较大的意见分歧。根据佐藤日记记载,有一天,结束了与肯尼迪的会谈后,他去看望了正在住院的福田,说:"你看上去很焦躁啊,快安心静养吧。"②

实际上,面对因纤维问题闹僵的日美关系,福田感到十分焦急。他最担心的是日美关系将因纤维纷争产生裂痕,最终影响返还冲绳的日程。返还冲绳协定是在这一年的 6 月 17 日签订的。虽然美国参议院正在批准审议该协定,但是有人指出,倘若日美两国发生纤维纷争的话,可能会影响到返还冲绳协定的批准。也就是说,虽然美国已经确定要返还冲绳施政权,但是此时的冲绳仍然像人质一样,被美国掌控。③

8 月 29 日,福田完成术后静养,从箱根的山上下来,于第二天恢复了外交大臣的职务。④ 福田在复职后的首次记者招待会上承认,业界团体的自主规制案对解决纠纷没有帮助,并且他表示正在说服日本业界同意美国要求的政府间谈判。在 9 月 1 日傍晚,福田与化纤协会会长大屋晋三等业界领袖会面,他表示希望以缔结政府间协议为前提与美方进行交涉,请求业界领袖予以协助。福田还明确表示日本将在谈判中满足美方提出的要求。

---

① Memorandum of Conversation between Takeo Fukuda. President Nixon, et. al. Sept. 10. 1971. 7:30 pm.,石井修监修《美利坚合众国对日政策文书集成 XX 尼克松总统文书》10 卷(柏书房,2007 年)第 189 页。
② 《佐藤荣作日记》1971 年 7 月 24 日记。
③ L. M. Destler、福井治弘、佐藤英夫《日美纤维纷争》(日本经济新闻社,1980 年)第 255—257 页,《读卖新闻》1971 年 9 月 8 日。
④ 《朝日新闻》1971 年 8 月 30 日。

（四）日美贸易经济联合委员会

福田恢复职务后，等待他的是将于 1971 年 9 月 9 日在华盛顿召开的日美贸易经济联合委员会。该委员会根据 1961 年的池田—肯尼迪首脑会谈协议而设置，以促进日美两国经济相关阁僚讨论通商和经济合作问题为目的，每年举行一次，由日美两国轮流召开。

9 月 6 日，福田离开羽田机场，前往美国。此次访美团由福田担任团长，成员包括大藏大臣水田三喜男、通产大臣田中角荣等七位阁僚。这是福田第四次参加日美经济贸易联合委员会。他首先在会议上强调，日美协议将对世界政治、经济产生重要影响。之后他又强调了美国在世界经济中发挥的作用，呼吁正是因为存在贸易摩擦，所以才需要通过广泛的"心灵沟通"，来继续巩固日美关系的坚定根基。

福田十分关注美国即将引入的进口附加税，他认为如果延长进口附加税的适用期限，那么其他国家可能也会采取对抗措施，最终自由贸易体系可能会走向崩塌。① 因此，福田强烈要求美国尽早撤销附加税。② 实际上，丹麦已经表明要征收 10% 的进口附加税了，德法两国也试图通过征收 EEC 共同附加税来达成一致。

此次会议的共同声明增加了福田的强烈主张，即"日本代表团强调如果美国长期征收附加税的话，将会助长世界范围内的保护主义，威胁到对'二战'后世界经济具有至关重要作用的自由贸易"。根据记录，日方要求撤销附加税的理由是，附加税对日本经济造成了深刻影响以及日本已经实行了浮动汇率制，情况发生了变化。③

货币问题是水田和财政部长康纳利（John Connally）会谈的主题。为了实现多边协调，水田提议美元贬值。对此，康纳利十分强硬。因此，日美双方仅在共同声明中写下"两国代表团同意就国际货币体系改革方面交换意见"。此外声明中还记录着"美方要求包括日元在内的各国货币

---

① 《外交大臣福田的开场演讲要旨》《朝日新闻》1971 年 9 月 10 日。
② 田所昌幸《美元体制的重组与日本》《年报政治学》48 号（1997 年）第 33—34 页。
③ 《第八次日美贸易经济联合委员会共同声明》1971 年 9 月 10 日［外务省编《我国外交近况》16 号（1972 年）］。

进行根本性的汇率调整"。这意味着美国要求其他国家调整货币对美元的平价，而美国不会调整美元平价。①

在共同记者招待会上，福田讲了一句忠告："不论是国际收支顺差的国家还是国际收支逆差的国家，都应该对货币调整问题负责。"福田明确表示，实行多边调整离不开美元贬值。②

此次阁僚会议最重要的主题是最终解决纤维纷争。在公开举行的日美两国正式的磋商中，通产大臣田中与商务部长斯坦斯之间依旧存在分歧。尤其是田中，他以夸张的姿态表示坚决反对政府间协议。③但是在这次会议召开前，9月8日上午，肯尼迪与抵达华盛顿的福田和田中二人，分别单独进行了秘密会谈。肯尼迪已经告知他们，如果不能在10月15日之前解决纤维问题的话，美国将单方面采取措施。④

尼克松总统也与福田进行了会谈。陪同出席会谈的还有牛场大使、总统助理基辛格、副国务卿约翰逊等人，他们就中国问题与日本国内情况方面互相交换了意见。之后尼克松又与福田单独进行会谈，他认为纤维问题已经变成了敏感的政治问题，强调了日美双方关于政府间协议尽快达成一致意见的重要性。最后在会谈结束时，尼克松表示，期盼福田能够成为下一任总理大臣。⑤因为尼克松一直要求福田承担起作为佐藤继承人的责任，来解决纤维问题。

美方的行动十分迅速。9月20日，在福田返回日本后不久，乔立克便代表尼克松访问日本，向日本政府发出"最后通牒"。即在10月1日之前，如果日本政府不接受对美出口纤维规定相关的协议，美国将于10

---

① 《第八次日美贸易经济联合委员会共同声明》1971年9月10日［外务省编《我国外交近况》16号（1972年）］。

② 《朝日新闻》9月11日。

③ L. M. Destler、福井治弘、佐藤英夫《日美纤维纷争》（日本经济新闻社，1980年）第272—273页。

④ 《福田笔记（S46 1971年9月—10月）》，石井修《霸权的阴影》（柏书房，2015年）第39页。

⑤ Memorandum of Conversation between Takeo Fukuda. President Nixon Sept. 10. 1971. 7：50 p. m. ，石井修监修《美利坚合众国对日政策文书集成 XX 尼克松总统文书》10卷（柏书房，2007年）第188页。

月 15 日开始采取进口配额政策。①

虽然福田倾向于缔结协议，但是田中不得不考虑纤维产业的意向，所以态度依旧十分强硬，他们二人形成鲜明对比。话虽如此，田中并非没有预测到未来的情况。在田中就任通产大臣时，佐藤同意由他全权负责纤维问题。所以田中希望尽可能地将外务省排除在外，以通产省为主体来解决纤维问题。

田中的策略是，首先通过坚决对抗美方的要求来安抚日本业界的不满情绪，其次再凭借他独特而富有韧性的谈判手段，迫使美国让步，使双方意见达成一致。渴望成为下一任总理的田中，企图在日本民众中树立抵抗美方压力，"拥护国家利益的旗手"形象，并完成对美谈判。②

但是田中并不清楚之前的事情经过，他还不知道，日本已经没有对美让步的余地了。乔立克下发最后通牒后，9 月 21 日，福田在笔记中如下写道："内阁会议后，首相、福田、田中三人进行会谈。我们告诉了田中事实真相。首相命令田中立刻开始行动。"③

在此之前，田中并不知道佐藤与福田已经私下确定了同意签署协议的方针。田中对于他们将作为通产大臣的自己排除在外，私下推进日美协商一事感到愤怒，这股怒火自然也指向了与美方进行秘密谈判的福田。④

即便如此，为了解决纤维问题，田中仍然迅速地展开行动。在政府核定完自主规制法案中预估的业界损失额后，田中在佐藤的许可下，从大藏省获得了高达 2000 亿日元的政府补偿金作为费用来源。之后田中不顾纤维产业对政府间协定的强烈反对，积极推动对美谈判的准备工作。9 月 27 日早上，福田作为天皇访欧的首席随从将要出发时，接到了田中的

---

① L. M. Destler、福井治弘、佐藤英夫《日美纤维纷争》（日本经济新闻社，1980 年）第 276 页。
② L. M. Destler、福井治弘、佐藤英夫《日美纤维纷争》（日本经济新闻社，1980 年）第 273—274 页。
③ 《福田笔记（S46 1971 年 9 月—10 月）》。
④ 田原总一朗《cool 宰相候选人》（学阳书房，1978 年）第 155—157 页，石井修《霸权的阴影》（柏书房，2015 年）第 310 页。

电话。田中说："这次会解决好纤维问题。"①

10月12日，田中在内阁例会上取得了开始政府间协议谈判的谅解后，他与访日的肯尼迪开启了最终谈判。美方终于在期限已过的10月15日晚上9点签署了谅解备忘录。

就这样，长达三年的日美纤维纷争终于得以解决。但是，在签订协议时，日本纤维产业的国际竞争力早已下降，在美国市场的份额也不断减少。在这种意义上，日美纤维纷争不过是收拾了20世纪60年代之前日美经济关系的"残骸"而已。但是通过此次纤维纷争，日美当局已经记住了教训。那就是，随着日美两国在经济上的力量平衡发生变化，如果放任经济摩擦问题恶化，那么最终经济摩擦将可能动摇两国的政治关系。②

田中最终还是实现了自己的目的，即通过解决纤维纷争，提高自己的声望。虽说佐藤和福田之间已经确立了缔结政府间协议的大方针，但是田中在短期内筹措了政府补偿费用，而且不顾业界反对缔结了协议，再次向日本社会展示了他的杰出才干。大显身手的田中，给佐藤接班人——福田的未来蒙上了一层阴影。

（五）设立国际交流基金

从日美纤维摩擦到尼克松冲击，这一系列事件体现了日美两国相对经济实力的变化。但是通过纤维纷争，美方并没有正确理解日本的意图。在歪曲信息的影响下，美国对日批评日益高涨。福田对此十分担忧，因此他认为需要缩小日美两国不断扩大的交流鸿沟。③

在这样的背景下，福田希望设立大型基金，来推动日美文化交流。

回顾日美两国文化交流的历史，就可以发现，最初积极推动两国文化交流的是美国。从占领期到20世纪60年代，美国对日本知识分子的政策是美国对日政策的一大支柱。当时，日本的知识分子倾向于左翼思想，

---

① 《福田笔记（S46 1971年9月—10月）》。
② 柳田邦男《日本在燃烧吗》（讲谈社，1986年）第210—211页。
③ 福田赳夫《回顾九十年》（岩波书店，1995年）第188—189页，越智通雄《增补改定父·福田赳夫》（产经出版，1975年）第97页。

第十章 世界中的日本

所以美国在以日本知识分子为对象的留学和文化交流事业中投入大量预算。美国采取这一做法的根源在于，它抱有一种信念，即通过文化交流培育的个人信赖与情谊将支撑着长期发展的日美关系。① 福田希望模仿美国的富布赖特计划，希望今后能通过推进"日本版富布赖特计划"，来促进日美文化的相互交流。②

福田希望，不仅将日美两国纳入文化交流对象，同时还要将文化交流的范围扩大至东南亚等发展中国家。在日本国力急速增加的情况下，大藏大臣福田不断摸索日本为海外作出贡献的方法。他认为，如果日本的援助只停留在单纯扩大援助数量层面的话，只会给人们留下日本是只考虑经济利益的"经济动物"的负面印象。因此福田认为，今后日本在对外关系中，不仅要重视物质要素，还必须重视"心灵沟通"。

福田就任外交大臣后，曾一度考虑将上述构想作为外交核心政策。1971年6月，在即将就任外交大臣之际，福田在笔记中简略地写道，"当前的问题"为"成立宏大的文化基金、整顿对外合作机构、世界中的日本、站立于地球顶点"。③ 福田认为，今后日本开展外交不仅要依靠经济实力，还要通过文化交流培育软实力。

福田担任外交大臣后，下达的第一个命令是，让外务省着手讨论建立文化交流基金。他说："对日本来说最重要的是以国民之间的互相交流为中心的文化，日本还比较弱。为此我们有必要建立专门的组织，投入1000亿日元，让该组织自由使用。你们研究一下这个问题。"④

接到福田的命令后，外务省在尼克松冲击的影响尚未退却之际，在8月份之前，提出了两个构想。

第一个构想来自文化事业部。该构想提出在设立100亿日元基金的同时，在东京成立日美文化中心，并且将基金运营的利润用于改善人文交流和语言学习教育。该方案大概是以前文化事业部酝酿的"事业扩大方

---

① 楠绫子《战后日美关系再生》（日美协会编，五百旗头真等监修）《另一个日美交流史》（中央公论新社，2012年）第175—176页。
② 越智通雄《增补改定 父·福田赳夫》（产经出版，1975年）第97—98页。
③ 《福田笔记（S46 1971年5月—8月）》。
④ 上述，小和田氏谈。

案"的具体版。对于主管交流事业的文化事业部而言,外交大臣福田的上台,将成为扩大文化事业的巨大后盾。

第二个构想是由调查部企划课提出的极具野心的"日本基金构想"。这个宏大的构想提出日本设立一兆日元的基金,从运营利润中拿出 500 亿—600 亿日元用于扩大人文交流,提高国际研究教育水平,援助外国开展的日本研究等活动。[①] 该构想以福田提出的"心灵交流"为目标,将文化交流事业不仅仅局限于日美关系之中,还把它扩大到对发展中国家的援助之中。

基于这些构想,福田在 9 月召开的日美经济联合委员会上,首次披露了自己的想法。在与国务卿罗杰斯的会谈中,福田说,日本政府希望成立类似于占领地区救济基金和富布赖特的基金,"实现学生、学者、评论家等人员之间的日美交流,将来也希望能够把东南亚纳入该基金适用对象的范畴之内"。

罗杰斯高度评价这一提案,称其"是一个了不起的构想"。之后两国在共同声明中增加了以下内容:"委员会欢迎通过进一步扩大教育、科学和文化交流来促进两国沟通交流的建议",提倡扩大以人员交流为中心、"作为促进相互理解手段"的文化交流。[②]

之后,针对该构想的预算事宜,日本政府内部开始进行协调工作。在尼克松冲击带来的打击尚未冷却之际,自民党的外交部门和经济合作部门对于设立以改善日美关系为目标的基金一事抱有好感。

虽然当时已经超过了申请预算的时期,但福田认为这个问题是"大臣 matter"(大臣该做的事情),表示"自己将持续跟进",并主动开展行动,争取获得预算。[③] 通过之后的交涉,日本政府决定暂时设立审议会,

---

[①] 楠绫子《国际交流基金的设立》(福永文夫编著)《第二的"战后"形成过程》(有斐阁,2015 年)第 94—96 页。

[②] 牛场驻美大使给外交大臣的信《福田·罗杰斯单独会谈》1971 年 9 月 11 日。战后外交记录《国际交流基金会设立关系》(管理号码 2010—3443)外务省外交史料馆,《第八次日美贸易经济联合委员会共同声明》1971 年 9 月 10 日(外务省编《我国外交近况》16 号 1972 年),楠绫子《国际交流基金的设立》(福永文夫编著)《第二的"战后"形成过程》(有斐阁,2015 年)第 98—99 页。

[③] 文化一课《日美文化交流基金预算的追踪》1971 年 9 月 27 日,战后外交记录《国际交流基金会设立关系》(管理号码 2010—3443)外务省外交史料馆。

来讨论宏伟的 1 万亿日元基金构想。该构想把经济合作也纳入事业活动的范围之内。1972 年 1 月 12 日，内阁会议决定设立国际交流基金，将其作为特殊法人，实现对美交流基金的构想。如果没有在大藏省具有强大影响力的福田，恐怕上述构想不会在这么短的时间内得以实现。

福田希望基金的规模在 1 千亿日元左右。他认为如果有 1 千亿日元的话，那么一年的事业费预计在 70 亿日元左右，因此仅从预算方面来看，该与英国开展文化交流事业的英国对外文化协会的规模相当。当初福田打算通过发行交付公债来解决资金问题，但是由于财政上的问题，福田决定首先以第一年度的 50 亿日元预算和下一年度的 50 亿日元预算作为该基金的原始资金，剩下的资金通过经济界的捐赠来获得。他的总目标是筹措 1000 亿日元的资金。①

但是后来由于受到石油冲击，日本经济陷入低增长，所以在很长时间内，该基金的规模一直保持在 500 亿日元左右。最后在 1991 年，福田的宏伟愿望渐渐得以实现。在这一年，在安倍晋太郎的帮助下，国际交流基金成立了以知识交流和民间交流事业为支柱的日美中心，终于实现了福田 1 千亿日元基金的目标。②

国际交流基金的设立意味着双方开始互相扶持。③ 即在日美经济平衡发生变化的情况下，一直以来由美国民间财团支持的文化交流，从现在开始，也得到日本方面的支持。福田一直以来都希望日本能够与其他国家实现国民之间的相互理解。时至今日，福田的这一理念一直存续在国际交流基金的各项事业中。

（六）天皇访欧

在缩小日美两国认知差距方面，还有一件事不得不提，那就是在阿拉斯加安克雷奇举行的昭和天皇与尼克松总统的会面。

---

① 楠绫子《国际交流基金的设立》（福永文夫编著）《第二的"战后"形成过程》（有斐阁，2015 年）第 102—203 页。《朝日新闻》1971 年 9 月 18 日。
② 福田赳夫《回顾九十年》（岩波书店，1995 年）第 191—192 页。
③ 五百旗头真《民间财团与政府的关系》[山本正编著《战后日美关系与公益活动》（密涅瓦书房，2008 年）] 第 67 页。

第三部

在福田从美国和加拿大访问归国后的第 10 天，也就是 1970 年 9 月 20 日，日本天皇和皇后两陛下踏上了访欧之旅。按照之前的计划，福田作为本次七国亲善访问的首席随从，将一同前往欧洲。

这是天皇自皇太子时代以来时隔 50 年的再度访欧。另外，在位的天皇陪同皇后前往外国，在日本皇室历史上也尚属首次。

访问团一行途中顺访了位于阿拉斯加安克雷奇的埃尔门多夫空军基地。当时尼克松总统夫妇在专用飞机的舷梯上迎接了日本天皇和皇后。在举行欢迎仪式的埃尔门多夫基地，美国从华盛顿调来了军乐队。当时虽然是深夜，但仍有 15000 人到场欢迎日本访欧团。①

这场历史性的会面，承载着美方强烈的期望。为了缓和日本对纤维纷争和中美关系破冰的不满，尼克松希望通过此次与天皇的会面来改善日美关系。

实际上，筹划这场会谈的过程充满了曲折。原本日本为了补给燃料和休息决定在该基地停留一个小时，但是美方为了会谈，希望日方将停留时间延长至两个小时。而且比起天皇和总统的会谈，美方还要求延长福田和国务卿罗杰斯之间的政治会谈时间。福田认为这是"非常不合理的提议"，他在公务电报中直接流露了不满，称"为难至极"。②

最终在空军基地内，尼克松与天皇进行了 25 分钟的会谈。会谈中，天皇称"对返还冲绳和美国对日援助表示感谢"。而尼克松预定明年访问中国一事，成为本次会谈的中心话题。③

日本天皇与美国总统的这场会谈，尚属历史首次，产生了巨大的政治冲击。第二天早上全美的电视广播在头条中报道了这场历史性的会谈，《时代》和《纽约时报》也对此进行了大篇幅报道，强调美日关系迎来了新的时期。④ 可以说，这场会谈对于修复因纤维纷争和尼克松冲击而产生

---

① 《朝日新闻》1971 年 9 月 27 日、28 日,《读卖新闻》1971 年 9 月 28 日。
② 古田尚辉《昭和四十六年天皇访欧与大众媒体》《成城文艺》240 号（2017 年）第 140—141 页,《产经新闻》2013 年 3 月 7 日。
③ 舟桥正真《象征皇室外交的天皇制 1960—1975 年》（吉田书店，2019 年）第 107—108 页。
④ 《读卖新闻》1971 年 9 月 28 日。

裂痕的日美关系而言，具有重大意义。

天皇被充满善意的美国舆论所接受，这奠定了他4年后（1975年）再度访美的重要基础。1975年，日本天皇再度访问美国时，副总理大臣福田依旧作为首席随从，一同前往。

天皇一行人离开阿拉斯加后，又访问了丹麦、比利时、法国、英国、荷兰、瑞士、联邦德国7个国家。最终，他们在10月14日返回日本。在旅途中，天皇十分关心静养不久便担任首席随从的福田，表示法国和瑞士是非正式访问，而且日程比较宽裕，请他届时好好休息。这次欧洲访问也给福田留下深刻印象，他在《回顾九十年》中，花费了大量篇幅来描绘与天皇一同访问欧洲时的情景，文字中洋溢着对天皇的敬爱之情。他还通过描述旅途中发生的事情刻画了天皇幽默的一面。[①]

福田圆满完成首席随行任务的同时，还与各国首脑会谈，酌情收集了有关纤维谈判和中国问题的信息，度过了一段繁忙的时光。福田回国后，还有已经接近尾声的联合国中国代表权问题在等待着他。

四　中国问题

（一）中国在联合国代表权问题

如前文所述，1971年7月的中美关系破冰，对佐藤政权而言，是一个巨大的打击。日本十分关心美国接下来将采取什么行动，而福田首先直接面临的课题是中国在联合国代表权问题。

本书第七章对此也有所提及，台湾当局一直占据着联合国安理会常任理事国的席位。对此，中国政府主张恢复自己的联合国代表席位，并且要求剥夺台湾当局的席位。在此前一年，即1970年，联合国大会投票过半数通过了将台湾当局逐出联合国的阿尔巴尼亚提案。对日本而言，危机已经来临。

在中美关系破冰前，日美两国曾讨论采取"双重代表制"，即在保留

[①] 福田赳夫《与昭和天皇同行访欧》《学士会会报》784号，福田赳夫《回顾九十年》（岩波书店，1995年）第321—325页。

台湾当局在联合国席位的同时,同意中国恢复联合国席位。因此,围绕中国在联合国代表权的问题,日本面临着是否要成为美国"双重代表制"和"逆重要问题案"共同提案国的抉择。

然而美国直接"越顶"与中国拉近关系,引起日本自民党内部的强烈不满。在日本,以亚洲—非洲问题研究会(A.A研)的议员为中心,出现了反对日本成为美国共同提案国的动向。三木武夫、大平正芳、中曾根康弘等派阀领袖也接连表示反对。

作为外务大臣的福田,面对美中关系破冰的新局面,他深深地明白,日本马上也要迎来打破日中关系僵局的时刻。但是他认为日本不能紧随美国之后、立刻与中国拉近关系,而应该慎重地观察不断变化的国际关系,来推进对中国的外交。

在箱根静养结束后,福田在笔记中整理的自己对外交的思考如下。

善良仁爱的态度。历史是流动变化的。但是日本要坚守信义。无信则不立,在国际社会上建立信用也是很重要的。

福田外交

1 哲学……our homeism 世界的和平繁荣。

在世界中寻求日本的生活方式——国民的国际意识大概有内向的一面。

2 善良仁爱 中国问题

①历史性课题。

本人非常想解决这个问题。访中亦可。

②所谓的解决是关系正常化,邻里交往。

③处理联合国问题要讲究方法。

(略)

关于中国在联合国代表权的问题,福田从重视日美关系的角度出发,认为需要保住台湾当局的议席。但与此同时,福田也认为不能切断拉近日中关系的可能性。因此,他认为即使赞成美国的提案,也不必使日本成为其"双重代表制"和"逆重要问题"提案的共同提案国。

实际上，在9月，福田为出席日美经济联合委员会而访问美国之际，国务卿罗杰斯便要求日本成为共同提案国。对此福田并没有给出明确承诺，他表示虽然日本赞成美国两项决议案的主旨，但鉴于日本国内政治局势，对于是否成为共同提案国持保留意见。陪同福田访美的经济企划厅厅长木村俊夫说："福田对成为美国共同提案国一事，表现得十分消极。"

但是，佐藤首相已经下定决心。9月21日，佐藤在内阁会议上得到了"任凭首相裁决"的意见后，于第二天上午召开了临时记者招待会。他在电视台记者面前，亲自说明了日本与美国成为共同提案国的决定。

福田反对佐藤召开记者招待会，因为他担心，万一这些法案在联合国表决失败的话，责任会落在首相身上。福田认为不要对此过分宣传，将其作为外交战术的问题来处理比较好。但是正如佐藤所说，"我不能给首相接班人添麻烦"，他已经做好自己承担所有责任、战斗到底的准备。

10月18日，联合国大会开始审议中国代表权问题。前外交大臣爱知揆一，以政府代表的身份，被派遣到位于纽约的联合国总部。

在联合国，以日美两国为中心的一些成员，都在拼命游说相关国家同意美国的主张。在代表权问题表决日的当天早上，在联合国日本代表团内部，就表决结果出现"逆重要问题"提案可能通过的预测。然而，同日传来的比利时将与中国建交的消息打破了这一局面。由此，该议案被否决。台湾当局代表未等到就阿尔巴尼亚案进行表决，便宣读了脱离联合国声明，离开联大会场。至此，长达20年的中国在联合国代表权问题终于得到解决，中华人民共和国恢复了联合国合法席位。

（二）探索鸭子外交

一般来说，佐藤政权给人以"亲台湾派"、对日中邦交正常化持消极态度。但实际上，佐藤为了与中国进行政府间谈判，他通过各种途径不断探索联系北京方面的方法。福田将这种探索称作"鸭子外交"，即"鸭子看上去没有移动，但是水面下的脚在激烈地拨水"。[①]

[①] 时事通信社政治部编《记录中日复交》（时事通信社，1972年）第52页。

那么"鸭子外交"的实际情况如何呢？在天皇访欧出发的前一天，即9月26日，福田与佐藤首相会见，并在当时的记录中写道："中国问题。小金渠道、福家渠道、美浓部、小堀（小森）、若泉（小生渠道）。"①

第一个"小金渠道"指的是起用了江鬺真比古的中国香港工作，大概是因为工商官僚出身的议员小金义照从中斡旋，所以它被称作"小金渠道"。9月2日，在小金的陪同下，江鬺访问首相官邸，他对佐藤首相提议称，自己和中国香港"恢复对日邦交香港小组"有接触，可以通过该组织与周恩来取得联络。于是，佐藤委托江鬺撰写亲笔信，让首相秘书中最年轻的西垣昭担任联络员，探索通过中国香港的渠道联系中国政府。②

佐藤在首相官邸秘密地开展上述工作，仅将这些事情告诉了福田一人。根据福田的记录，9月以后，小金经常传来香港工作的进展情况。

第二个"福家渠道"指的是干事长保利茂写给周恩来的"保利书翰"。保利也是佐藤亲信中最希望改善日中关系的人之一。"保利书翰"由秘书楠田在保利的授意下撰写原文，经福田阅后，再由福家俊一修改为汉文风格。随后福家在上海任职时的部下小森武，将这封信递交给预计10月末访华的东京都知事美浓部亮吉。小森当时是美浓部的顾问。③

第三个"若泉（小生渠道）"，该渠道一般被认为是福田本人打算起用若泉敬的计划。但是福田此后的笔记中并没有关于这条渠道的相关记录，所以这个计划大概被搁置了。福田在后来的采访中说："各种各样的鸭子往来于大陆之间，其中有日本的鸭子，也有中国的鸭子，还有蓝眼睛的鸭子。"④ 由此看来，若泉或许曾打算通过在美国的人脉，来联系中国政府。

只是这些"鸭子外交"都没有取得任何成果。

福田坚持"两阶段复交论"，并不希望一举推进日中邦交正常化。所谓"两阶段复交论"，也就是首先通过非正式渠道，让佐藤首相访问北

---

① 《福田笔记（S46 1971年9月—10月访美 天皇陛下访欧）》。
② 关于江鬺真比谷的中国香港工作参考以下书籍：宫川彻志《佐藤荣作 最后的密使》（吉田书店，2020年）。
③ 井上正也《中日邦交正常化的政治史》（名古屋大学出版会，2010年）第475—478页。
④ 时事通信社政治部编《记录中日复交》（时事通信社，1972年）第154页。

第十章 世界中的日本

京；之后在坚持中华人民共和国是代表中国的政府的认识下，开始日中间政府谈判，最终实现两国邦交正常化。①

但是对此，中国政府的态度是，两国政府间谈判的前提是日本政府接受"复交三原则"。② 它的主要内容为，日本政府需要承认台湾是中华人民共和国领土不可分割的一部分，并且废除"日本与台湾当局签署的一切协定"。福田坚持自己的立场，认为这些问题是在政府间交涉时将要进行讨论的课题，而非交涉前需要表态的内容。

1972年（昭和四十七年）元旦，佐藤首相在日记中写道："今年必须与中国建交。但是（我）还是担心台湾问题，恐怕不去趟北京的话，无法解决。"对中国台湾情有独钟的佐藤想亲自访华，围绕台湾问题与北京方面进行协商。因此，在2月尼克松总统访华并发布《上海公报》后不久，佐藤在国会预算委员会的答辩中明确台湾属于中华人民共和国的立场。这是佐藤首次承认台湾是"中华人民共和国领土一部分"的主张，超越了当时作为政府官方见解的认为"台湾法律地位未定"的立场。

在佐藤逐渐动摇基本原则的情况下，负责外交事务的福田不得不对此加以控制。福田否认了佐藤的发言，并对记者们说："我可以理解首相作出的政治性发言，但是外交的话必须更加慎重。"③

福田认为在多极化时代，"如果看待中共问题时，只考虑中共，那么就会办错事"。④ 实际上，受中美关系破冰的影响，苏联紧急改变了对日政策，于1月末派遣外交部长葛罗米柯（Andrei Gromyko）前往东京。最终，日苏双方发表共同声明，就年内启动缔结日苏和平条约谈判达成一致。

福田认为，日本需要在关注美国对中外交和苏联动向的情况下，来推进对中政策。但是与福田的想法相反，在要求日中邦交正常化的舆论下，对中国政策已经与自民党内部的政局联系在一起了。

---

① 时事通信社政治部编《记录中日复交》（时事通信社，1972年）第153页。
② "复交三原则"为：中华人民共和国是代表中国人民的唯一合法政府；台湾属于中国，是中华人民共和国领土中不可分割的一部分，台湾问题是中国的内政问题；日本与台湾所签署的战后和约及一系列条约均为非法的、无效的，应予废除。
③ 井上正也《中日邦交正常化的政治史》（名古屋大学出版会，2010年）第482—484页。
④ 《福田笔记（S46 1971年1月—5月）》。

第十一章

反对列岛改造

前　言

　　对日本而言，20世纪60年代是经济不断增长的时代；70年代则与其相反，是一个风波不断的时代。当时，福田成了大家公认的佐藤首相最有力的接班人。曾与福田会面的伊藤昌哉表示，与被称作"岸派太子"的时代相比，如今已经成为一级实权人物的福田，流露着自信非凡的风度。①

　　但是，田中角荣挡住了福田的前路。围绕佐藤政权之后的首相之位，二人展开了激烈对决。不过，佐藤没有将政权禅让给福田，而是选择了第四次连任总裁，这给田中创造了扩大党内影响力的宝贵时间。

　　1972年（昭和四十七年）的自民党总裁选举，是一场可以载入政局史册的战斗。福田主张消除派阀和实现政治资金透明化；而田中利用丰厚的资金进行了收买议员工作，最终打败了最有实力的候选人——福田。当时田中开展了一场规模空前的金权选举。虽然在此之前的自民党总裁选举中也会有收买议员的行为，但是田中为了在总裁选举中获胜，投入了空前规模的选举资金。这场逆转剧拉开了70年代角福战争的序幕。

　　本章主要以福田和田中的首相之争为中心，讲述从1970年佐藤首相决定第四次连任总裁到田中角荣政权下台时的相关内容。

　　角福战争并不仅仅是权力斗争，也是一场关于政权前景的对立。面

---

① 伊藤昌哉《实录自民党战国史》（朝日 sonorama，1982年）第39页。

第十一章 反对列岛改造

对高举"列岛改造论"的田中，福田提出了"和平大国论"，描绘了今后日本应该选择的道路。战胜福田的田中政权，虽然实现了日中邦交正常化，但是其垮台的速度也非常迅速。在他上台仅半年后，田中"列岛改造的梦想"开始破灭，国民对通货膨胀的恐慌不断蔓延。这场总裁选举，最终以这样苦涩的结局告终。

面对这样严峻的形势，田中为了重振经济，于是向福田寻求帮助。福田接受了田中的请求，并以行政管理厅长官的身份入阁，致力于与国民生活直接相关的通货膨胀对策和市价对策。之后在 1973 年 11 月，石油冲击来袭之际，福田接任了突然去世的爱知揆一的职位，第三次担任大藏大臣。之后他否认了田中首相主张的列岛改造论，大胆实施了将公共事业费增长率控制为零的抑制总需求政策，就此成功地控制住了因石油冲击导致的"物价混乱"局面。

但是在抑制总需求的短期决战刚有眉目之时，田中与福田的对立再次暴露出来。目睹了田中政权的对中政策和参议院选举中出现的空前金权选举，福田的危机感越来越强烈。他不顾保利茂等周围人的劝说，坚决辞去了大藏大臣之职。在福田辞职后不久，田中政权也因为选举资金来源问题而下台。70 年代，从尼克松冲击开始，以石油冲击为代表的危机接踵而至。在此期间，日本政局以充满波折的角福对抗关系为中心，不断发生变化。

一 "角福战争"

（一）虚幻的政权禅让

1971 年（昭和四十六年）10 月 16 日，日本为了批准返还冲绳协定，召开了临时国会。人们一般将该会议称作"冲绳国会"，但实际上，它的前半部分却忙于讨论中国问题。当中国在联合国代表权问题得以解决后，从 11 月起，该会议才终于开始讨论冲绳问题

在这次国会召开后不久，佐藤首相提出自己即将下台。佐藤在批准返还冲绳协定的当日黎明，对干事长保利茂说："难道不应该在政局上也划上一条分界线吗？"在这个阶段，佐藤将自己辞职时间暂定于 1972 年

年初，并考虑让福田继任政权。①

　　这并不是佐藤第一次考虑辞去首相之职了。佐藤最初讨论将政权禅让给福田之时，可以追溯到1970年9月他第四次当选总裁之际。

　　如前文所述，佐藤政权在1969年11月的日美首脑会谈上，确定了返还冲绳事宜。12月的众议院总选举中，自民党大获全胜。并且在翌年，即1970年6月，日美安保条约自动延长。在解决了冲绳和安保条约两大外交课题后，可以说佐藤政权已经完成了使命。因此，政治界十分关心佐藤将以何种形式卸任。②

　　佐藤当时也认真讨论了政权禅让给福田一事，但最终还是作罢了。福田的笔记记录了1970年9月24日，佐藤对他说的话。③

　　　　真为难啊。正如你担心的那样。我想最近辞职，将政权交给你。一直以来，我只将你当作接班人。但是综合各种信息来看，有一、两点问题，我比较担心。一、前尾。病情好转。二、佐藤派。佐藤引退后能对其加以控制吗。三、川岛、椎名（有岸的责任）。

　　佐藤之所以犹豫政权禅让问题，第一是因为自民党内部尚不具备支持福田的态势。在此之前的9月22日，佐藤让人开展了福田作为候选人参加下届总裁选举的模拟实验。最终得出的结论是，如果拥立福田为总裁候选人，基础票薄弱的福田可能无法获得足够的中间票，因此可能会被三木派与前尾派的联盟所打败。④

　　第二，倘若指认其他派系的福田作为接班人，那么他是否还能保持住对佐藤派的控制？佐藤本身对此也没有自信。当时在佐藤派内，田中角荣的影响力极速扩大。在1968年11月自民党总裁选举之际，田中凭借丰厚的资金，不断地秘密扶植佐藤派内的田中系议员。⑤ 据田中秘书佐藤

---

① 保利茂《战后政治备忘录》（每日新闻社，1975年）第134页。
② 升味准之辅《现代政治1955年以后》上（东京大学出版社，1985年）第181页。
③ 《福田笔记（1970年8月—11月）》。
④ 和田纯、五百旗头真编《楠田实日记》（中央公编新社，2001年）1970年9月22日记。
⑤ 伊藤昌哉《实录自民党战国史》（朝日Sonorama，1982年）第26—27页。

昭所说，这时的田中"已经明显地将总裁之职收入囊中"。①

第三，自民党副总裁川岛正次郎的动向。在1970年1月的内阁改组中，佐藤打算将川岛任命为众议院议长，将干事长由田中换成亲福田的保利茂，试图以此奠定福田政权诞生的基础。但是川岛对此表示拒绝，政党运营继续被"川岛—田中阵线"所掌握。

加上岸派分裂的原因，反福田的川岛试图阻止佐藤将政权交给福田一事。因此，他在很早之前就支持并创造条件让佐藤四次当选总裁，希望以此为田中赢得时间，直至其积蓄起足够的力量。②

另外，佐藤对福田不扩大党内影响力而感到不满。时任内阁官房副长官的木村俊夫表示，在官邸办公室里，佐藤曾对他说："为什么福田总是羽翼未满呢。"后来木村对佐藤的深层心理进行说明，他认为佐藤既有想看到福田增加实力的心理，又怀有希望四次连任首相的心理。而"川岛—田中阵线"正是抓住了佐藤的这一心理。③

实际上，尽管佐藤给予了福田父母般的关怀，但他并没有将福田拉进自己的派阀中。那么，为什么福田在这一阶段没有扩充"福田派"呢？福田在1970年8月的笔记中如下记录了自己的想法。④

（1）说到底，自民党总裁选举，实际上就是决定日本首相的选举，是政治上最严肃的一种选举行为。所以不应该从利害关系和权力斗争的角度出发，而应该站在国家百年大计的立场进行选举。

（2）从国家百年大计的角度考虑，政局的稳定十分重要。佐藤政权下政局稳定，国力增加，因此没有必要改变现状。坚持自主投票的观念。

在福田看来，总理总裁的职位应该由怀有"国家百年大计"的政治

---

① 佐藤昭子《决定版 我的田中角荣日记》（新潮社，2001年）第85页。
② 升味准之辅《现代政治1955年以后》上（东京大学出版社，1985年）第181—182页，小畑绅一《政界前途莫测》（黄帆社，1972年）第104—106页。
③ 楠田实编著《佐藤政权·2797日》上（行政问题研究所，1983年）第107页。
④ 《福田笔记（1970年8月—11月）》。

家来担任，而不应该凭借扩大自己派阀势力、进行权力斗争的方式来获取。这是他自建立党风革新联盟时期以来不曾改变的信念。

最终在1970年10月29日，佐藤在自民党总裁选举中获取胜利，第四次连任总裁。福田一直支持佐藤体制，大概打算此后继承他的职位。但是佐藤当时选择了连任，不仅影响到福田后来的政治命运，也对20世纪70年代的日本政治产生了巨大影响。

（二）田中角荣势力增强

在佐藤第四次连任总裁后不久，川岛正次郎突然逝世。佐藤四次连任可以说是川岛正次郎给田中"留下的礼物"，田中因此获得了宝贵的与福田对抗的时间。当时，被视作"太子"的福田泰然自若；而自民党内的各派阀为了继承佐藤的位置，早已蠢蠢欲动。二者形成了鲜明对比。

虽然前尾繁三郎在宏池会上协助了佐藤四次连任，但是派阀内部对未能入阁参政的领袖前尾的不满已经达到了顶点。因此1971年（昭和四十六年）4月，田中的盟友——大平正芳取代前尾成为宏池会会长。

佐藤政权也在这一时期开始走向了漫长的下坡路。当时的日本民众已经开始对长期政权感到厌倦。在"70年安保"没有出现大混乱后，国民们开始转而关心环境问题、城市问题等经济高速发展带来的负面影响。[①]

但是，佐藤政权没能有效地处理以上问题。因此，自民党的支持率逐渐降低。在1971年的东京都知事选举中，自民党没能阻止革新派美浓部亮吉的再次当选，同时在大阪府知事选举中，保守派的现任知事也失败了。在6月27日举行的参议院选举中，自民党也以不振之势告终，首次在改选中票数少于半数。

更让佐藤受到打击的是，参议院自民党对重宗雄三议长的背叛。重宗出生于山口县，与佐藤关系密切。从1962年开始，他连续担任了三届参议院议长，十分有权势。因此参议院自民党也被称作"重宗王国"。

---

① 高坂正尧《楠田实氏的佐藤内阁论》［楠田实《首席秘书官》（文艺春秋，1975年）］第206页。

但是 1971 年 7 月，已故的河野一郎的弟弟河野谦三发表了以参议院改革为内容的河野书简。以此为契机，参议院自民党中的反重宗派组建了"樱会"。最终，重宗打消了竞选议长的念头。① 结果，7 月 7 日，河野当选了参议院议长。统领着参议院中最大会派"清风会"的重宗下台了，反佐藤的河野成为议长，这些都成为影响福田继承政权的不稳定因素。

到了 1971 年 10 月，社会舆论的关注点都聚集在了联合国中国代表权的问题。为了使自己的支持者过半，田中开始秘密地在党内开展相关工作。伊藤昌哉说，田中在年底就已经掌握了佐藤派的主导权，曾自信地表示掌握了派阀内四分之三的成员。②

佐藤曾考虑以禅让政权给福田的形式进行"角福调整"。1971 年 12 月下旬，日美两国紧急决定于下个月在加利福尼亚州圣克莱门特举行日美首脑会谈。佐藤决定届时让外交大臣福田和通产大臣田中共同前往。那时，福田听到佐藤说"差不多到了该告诉田中的时候了。该在什么时候，以什么样的方式说呢？"福田察觉到，佐藤首相已经决定了要说服田中，并且回到日本后就宣布辞职。但是在圣克莱门特，田中始终避免与佐藤接触。所以，佐藤没有机会向他说明这些事情。③

对福田来说不利的动向是，佐藤再次推迟了下台时间。在圣克莱门特的日美首脑会谈中，两国将冲绳返还的日期定为 1972 年 5 月 15 日。以此次访美成果作为辉煌业绩，佐藤在此时选择隐退应该是再合适不过的了。但是他回国后因为预算的内阁决议、全党大会、苏联外长葛罗米科访日等事务忙得不可开交，所以再次推迟了辞职时间。当然更重要的原因在于，佐藤本身将筹措、参加返还冲绳仪式视作自己的责任。④

结果，1972 年 3 月 15 日举行的冲绳返还协定批准书交换仪式结束后，佐藤仍然担任着首相之职，直至定期国会结束。

---

① 山田荣三《佐藤荣作正传》下（新潮社，1988 年）第 301—302 页，《朝日新闻》1971 年 7 月 16 日、17 日。

② 伊藤昌哉《实录自民党战国史》（朝日 sonorama，1982 年）第 58 页。

③ 福田赳夫《回顾九十年》（岩波书店，1995 年）第 194 页。

④ 山田荣三《佐藤荣作正传》下（新潮社，1988 年）第 351 页。

第三部

　　佐藤持续执政，为田中创造了更多时间。3月后，田中凭借丰厚的政治资金，开始向中间派和参议院投放"金钱炸弹"。《读卖新闻》首先报道了这场后来被称作"三月攻势"的收买行径。该报纸报道了"中间派的领袖得到5000万日元""田中向众议院的120人、参议院的40至80人行贿"等传闻。该报纸上还报道"下届政权的最强候选人原本是福田。但是关于这场党内斗争，由于田中最近开展的激烈工作，二人的差距逐渐消失，甚至还出现了田中更有优势的说法"。①

　　由于佐藤派中多数议员都被田中掌握，所以佐藤无法强行将政权禅让给福田。但是，尽管如此，佐藤依旧以"角福调整"为目标。4月25日，佐藤在日记中写道："把通产大臣田中叫来，提醒他打消对首相之职的念头。在这一点上我感觉还需要再商量。"②

　　之后，在4月27日，佐藤告诉了福田以下内容。③

　　一、阻止木村武雄。
　　二、不要在第一线任用松野（赖三）。
　　三、与田中间接沟通。不要出现第二个、第三个桐野。
　　四、最后将共同会见福田、田中。
　　五、泰然自若，不要担心。
　　六、资金对策，担心无用。

　　佐藤以分裂派系为由，向拥立田中的急先锋木村武雄提出了断交。④佐藤认为，如果能够抑制自己的亲信拥立田中，那么或许可以说服田中。另外由于佐藤主张"协调角福关系"，所以福田难以公开对抗田中。

　　但是5月9日，田中终于"揭竿而起"。他以木村的名义，从102名佐藤派参众两院议员中，集结了包括代理人在内的81名成员，让他们公开举起支持田中的旗帜。这样一来，佐藤束手无策，只能默认他们公开

---

① 《读卖新闻》1972年3月20日。
② 伊藤隆监修《佐藤荣作日记》5卷（朝日新闻社，1997年）1972年4月25日的记录。
③ 《福田笔记（1972年1月—5月）》。
④ 《佐藤荣作日记》1972年4月20日记。

支持田中。① 对"协调角福关系"抱有期待的福田，已经完全落后于田中。

（三）多数派工作

可以预想，如果田中作为候选人参与争夺首相之位的自民党总裁选举的话，那么选举将会陷入一场乱战。本次总裁选举预计有 5 名候选人，分别是福田、田中、大平正芳、三木武夫和中曾根康弘。为了在自民党总裁选举中获得胜利，候选人必须在参众两院的自民党议员（432 名）与都道府县代表共计 448 票中，获得超过半数以上的票数。但是这五位候选人的基础票数都不相上下，因此，胜负取决于被称为中间派的少数派系（椎名派、水田派和石井派、园田派、船田派）以及与其他候选人的合纵连横。②

原本福田认为，即使佐藤不把政权禅让给自己，只要党内的中间派倾向于自己，那么便可以在总裁选举中获得胜利。③

但是田中阵营以压倒性的攻势展开了收买战，并且开始单独笼络各个候选人。因此，局势开始发生巨大变化。例如，参议院中目前最大的会派——清风会，一直作为一股稳定势力，在背后支持佐藤体制。但是由于田中的影响力已经扩展至清风会，导致整个参议院自民党陷入不稳定状态。佐藤自己也在 5 月 23 日的日记中写道："（我）对参议院的变化感到不满。能有什么办法吗？"加上"重宗王国"的崩塌，参议院自民党一下子转为支持田中。

6 月 2 日，田中角荣与大平正芳进行会谈，形成了"大角联合"。从那时开始，佐藤日记开始出现"他说事到如今，已经无计可施""没办法"之类的记录。可以看出，佐藤等人面对田中不断扩大的势力，已经束手无策。④

---

① 升味准之辅《现代政治 1955 年以后》上（东京大学出版社，1985 年），栗田直树《佐藤荣作与一九七二年自民党总裁选举》[爱知学院大学论丛《法学研究》39 卷 4 号（1998 年）] 第 85—86 页，伊藤昌哉《实录自民党战国史》（朝日 sonorama，1982 年）第 46—87 页。
② 沟口英一《角福内阁诞生时》《诸君！》4 卷 6 号（1972 年 6 月）。
③ 福田赳夫、松冈英夫（对谈）《败将 谈兵》（福田事务所，1972 年 8 月）第 7 页。
④ 《佐藤荣作日记》1972 年 5 月 23 日记，栗田直树《佐藤荣作与一九七二年自民党总裁选举》[爱知学院大学论丛《法学研究》39 卷 4 号（1998 年）] 第 87—89 页。

第三部

角福对决的关键所在是中曾根派究竟支持福田还是田中。即使收买了佐藤派的大部分议员，田中的基础票仍然略少于大平和福田。他只有获得在参众两院中共拥有40名议员的中山派的选票，才能与福田展开势均力敌的对决。另外，如果中曾根为候选人的话，那么田中在第一轮投票中的得票可能会被分散掉。这样一来，田中极有可能撑不到最终投票环节。①

因此，福田、田中两大阵营均把对中曾根派做工作作为重点。佐藤很早就开始行动，他在1971年7月的政党人事调整中，将中曾根提拔为总务会长。另外，福田也继续联络中曾根派中与自己亲近的元老级人物野田武夫，不断巩固中曾根派内对自己的支持。由于该派阀中的大多数都是福田的支持者，所以福田判断，最糟糕的情况不过是中曾根派采取中立态度。

但是，6月8日，野田武夫因病去世。所以，中曾根派开始倾向于支持田中。中曾根人如其"随风倒"的外号，打算到最后一步再决定究竟支持福田还是田中。据福田所说，中曾根方面曾在6月中旬试探过福田：作为协助总裁选举的回报，是否可以约定让中曾根担任干事长或者大藏大臣。② 但是，当时福田并没有给出明确的答复。这或许是中曾根下定决心支持田中的原因。

6月17日，佐藤正式宣布辞职，自民党总裁选举进入正式选举期间。佐藤在辞职之际，叫来了福田和田中二人，提议在第一轮投票中位列第二的人协助位列第一的人，成立"第一名与第二名联盟"。佐藤的目的是提前打破田中与大平派、三木派联手，组成"第二名与第三名联盟"的可能性，让福田在第一轮投票中位居首位。③

福田依旧对选举持乐观态度。在佐藤下台前不久，他记录了自己对得票的预想，即福田160票，田中100票，三木、大平各60票，中曾根40票。他推测如果能得到中间派的大部分议员和中曾根派的支持，将可

---

① 伊藤昌哉《实录自民党战国史》（朝日 sonorama，1982年）第80页。
② 福田赳夫、松冈英夫（对谈）《败将 谈兵》（福田事务所，1972年8月）第5页。
③ 福田赳夫、松冈英夫（对谈）《败将 谈兵》（福田事务所，1972年8月）第10页。

第十一章 反对列岛改造

以一举得票过半，这样预计不到最终投票阶段，就可以获得胜利。[①]

但是，佐藤已经失去协调能力。在最终阶段，佐藤明确表示支持福田。虽然他想巩固自己的派系，但是佐藤派内保利茂等亲福田集团成立了周山俱乐部。由于田中系和福田系的对立，佐藤派早已分裂了。[②]

6月19日，中曾根明确表示放弃总裁选举候选人身份，转为支持田中。福田此时才察觉到自己处于败势之中。[③] 在形势难分胜负之际，现在决定权来到中间派手中。但是因中曾根选择支持田中，本就有所动摇的中间派，在田中金钱收买的攻势下，立刻蜂拥而动向他倾斜。

福田阵营中有人认为，应该利用"金钱炸弹"对抗田中的收买攻势。但是，直至最后福田都没有允许他们这样做。本书序言也提到，当时年轻的议员森喜朗向福田提议开展收买攻势来与田中对抗，这令福田大发雷霆。[④]

对于在过去的总裁选举中，目睹过岸信介和佐藤战斗方式的福田来说，用同样的手段来对抗田中也不是不可能的吧。岸信介担心现在福田阵营的资金不足，向福田提议借钱来筹措资金。[⑤] 如果能够获取经济界的支持，那么便可以筹得与田中对抗的政治资金。

但是自从开展党风革新运动以来，福田一直主张消除派阀和实现政治资金透明化。倘若福田违反自己的主张，为了坐上总裁宝座而沿用以往的恶习，那么这在伦理道德上，也是让人无法接受的。

面对田中掀起的空前的腐败选举，据说福田曾一度考虑放弃总裁选举。后来福田说，"实际上在选举中途，我就已经厌烦。真的很想放弃"。他说坊秀男也曾认真地向自己进言称："还是放弃如此肮脏的选举吧。请

---

① 《福田笔记（1972年5月—）》。在6月6日前后，由福田通过楠田实发给佐藤的估票中，也出现了大致相同票数的预测。《外交大臣福田的分析》（在线版，楠田实资料），《佐藤荣作官邸文书》（K-7-44）（丸善雄松堂，2016年）。
② 《读卖新闻》1972年6月20日。
③ 福田赳夫、松冈英夫（对谈）《败将 谈兵》（福田事务所，1972年8月）第3页。
④ 森喜朗《我的履历书》（日本经济新闻出版社，2013年）第109—111页。
⑤ 福田赳夫氏谈，1992年4月29—30日。《福田回忆录2 tape（194 No.2 B面）》。该录像带是为了撰写《回顾九十年》，对福田本人进行的听录记录。

— 303 —

第三部

您放弃吧。"①

但是，坊秀男并非单纯为了抗议而主张放弃总裁选举。他在 6 月 30 日的日记中记载了如下内容。

> 上午在岸事务所。我们讨论了如下内容。当福田的票数排在第二，并且他放弃选举的话，那么将根据是否保留福田的得票来决定总裁人选。那么能不能灵活地利用这一点，来演一出戏呢。

因为他认为，福田弃权反而能够让福田阵营获得决定总裁人选的决定权。翌日，坊向福田提议，与和"大角联合"阵营不是十分亲密的三木武夫携手。②

福田虽然联系了三木派，但最终还是没有接受坊秀男的提议。因为福田原本就与三木在中国问题等外交政策上针锋相对。③ 再加上，坊的提议与总裁选举之际，佐藤提出的"第一名与第二名联盟"的约定相矛盾，所以福田对与三木联手一事，持消极态度。④

但是福田坚持的"第一名与第二名联盟"被田中轻易地推翻了。因为在 7 月 2 日，三木、大平和田中达成以日中邦交正常化为目标的《政策协定》。由此，三木派将在第二轮投票中将票投给田中，所以福田完全胜利无望了。⑤

自民党总裁选举于 7 月 5 日在日比谷公会堂举行。在第一轮投票中，总票数为 476 票，其结果如下所示。

田中角荣 156 票

---

① 福田赳夫、松冈英夫（对谈）《败将 谈兵》（福田事务所，1972 年 8 月）第 17 页。

② 《坊秀男日记》1972 年 6 月 30 日、7 月 1 日记。

③ 通过福田的记录可以得知，福田方讨论通过石田博英与三木派联手。"与三木派的关系 石田开展行动 石田的条件在中国政策上一致，通过木川田做中间人进行合作 比起依赖三木，更重要的是巩固外部条件"（《福田笔记，1972 年 5 月— 》）。

④ 《坊秀男日记》1972 年 7 月 10 日记。

⑤ 福田赳夫、松冈英夫（对谈）《败将 谈兵》（福田事务所，1972 年 8 月）第 12 页，伊藤昌哉《实录自民党战国史》（朝日 sonorama，1982 年）第 86—87 页。

福田赳夫 150 票

大平正芳 101 票

三木武夫 69 票

之后，在第二轮投票中，大平、三木两大阵营均转投田中，至此胜负已定。田中为 282 票，福田为 190 票，福田失败。

二 "和平大国论" VS "列岛改造论"

（一）"和平大国论"的理念

角福战争的实际情况是，田中对被认为是佐藤接班人的福田发动了"金钱实弹"攻势。之前的总裁选举，也曾有过行贿行为横行的事情，所以田中的手段并没有什么特别之处。此次总裁选举与以往的选举在"质"上并没有什么不同，唯一不同的是"量"。正如俗称的"百亿对一亿"那样，田中阵营投入的资金与其他阵营的完全不是一个量级。[①]

然而人们只关注角福之战的资金方面，却极少有人知道他们通过媒体进行的"宣传战"。福田自己也承认，从春天开始，大众媒体便大肆报道田中更厉害，这对中间派的动向产生了巨大影响。[②]

另外，1972 年（昭和四十七年）的总裁选举不同于以往的是，各位候选人在宣布参与竞选的同时，还积极地公开了自己的政治构想。虽说在以往的总裁选举中，有佐藤荣作 S 计划那样的例外，但是那时，各位候选人所展示的不过是"人心一新""革新政治"等抽象的口号。与此相比，1972 年的总裁选举具有划时代意义。这次选举中，各位候选人先公布了自己的政策，希望向国民们展示自己的变革计划。所以，可以说角福战争也是一场关于政治构想的对决。[③]

[①] 小堺昭三《自民党总裁选举》（角川书店，1986 年）第 179 页。有证言称，田中派 100 亿日元的金额是被夸大的数字。佐藤昭子《决定版 我的田中角荣日记》第 104—105 页。

[②] 栗田直树《佐藤荣作与一九七二年自民党总裁选举》第 75—76 页，福田赳夫、松冈英夫（对谈）《败将 谈兵》（福田事务所，1972 年 8 月）第 15 页。

[③] 《读卖新闻》1972 年 7 月 4 日。

那么，福田和田中有什么样的政治构想呢？

福田在 6 月 20 日正式宣布参选总裁，当时他向社会公布了自己的"和平大国的构想"。该构想有 5000 字左右，主要包括五大支柱，分别是：（一）激变中的稳定；（二）新日本的前途；（三）有生存价值的社会；（四）世界中的日本；（五）政治力量的集结。[①]

该构想看不到福田委托外部有识之士和智囊团执笔的痕迹。福田虽然有众多情报来源，但他并不依赖某个特定的智囊团，最后都是自己思考整合。所以，当福田被问到智囊团是谁的时候，他经常回答说"是我自己"。《坊秀男日记》记载道："与起草者盐川正十郎等人讨论福田竞选辩论草案"，所以一般认为，福田的亲信盐川负责起草福田平日的构想。[②]

福田的"和平大国论"源于一种自我约束，即实现了高速经济增长的日本，不能重蹈历史上大国的覆辙，走上"军事大国"的道路。此外，尽管日本拥有强大的工业生产力和技术力量，但是只要始终坚持"和平大国"的原则，那么日本在世界范围内的裁军和维持和平方面都可以发挥巨大的作用。

在内政方面，福田提出了优先发展教育的政策。为了"培养具有开阔视野和丰富心灵的日本人"，福田把"创造出可以将家庭、学校和社会联系起来的综合性教育体制"作为目标。另外，福田还优先构建"人类环境"。他非常重视土地、住宅对策，希望通过推进环境问题与老人对策，来创造"所有人都拥有生存价值的社会"。

这些措施的背后，都蕴藏着福田"参加"和"连带（团结）"的政治理念。福田认为，作为新时代政治中心的思考方式，有必要从过去追求物质富足的价值观向以心灵富足和人类生存价值为中心的价值观转变。这些内容是他自批判"昭和元禄"以来一贯坚持的主张。福田认为，为了实行稳定的政策，有必要让"国民广泛参与"政治，同时有必要培育国民的"社会连带感"。

[①] 《朝日新闻》1972 年 6 月 21 日。本书中关于福田"和平大国论"的设计全文参考了以下内容：福田赳夫述，田中宏编《福田赳夫赌上保守革命》（读卖新闻社，1974 年）第 161—175 页。

[②] 《坊秀男日记》1972 年 6 月 14 日记。

一方面，在"和平大国论"中，福田格外重视外交政策。福田认为，外交的基轴是在世界的繁荣中寻找日本繁荣的"国际协作的态度"，有必要让日本作为"世界中的日本"不断实现和平发展。因此，他提出以"实现心灵互通的经济合作"作为外交支柱。①

实际上，佐藤政权时期，日本就已经提出了扩大对外经济合作的方针。佐藤首相在1970年10月的联合国大会演讲中表示，到1975年，日本对发展中国家的援助金额将达到GNP的1%。因此，作为佐藤政权中最后的外交大臣，福田自然会站在佐藤外交的延长线上描绘自己的外交构想。

另一方面，对于最受瞩目的外交课题——日中邦交正常化，福田表示希望尽快进行政府间磋商，实现日中邦交正常化和日苏和平条约签订这两大具体目标。他希望通过将日苏关系也一并列为外交目标，来显示日本不对中国一边倒的态度。这也有继续坚持他在担任外交大臣时的外交基本方针的意义。

政府必须重视外交的一贯性和连续性。但是，福田最大的不幸是，国民将对佐藤政权的倦怠和不满发泄到了自己身上。重视继承前政权外交路线的福田，最初曾受到过"佐藤模仿者"的批判。② 正是因为他被视为佐藤的正统接班人，所以人们才会发出这种并非本愿的批判。

福田的"和平大国论"是一幅描绘成为经济大国的日本，在后高速增长时期应该采取的政策体系的设计图。人们希望继佐藤之后，福田能够开启正式政权。福田为在20世纪70年代已经具备经济大国实质的日本，赋予了一种新身份。那就是日本不像历史上的一般国家那样，发展为"军事大国"，而是成长为"和平大国"。但是在人们被激烈的角福战争电视剧吸引的时候，福田提出的政权构想，在"佐藤流"还是"脱佐藤"的党派对立中被矮化了。

（二）陷入僵局的"列岛改造论"

与提倡理性主义国家形象的福田相比，田中角荣则高举"列岛改造

---

① 中野士朗《绝顶阴影》［楠田实编《佐藤政权2997日》下（行政问题研究所，1983年）］第153—157页。

② 《朝日新闻》1972年6月18日，《日本经济新闻》1972年6月20日。

论"的旗帜。田中以开发国土作为毕生事业,他提出的议员立法大部分都与国土开发有关。

"列岛改造论"源自田中对有着深厚积雪的家乡——越后山村的怀念之情。正如他在第一次参加众议院选举时发表的"三国山口演讲"象征的那样,他的政策始终从日本的视角出发。如田中的秘书早坂茂三所说,列岛改造的构想以消除城市与农村、太平洋一侧与日本海一侧的差距为目标,它是这类主题的政策中集大成的体现。

田中在竞选总裁的6月20日,刊发了《日本列岛改造论》。以前,田中曾对早坂说:"此后与福田竞争时,在外交方面的支柱是日中邦交正常化。在内政方面的重点是我的国土政策。(关于我的政策方面)我想出一本大众容易读懂的书。"这本书是田中强烈意识到与福田在政策方面的对抗的情况下写成的。

这本书配合田中的总裁选举,仅花费四个多月便撰写而成。以田中担任通产大臣时的秘书小长哲一为中心,池口小太郎(堺屋太一)等通产官员分工执笔,最后将它作为田中的著作出版发行。它的发行量超过八十万本,成为当时的畅销书,这在政治家的著作中可谓罕见。①

"列岛改造论"的基础是1968年(昭和四十三年)6月公布的自民党《城市政策大纲》。当时,辞去干事长职位、位居闲职的田中以自民党城市政策调查会会长身份,整理汇总了该大纲。田中提倡整顿高速交通体系和信息网络,将工业分散部署到地方,缩小地区差距的国土开发政策。②

《日本列岛改造论》的序言包括如下内容。

> 日本国民现在追求的是同时消除过密和过疏的问题。为此,我开出了一剂日本列岛改造的处方,即大胆转变都市集中的主流,将

---

① 早坂茂三《田中角荣回忆录》(集英社,2016年)第100页,同《政治家田中角荣》(中央公论社,1987年)第415、445—446页。
② 自由民主党都市政策调查会《都市政策大纲》(自由民主党出版局,1968年)。将该大纲具体化的措施之一是,田中作为通产大臣参与制定的《工业再配置促进法》(1972年法律第73号),这也是列岛改造论的基础。

民族活力与经济余力分布在日本国土全境之中。若遵循这个处方，则可以实现工业在全国的重新部署和知识的集约化，可以建成全国新干线和高速公路，形成信息通信网络。以此为杠杆，最终必定可以消除城市与农村、表日本（日本太平洋沿岸地区）与里日本（本州濒临日本海的地区）的差距。①

"列岛改造论"并非是田中的独创。"二战"后，日本便有国土综合开发的传统，自1962年策划制订了第一次全国综合开发计划以来，以经济企划厅为中心，日本不断探讨国土计划。田中在此基础上，增加了自己作为政治家的抱负，短时间内将它总结为"列岛改造论"。② 不过，对于田中来说，不幸的是，"列岛改造论"已经落后时代一步。当时，日本地价暴涨，环境问题严峻，仅仅依靠工业再分配已经无法解决这些问题。

早在1971年12月，国土审议会已经向首相提交了一份意见书，其中写道："既然日本国土之上已经出现了具体的环境破坏问题（略），要通过对发展计划的总体检查，来明确国土开发政策应该如何应对环境问题。"因此，日本以国土资源有限性最为突出的特大城市问题、土地问题、工业基地为中心，对1969年制订的新全国综合开发计划进行全面检查。③ 田中政权下的国土审议会通过了全面检查的相关方针。从"国土资源的有限性"角度来看，"列岛改造论"是穿着经济高速增长外衣、过于乐观的开发论。实际上，它要求从环境方面评估开发所带来的影响。

"列岛改造论"是田中政治的集大成，其意图是为高速增长期的国土开发构想画上句号。然而，在经济高速增长即将结束之际，田中政权高

---

① 田中角荣《日本列岛改造论》（日刊工业新闻社，1972年）第2—3页。
② 经济企划厅计划局编《经济审议会地域部会报告——高密度社会的地区课题》（经济企划协会，1968年），经济企划厅编《新全国综合开发计划》（大藏省印刷局，1969年），盐谷隆英《下河边淳小传，21世纪的人与国土》（商事法务，2021年）第42、82—84页。
③ 经济企划厅《经济企划厅综合开发行政的步伐》（大藏省印刷局，1975年）第93—95页，盐谷隆英《下河边淳小传，21世纪的人与国土》第4章。

举"列岛改造论"的旗帜登上政坛,这既是日本的不幸,也是田中的不幸。

福田晚年将角福战争总结为,高举"列岛改造论"的田中提出的"高速增长论"与福田的稳定增长论的对决。这个总结有正确的一面。因为如本书下文所述,当田中政权基于"列岛改造论"实施的政策陷入绝境之时,提出稳定增长论的福田,成为田中最大的批判者。角福战争并不仅仅是一场权力斗争,也是福田与田中二人政策构想的对决。①

(三) 八日会的诞生

据说在总裁大选中败北后,福田每晚都会梦见自己参加选举。但是,这仅仅持续了一周左右,福田就"豁然开朗、心情舒畅"了。他认为,此次败北是"天意天命"。在长达7年8个月的佐藤政权中,福田担任过大藏大臣、干事长、外务大臣等要职,繁忙的工作使他身心俱疲。福田认为,在这种状态下,即使成为首相,大概也会重蹈石桥湛山的覆辙,在上任不久后就因病辞职。因此,他意气高昂地对自己说:"上天要求你做首相的那一天一定会到来。现在先锻炼一下体力吧。"②

比起福田本人,他周围的人反倒对败于田中一事更加愤慨激昂。具有讽刺意味的是,败于派阀斗争的"福田派",走向了福田本人否定的扩大派系之路。也就是说,在总裁选举中支持福田的园田派(春秋会)和原佐藤派保利系(周山俱乐部)中出现了与福田派合并的趋势。

本书在此对"福田派"的来龙去脉予以说明。虽然福田主张派阀解体,成立了党风革新联盟,但是该联盟解散后,选择跟随福田的成员们,继续以赤坂王子酒店为据点开展活动。③

当初"福田派"的成员仅有24人左右,随着它不断吸收退出其他派阀的人员,以及新当选议员的加入,它的人数不断增加。20世纪60年代后期,加藤六月、盐川正十郎、森喜朗等人首次当选。小泉纯一郎虽然

---

① 福田赳夫《回顾九十年》(岩波书店,1995年)第202页。
② 福田赳夫《我的战败记》《文艺春秋》50卷22号(1972年)。
③ 福田派"纪尾井会"的诞生。《读卖新闻》1972年11月29日。

在1969年总选举中落选,但他后来到福田府邸担任书生,最终在1972年首次当选。他们都是福田从他们年轻时就开始培养的议员,后来均成为了清和会的中坚力量。①

作为派系性质模糊的"福田派",在1970年11月将名字定为"纪尾井会"。原因是,在佐藤确定四次连任总裁之后,"福田派"的年轻人明确要求以下届总裁选举为目标展开活动,表现出强烈的斗志。"纪尾井会"具备派阀的结构配置,以有田喜一作为代表责任人,设有组织与游说、政策、信息与宣传三大部门。②

如前文所述,角福战争的败北使"福田派"走向了扩大势力之路。7月12日,纪尾井会、春秋会、周山俱乐部三大派系合并,形成八日会。因此"福田派"的势力扩张到原来的两倍,有65名众议院议员,有让人不可小觑的势力。

不过,八日会是由来自其他派阀的人员组成的"混合家庭",远没达到万众一心、精诚团结的地步。并且,由于派阀的扩大,它与田中政权之间的关系变得复杂起来。这一点的代表性事件是福田拒绝议员入阁事件。7月7日,田中政权上台后,田中从"纪尾井会"中指定三池信、有田喜一入阁参政。但是福田以在总裁选举的最终投票中获得四成支持率为理由,要求田中也向园田派和周山俱乐部分配阁僚职位,拒绝三池、有田二人入阁参政。这是福田对在总裁选举中向自己施以援手的园田派和周山俱乐部的关照。③

(四) 日中邦交正常化

田中政权上台后致力于实现日中邦交正常化。福田虽然认可实现日中邦交正常化的必要性,但他同时也认为有必要考虑处理台湾问题和对苏关系之间的平衡,慎重推进日中谈判。

---

① 佐藤雄一编著《福田赳夫论》(住宅新报社,1976年)第118页,梅田功《变革者》(角川书店,2001年)第125—128页。
② 上述。福田派"纪尾井会"的诞生。
③ 《读卖新闻》1972年7月7日、9日,佐藤雄一编著《福田赳夫论》(住宅新报社,1967年)第147页。

虽然田中表面上也将实现日中邦交正常化作为外交政策的支柱,但他实际上对此十分慎重。在总裁选举的最后阶段,田中与大平、三木签订了以实现日中邦交正常化为目标的《政策协定》。但是,这种合作带有强烈的以三派联合为大义名分的色彩。事实上,以日中邦交正常化为目标的三木强烈主张把废除所谓"日台和约"写入政策协议中。但是田中和大平担心这会束缚将来的谈判方针,所以对此表示反对。因此,最终《政策协定》采取了一种抽象的表述方式:"通过政府间谈判,以实现与中华人民共和国缔结和平条约为目标来进行谈判。"①

只要中国不承认有"两个中国",那么日本为了实现日中邦交正常化,就必须与中国台湾断交。但对于何时、如何与中国台湾断交,他们并没有确定具体的方针。另外,自民党内部以"亲台派"为中心对于舍弃中国台湾一事,坚决反对。因此,福田也不认为田中政权上台后会迅速实现日中邦交正常化。

但是中方行动十分迅速,在日方意料之外。田中政权上台后,日方对实现日中邦交正常化表现出了积极的态度,中国政府发表了欢迎田中政权上台的声明。接着,中方让以上海芭蕾舞团副团长身份访日的孙平化联系日本外交大臣大平。中方对田中政权表示,欢迎召开日中首脑会谈,不再要求"复交三原则"作为实现两国邦交正常化的前提条件。

在阅读了访华的公明党委员长竹入义胜带回的与周恩来的会谈记录——《竹入笔记》之后,田中政权下定决心实现日中邦交正常化。7月27日,与竹入进行会谈的周恩来总理传达了以下两点内容:(1)中方不触及《日美安保条约》;(2)放弃战争赔偿请求权。

还剩下的问题是党内工作。自民党内部成立了日中邦交正常化协议会(以下简称为"正常化协"),由原外交大臣小坂善太郎担任会长。在431名自民党参众两院议员中,共有249名议员参加了"正常化协"。

8月3日,外交大臣大平首次在自民党内部明确表示日台断交。同一天,大平首次在"正常化协"上表示,收到了周恩来总理发出的正式访中邀请。

---

① 中野士朗《田中政权886日》(行政问题研究所,1982年)第71—72页。

福田也对田中政权迅速推进日中邦交正常化表示担忧。同一时期，福田在本地草津进行的演讲中表示，"为了解决日中问题，必须妥善处理台湾问题"，必须充分且慎重考虑到台湾的立场来推进日中邦交正常化。①

8月19日傍晚，福田与外务大臣大平会谈，听取大平关于日中邦交正常化谈判方针的说明。

一、不可以一举实现正常化；不可以采取美国的那种方式。
二、还是不要直接废除与台湾当局的协定。
三、以正常化为目标，进行政府间接触；北京会谈到此为止。

福田的观点是采取"两阶段复交论"，即并非通过田中访中一举实现两国邦交正常化，而是要举行日中首脑会谈，待田中回国后，再进行邦交正常化协议。因为他判断，通过这种方式不会刺激到美国，并且日本还可以获得说服台湾当局的时间。

上述"两阶段复交论"是日中邦交正常化慎重论者的广泛共识。研究中国的日本学者中岛岭雄回顾称："我们的计划是，充分听取中国的意见，回到日本后，等到明年春天再实现日中邦交正常化。"佐藤政权后期成立了官房长官的私人咨询机关——"国际关系恳谈会"。中岛便是该恳谈会的成员。②

面对这种慎重论，心意已决的田中和大平实现日中邦交正常化的决心并没有动摇。9月5日，正常化协发布了措辞模糊的"日中邦交正常化基本方针"，在上次总裁选举中转而支持田中的年轻的中川一郎、渡边美智雄、滨田幸一等人纷纷表示接受。③

9月25日，田中首相与外交大臣大平出发前往北京。在三天前，与田中进行会谈的福田，对他提出了以下建议："（1）为解决台湾问题

---

① 《读卖新闻》1972年8月17日。
② 中岛岭雄《日中友好的幻想》（PHP出版，2002年）第40页。
③ 井上正也《中日邦交正常化的政治史》（名古屋大学出版会，2010年）第513—514页。

绞尽脑汁。（2）不要只是嘴上说互相不干涉内政，而要真正地做到。（3）最重要的是自主性；我方有我方的立场，请好好地对他们进行说明。"①

福田对田中政权性急的举动感到不安，但也只能静观其变。实际上，不仅是田中和大平，就连外务省事务当局，对于能否通过一次访中实现两国邦交正常化，也没有十足把握。以条约局条约课长的身份参与日中谈判的栗山尚一回想道："说实话，关于这次交涉能否顺利进行，（略）我本人没什么信心。"② 对于田中和大平而言，此次访中是一场巨大的赌博。

话虽如此，但是中方表现出了超乎意料的热情与灵活，这样一来，时机就已经成熟了。中国政府害怕苏联拉近与日本的关系，因此它比日本更急于实现日中邦交正常化。日中关系所处的国际环境使两国邦交正常化成为可能。虽然日中邦交正常化谈判在达成协议前，经历了一段波折的插曲，但是实际上双方在短短4天内就完成了谈判。之后在同月29日，两国发表日中共同声明，实现了日中邦交正常化。

正如前文所述，为了实现日中邦交正常化，日本必须与中国台湾断交。假设福田政权上台的话，单就台湾问题而言，恐怕很难比田中政权争取到中方更大的让步。实际上，福田也就日中邦交正常化概括道："虽然有过于性急的一面，但是从大局来看，历史的潮流在世界范围内都是朝着这个方向发展的。田中先生巧妙地抓住了这一点。"③

（五）沸腾的列岛改造热潮

除了日中邦交正常化，田中突然推进列岛改造的行为也让福田深感不安。田中就任首相后，为了将作为内政支柱的列岛改造构想具体化，立刻严令大藏省干部编制积极预算。大藏省内的许多官员认为，经济呈现复苏趋势，因此不宜采取刺激政策。但是，由于田中的强硬指示，大

---

① 《福田笔记（1972年7月—12月）》。
② 栗山尚一《日中邦交正常化》[《早稻田法学》74卷4号，（1999年）] 第42页。
③ 福田赳夫《回顾九十年》（岩波书店，1995年）第206页。

藏省开始编制大型预算。①

在列岛改造论的影响下，各省厅争先恐后提出许多新构想。例如，通产省提出"新25万城市"，建设省提出"地方中核城市"，自治省提出"城市整备税"，农林省提出"农村综合整备"，等等。仅"新25万城市"构想就处于百家争鸣的状态，甚至自民党内也有人担心内政的重点会成为内阁的致命弱点。②

日本社会也掀起了改造列岛的热潮。列岛改造论点燃了土地神话，人们确信现在正是买入土地的绝佳时机。对于列岛改造论蓝图上列出的新指定城市、新开发候选地、高速公路、新干线预定地等地区，房地产商们蜂拥而至。由于金融缓和造成的过剩资金用于土地投机，整个日本掀起了改造热潮。

1972年（昭和四十七年）10月20日，内阁会议通过了调整预算案。预算规模为6513亿日元，事业费约为2兆亿日元。其中备受瞩目的是，追加了承担列岛改造的公共投资，占调整额的82%。1970年补充预算的追加金额有些异常，当时大藏省内出现了对于只要看上去能列入补充预算的项目，"姑且不论，什么都拿来"的氛围。就连热衷于争取预算的农林省也发出"（预算是）用不完的，请控制一下"的声音。③

接着在1973年的预算编制中，也破例编制了与补充预算一体的15个月的"列岛改造预算"。1973年1月15日，在内阁会议通过的预算案中，普通会计增加了24.6%，财政投资融资增加了24.3%。

由于编制了大型预算，所以政府增发了国债。加上列岛改造热潮带来的巨额泡沫税收，公债发行额比前一年又增加了3900亿日元，累计达到2兆3400亿日元。"列岛改造预算"和"福祉元年预算"的大操大办，给今后留下了巨大的财政负担。

---

① 松林松男编《回忆录 战后大藏政策史》（政策时报社，1976年）第223—224页。

② 《朝日新闻》1972年7月19日、20日，8月28日。《各省厅的最新动向与改造相关法案》《实业日本》75卷23号（1972年）。

③ 公文宏，大藏省主技局主机关辅佐（农林系）氏谈，2016年1月。纳富一郎、岩元和秋、中村良广、古川卓万《战后财政史》（税务经理协会，1988年）第287—289页，米泽润一《国债膨胀的战后史》（金融财政事情研究会，2013年）第62—63页。

田中政权最大的失策是，不顾经济扩张的局势，依旧展开积极财政。"伊奘诺景气"之后，经济萧条于1971年12月触底，待田中内阁上台时，经济已经处于明显上升之势。①

当时，大幅度的量化宽松货币政策导致货币供给量增加，社会上开始出现流动性过剩的问题。因此如果再实行积极财政的话，将造成需求大于供给的局面。另外，当时海外通货膨胀加剧，谷物与木材价格开始上涨。批发物价从1972年夏天开始，上涨趋势不断提高，极有可能诱发恶性通货膨胀。因此，随着物价、地价、公害等影响国民生活负面现象的扩大，瞬间沸腾起来的列岛改造热潮又在眨眼之间破灭。

田中的积极财政使经济波动的山峰越来越高，而经济政策的根本意义是在经济繁荣时，抑制财政；在不景气时，扩大财政。正如福田财政那样，要针对景气采取反周期（counter cyclical）的财政运营方式。② 然而田中的财政运营方式正与此原理相反，所以他加剧了经济波动的起伏情况。而"列岛改造预算"明显是政府的强横之举。过去田中在佐藤政权中担任大藏大臣时，就曾失策过一次。

当时在"65年经济萧条"中，他在内阁会议上决定削减一成预算，导致经济不景气的低谷进一步加深。这次在"列岛改造"问题上，田中再次犯了财政上的错误。

但是，此次失政并非田中一人的责任。"列岛改造预算"受到了财政界、通产界和许多经济学家的欢迎。当时仅有极少数人对积极财政提出疑问，并认为有必要调整汇率。③ 在沸腾的列岛改造热潮和对日元升值的恐惧面前，大藏省、经济企划厅、日银内部对景气过热和通货膨胀的担忧便没那么突出了。

---

① 纳富一郎、岩元和秋、中村良广、古川卓万《战后财政史》（税务经理协会，1988年）第288—293页，米泽润一《国债膨胀的战后史》（金融财政事情研究会，2013年）第62—63页，《日本经济新闻》1972年7月11日（晚报）。

② 中村隆英《日本经济的成长与循环》（东京大学出版会，1978年）第243页。

③ 尾原荣夫编《新版 从年表中观察日本经济的足迹》（财经详报社，1994年）第2、22—223页。

三 第一次石油冲击

（一）就任行政管理厅长官

田中政权失势速度也很快。在上台仅半年后，日本国民对日中邦交正常化的高涨情绪逐渐减弱，列岛改造的梦想渐行渐远，对通货膨胀的恐惧逐渐在日本国民中蔓延开来。

田中政权面临的逆风最终在1972年12月10日的众议院总选举中表现出来。在这次选举中，田中表现得十分强硬，总共选拔了339名自民党的公认候选人，比上次选举多了11人。但是这也导致了各地胡乱推举候选人，最终加上无所属议员的席位，自民党共获得了284个议席，比解散众议院前减少了13个席位。另外，日本共产党获得了38个议席，一跃成为仅次于自民党和社会党的第三大党派。由于日本共产党的飞跃发展，媒体报道称"自共对决"的时代已经来临。[1]

处境艰难的田中为了重整经济政策，开始寻求福田的协助。12月14日中午，田中在首相官邸请求福田予以协助。福田询问说："是否考虑过名副其实的全党体制"，田中回答称正是那样考虑的。虽然田中在入阁之前探寻了主要阁僚的意见，但是福田表示希望得到一个"能全面对国政提出建议的轻松职位"。最终，福田就任行政管理厅长官一职。[2]

作为行政管理厅长官，福田非常重视与国民生活直接相关的通货膨胀对策和地价对策。因此，他将行政监察的重点放在亟须处理的物价、公害、福祉等问题方面。之后，他直接对土地问题开刀，基于监察结果，向田中提出了"土地冻结"的申请。日本在《国土利用计划法》中导入土地交易事先申告制，也是出于福田的警告。[3]

---

[1] 中野士朗《田中政权886日》（行政问题研究所，1982年）第255—260页。

[2] 《朝日新闻》1972年12月14日（晚报）、20日、23日，田中宏编《福田赳夫赌上保守革命》第180—181页。

[3] 福田赳夫《回顾九十年》（岩波书店，1995年）第208页，福田赳夫、青柳武（对谈）《讨论行政改革的课题》《时代变化》17卷5号（1973年），田中宏编《福田赳夫赌上保守革命》第181页。

田中非常坚持设立国土综合开发厅（即后来的国土厅）。它是承担列岛改造的新组织，是在经济企划厅的综合开发局基础上通过吸收相关省厅的部分部门设立而成的。因此，福田没有理由否认这个机构。①

另外，福田非常重视物价行政和环境行政。为了应对严峻的物价问题，经济企划厅要求设立物价局。而综合开发局被改组为国土综合开发厅，也不是没有意义的。在谈判的最后阶段，经济企划厅长官小坂善太郎拜访了福田，请求设立物价局。福田当即表示同意。②

在环境行政方面，福田也持积极态度。这与他在担任大藏大臣时向佐藤首相建议设立环境厅一事不无关系。福田一直认为稳定的物价和环境保护是国民拥有富足生活的基础。他的目标是实现物价稳定与经济发展并存，环境与开发并存。田中与福田的差距就在于，过度推进列岛改造，轻视了对国民生活而言十分重要的物价和环境问题。③

（二）通货膨胀的火苗

到了1973年（昭和四十八年），原本火苗微弱的通货膨胀很快蔓延到全部物价。批发物价和消费物价同时高涨，呈现了前所未有的异常情况。

这种反常的物价上涨是以下三个因素交织在一起造成的。④

第一，世界经济同时扩张导致了需求通货膨胀。国际商品行情高涨，进口物价上涨。1973年，海外因素对批发物价上升的影响，占30%—40%。

第二，国内总需求的急速增加与供给的制约。供求紧张导致了物资不足，而超额需求的起因则是大幅度的量化宽松货币政策和高额财政预算。

第三，投机活动蔓延，通货膨胀心理加剧。对美元的托盘行为和金融缓和导致流动性过剩，再加上列岛改造热潮，助长了人们对土地、物

---

① 《朝日新闻》1973年1月14日。
② 坂本佶三《行政管理厅长官秘书官氏谈》2014年10月31日。
③ 堀越作治《战后政治背面史》（岩波书店，1998年）第239—240页，福田赳夫《以充实国民生活为目标》《经济》6卷10号（1971年）。
④ 长濑要石《物价问题与物价对策》，垣水孝一编著《解说国民生活紧急措施法》（经济企划协会，1974年）。

资、股票等的投机行为。企业囤货惜售和消费者抢购进一步推动物价上涨。

本来在这种情况下,有必要从金融和财政两方面实行强有力的紧缩政策来抑制总需求,但执着于列岛改造的田中,对抑制总需求犹豫不决,试图让政府介入物资交易,统一管理价格。

2月8日,经济审议会向田中总理报告了《经济社会基本计划》。该五年计划将"列岛改造论"反映在长期经济计划之中,① 它将增长率定为9.4%,消费者物价上涨率定为4.4%,批发物价则总体上保持稳定。该计划的目标是,在1985年之前,建成1万千米高速公路和7000千米新干线,在1977年之前,建设完成3100千米高速公路和1900千米新干线。②

但是这一时期经济基础不断动摇,上述计划所列举的目标未免或许乐观了。实际上,在物价狂乱的浪潮中,该计划不到半年就丧失了其作为方针的指导作用。

当田中政权向抑制总需求转变时,已经为时过晚。本来田中政权应该在前一年秋天采取金融紧缩政策,来吸收流动性过剩,但是它依然维持法定利率保持不变。最终在4月2日,日本银行终于提高法定利率。③

接着在4月11日,大藏省也与日银的金融紧缩保持步调一致,灵活地开展公共事业。但是这一措施是大藏省考虑到水泥的不足和建设材料的暴涨才实施的,并不算是推迟开展公共事业的措施。到了7月,大藏省领导依旧反对大幅削减公共投资。④ 大藏省一方面催促日本银行采取金融紧缩政策,但另一方面却对财政紧缩政策态度暧昧。

福田在内阁中感受到了强烈的危机感。6月21日,报道称消费者物价同比上涨13%。当天福田在演讲中表示,通货膨胀的恶化并不仅仅是

---

① 星野进保(综合研究开发机构编)《作为政治的经济计划》(日本经济评论社,2003年)第535—538页。
② 经济企划厅编《经济社会基本计划》(大藏省印刷局,1973年)。
③ 铃木淑夫《补论从佐佐木直到黑田东彦》,吉野俊彦《历代日本银行总裁论》(讲谈社,2014年)第460页,岛村高嘉《历代日本银行总裁与他们的时代》(东洋经济新报社,2014年)第88—91页。
④ 《朝日新闻》1973年4月11日,尾原荣夫编《新版 从年表中观察日本经济的足迹》(财经详报社,1994年)第231页。

经济问题，也是社会问题，更是最大的政治问题。他主张如果能够首先解决通货膨胀问题，并且找到解决资源问题的方向，那么公害、过密和过疏、交通、住宅等问题一定能够得以解决；并且要重新讨论新全国综合开发计划和经济计划，将稳定增长作为日本不可动摇的目标。①

福田批评说，"治理通货膨胀是最高领导层的决心问题"，如果不治理通货膨胀，只是嘴上说得天花乱坠，那也只是空中楼阁罢了。他阐述了抑制通货膨胀这一切实政策的重要性。②

但是，在这种情况下，田中依旧希望稳定物价与列岛改造并行。他的理论是，要实现物价稳定必须改善（货币）流通问题，因此必须要推进列岛改造。法定利率在4月后共上涨了4次，8月末达到7%。由于田中希望实现上述两个目标，所以他在采取金融紧缩政策的同时，对抑制公共投资持消极态度。田中政权的局限性在于缺乏宏观经济政策的视角，仅致力于个别对策。

同年夏天过后，经济紧缩的影响逐渐波及实体经济。通货膨胀的火苗似乎已经熄灭，政府内部也弥漫着安心的气氛。但是供求依然紧张，倘若有一阵风吹过，通货膨胀的小火苗将立刻发展为燎原之势，日本依旧处于危险之中。

（三）石油危机来袭

1973年10月OPEC（石油输出国组织）采取的石油战略，给日本经济带来重创。福田曾警告称，不久日本将会遇到资源、能源困难，然后这种困境就真的出现了。

10月6日第四次中东战争爆发，OPEC决定减少石油生产并且提高石油报价。日本88%的原油都依赖于中东，所以OPEC的这一举动对日本的打击是不可估量的。

即便OPEC提高原油报价，也不会立刻在日本国内的物价中反映出来。然而，日本的批发物价和消费者物价急剧上涨。这是因为当列岛改

---

① 福田赳夫《日本的现状与将来》《政经人》20卷8号（1973年）。
② 福田赳夫《在动荡期呼吁》（八日会，1973年）。

第十一章　反对列岛改造

造热潮引发通货膨胀之际，人们对石油断供的担忧日益蔓延开来，日本人心里的不安一下子增强了。由于企业囤积、涨价和消费者抢购行为，日本产生了巨大的假需求。这引发了日本全国性慌乱，人们疯狂囤积卫生纸事件就是其典型例子，后来以此为开端，物资不足的骚乱还波及其他日用品方面。①

但是，即使发生了石油危机，田中依然希望继续推进全国新干线网计划。因为，该计划是列岛改造的主要支柱。对此，福田只能叹息道："田中真是对铁路有执念啊！"②

福田对田中的财政运营越发感到担忧。在10月9日的八日会总会上，福田在致辞中说道："如果搞错了通货膨胀问题的处理方法，那么日本的发展方向将面临严重事态。"在会议上出现了许多支持福田的意见，如要求停止列岛改造论，搁置修建新干线网计划等。越来越多的看法认为，坚持高速增长的"田中政治"必然会被迫进行政策修正。③

自从田中政权上台，福田一直坚持着"沉默是金"原则，但是现在面对这种情况，他也开始在公开场合批评列岛改造。

例如在某杂志的对谈上，福田批判说："田中首相搞错了运行政治的顺序"，政治的目标是在"名为通货膨胀的小火苗"演变为大火灾之前，将它扑灭。福田主张"抑制总需求"，他认为以金融紧缩政策为中心的通货膨胀对策，仅对民间设备投资有效果。因此他说，在新一年度的预算中，是否实行新干线构想等切实抑制公共投资的政策将成为焦点。

另外，当被问到在下一次内阁改造中是否会退出内阁时，福田暧昧地回答道："现在我作为阁僚，全力以赴帮助田中首相纠正错误。"但是他最后表示"总理啊，请您一定好好听取我的建议"。这是因为福田的脑海中一定萦绕着一种想法，即如果自己的建议不被听取，那么自己也没有留在内阁的理由。④

---

① 经济企划厅物价局《物价报告77》《大藏省印刷局，1977年》第83—84页。
② 《朝日新闻》1973年10月17日、25日。
③ 《朝日新闻》1973年11月10日、14日。
④ 福田赳夫《田中君啊，听我说》《文艺春秋》51卷18号（1973年）。

四 打压"物价飞涨"

（一）就任大藏大臣——被封印的"列岛改造论"

在前所未有的危机之际，1973年11月23日，积劳成疾的大藏大臣爱知揆一，因急性肺炎突然病逝。

因为福田在老家过周末，所以那时他正在群马县的伊香保温泉横手馆里，在晚上看电视时看到了爱知住院的报道。然后，他刚躺到床上不久，就接到了田中打来的电话，称爱知病逝了。福田对这位比自己晚两年进入大藏省的后辈之死评价为"苦闷而死"。他哀悼爱知之死，表示："严重通货膨胀、国际收支赤字，再加上从10月开始的第一次石油危机，他大概是过于劳心吧。"

失去了政策通爱知这名得力亲信后，田中为了平息经济混乱，决定以福田为中心开展经济财政运营。翌日中午，正在群马县甘乐町进行演讲的福田收到一张紧急便条，上面写道："田中首相说，希望你亲自接电话。"田中说："有紧急事情想与您商谈，请您尽快返回东京。"福田取消了预定计划，在警车的带领下返回了东京。他在东京召开了"八日会"会议等，气氛十分紧张。[1]

当天傍晚，田中与福田会面。田中请求福田担任大藏大臣，表示"希望您能从更加积极的立场，来协助我"。对此，福田表示谢绝，称："你我二人之间有过纠葛。不管怎么样都会被别人称作角福战争，所以我还是想担任行政长官。"但是田中并没有放弃，翌日再次会见了福田。[2]

福田在犹豫是否要接受大藏大臣的职位。因为他认为从政局方面来看，与田中政权合作未必是上策，失败了自己会受伤，成功了也只会延长田中政权的寿命罢了。"八日会"中也有强烈声音建议与田中政权保持距离。在这样的情况下，福田自己曾自言自语地说过："还是宫泽（喜

---

[1] 坂本佶三《行政管理厅长官秘书官氏谈》，福田赳夫《回顾九十年》（岩波书店，1995年）第209页。

[2] 《福田笔记（1973年7月—　）》，福田赳夫《回顾九十年》（岩波书店，1995年）第209—210页。

第十一章 反对列岛改造

一) 君好啊。"①

福田之所以接受大藏大臣的职位,大概是出于自己一直负责财政政策的自负心吧。并且也因为他身上具有的上州人的侠气吧——既然被别人拜托了,就不能逃避不管。在之前的众议院选举中,福田在选区中进行演讲时说:"上州气质就是杀身成仁。"不能舍身行动的政治家是得不到国民信任的,可以说正是这种信念最后推动福田做出了决定。②

但是,想让福田担任大藏大臣,就必须满足两个条件。第一,在预算编制在即的阶段,是否可以实施福田所期望的严格财政紧缩政策。第二,田中首相能否降下"列岛改造"的大旗。

关于第一点,福田与事务次官相泽英之等大藏省干部会面,提出了以下三个问题。第一,本年度的预算规模能否控制在比上一年度增加20%之内;第二,公共事业费是否能削减到上一年度的金额以下;第三,米价和国铁票价涨价能否延期半年实行。

相泽回答说"也不是不可以",关键取决于政府的决心。公共事业费的减缩可以由内阁决定,而米价国铁运费延期带来的财政负担,只要政府提前做好心理准备就可以。听到了相泽的回答,福田下定决心,准备火中取栗。③

剩下的问题是田中是否会放弃列岛改造。翌日上午,福田再次与田中在首相官邸进行会谈。田中表现出与前一天截然相反的态度,约定将"收回"日本列岛改造论,并且表示绝不插手经济问题,一切交给福田处理。因此,福田最终回答说:"您都说到这个地步了,那我接受(大藏大臣的职位)。"④

通过这次会谈,田中的列岛改造论画上了句号。或许正如早坂茂三所追述的那样,"事实上,在那个时候,田中政权的命运已经走到了尽头"。这大概也是宣告着日本高速增长时期结束的晚钟。⑤

---

① 坂本佶三《行政管理厅长官秘书官氏谈》,《朝日新闻》1973 年 11 月 25 日。
② 《福田笔记(1973 年 7 月—12 月)》。
③ 松林松男编《回忆录 战后大藏政策史》(政策时报社,1976 年)第 245 页。
④ 福田赳夫《回顾九十年》(岩波书店,1995 年)第 210—211 页。
⑤ 盐田潮《内阁总理大臣的日本经济》(日本经济新闻出版,2015 年)第 124 页。

（二）抑制总需求的短期决战

第三次就任大藏大臣的福田，于11月25日夜晚在大藏省召开了记者招待会。在记者招待会上，他明确阐述了就任大藏大臣的决心，即优先解决通货膨胀问题、从根本上改变财政政策等。关于"列岛改造论"，福田说"实施的时机有问题"，在现在通货膨胀的情况下，继续推进改造论的话，无疑是火上浇油。当记者再次追问时，他斩钉截铁地说，"那是田中首相的个人意见，不是政府的构想。"

12月1日，日本召开了第72次国会，福田在国会上进行了财政演讲。在演讲中福田表明了自己的基本态度，即政府要优先解决物价问题，并且为了抑制总需求，将采取抑制性的财政金融政策运营方式。

国会立刻开始审议1973年度修正预算案，该预算案是大藏大臣爱知在病逝前整理而成的。其中主要包括提高生产者米价、重新修改决定公务员工资和追加社会保障费等内容，可谓具有"为通货膨胀善后"的性质。[①]

在野党在国会论战中对福田久攻不下，如同要夺走在野党的地位一般，福田在事实上推翻了"列岛改造论"，打出了消灭通货膨胀的旗号。因此，同样呼吁撤回"列岛改造论"和转换高速增长路线的在野党，在国会中的存在感被削弱了。

12月14日，修正预算成立。1974年度预算编制终于来到了最后的紧要关头。

福田短期决战的阵法由四大支柱组成。

第一，将公共投资的增长率设定为零。福田采取了大胆的措施，将连续两年中每年增长30%的公共事业费一举降低到零。

第二，将预算总额的同比增长率控制在20%以内。1974年度的预算规模为17兆994亿日元，增长率为19.7%。尽管公共事业费与上年度持平，但预算总额如此膨胀的最大原因是社会保障相关费用增加了

[①]《朝日新闻》1973年11月22日、26日，古泽健一《福田赳夫与日本经济》（讲谈社，1983年）第150—151页。

36.7%。而社会保障费增加的原因是制度修改以及物价变动导致支付额提高。①

第三，抑制公共事业收费。米价和国铁运费可为公共事业收费中的"两大横纲"。如果在通货膨胀时，冻结这些象征性的费用，那么它作为非常时期的措施，在实际上和心理上都有重大效果。福田将从1974年4月起消费者米价上涨9.8%和国铁运费调整23.6%的计划冻结了半年之久。该举措如同制动器一般，起到了抑制通货膨胀的作用。②

第四，将法定利率提高2%。由于金融紧缩的延迟，在其效果还没显现之际，石油危机就爆发了。提出短期决战的福田积极推进法定利率上调2%，这是日本在1886年（明治十九年）以来首次将法定利率设为9%，堪称史上罕见的大幅加息。③

福田宣布"抑制物价，财政先行"。正如这句话所说，福田从财政、金融两方面果断采取了抑制总需求的政策，这是福田财政金融政策名副其实的大转换。但是，这个大转变不是用一般的方法就能实现的。尤其让福田头疼的是削减公共事业费和实行2兆日元的减税问题。

（三）削减公共投资

倘若将公共事业费的增长率设定为零，那么工程单价将会急剧增加，工程量将因此减少20%左右。所以一下子将增长率设定为零，可谓惊天动地的措施。

福田这样考虑抑制公共事业的意义有以下几点。第一，政府亲自示范，将重新赢得国民信赖。大胆缩减公共事业费用是抑制列岛改造热潮、缓解人们不安心理的一种方法。第二，公共事业的需求效果很大。公共投资有很大的乘数效应，其效果将遍及整个产业。第三，这不是一律压制，而是张弛有度地控制。一方面政府要削减需求效果大、心理冲击力

---

① 纳富一郎、岩元和秋、中村良广、古川卓万《战后财政史》第298—299页。
② 经济企划厅物价局《物价报告76》（大藏省印刷局，1976年）第25—33页。
③ 《朝日新闻》1973年12月13日、17日，三桥规宏、内田茂男《昭和经济史》下（日本经济新闻社，1994年）第41页。

强的大型项目，另一方面要照顾到与生活相关的项目。①

　　福田真的在考虑"将增长率抑制为零"吗？大藏省中因杰出才干而闻名的公共事业担当主机关藤仲贞一对此表示怀疑。他的交涉对象是建设省，后面还有建设族（日本的族议员之一）议员。因此藤仲认为只能询问大臣的真实意图，所以他秘密前往大藏大臣办公室，询问道："真的可以抑制吗？"对此福田立刻明确地回答说："不论发生什么事，都要抑制公共事业费。"听到这句话的藤仲下定了决心。在福田坚定决心的影响下，之后，大藏省团结一致，说服了事业官厅，压制住了地方自治体和业界团体的预算陈情。②

　　12月12日福田与田中首相、政调会长水田三喜男进行会谈。在此次三方会谈中，他们就通过"短期决战"，到1974年6月为止，控制经济、物价和尽量压缩预算规模达成了一致意见。在那个场合下，福田大概将把公共事业费增长率设置为零的决定告诉了田中。但是，自民党内部对此表示强烈反对。因此福田与党内三大重要人物（副总裁椎名悦三郎、干事长桥本登美三郎、政调会长水田）进行会谈，努力说服他们。与田中合作的政调会长水田，也努力在自民党内斡旋。就这样，政府最终确定公共事业费与上一年度持平。

　　当然，短期决战构想得以实现的很大原因在于，陷入困境的田中甘愿接受增长率为零。当时，田中的嘴角有些弯曲，说话比平时含糊不清。12月15日起，田中到东京递信医院住院，22日出院后，一直在家中静养到新年。他的病因是疲劳和压力导致的面部神经痛。自从田中把预算全权委托给福田后，他对编制预算几乎没有提出任何要求。③

　　由于抑制公共事业费用，作为列岛改造政策重头戏的本州四国架桥，其建设费被控制在原来的一半以下。以东北上越新干线和东京湾跨海道路为代表的高速公路建设，也不得不大幅延期。就这样，政府对大型项

---

① 福田赳夫《日本艰难的一年——对物价资源问题的挑战》《金融财政事情》25卷1号（1974年）。

② 公文宏，大藏省主技局主机关辅佐（农林系）氏谈，《朝日新闻》1973年12月19日。

③ 《朝日新闻》1973年12月13日、17日、21日（晚报）和22日，松林松男编《回忆录战后大藏政策史》（政策时报社，1976年）第26页。

目突然踩了急刹车。

与此相反，住宅、下水道、环境卫生、公园等生活环境整备费用却增加了21.2%。福田将公共事业费总额控制在与前一年持平的基础上，优先安排了与生活相关的预算，大胆而张弛有度地运营财政。①

（四）两万亿日元减税的攻守

在1974年夏季参议院选举即将来临之际，田中提出实行"两万亿日元减税"。这被人们视为田中政权的承诺，日本国民们普遍期待通过大规模减税来弥补因通货膨胀而造成的收入下降。

福田对实行两万亿日元减税持批评态度。他认为，如果考虑到战胜通货膨胀和财力因素，就不要轻易地说出讨国民欢心的花言巧语。②因此在就任大藏大臣的记者招待会上，针对"两万亿日元减税"，福田说："如果财政上允许的话就这样实施，如果不允许的话就缩小减税规模。"③

关于两万亿日元减税，在大藏省内，主税局和主计局的意见并不一致。对主税局而言，纠正所得税的弊病是多年的悬案。主税局局长高木文雄对大幅减税燃起了执念。因此他认为田中"说出的大话"正好是个好机会，而且也是"最后的机会"。所以高木并不想放过这个机会，他想借机稳定所得税的累进性，大胆放宽工资所得扣除标准。④

另外，主计局从实现财政健全化目标的角度考虑，并不赞成主税局的行动。尤其是主计局局长桥口收，是最严厉批判两兆日元减税构想的人之一。不过主计局没办法拒绝主税局的强烈要求。因为当时由于通货膨胀，日本税收增加，所以主计局不得不向减税妥协。⑤

福田担任大藏大臣后不久，便向高木等人表达了对两兆日元减税的疑问与不满。以耐性极强著称的主税局局长高木，多次向对于减税怀有

---

① 纳富一郎、岩元和秋、中村良广、古川卓万《战后财政史》第298页。
② 福田赳夫《战胜通货膨胀是建立国家的基础》《政经人》20号临时增刊（1973年）。
③ 《朝日新闻》1973年11月26日。
④ 松林松男编《回忆录 战后大藏政策史》（政策时报社，1976年）第262—263页，安藤博《责任与界限——赤字财政的轨道》上（金融财政事情研究会，1968年）第158—159页。
⑤ 真渊胜《大藏省统治的政治经济学》（中央公论社，1994年）第251页，井手英策编《日本财政的现代史1》（有斐阁，2014年）第16、33—34页。

疑问的福田进行说明。但是福田最终还是没能表示认同，所以这一问题被拿到田中、福田会谈上进行讨论。①

在与福田的会谈中，田中恳求道："希望在明年暗淡的道路上，至少能有一道曙光。"因为在田中看来，既然把财政运营委托给了福田，就不能对其采取高压手段。而且田中还患有面部神经痛，看上去很可怜。"把田中先生的构想全部击溃，实在有点……"像这种类似怜悯的想法，在福田的心里掠过也不足为奇。后来福田回想起来这些，表示"现如今再想想，还是觉得当时对他让步太多了"。②

那么福田为什么接受两万亿日元减税呢？第一，正如福田本人所描述的那样，有对田中让步的原因。田中全盘接受了压缩公共事业费等福田提出的短期决战策略，所以福田接受田中的两万亿日元的减税也是其相应的代价。

第二，减税的乘数效应远远小于公共投资的乘数效应。福田的决断，可以说是考虑到了减税的总需求刺激效果远低于公共投资。福田一方面否定田中扩大公共事业，但另一方面接受所得税减免，可以说是"明智的选择"。③

第三，福田根本性的想法是"以减税来缓解通货膨胀对国民造成的痛苦"。④ 由于减税，标准家庭的课税最低限度从 115 万日元提高到 170 万日元，提高了 0.48 倍。另外，消费者物价从 1972 年到 1975 年提升了 1.55 倍。所以即使减税两兆日元，也仍然没有达到实质减税的程度。

第四，财力有了眉目。因为所得税减税与法人税增税配套进行，所以整体上只减税一万亿日元。另外，由于通过压缩国债发行额来控制预算规模，所以国债发行额比上一年度减少了 1800 亿日元。⑤

但是，在进行 1974 年度决算时，由于经济下行，政府出现了收入不

---

① 松林松男编《回忆录 战后大藏政策史》（政策时报社，1976 年）第 265—266 页。
② 《朝日新闻》1973 年 12 月 17 日，安藤博《责任与界限——财政赤字的轨道》下（金融财政事情研究会，1978 年）第 96 页。
③ 黑田东彦《财政金融政策的成功与失败》（日本评论社，2005 年）第 30 页。
④ 保田博（大藏大臣秘书官）氏谈，2016 年 8 月 23 日。
⑤ 纳富一郎、岩元和秋、中村良广、古川卓万《战后财政史》第 299 页。

足的现象。为此，政府采取了将法人税的税收计入时期，从缴纳时推迟到确定决算时的措施。这也是实行两万亿日元减税的结果。另外也有观点指出，实行两万亿日元减税是之后发行赤字国债的间接原因。事实是，实行减税后便很难回头，收入相应地也会经常性地减少，而且这种影响会持续很久。①

然而，在通货膨胀异常严重的1973年年底，缓解通货膨胀带来的痛苦迫在眉睫。正如福田所强调的那样，"与其说通货膨胀是物价上升的问题，不如说它是分配不公平的问题"。"它是从弱者到强者，从穷人到富人的大规模财富转移，是逆再分配。"② 所以福田将两万亿日元减税定位在修正逆再分配的延长线上，同意实行减税两万亿日元是他在社会公正与财政规律之间徘徊的抉择。

（五）控制"物价狂乱"

1974年（昭和四十九年）一过，一个满嘴獠牙的怪物终于在物价统计上现身了。福田将这种情况命名为"物价狂乱"。1月11日日本银行发布的结果显示，12月的批发物价环比增长7.1%，同比增长29%。一个月内批发价上涨7%，其暴涨程度甚至超过了"二战"结束后的情况。石油产品、化学产品、钢材等价格上升，很多领域的产品也都趁机涨价，物资不足引起日本社会不安。

翌日早晨，在大阪召开的由关西经济三团体领导的恳谈会上，福田说明了编制预算的政策。在之后的记者招待会上，福田说："作为一个现实问题，供求中的虚假需求是导致物价高涨的重大因素。由于投机采购等行为，现在物价处于狂乱之中。"

"物价狂乱"是福田创造的词汇，它立刻在日本社会广泛流行起来。例如1月25日，总评提出的春斗（日本工会每年春天进行的，以提高工资为中心的全国性共同斗争）目标是"物价狂乱对策"。在大城市的高楼

---

① 保田博（大藏大臣秘书官）氏谈，三桥规宏、内田茂男《昭和经济史》下（日本经济新闻社，1994年）第38页，桥口收《新财政事情》（联播出版，1977年）第74页。

② 福田赳夫《为什么辞去大藏大臣之位》《文艺春秋》52卷10号（1974年）。

楼顶上,还能看到写着"反对通货膨胀、惜售、抢购"的大横幅。

福田用"狂乱"来表达这一现象,不仅仅是因为上涨率高,而且是因为虚假需求超过了实际需求,并导致了物价上涨。因此,为了消除因列岛改造热潮而不断膨胀的假需求,恢复供求平衡,福田只能采取严格的抑制总需求的政策。

福田判断通过短期决战,可以比较快速地结束狂乱状态。他在演讲中说:"我自从就任大藏大臣以来,采取了以短期决战来应对此次困局的策略。抑制总需求的政策正在起作用,用不了多久,物价就会变得平稳。"①

从1973年12月到翌年2月,是"物价狂乱"的最顶点。与前一个月相比,批发物价的上涨率在12月达到7.1%的顶点之后,逐渐下降到5.5%和3.9%。消费者物价的上涨率在1月达到最高点4.4%后,此后变为3.4%、0.7%和2.7%。从上年同比来看,这两种物价的最高峰均出现在1974年2月,当时批发物价上涨率为37.0%,消费者物价上涨率为26.3%,均达到惊人的高度。

就这样,福田创造的"物价狂乱",成为象征20世纪70年代日本的词汇。另一个象征该时期的词汇,是田中提出的"列岛改造"。角福二人创造的这两个词汇,非常恰当、直接地显示了这一时期日本经济混乱的"因"和"果"。

到了3月,福田判断物价狂乱的暴风雨已经越过了山顶,所以是时候出台摆脱物价狂乱、稳定增长的路线了。福田在当时提出的是由三个阶段构成的物价、经济稳定的路线。②

第一阶段是摆脱物价狂乱的状态。对于物价的疯狂状态,福田认为只能采取"住院手术"的方法,以消除通货膨胀心理和投机性因素。这就是抑制总需要的短期决战战略。到3月为止,"怪物般的需求"已经消

---

① 《日本经济新闻》及《朝日新闻》1974年1月12日(晚报),每日新闻社《决定版 昭和史17卷 经济大国与石油危机》(每日新闻社,1985年)第112页。

② 福田赳夫《以新经济路线为目标》《金融财政事情》35卷18号(1974年),福田赳夫、喜多幡道夫(对谈)《日本经济的发展方向》《时代变迁》18卷7号(1974年),《询问大藏大臣福田——关于今后的经济、物价政策》《经济时代》3卷9号(1974年)。

耗殆尽，"皮肤水泡里的水"几乎都被挤干。福田宣称，这样一来，第一阶段已经成功了80%。

第二阶段是形成对应成本上升的新价格体系。能源价格上升、工资上涨、成本因素给物价带来巨大压力。原本合理价格等于"生产费＋合理利润"，物价则以合理价格为基础，在供求关系的影响下上下波动。也就是说，总需求抑制下的物价下降和成本上升引起的物价上升的交叉点，形成了所谓的新物价体系。

第三阶段是通过新价格体系巩固物价稳定基础，构建日本经济新框架的时期。在稳定增长路线出现之前，"不能放松经济的抑制基调"。福田还说，"将国家权力介入物价，并非'王道'"。

福田推测，第二阶段的关键时刻是1974年春天至秋天。这是因为，在服务领域等方面，还存在很多无法将前一年的原料价格转嫁到终端价格的产品。他认为，为了不让公共费用的调整加速物价上升，在调整幅度和实施时期的同时，要进行慎重处理。[1]

成本上涨的最大原因是工资上涨。春季工资上涨率即1973年春斗的20.1%之后，1974年提高至32.9%，上升了一个大台阶。对于伴随着工资上涨出现的成本上升，该如何将它编入新价格体系呢？福田认为，为了应对这些成本因素，必须坚持总需求抑制政策。总之，新价格体系形成的最大难题是如何切断价格和工资的恶性循环。[2]

（六）物价与工资的恶性循环

从1974年（昭和四十九年）春天开始，福田的关注点转移到如何做出平稳的工资决定、切断工资和物价的恶性循环。由于1974年春斗中工资上涨了32.9%，所以人们对第二年的春斗很感兴趣。因为按照当时的惯例，下一年度春斗提高工资的行情是"在上一年度谈妥的金额上再增加一部分"。倘若按照这个惯例，那么工资和物价将会像堆雪球一样呈现

---

[1] 大藏大臣福田在日本记者俱乐部中的演讲（《朝日新闻》1974年5月10日），经济企划厅物价局上述书籍《物价报告76》（大藏省印刷局，1976年）第57—58页。
[2] 福田赳夫《以新经济路线为目的》《金融财政事情》35卷18号（1974年）。

螺旋式增长，日本经济可能深陷泥沼之中。所以，1975年春斗正是决定日本经济未来的关键所在。

当时，田中曾考虑通过政府介入来控制工资上涨。在3月份的参议院预算委员会中，田中答辩称："如果有必要收入所得政策，就要先询问一下国民们是否信任政府。"另外，在这一时期，学者们聚集在首相周围，一起研究导入收入政策的方法。或许是作为其中的一个环节，经济企划厅也根据内田常雄长官的指示，对导入收入政策进行了计量分析。①

然而在经济企划厅内部，出现了许多坚决反对收入政策的呼声。劳动省也在题为《关于工资上涨及其问题》的报告中，提出了"不需要收入政策"。这两个省厅反对的依据是，如果坚持抑制总需求政策的话，就不需要收入政策。②

另外，福田也认为很难通过强制手段来打破工资与物价的恶性循环。福田认为正确的做法是，政府应该避免与工会进行力量对决，同时尽最大努力来实现物价稳定。在此基础上，政府向工会领袖说明道理，谋求劳资双方达成协议。

福田一贯强调，控制工资的大前提是政府致力于维持物价稳定，只有做到这些，才能以民主的方式，自然平稳地解决春斗问题。他希望政府尽最大努力稳定物价，并以此为前提，在劳资双方达成协议的基础上，做出既能提高生产率又均衡合理的工资决定。

这是7月11日下午的一件事。当时，劳动大臣长谷川俊在办公室里随手拿出了一本《近代政经》杂志，其中刊载着福田的一段对谈。福田说，这半年是处理物价、工资问题的关键时期。长谷川被福田的发言深深地打动了。

福田在对谈中是这样说的，虽然有收入政策论和工资控制论，"但是工资是不可能凭借法律进行控制的。"因此，我们要努力"营造能够发挥

---

① 《日本经济新闻》1974年3月14日，古泽健一《福田赳夫与日本经济》（讲谈社，1983年）第227页。

② 《日本经济新闻》1974年5月16日、17日、18日。劳动事情研究会编《波涛和涟漪——长谷川劳政记录》（鹿岛出版会，1976年）第39—42页。

劳资双方智慧和理性的环境"。"其中最大的因素是，明年春斗前的物价如果不能稳定的话，情况就不妙了。物价不稳定，就很难谈工资。"

阅读完这则报道后，长谷川驱车前往大藏省。在大藏大臣办公室里，他拿着杂志，对福田一口气吐露出了自己的真心话："我与您的意见完全相同。只能这样做了。总之，如果不全力处理春斗问题，日本经济将会陷入困境。我们一起努力吧！"福田与长谷川的合作，将决定1975年春斗的走向。①

当时，从1974年春天开始，劳动省便陷入了困境之中。因为田中等政府领袖频频暗示将引入收入政策。而劳动省对此表示反对，却被批评为逃避责任。对于长谷川等人而言，福田就是他们的大救星。福田也收获了宝贵的志同道合的朋友。

长谷川比福田小7岁，曾蒙受绪方竹虎和中野正刚的知遇之恩，作为记者积极地活动。"二战"期间他因参与了反东条运动而入狱。"二战"结束后不久，绪方担任东久迩宫内阁的内阁书记官长。长谷川则担任其秘书，并于1953年众议院选举中顺利当选。他在自民党中属于绪方派，之后加入了石井派，后来由于参加了党风革新运动，最后加入了福田派。②

虽然在此次会谈的五日后，即7月16日，福田辞去了大藏大臣的职位，但是之后二人也一直暗中保持联络。据说福田向长谷川描绘关于构建春斗环境的想法，长谷川则事先与福田商议内阁的发言要点和演讲内容。③

8月7日，长谷川在关西向财政界代表进行演讲。长谷川开头说："对日本经济的未来而言，1975年春斗是一个重要的十字路口"，呼吁道"我们强烈希望劳资双方都能采取有良知的行动"。

对于长谷川的停止上调工资的发言，工会方面的反应出现了分歧。

---

① 劳动事情研究会编《波涛和涟漪——长谷川劳政记录》（鹿岛出版会，1976年）第45—47页，每日新闻社政治部《政变》（每日新闻社，1975年）第70页。
② 劳动事情研究会编《波涛和涟漪——长谷川劳政记录》（鹿岛出版会，1976年）第75—77页。
③ 劳动事情研究会编《波涛和涟漪——长谷川劳政记录》（鹿岛出版会，1976年）第212、221—223页，古泽健一《福田赳夫与日本经济》（讲谈社，1983年）第264页。

作为官公劳（日本官公厅劳动组合协议会的简称）主体的总评议会，对此表现出十分强硬的态度。他们认为，长谷川的发言是"事先为实行收入政策做的准备"，要求长谷川收回该言论，并要求政府罢免其劳动大臣的职位。对此，在钢铁劳联大会上发言的宫田义二委员长说："以往的'在上一年度谈妥的金额上再加上若干'的方式已经不符合日本经济的实际情况了"，强调"需要转变工资斗争方式"。[①]

宫田的发言大胆地支持了福田—长谷川阵线的政策。其秘密就在于"爱宕会"。当时，福田每个月都会和民间工会的干部聚集在爱宕的"山本"小料理屋中。"爱宕会"是他们促膝长谈、坦率交换意见的地方。如下文所述，"爱宕会"也成为他们达成稳定工资决定共识的幕后地点。

为了使劳资双方就稳定的工资上调达成协议，政府必须拿出稳定物价的方案。只有政府参与具体的物价目标中，并为达成目标尽最大的努力，才可以为实现有良知的工资上涨打造基础。福田的目标是将1974年度末的消费者物价与上年度末的比值控制在15%左右。

与福田联手的长谷川，为了使阁僚会议通过这个物价目标，开始了孤军奋战。1974年10月至11月，民间劳动工会为了让政府承诺15%的物价目标，连日向政府施压。终于在12月，福田在三木内阁中就任副总理大臣和经济企划厅长官，长谷川也再次担任劳动大臣。15%的物价目标成为在下一章中将要论述的"全治三年"战略的支柱。

五　田中下台

（一）政界革新国民会议

福田在接受大藏大臣职位时，就打算在1974年7月举行的参议院选举后辞职。原本福田告诉田中，将在6月前结束抑制总需求的短期决战，在此之前将使短期决战取得一定效果。

然而在抑制总需求的短期决战稍有眉目、日本经济摆脱异常情况之

[①] 劳动事情研究会编《波涛和涟漪——长谷川劳政记录》（鹿岛出版会，1976年）第6—12、22页，《产经新闻》1974年8月20日。

时，福田与田中的政策对立再次显现出来。在4月9日的参议院预算委员会上，田中表示希望完成一个十年经济计划。该计划是一个统合了道路、港湾、住宅等各个长期计划的公共投资计划。

对此，福田下令大藏省对这个长期经济政策进行讨论。这个计划的目标，是制定从1976年开始的五年间，即"物价异常事态的'终战处理'时期"的经济运营指针。田中的目的是重启列岛改造计划，而福田则是为了指明经济增长的路径，实现经济稳定增长。①

在审议预算的时候，田中回答说："即使两人有差异，也只是群马和新潟的差异程度罢了"，一旁的福田听到后，默默微笑。但是到了4月，福田说："两个人是不可能有同样的看法的"，"但是内阁会议为我们提供了一个讨论的场所，如果我错了的话，我将改正。如果首相错了的话，就请首相改变想法。"此时，福田内心的不满已经达到顶点。这一时期，他的笔记中充满了对田中辛辣的批评，"腐败世道人心之罪，搞乱经济之罪，信口开河、轻率开展外交之罪"。②

福田一直在寻找辞去大藏大臣职务的时机。这一年春天，自民党内部围绕《日中航空协定》的签署问题发生了纠纷。自民党青岚会的成员对日本政府关于航空协定的处理方式感到不满，对外交大臣大平进行了激烈的攻击。青岚会成立于1973年7月，其成员以中尾荣一、石原慎太郎、滨田幸一、中川一郎等自民党内的"鹰派"为中心，他们对日中邦交正常化时，日本政府对台湾问题的处理，以及田中政权的人事处理等方面心怀不满。③

原本藤尾正行、森喜朗等福田派和亲福田的许多议员都参加了青岚会，由于他们都持有反田中的态度，所以该组织势必带有"福田派别动队"的色彩。

当时，曾有人对福田说，应该在自民党内部围绕日中关系产生分裂的情况下，趁机退出内阁。但是福田并没有这样做。因为他认为，如果

---

① 福田赳夫《回顾九十年》（岩波书店，1995年）第216页，《朝日新闻》1974年4月10日、5月13日。

② 《朝日新闻》1974年4月7日，《福田笔记（四十九年2号4月—6月）》。

③ 中野士朗《田中政权886日》（行政问题研究所，1982年）第282—285页。

只有自己冒头的话，那么势必会被孤立。当然，最重要的是他不想把外交当作政治斗争的工具。①

福田的笔记显示，他从春天开始，就设想网罗八日会和自民党中的有力干部来组建"革新同志会"。这与他过去开展党风革新运动的想法相同，福田希望首先成立"革新同志会"，之后开展国民运动，成立"政界革新国民会议"。

福田的这一构想，也得到了岸信介的支持。岸要求福田成立保守新党，认为"在国会里，无论怎么批判田中都无济于事。毒素在不断循环。现在只能直接诉诸国民大众。（你）要走遍全国，首先是日比谷公会堂，接着是大阪的中之岛公会堂，去数寄屋桥也可以。（要是因此被）除名的话，不正是我们所希望的吗"。②

但是，无论福田的目标是首相，还是以总裁候选人帮助其他人，总之，为了推翻田中政权，福田都必须在自民党内部建立派系层面的联合。在这种情况下，同样对田中政权不满的三木武夫逐渐与福田展开合作。

（二）福田下野

1974年（昭和四十九年）7月7日举行的参议院选举，拉开了在野党与执政党地位可能发生逆转的保革伯仲时代的序幕。在这次选举中，田中坐着直升机，精力充沛地在全国各地开展巡回演讲。他强势地增加了候选人，在全国区也推出了有才干的候选人。据说在福田担任干事长的时代，国政选举中至少要花费30亿到40亿日元。但是在这场选举中，根据福田的记忆，自民党花费了400亿日元，成为一场空前的金权选举。③

但是，最终自民党以惨败告终。这是因为，社会舆论对物价狂乱现象的反应十分强烈，再加上自民党提出的"企业选举"也没有取得预期效果，反而成为国民批评的对象。自民党的当选者，包括由无党派入党

---

① 关于"福田的进退问题"，水田三喜男向福田提出建议，说"除了日中问题以外没有其他机会"。《福田笔记（四十九年预算，国会关系）》。

② 《福田笔记（四十九年2号4月—6月）》，每日新闻社政治部《政变》第81—82页。

③ 上述，福田氏谈，《（福田回忆录2tape）〈194 No. 2 B面〉》。

的人在内有 65 名，加上非改选的只有 129 名。最终，执政党与在野党仅相差 7 个议席，两者可谓不分伯仲。①

这是继上次众议院选举之后，自民党的第 2 次选举失败，因此自民党内加速采取行动，希望促使田中下台。7 月 12 日，自民党副总裁兼环境厅长官三木武夫提出辞职。三木之所以辞职，与参议院选举中"阿波战争"的旧怨有关。当时在三木的选举区——德岛县，田中政权的内阁官房副长官后藤田正晴夺走了三木派现任议员久次米健太郎公认候选人的资格，所以自民党成员们在选举区内展开了激烈的竞选厮杀。这样一来，田中和三木之间就彻底断绝了关系。②

福田最迟从 5 月末开始，便与三木取得了联络。5 月 30 日，福田通过东京电力会会长木川田一向三木传达消息称："如果你决定好了的话，那我也这样决定了。"③ 在参议院选举前，福田与三木进行了两次会谈，打算呼应他的行动。

但是，面对继三木之后提出辞职的福田，党内出现了强烈挽留他的动向。7 月 15 日，自民党首相以及有议长经验的议员们召开了"长老会议"。在会议上，岸信介主张主战论，佐藤荣作等人则提出了慎重论，双方展开了激烈讨论。④

最顽强地说服福田的人是保利茂。当时在福田派内，保利主张继续实行角福合作，与主张同三木携手的园田直的看法相反。⑤ 保利认为，为了稳定"保守本流"政权，需要角福合作。在他看来，三木是在政界动乱中找寻机会的巴尔干政治家，所以处于"保守本流"位置的福田，必须避免与"旁流"的三木合作。

---

① 升味准之辅《现代政治1955年以后》第233—237页，福田赳夫《回顾九十年》（岩波书店，1995年）第214页。
② 富森睿儿《战后保守党史》（社会思想社，1994年）第252—253页，岩野美代治（竹内桂编）《三木武夫秘书回忆录》（吉田书店，2017年）第119页。
③ 《福田笔记（四十九年2月4月—6月）》，《福田笔记（四十九年3号6月—9月）》。
④ 每日新闻社政治部《政变》第88—89页。
⑤ 上西朗夫的回忆。以角福公选失败为契机，在福田派八日会中，率领春秋会的园田直逐渐加强了存在感。1973年12月，园田代理八日会代理会长职位。他表现出反田中的态度，推进与三木的合作。对此，保利表示强烈反对。

从 7 月 14 日到 16 日，保利不分昼夜地劝说福田。他说："你从吉田口这条宏伟的大道来到了攀登富士山的八合目。然后再下山，拨开草丛，再爬上去。有那样的必要和价值吗？"他还说通过支持田中政权，可以为福田继承政权铺平道路。①

但是，福田的决心并没有动摇。在八日会大会上，对于选举结果，自民党中甚至出现了"总裁以下的人必须为此承担责任，否则就去创建新政党"的呼声。这意味着他们的要求已经不在辞职层面了，而是要求创建新政党。②

7 月 16 日下午 3 点，保利意识到已经很难让福田回心转意，便恳请道："最后请至少让我们握手道别吧。"一个小时后，福田向田中首相递交了辞职申请。当天福田在笔记中写道："与田中会谈，（我）笑着递交了辞职申请。（他）笑着受理了辞职申请"。保利为了承担协调角福关系失败的责任，比福田早一步辞去了行政管理厅长官的职位。于是，福田、三木、保利三名阁僚接连辞职，这场"七月政变"，对田中政权造成了巨大的打击。③

（三）田中政权的终结

福田辞去大藏大臣的职务，实际上再次开启了角福战争。7 月 17 日福田与三木进行会谈，二人在记者面前相互握手，宣告三福合作的开始。为了响应这一动向，自民党内福田、三木、中曾根三派中，以当选次数在五次以下的少壮派议员为中心，成立了党再建议员联盟。该联盟以福田派的十七名议员为首，以三木派、中曾根派和中间派的成员为中心建立而成，其中有二十名青岚会的议员。④

田中政权因为三位阁僚辞职引发的七月政变陷入绝境。由于自民党

---

① 岸本弘一《一诚之道》（每日新闻社，1981 年）第 67 页，福田赳夫《回顾九十年》（岩波书店，1995 年）第 214—217 页。
② 《福田笔记（四十九年 3 号 6 月—9 月）》。
③ 岸本弘一《一诚之道》（每日新闻社，1981 年）第 169 页，《福田笔记（四十九年 3 号 6 月—9 月）（138）》。
④ 《读卖新闻》1974 年 7 月 18 日。

参议院选举的失败，经济界的经团联和各电力、燃气公司也决定不再向自民党提供政治献金。

一方面，对田中来说，10月9日发售的《文艺春秋》中披露的丑闻成为了他的致命伤。杂志中的两篇报告文学——立花隆的《田中角荣研究——他的资金来源和人际关系》和儿玉隆也的《越山会百无聊赖的女王》，赤裸裸地揭露了田中获取活动经费的机制，以及他与越山会主管财务的伊藤昭的不正当关系。由于所谓的资金来源问题逐渐浮上水面，田中政权终于开始崩塌。

另一方面，福田从8月22日开始，在国内多地进行演讲。他从札幌开始，在大阪、京都、新潟等各城市直接向国民呼吁"让一切重新开始的改革"。因资金来源问题，福田对田中的批评更加激烈，甚至要求他下台。①

在呼吁改革的同时，福田的发言越来越尖锐，甚至在演讲中暗示要成立保守新党。那段时间，福田频频在演讲中提及安保斗争后摸索的西尾首班构想。在政界中，福田常常以英国的两党制作为范本。他甚至表示，要成立可以实现两党轮流执政的保守新党，还阐明了保守两党论的必要性。②

福田的发言并非无稽之谈。在保革伯仲的时代到来之际，自民党部分人士和革新派在野党应联合起来的"联合政论"成为那时的热门话题。正如前文所述，岸信介劝说福田成立新党。而且，在自民党长期低落的趋势下，财界也出现了各种提议建立联合政权的声音。实际上，9月4日，住友银行会长堀田庄三会见福田时，就敦促他说："要创建新党。如果不创建新党，就不能与公明党、民社党握手。"③

另外，在9月上旬，在革新阵营中，社会党的江田三郎发表了"以福田三木等人离开自民党为条件"的"保革联合论"，引起了轩然大波。

不过福田的新党构想中，很多内容可能是他出于战术需要而提出的。

---

① 升味准之辅《现代政治1955年以后》第241—242页，《读卖新闻》1974年8月19日。
② 每日新闻社政治部《政变》第17—99页，福田赳夫《在变动期中再次呼吁》（福田事务所，1974年10月）。
③ 《福田笔记（四十九年3号6月—9月）》。

福田在党内呼吁"重新进行改革",目的是给政界和经济界留下一种印象——如果田中政权不对此作出回应的话,自民党就有可能走向崩溃。①

最终,田中在 11 月 26 日宣布下台。在选举继任总裁时,福田与三木吸取了上次金权选举的教训,主张不通过选举,而通过协商来确定总裁人选。但是对此,大平正芳并不让步,依旧主张通过选举来决定总裁人选。但是,从当时的实际情况来看,自民党有可能会走向分裂。因此,最终由副总裁椎名悦三郎"裁定"了继任总裁的人选。

---

① 《读卖新闻》1974 年 10 月 9 日、13 日。

第十二章

三木政权下的经济总理

前　言

　　1974年（昭和四十九年）11月，田中角荣宣布卸任，自民党陷入了自成立以来的最大危机之中。当时，石油危机加速了"狂乱物价"，直接影响到日本国民的生活，同时也导致自民党支持率不断下滑。并且，即使自民党开展了空前的金权选举，但它依旧在参议院选举中败下阵来，日本迎来了朝野政党难分伯仲的时代。自民党的这种毫无节制的增长主义和金钱政治受到国民的严厉批评，并且它在正统性方面也成了输家。

　　为了打破这种局面，福田认为有必要整治派阀政治和金钱政治的弊病，以全党之力"重新改革"。正因如此，他才不顾周围人的反对，坚决选择辞职。

　　在田中下台后，福田与三木武夫均主张，通过协商的方式选举出下一任总裁。因为，他们不想让角福战争时期总裁选举中金权选举的悲剧重演。但是大平正芳毫不让步，坚决主张通过选举来确定总裁人选。在自民党面临分裂危机的情况下，最终副总裁椎名悦三郎进行了"椎名裁定"，选择三木武夫担任下一任总裁。

　　在三木政权中，福田担任自民党副总裁兼经济企划厅长官，实际上作为"经济总理"施展全权。本章主要描述从1974年12月到1976年5月，福田在经济政策中发挥的作用。

一　全治三年的战略

（一）椎名裁定与三木政权的成立

田中角荣卸任，下一任总裁的选举工作就落到自民党副总裁椎名悦三郎的肩上。在下一任总裁的选拔方式方面，三木和福田主张通过协商的方式来决定人选，但是，得到了田中支持的大平则主张，按照党章规定的选举方式来决定总裁人选。双方观点截然不同，剑拔弩张。

在自民党的派阀领袖意见相左的情况下，本应承担调解职能的自民党顾问会也无法统一内部意见。在这种缺乏调解人的情况下，和每位有力候选人都始终保持一定距离的椎名副总裁，肩负起了决定总裁人选的重担。

按原定计划，田中的继任者应是福田。在经济低迷期让"经济的福田"上任也确实是不二之选，然而，福田在辞去大藏大臣之职后，一直猛烈地抨击田中政权的金权性质。因此倘若让福田当选的话，有可能会使田中—大平联盟关系破裂。而且此次的裁定人椎名由于岸派分裂的原因，对于福田也有一些复杂的感情。

另外，如果举行总裁选举的话，大平会得到田中派的支持，并且他很有可能会动用财力干扰舆论，以在选举中获胜。然而，作为田中的盟友，大平也逃离不开"田中模仿者"的阵阵骂声。而且三木已经宣称，如果强行进行总裁选举，他会联合抵制投票。所以最坏的结果是，暗中和民社党结成"联合政权"的三木离开自民党，自民党面临分崩离析的局面。[①]

为了打破僵局，福田和大平进行了两次协商。第一次大福会谈于1974年（昭和四十九年）11月25日早晨在东京太平洋饭店举行。福田表示，"无论和大平的关系走向何方，都想继续维持同志关系"并解释道，如果进行总裁选举，有可能会出现"选举结果被金钱关系扰乱"的

[①] 关于"椎名裁定"的内幕参照了以下内容：每日新闻社政治部《政变》（每日新闻社，1975年），藤田义郎《椎名裁定》（产经出版，1979年）。

局面。但是大平依旧坚持举行总裁选举，拒不让步。第二次大福会谈于11月29日清晨在南青山的岩佐凯实邸举行。时任日商会长的永野重雄担任协调人。永野委婉地对大平说，福田也是大藏省的前辈，尽管他努力劝说大平，但结果还是以大平的拒不配合惨淡收场。①

在福田与大平之间的关系难以协调的情况下，椎名在当时也萌生了建立"椎名临时政权"的想法。然而，大平对此明确表示反对，因此该设想也未能成行。最终，12月1日早晨，椎名进行了裁定，指名三木武夫担任自民党总裁。

因为"椎名裁定"没有向党执行部事先报备，这一决定完全在众人意料之外，所以党内各个派系一时哗然。但是福田挺身而出，引导党内接受了这项裁定。即便福田是接任总裁的种子选手，但他还是果断地接受了这一裁定。

福田为什么要接受"椎名裁定"的结果呢？最大的原因在于，福田和三木的理念相同。他们都属于反主流派，双方曾多次进行协商，就匡正党内政治伦理，举全党之力让党的面目焕然一新这一目标达成了共识。在大福会谈以失败告终的这一节骨眼上，为了使自民党向着自己的理想面貌转变，对于福田而言，让三木上台无疑已经是他可以接受的范围内的最优选项。

另外一个原因是，如果福田不同意"椎名协定"，那么"椎名临时政权"就有可能成为现实。但是福田认为，椎名不能使自民党的面目焕然一新。11月15日，福田和三木会见时的笔记上写着"椎名政权是主流体制的继续。副总裁的共同责任会使国民哑然"。②

就这样，三木上台已成定局。"椎名裁定"公开之后，三木把福田带到总裁办公室旁边的接待室中，对他说"我想和你一起建立合作内阁"。那之后，福田就被委任为副总理兼经济企划厅长官，拥有决定经济政策的全部权力。虽说三木曾任经济企划厅长官和通产大臣，但是他并不了

---

① 《福田笔记［1974年（4号）9月— ］》，森田一（福永文夫、井上正也编）《大平正芳秘书官日记》（东京堂出版，2018年）11月25日记，福田赳夫《回顾九十年》（岩波书店，1995年）第218—219页。

② 《福田笔记［1974年（4号）9月— ］》。

解所有的经济政策，他和"经济的福田"之间依旧存在明显的实力差距。福田就在这种情形下担起了统括管理经济政策的重任。①

12月9日，三木内阁成立，福田向三木提议设置经济对策阁僚会议。该会议将探讨包括薪资、劳动问题在内的各种经济问题，同时统合各个省厅的考量，让内阁更加一体化，提出经济政策。阁僚会议的主席由福田担任，成员包括大藏大臣大平正芳、通产大臣河本敏夫、农林大臣安倍晋太郎、劳动大臣长谷川峻、总理府总务长官植木广教和官房长官井手一太郎。上述七位阁僚当时被称作"M7"。

经济企划厅负责经济政策的企划立案和综合调整，但是它一直被嘲讽"既没钱又没权"。所以"M7"参加的经济对策阁僚会议，就成为经济企划厅尽情发挥企划和协调权限的权力装置。此后，以福田长官为中心的经济企划厅作为经济政策的司令塔，也就可以发挥它百分之百的作用了。

12月17日，经济对策阁僚会议召开了第一次会议，仅仅到该年结束时就总共召开了三次会议。下文中提到的"全治三年"战略、设定物价目标、把所有的中长期计划取消、从零开始规划新的经济政策等诸多举措，都是在这些阁僚会议上被接连决定下来的。②

福田负责整体统括经济运营状况，他雷厉风行的政令传到了霞关。当时，各个省厅的干部都纷至沓来，秘密拜访福田以得知他的真正意图。这种光景在当时可谓是屡见不鲜。其实，当时的大藏省遇到重要问题也会首先知会福田，再将问题提到大平藏相面前。③ 像这样，福田已经成为名义上的"经济总理"，他管理广泛的经济政策，率领着三木政权下的经济运营。

（二）全治三年计划

福田在田中政权下的短期决战中，提出了抑制总需求的经济方案。

---

① 福田赳夫《回顾九十年》（岩波书店，1995年）第219页。
② 《日本经济新闻》1974年12月10—11日、17—18日、25日。
③ 伊藤昌哉《自民党战国史实录》（朝日sonorama，1982年）第180—181页。

仅仅过了一年，福田在三木政权下就提出了"全治三年"战略。该战略把从1974年（昭和四十九年）开始到1976年间的"三年"作为一个阶段，提出了具体明确的数值型目标，其目的在于阶段性地将日本经济扶正到稳定轨道之上。此计划也是让经济从高速增长期向稳定增长期转型的一项调整计划。[1]

狂乱物价的风暴到1974年3月终于告一段落，向新价格体系的转型工作也终于在秋天基本完成。福田在10月说道："我们终于平息了狂乱物价的风暴。我采取的抑制总需求政策也大获成功。"

在采取强势抑制总需求政策的时候，福田已经做好了迎来经济低迷的思想准备。因为他坚信，只有对过度通胀送上致命一击，才能让日本经济焕发新生。

在福田就任副总理时，日本经济可以说是穷途末路，面临着三重困境。所谓的三重困境，是：（1）异常的通货膨胀；（2）"二战"后最严重的经济低迷期；（3）石油价格暴涨所带来的高额国际收支赤字。

福田说："向右看是通货膨胀的低谷，向左看是通货紧缩的低谷，走在两个低谷之间的险峻地带上，我必须保持谨慎。"那么如何才能越过滞胀的险峰，到达安全地带呢？抑制通货膨胀、摆脱通货紧缩的战略究竟是什么呢？这些对世界上所有的发达国家而言，都是一大难题。[2]

福田希望凭借"全治三年"计划，为发达国家战胜令人头疼的三重困境和滞胀问题，提供一剂良方。他的基本战略是维持物价稳定。福田坚信，如果因为经济对策扰乱物价稳定，那就得不偿失了。[3]

福田认为，在控制物价、恢复经济、改善国际收支的道路上，政府需要警惕通货膨胀，以机动的运营方式应对严重的经济萧条。他将这种运营方式称为"警戒—机动型经济运营"。并且为了推进这种运营方式，福田将过去在物价狂乱时，采用的"抑制总需求"的方法，改成了一个

---

[1] 1975年，福田将三年经济调整项目命名为"全治三年"。其中，也包含了福田于对经济前景过于乐观的风潮敲响警钟的意思。

[2] 福田赳夫《动荡期中的再次呼吁》1974年10月12日，（福田赳夫口述，田中宏撰写）《福田赳夫，赌上保守革命》《读卖新闻社，1974年》。

[3] 《第67回国会众议院本会议第6号》1975年10月17日。

更中立性的名称，即"总需求管理"。福田在使用"总需求管理"这一说法的同时，紧密关注着物价经济形势，并逐渐将政策重心从抑制转向刺激。①

"全治三年"计划的框架如下所示。

调整过程第一年（1974年）的最大议题是平息通货膨胀、改善国际收支。因此福田设定了将1974年度末的消费者物价与上一年同月相比，控制在15%左右的目标。他希望竭尽全力推进抑制性的总需求管理和个别物价对策。另外，1973年，日本创下了130亿美元巨额赤字的基础收支，预计到1974年将减少一半左右。

调整过程第二年（1975年）的议题是在克服通货膨胀、稳定物价的情况下，恢复经济的健全机能。这一年正是考验"警戒—机动型经济运营"真正价值的关键时刻。为此，福田制定了截至1975年年末，与去年同期相比，将物价上涨7.7%、消费者物价上涨9.9%的目标。因此，福田的目标是，将消费者物价增长率控制在个位数。福田预估，1975年度经济增长率为4.3%左右，基本收支赤字为309亿美元左右。

1976年度是全治三年计划的收官之年，也是日本经济"伤口痊愈"、恢复健康的一年。在最后这个年度，福田将把物价水平降到定期利率以下，并使国际收支达到平衡。

在此基础上，福田以结束三年治疗、恢复健康的1976年为第一年，制订了新的长期计划。为此，他从1975年开始，对经济运营和国土政策进行了根本性的重新梳理，着手制定了稳定增长时代的新政策。

以上就是福田所描绘的"全治三年"计划。日本的实体经济将以福田"警戒—机动型经济运营"方式为基础，大致按照"全治三年"计划的流程不断增长。②

---

① 《第75回国会众议院本会议第2号》1975年1月24日。福田赳夫《摆脱经济高度发展的"梦"》《经济时代》40卷3号（1975年）。

② 《第75回国会众议院本会议第2号》，《第76回国会众议院本会议第6号》，福田赳夫《全治三年的日本经济——这样诊断与治疗》（福田事务所，1975年）。

（三）物价控制和平稳的工资决定

虽说是"经济的福田"做出的"神谕"，但1975年3月的消费者物价同比真的能控制在15%以内吗？福田密切地关注物价统计，推断称，可能控制在15%以内，并宣告"为此排除万难，不断努力"。但是，经济企划厅内部却认为，很难达到这个目标。

这时，跟随副总理大臣的内阁审议官保田博询问福田说："15%真的没问题吗？"大藏官僚保田，在担任大藏大臣福田的秘书官后，被邀请跟随副总裁做事，后来他又担任了福田的首相秘书官。对此，福田回答说："或许不会被控制在15%。但是即使这样，我也不得不说将控制在15%左右。因为我不这样说的话，就无法平息国民对通货膨胀的担忧。"可以说，福田在物价目标上，豁出了自己的"政治生命"。①

但是，福田的直觉很敏锐。最后，根据统计结果，日本1975年3月的消费者物价同比增长14.2%。这个结果出乎人们的意料，福田圆满兑现了在第一年向公众作出的承诺。并且到了1975年，批发物价同比连续三个月均为负值，其3月的同比为4.9%。毫无疑问，日本的批发物价已经恢复稳定。

福田为什么如此执着于完成物价目标呢？这是因为福田希望切断物价与工资的恶性循环。

福田在担任副总理大臣时，日本供求通货膨胀已经基本平息，但是工资导致物价上涨，使日本深陷成本推动型通货膨胀之中。正因为如此，福田才需要提出明确的物价目标，降低人们对物价的预期上涨率，引导工资上涨控制在生产率增长的范围内。其关键在于，政府向工会约定会实现物价，同时说服工会控制工资上涨水平。

福田认为，春斗是解决这些问题的关键时刻。因为，如果不能平稳地提高工资，日本经济就会陷入工资与物价的恶性循环，最终以悲剧告终。因此，福田认为，需要尽快与工会进行对话。

第一次对话是1974年12月18日和产业劳动恳和会（以下简称为

---

① 保田博氏谈（2016年8月23日）。

"产劳恳")。产劳恳是在劳动大臣的管辖下,劳资双方代表和有学识的人士交换意见的场所。不过政府首脑参加该会议的情况,十分罕见。福田在会议上强调说,我们不能只强迫劳动者作出牺牲,政府也要尽全力控制物价稳定。

一过完年,民间工会的代表就经常造访经济企划厅的大臣办公室。例如,在1975年1月10日,工会代表与太田薰、宇佐美忠信、宫田义二、盐路一郎等人就物价问题进行讨论。工会方要求政府承诺在3月将消费者物价控制在15%以内,并提出了冻结公共费用等12项要求。福田认真地回答了他们的每一个要求。

2月3日,民间工会代表与福田和劳动大臣长谷川进行了会谈。工会代表表示:"如果政府可以将物价控制在15%以内的话,那么我们就不再要求提高17%—30%的工资了。"可见,福田的言行促进工会代表作出了理性的判断。进入3月,物价确实被控制在15%以内后,劳资双方要求"明年3月末,实现个位数增长"。对此,福田承诺"政府将排除万难,将物价控制在个位数"。

经过不懈努力,最终在1975年,春斗工资上涨率为13.4%,被控制在消费者物价上涨率的范围内。福田在记者招待会上说:"春斗之所以能够平稳收场,原因在于政府将1974年度末的物价上涨率控制在14%,以及我承诺了要将1975年度物价上涨率控制在个位数"。就这样,福田完成了全治三年第一年的目标,打造了物价工资稳定的根基,也获得了实行政策应对经济萧条的空间。[①]

二 "物价大臣"的经济萧条对策

(一)"物价的福田"与"经济的福田"

福田在演讲中经常说:"我不是企划厅长官,而是'物价大臣'。"从

[①]《日本经济新闻》1974年12月12日、18日(晚报),1975年1月10日、10日(晚报),2月3日(晚报),3月15日(晚报),4月15日。宫崎勇《战后日本经济证言》(岩波书店,2005年)第202—204页。

1975年（昭和五十年）开始，这位"物价大臣"便积极采取应对经济萧条的政策。

在当时，一方面日本的消费者物价与前一年的比值跌破20%，另一方面矿工业生产在2月从列岛改造热潮的顶峰（1973年11月）下降了20%。同时，日本企业会议核算恶化、破产增加、就业不稳定迅速蔓延。①

在1975年1月18日的记者招待会上，福田说要让"总需求抑制"发挥更大的作用。而他将总需求"抑制"改为总需求"管理"，正是出于这个原因。

消费者物价稳定下来后，在1月31日的记者招待会上，福田进一步表示要"酌情裁定"抑制性的总需求管理政策，暗示了自己将进行政策转换。福田考虑要在抑制的框架内，灵活地放宽日本央行的窗口限制，下调贴现率，通过扩大公共事业支出来扩大财政支出。②

经团联会长土光敏夫在公开场合阐述了经济界提出的长期却未能得到回应的要求——缓和紧缩政策。土光认为，由于日本政府过度抑制供求关系，所以导致现在日本的经济过冷，他要求政府在财政方面也实行刺激经济的措施。土光经常去拜访福田，并且对他提出应对经济萧条的建议。每当土光进入大藏大臣办公室时，福田经常边握手边对他说，"啊呀，怒吼君，今天你要批评点儿我什么呀"。后来土光回想道，"我从来没想过要怒吼。不过我本来就是个大嗓门"。土光是个无私的人，所以福田非常喜欢听他直言不讳地提出建议。福田常常用右手拍着膝盖，兴致盎然地听取他的意见。③

1975年2月，福田开始实施应对经济萧条的对策。在紧缩政策的基调中，他开始灵活地运用财政金融政策。当然，在当时，日本社会还尚未完全抹去对通货膨胀死灰复燃的不安，所以福田表现得十分小心

---

① 经济企划厅《现代日本经济的发展——经济企划厅30年史》（大藏省印刷局，1976年）第274—276页。
② 《日本经济新闻》1975年1月18日（晚报）、31日（晚报）。
③ 土光敏夫《我的履历书》（日本图书中心，2012年）第134—135页，《日本经济新闻》1975年1月28日。

谨慎。

首先，2月14日日本政府在经济对策阁僚会议上决定了第一次经济萧条对策。其核心是促进消化公共事业等合同框架和实现中小企业贷款通畅。① 其次，3月24日日本政府决定了第二次经济萧条对策。其主要内容有，促进1976年度上半年公共事业的顺利实施，促进发放住房贷款等。但是这两条萧条对策并没有伴随着新的财政支出，所以与其说它们是真正的经济刺激政策，不如说其目的是让国民产生"政府开始采取应对萧条的对策了"的心理效果。

福田认为，不仅在财政方面，在金融方面也有必要逐渐缓和紧缩政策。利率是影响物价的重要因素。到了3月上旬，福田提到了法定利率，他称目前的利率过高，需要下调。在福田担任大藏大臣时，他认为法定利率是由日本银行专门负责的内容，所以常常避免谈及利率问题。但是，这一时期，福田尤为积极地谈论利率问题。② 4月15日，日本银行决定更改法定利率，将维持了4个月的9.8%的利率下降0.5%。

全治三年的开局之年，按照福田的预期，顺利发展。在这一年，他达成了物价目标，平稳地解决了春斗问题。现在到了必须着手开展第二年工作的时刻了，即在维持物价稳定的同时，促进经济发展。"物价福田"开始向"经济福田"迈进了。

（二）课长云集的厅内研讨会

确定"战后最大的经济萧条"的低谷是在1975年3月，已经是后来的事情了。当时日本的经济扩张从上述"低谷"期持续到了1977年1月的"高山"期，长达22个月。但是，虽说是经济增长，日本国民却几乎感受不到经济摆脱困境的繁荣之感。这是因为日本经济迎来了前所未有的难关，即经济增长率由高速增长向中速增长转变。

1975年3月11日，福田说："在经济指标中，与上个月相比，积极

---

① 经济企划厅《现代日本经济的发展——经济企划厅30年史》（大藏省印刷局，1976年）资料编。

② 三桥规宏、内田茂男《昭和经济史》下（日本经济新闻社，1994年）第67—69页，《日本经济新闻》1975年3月6日（晚报）、7日。

的因素增加了,已经呈现出了明暗交织的动向。"他表示,"经济已经来到'谷底'"。①

福田的依据是,由于强化减产,目前产品库存开始减少。但是由于经济的浮扬效果较弱,所以日本经济不可能快速复苏。在个人消费方面,由于国民对物价上涨抱有警戒心理,所以提高了储蓄倾向。同时,因为企业拥有尚未运转的设备,所以也不再进行设备投资。并且,由于世界经济陷入混乱,所以日本的出口环境也并不理想。在这种背景下,福田认为只有依靠政府自身的力量来创造需求,才能使经济在夏季从低谷状态走向自律性恢复阶段。②

因此,福田决定在 5 月充分观察度讨论经济动向,来判断日本经济自主复苏的程度,从而决定政府该采取哪些措施。③

7 月下旬,福田说:"我想听听各位课长的真实意见。"因为当时的日本经济正处于微妙的状态之中,所以他想借此机会,了解经济企划厅的中坚力量——经济学家的想法。

官房企划课课长长井川博负责厅内研讨会的准备工作。他把国内调查课长高桥毅夫选为提出问题的发言者,把经济研究所包括主任研究官的小林进看成持相反意见的"反派人物"。

当 5 月指标全部公布后,5 月 28 日下午,大藏省召开厅内研讨会。大藏大臣办公室门口有召开大型会议专用的长方形全套家具。所以福田便坐在靠近窗边的固定座位上,主角高桥和小林位列其左右。紧接着,课长级别的经济学家们入座,最后次官和局长坐在末座。④

---

① 《日本经济新闻》1975 年 3 月 11 日(晚报)。
② 福田赳夫《今后的日本经济》《月刊自由民主》231 号(1975 年),《日本经济新闻》1975 年 4 月 1 日(晚报),《日本经济新闻》1975 年 5 月 12 日、13 日(晚报),福田赳夫《全治三年的日本经济》。
③ 福田赳夫、大平正芳、河本敏夫《三木内阁半年的经济运营》,《朝日新闻》1975 年 5 月 13 日。
④ 《御前讨论会小林进笔记》(2013 年 11 月 28 日、12 月 5 日),小林进《御前讨论会》《经友》22 号(1995 年),《长濑笔记》本章的执笔者(长濑要石),自 1974 年 12 月至 1976 年 2 月,作为经济企划厅长官秘书,为副首相福田赳夫效力。在此期间他记录的《副首相日程笔记》和《记录》还被保留了下来。本章在撰写相关内容时参照了上述内容,重要的地方标注了出处。

第三部

在会议开头,福田做了如下发言:"今天我想听听各位的真实想法,所以我的角色是听众。平时我已经听过很多回次官和局长的发言了,所以希望今天你们能尽量减少发言。"

高桥首先开了口。他在过去参与过 11 次《经济白皮书》的撰写工作,同时也是 1973 年至 1975 年度白皮书的负责人。其中 1973 年度的白皮书撰写过程,对他而言,可谓一段痛苦的经历。当时的内阁官房揣摩了总理大臣田中的想法后,命令他在原案中删除 36 处关于通货膨胀的表述。他是个彻彻底底的反通货膨胀论者。[①]

高桥担心通货膨胀的风险,所以他对放宽抑制总需求政策表现得十分慎重。他认为,现在物价体系还在不断调整,物价上涨的压力还很大,消费者物价短期内不会达到个位数。高桥表示,不消除通货膨胀,就无法恢复消费,也无法实现社会公正,所以不应该降低存款利率。[②]

接着,扮演反派角色的小林阐述了自己的意见。小林的上一个职位是海外调查科课长,当时,他正在改良短期经济的预测模型。从那个模拟结果来看,日本经济很难好转。小林强调:"民间之所以越来越依赖政府,也是因为对未来没有信心。"另外,日元升值和路透社指数下降,从生产余力来看,物价已经过了需要大家担心的阶段。因此,小林主张,应该大幅降低利率,同时发行国债,依靠公共事业来扭转经济不景气的局面。并且他认为,消费者物价早晚会降到个位数。

二人的观点形成鲜明反差。用福田的话来说,高桥把重点放在"警惕通货膨胀的运营"上,而小林则重视"灵活运营政策以应对严重的经济不景气"。

在二人发言结束后,现场的 5 位课长从其他角度补充了意见。福田在一个多小时的时间里,认真地聆听了课长们的发言,并时不时地做笔记。课长们的发言结束后,福田说:"如果我说出自己意见的话,你们就会配合我的观点。所以今天,我不发表任何看法,只对你们进行提问。"

---

① 岸宣仁《经济白皮书物语》(文艺春秋,1999 年)第 193 页。
② 《朝日新闻》1975 年 5 月 21 日。当时的报纸称福田为"宽政改革"的松平定信。以此为例,介绍了下面这首狂歌:"因为看了太多,所以才会突然退役。"

接着，他们又进行了一个小时左右的问答。福田的提问可谓开门见山。

福田平日只是按照政府机关的规定接受事务说明，所以他此次提议举行厅内研讨会，实属罕见。福田之所以敢于尝试举行"头脑风暴"，是因为这个时期是日本经济政策转换的分界点。

当时人们的安全感不断增加，认为物价已经趋于稳定。但是越在这样的情况下，日本国民就越对经济不景气的迹象感到不安。日本经济界要求采取对策应对萧条的呼声日益高涨，甚至有人公开说福田是"贫穷之神"。虽然福田有些犹豫，但是他并没有随波逐流，他坚信"警戒—机动型经济运营"是正确的运营方式。

福田深知官厅和官僚们的行动方式。在当时的经济企划厅里，存在着一些特立独行、拥有独到见解的经济学家。为了听到他们的真实想法，福田并没有一个一个地单独聆听课长的意见，而是采用了研讨会的形式。

福田组织的厅内研讨会，是一个展现政治家和官僚对话方式的小插曲。虽然最终决定政策的责任在于政治家，但是他们也不能唯我独尊、刚愎自用。福田所提倡的厅内研讨，堪称政治主导方面值得人们学习的例子之一。

（三）经济萧条与物价的"二刀流"

在厅内研讨会结束的几日后，福田开始着手提升经济。他强调政府将会排除万难，将"物价控制在个位数"，希望通过政府的需求刺激来提振经济。日本政府在6月实施了第三次经济萧条对策，在9月实施了第四次经济萧条对策。

福田将自己的经济政策评价为"二刀流"，即他用惯用的右手拿大刀解决经济萧条，用左手拿小刀来控制物价。此时的福田，已经将大刀的刀尖从抑制物价转移到了刺激经济增长上。[①]

6月16日的经济对策阁僚会议通过了第三次经济萧条对策。其主要内容有：使公共事业上半年签约率达到70%；将约5万户住宅公库的贷款提前到上半年；废除设备投资、建设投资的抑制措施等。日本银行也

[①] 《日本经济新闻》1975年11月19日。

响应了政府的对策,将法定利率分阶段地降低至6.5%。① 随着政府解除对公共事业的抑制政策,已经停工近两年的本州—四国架桥工程也放宽了部分限制。本四架桥的施工冻结与新干线工程的施工冻结相同,均为日本采取了抑制总需要政策的象征。因此政府此次解除对本四架桥的部分限制,将对日本民众产生巨大的心理影响。②

在第3次经济萧条对策中,福田认为,如果可以把握住时机,日本经济将在7—9月开始进入稳步上升的过程。但是,福田的这种预估产生了偏差。最大的原因是,美国和联邦德国经济复苏缓慢,导致日本出口不振。因此,福田认为必须追加预算,采取果断的经济萧条对策。③

就这样,9月14日,经济对策阁僚会议决定了第四次经济萧条对策。主要内容包括:以东北—上越新干线和道路为中心,追加8000亿日元以上的公共事业费;再次追加7万户住宅公库融资;降低整体利率水平等。④

日本政府预计,通过第四次经济萧条对策,将创造出3万亿日元左右的需求。这是与之前的政策相比,规模更大、更正式的刺激政策,同时也是福田作为副首相实施的最后一次经济对策。⑤

并且由于经济萧条导致了税收减少,日本1975年度的收入减少额约为4万亿日元。所以,日本必须发行3.48万亿日元的公债。公债增发部分不能被完全纳入建设公债的范围内,因此日本也不得不发行赤字公债。这些虽然是带有应急性质的措施,但对于倡导有节制地发行国债的福田来说,却是一个苦涩的决定。⑥

---

① 三桥规宏、内田茂男《昭和经济史》(日本经济新闻社,1994年)第68—69页。

② 《日本经济新闻》1975年7月29日(晚报)、30日。

③ 福田赳夫《关于日本的政治与经济——7月至9月迈向稳定上升》《金融经济》6月25日(1975年),福田赳夫、小竹即一(对谈)《将物价与经济交给福田》《政经人》22卷9号(1975年),福田赳夫《无通货膨胀的稳定成长》《经济时代》40卷10号(1975年)。

④ 《日本经济新闻》1975年9月17日(晚报),经济企划厅《现代日本经济的发展——经济企划厅30年史》资料编。

⑤ 《第76回国会众议院本会议第6号》,《日本经济新闻》1975年9月3日、23日(晚报)、24日。

⑥ 纳富一郎、岩元和秋、中村良广、古川卓万《战后财政史》(税务经理协会,1988年)第309页,真渊胜《大藏省统治的政治经济学》(中央公论社,1994年)第271—273页。

福田右手拿大刀对抗经济萧条,是因为宏观经济处于上升趋势,但微观的经济却弥漫着萧条之感。其原因在于,企业开工率的下降。所以福田认为,为了恢复经济,1967年也必须制定以公共事业为中心的经济刺激政策预算。①

1975年度预算中公共事业费比前一年增加了26.2%。最终公债发行规模达到了7.275万亿日元,其中50%以上是赤字公债。公债依存度为29.9%,在当时,创下了历史最高纪录。但是到了1976年,在出口和财政的拉动下,日本经济显露出了明显的复苏迹象。当时美国经济从衰退中迅速复苏,日本的汽车和家电产品出口量显著增加。随着出口恢复正常,其国际收支也得到改善。就这样,日本四次经济萧条对策逐渐发挥效果,冷却的企业心理也恢复了活力,日本经济又开始了良性循环。②

日本经济增长率不断增加,1974年度为-0.2%,1975年度为3.6%,1976年度为5.1,经常收支也恢复顺差。如后文所述,消费者物价也回落到个位数。③ 得益于福田的"二刀流",日本经济"全治三年"的重伤最终在1976年痊愈。

(四) 惊险的物价个位数

如前所述,福田承诺到本年度末将消费者物价涨幅与上一年度比值控制在9.9%左右。物价目标的实现与否,是1976年度春斗能否平稳结束的重要指标。民间工会也要求政府必须兑现承诺,即将物价降到个位数。

1975年(昭和五十年)7月至9月,日本消费者物价上涨率保持在10%—11%左右,10月为9.6%,11月为8.1%。就这样,消费者物价降到了个位数,相关政府官员们终于松了一口气。新年伊始,1976年1月26日,福田在众议院全体会议上,答辩称"如果没有意外情况,物价可

---

① 《日本经济新闻》1977年11月14日。
② 纳富一郎、岩元和秋、中村良广、古川卓万《战后财政史》(税务经理协会,1988年)第323—331页。
③ 内野达郎《战后日本经济史》(讲谈社,1978年)第290页,经济企划厅《现代日本经济的发展——经济企划厅30年史》第277页。

能会跌落至个位数"。①

然而,这个"意外情况"发生了。由于受到长达 50 天以上的干旱影响,蔬菜价格暴涨,1 月东京都的消费者物价与前一个月相比大幅上涨 2.1%,与前一年相比又回到了 10% 左右。

受此事态影响,福田派的"王子"——农林大臣安倍晋太郎拼命寻找解决办法,接连出台了稳定蔬菜价格的对策。3 月是蔬菜青黄不接的时期,为了确保蔬菜的上市,政府还采取了向农户支付奖金的措施。②

2 月 13 日,福田出席"物价负责人会议"。在物价局干部主持的各部门负责人的会议上,副首相露面是特例中的特例。会议开始,福田鼓励大家采取一切可能的措施,务必实现"在 3 月份物价降为个位数的目标"。该会议决定了"当前的物价对策",即确保生鲜食品供应,以及防止其他产品趁机涨价。③

与此同时,民间工会也采取了行动。2 月 24 日下午,金属劳协(IMF·JC)议长宫田义二在经济企划厅与福田进行了会谈。宫田等人希望政府能够信守约定,在 3 月份使物价降为个位数。对此,福田表示,"现在形势有些微妙。能否将物价控制在个位数,取决于蔬菜的价格。估计东京都地区很难实现这个目标,但我们会努力使日本全国物价达到个位数"。④ 数日后,宫田又独自拜访福田。当时他将自己的靴子摆在左侧,低头跪在地上说"拜托了"。而福田一边安慰他,一边让他赶紧起来。对于赞同福田路线、采用平稳的方式决定工资额度的宫田来说,现在已经来到了关键时刻。⑤

幸运的是,日本 3 月中旬下起了雨,蔬菜开始恢复生长。恰在此时,日本政府的应急对策发挥了功效,蔬菜的价格也有所降低。3 月 26 日,东京都地区公布了 3 月的消费者物价,与上年相比为 9.8%。没想到,被

---

① 《对山口鹤男的答辩》(《长濑笔记》)。
② 《日本经济新闻》1976 年 1 月 30 日(晚报)2 月 3 日(晚报)。
③ 《日本经济新闻》1976 年 2 月 14 日,经济企划厅物价局《物价报告76》(大藏省印刷局 1976 年)第 31、191 页。
④ 《日本经济新闻》1976 年 2 月 15 日。
⑤ 长濑要石的回忆。

认为很难实现"物价个位数"目标的东京率先达成了这个目标。福田听到了东京都的报告后，连连称赞"太好了"，说"这是近期的一个好消息"，高兴得不得了。①

3月26日，内阁会议召开前，福田眯起眼睛对安倍说："你为蔬菜、鱼的价格下跌做出了令人动容的努力，这是对你的最高敬礼。"在内阁会议上，福田报告称："3月份的全国指数将达到9%左右，完全实现了政府'个位数'的目标。"最终，4月末公布的3月份全国物价指数为8.8%。②

在当日内阁会议后的记者招待会上，关于达成物价个位数的目标对春斗的影响，福田表示："工会一直关注着今年3月的消费者物价动向，现在，我们为工会在春斗问题上提供了一个判断依据。"③

出乎意料的是，1976年春斗提高工资的额度为8.8%，这与当年3月的消费者物价增长率相同。福田一直努力避免物价与工资恶性循环，坚持"控制物价的同时，也控制工资上涨额度"的原则，如今他的这一战略已经收获了巨大成果。

就这样，日本实现了"全治三年"第2年度的主要目标，日本1975年度的经济增长率为4.0%，经常收支的贸易顺差额为1.3亿美元。尽管洛克希德事件造成日本社会动荡，但是日本经济依然走上缓慢复苏的道路。

（五）不为人知的爱宕会

福田战略提出了明确的物价目标，它之所以可以结出硕果，在于福田坚持不懈地反复同民间工会干部进行对话。

从大藏大臣时代开始，福田就确信政府的强制手段无法切断物价和工资的恶性循环。他认为，政府不应与工会进行力量对决，而要尽最大努力稳定物价，并与工会领导人进行对话，促进劳资双方达成一致。

---

① 经济企划厅物价局《物价报告77》（大藏省印刷局，1977年）第17页，《日本经济新闻》1976年3月26日（晚报）、31日。
② 《日本经济新闻》1976年3月26日（晚报）、29日。
③ 《日本经济新闻》1976年3月26日（晚报）。

这种想法来自他年轻时驻伦敦时期的经历。20世纪20年代后半期的英国政治是属于保守党和工党两大政党的时代。福田一直将英国的两大政党论当作理想,所以他愿意多次与工会对话,也不足为奇。

福田与民间工会的对话起始于1971年(昭和四十六年)。当时,民间工会的部分干部表示"希望与福田先生对话"。因此,产经新闻政治部记者佐泽利和向福田提议,定期与民间工会领导人进行会谈。①

在这样的背景之下,1972年3月,钢铁劳联书记长中村卓彦拜托佐泽作为中间人联系福田,他说"只能拜托福田先生解决提高工资问题"。中村与佐泽是陆军士官学校的同期生。当时钢铁产业因尼克松冲击的影响,身陷绝境,他们决定在提高工资方面,对工人们"回答为零"(即不提高工资),因此劳资双方谈判陷入僵局。此刻,终于来到了经营方要做出最终表态的前夕。

当时在劳动界,左派的日本劳动工会总评议会(以下简称总评)与右派的全日本劳动总同盟(以下简称同盟),针锋相对。钢铁劳联虽然属于总评,但从几年前开始,它们在执行部实施了右派排挤左派、与总评集团保持距离的"同盟路线"。委员长宫田义二和书记长中村都致力于推进劳资关系协调,在他们二人看来,"回答为零"显然无法得到劳动界的信任。

福田深夜把二人请进私宅,仔细询问了包括劳动运动路线问题在内的事情。之后,福田在另一个房间给钢铁联盟的领袖打了30分钟左右的电话。最终,在福田的斡旋之下,第二天早上,五大钢铁公司基本接受了工会方面的要求,解决了工资问题。②

通过这件事,福田与中村之间的关系变得更加亲密了。1972年12月,劳动界的中村等5名人员与福田、盐川正十郎会面。他们将会面的场所选在了不起眼的地方——港区爱宕町的"山本"饭馆。因此,福田

---

① 佐泽利和氏谈(2013年5月24日),佐泽利和《从背后支撑着福田的"爱宕会"》[楠田实编著《产经新闻政治部秘史》(讲谈社,2001年)]。
② 佐泽利和《决定昭和四十七年春斗——"黄门"的深夜电话》《日本记者俱乐部会报》472号(2009年)。

将此次集会称作"爱宕会"。①

当时,同盟内部的干部都不愿意和保守政党的干部坐在一起。但是,福田在交谈时始终认真地倾听对方的话。就这样,促膝交谈的五个人,慢慢地都对廉正而幽默的福田萌生了好感。

每开一次会,"爱宕会"的参加者都会增加。在福田担任副首相之际,会议成员已经增加到了20多人。劳动界中新加入的成员包括宇佐美中信(同盟会长)、樫山利文(中立劳联议长)、蒿科满治(电气劳联会长)等人,几乎网罗了民间基干劳动工会的成员。在政界中,新加入的成员有:安倍晋太郎、中川一郎、长谷川峻、三塚博、藤伟正行、塚原俊平等人。这些政界人物几乎后来都担任过农林大臣与劳动大臣。

在"爱宕会"上,福田一定会说:"日本的命运取决于各位的春斗了。物价由我全权负责,如果物价再上涨的话,社会上的弱者就太可怜了。"与此相对,劳动界方面也深刻地认识到,即使获得了较高的工资涨幅,但如果被高昂的物价所吞噬,那么最终工人们仍然一无所获。所以如果不与社会保持连贯性,提高工资就无从谈起。

1976年2月至3月,当"物价涨幅个位数"的目标亮起红灯时,"爱宕会"也陷入了紧张的气氛中。当时,在福田左右的是农林大臣安倍和劳动大臣长谷川。安倍和中川一郎二人对与会成员分发了数据,向大家说明了蔬菜的收成和对策,与劳动界的干部进行了热烈的讨论。②

在春斗顺利结束后,福田经常在"爱宕会"上,对大家表示深切的感谢。热血居士中川满含热泪地说"这下日本安全了。感谢大家!"

福田一方面在公开场合摆出了断绝物价工资和恶性循环的论阵,另一方面在"爱宕会"这个幕后场所,吐露自己的真情,其根源在于福田

---

① 盐川正十郎《福田赳夫先生与爱宕会》《文艺春秋》74卷10号(1996年),佐泽上述书籍《从背后支撑着福田的"爱宕会"》[楠田实编著《产经新闻政治部秘史》(讲谈社,2001年)]。

② 佐泽利和氏谈(2013年5月24日),佐泽利和《从背后支撑着福田的"爱宕会"》[楠田实编著《产经新闻政治部秘史》(讲谈社,2001年)],盐川正十郎《福田赳夫先生与爱宕会》《文艺春秋》74卷10号(1996年)。

对"劳资双方智慧和理性"的信赖。

福田的这种态度也经常被称为"日本式收入政策"。[1] 即政府不直接决定工资,而是通过促进劳资双方的协商,说服他们从国民经济的角度出发来决定工资数额。"日本式收入政策"是以人为本、非常优秀的政策,但是它很难达成,它并不是政府高高在上口头上说一说就能实现的。实现这一政策,恐怕要归功于福田个人的政治手腕和人品。

由于劳资合作的成功,日本物价稳定,出口增长,迈上了经济稳定增长之道路。这是日本先于欧美摆脱困境的决定性因素。

三 天皇访美

(一) 吉隆坡事件

1975年夏天,福田赳夫异常忙碌。7月7日下午,福田为了接受疝气手术入住虎门医院。我们之后会谈到,福田是为了确保身体健康,不影响这一年秋天与天皇访美的计划,才选择住院的。

福田住院期间,日本面临的最大课题就是米价问题。7月9日,米价审议会商议将生产者米价提高13.1%。当时,农林水产大臣安倍晋太郎和大藏大臣大平正芳均对福田主张的"目标是薪金"表示赞同。然而,生产者委员会对此进行了强烈抵制,其抵抗程度甚至远超"春斗"的激烈程度。

安倍晋太郎也与相关团体进行了交涉,其间还被不满的农民扔过米粒。米价审议会的报告会甚至持续到7月12日早上。[2] 此后,日本政府及自民党内部的谈判也难以推进。在福田所入住的虎门医院406病房,经常可以看到他与大藏大臣、农林水产大臣开会讨论的情形,这里俨然是一个关于米价调整的司令塔观景台。[3]

---

[1] 高桥毅夫《新时代的过渡期》[(金森久雄编著《日本经济的轨迹》)(中央经济社,1990年)]第218—220页,宫崎勇《战后日本经济证言》(岩波书店,2005年)第202—204页,三桥规宏、内田茂男《昭和经济史》(日本经济新闻社,1994年)第64—66页。
[2] 《日本经济新闻》1975年7月9日、10日、12日。
[3] 《长濑笔记八》。

福田之所以对米价持强硬态度，是因为大米与物价息息相关。福田担心，调整米价可能会导致通货膨胀。所以，他坚决不能让这些影响到"物价降为个位数"的目标。

7月15日早上，福田出院。只休养了短短几天的他，又投入工作中。在8月2日至11日，三木武夫首相与宫泽喜一外相一同访美，参加了日美领导人会谈。在此期间，福田不得不临时代理总理大臣和外相的职务。周围人非常担心福田会过度劳累，对此他很平淡地说，"在夏天，我身体很强壮的！"①

恰好在这期间，发生了日本赤军主导的"吉隆坡事件"。8月4日下午，日本赤军占领了位于马来西亚首都吉隆坡美国保险集团（AIA）大厦的美国和瑞典大使馆，绑架了52名人质，要求释放在日本拘押的7名"过激派"赤军人士。他们要求日本政府派遣日航飞机，并在4小时之内做出回应。②

外务省领事移住部部长越智启介首先向福田报告了这个消息。越智启介向福田转达了三木首相"听从副首相指挥"的指示，并传达了"美国国务卿基辛格与英国首相威尔逊已进行讨论，美国政府希望日本政府不要施加压力，尽可能争取时间"之意。

于是，福田在首相官邸设置了对策本部，由内阁官房长官井出一太郎担任部长。福田还下令以官房副长官川岛广为中心调动各省厅。4日下午5点半，福田到达首相官邸，与井出、川岛二人共同进行商议，并于6点召开了对策本部紧急会议。福田于5日凌晨3点回了趟家，早上6点半又出现在对策本部会议上。

马来西亚政府始终坚持尊重生命第一的方针。犯人（日本赤军）表示："如果到日本时间九点半还没有回应，史泰宾斯美国大使将成为第一位牺牲者。"由于日美领导人会谈即将召开，出于政治因素考量，日本政府必须在会谈开始之前处理好这起事件。

最终，对于这些很早就开始宣布进行杀戮、实施爆炸的日本赤军，

---

① 《日本经济新闻》1975年8月14日。
② 《长濑笔记八》，《朝日新闻》1975年8月5—9日。

日本政府不得不答应了他们的全部要求。8月5日，日本政府采取"超法规措施"，除日本政府拒绝同意释放的两名成员之外，政府将其余五名成员送上日航飞机，进行人质交换。

然而，围绕日航飞机降落在哪个国家的问题，交涉又陷入了僵局。最终，利比亚接受了日航飞机。8日上午10点多，日航飞机降落在的黎波里机场。四名政府高官被释放，五名犯人（日本赤军）和被释放的五名犯人在的黎波里投降。至此，自吉隆坡事件发生已过去90多个小时。

最终，福田被迫在"达卡日航飞机劫持事件"中做出了艰难决定。两年后，福田成为日本的首相。

（二）南美访问与日韩会议

1975年8月15日傍晚，福田赳夫携夫人福田三枝动身访问南美。这是福田受到巴西、委内瑞拉两国政府邀请后的首次南美访问之旅，随行人员还有千叶三郎、田中龙夫、中山太郎、森喜朗等人。

8月19日，福田与委内瑞拉总统佩雷斯（Carlos Pérez）进行了会谈。佩雷斯总统提出希望给日本稳定供给原油。福田表示愿与委方就在技术上原油能否符合日本精炼的标准、大型邮轮能否在巴拿马运河航行等问题积极交换意见。

在此之前，福田就为日本敲响了警钟，称日本资源有限的时代已经来临。巴西则是福田非常想访问的国度。福田在巴西停留了七日，其间还到访位于亚马孙河口的城市贝伦。他在接受了荣誉礼节的欢迎后，与帕拉州州长进行了会谈。玛瑙斯市位于亚马孙中部，是颇具代表性的日本移民移居地。福田一行眺望着蜿蜒在热带丛林中的茶褐色河流，乘坐飞机视察了玛瑙斯市，充分感受到了巴西国土的广阔和移民者的辛劳。

8月26日，福田在巴西的新首都巴西利亚与盖泽尔总统（Ernesto Geisel）等人举行了会谈。盖泽尔总统对上年9月田中角荣前首相访巴时发表的共同声明中涉及的"亚马孙铝精炼计划"等事项是否会搁置表达担忧。对此，福田表示，虽然日本政权更迭，但已有的约定并不会改变，消除了巴方疑虑。双方还在此次会谈中约定盖泽尔总统将于来年春天访日。①

福田在盖泽尔总统欢迎晚宴的致辞中表示："日巴两国同为和平国家、民主国家。北半球的工业国同南半球的资源大国拥有无限的合作可能性。将这种可能性变成现实就是我们的责任。"② 在对南美两国的访问中，他还强调资源国家同技术国家进行相互补充，则可以实现两国之间的合作。

福田从南美回到日本后，便督促各省厅制定第四次经济萧条对策。9月14日早晨，时隔两年为了出席日韩定期阁僚会议，福田动身前往汉城。

当时发生的两件事，导致日韩关系高度紧张：1973年金大中在东京某酒店被韩国中央情报部（KCIA）绑架事件，以及1974年旅日韩侨文世光行刺朴正熙总统事件。当时日韩两国关系急剧恶化，甚至已经到了国民要求两国断交的地步。

但是，两国的经济关系不断深化，在越南统一等亚洲国际形势变化的情况下，日韩两国需要恢复双方的合作关系。再加上尼克松政府表示要裁减驻韩美军，美国对韩国的介入问题也变得让人难以捉摸。③

在日韩定期经济阁僚会议的开头，福田坦率地说道："我希望借此机会，重新调整过去两年充满隔阂与芥蒂的两国关系，巩固双方合作的基础。"在此次会议上，日韩双方再次强调了日韩友好关系的意义，并且再次确认日美韩三国合作对维护东亚和朝鲜半岛和平与稳定的意义。④

当时日本召开了临时国会。9月16日，三木首相发表了申明信念的演讲。日本政府为了等待福田回国和向国会提交修正预算案，便推迟了

---

① 福田赳夫《结束南美两国访问》《外交时报》1128号（1975年），《日本经济新闻》1975年8月20日（晚报）、26日，《长濑笔记十一》。
② 《福田笔记（1975年8月—9月）》。
③ 赵世暎（姜喜代译）《日韩外交史》（平凡社，2015年）第22、58—74页。木宫正史、李元德《日韩关系史Ⅰ政治》（东京大学出版会，2015年）第41—43页。
④ 《朝日新闻》1975年9月16日，《日本经济新闻》1975年9月16日。

福田的经济演讲和大藏大臣大平的财政演讲。繁忙的福田在访问南美的飞机上,将经济演讲主要内容记在了笔记上。于是,事务处根据这个笔记拟定了演讲的草案。该草案主要包括福田对"全治三年"的回顾与展望,以及他设计的新稳定增长轨道。①

(三)首席随员的气度

对于福田来说,这一年最重要的外事活动是天皇访问美国。昭和天皇预订于1975年(昭和五十年)9月30日至10月14日访问美国,福田也将与1971年天皇访欧时一样,担任天皇的首席随从。

最初上奏天皇访美的,是担任外务大臣的福田。天皇访欧的第二年,即1972年6月12日,福田拜谒了天皇,奏报了尼克松总统提议天皇访美的邀请。② 据说天皇确定了访美的具体计划后,便询问身边的人:"福田的身体还好吗?"这意味着天皇此次也依旧希望福田作为首席随从,共同访美。自上次访欧以来,天皇每年都邀请当时的随员举行茶和会,畅谈旅行趣事。③ 天皇大概对忠厚老实的福田抱有亲切感。

福田力求确保天皇访美万无一失。上次访问南美时,他便安排经旧金山和纽约到达南美,回程经由洛杉矶,这也是他为天皇访美提前做准备。在纽约,福田使用了与天皇、皇后将要居住的华尔道夫公寓同类型的房间,实际考察房间是否方便舒适。

1975年9月30日早晨,秋高气爽,福田作为首席随员,同天皇一道出发访美。在飞机上,福田就此次访美和美国的情况进行了讲解。根据福田的笔记,天皇发表了感想:"这次访美的时机很好",并且天皇还向福田询问了关于石油、物价、公共费用上涨以及中小企业破产等日本经济方面的问题。④

---

① 《福田笔记(1975年8月—9月)》。
② 伊藤之雄《昭和天皇传》《文艺春秋》(2011年)第513页。
③ 福田赳夫《回顾九十年》(岩波书店,1995年)第320—322页。
④ 《福田笔记(1975年9月—12月)》,《昭和天皇实录》中记载道:"在飞机上听取了首席随行员福田赳夫关于内外经济问题的报告。"宫内厅编修《昭和天皇实录》16(东京书籍,2018年)第264页。

第十二章 三木政权下的经济总理

10月2日晚，福特总统（Gerald Ford）在白宫举行了晚宴。在《君之代》演奏结束后，天皇在致辞中再三强调，他之所以访问美国，是希望向美国传达以下内容："那场不幸的战争，让我深感悲痛。'二战'后，美国人民为我们国家的重建伸出了援助之手，对此我希望直接向美国人民表示感谢。"[1]

10月4日，在前往纽约之前，福田与经济咨询委员会主席格林斯潘（Alan Greenspan）、美国联邦储备委员会（FRB）主席伯恩斯（Arthur Burns）等人共进早餐，就世界经济形势交换了意见。福田还提到了峰会（发达国家首脑会议）的相关问题，希望与美方保持紧密联系，构筑两国具体的合作框架。并且，他们还讨论了要在峰会上谈论什么议题。[2]

之后，一行人前往芝加哥。访问千町步行农场之前，天皇穿着华丽的西装，侍从长也模仿天皇穿了类似的服装。对此，福田发出了简短的评论，"这些服装有些乱糟糟的"，引得众人哈哈大笑。[3]

他们访美日程的最后一站是夏威夷。天皇、皇后受到了当地日裔的热烈欢迎，日裔州知事有吉（George Ariyoshi）的夫人向他们微笑行礼。

福田在记者招待会上总结，"此次天皇访美非常成功"，并作了如下概括："因为天皇陛下的人品贵重，所以获得了美国国民的好感，这一点和天皇访欧时的情况一模一样。另外，目前日美之间不存在任何问题，所以此次访美的时机也非常好。"关于今后的日美关系方面，福田说："我认为，以此为契机，日美过去三十年的龃龉将成为过去，双方都萌生了积极面对共同问题的想法。"[4]

除了皇太子时期，昭和天皇在位期间仅有访欧和访美的两次出访经历。而在这两次访问中，福田均担任首席随员，这对福田来说，无疑是终身的荣誉。

---

[1] 宫内厅编修《昭和天皇实录》16（东京书籍，2018年）第279页。
[2] 《日本经济新闻》1975年10月6日。
[3] 入江相政《乘坐晨光的天皇陛下》《文艺春秋》54卷1号（1976年）。
[4] 《日本经济新闻》1975年10月12日，高桥纮《凡人昭和天皇》下（讲谈社，2011年）第374页。

四 稳定增长思想的新计划

(一) 增长6%的经济计划

经过了物价狂乱的时代后,日本经济发生了巨大变化。福田在接受杂志采访时说,"再也不能期望经济高速增长的梦想了",并且表示,政府应该率先对此表明态度。① 因此,日本需要设立新的发展规划图。

福田在进入三木内阁时,发表了自己的见解。他认为,"应该将经济高速增长时代制定的,新全国综合开发计划和经济社会基本计划全部推翻,从根本上重新考虑发展计划"。福田打算在"全治三年"的收官之年,开始实施基于稳定增长思想的新计划。②

受福田方针的影响,1974 年(昭和四十九年)12 月 24 日,经济对策阁僚会议确立了"制定新长期计划"。经济计划是以长期展望为基础的五年计划,全国综合开发计划是以公元 2000 年的"超长期展望"为基础的十年计划。③

扎根于稳定增长思想的新计划,也是福田在大藏大臣时期就开始酝酿的构想。福田认为,从"世界中的日本"的角度出发,日本必须以资源、能源的有限性为前提,制定与国际社会协调的稳定增长路线。因此,必须使日本政策的重点从发展转移到分配公平方面。通过实现分配公平,向对贫富差距问题感到不满的国民提出未来展望,营造有连带感和希望的社会。这就是福田所描绘的愿景。④

新计划的目标有两个。第一,确定"平稳而有节制的成长轨迹"。超过 10% 的高速增长时代已经结束,今后日本的经济增长能力将减半。根据欧美发达国家的实际增长率,福田认为今后的日本增长率将达到

---

① 福田赳夫《我的救国方案》《经济展望》46 卷 22 号(1974 年)。
② 《朝日新闻》1974 年 12 月 11 日。
③ 星野进保(综合研究开发机构编)《作为政治的经济计划》(日本经济评论社,2003 年)第 574—575 页。
④ 福田赳夫、馆龙一郎(对谈)《以经济社会新时代为目的》《金融》10 卷 3 号(1974 年),福田赳夫《我的救国方案》,福田赳夫《重新出发,祈求维护自由社会》《经济时代》39 卷 11 号(1974 年),福田赳夫《年初有感》《ESP》3 卷 9 号(1974 年)。

5%左右。① 第二，将经济增长的果实，用于提高国民生活质量。②

在国会的经济演说中，福田表示，经济增长只不过是手段，今后需要将其成果用于国民福利，确保实现社会公平。

根据经济对策阁僚会议的决定，从1975年年初开始，经济企划厅综合计划局和国土厅计划调整局分别着手开展计划工作。

1976年5月4日，内阁会议通过了《昭和五十年代前期经济计划》（以下简称为《前期计划》），提出增长率为6%以上。在决定这个增长率的过程中，福田和事务当局多次交换了意见。

当时关于经济增长的预测，从零增长到10%增长，幅度很大。支持池田勇人高速增长论的下村治，在石油危机之后，转而提倡零增长论。另外，计量经济学家内田忠夫则主张，极有可能实现10%的增长率。

在经济审议会中也出现了低增长论和高增长论对立的局面。该审议会的产业分科会会长稻叶秀三便是支持低增长论的代表人物。③

当时，事务当局坚决不对中增长的设想让步，十分气恼的稻叶，亲自撰写了驳斥中增长论的信函，并将它寄送给了福田。

不过，福田是中增长论者。到了6月中旬，福田不再提起"平稳而有节制的增长"的口头禅了，而是将"有节制"三个字去掉了。这大概暗示着，福田将把中长期增长率的目标提升至5%—6%。④

今天回过头来看，福田的判断几乎是正确的。实际上，日本昭和五十年代（1975—1985年度）的经济发展潜力是5.0%—5.4%。但由于石油危机时的零增长，所以导致日本社会中存在大幅度的供需缺口。如果加上供需缺口的0.8%，那么经济增长率将变为5.8%—6.2%。⑤

经济审议会研究小组一直在研究日本经济的发展潜力，并在7月份完成了相关报告。据此，福田认为，在"前期计划"中，在今后5年里，

---

① 宫崎勇编《昭和五十年代前期经济计划解说》（日本经济新闻社，1967年）第36页（第4表），福田赳夫《全治三年的日本经济》。
② 《第75回国会众议院本会议第2号》。
③ 《福田笔记（1975年5月—7月）》。
④ 福田赳夫《全治三年的日本经济》，《日本经济新闻》1975年6月18日。
⑤ 宫崎勇编《昭和五十年代前期经济计划解说》（日本经济新闻社，1967年）第35页（第3表），小岛英敏《关于新计划》《ESP》130号（1976年）。

实现6%以上的实际增长率是比较适当的。他设想，在计划期间的前半段，为了弥补需求差距，要实现"较高程度的经济增长"，在后半段，则要改善经济平衡，确定"稳定性增长路线"。①

就这样，日本确立了中增长路线的政府方针。确定了计划的发展路线后，计划制订方面也渐入佳境。1975年7月29日总理大臣三木向经济审议会咨询了计划制订情况。因此经济审议会的12个分科委员会，与日本各个省厅一道开始采取行动。

国会议员、各省厅、地方团体均对公共投资的分配问题怀有巨大的热情。如上文所述，经济萧条对策的重心是公共事业。由于解除了对本四架桥和新干线的施工限制，人们再次提高了对公共投资的期待。但是现在的日本已经不能像高速增长期那样，大幅度地提升公共投资了。新计划的公共投资总额为100万亿日元（1975年价格）。从提升国民生活质量的角度出发，日本政府严格筛选了公共投资的分配领域。最终，日本政府向环境卫生、福利、学校、国土保护等与国民生活密切相关的领域投入了较多预算。②

（二）福田与生命周期计划

虽然福田重视提高国民生活质量，但这并不意味着他允许财政漫无目的地扩张。三木首相将生命周期（生涯设计）计划作为政权旗帜之一，其中也深刻地体现出了福田对财政的上述态度。

生命周期计划堪称一个野心勃勃的巨大构想，它的目标是在日本经济高速增长的情况下，分析日本国民所抱有的不安与危机感，实现他们富有希望和稳定期待的生涯设计。为此日本政府将根据学校教育、家庭、社会保障、晚年生活等人生各个阶段，构建满足国民期待的社会体系。

据说制订该计划的原因是，三木私人的智囊团——新经济政策研究

---

① 经济企划厅编《昭和五十年代前期经济计划》（大藏省印刷局，1976年）第16页。
② 宫崎勇编《昭和五十年代前期经济计划解说》（日本经济新闻社，1967年）第81—83页。

会认为应该提出新的福利社会愿景,并且三木同意了这个提议。东大教授村上泰亮等学者群体,负责撰写该计划的具体内容,并且在其中融合了三木的政治理念和方针。三木对制订该计划的具体措施展现出了巨大的热情。当初的计划是,在三木公布了构想后,将它分发给相关人士和各界权威人士,并且在报纸和杂志上进行特别企划,最后在此基础上,让内阁官房成立项目组,着手制定相关法案。①

三木在施政方针演说中提出,要建立有别于英国型和北欧的"日本型福利国家"。然而对此,自民党和各省厅都表现得有些消极。② 1975年9月,虽然三木设置了以内阁官房副长官为首的相关各省厅联络会议,但该计划依旧进展缓慢。不久,它便实际上进入了搁置状态。

该计划最大的问题是缺乏财政上的支持。1973年被称为"福利元年",当时,田中政权因革新政党的迅猛发展而倍感焦虑,所以他决定免除日本70岁以上老年人的医疗费,并向他们每人支付5万日元养老金。但是,此后日本经济陷入了通货膨胀和经济萧条之中,所以"福利元年"的财政负担越来越重。

福田也对生命周期计划持消极态度。福田在笔记中如下写道:③

一、眼下日本正处于通货膨胀和经济萧条之中,这种痴人说梦式的政治运行方式存在很大问题。

二、只从福利的角度来考虑这样的宏大构想是很有问题的。在经济稳定增长的情况下,如何制定今后国家的政策等问题也应囊括在该计划之内。

三、如果不考虑财政来源和该计划将对其他方面产生的影响,就盲目地推行该计划的话,那么它有可能会演变为"第二个日本列

---

① 中央政策研究所《关于蕴含希望与稳定的生涯设计(生命周期)计划》《在线版,三木武夫相关资料》(11286—01)(丸善雄松堂,2019年),秋谷纪男《三木内阁的生涯设计(生命周期)计划》(明治大学史资料中心监修,小西德应编著),《三木武夫研究》(日本经济评论社,2011年)第263—271页。

② 《第77回国会众议院本会议第2号》1976年1月23日。

③ 《福田笔记(1975年5月—7月)》。福田赳夫《回顾九十年》(岩波书店,1995年)第220页。

岛改造论（或者是与列岛改造互换表里）"。

四、虽然可以理解三木福利导向的想法，但是该计划还需要进行充分讨论。

福田出于对三木的考虑，没有正面地批评生命周期计划。然而，三木所描绘的全世代型福利计划，在高唱理念的同时，却缺乏财政支持。福田担心，如果三木政权强行实施背负巨额财政负担的计划，那么将有可能重蹈田中政权的覆辙。因此，他直到最后，都对在前期计划中加入生命周期计划一事，表现得十分慎重。①

如前所述，1976年5月14日，内阁会议通过的"前期计划"是一个名副其实的"福田计划"。后来在福田政权接任了三木政权后，该计划作为福田政权的基础，被他原封不动地继承了下来。同时，在野党也一致认可了"前期计划"提出的中增长路线。在增长率方面，公明党的"福利社会总体计划"（1976年10月）为7.2%，民社党的"日本经济的新选择"（1978年9月）为6.2%，日本社会党的"日本经济改造计划"（1979年4月）为5.8%，可以说各党派都默认了稳定增长路线。②

福田继续宣称"经济高速增长的梦，已经不会再有了"，并将国民舆论引导至中速增长路线上。福田主导的"前期计划"，一方面宣告了高速增长的终结，另一方面，击退了打着福利旗号的生命周期计划，开启了日本经济稳定增长之路。

1976年5月，福田制订了"前期计划"，日本经济复苏也步入正轨。与此同时，福田作为"经济总理"的工作已经接近尾声。当5月连休结束的时候，关于经济状况，福田在笔记上写着"还算理想"。③ 实际上，在财政和出口的双重作用下，日本生产增加，经济增长率也以每年6%的

---

① 在"前期计划"工作接近尾声时，三木首相的首相秘书官高桥亘，恳请福田将生命周期计划添加至"前期计划"中。但是福田仅同意在其中添加一句话，即"把有限的资源重点用于每个国民生命周期中最紧急的需求"。不过他也写下了一条附加条件，即"在不给国民造成负担的情况下，充实国民福利，会造成财政方面的巨额赤字"。经济企划厅编《昭和五十年代前期经济计划》（大藏省印刷局，1976年）第28—29页，长濑要石的回忆。

② 星野进保（综合研究开发机构编）《作为政治的经济计划》第591—594页。

③ 《福田笔记（1975年12月—1976年5月）》。

速度增长。此后，直到1977年1月，日本经济呈现如在高原行进般的缓慢增长。当时的日本经济虽然并非一直在不断增长，但是它经过了一时停滞后，重新回到增长轨道。因此福田将其命名为"二进一退"。①

本书将在下一章中提到，1976年不仅是日本经济复苏的一年，也是日本政局极度混乱的一年。福田越来越担心政治的混乱会破坏经济的稳定。实际上，在那段时间里，福田在国会答辩和致辞中经常说，只有确保政治稳定才能实现经济稳定。就这样，福田一边怀着这种的担忧，一边投身到了愈发混乱的政局旋涡之中。②

---

① 尾原荣夫编《新版 从年表中观察日本经济的足迹》（财经详报社，1994年）第255页，筱原三代平《战后50年的经济循环》（日本经济新闻社，1994年）第95页，《日本经济新闻》1996年4月12日。

② 《长濑笔记21》。

第十三章

三木倒阁行动

前　言

　　三木政权的经济政策在福田的支持下顺利完成了转型。但是，由于三木过于关注舆论、民意，并坚持推行理念先行型政策，来自党内的怨言不绝于耳。对三木的不满以洛克希德事件为导火索，一举发展成为倒阁运动。

　　本章将梳理从1976年（昭和五十一年）自民党内部的"反三木"运动高涨到福田就任首相这段时间的政局变化。当"三木倒阁行动"渐入高潮，福田反被置于尴尬的境地。虽然福田对三木首相的政策也怀有不满，但是他认为，"三木倒阁行动"不该阻碍洛克希德事件的真相公之于众。因此，福田在第一次"三木倒阁行动"运动中表现出消极的态度。但是，当田中角荣被逮捕，福田旋即改变态度，催促三木尽快辞职，并主张三木的辞职是重振党风的第一步。由此，1976年8月以后，福田也参与其中的举党体制确立协议会与三木政权之间的对立逐渐白热化。

　　当时必须注意到的是福田与大平之间的关系。为了尽快实现三木倒阁，则必须建立"大福联盟"。但是，这一计划的最大问题在于三木倒阁之后，围绕着三木的继任者问题，福田和大平二人之间必然存在竞争关系。当时流传的小道消息中最为有名的一则，是在决定成立"大福联盟"之时，二人之间曾有一份"密约"，其主要内容是二人约定以两年为单位交替执掌政权。但是，围绕着"密约"存在与否的问题，福田一方与大平一方之间有着根本分歧。本章将以当事人留下的记录为依据，对"大福密约"的存在与否进行验证。

一　洛克希德事件带来的冲击

（一）第一次"三木倒阁行动"

1967年（昭和五十一年），在福田的带领下，经济形势不断好转。而与之形成鲜明对比的是，政治上的混乱和迷茫。发生于2月5日的洛克希德事件便是导致这一状况的导火索。这一消息在第一时间传入日本。在美国上院外交委员会里的跨国企业小委员会（Church委员会）上，洛克希德公司为了将自家飞机卖给日本，向日本政府高官以及儿玉誉士夫、小佐野贤治两人输送了巨额贿赂。

由于美方没有公开日本政府高官的姓名，日本国内产生了各种各样的猜测。其中嫌疑最大的是与儿玉有着密切关系的中曾根康弘干事长，此外，还有小佐野的"过命兄弟"田中角荣前首相。在民怨沸腾的状况下，在野党主张一定要将真相一查到底。此外，在众议院上还通过了一项决议，即要求美国公开包括政府高官姓名之内的一切尚未公开的资料。[1]

三木对于洛克希德事件的态度非常明确。他说"就算赌上日本政治的声誉也要一查到底"，表明了查清真相的坚定决心。2月24日，三木向福特总统发去了要求公开相关资料和相关人员姓名的亲笔信。此外，还派自己的智囊团成员平泽和重前往美国，会见当时的国务卿基辛格，对美方的态度进行试探。[2]

或许对于和福田一样长期以来对党内改革倾注了极大热情的三木来说，有政府高官参与的贪污事件确实让人难以接受。但是也不能否认，三木对此事件如此关心也有其政治策略上的考虑。三木在党内的基础原本就比较薄弱，其开始掌权以来，被有力派阀层层包围，不得不品尝作

---

[1] 奥山俊宏《秘密的解除 洛克希德事件》（岩波书店，2016年）第121—127页，山岸一平《昭和后期的10位首相》（日本经济新闻出版社，2008年）第130页。

[2] 竹内桂《三木武夫》[增田弘编《战后日本首相的外交思想》（密涅瓦书房，2016年）]第237—239页。

为"边缘人物"的滋味。但是，洛克希德事件的发生使得情况发生了根本性变化，以田中派为中心的有力派阀因此而难以抽身。三木打算趁此良机将政局的主动权夺回自己手中。

但是，三木政权的"亲生父母"——自民党副总裁椎名悦三郎却对坚决要查明真相的三木抱有不满。

三木不重视党内的周旋与疏通，靠着民意的支持推行大胆的政策。其中比较典型的有，将彻底禁止企业捐款的规定纳入政治资金规正法，以及在反垄断法中加入企业分割条款。驱使三木做出如此大胆改革的，是他脑中无处不在的强烈的危机感。他认为，为了维持以自民党为中心的保守体制，则必须采纳贴合革新势力观念的政策。但是，对于椎名来说，三木的行为是从根本上动摇以自由主义经济为核心的保守体制的一场暴行。①

由于对三木的不信任感愈发增强，洛克希德事件成为椎名转向"三木倒阁行动"的重要契机。椎名秘密集结自民党内的反三木势力，在国会结束后立刻采取行动逼迫三木辞职。这就是第一次"三木倒阁行动"的开始。

瓦解三木政权，必须得到支撑这一政权的福田和大平的合作。其中，对"三木倒阁行动"热情较大的是大平。大平对三木向福特总统送出有关洛克希德事件的亲笔信这一做法感到十分不满。从自己担任外相期间发生的周泓庆事件和金大中事件的经验来看，大平认为不应该把此类问题上升到政治层面，而应该将其交给相关人员小范围处理。②

在背后支持大平的还有田中角荣对当时形势的判断。5月5日，田中与大平秘密会面，田中认为三木是"迄今为止最差劲的首相"，另外又说"三木精通所有怀柔政策和各种政治权术"，恐怕为了扭转政局会"不择手段"。从事情后续发展来看，田中对三木的分析十分准确。此外，田中还认为"将此事交给椎名一人恐怕不行"，因此为了扭转政局"必须由大平—福田二人联手做出决定"，强调了与福田合作的必要性。对此，大平

---

① 中村庆一郎《三木政权747天》（行政问题研究所，1981年）第42—51页。
② 大平正芳回想录刊行会编著《大平正芳回想录》（鹿岛出版会，1983年）第389页。

也认为"无论如何也要拉福田入伙"。①

从5月中旬开始,福田与大平进行了多次会面并对当时的形势有了共同的认识。② 二人不仅经常在内阁会议后留下谈话,还在会议前私下见面。在国会众议院前的庭院中,在栅栏旁边的树荫下经常并排停着两辆车,大平在副首相车中,秘书官、护卫官、司机则在藏相车中待命。每次见面大概持续30分钟。福田将与大平的会面戏称为"大福饼"(大福饼是一种日式点心,这里用来指大平和福田的见面)就是从这个时候开始的。③

在椎名和大平与三木间的对立逐渐激化之时,福田夹在中间左右为难。大平和福田确实也对三木怀有不满。但毕竟身为副首相承担三木政权下的经济政策制定工作,因此也尽量避免当面或在公开场合下表明对三木政权的批评态度,但是对于三木理念先行的政治手段,福田确实难以苟同。例如,福田就曾在背后批评三木的"生活再生计划"是"以大规模增税为代价"。此外,他还认为三木对反垄断法的修订应该"充分听取党内意见"④。

即便如此,福田还是非常慎重。5月黄金周过后,田中派的木村武雄提出与椎名、福田、大平三人进行会谈。但是,福田认为这次会谈是反三木势力的集结,心生厌恶,最终在他的提议下改为两两分别会谈。福田在主张三木倒阁的椎名面前表示,自己不会参与要求三木提前辞职的任何活动。另外,他还劝说三木尽早与椎名进行会谈,努力缓和双方关系。⑤

福田之所以如此慎重,主要有以下几个原因。第一,对于总选举的担忧。他担心总裁与副总裁之间的矛盾会导致自民党在即将到来的选举中败北。因此,他认为即使是要求三木辞职,这件事也要以一个稳妥的

---

① 《关于田中—大平会谈》1981年5月9日[森田一(福永文夫、井上正也编)《大平正芳秘书官日记》(东京堂出版,2018年)]第631—632页。

② 5月20日福田与大平在大正制药会长、参议院议员上原正吉的宅邸会面。

③ 依据长濑要石的回忆。

④ 福田赳夫《回顾九十年》(岩波书店,1995年)第220—221页。

⑤ 《福田笔记(1976年5月—8月)》。

方式进行。①

第二，他担心一旦参与"三木倒阁行动"，就会被扣上"隐瞒洛克希德事件"的帽子。

实际上，5月13日椎名的"反三木包围网"计划被《读卖新闻》曝光之后，三木立即在当天下午日经联的例会上表示"我绝不会中途放弃赋予我的使命和责任"，拒绝辞职要求，表明了维持政权的强烈意愿。作为一名"政治精英"，诱导外界将针对自己的倒阁运动与"隐瞒洛克希德事件"相关联。因此，椎名一方反而被认为企图让洛克希德事件的真相石沉大海而遭到舆论的强烈批评。②

在福田看来，应该将洛克希德事件与自民党的彻底改革相关联，为了充分把握该事件的影响范围，也应该静待当局的调查进展情况。③

第三，由于三木利用媒体所进行的绝妙反击以及福田一直采取的谨慎态度，椎名主导的第一次"三木倒阁行动"不了了之。但是，如此一来，三木与椎名的关系再也不可能修复。进入7月以后，由于田中角荣被逮捕，"三木倒阁行动"再度被提上日程。

（二）田中角荣被捕

3月24日，日美司法当局在华盛顿签订了相互援助协定，包含政府高官姓名的资料由美国送达日本。于是，对洛克希德事件的调查进展飞速。6月以后，全日空、丸红公司的相关人员已经陆续被逮捕，调查当局开始做好"钓大鱼"的准备。7月27日上午7点12分，东京地方检察院在田中角荣的家中对其进行传唤，8点50分以违反日本外汇法的罪名将

---

① 5月10日椎名与福田的谈话中，福田说道"担心总选举。感觉党的主心骨已经没了"。《福田笔记（1976年5月—8月）》。

② 中村庆一郎《三木政权747天》（行政问题研究所，1981年）第199—201页。

③ 关于洛克希德事件，有很多关于田中角荣和中曾根康弘的流言，而福田最为在意的是岸信介的动向。根据儿玉这条线开展的调查进展情况来看，岸信介也有被起诉的可能。在福田的笔记中有关岸信介动向的记录数次出现。7月8日，岸信介的秘书中村长芳来访，与福田商量"岸议员辞职一事"。但是，最终儿玉这条线未能调查清楚，岸信介也没有被起诉。7月20日中村向福田传达"一、儿玉称没有与洛克希德公司之间的交易证明，不打算拿出证明；二、只有福田太郎知晓，但即便供述也不会维持公诉"。《福田笔记（1976年5月—8月）》。

其逮捕。

当天上午6点30分,福田的秘书官长濑要石在前往位于野泽的福田家中的路上,在车上的广播里得知了田中角荣被逮捕的消息。长濑曾犹豫是否立即停车用路边的公用电话向福田汇报这一重大事件,但因为距离福田家只有不到10分钟的路程,因此没有停车,而是直接到达福田家中。当位于起居室的福田听说了这一消息后,面色沉重,随即询问"你从哪里听到的消息"。长濑想或许福田怀疑自己事先收到来自法相秘书的消息,当告知福田自己是从广播中得知之后,福田说道"刚刚有记者给我打了电话"。①

虽说是偶然,但是福田在前一天晚上才刚刚接受了田中秘书早坂茂三的访问。根据福田的回忆,当时早坂还并未意识到田中可能被逮捕。②早坂访问福田的目的是要试探他是否会参与"三木倒阁行动"。福田回答"目前的状况下不可能。如果打算行动,我会告知田中",大平也说道"任何事情我们都会跟你商量"③。从以上证言中可以看出,关于田中被逮捕一事,福田与田中亲信事先都毫不知情,也从未预料到。

田中被逮捕一事使得一直以来采取慎重态度的福田开始正式转向"三木倒阁行动"。对于三木利用国民的支持让田中承担所有责任并最终导致其遭到逮捕的这些政治手段,福田感到极其厌恶。他认为,洛克希德事件本身并非政治事件,因此不能改变什么,为了重振自民党的士气,必须将目光转向国家政治整体上的运营。

田中角荣被捕一事,是日本政治史上十分罕见的重大案件。虽然你有勇气行此大事,但从党内势力来看田中角荣也绝非等闲之辈。当他们佩带着曾经砍下敌方强大统领头颅的刀剑出现在你面前时,恐怕就是三木政治落日之时。彼时,你或在"自民党大清洗"中引

---

① 根据长濑要石的回忆。
② 《世界中的日本——福田赳夫回忆录》《楠田实资料》(2E-12-3)。此事并未记入公开出版的《回顾九十年》中。
③ 《福田笔记(1976年5月—8月)》。

第三部

咎辞职。①

由于田中被捕，田中一派的愤怒全部转向三木首相，三木政权的运营举步维艰。福田将田中被逮捕事件看作三木下台的契机，同时也是重振自民党运动所迈出的第一步。

然而，对三木的劝说仅靠常规手段是无法达到目的的。继田中派、大平派之后，党内反三木的狼烟已经蔓延到福田派，而三木采取的对抗手段，是向民间宣传自己的政策方针并以此来取得国民的信任和理解。8月6日，三木为出席原子弹爆炸遇难者和平祈祷仪式访问广岛，在记者招待会上，表示将推进对洛克希德事件的彻底调查，并宣称"决不会辜负国民的托付"，表明其继续担任首相的决心。②此外在9日的长崎记者招待会上，针对提倡扭转政局的福田和大平，指出"我相信在政治的运营方式正经受考验的时刻，二人绝不会做出任何使政局陷入混乱的举动"。③

另外，三木向福田和大平表明想得到二人合作的强烈意愿。三木强烈要求以一对一的形式与二人会面，因为这样就有可能切断大平与福田之间的联系。这也是三木曾与河野一郎、佐藤荣作等政坛老手对峙之后所积累的经验。

8月11日，三木和福田的会谈在大仓酒店进行。福田对三木说，如果就此召开临时国会，以现在的体制来讲总选举胜算不大，因此最好明确自己去留的具体时间。但是，三木并没有改变自己的想法，说"我绝不会在受到逼迫的情况下辞职"，并表示"只要得到你的帮助，我一定能够改变局势"，认为只要得到福田的协助，那么大平也自然不在话下，依然表现得十分自信。④

三木对待大平也是一样的态度。第二天，三木与大平的会谈开始。

---

① 福田赳夫《回顾九十年》（岩波书店，1995年）第221页。
② 《朝日新闻》1976年8月6日（晚报）。
③ 《朝日新闻》1976年8月9日（晚报）。
④ 《福田笔记（1976年5月—8月）》，中村庆一郎《三木政权747天》（行政问题研究所，1981年）第240—242页。

第十三章　三木倒阁行动

针对大平对三木政权的批评，三木一方面说，"我这一派人才缺乏，也没有得力亲信，工作漏洞百出，因此您对我的批评我非常理解"，表现出谦卑的姿态。另一方面他又说，"我希望您能跟我合作。你我之间有很深的缘分，也从未有过任何过节，您对我的打击是否有些过于无情？您与椎名联手在我最艰难的时期给我当头一棒实在令我震惊、失望"。①

在密室会谈中表现出的"韧性"正是三木的真实面目。在试图说服别人的时候，三木往往都会双膝交叉，身体微微探出，有时候还会握住对方的手或将自己的手放在对方的膝盖上，态度热情、友好。② 大多数谈话对象都折服于这种异常的热情和执着。而这次谈话也并非例外。福田每次与三木谈话后乘坐公务车时，都会一边摩挲着自己的膝盖，一边无奈地说道"三木从头到尾都一直紧紧抓着我的膝盖啊……"③

一方面福田和大平对三木的说服工作进展困难，另一方面反三木的风潮开始超越反主流派的范围在整个党内蔓延。由于洛克希德事件，国会处于空转状态，许多重要法案的审议被无限期搁置，党内对于只揪着洛克希德事件不放的三木的做法愈发不满。

许多议员都认为随着众议院期满和选举的临近，如果不及时应对并处理诸如党内改革等重要事项，则总选举的情况将会令人担忧。田中被捕事件使得党内反三木的行动加速推进。④

在党内气氛不断变化的过程中，在福田、大平、田中派中安插了中间派的反主流派，召集了有关在召开临时国会前先举办两院议员总会的签名活动。这场签名活动得到了党所属国会议员中三分之二以上——即超过270名议员的支持。8月19日傍晚，反主流派的干部在大仓酒店集结，成立了举党体制确立协议会（下称举党协）。他们阻止三木首相召开临时国会，以人数优势促使要求三木提前退职的活动一举成功。

---

① 《绝密 大平—三木会谈内容》1976年8月12日。
② 中村庆一郎《三木政权747天》（行政问题研究所，1981年）第244页。
③ 依据长濑要石的回忆。
④ 《采访 盐川（正十郎）氏》（日期不明），《大平正芳相关文书》（请求号：2177）国立国会图书馆宪政资料室。

二 三木政权 VS 举党协

(一)"大福联盟"的组成

第一次"三木倒阁行动"由椎名副总裁主导,而第二次"三木倒阁行动"的核心人物则是福田与大平。因此,随着三木倒阁而浮现出的新问题,便是福田与大平之间究竟由谁来接替三木执掌政权。三木认为,一直以来与自己对立的福田与大平的选票或许较为分散,于是想要从中寻找挽回政权的机会。

大家公认的实力更强者必然是福田。在得知田中被捕之后,福田甚至做好了解散自民党的心理准备,并勇敢地表明"由我来担负起党改革的重任"。[①] 与此同时,因自己的盟友田中遭到逮捕而受到巨大打击的大平则一直非常消沉。当时,大平曾向自己的私人顾问伊藤昌哉透露"如果田中角荣被抓,我也就没干劲了,从此退出政坛"。[②]

充当"大福联盟"中间人的就是伊藤昌哉。根据伊藤所著《实录自民党战国史》,8月22日,大平曾与自己商量在当时的政局下的去留问题。伊藤说道:"大家各司其职,您就安心做干事长。三木下台,福田登场,您来负责党内重建。"伊藤记录道,大平对伊藤的劝说全盘接受,并认为"看来大平来担任干事长是既成事实了"。

与大平告别之后,伊藤与《每日新闻》的斋藤明记者一起造访了位于野泽的福田宅邸。斋藤的妻子是福田康夫夫人的姐姐。伊藤、斋藤与福田会面是在晚上9点以后。伊藤对于"大福联盟"事宜只提了一个要求,即"让大平担任干事长。虽然对于大平的评价有褒有贬,还有一些福田派内的因素以及举党协内部的问题,但是让他担任干事长恐怕是最妥当的安排了"。此外,他还向福田传达"您早晚都要参加党大会的总裁选举,届时大平将放弃选举"。[③]

[①] 《日本经济新闻》1976年8月2日、同4日。
[②] 伊藤昌哉《实录自民党战国史》(朝日 sonorama,1982年)第242—243页。
[③] 伊藤昌哉《实录自民党战国史》(朝日 sonorama,1982年)第247—251页。

第十三章 三木倒阁行动

伊藤的回忆在福田的笔记中也得到了印证。《福田笔记》中有如下记录。[1]

二人（伊藤和斋藤）与大平谈话结束
1. 大福无间 铁板一块。
2. <u>大平推福田任总裁。</u>
   <u>大平任干事长（个人希望）。</u>

福田在第二项下面专门画了横线。如此一来，福田心中对于"福田总裁—大平干事长"的"大福联盟"就有了较为明确的把握。此后，在三木倒阁运动不断勃发的过程中，福田与大平携手合作，将该运动推向最后阶段。

第二次"三木倒阁行动"对立的双方是计划在临时国会结束后进行解散总选举的三木，以及不召开临时国会，而是举行两院议员总会并在会上要求三木辞职的举党协。福田劝说三木，以目前的状况直接进行解散总选举的话也胜算不大，不如召开临时国会并报告洛克希德事件的情况之后自行辞职。[2] 但是，三木一直拒绝辞职。即便是在当时那个派阀全盛的时代，内阁总理大臣手中的权力依然很大。党内的反三木包围网无论多么牢固，尚处于总理大臣位置的人如果表示继续执掌政权，其他人想要阻止也是十分困难的。

双方的对立在9月10日达到高潮。在这一天，三木举行了为召开临时国会而进行内阁会议决定的"首相演说"。临时内阁会议预计在当晚召开，阁僚们陆续集结。三木政权的阁僚，20人中有15人已经加入了举党协。当天，除了去根室市视察北方领土的外相宫泽喜一，其他14人在会议前，于院内的大臣室集合，召开了两次时长约1小时的碰头会，以协商对策。下午5点过后，临时内阁会议开始。被后人称为"马拉松会议"

---

[1] 《福田笔记（1976年8月—12月）》。
[2] 《福田笔记（1976年8月—12月）》，伊藤昌哉《实录自民党战国史》（朝日 sonorama，1982年）第249页。

第三部

的此次内阁会议，加上中间的晚餐休息时间，总共持续了 5 个小时之久。①

举党协一方的策略是，当三木要求大家在内阁会议书上签名时，由副总理福田首先出面拒绝。此后，举党协的其他阁僚也一起拒绝签名。

与之相对，政权一方也有强烈的反对意见，三木的有力支持者通产大臣河本敏夫主张罢免那些拒绝签名的阁僚，将内阁改造为以三木支持者为中心的内阁，召集临时国会，并在国会开始时宣布举行解散总选举。河本的考虑是，如果三木参与解散总选举，并质问洛克希德事件的后续，那么国民会支持哪一方是显而易见的。②

晚上 9 点左右，大家也都发表了意见，三木即将做出最终决定。但是，就在千钧一发的时刻，防卫厅长官坂田道太郎出面阻止。一直以来与举党协保持距离，将自己置于中立立场的坂田认为"强扭的瓜不甜，你也会被周围人孤立"。正是因为坂田在关键时候的冷静劝说，内阁会议暂时休会，休会后，决定将临时国会的召集与否拿到次日的轮流内阁会议上讨论之后再做决定。③

如此一来，坂田在千钧一发之际阻止了举党协与政权主流派之间的一场全面对决。次日再次召开的临时内阁会议，决定召开临时国会，主要处理财政特例法等尚未处理完毕的法案，暂不进行解散总选举。三木政权与举党协达成一致的地方是为了实现"人心一新"，在临时国会召开之前完成党和内阁的人事变动；存在分歧的地方是，受到举党协强烈批判的中曾根康弘干事长的继任者问题。三木主张由松野赖三政调会长平级调动接任干事长一职，但由于遭到举党协的反对，最后出乎意料地启用了宏池会的内田常雄。④

9 月 15 日正式开始运营的新内阁留任了七名阁僚。其中加入举党协的阁僚只有福田与大平。三木首相终于按照自己的想法成功完成了内阁

---

① 长濑要石《福田副总理日程笔记》（五）。
② 中村庆一郎《三木政权 747 天》（行政问题研究所，1981 年）第 267—270 页。
③ 中村庆一郎《三木政权 747 天》（行政问题研究所，1981 年）第 271—278 页。
④ 中村庆一郎《三木政权 747 天》（行政问题研究所，1981 年）第 279—286 页。

改组。①

（二）"大福密约"是否存在？

由于三木与举党协之间的斗争宣告结束，9月16日开始召开的临时国会在一片祥和中进行，曾经受到关注的允许发行赤字国债的财政特例法案、国铁和电电公社的价格上涨法案等都顺利通过。此时，众议院议员总选举也逐渐临近。三木首相最终未能如愿解散众议院，但是由自己亲自操办此次总选举已是确定之事。另外，举党协也打算在总选举之后再重启"三木倒阁行动"。

而此时必须面对的是，在处理三木继任者问题时应该采取怎样的态度，福田与大平团队之间需要一定程度的协调。如前所述，8月22日由伊藤昌哉牵线，大福之间就此问题已经达成一致。但是，在宏池会内部，以亲田中的铃木善幸为中心，尚有部分福田派未能吸收的成员，大福两派阀之间的调整一直在持续。②

此时，在中间斡旋的是党内元老之一保利茂。10月10日，大平在茅崎的三百高尔夫球场与保利见面。③ 12日，保利给福田去电，向福田传达了以下内容：1. 前天，与大平会谈。具体事宜已向大平传达（大福联盟）。大平与福田应有接触。2. 明天与园田、安倍会面详谈。望仔细听取。④

此后，在品川的太平洋东京酒店，福田、大平、保利、园田直、铃木善幸五人于10月20日和27日分别举行了两次会谈。⑤

---

① 《日本经济新闻》1976年9月16日。

② 伊藤昌哉《实录自民党战国史》（朝日sonorama，1982年）第277—280页，《读卖新闻》1976年10月9日。

③ 森田一（福永文夫、井上正也编）《大平正芳秘书官日记》（东京堂出版，2018年）1976年10月10日条。

④ 《福田笔记（1976年8月—12月）》。

⑤ 根据长濑秘书官的日程表，10月下旬，福田曾三次到访该酒店，分别是20日、27日、28日。每次到访都被认为是与举党协有关的会面。长濑《福田副总理日程笔记》。此外从森田秘书官的日记来看，大平也在20日8点左右到访该酒店，进行"福田、大平、铃木、园田会谈"，27日7点半"福田、大平等实权人物集结"。森田一（福永文夫、井上正也编）《大平正芳秘书官日记》（东京堂出版，2018年）1976年10月10日、同27日条。

坊间流传的是在第二次五人会谈上，福田与大平之间达成了"两年后福田将政权交与大平"这一"大福密约"。如今已经公开的被认为是当时的"密约文书"的字据中有以下内容，上面有除保利之外其余四名成员的签名和印章。①

一、大平正芳氏推举福田赳夫氏成为三木继任者——自民党新总裁及内阁总理大臣（首相）。

二、总理总裁虽不可分割，但福田赳夫原则上委任大平正芳氏负责党务工作。

三、昭和五十二年1月的定期党大会上，修改党章，将总裁任期由三年改为两年。

以上内容福田、大平二人在相互信赖的基础上达成一致。

昭和五十一年11月

这一"大福密约"究竟是否存在？

第一，如果了解当时的状况就能够明白，福田与大平缔结上述"密约"的必要性并不大。虽然宏池会内部确实有反对福田的声音，但是举党协内已经逐渐形成推举福田就任的统一意见。实际上，早在第一次五人会谈之前的10月15日，举党协代表负责人会上就已经决定"推荐福田副总理就任下任自民党总裁"。②

而大平当时的情况比较被动，并无底气与福田缔结上述"密约"。如果接受田中派的全面支持，从人数上或许有取胜的概率，但是田中受到洛克希德事件的影响，其实力已大不如前。就算大平在田中派的支持下战胜福田，也难逃"洛克希德走狗政权"的骂名。对于大平来说，当时的舆论状况并不适合公开自己与田中之间的亲密关系，自己身处逆风中，与其赌上党的分裂参加总裁选举，不如助力福田更加稳妥。

也就是说，当时的情况对福田更为有利，对大平来说担任干事长一

---

① 渡部亮次郎《园田直 全人像》（行政问题研究所，1981年）第225—226页。
② 《日本经济新闻》1976年10月16日。

职已经足够，没有必要与福田缔结到期让权的"密约"。

第二，"密约文书"本身的可信度存疑。由上述三个条件组成的"密约文书"首次出现在1981年3月发表的《园田直 全人像》中。此后，这一"密约文书"被许多书籍引用，侧面证明了它的存在。

但是，包括福田笔记在内的当事人留下的一手资料中没有任何针对该"密约文书"真实性的质疑。大平自己也从未将"密约"当作事实来讲述，大平一方的第一手资料——森田一藏相秘书的日记中也没有提到。根据福田对评论人清宫龙的讲述，福田曾询问五人会谈的成员之一园田直"是否确有此事"之时，园田直予以否认，称"绝对没有，因此请乐观、坚定地对待"。[1]

现存的"密约文书"是由园田直的第二个儿子、众议院议员园田博之于2004年（平成十六年）公开的。但是该文书上福田的签名明显系伪造。[2] 正如福田派的森喜朗所说，有关"大福密约"说，"恐怕是园田与铃木善幸合谋为之"，这种说法更有说服力。[3]

福田上台以后，最早向政界散布"大福密约"存在的是大平的亲信田中六助。在大福联盟之时，田中曾对大平说，"现在的局势对你有利，正是与福田合作的好机会，建议将总裁一职让与福田"。[4] 于是，福田上

---

[1] 清宫龙《福田政权714天》（行政问题研究所，1984年）第253—226页。

[2] 现存的"密约文书"是园田博之于2004年在《读卖周报》上公开的。该文书在宏池会的便签上被冠以"福田 大平谅解事项"的名称。据说，园田死后，该文书在他生前经常携带的红色拎包中被发现。《园田直 全人像》的作者渡部亮次郎曾密约文书用带有蓝色横线的宏池会的便签书写，手写的字是渡部熟悉的铃木善幸的笔迹。他在执笔时参照的恐怕正是此文书。但是，正如曾收录各种密约的《产经新闻》指出的那样，该文书从标题到四个人的签名看起来都是同一人书写。此外，其中福田的印章也与他真实的印章之间存在微妙差别。关于这一点，该文书的持有者园田博之也表示"那份'密约'确实可疑。读文章就可以发现，上面的签名并非本人亲笔。若如此，那文章恐怕也是伪造"。园田博之、吉田清久《永田町博物馆（四）园田博之众议院议员发现！三木继任者"大福密约"文书》《读卖周报》63卷54号（2004年），上条昌史《解密"昭和"之谜（一）"大福密约""政权禅让"密约书的去向》《新潮45》28卷4号（2009年），今堀守通《"政治笔记""大福密约"存在吗？"备忘录"持有者园田博之氏的证言》（《产经新闻》2015年5月6日）。

[3] 森喜朗（谈话人 田原总一郎）《日本政治的背后的背后》（讲谈社，2013年）第143页。

[4] 森田一（福永文夫、井上正也编）《大平正芳秘书官日记》（东京堂出版，2018年）1976年10月5日条。

台后，田中六助为了让福田让位于大平而积极宣扬密约的存在。1977年（昭和五十二年）8月30日的《读卖新闻》上刊登了田中曾作为中间人促成了以"两年更替"为前提的"大福联盟"这一消息。但是，田中并未参加五人会谈。该报道明显夸大了田中发挥的作用，与事实不符。①

值得注意的是，福田对大平有很高的期待，自己认为将政权让与大平乃情理之中。但是，事先约定好两年期限之说则是荒谬至极。这种做法无异于将政权视为私物。而所谓的"密约文书"也只不过是变相记录了党章中将自民党总裁任期改为两年的这一变更事项，同时赋予了它一层神秘色彩罢了。

然而，即便福田明确否认，有关"大福密约"的流言在政界内部并未停止传播，甚至通过媒体报道在民众中继续扩散。当时大平的番记者（专门接近特定的采访对象进行取材的记者）曾经表示田中六助将"密约文书"当成"护身符"一样随时随地都带在身上，一刻也不离手。② 并且，作为密约存在的证据恐怕向许多政治家和记者都展示过。如果在1978年的总裁预备选举上大福对决的局面无法避免，那么恐怕连媒体也会意有所指地暗示这一"两年更替"的密约真实存在了。③

或许所谓的"大福密约"是大平阵营作为信息战的一环在福田上台之后炮制出来的。所谓的"密约文书"也是这一事件的产物。不论大平一方的目的为何，从可靠的一手资料中丝毫不能判断福田曾经与大平之间有过"两年更替"的约定。也就是说，如果唯一的证据——"密约文书"是伪造的话，那么可以判断"大福密约"从一开始就并不存在。

---

① 园田直在大平正芳会议录的听证会上曾批评道："所谓的田中六助作为中介成立密约，简直胡说八道。田中六助知道什么？"《采访园田直氏》1981年7月6日《大平正芳相关文书》（请求号码：2487）国立国会图书馆宪政资料室。

② 上条昌史《解密"昭和"之谜（一）"大福密约""政权禅让"密约书的去向》《新潮45》28卷4号（2009年）。

③ 例如，《"两年更替"密约真实存在？福大、电话中的回忆、二阶堂氏揭露》《读卖新闻》1978年10月26日，《福大两年更替密约说——78年总裁选举》《朝日新闻》1978年10月27日。

(三) 福田政权的诞生

在举党协全力支持福田的方针逐渐明朗之时，临时国会于 1976 年（昭和五十一年）11 月 4 日闭幕。虽然举党协要求在 10 月内召开临时党大会，但上层以总选举即将开始为由暂时搁置。于是，战后第一次期满众议院总选举确定了 11 月 5 日公示、12 月 5 日举行投票的日程。①

在国会闭幕的当夜，福田对长濑秘书说道"明早我去总理宅邸表明辞职意向"，此外还命令他"速与小岛君（小岛英敏，经济企划事务次官）取得联系"。② 于是第二天早上 8 点，福田前往首相官邸拜访了三木并提交了辞呈。

福田辞去阁僚职务，是为了彻底抹杀以举党协代表身份与三木首相之间以和谈方式收拾政局的可能性，并断绝自己一切后路，全心迎接总选举。在总选举之后，如果自民党内派阀之间的平衡基本维持，那么通过指名的方式，福田政权顺利诞生的可能性就会大大提高。但是，如果总选举以自民党大胜告终，那么国民一直以来支持的内阁就没有必要下台，三木就很有可能继续牢牢掌握政权。在这种情况下就会形成全面对决的局面，党的分裂将不可避免。③ 对于福田来说，辞去阁僚职务无异于一场豪赌。

虽然举党协与三木政权同举自民党旗帜，但实际上总选举是一场分裂选举。举党协在大仓酒店里设置了区别于党本部的选举本部，以独自的选举态势参与总选举之战。5 日，举党协总会召开，并举行了"壮行仪式"，加入举党协的各个派阀也对各自选区的候选人进行了调整，形成了一种完备的支援体系。④

回顾历史，在发生重大贪污案件之后，实权者往往都会对当时的政权和执政党开展严格的审判。1914 年的西门子事件、1948 年的昭电事件、1954 年 1 月的造船贪污事件均是如此。事件发生后，参与该事件的

---

① 中村庆一郎《三木政权 747 天》（行政问题研究所，1981 年）第 298—299 页。
② 依据长濑要石的回忆。
③ 《读卖新闻》1976 年 11 月 5 日。
④ 《读卖新闻》1976 年 12 月 8 日。

第三部

执政党在下一次总选举中的议席无一例外地大幅减少。认为"重大贪污案件之后的选举不能掉以轻心"的三木面临总选举时已经收敛了自己的乐观心态。三木之所以制定了稳定多数271个议席的目标,也是因为预料到会经历一定程度的鏖战。①

虽然已经做好了充分的心理准备,但是众议院选举的结果比三木预想的还要不尽如人意。自民党只有249个议席当选,自党成立以来第一次在选举中惨败,在仅有公认候选人(除了公认候选人,还有推荐候选人)的情况下未能达到半数。虽然通过追加无所属议员作为公认候选人勉勉强强过了半数,此后,则不得不面对执政党与在野党势力不分伯仲、共同运营国会的局面。

由于在众议院选举中大败,三木下台已是大势所趋,此时"三木倒阁行动"似乎失去其必要性,而形势开始朝着扶植福田政权上发展。

12月17日,三木发表自民党总裁辞职声明。当天,他还发表了自己撰写并修改的《我的演说》,主要包括三木在任期间未能完成的党改革措施:(1)打破金权体制,消除派阀斗争;(2)改善"老人政治"问题;(3)采用预备选举制度的总裁公选制度。②

福田对三木的这一演说给予高度评价。这是因为三木的演说内容与自己的政治理念相吻合。他认为,"这是三木在长期的经验和教训中思考自民党今后何去何从所凝练出的宝贵建议,我将把它作为重要的参考来面对今后即将到来的困难局面"。③

12月24日,召开了总选举之后的第一次国会,众参两院本会上举行了首相指名选举。执政党与在野党在议席数量上的竞争陷入胶着状态,此时出现了来自自民党反福田派的五票无效票,因此福田最终以仅超出半数1票的256票有惊无险地被指名为内阁总理大臣。4年半以前在总裁选举中败给田中角荣的时候,福田坦然面对,将不甘藏于胸中,并暗自鼓励自己"总有一天,日本需要福田",这一天终于到来了。

---

① 《读卖新闻》1976年12月8日。
② 中村庆一郎《三木政权747天》(行政问题研究所,1981年)第306—307页。
③ 《读卖新闻》1976年12月17日(晚报)。

在《福田笔记》中，有一段推测为写于众议院总选举前后的文字，文字的内容表明了福田的决心。"立志成为国家公仆，为确立民主主义的基础，以无限的衷心和高涨的热情付诸行动，为高度的文化生活、社会的公正以及民主秩序的建立奉献终生。"①

已经72岁高龄的福田人如其文，带着这种"明治38岁青年"的气概，开始以船长的身份带领"日本号"这艘巨轮在远洋中乘风破浪。

---

① 《福田笔记（1976年8月—12月）》。

第四部

第十四章

福田内阁内政工作的开展

前 言

1976年（昭和五十一年）12月24日，福田赳夫被任命为第67届内阁总理大臣，时年71岁。福田内阁的诞生受到官界和财界的欢迎，但因参与"推翻三木"，国民支持率不高。日本历代政权的"内阁支持率"，总体而言是起步时最高，之后逐渐降低。但福田内阁上台时的支持率仅为28%，甚至低于前任三木政权的最终支持率。之后也持续低迷，直到执政期的后半段才显示出上升的趋势。

因为支持率低下，要让政权走上正轨，福田必须在国民面前展示出自己较高的施政能力。于是，就任首相后，福田号召内阁"行动起来"，积极面对堆积如山的政策难题。

本章聚焦于1976年12月上台，维持了约2年时间的福田内阁以内政为中心的工作。

福田内阁面对的最重要的课题，是重建低迷的日本经济。石油危机后经过"三年康复"日本经济得到初步恢复，然而贸易摩擦的扩大、日元的急剧升值、经济环境变化带来的结构性衰退这三大问题依旧困扰着日本经济。加之对日本"集中暴雨式"出口增长的国际压力高涨，使得福田不得不面对日本经济从出口主导向内需主导的转型。在这样的国内外形势下，福田的经济政策也从当初刺激经济与财政健全二者兼顾，转向大幅度扩大公共投资的"临时特例的财政运营"。

此外，福田执政期的经济政策也与日美经济关系、七国峰会的宏观经济协调关系密切。关于经济问题的外交因素,将在下一章中具体论述。本章主要从国内政治的角度来思考福田经济政策的历史意义。

本章还将考察福田内阁经济以外的主要内政政策。作为首相,福田面对的最为艰难的抉择,是达卡日航飞机劫持事件。出于"人命重于地球"的判断,福田最终答应了劫持犯的要求。关于这一决定的是非对错,直到今天也依然意见不一。我们将重新审视当时福田内阁的一系列对应。

此外,本章还将讨论福田以坚定的决心大力推动的成田机场通航。成田机场的通航因为抵制运动而长期延滞,当时到底遇到了哪些阻碍,福田内阁又是如何对应,最终克服的呢?

最后,本章将对福田内阁留给后世的遗产之一——元号法的制定和国民荣誉奖的创设进行整理。前者旨在确定元号法律地位的法案,后者关注原有的叙勋及褒章制度难以涵盖的对象,以平民的视线创设的表彰制度。这些举措有助于促进日本社会的稳定及积极向上。

一 福田内阁的诞生——"经济之年"的设定

(一)"行动起来,内阁"

福田被任命为内阁总理大臣后,在短短3个小时内便完成了组阁。

之所以如此神速,是因为从三木下台到首相选举时日较为宽裕,福田有着足够的时间来构思自己的组阁方案。福田在12月的笔记中,写下了自己人事方案的几条原则:[1]

1. 全党乃至全国视野;
2. 不考虑所谓派阀平衡;
3. 任用新人。

福田在组阁时提出了"清新且强有力""采用老中青体制"的方针。为了给国民以清新的印象,福田任命鸠山威一郎为外务大臣,石原慎太

---

[1] 《福田笔记(1976年12月—)》。

郎为环境厅长官,海部俊树为文部大臣,渡边美智雄为厚生大臣,小宫山重四郎为邮政大臣,藤田正明为总务长官,这6人都是初次入阁,其中石原、海部、小宫山都是40多岁,可以说是中坚及年轻人占了阁僚的半数。同时,任命铃木善幸为农林大臣,石田博英为劳动大臣,以这些通晓政策的老将来巩固侧翼。①

福田内阁显著的特点,是在经济、财政、外交等关键位置安排自己信赖的亲信,通过他们加以掌控。福田废除了三木时代曾设置的"经济对策阁僚会议",而是采取必要时与经济阁僚进行商议的形式。大藏大臣坊秀男、通产大臣田中龙夫都是"党风刷新运动"以来福田派的资深高层人士。外务大臣鸠山是福田的后辈,曾任大藏事务次官,后成为参议院议员。内阁的人事安排,凝结了福田丰富的阁僚经验和极高的政策能力。

但这并不意味着福田完全按照自己的设想实现了组阁。最初,他曾考虑过起用民间人士担任阁僚,大力推进经济政策。从《福田笔记》中反复推敲的痕迹看,他曾设想任命牛场信彦(原驻美大使)担任外务大臣,在法务省干过的人担任法务大臣,圆城寺次郎(日本经济新闻社社长)或加藤宽(庆应义塾大学教授)担任经济企划厅长官。还曾考虑任命有次官经验者担任大臣,如牛场信彦为外务大臣,鸠山威一郎为大藏大臣。②

但是起用民间人士,意味着分配给各派阀的阁僚数将减少。福田无法不顾加入"举党体制确立协议会(举党协)"的主流派阀的意见而强行组阁。最后只能放弃起用民间人士的想法,以其天生的稳健,在照顾各派阀间平衡的同时,将重点放在起用新人上,以此回应呼吁年轻化的党内声音。

组阁人事上另一个遭遇阻力的位置,是内阁官房长官。福田原打算让岸信介的女婿,也是本派的接班人安倍晋太郎来担任。但在"举党协"

---

① 清宫龙《福田内阁的714日》(行政问题研究所,1984年)第20—21页。《朝日新闻》1976年12月25日。

② 《福田笔记(1976年12月—)》。

组织上的有功之臣园田直却表示非此职不可,福田提出建设大臣等职位均被一口回绝,最后不得不任命其为官房长官。直到第二年11月内阁改组,才终于让安倍替换了他。但这一人事变动也让福田与园田之间产生了间隙,成为福田内阁运营的重大障碍。

组阁结束后,福田走出执务室便被记者团围住,询问他新内阁的口号。福田留下一句"是'行动起来'",便动身前往皇居参加首相认证仪式。在派阀的限制下,福田尽最大可能组建了具有个人特色的内阁,开始执掌这艘颠簸于汹涌波涛之中的"日本号"巨轮。[1]

(二) 党内改革的热情及周围的冷淡态度

组阁后,福田以极高的热情投入党内改革。实现党的现代化、解散派阀,是福田自"党风刷新运动"以来的夙愿。虽然福田曾组织"举党协",逼迫三木政权下台,但他从三木的政治改革热情中感受到了共鸣。福田认为,在国民因洛克希德事件对自民党产生信任危机的当下,正是党内改革的良机。因此,在政权成立之初,就设置"自由民主党改革实施本部",显示出推进"归零式改革"的决心。

在福田的强烈愿望下,"党改革实施本部"从1977年(昭和五十二年)1月起,就解散派阀、修订总裁公选规程、扩大组织等问题进行了为期两个月的讨论,决定导入在三木政权期间曾经讨论过的总裁预选制度。

在推进制度改革的同时,福田也要求自民党内各派阀解散。他自己在3月率先解散了福田派"八日会",关闭了设在赤坂王子酒店的事务所。各派阀顾忌舆论的批评也纷纷跟随效仿,中曾根派、大平派、旧田中派、三木派先后宣布解散。

派阀解散后需要构建新的议员沟通形式,这一点上福田也别出心裁。他以党本部过于古板,以及议员们需要能够自由交流的场所为理由,在自民党本部大楼9层开设了一个名为"Liberty Club"(自由俱乐部)的空间,供议员们集会交流。

在传统的派阀活动中,福田认为问题较大的是夏季研修会。自民党

---

[1] 清宫龙《福田内阁的714日》(行政问题研究所,1984年)第22—23页。

各派阀为了增进派内成员的关系，按惯例会在夏季举办研修会。研修的主要内容是政策学习，各派系成员经常在研修会上表明自己对政局的立场态度和政治去就意向。因此，福田计划以自民党名义统一举办夏季研修会。

但对于福田解散派阀的热情，以大平干事长为首的高层态度颇为冷淡。党内派阀虽然摘下了各自的招牌，但依然保持着其组织，很快便以"政策集团""政策研究会"等名义借尸还魂。参议院选举开始后，依然是以派阀为单位各自设立竞选总部，开展对各自系统候选人的支援活动。

最终，实质上解散的派阀只有福田派一家。即使是社会舆论因洛克希德事件到达顶点之时，也远未达到福田心目中的举党体制这一理想状态。而福田内阁导入的总裁预选制，也成为田中在洛克希德事件后企图东山再起时的利用对象。[①]

（三）迎面扑来的经济不平衡的巨浪

福田内阁面对的最大的拦路虎，当然是经济问题。

"三年康复"的福田战略卓有成效，日本在发达国家中率先摆脱了石油危机的影响。1976年（昭和五十一年）年度增长率达到5.7%，物价及国际收支等表现也算差强人意。"康复三年"最终年度结束的第二天，福田在国会答辩中表示"日本经济虽然还未到完全健康的状态，但已经可以'出院'了"[②]。

从经济周期的角度看，1975年3月到1977年1月属于上升期。这一"缺乏实感的上升期"，因为福田的关系，也被称为"稳定增长景气"。之后，直到1977年10月是"轻度衰退"的下降期。换言之，福田就任首相正是在他主导的经济战略取得成功后新的不平衡开始扩大，经济即将

[①] 清宫龙《福田内阁的714日》（行政问题研究所，1984年）第90—96页。福田赳夫《回顾九十年》（岩波书店，1995年）第229—231页。《福田赳夫氏谈》（1992年4月30日）（"福田回想录3磁带"195，A面"楠田实资料"）。《读卖新闻》1977年7月20日。

[②] 《日本经济新闻》1977年4月1日。

进入"轻度衰退"的时候。①

此时,迎面扑向福田内阁的,是相互作用并不断增势的三大巨浪。

第一是出口的快速增长及其带来的日美摩擦的激化。"稳定增长景气"的最大特点,是以出口的快速增长弥补民间设备投资等民间需求的低迷。汽车、电机、一般机械等高质量的日本产品如同"集中暴雨"般涌入美国,导致日美间的贸易摩擦激化。美国内阁的批评态度日益严厉,强烈要求日本的经济模式从出口主导转向内需主导。②

第二是日元的急剧升值。福田内阁的起步,恰巧与日元升值的起点重合。日元兑美元的汇率,从1977年1月的293日元,上升到1978年10月的176日元,达到顶点。汇率波动大大超过从"尼克松冲击"到实施浮动汇率之间的上升幅度,是仅次于《史密森协议》后的历史第二高值。

日元升值美元贬值,很大程度上是由于日美经济的基础要素的变化。日本出口大幅增加,贸易顺差达到历史新高,经常项目黑字显著增长。而美国贸易逆差扩大,经常项目也显示出大规模赤字。这种反差鲜明的国际收支状况与市场心理相重合,推动了日元汇率的大幅升值。

日元升值加速,还与"J"形曲线效应相关。即"升值带来进一步升值"。日元升值后,长期而言出口减少,进口增加,经常项目的顺差会减少,但短期而言黑字会进一步扩大。这一"J"形曲线效应,在福田内阁的中期集中显示出来。日元升值的应对,成为福田内阁的沉重负担。③

第三是伴随经济环境的变化,出现了结构性衰退的产业领域。经济减速,过剩投资与过剩人员深深困扰着企业。而上升的资源、能源成本

---

① 三桥规宏、内田茂男、池田吉纪《讲座日本经济入门(第25版)》(日本经济出版社,2012年)第61页。经济企划厅编《战后日本经济的奇迹——经济企划厅50年史》(大藏省印刷局,1997年)第173页。

② 经济企划厅编《简单易懂的经济白皮书(1977年度版)》(经济企划厅,1977年)第7页。内阁刊行物普及协会编《日本经济15年的历程——经济白皮书概要》(内阁刊行物普及协会,1986年)第223—224页。

③ 金森久雄编《战后经济的轨迹——再论/经济白皮书》(中央经济社,1990年)第264—269页。在出口数量减少之前,因为日元升值,以美元计价的出口价格上涨,使得以美元计价的出口金额增加,造成经常项目顺差的短期扩大。这一"J"形曲线效应在世界范围内首次被证实,是在1978年度的经济白皮书中。

又难以转嫁到商品价格之中。日元的急剧升值可谓是最后一击。企业不得不进入裁减人员、节省原材料的"减量经营"模式。

受到能源价格上涨当头一击的钢铁、陶瓷、有色金属、纸浆等材料工业领域状况尤其严重。纤维工业等也因为发展中国家的追赶逐渐丧失国际竞争力。即使是经济复苏,这些"结构性衰退领域"也难以恢复发展。福田内阁不得不面对这些领域的转型问题。①

(四) 1977 年度预算编制与 1 万亿日元减税

就任首相的福田希望实现的是"福田式经济运营的总决算"。② 作为其蓝图的,是自己担任副总理时代主导的"昭和五十年代前期经济计划"。计划中提出的目标增长率是 6.3%,并指出在存在供需缺口的计划前半期,应实现"较高的经济增长"。③

福田内阁上台后,与次年度预算编制同步,以经济企划厅为中心着手制定次年度的经济预期。景气陷于停滞,供需缺口再次扩大。为了填补这一缺口,回到原定的增长道路上来,1977 年(昭和五十二年)度的经济预期中提出的增长率为 6.7%。与此相对应,预算编制方针也确定为"一面保持物价稳定,一面致力于景气的稳健回复,实现向稳定增长路线的平稳过渡"。

与景气回复并列作为预算编制基本方针的,是"财政的健全化"。兼顾景气回复与财政健全化的方针,与 1976 年度基本相同。虽然政权更迭,但福田继续掌管经济财政政策,因此财政运营呈现了连续性。④

"福田式经济运营"的根基,是明确而牢固的财政健全主义。1977 年度预算与前年度一样,规定了"债务依存度在 30% 以下"的底线。30% 这一数字并没有什么理论依据。但日本财政史上超过 30% 的时期只有两

---

① 经济企划厅编《简单易懂的经济白皮书》(经济企划厅,1977 年)第 3—10 页。三桥规宏、内田茂男《昭和经济史》下(日本经济新闻社,1994 年)第 78—84 页。
② 《日本经济新闻》1976 年 12 月 23 日。
③ 经济企划厅编《昭和五十年代前期经济计划》(大藏省印刷局,1976 年)第 16 页。
④ 《昭和五十二年度预算编制方针》1977 年 1 月 11 日。财务省财务综合政策研究所财政史室编《昭和财政史 昭和四十九—六十三年度 第 1 卷》(东洋经济新报社,2005 年)第 177 页。

个，一个是昭和初期摆脱世界经济危机时（1932—1935年度），另一个是"二战"结束时（1945年）。①

1977年度最初预算的债务依存度为29.7%。这时福田的目标是在遵守财政健全规范的基础上实现经济提升。

但是，在国会的预算审议中，1万亿日元减税问题成为最大的争议点。在内阁预算草案的物价调整减税项目下，计入了3530亿日元的所得税减税。但在野党各党派要求以对低收入人群更为有效的"退税"方式实现1万亿日元的所得税减税。

追加减税的要求让福田左右为难。与公共投资相比，减税的经济促进效果较弱，并可能带来国债增发。福田认为，所得税减税的作用是刺激消费并非促进储蓄，而后者才是国债得以消化的基础。福田的这一理解，从他正面批评赞美消费的"昭和元禄"风潮时开始，从未改变。②

但是，在执政党与在野党伯仲难分（"朝野伯仲"）的国会获得支持绝非易事。当时，自民党在众议院预算委员会中处于弱势，如果在野党统一意见，预算方案难以通过。因此，大藏省高级官员经过商议，提出可以考虑"以退税方式进行3000亿日元规模的减税"，大藏事务次官竹内道雄向福田致电，建议"也许应该有所应对"，福田指示说，"知道了。你们联系干事长吧"。③

3月8日，竹内等人在自民党总务会上，叮嘱被委托处理减税问题的大平干事长"条件是3000亿日元以内，并且不进行预算修正"。但是，第二天从早上开始断断续续进行的朝野干事长书记长会谈上，双方商议的结果却是需要进行预算修正，而且除减税外，还要增加634亿日元的社会保障费。④

---

① 财务省财务综合政策研究所财政史室编《昭和财政史 昭和四十九—六十三年度 第1卷》（东洋经济新报社，2005年）第180页。长冈实《素颜的日本财政》（金融财政事情研究会，1981年）第34—37页。

② 清宫龙《福田内阁的714日》（行政问题研究所，1984年）第84—86页。

③ 安藤博《责任与限度——赤字财政的轨迹》下（金融财政事情研究会，1978年）第71—72页。

④ 盐田潮《百亿日元的背信弃义》（讲谈社，1985年）第157—158页。安藤博《责任与限度——赤字财政的轨迹》下（金融财政事情研究会，1978年）第71—72页。

这是 1955 年保守政党合并以来的第一次事实上的预算修正，对于大藏省而言是一大憾事。藏相坊秀男在日记中写道"容忍在野党的无理要求，进行预算修正，真是遗憾之至。但在人多为胜的国会这一赛场，也是无奈为之吧"，满心不甘溢于笔端。①

3 月 9 日，不得不痛下决心修正预算的福田，在众议院议员会馆地下的理发店，面对着镜子嘟囔了一句"我还真是跟预算修正有缘"。福田在担任主计局长时，曾经在国会遭遇过接受预算修正的场面。也许当时的情景在他脑海闪过吧。减税对于福田而言并非出自本心，但 7 月就要进行参议院选举，需要以能够看见的形式向国民展示新内阁的经济政策，也是事实。晚上接近 8 点，福田听取干事长大平和国对委员长安倍晋太郎的汇报后离开官邸，向记者团表示"这下背上了重担。需要（朝野）协调和团结。既然如此，那没办法了"。②

1 万亿日元减税的攻防战告一段落，预算终于能够通过了。但"朝野伯仲"这一新的政治状况，成为福田财政健全主义的沉重枷锁。

（五）忍受"笠上积雪"的重压

预算成立后，迎来了外访的季节。下一章还将详述，预算成立后的 1977 年（昭和五十二年）3 月 19 日，福田出发赴华盛顿参加日美首脑会谈，与卡特总统会面交谈。

5 月，福田参加了在伦敦举行的七国峰会。牵引世界经济回复的美国、日本、联邦德国三国，应相互协调，推行以刺激经济为目的的国内经济政策这一"火车头理论"便诞生于此。伦敦峰会的《首脑会议宣言》，也采用了"承诺实现已公布的经济增长目标或实施经济稳定政策"的表述。福田内阁发布的 6.7% 的增长预期，似乎带上了"国际承诺"的色彩。

---

① 财务省财务综合政策研究所财政史室编《昭和财政史 昭和四十九—六十三年度 第 1 卷》（东洋经济新报社，2005 年）第 183—185 页。《坊秀男日记》1977 年 3 月 9 日，"坊秀男相关文书"（索书号 56）国立国会图书馆宪政资料室。

② 盐田潮《百亿日元的背信弃义》（讲谈社，1985 年）第 158—159 页。《日本经济新闻》1977 年 3 月 10 日。

但景气恢复步履沉重。出口继续大幅增长,但对日进口的急剧增加也让美国不满日增。另外,库存调整缓慢,设备投资依然低迷。日本亟须以公共投资为中心拉动内需,以实现国内经济的回复。

从峰会回国后的初夏,福田在笔记中记录了这样一笔"我的主张是,为了世界,同时也为了日本",并附上了宝井其角的一首著名俳句"若为自身故,笠雪重亦轻"。①

承受住沉重的财政负担,既是为了世界,也是为了日本,福田是在与自己对话。

对于福田内阁而言,7月10日的参议院选举是一次大考。在1971年、1974年的前两次参议院选举中,自民党席位大幅减少。尤其是田中政权下的前次选举,改选席位中自民党还不到半数。

其背景是自民党的长期低落倾向,加之洛克希德事件、"推翻三木"等派阀斗争接二连三,引起了国民对政治的极大不信任。经济持续低迷,福田内阁的内阁支持率又处于历代内阁中极低的水平,因此选举前多数意见认为朝野力量将发生逆转。②

再次在参议院选举中落败,极有可能面对倒阁运动。因此,自民党执行部仔细分析前次选举落败的原因,对候选人精挑细选,实施少而精的战略。此外"与企业沆瀣一气"的金权政治饱受批评,在此方面也接受教训,致力于获得并巩固宗教团体等大票仓。③

福田在全国游说中还不失时机地暗示将解散众议院。于是众议院议员也都积极行动起来,在努力巩固本选区选票的同时,也大力支援参议院议员的候选人。

其结果是,自民党在参议院选举中推翻了之前朝野逆转的预测,获得了善战的好评。加上选举后对无所属候选人的追加承认,自民党共获得66席,虽然只是刚刚达标,但总算保证了改选席位的过半数。④

经受住了参议院选举这一考验后,福田为了实现6.7%的增长目标,

---

① 《福田笔记(1977年4月—7月)》。
② 清宫龙《福田内阁的714日》(行政问题研究所,1984年)第110—112页。
③ 《朝日新闻》1977年7月11日。
④ 清宫龙《福田内阁的714日》(行政问题研究所,1984年)第114—116页。

提出了实施大规模经济刺激政策的方针。有利的外部条件是，当时消费者物价指数处于7%下行的水平，这保证了福田内阁能够将政策重点放在刺激经济景气而非平抑物价上。

9月3日，福田内阁确定了总额约2万亿日元规模，以追加公共事业等为主要内容的"综合经济对策"。该"对策"由7个项目构成，目的是提升因民间投资意愿低下等原因预期仅为5.9%左右的增长率，福田视之为"经济回升的决定性一击"。在国会答辩中，福田表示将促进经济驱动力向内需主导转型，在物价稳定的基础上努力实现对外收支平衡。[①]

支持综合对策的第一次追加预算于10月24日通过。债务依存度为29.94%，勉强保持在30%的红线内。

这典型地表现出福田作为一名财政健全主义者的节制。即使是制定"综合经济对策"后，福田也坚持主张"坚决将依存度控制在30%以内。这是国民对内阁信任的基础"。当民社党政审会长河野胜在众议院预算委员会上要求"废除30%原则"时，福田的回答是"即使未超过30%，依赖公债的财政也是不健全的。发展经济确实是我们的目的，但不考虑财政状况任性而为，绝不会带来国民的幸福"，显示出将极度膨胀的国债控制在一定规模的坚决态度。[②]

即使斗笠之上大雪堆积，为了自己，也要忍受其重量。当然，忍耐也有极限。但至少直到这一年的10月，福田依然坚持兼顾刺激经济与财政健全的态度，苦心经营。

二　15个月预算与7%的经济增长目标

（一）"福田式经济运营"的新局面

"福田式经济运营"在1977年（昭和五十二年）11月迎来了岔道口。日元的急剧升值是契机。以9月30日美国各大银行为开端，买入日

---

① 《朝日新闻》1977年9月4日。《第82回国会众议院预算委员会第2号》1977年10月11日。

② 《日本经济新闻》1977年9月14日，同10月12日（晚报）。

元的风潮也扩展到了欧洲。福田在自民党总务会上曾经表示1美元兑换245日元将是一个关口。① 但这一关口也被轻易刺穿，12月15日汇率冲破了240日元。日元的急剧升值，使得企业的景况感更加恶化，结构性衰退领域的困境进一步加深。

另外，虽然日元急剧升值，但出口增长势头丝毫未减。11月的出口额同比增幅高达24%。经常收支顺差在前述的"J"形曲线效应中到达顶点，是在这一年的10—12月。在此之前，日本经济正陷于日元升值与对外贸易顺差的恶性循环之中。②

在这样的形势下，欧美各国纷纷敦促日本采取更强有力的景气刺激政策。尤其是美国内阁，对日本的反应十分不满。11月，美国内阁委派特别贸易代表办公室法律顾问里弗斯（Richard Rivers）访日，要求日本实现经常收支的赤字转换，大幅扩大商品进口，甚至提出了8%的经济增长这一具体的目标值。

此外，国内财界也多次提出了相同的要求。经团联会长土光敏夫、日商会会长永野重雄等财界领袖指出，"在对通缩及信用不安的担忧蔓延的情况下，不应拘泥于30%的债务依存度，而应制定更为积极的预算"。③

景气回升迟迟未有进展，对美经济关系又迅速恶化，福田终于下决心转换政策。在11月26日的记者见面会上，福田提出了大规模改组内阁，同时以翌年1月到后年3月为"紧急事态期"，制定"15个月预算"，重点扩大内需的构想。④

内阁改组在11月28日进行。出于紧急经济调整这一目的，全体经济阁僚都更换了。

首先，是起用村山达雄担任大藏大臣。村山长于税制，又是大藏省的后辈，相互比较了解，虽然身属大平派，但福田相信他会忠实执行总

---

① 《日本经济新闻》1977年11月18日（晚报）。
② 内阁刊行物普及协会编《日本经济15年的历程——经济白皮书概要》（内阁刊行物普及协会，1986年）第227—229页。
③ 加藤治彦编《由年表看日本经济的轨迹》（财经详报社，2001年）第239页。
④ 《日本经济新闻》1977年11月26日（晚报）。《朝日新闻》1977年11月26日（晚报）。

第十四章　福田内阁内政工作的开展

理的决定。三木派的河野敏夫被任命为通产大臣。河野是三光汽船公司的所有人，在三木政权下历任通产大臣、政调会长，是有名的内需扩大论者。

其次，任命精通经济政策的宫泽喜一担任经济企划厅长官。9月上旬，福田整理其内阁改组思路的笔记中就有"迎入宫泽"这一表述，说明福田早就在考虑宫泽入阁的方案。宫泽也是大藏省的后辈，在外交方面也才能出众，福田对他评价很高。福田恢复了一度被废除的"经济对策阁僚会议"，让宫泽担任座长，负责"经济统括"。这是对政权伊始采取的总理直辖方式的修正。此外，新设对外经济担当相，负责与欧美各国就经济问题进行磋商。起用民间人士、原驻美大使牛场信彦担任这一职位。福田尤其期待牛场能够在艰难的日美贸易谈判中取得突破。[①]

为了对应紧急事态，福田一方面照顾派阀平衡，另一方面通过改组组建了一个由精通财政、经济的资深官僚及专家构成的实务家内阁。

第二年的1月上旬，福田在笔记中记录了"福田财政一年的回顾与反省"，对前一年的工作进行了总结。[②]

一、去年是"经济之年"，意为经济稳定之年，但却成为剧烈变动之年，实为憾事；

二、失控何由？国际收支政策失控，预期增加7%有误，日元升值雪上加霜；

三、稳定推迟一年，今年定要达成目标，此为内阁之责任。特别需留意国际收支政策。

1978年是决定日本经济能否提速的关键一年。当时与福田有着近距离接触的大藏省主计局长长冈实回想福田"有着应由自己下猛药平息狂乱物价的自觉，也认为刺激经济活力是自己的责任，怀着坚定的信念投

[①]《福田笔记（1977年8月，东盟）》。清宫龙《福田内阁的714日》（行政问题研究所，1984年）第140—148页。《朝日新闻》1978年11月28日。

[②]《福田笔记（1977年11月—1978年2月）》。

入工作中"。① 福田希望避免日元升值可能带来的通缩危机,采取足以支撑景气上升的态度及对策,打开"福田式经济运营"的新局面。

(二)"临时特例的财政运营"

福田构想的"15个月预算",即跨越会计年度,将1977年度的第二次追加预算与1978年度的预算合并编制。这是因为新年度开始的4—6月,按经验是公共事业支出下降的时期。为了避免这一情况,福田计划以跨年编制预算的方式,维持公共投资的较高水平,持续地进行经济刺激。②

福田判断,产业部门有10%左右的供需缺口。但因为贸易顺差问题,难以依靠扩大出口来填补。因此,即使是扩大赤字,也要通过财政创造出需求,在一两年内填补供需缺口,从而推动景气上行。③

不得不第二次追加预算的直接理由是景气低迷,1977年度的税收收入低于第一次追加预算中的预估值。为此,特别增发了1万亿日元的特例公债,同时追加公共投资以加强景气刺激。建设公债的追加额为3470亿日元。

但是因为追加了预算,1977年度预算整体的债务依存度超过了30%的上限,达到了34%。④ 这让福田感到了断肠之痛。福田在国会也是一脸痛苦之色,表示虽然并不认为"30%上限"是"神圣不可侵犯"的,但念及来年后年,"不禁深感忧虑"。⑤

与追加预算并行,1978年度的预算编制也在推进之中。这是一个景气刺激型的大规模预算,有着前所未有的几个特色。

第一,这一预算的规模足以从财政方面确保实现1978年度内阁经济预期中提出的"7%"的实际经济增长率。"7%"的经济增长率,正如下一章将论述的,是打开日美谈判艰难停滞局面的一个象征性的数字。福

---

① 《长冈实氏谈》(2013年5月15日)。
② 《日本经济新闻》及《朝日新闻》1977年11月26日(晚报)。
③ 《日本经济新闻》1977年11月9日。
④ 安藤博《责任与限度——赤字财政的轨迹》下(金融财政事情研究会,1978年)第157页。财务省财务综合政策研究所财政史室编《昭和财政史 昭和四十九—六十三年度 第1卷》(东洋经济新报社,2005年)第188—189页。
⑤ 《第82回国会参议院预算委员会第8号》1977年11月10日。

田在1月的施政方针演说中明确表示，当年政策目标的重点是景气回升，将全力以赴实现7%的增长目标，为此需要国民的理解。通过内需主导型的经济运营，解决顺差过大问题，助力世界经济稳定，开拓通向稳定增长型社会的道路，福田期待这一预算成为实现前列目的的决定性一击。[①]

第二，福田希望超大规模的公共投资成为扩大内需的牵引力量。预算中一般会计总额的增幅为20.3%，与之相比，公共事业相关支出的增幅达到27.3%，如果剔除灾后重建相关费用，增幅更是高达34.5%。这一数字是与1961年度并驾齐驱的历史最高值。重视乘数效应较大的公共投资，不等于放弃财政上的节制。为此，福田导入了将支出细分为"投资性支出"和"经常性支出"的新的分类方法。一方面通过抑制"经常性支出"以保持财政的节制，另一方面遵循"15个月计划"的方针，扩大"投资性支出"。被归在"投资性支出"下的公共事业相关支出大幅增加，大藏省甚至还专门进行了超过各省原申请额度的"增额评估"。[②]

主计局长长冈回忆福田曾指示他"既然勉为其难也要扩大公共事业，那么请考虑减少土地补偿费，在资材、劳务费上多花一点"。在长冈的建议下，文部省开展了小学及初中老旧校舍的重建工作。不仅是学校，致力于下水道等地域生活环境的维持及改善，也反映了"自下而上的发展"这一福田的政策思想。[③]

第三，因为对于消化巨额公债没有信心，福田将本应归入下一年财政收入的5月的税收2万亿日元也纳入预算之中。即共计入13个月的税收收入。因此，"15个月预算"从财政收入的角度来看，事实上是"16个月预算"[④]。

[①]《第84回国会上福田内阁总理大臣的施政方针演说》1978年1月21日。

[②] 长冈实《素颜的日本财政》（金融财政事情研究会，1981年）第44页。财务省财务综合政策研究所财政史室编《昭和财政史 昭和四十九—六十三年度 第1卷》（东洋经济新报社，2005年）第190—198页。

[③]《长冈实氏谈》（2013年5月15日）。

[④] 长冈实《素颜的日本财政》（金融财政事情研究会，1981年）第45—47页。财务省财务综合政策研究所财政史室编《昭和财政史 昭和四十九—六十三年度 第1卷》（东洋经济新报社，2005年）第194—197页。真渊胜《大藏省统制的政治经济学》（中央公论社，1994年）第285页。

第四部

关于将下一年的收入纳入预算，福田需要下很大的决心。据说听到主计局长长冈的汇报后，福田"先是沉吟了一会儿"。从《福田笔记》也可以看到，他曾向大藏事务次官吉濑维哉表达了自己的担心，"关于（昭和）五十四年（1979年）度5月的（税收）提前使用，会损害信用吧？是否应表明财政的困窘状况？"① 然而，根据长冈的回忆，福田最终还是"怀着最后赌一把的心情下了决心"②。

1978年度预算按福田的话来说，是"为提升景气布下的背水之阵"。长冈等大藏官僚们也以"最后决战"的心境投入预算编制中。作为其决心的表现，预算编制方针使用了官方正式文件中极少使用的"开展临时特例的财政运营"这一表述。指示使用这一"略带明治色彩的表述"的正是福田本人。借用长冈的表述，福田认为"既然决心为提升景气做最后的努力，那么应该明确表现出这一预算属于临时特例"。这其中含有不可将这样特例的大规模预算作为先例的告诫之意。1978年度预算的债务依存度为32.0%，作为最初预算首次超过了"30%的上限"。如果未将次年5月的税收提前纳入，这一数字将高达37%。③

1978年度预算在国会审议时，在野各党派提出与前年度相同，再次减税1万亿日元的要求。福田以"作为景气对策，公共事业支出比减税效果更好"为由拒绝接受。④ 2月下旬，自民党拒绝了在野党联合提出的预算修正要求，预算审议因此中断9日。朝野双方经过协商，以减税约3000亿日元加上向低收入人群支付总额约400亿日元的一次性补助的形式，取得了一致。最后结果与前一年度相似。财力来自追加预算中增发公债以及备用金。双方同意不进行预算修正，也没有发生前一年那样激

---

① 《福田笔记（1977年11月—1978年2月）》。

② 安藤博《责任与限度——赤字财政的轨迹》下（金融财政事情研究会，1978年）第160页。

③ 福田赳夫《回顾九十年》（岩波书店，1995年）第237页。安藤博《责任与限度——赤字财政的轨迹》下（金融财政事情研究会，1978年）第157—160页。财务省财务综合政策研究所财政史室编《昭和财政史 昭和四十九—六十三年度 第1卷》（东洋经济新报社，2005年）第192—195页。

④ 《日本经济新闻》1977年12月20日、1978年1月26日（晚报）。

烈的攻防战。①

(三) 为了实现 7% 的增长

在第一线指挥"15 个月预算"的编制，与各界对话等，福田从晚秋到 1978 年（昭和五十三年）正月日程极为繁忙。本就是冬季容易患感冒的体质，加之操劳过度，从预算案完成进入国会审议后的 1 月中旬开始，福田因感冒断断续续不得不休息养病。2 月上旬有所恢复，月底再次发病高烧。进入 3 月，福田的身体状况显著恶化，一时间他身患重病已难恢复的流言飞散于政界。3 月 18 日，福田在家人的陪伴下赴伊豆的川奈逗留了 4 日。从这时起病情渐有起色，4 月后以肉眼可见的速度恢复了健康。②

仿佛是与福田的身体康复同步，景气也向着回复开始了助跑。日元升值的倾向依然持续，民间需求仍然疲软，就业形势依旧严峻，但公共投资的效果开始显现，库存调整也有所进展，日本经济逐步迈向良性循环。4 月 11 日，福田与经团联会长土光就景气已有"回升的兆头"达成了共识。③

这个时候需要的是进一步助力回升，让兆头成为现实，使经济走上 7% 增长的轨道。为此，3 月 25 日福田召开经济对策阁僚会议，决定了以扩大内需为中心的"7 项经济对策"，包括推进公共事业的执行、降低利率、促进民间投资及就业等内容。而在两周前，促进民用飞机的进口等国际收支对策也已完成。④

身体完全康复的福田再次迎来了外访的季节。5 月 3 日，福田与卡特总统进行了第二次日美首脑会谈。最大的课题是日美经济关系的调整。

正如下一章将要论述的，在福田访美之前，对外经济担当相牛场信彦已赴华盛顿进行谈判，就降低关税、增加牛肉及柑橘的进口、外汇管

---

① 财务省财务综合政策研究所财政史室编《昭和财政史 昭和四十九—六十三年度 第 1 卷》（东洋经济新报社，2005 年）第 193—194 页。
② 清宫龙《福田内阁的 714 日》（行政问题研究所，1984 年）第 152—162 页。
③ 《日本经济新闻》1978 年 4 月 12 日。
④ 《朝日新闻》1978 年 3 月 26 日。

理制度的自由化等事项达成了一致。福田与卡特的会谈，主要就如何在此基础上进一步加强日美经济关系交换了意见。通过会谈，福田在一定程度上缓解了两国间的对立，展示出了"为了世界的日美合作"这一路线。

从7月16日起，福田参加了在联邦德国波恩举办的七国峰会。在会上，福田介绍了日本为实现7%的经济增长采取的举措，并强调日本经济发挥着"火车头"的作用。福田高度评价峰会提供了各国首脑作为"同舟之客"相互团结合作的机会，并表示自己"作为日本号巨轮的掌舵者已经实实在在有了感觉"①。

但是福田回国后等待他的是更剧烈的日元升值。日元汇率在7月24日突破了200日元大关，仅仅4日后更升至180日元。日元的急剧升值，很可能给正在回升中的经济当头浇上一盆冷水。于是，福田在7月下旬指示进一步讨论追加措施。

9月2日的经济对策阁僚会议决定实施"综合经济对策"。公共事业等财政相关事业的支出规模达到2.5万亿日元，其他还包括电力投资的追加、日元升值的价差返还、结构性衰退的对应、经济合作等内容。不追加措施的情况下1978年度的预估增长率为5.7%，对追加措施的期待是能够填补其与目标7%之间1.3%的差距。②

在9月20日的信念表明演说中，福田就"综合经济对策"的主旨做了以下的说明，即国内需求正在回升，基本符合内阁的经济预期。日元升值情况下出口数量呈减少趋势，虽然这可以带来经常收支顺差的缩小，但对国内产业的影响令人担心。因此，需要通过扩大内需来消除这一影响，实现景气的切实回升，改善就业形势。"综合经济对策"之下，能够实现7%左右的经济增长。③

实际结果是1978年度的增长率仅为5.7%，并没有达到福田提出的

---

① 福田赳夫《回顾九十年》（岩波书店，1995年）第295—298页。《日本经济新闻》1978年7月17日、18日、19日。

② 《日本经济新闻》1978年8月31日。财务省财务综合政策研究所财政史室编《昭和财政史 昭和四十九—六十三年度 第1卷》（东洋经济新报社，2005年）第201页。

③ 《第85回国会上福田内阁总理大臣的信念表明演说》（1978年9月20日）。

目标。但事后看来，正如福田所表明的那样，日本经济在急剧的日元升值中，于1978年秋成功走上了内需主导型的稳定增长轨道之上。福田在后来回顾时表示这一时期提出增长目标，扩大财政规模，"是极为妥当的政策决断"，并高度评价日本经济发挥了"牵引世界（经济）的火车头作用"。①

三 未能实施的福田蓝图

（一）内外平衡的恢复

根据《经济白皮书》，1978年（昭和五十三年）度的日本经济，无论国内国际均恢复了平衡，整体上状态良好。福田内阁迎来闭幕时，日本经济已经冲破了不平衡的惊涛巨浪，走上了新的增长轨道。

尤其值得一提的，是向内需主导型经济的转换。依靠出口的外需型经济，在公共投资的大幅增加及民需的回复之下，成功转换到了一直期待的内需型道路上。随之企业收益得到改善，产业的严重衰退状态逐步消解，就业形势也开始向好。

最突出地显示出内外平衡状态的，是物价稳定和国际收支平衡。1978年度消费者物价指数的上升仅为3.4%，经常收支的顺差快速减少，到1979年春基本达到平衡。按福田流的说法，即使是松开左右的缰绳也无大碍了。②

恢复平衡的背后，是积极的财政金融政策，尤其是公共投资发挥了作用。公共投资对实际增长率的贡献，1977年度是1.6%，1978年度是1.4%。不仅是直接作用，公共投资的增加还通过多种多样的路径，影响到整体经济。根据《经济白皮书》的宏观模型进行模拟计算，公共投资的追加为1978年度的GNP带来了4%以上的波及效果。连续两年的积极

---

① 福田赳夫《回顾九十年》（岩波书店，1995年）第237页。安藤博《责任与限度——赤字财政的轨迹》下（金融财政事情研究会，1978年）第97页。

② 内阁刊行物普及协会编《日本经济15年的历程——经济白皮书概要》（内阁刊行物普及协会，1986年）第242—243页。金森久雄编《战后经济的轨迹——再论/经济白皮书》（中央经济社，1990年）第284—286页。

财政对内外平衡的恢复发挥了巨大的作用。①

但是积极的财政政策的代价,是财政赤字的大幅扩大。1978年度末的内阁债券发行余额达到42.6万亿日元,占名义GDP的比例上升到约23%。这一财政恶化的起点,是田中政权为了扩大内需而推进的公共事业及社会保障。而在经济衰退、税收不足的情况下,福田内阁的"临时特例的财政运营",进一步扩大了财政收支缺口。②

那么福田内阁的经济运营只是扩大了财政赤字,让财政重建变得更加困难了吗?情况并非如此。应该说正是因为日本经济在1978年度末之前走上了自主增长的轨道,在第二次石油危机时才能够坦然面对,平稳对应。

福田本人在日后的一次采访中,也认为"火车头理论"下的应对措施,在成功对应第二次石油危机时发挥了"巨大作用"。

> 在物价、景气两方面都能够以基本健康的状态迎接第二次石油危机的,发达国家中只有日本。正因如此,日本才能够为了节能推进合理化投资,在这一点上,与第一次石油危机的后遗症尚未痊愈时就遭遇到第二次石油危机的欧美诸国拉开了距离。两次石油危机之后与之前相比,日本的GDP在自由主义经济圈诸国中的占比,从7%扩大到了11%。因此,可以说长远来看,作为"火车头理论"应对措施的公共投资扩大,提高了日本的国际地位。③

按照一般的理解,第二次石油危机对日本的影响较小,是因为度过

---

① 长冈实《素颜的日本财政》(金融财政事情研究会,1981年)第58页。内阁刊行物普及协会编《日本经济15年的历程——经济白皮书概要》(内阁刊行物普及协会,1986年)第244—245页。金森久雄编《战后经济的轨迹——再论/经济白皮书》(中央经济社,1990年)第287页。

② 黑田东彦《财政金融政策的成功与失败》(日本评论社,2005年)第49—50页。内阁刊行物普及协会编《日本经济15年的历程——经济白皮书概要》(内阁刊行物普及协会,1986年)第244—245页。

③ 安藤博《责任与限度——赤字财政的轨迹》下(金融财政事情研究会,1978年)第97页。

第十四章 福田内阁内政工作的开展

第一次危机的"经验"得到了很好的利用。确实,第二次危机时,虽然财政、金融两个方面都实施了紧缩政策,但增长率并没有下降太多。紧缩政策之所以没有造成太大的负面影响,是因为已经实现了内外平衡,景气的自主恢复能力开始发挥作用了。而奠定这一基础的,正是福田内阁的经济运营。

进一步说,福田内阁面对的第二次日元升值,是战后昭和时期三大日元升值之一。第一次升值使得"三年康复"的患者几临病危,第三次升值则带来了泡沫经济及其破灭,相比之下,第二次升值并未对实体经济造成重大伤害。福田内阁的经济运营也应从这一角度给予较高评价。

(二)福田描绘的政策蓝图

1978年(昭和五十三年)秋,平衡恢复的基础已经牢固,在波恩峰会上加深了自信的福田,开始构思自民党总裁选举后的政策运营计划。第二年将迎来东京峰会。福田胸中藏着这一计划,在国会上表明了参加东京峰会的决心"将竭尽全力,回应世界的期待"。[1]

但福田在总裁预选中败给大平正芳,其蓝图也终未能实施。在此,仅就蓝图中关于经济、财政政策的构想,略作介绍。

第一,制定新的经济计划。福田在着手编制"15个月预算"时,就已经决心修订"昭和五十年代前期经济计划"了。因为作为前提的经济状况已发生了巨大变化。

1978年9月25日,福田就新中期计划的制定接受了经济审议会咨询。这是一个从1979年到1985年的7年计划。福田在三木政权下主导的"前期计划",描绘了从高速增长迈向稳定增长的路径。如今经济增长率虽然已经回升,但国际收支问题、供需缺口的存在、财政赤字的扩大等不平衡并未得到根本扭转。新计划将扭转这些不平衡的时期定为"过渡期",提供了日本经济走上稳定增长轨道的脚本。[2]

福田设想中新计划的目标增长率是6%左右,他认为6%是可以实现

---

[1] 《第85回国会上福田内阁总理大臣的信念表明演说》(1978年9月20日)。
[2] 《朝日新闻》1978年9月26日。

物价、就业、国际收支平衡的均衡增长率。顺便提一下，在后来大平政权制定的"新经济社会7年计划"中，增长率是5.7%，消费者物价指数升幅是5%，充分失业率是1.7%，基础收支将实现基本平衡。①

第二，重建财政。"前期计划"中提出"1980年之前将赤字国债的发行降为零"，但这一目标已经无法实现。1978年1月26日的参议院本会议上，福田表示要制定"在1982年度将经常支出的债券依存率降为零"的新计划。在史无前例的财政扩张后，必须明确财政健全化的路径，作为财政专家的福田展示出了自己的尊严。②

在总裁选举临近之时，福田曾表示"景气没问题了，下一个难题是财政"。他打算将政策目标的重点转到财政健全化上。没能铺平财政重建的道路就不得不离开，成为福田永远的遗憾。③

财政重建的重要一环，是一般消费税。福田之后的大平政权虽然决定引进一般消费税，但在国民的严厉批评下不得不推迟实行。财政重建一直是福田的一块心病。日后福田在采访中曾表示"我还是认为增税是必要的。不走这一步，就无法实现财政重建。……直接税已经差不多到了极限，因此间接税方面，需要大胆地增税，以达成财政重建的目标"。

福田担心的是，在世界经济整体出现异常这一形势下，各国都实施积极财政，扩张公共投资，结果造成累积债务膨胀，财政政策运用失去弹性。福田认为，景气调整功能是财政的重要作用之一。财政应该一方面保持经常性支出较为克制的态度，即"小内阁"，另一方面积极利用公共投资等具有弹性的支出，发挥其景气调整功能。他认为，长期依靠发行赤字公债以填补经常支出的状况必须得到纠正。④

第三，调整日元面额。将货币的叫法及计算单位缩小到原来的1/100或1/1000，被认为可以提高货币的国际地位。

缩小日元面值是福田多年的夙愿。就任首相后，他曾多次表示只要

---

① 经济企划厅编《新经济社会7年计划》（大藏省印刷局，1979年）第66、116—117页。
② 《日本经济新闻》1978年1月26日（晚报）。
③ 《日本经济新闻》1978年11月5日。
④ 安藤博《责任与限度——赤字财政的轨迹》下（金融财政事情研究会，1978年）第89—90页。

第十四章　福田内阁内政工作的开展

经济走上正轨，条件允许，就实施面额调整。三位数的日元汇率，调整后将与德国马克等其他主要国家货币在同一水平上，更加符合"经济大国"日本的地位。此外，高速增长告一段落，经济走入稳定增长时代，福田也有通过面额调整为日本经济创造新的心理基础的想法。[1]

1978年1月4日，在参拜伊势神宫后常规的记者见面会上，福田表明了早日宣布货币面额调整的意愿，还谈到一些具体细节，如在宣布的一到两年后实施，一段时期内新旧货币将并行使用等。[2]

回到东京后，福田指示自民党事务局讨论此事，在第一次内阁审议时也提及面额调整，强调为此需要首先全力恢复经济。但因为遭到在野党的反对，内阁官房长官安倍不得不作为内阁统一意见，表示暂时不考虑调整货币面额。

可福田并没有放弃这一想法。在自民党总裁选举时也表示"我是货币面额调整论者"，但"会慎重考虑实施时机"。[3] 福田在"二战"的战后处理中曾完成了高难度的发行新币、冻结存款等操作，也许他认为只有自己才能完成这一工作。但大平以后的历代总理并没有他这样的强烈意愿。一度曾成为重要话题的日元面额调整，最终在实施环境尚未成熟时就已经丧失了动力。

第四，改革货币制度。福田曾与日元急剧升值苦战不休，他认为仅凭宏观经济调整，无法防止伴随投机的汇率超调现象。因此，需要为浮动汇率加上一定的限制。

对此最为有效的方法，是设定汇率目标区，即设定一定范围作为目标，各国协调介入，确保汇率的波动在此范围之内。当时，欧共体（EC）正就成立新的货币圈进行磋商，即将达成共识。在相关省厅关于波恩峰会的准备会上，福田曾就这一设想显示出积极的态度，"希望能扩展到世界范围"。

在波恩峰会上，福田与联邦德国总理施密特（Helmut Schmidt）联

---

[1] 《朝日新闻》1977年3月30日、8月3日，1978年1月1日。《日本经济新闻》1978年11月5日。

[2] 《朝日新闻》1978年1月5日。《福田笔记（1977年11月—1978年2月）》。

[3] 《日本经济新闻》1978年11月5日。

手，提出不能仅考虑宏观经济调整，还应对货币体系本身进行改革。但以美国为首的各国对此态度消极，最后在联合声明中的表述，也只停留于为了应对汇率的无序状态，"应在必要范围内继续介入"，并且"进行广泛的讨论"。①

1979年10月20日，福田参加NHK《问问总理》节目的录制，谈及第二年的东京峰会，曾表示"最大的难题是货币问题，希望找到稳定货币的方向"。主办东京峰会，设定汇率目标区，实现一定管理下的浮动汇率制，这是福田的愿望。在自民党总裁选举中，福田再次表达出希望货币问题成为东京峰会重要议题的意向。② 但是，东京峰会召开之际，福田已经不再是日本的首相，国际社会也因为第二次石油危机而焦头烂额。在这次峰会上，围绕各国的石油进口指标展开了激烈的争论，货币体系改革最终也未能提上议事日程。

（三）动荡过渡期的财政专家

第一次石油危机爆发后的5年间，福田一直主导着日本的经济政策。这一时期，是日本经济从高速增长向稳定增长转换的过渡期。同时，也是日本经济政策需要向符合其"经济大国"地位的政策转换的时期。

对福田在这一过渡期中的经济、财政政策，到底应该如何评价呢？对于他实施的积极财政政策，有着从导致国债增加这一观点的批评。③ 但是，对于在日本经济的重大过渡期中采取的政策，应该从更加宏观的视点进行评价。香西泰和金森久雄是高度评价这一时期福田财政的代表性经济学家。在此，笔者想介绍一下他们的观点。

香西泰认为，福田在过渡期一贯采取以抑制通货膨胀为首要任务的政策，这一点具有重要意义。在福田的政策下，实现了物价的稳定和企业投资的复苏，这两个条件使得在后高速增长时期日本经济走上了稳健的增长之路。④

---

① 《日本经济新闻》1978年7月9日、17日、18日（早报、晚报）。
② 《日本经济新闻》1978年10月20日（晚报）、11月5日。
③ 例如真渕胜《大藏省统制的政治经济学》（中央公论社，1994年）第287—290页。
④ 香西泰《高速增长的时代》（日本评论社，1981年）第215—216页。

金森久雄认为在面对石油危机时坚决采取紧缩政策，而在应对日元升值时又能迅速转向积极政策，福田对控制经济的缰绳轻重缓急的拿捏极为出色。日本并非被动而为，而是以本国经济的回升将有助于世界经济的回升这一思路采取了积极政策，这一点值得高度评价。[①]

归根结底，过渡期的"福田式经济运营"，有两个基轴。一是随机应变的总需求管理，二是作为"经济大国"的宏观经济层面国际协调。在担任藏相期间，为了平抑狂乱物价，福田坚决贯彻了抑制总需求的方针。而担任总理期间，两个基轴合二为一。扩大内需，就是满足国际协调；为了国际协调，也必须刺激内需。扩大内需与国际协调成为同一个硬币的正面与反面。

正如下一章将论述的那样，福田积极投身"火车头理论"，是因为他强烈意识到日本是"世界中的日本"。当然，这也带来了财政重建的遗留问题。但是，在这一过程中，日本通过内外平衡的恢复，建立了足以应对第二次石油危机的稳定的发展基础，这无疑是"福田式经济运营"的巨大成果。福田在新的不平衡的巨浪袭来之时成为掌舵人，在云收雾散风浪将歇之际离开了这个位置。

四　人命重于地球

（一）形势紧迫的 7 天

在福田 2 年的任期内，危机管理方面最大的一次考验是 1977 年（昭和五十二年）9 月发生的达卡日航飞机劫持事件。首相秘书官小和田恒后来回忆时也曾说"总理在任中最为焦心的也许就是那次事件"。其他外交问题的解决还可以征求别人的意见，但这次事件关乎多人生命，谁也无法帮他决定，不折不扣必须由福田一人做出抉择。[②]

[①] 金森久雄《我的战后经济史》（东洋经济新报社，1995 年）第 337、382 页。金森久雄《以白皮书为素材的日本经济论》（PHP 研究所，1983 年）第 102—104 页。"金森久雄氏追悼／特别研讨会"（2018 年 11 月 1 日）上岩一政氏的致辞。

[②] "小和田恒氏访谈记录"（1992 年，日期不详）《楠田实资料》（2E—12—13）。这一资料是为了撰写《回顾九十年》由楠田实记录的。

第四部

20世纪70年代，是跨越国境有组织地进行国际恐怖活动极度猖獗的年代。尤其是受到激进无政府主义影响的极左和极右组织以美国、西欧的发达民主主义国家为对象开展的暗杀及绑架要人、劫持、占领大使馆等恐怖事件此起彼伏。在日本，激进的赤军派在国内展开武装斗争，其中的一部分人前往巴勒斯坦建立了日本赤军组织。①

日本赤军与20世纪70—80年代世界各地发生的多起恐怖事件都有关联。他们用1年进行周密准备之后，发起了达卡日航飞机劫持事件。福田则是继在副总理期间对应吉隆坡事件之后，作为首相再次与日本赤军对垒。

从巴厘岛出发前往羽田机场的日航742次飞机（机组成员14人，乘客142人），于1977年9月28日日本时间上午10时45分，在印度孟买上空遭到劫持，14时31分强行降落在孟加拉国的达卡机场。约1个小时后，该国空军参谋总长马赫穆德（Abdul Mahmud）开始在管制塔与劫持犯进行谈判。

福田接到劫机的报告是在上午11时多。也许他脑海里闪过了两年前吉隆坡事件的阴影。国内迅速设立以内阁官房长官园田直为本部长的"达卡日航飞机劫持事件对应本部"，形势紧迫的7天拉开了序幕。②

在事情的全貌尚未清晰之前，福田没有露面，而是在一天的日程结束后回家。但回到家中的福田一刻也没有休息，一直等待着必须自己出面的时候。根据福田本人的说法，他"很早就打定主意要尊重生命，将整体气氛向这个方向引导"。③

晚上10时，内阁对策本部的第一次会议在总理官邸召开。来自当地的消息说，劫持犯提出释放日本国内正在服刑或拘留中的9名同伙，并以现金交付600万美元的人质赎金。

---

① 关于国际恐怖活动，请参照 Claire Sterling：*The Terror Network*：*The Secret War of International Terrorism*，1981（日文版为有田锡、山本一郎译，1982年）。

② 关于达卡事件，请参照每日新闻社编《人命还是法律——劫持实录》（每日新闻社，1977年）以及盐田潮《国家危机与首相的决断》（角川 Magazines，2012年）。具体时刻根据《朝日新闻》1977年9月28日（晚报）—10月7日。

③ 盐田潮《国家危机与首相的决断》（角川 Magazines，2012年）第226页。

法务省与警视厅对释放服刑犯表示强烈反对。法相福田一态度十分坚决,表示"绝不能任由暴力扭曲法律的秩序"。失去耐心的劫持犯宣告了最后期限,并扬言届时将从乘客中美国总统的友人开始处决人质。第二天凌晨2时再次召开本部会议,依然没有得出结论。①

园田左右为难,不得已请求福田出席会议。福田嘱咐他说"总之不要慌乱。这种时候,自乱阵脚最为不利",动身前往官邸。凌晨3时福田抵达官邸,仔细听取了相关阁僚们的意见,嘴里嘟囔了一句"赎金是没办法了"。剩下的问题是服刑中的犯人。

4时2分,召开紧急全体阁僚会议。福田向法制局长官真田秀夫询问了过去的事例。真田回答说,吉隆坡事件时曾经考虑过派遣警员,"但遭到对方国家拒绝,理由是'国外武力部队的介入,会损害我们作为独立国家的威信'"。于是福田指示"在保证生命的前提下,最大限度地拖延时间,期待局势的好转"。②

4时15分,日本内阁通过孟加拉国内阁向劫持犯转达"愿意支付"赎金,"正在讨论"释放犯人。而劫持犯宣布将"一个一个地处决人质"。

在官邸的小食堂,福田招呼阁僚"咱们吃早饭吧",率先将三明治送入嘴中。中间稍稍离席,回来后福田表示"我想再听听你们的想法"。国家公安委员长小川平二的意见是"等杀了人再同意他们的条件就没意义了"。反对的只有法相一人。但在当时的气氛下,他挺直后背嘟囔了一句"那听总理的"。园田不失时机地催促说"总理,请您决定"。福田说"没办法。放了吧"。声音很小,仿佛叹息。此时时针指向7时45分。

29日是临时国会的开会日。从11时开始,福田出席自民党两会议员总会,在致辞中说明了事件的经过。回到总理官邸,记者团询问决定释放犯人时的感想,福田的回答是"人的生命重于地球","所以只能如此"。③

---

① 清宫龙《福田内阁的714日》(行政问题研究所,1984年)第129—130页。盐田潮《国家危机与首相的决断》(角川Magazines,2012年)第215页。

② 盐田潮《国家危机与首相的决断》(角川Magazines,2012年)第212—219页。每日新闻社编《人命还是法律——劫持实录》(每日新闻社,1977年)第34—35页。

③ 《朝日新闻》1977年9月29日(晚报)。

第四部

"尊重生命"还是"维护法律秩序",这是一道沉重的选择题。福田回忆说,形势紧迫,"感觉似乎整个内阁都要炸掉",当时的决定是"迫不得已的反应"①。

福田要求法务省尽快确认劫机犯要求释放的 9 名犯人本人的想法。到 30 日晨,有 6 名犯人表示愿意出境。赎金也需要紧急调集。在美国筹措的 400 万美元于当天傍晚运抵羽田。

10 月 1 日早 6 时许,搭载着 6 名释放犯人和 600 万美元赎金的日航护送机从羽田机场起飞。内阁代表团(31 人)团长,由运输政务次官石井一担任。出发前一天晚上,福田将石井等人叫到首相执务室,鼓励他们"这次谈判很重要也很艰难,希望你们竭尽全力,坚持到底",并指示"争取全体人质在达卡重获自由"。②

护送机于 1 日 14 时 26 分在达卡机场着陆。劫机犯提出以每 10 名人质对 100 万美元,双方交互交换,并坚决拒绝释放剩下的 82 名人质。谈判陷入僵局,马赫穆德参谋总长也逼迫日方接受劫机犯的条件。

23 时 13 分,福田致电拉赫曼(Ziaur Rahman)总统,提出"我们按照犯人的要求交付 600 万美元赎金和 6 名释放犯人,并愿意以日本的 VIP 为人质作为交换",希望孟加拉国内阁帮助实现"现在作为人质的全体乘客及机组成员的释放"。拉赫曼总统答应为此努力。③

2 日,劫机犯释放了部分人质,但男性人质仍被扣留在飞机上。飞机进入备飞姿态,马赫穆德参谋总长指示吉普车停在跑道前方阻止起飞,气氛一触即发。

另外,10 月 2 日清晨,达卡市内突然响起枪声。在内阁忙于处理劫机事件时,孟加拉国发生了军事政变。叛军占领了电视台,并播出"革命已成功"的宣言。叛军一度几乎占领机场,形势十万火急,但在中午前,内阁军镇压了反叛,马赫穆德负伤,由其部下接替指挥。

---

① 福田赳夫《回顾九十年》(岩波书店,1995 年)第 241 页。清宫龙《福田内阁的 714 日》(行政问题研究所,1984 年)第 129 页。

② 每日新闻社编《人命还是法律——劫持实录》(每日新闻社,1977 年)第 55—68 页。清宫龙《福田内阁的 714 日》(行政问题研究所,1984 年)第 131 页。

③ 《朝日新闻》1977 年 10 月 2 日。

面对这一突发情况,劫机犯产生了动摇,同意再释放 42 名人质,以交换"立即起飞"的条件,还同意以 3 名新机组成员的加入作为交换,从剩下的 9 名机组成员中再释放 5 人。

石井率领的日方代表团与孟加拉国内阁交涉,希望拖延起飞时间。但拉赫曼总统还是下达了劫持机立即起飞的紧急命令,全体人质在达卡得到释放的愿望未能实现。3 日凌晨 0 时 13 分,劫持机搭载着 11 名劫机犯,乘客及机组成员 36 名,从达卡机场起飞。

劫机犯之后在科威特和大马士革先后释放了部分人质,于 3 日 23 时 20 分抵达终点阿尔及尔机场。4 日凌晨 1 时许,劫机犯及人质(乘客 12 名,机组成员 7 名)走下了舷梯。经过紧张的 134 个小时,劫机事件迎来了终结。[1]

这一令人憎恶的事件福田终生难忘。全体人质在达卡得到释放的愿望,即使他与孟加拉国总统直接进行了交涉,也未能如愿。但在发生了军事政变的非常时期,"总统本人与我在电话中交谈,灵活应对了劫机事件",福田对此一直心存感念。[2]

(二)"超越实定法的措施"与舆论

本着生命优先的原则屈服于劫机犯,释放服刑中的囚犯,这一做法被认为是"超越实定法的措施"。舆论的主流对此是支持的。

用"超越实定法的措施"这一表述,代替吉隆坡事件中称之为"超越法规的措施"的,是真田法制局长官。他在 9 月 29 日的全体阁僚会议上发言说"与其称作'超越法规的措施',不如称之为本着刑法第 37 条第 1 项紧急避难精神的'超越实定法的措施'"。"超越法规"的表述容易让人联想为"无视法律",而这样的做法是完全"在法律秩序框架之内"的。[3]

法制领域的领军人物、原法制局长官林修三也同意这一解释。他的

---

[1] 每日新闻社编《人命还是法律——劫持实录》(每日新闻社,1977 年)第 125—132 页。
[2] 福田赳夫《回顾九十年》(岩波书店,1995 年)第 242 页。
[3] 每日新闻社编《人命还是法律——劫持实录》(每日新闻社,1977 年)第 48—49 页。

意见是建立在"在非常事态下,应按符合非常事态的例外法理来处理"这一法理论基础之上的。虽然是在法理论框架内的措施,但未按照实定法的规定,因此称为"超越实定法的措施"更符合实际情况。①

但是,就在达卡事件结束9天后的10月13日,发生了针对联邦德国汉莎公司航班的劫持事件。德国"红军旅"(RAF)的劫机犯要求联邦德国内阁释放被关押的11名同伙并交付巨额赎金。联邦德国内阁在18日凌晨2时,派遣特种部队突袭在索马里摩加迪沙机场着陆的劫持机,经过短短数分钟枪战便制服了劫持犯,解救了全部人质。

在劫机事件中,日本与联邦德国的应对方式完全相反,这引起了国内外的议论。联邦德国解救行动成功的消息传到日本后不久,在参议院预算委员会上被问及感想时,福田的回答是"似乎是出动特战队解决了问题。日本内阁的措施,在当时的情况下再没有别的办法了"。②

国际舆论纷纷高度评价联邦德国的坚决态度,而对日本内阁的软弱意见尖锐。劫持是对民主主义体制的一种战争,即使是付出牺牲也要战而胜之,这是联邦德国施密特总理的信念。这与极端排斥刺刀见血式强硬措施的日本的作风形成鲜明的对照。③

日本国内也有应该向联邦德国学习的声音。因劫机事件,法相福田一引咎辞职,接替其担任法相的濑户山三男就表示"需要有即使流血牺牲也要守护法治国家的决心","应该采取联邦德国的做法"。④ 之后,福田的判断是屈服于恐怖分子这样的批评也不绝如缕。⑤

但是,从以下几点来看,在达卡事件发生时,福田内阁难以采取像联邦德国那样的强硬措施。

---

① 林修三《日德内阁对劫持事件的对应及今后的问题点》《法律广场》31卷1号(1978年)。

② 《朝日新闻》1977年10月18日(晚报)。

③ 林修三《日德内阁对劫持事件的对应及今后的问题点》《法律广场》31卷1号(1978年)。清宫龙《福田内阁的714日》(行政问题研究所,1984年)第134页。盐田潮《国家危机与首相的决断》(角川 Magazines,2012年)第224—226页。

④ 《朝日新闻》1977年10月18日。

⑤ 例如佐佐淳行《劫持》(文艺春秋,2010年)。盐田潮《国家危机与首相的决断》(角川 Magazines,2012年)第224—226页。

第十四章　福田内阁内政工作的开展

第一，比起德国"红军旅"，日本赤军的劫机计划要周密得多。从成员的任务分工、机内警戒、炸弹等武器的准备，到冷静的食物计算甚至对赎金重量的考虑，日本赤军的计划几乎无懈可击。根据外务省等相关部门的分析，"如果联邦德国的特种部队是以日本赤军为对手进行突袭，也许不但无法解救乘客及机组成员，就连突击队员也将身处险境，行动将以失败告终。"①

第二，孟加拉国内阁一直反对日本持武器入境。日本内阁当时曾经考虑过让警员等武力部队一同登上援护机前往达卡，但拉赫曼总统强调"绝对不要携带武器前来"。退一步说，即使是向当地派遣了武力部队，在当时发生军事政变的情况下，也许反而会陷入不测的事态之中。②

第三，在事件发生时，日本的警察体系中还未建立像联邦德国特种部队那样接受过充分训练，配备了精良装备的机动部队。联邦德国建立反恐特种部队（GSG-9），是在1972年慕尼黑奥运会惨案之后。惨案之前，包括联邦德国在内的欧洲各国都没有以反恐为任务的特种部队。③

第四，法律问题。为了执行公务向国外派遣警员，即使得到了派遣地国家内阁的同意，也没有可以依据的日本法律。内阁法制局对此的意见也是"日本的警察部队不能派往国外执行公务"。④

综合以上几点，日本国内响起的"强硬论"的声音，几乎都是毫无责任感的批评。

在日德两国的事件后，曾经进行过关于劫机反应的民意调查。对于日本内阁答应劫机犯的要求，有64%的国民支持内阁的方针，认为"最后是迫不得已"。如果再发生同样的事件，有62%的国民仍然希望"将尊重生命放在首位"。"牺牲也是迫不得已"的强硬论的支持者仅为24%。⑤

达卡事件中没有出现任何牺牲者，国民对此是肯定的。国内舆论的

---

① 每日新闻社编《人命还是法律——劫持实录》（每日新闻社，1977年）第193—194页。
② 每日新闻社编《人命还是法律——劫持实录》（每日新闻社，1977年）第120页。
③ Leigh Neville 著，床井雅美监译，茂木作太郎译《欧洲反恐部队》（并木书房，2019年）第12—18页。
④ 林修三《日德内阁对劫持事件的对应及今后的问题点》《法律广场》31卷1号（1978年）。
⑤ 首相府《关于劫机事件对应的民意调查》《朝日新闻》1977年11月1日（晚报）。

支持，使得对内阁的批判得以缓和。福田"人命重于地球"的判断，符合日本国民的心情，反映了日本的国情。当然，与联邦德国相比，日本作为西方第二的"经济大国"却缺乏危机管理的意识，其脆弱性在国际社会面前暴露无遗。警视厅与大阪府警建立对应劫持等恐怖活动的特种部队，是在这一年的 11 月。达卡事件对日本的危机管理敲响了警钟。

（三）反劫持对策

如果再发生同样的事件，将会动摇国民对维持法律秩序的信心的根本。福田在 1977 年（昭和五十二年）9 月 30 日的内阁会议上下了死命令，要求在一个月之内制定出针对劫持的对策。

内阁迅速决定了制定防止劫持的相关法案并提交国会审议的政策。[①] 作为补救措施，决定在机场配备金属探测器及 X 光透视装置，加强对乘客及其随身行李的安检工作。

在应对劫持事件时，国际协调也是重要的议题。10 月 20 日，施密特总理在联邦议会上为汉莎航班事件的牺牲者默哀，并在演讲中呼吁国家及国民"团结起来，与恐怖主义作斗争"，同时还强调反恐斗争中国际合作不可或缺。[②]

对此，福田表示"要坚决与恐怖主义作斗争，施密特总理的演讲我全面赞成"，但同时也指出"（人质的生命与强行解决）能够两立和不可两立的情况都有，需要具体情况具体对待"。[③]

选择生命优先的福田，与决定强行突破的施密特，在围绕反恐议题的国际协调上联手并进。在波恩峰会上，两人强调了反恐对策的必要性，这一内容反映到最后的联合声明中。

作为这一事件的教训，福田记下了这样一句"最好的危机管理策略之一，就是与各国之间持续的友好关系"。事件的一个多月前发表

[①] 《朝日新闻》1977 年 10 月 19 日。
[②] 《朝日新闻》1977 年 10 月 21 日。
[③] 《朝日新闻》1977 年 10 月 21 日（晚报）。

的"福田主义"的核心，是作为"对等的合作者"，依靠"心与心的碰触"，帮助发展中国家开展自助努力，这一理念的重要性再次得到了确认。①

五　成田机场通航

（一）福田的大号令

20世纪60年代以后，高速经济增长对航线的需求逐年增加。仅扩建羽田机场已经难以满足长期需要，在池田执政的1962年（昭和三十七年），就已经通过内阁审议决定了在首都圈新建国际机场的方针。但是之后围绕新机场的建设用地，政治及行政的诸般要素交织，意见十分混乱。1966年7月，佐藤政权终于通过内阁审议决定在成田建设新机场。作为机场用地的三里塚，位于北总台地接近中央的位置。用地的1/3是皇家的御料牧场和县有土地，其余2/3多数是战后的开拓土地②。

但这一决定，遭遇了当地居民激烈的抵制运动。他们组织"新空港建设反对同盟"，高喊着"坚决抵制机场建设"，与警察机动队发生冲突。1967年8月，同盟确认了"与一切民主势力并肩共斗"的原则，开始接受三派系全学联的支援。抵制运动也因此而面貌突变。激进派组织大举参加斗争，拒绝一切对话，与警察机动队的冲突事件也时有发生。③

成田机场的建设是历代内阁的遗留问题。激烈的抵制运动使得通航无限延期。而羽田机场航班过度密集，也已经达到极限④。

就任总理后，福田在1977年（昭和五十二年）1月11日的内阁审议

---

① 福田赳夫《回顾九十年》（岩波书店，1995年）第243页。
② 清宫龙《福田内阁的714日》（行政问题研究所，1984年）第164页。宇泽弘文《"成田"是什么？》（岩波书店，1992年）第75—77页。
③ 隅谷三喜男《成田的天空与大地》（岩波书店，1998年）第1—5页。读卖新闻昭和时代project《昭和时代 战后转换期》（中央公论新社，2013年）第236—237页。
④ 福田赳夫《回顾九十年》（岩波书店，1995年）第244页。

第四部

上表示"成田机场从计划至今已经过去了 10 多年,但依然还未竣工。希望相关人员通力合作,与当地居民充分沟通,争取尽早通航"。福田表达了"坚定不移的决心"后,相关省厅夜以继日地拿出了对应方案。1 月 17 日,时隔 1 年 5 个月,成田机场问题相关阁僚协议会再次召开。过去的会议,总理几乎从不出席。在这次会议上,阁僚们发言的调子颇为积极,福田最后的指示是年度内实现通航。

通航的筹备工作紧锣密鼓地展开,然而抵制运动也水涨船高,达到高峰。激进派的游击破坏活动接二连三,成田被空前的紧迫感所包围。①

1977 年 3 月航站楼竣工,5 月机场保安无线设施完工,机场内的施工顺利进行。然而最大的难题是拆除抵制派搭建的妨碍铁塔,以及与机场周边地区的协调工作。②

所谓妨碍铁塔,是建设于已竣工的 4000 米跑道南侧的高 62 米的大铁塔。警备当局秘密制订了拆除计划,5 月 6 日早晨,绕开抵制派和媒体的视线,实施了临时处置。在抵制派还来不及阻止之时,标志性的大铁塔伴随着一声巨响轰然倒地。抵制派勃然大怒,一再发动冲击。在抵制派与机动队的冲突中多人受伤。③

另外,与周边地区之间的协调也举步维艰。由于向机场输送航空燃料的管道铺设工作进展缓慢,于是决定以铁路运输暂时代替。但是铁路沿线地区的居民也发起抵制运动,协议迟迟无法达成。此外,千叶县要求在通航前开通连接机场与东京都中心地区的道路。加上铫子市上空的飞行问题,需要赶在通航之前解决的协调问题堆积如山。

运输大臣田村元在解决这一问题上发挥了核心作用。田村是接受了福田解决成田问题的委托而就任大臣的。关于燃料输送问题,田村经过多次磋商,于 4 月就鹿岛路线,6 月就千叶路线,9 月 14 日就幕

---

① 大坪景章、东京新闻千叶支局《纪实 成田空港》(东京新闻出版社,1978 年)第 201—207 页。《日本经济新闻》1977 年 1 月 11 日(晚报)、17 日(晚报)。

② 松尾道彦《成田机场通航与国际航空新时代》[日本航空协会编《日本的航空 100 年》(gyosei,2010 年)]。

③ 大坪景章、东京新闻千叶支局《纪实 成田空港》(东京新闻出版社,1978 年)第 207—208 页。隅谷三喜男《成田的天空与大地》(岩波书店,1998 年)第 58 页。

— 426 —

张站的使用，与千叶县、千叶市等相关地区签订了协议，解决了临时运输的问题。关于道路问题，田村利用自己担任过建设政务次官的经验，最终以9月下旬突击施工，在机场通航前保证开通的方案获得同意。①

解决完铫子市上空飞行这一最后的问题，与千叶县知事就年内通航达成一致，是在11月12日。田村计划与自民党及相关省厅进行最终调整，在国会最后一天即12月25日傍晚举办"通航见面会"。②

按照惯例，通航应该经相关阁僚会议后由内阁正式发表。但此时国会一片混乱，朝野间的攻防战一直要进行到最终日的深夜，没有时间再召开阁僚会议。25日晨，福田拍着在内阁改组后即将卸任的田村的肩膀，对他说"这是最后了，你来发表吧"。田村为此激动得几至哽咽。

田村在向内阁审议汇报后，第二天凌晨0时许举行记者见面会，宣布成田机场将于1978年3月30日通航。福田以让田村"宣布通航"的方式，告慰了他的辛劳。"通航宣言"是在福田的大号令之下，田村等相关人员努力消除地方的不信任感而取得的成果。③

（二）即便如此也要坚决通航

1978年（昭和五十三年）3月30日就在眼前，大家都认为只要不发生突发事件，成田机场通航应该没有问题。可是，反对同盟宣布开展阻止通航的斗争，召开万人大会，摆出了坚决对抗的姿态。3月26日正午刚过，从下水道潜入机场内的激进派分子冲进中央管制塔，将管制室内的雷达及通信仪器破坏殆尽。机场内外火势四起、烟雾弥漫，混乱状况

---

① 盛山正仁编著《田村元与其时代》（创英社/三省堂书店，2015年）第161—163页。大坪景章、东京新闻千叶支局《纪实 成田空港》（东京新闻出版社，1978年）第228—230、234—235页。

② 《日本经济新闻》1977年11月12日、13日。大坪景章、东京新闻千叶支局《纪实 成田空港》（东京新闻出版社，1978年）第236—241页。

③ 《日本经济新闻》1977年11月26日、12月1日。大坪景章、东京新闻千叶支局《纪实 成田空港》（东京新闻出版社，1978年）第241页。

一直持续到傍晚。①

3月28日晨,福田紧咬嘴唇,一脸遗憾,表示"发生了对国际社会无法交待的事态"。这一天的相关阁僚会议决定暂时延期通航。②自民党内有人担心强行通航会重蹈安保斗争的覆辙,也有人建议"暂停一年如何",干事长大平正芳也表示"与反对势力进行更加柔和的对话才是上策",对急躁的强硬论提出了批评。③

但是,福田的决定是坚决推进。如果在这一问题上犹豫不决,那么很可能失去国民的信赖,内阁自身也将陷入危局。

4月4日,福田在相关阁僚会议进行咨询后,决定5月20日举办仪式,21日正式通航,比原计划推迟了50天,同时,制定了成田机场安全确保对策纲要。

成田的形势紧迫万分。反对同盟为了让成田机场作废,向全国发出号召。机场通航容不得再次推迟。为此,需要制定能够彻底取缔激进派不法行为的新的法律。《关于新东京国际机场安全确保的紧急措施法》(通称"成田新法")应运而生。

国会的所有党派一致反对激进派的破坏活动。4月6日,众议院全体大会通过了《关于成田机场问题的决议》。4月10日,参议院全体大会又通过了主旨相同的暴力排除决议。内阁、自民党立即制定"成田新法"的法案大纲,开始与其他党派进行协调。5月12日,新法在自民、公明、民社、新自由俱乐部4党的联合提案下审议通过。④

新法的实施,使得在成田机场及其周边,可以禁止暴力主义破坏活动者的聚集、爆炸物及燃烧瓶的制造及保管以及对航空器械航行的妨碍等行为。在机场内外,激进派建设了不少"团结小屋"及"要塞",作为

---

① 隅谷三喜男《成田的天空与大地》(岩波书店,1998年)第58—59页。《日本经济新闻》1978年3月27日。
② 《日本经济新闻》1978年3月28日(晚报)。
③ 福田赳夫《回顾九十年》(岩波书店,1995年)第245页。《日本经济新闻》1978年4月6日。
④ 福田赳夫《回顾九十年》(岩波书店,1995年)第245—246页。《日本经济新闻》1978年4月4日(早报、晚报)、7日、11日和5月13日。

斗争的据点。5月16日，其中的两处"要塞"被下令禁止使用。①

这一新法在排除激进派的破坏活动方面帮助极大。正如后面将提到的，抵制派农民逐步与激进派的游击活动拉开了距离。根据新法，机场地区的斗争据点在1990年之前被清除一空，二期工程时抵制派的武力行动得到了有效的抑制。② 这也成为之后内阁与反对同盟谈判的助推力量。

反对同盟从5月18日开始实施"通航阻止5日战争"。同盟计划在20日举办2万人参加的集会，激进派也宣布将开展游击战。警备当局出动了1.3万人的机动队严阵以待，绝不容许再出任何问题。

在通航前一天的内阁审议上，福田要求全体阁僚"团结一致，以期万全"。现场的形势变化一一传入福田耳中，他的头脑中几乎"全是成田"。重开日中友好条约的谈判、政局的变化，此时都被放到了一边。

5月20日，在机场周边一片喧杂之中，简单朴素的通航仪式即将举行。但就在这个时候，连接位于所泽的东京航空交通管制部的微波线路缆线有3处被切断。这是日本航空管制的心脏。国内机场功能直到上午10时许几乎全面瘫痪。凡事都能安之若素、不为所动的福田，此时也是面色铁青。延期通航如果再次失败，福田内阁将会被问责。

21日，成田机场按照原计划投入使用。清晨，发自旧金山的货机抵达机场。出港的首个航班于上午9时15分起飞，前往关岛。当天有来自29个国家及地区的34家航空公司进驻机场。③

福田利用日语中"总理"与"清扫"的谐音，常常称自己是"内阁清扫大臣"。成田机场的通航是积压了十多年的遗留问题，福田能够态度坚决地解决这一问题，是因为在他心目中，遇到困难的政治难题不可逃避，正面应对，努力解决，才是一个国家领导人应有的姿态。福田在通航问题上，赌上了内阁的威信。

---

① 《日本经济新闻》1978年5月13日、17日、20日（晚报）。
② 隅谷三喜男《成田的天空与大地》（岩波书店，1998年）第62—63页。
③ 《日本经济新闻》1978年5月18日（晚报）、19日（晚报）、20日（晚报）、21日。柳川卓也《福田赳夫语录》（政经社，1984年）第227页。

（三）秘密的谈判

福田态度坚决地推动了通航的实现，但这并不意味着他对抵制运动只打算以强力压制。在私下他也一直在坚持不懈地与抵制派农民谈判，摸索双方和解的道路。在成田问题双方陷入对立泥沼的局势下，福田也贯彻了自己倡导的"协调与团结"的精神。

距离通航时日不多的1978年（昭和五十三年）5月9日，接任田村任运输大臣的福永健司，向空港反对同盟委员长户村一作发出了亲笔信，呼吁进行磋商。内阁向反对同盟发出正式文书，这是第一次。10日下午，福永与户村正式会晤。福永表示出对户村的尊重，户村的语调也很温和，会谈始终在友好的气氛中进行，但并未有实际的进展。激进派对这次会谈十分不满。①

私下的谈判，由福田派的运输政务次官三塚博实际推进。② 三塚主张与反对同盟的实务负责人、副委员长石桥政次直接交涉。他不顾运输省高层的反对，5月11日深夜独自前往与石桥会谈。两人的会谈持续了8个小时。抵制派也感受到了三塚的诚意，原本强硬的态度逐渐开始软化。

在此情况下，5月15日三塚与反对同盟事务局次长岛宽征举行会谈。但以冻结二期工程为焦点的这一动向被媒体披露出来。三塚到17日为止一直试图说服石桥和岛二人，可惜未能取得突破。反对同盟的内部情况颇为复杂，激进派又在计划新的武装斗争。17日下午，户村在记者见面会上明确表示"只要内阁不改变5月20日通航的政策，任何人做中间人来谈我们都绝不接受"。谈判的通道暂时关闭了③。

但福田仍未放弃对话路线。18日内阁审议后，福田与福永会谈，重申"今后仍要以'谈判路线'为中心推进"。④ 仅凭运输省的努力难以打

---

① 《日本经济新闻》1978年5月10日、11日。
② 关口茂《三塚博/全人像》（行政出版局，1992年）第18—19页。
③ 宇泽弘文《"成田"是什么?》（岩波书店，1992年）第113页。关口茂《三塚博/全人像》（行政出版局，1992年）第202页。清宫龙《福田内阁的714日》（行政问题研究所，1984年）第169—171页。《日本经济新闻》1978年5月16日、18日。
④ 《日本经济新闻》1978年5月18日（晚报）。

第十四章 福田内阁内政工作的开展

破僵局,这是福田的判断。于是,他开始寻找能够秘密充当官邸和抵制派农民中间人的人选。这时,四元义隆进入了他的视线。

四元比福田小三岁,在东京帝大时拜在上杉慎吉门下,还加入了思想团体"帝大七生社"。1932 年因为血盟团事件入狱,战后与吉田茂、池田勇人、佐藤荣作等历代总理私交颇深,甚至被称为总理的"影子导师"。①

接受了福田恳求的四元一面向曾尽力解决过高知机场问题的西村明求助,一面也着手做与水户右翼有关联的、抵制运动的支援者松本礼二等人的工作。内阁方面,官房副长官道正邦彦是责任人。从 5 月下旬开始,西村、四元二人与松本等人频繁见面。②

根据双方的谈判,松本等人草拟了合意书。同盟方面最大的难题是二期工程的终止。合意书草案采用了二期工程"冻结"这一较为模糊的表述。

8 月 31 日,四元带着合意书草案与福田面谈。福田同意了其内容。③之后,官房副长官道正邦彦与反对同盟事务局次长岛宽征会谈。双方基本同意内阁与反对同盟间的谈判分两个阶段进行。第一阶段结束"成田斗争",第二阶段面向未来思考"成田问题"。

在此基础上起草的《备忘录草案》,对《合意书草案》进行了具体化。关于《备忘录草案》,将在内阁和反对同盟取得基本共识,做出若干修订后正式签订。④

但是因为福田 12 月下台,谈判搁置了半年左右。从道正手中接过与同盟谈判接力棒的是大平正芳内阁的政务官房副长官加藤纮一。加藤与岛在 1979 年 4 月初次会面,之后共进行了 7 次会谈。⑤

在会谈中,《备忘录草案》的表述多次修改,最终二人在 6 月 15 日

---

① 关于四元的生涯,请参照金子淳一《昭和激流 四元义隆的生涯》(新潮社,2009 年)。
② 隅谷三喜男《成田的天空与大地》(岩波书店,1998 年)第 67—68 页。关口茂《三塚博/全人像》(行政出版局,1992 年)第 257—258 页。
③ 隅谷三喜男《成田的天空与大地》(岩波书店,1998 年)第 68 页。宇泽弘文《"成田"是什么?》(岩波书店,1992 年)第 115 页。
④ 宇泽弘文《"成田"是什么?》(岩波书店,1992 年)第 115—118 页。
⑤ 隅谷三喜男《成田的天空与大地》(岩波书店,1998 年)第 68—69 页。宇泽弘文《"成田"是什么?》(岩波书店,1992 年)第 118 页。

第四部

签订了正式的《备忘录》。内阁代表人与反对同盟代表人"为结束过去13年的不幸状态"而联合署名,具有重要意义。①

这一《备忘录》是在极为秘密的情况下形成的,直到最终阶段才告知运输省。因此,运输大臣森山钦司并非全面赞成其内容,围绕其发表,局势陷入混乱。

正在此时,题为《成田急转,谈判解决?》的爆料文章出现在《读卖新闻》上。这篇文章让相关人员颇为狼狈。反对同盟立即召开扩大会议,否定曾进行过秘密谈判。秘密谈判走到了终点。此后,为解决机场问题而进行议论成为同盟内部的禁忌。《备忘录》路线的中断,使得二期工程将面对更加艰难的局面。②

另外,秘密谈判暴露后,反对同盟与激进派之间的隔阂也日益加深,二者的联手关系不复存在。以此为契机,反对同盟分裂为热田派、北原派、小川派等派系。石桥派则决定将土地出售给空港公团,离开了运动。

内阁与反对同盟再次坐到谈判桌前,是在1991年(平成三年)的"成田问题研讨会"上。这一研讨会后来发展为圆桌会议,内阁和反对同盟就"机场与地区的共生"达成共识。长年的对立态势得到缓和,地区民主主义的新旗帜高高飘扬。③

坚决实现成田机场的通航,打开国际航空的广阔局面,这是福田内阁值得大书特书的一项功劳。但在此,我们不应忘记福田一直在私下尝试与抵制派农民进行对话的事实。运输省航空局长高桥寿夫表示当时完全没有想到去和反对同盟展开对话。④ 播下对话的种子,铺设了这一道路

---

① 宇泽弘文《"成田"是什么?》(岩波书店,1992年)第118—121页。隅谷三喜男《成田的天空与大地》(岩波书店,1998年)第68—69页。

② 宇泽弘文《"成田"是什么?》(岩波书店,1992年)第121—124页。隅谷三喜男《成田的天空与大地》(岩波书店,1998年)第69页。《读卖新闻》1978年7月16日。

③ 隅谷三喜男《成田的天空与大地》(岩波书店,1998年)第368—374页。在成田机场问题研讨会/圆桌会议中发挥了重要作用的,是由东大名誉教授隅谷三喜男担任团长的"隅谷调查团"。调查团的目的是"找出符合社会正义的解决之道",宇泽弘文(东大教授)、高桥寿夫等5名有学之士参加了调查团。

④ 高桥寿夫《成田机场问题解决的历程》(日本航空协会编《日本的航空100年》)。

的正是福田。站在对等的立场，敞开心扉进行交流，这正是福田的信条。

六 为将来作准备

（一）元号法的筹备

福田内阁的内政贡献，不仅仅是经济的稳定和成田机场的通航，元号法的准备与国民荣誉奖的创设，也为之后维护日本的社会稳定及创造积极向上的氛围上作出了巨大贡献。

元号制度，在旧皇室典范和登基令废除后，丧失了其法律基础。新皇室典范中没有关于元号的规定。"昭和"这一年号也仅仅是作为"事实习惯"而使用的。[1]

元号失去其法律基础的背景，与"二战"结束后"废除元号论"的影响有关。被称为"宪政之神"的尾崎行雄曾主张将1946年（昭和二十一年）作为"战后元年"，之后无限期地以"战后X年"来纪年。石桥湛山也在《东洋经济新报》发表文章，认为应该废除元号，使用公历纪年。在这些意见的基础上，1950年参议院甚至讨论过废除元号的议题。[2]

元号问题引起极大关注，是在迎来明治百年的1968年前后。天皇时年75岁，在他迎来即位50周年，即1976年（昭和五十一年）时，若"陛下有万一之事"，将"走入元号的空白时代"，这一危机感在社会蔓延。[3]

三木首相为了防止元号以"昭和"结束，打算避开单独立法，以内阁告示的形式处理。但自民党"关于元号的小委员会"向内阁施加压力，要求实现元号的法制化。对此，社会党表示"反对继续使用元号"，主张年号到"昭和"为止，之后统一使用公历，代表了党的正式意见。元号

---

[1] 《元号法案的提案理由》（1979年2月2日内阁审议决定），总理府史编纂委员会编《总理府史》（大藏省印刷局，2000年）第72—74页。

[2] 河野浩一《元号全解说》（KADOKAWA，2019年）第13—14页。

[3] 1975年3月内阁法制局第一部长角田礼次郎的国会答辩［所功、久礼旦雄、吉野健一《元号》（理想社，2018年）第255页］。

问题很可能成为朝野决战的一个焦点。①

福田就任总理后,在1977年2月4日的参议院本会议上表明了元号制度应继续存在的意见,并且不是以内阁告示的形式,而是可以考虑法制化。②

在福田表明态度后,总理府于同年8月实施了《关于元号的民意调查》。调查表明,当时"主要使用元号的人"占89%,"主要使用公历的人"仅为3%,"希望元号继续存在的人"占79%,"不希望元号继续存在的人"为6%。国民舆论的主流支持继续使用元号。

1977年秋至第二年夏,召开国民大会、组织国民会议组织、组织议员联盟等,要求元号法制化运动在社会各界、各层如火如荼。地方议会也纷纷通过了《关于元号法制化的决议》。在这一潮流的推动下,继自民党后,新自由俱乐部和民社党也通过党议决定了"元号法制化"的意见。1978年6月,参众两院411名议员组织了"促进元号法制化议员联盟"。③到这一时期,元号法制化已经成为福田内阁的共识。

另外,反对元号法制化的活动也很引人注目。在政党层面,社会党、共产党、社民联三党表示反对,这样法案将无法获得全会一致的赞成。④剧作家木下顺二也发表了《反对元号法制化的声明》,认为"一世一元"这一年号制度的法制化是"一种强制",表示坚决反对。桑原武夫、丸山真男等90名学者、文化人在声明上署名。⑤

虽然在野党及社会存在反对意见,但向国会提交元号法案的时机已经成熟,这是福田的判断。10月17日,内阁审议决定"确定元号法制化这一基本方针,在下期通常国会提交法案"。福田在这一天夜里与干事长大平会谈,确定了在下期通常国会开始时即提交法案的方针。

不久,福田在自民党总裁预选中落败,退出了总裁选举,大平内阁

---

① 所功、久礼旦雄、吉野健一《元号》(理想社,2018年)第255页。每日新闻政治部《纪实新元号 平成》(角川书店,1989年)第173页。《读卖新闻》1977年2月2日。

② 总理府史编纂委员会编《总理府史》(大藏省印刷局,2000年)第72—74页。

③ 每日新闻政治部《纪实新元号 平成》(角川书店,1989年)第178—181页。所功、久礼旦雄、吉野健一《元号》(理想社,2018年)第255—257页。

④ 《日本经济新闻》1978年10月21日。

⑤ 每日新闻政治部《纪实新元号 平成》(角川书店,1989年)第88页。

上台。大平在1979年1月的施政方针演说中，按照与福田间的共识，表明了在本届国会实现元号法制化的方针。大平是基督教徒，基督教团体强烈反对元号法制化。但大平将元号法制化"视为是从福田内阁继承下来的事业，不为所动地投入了工作"。①

元号法案于1979年2月2日提交国会审议。法案规定了天皇在位的"一世之间不可变更"的"一世一元"原则。此外，国会审议时，内阁答辩还表明"元号法并不是要规定使用元号为国民之义务"。元号法案被视为本届国会的重要法案，在质疑答辩环节花费了80个小时以上的时间。6月6日，在参议院本会议上，法案以2/3以上的多数得到通过。

在处理政治问题时，福田时而坚决果断，时而小心谨慎。元号问题是尤其需要慎重处理的问题。就任总理后，首先表明保存元号的意见，并且显示出不按照三木内阁提示的政令方式而是谋求法制化的态度，之后便是静待时机成熟。

福田在花费一年半的时间观察社会舆论的动向后，决定实现元号的法制化，但并没有急于在1978年的临时国会上提交法案，因为当时会期所剩无几，在野党也存在反对意见，法案恐难顺利通过。考虑到在下期通常国会提交后，元号法案在长达1个月的时间内被搁置的情况，不得不说欲速则不达，不急于提交显示出了先见之明。

另外，昭和天皇虽然健在，但必须考虑万一的情况。因此，新元号的准备早就在秘密进行，这也是理所当然。据说，部分媒体掌握了内阁委托有识之士提出新元号方案并已初步确定了几个备选方案的消息。② 这样看来，福田一面慎重地推进元号的法制化，一面为了应对天皇万一驾崩的情况，暗地里也决定以内阁告示的方式以应不时之需。

日本是唯一一个元号与公历并用的国家。这也是日本国家与社会的一个显著特色。

在参议院废除元号的议论进入白热化的1950年，历史学家津田左右

---

① 总理府史编纂委员会编《总理府史》（大藏省印刷局，2000年）第72—74页。所功、久礼旦雄、吉野健一《元号》（理想社，2018年）第258页。《日本经济新闻》1978年10月18日。每日新闻政治部《纪实新元号 平成》（角川书店，1989年）第180页。

② 每日新闻政治部《纪实新元号 平成》（角川书店，1989年）第59、93—94页。

第四部

吉曾主张元号与公历并用，这一事实颇有兴味。津田认为公历是"为方便起见世界通用"的纪年法，"不应强制国民作为正式方式使用"。而元号"能够表现各个时代的时代面貌"，是"国民统合的象征"，"并不违背民主政治的精神"。因此无须规定"废除元号或是将公历作为正式方式"。[①] 考虑到元号问题后来的发展脉络，津田的见解可谓一语中的。

公历的数字没有特殊的价值，而元号能够成为支撑丰饶史观的工具。用元号叙述时，历史感受的浓度完全不同。[②] 公历是无机质的、世界共通的方便尺度，而元号是具有文化价值的日本固有的历史尺度。日本并用这两个时间轴，人们可以根据具体的时间和场合区别使用。

元号及公历的并用，是扎根于日本人及其社会土壤之中的。日本人前往神社、寺庙参拜，也欢庆圣诞节，大家并不感到突兀或矛盾。这是一个高喊着"和魂洋才"的口号实现了近代化的社会。元号的并用是日本历史和民族智慧的结晶。

1989年1月8日，昭和天皇驾崩的第二天，根据元号法的规定，内阁审议决定新元号为"平成"。新年号中凝聚了"内平外成""地平天成"的美好祝愿。

30年后的2019年4月30日天皇退位，5月1日在一片祝贺祥和的气氛中，日本改元"令和"。外务省将这一年号的英译统一为"Beautiful Harmony"（美丽的调和）。国文学学者中西进解释了"令和"作为元号的含义，即"美丽和平的日本"。[③]

无论"平成"还是"令和"，都寄托了人们希望时代变得更好的希望与愿景。就像元旦人们祈愿新的一年会更好一样，国民也欢迎改元，在新年号的元年祈愿新的时代会变得更好。福田内阁推动的元号法的制定，为日本人形成新的时代精神作出了贡献。

（二）国民荣誉奖的创设

福田创设的国民荣誉奖，是关注原有的叙勋及褒章制度难以涵盖的

---

① 津田左右吉《关于元号问题》《中央公论》65卷7号（1950年）。
② 五百旗头真《平成史（一）元号与时代》《Asteion》90号（2019年）。
③ 中西进《"令和"意为"美丽的大和"》《文艺春秋》97卷6号（2019年）。

— 436 —

对象，以平民视线创设的内阁总理大臣表彰。它作为给人民以希望、为社会添光明的表彰扎下根来，成为历代内阁继承的传统。

福田内阁上台后不久的 1977 年（昭和五十二年）1 月 5 日，福田指示总理府总务长官藤田正明讨论创设"国民荣誉奖"，颁发给"所有国民都拍手喝彩的人物"，比如棒球选手王贞治。①

王贞治于 1959 年加入东京读卖巨人队。此时他已经凭借其"金鸡独立式打击法"，获得了 14 次本垒打王的称号。其本垒打纪录直追汉克·阿伦（Hank Aaron），仅差 39 球，人们都期待他在当年就能打破纪录。

在他即将创造新纪录的 8 月 30 日，内阁审议通过《国民荣誉奖表彰规程》。该奖以"表彰广受日本国民爱戴，并以其显著功绩给予社会光明希望的人物"为目的，表彰对象需要满足三个条件：（1）广受国民爱戴；（2）在广为国民熟悉的领域；（3）创造了前人所不及的功绩，为社会带来了光明与希望。②

王贞治创造新的世界纪录，是在 9 月 3 日对养乐多燕子队的比赛中。职业球员生涯总计第 756 支全垒打高高飞向东京后乐园球场的投光灯架，全体观众起立，球场在掌声与欢呼声中沸腾。赛后采访中王贞治深深感受着这一刻，回答说"我真是一个幸福的人"。福田也送上了自己的祝福。③

9 月 5 日上午，福田在首相官邸向王贞治颁发了首个国民荣誉奖。福田朗读了奖状上的文字："通过棒球广受国民爱戴，达成了前人所不及的伟业，为明朗社会的发展做出了显著贡献。"

日本全社会陷入狂喜之中，而王贞治本人却十分冷静，内心希望"早些从这样的喧闹中脱身"。在打出了创造世界纪录的一球后，他曾表示"我很高兴从明天开始就可以按照自己本来的方式去打球了"。④

---

① 《朝日新闻》1977 年 8 月 16 日。
② 总理府史编纂委员会编《总理府史》（大藏省印刷局，2000 年）第 70—72 页。《读卖新闻》1977 年 8 月 30 日（晚报）。
③ 《朝日新闻》及《读卖新闻》1977 年 9 月 4 日。
④ 篠山正幸《职业棒球 感动人心的 80 句名言》（Baseball magazine 社，2014 年）第 48—49 页。

第四部

　　社会学家富永健一评论王贞治是"平民出身的英雄",认为"让无数平民暂时感受到幸福,这是他的功劳",他是"平民的代打者"。① 但是之前的荣典制度,难以表彰王贞治这样"平民出身的英雄"。叙勋制度的对象是"对国家及公共社会劳苦功高者"。旭日章虽然对象之一是"在文化及体育振兴上有贡献者",但通常需要等到他们满 70 岁。黄绶褒章等褒章都不包括这样的对象。而"内阁总理大臣显彰"的对象是"为国家、社会做出贡献,功勋卓著,能够成为全体国民之模范者",想定的范围是防灾救灾、社会福祉、学术文化振兴等领域。② 因此,由国家出面,对所有国民都拍手喝彩的"平民出身的英雄"给予荣誉表彰的制度,此前并不存在。

　　福田自己虽然是从大藏省官僚起步,出身精英,但作为政治家,对任何人都平等对待,一生都极为重视平民。他提倡"社会平衡"的思想,就是希望政治之光能够照到那些处于社会不利地位的人们。这是他从孩提时培养起来的扭转社会不公的思想的表现。

　　当年福田冲锋在前努力推进全体国民年金制度,也是因为在他看来公务员及公司职员都有年金,然而农民和工商自营者却没有保障其老后生活的年金制度,这一制度不平衡需要调整纠正。其他如致力于制定实现农业与其他产业收入平衡的《农业基本法》,积极推进山村振兴,也都是为了帮助处于不利地位的人们。

　　物价方面也是同样。福田挺身而出苦战通胀,也是因为物价的飞涨对弱势群体的打击尤为严重。为了斩断物价上涨与工资上涨的恶性循环,他愿意敞开胸襟,与劳动组合(工会)的高层人士促膝交谈。

　　叙勋制度按照公职等地位甄别人选,赋予价值,以勋章的等级显示上下顺序,因此带有一定的歧视性。③ 福田希望以新的表彰制度,填补优先公职的荣典制度的不足。

　　福田还是一名高度评价刻苦勤勉的政治家。虽然没有天赋之才,但

---

① 《朝日新闻》1977 年 9 月 1 日。
② 总理府史编纂委员会编《总理府史》(大藏省印刷局,2000 年)第 70—71 页。
③ 小川贤治《勋章的社会学》(晃洋书房,2009 年)第 38 页。

靠着殊死的努力，打磨技艺，涵养人格，福田对这样的人总是青眼有加。在颁发国民荣誉奖的时候，福田送给王贞治一幅自己的书法，文字是"百炼成钢"。颁发给王贞治的国民荣誉奖，是对他出身平民但凭着艰苦顽强的努力达成了前人所不能及的伟业这一荣誉的高度肯定。

自此，国民荣誉奖成为新的传统。从昭和到平成，在体育及演艺等领域共有 26 名个人及 1 个团体获得了表彰（截至 2021 年 3 月）。当然，国民荣誉奖并没有明确的评价标准，很大程度上取决于当时的总理大臣的主观判断，这一点不可否认。但只要按照表彰规程的规定，虚怀若谷地加以判断，那么相信首相一定可以选出能够给予国民以梦想以希望以勇气，能够为社会带来积极向上氛围的模范人物，国民荣誉奖将发挥重要作用。国民荣誉奖与元号法的筹备，都是福田内阁为后世留下的内政功绩。

第十五章

宏观经济政策协调与日美关系

前　言

1976年（昭和五十一年）12月，就任首相的福田清晰地意识到自己的政权需要解决两个外交课题。[①]

第一是日本如何支持国际经济秩序的问题。进入20世纪70年代，"二战"后美国长期主导的国际经济秩序开始动摇。美国在越南战争中付出极大代价铩羽而归，国内经济也疲软不振，已经难以独立支撑"二战"后自己一手建立起来的布雷顿森林体系。国际货币体系出现混乱，石油危机更是让各国陷入严重的经济衰退和国际收支不平衡之中。

在国际经济秩序动荡不安之中，美欧日等西方发达国家于1975年11月在法国巴黎郊外的朗布依埃召开了第一次"发达国家首脑会议"（以下简称"峰会"）。但是产业竞争力较高的日本、联邦德国等国与竞争力下降的美国之间产生摩擦，加上两次石油危机的影响，政策协调方法上各国间的对立根深蒂固，难以取得一致意见。福田一直努力摸索能够打开这一国际僵局的道路。

第二是如何扩大日本的外交领域的问题。尽管冷战这一大的格局依然未变，但进入20世纪70年代后，中美和解、越南战争结束，都显示出紧张局面得到一定的缓解，经济力量大大增长的日本，其外交领域也逐步扩大。在国际秩序即将迎来新的转折点之际，福田也在摸索将日本的

[①] 福田赳夫《回顾九十年》（岩波书店，1995年）第270—271页。

第十五章　宏观经济政策协调与日美关系

经济力量转化为政治资源的新的外交模式。福田的目标，是改变日本外交此前在日美关系下整体而言的被动姿态，向为了国际秩序的稳定而主动介入的积极姿态转换。福田希望超越东西对立和南北分裂，改善、强化与各国的关系，这一思路后来被总称为"全方位和平外交"。

本章讨论福田政府的外交政策，主要讨论的是以日美关系为中心的、与发达国家间的宏观经济协调。

宏观经济层面的政策协调日益成为发达国家间的政治问题，而福田对此有着明确的态度。1977年1月31日，福田在就任首相后的第一次施政方针演说中，就表明了处理国际问题上将遵循"协调与团结"这一基本理念的姿态。[1] 认识到日本是"世界中的日本"，主张日本应遵循国际协调这一精神实现和平发展，这是自1972年参加总裁选举时发表《和平大国之设计》以来，福田一贯的思路。

在理解福田政府的国际协调姿态时，伦敦与波恩两次峰会有着重要意义。尤其是在伦敦峰会上，福田向各国首脑讲述了自己亲身经历的20世纪30年代的历史，强调了国际协调在维持开放的国际经济秩序上的重要意义。从两次大战间的教训出发，福田坚信和平的基础在于经济，经济的稳定是维护和平的重要力量。在这一意义上，福田是一名古典的、经济主义和平论的信徒。福田主张应吸取"历史的教训"，通过美欧日等发达国家间的"协调与团结"，支撑业已动摇的国际经济秩序，并表明日本将身先士卒扩张经济，发挥积极作用。为了防止贸易保护主义的抬头，维持国际社会的团结合作，福田甚至将自己的另一个长期以来坚持的原则——财政健全论暂时搁置。福田在日本对国际社会的贡献与国内经济的发展之间权衡再三，最后通过加上"临时特例"这一限定的方式，选择了扩张财政的道路。

本章还将论述作为福田政府国际协调一环的，在资源、能源问题方面的举措。石油危机后，福田最为关心的是资源、能源问题。在严重的经济衰退和通货膨胀席卷日本经济之时，如何才能实现去石油化，这是

---

[1]《福田内阁总理大臣关于施政方针的演说》（1977年1月31日），《第80回国会众议院会议录第2号》1977年1月31日。

一个重要课题。为此，福田提出了日美两国共同设立基金用于新能源开发的设想，并希望这能够成为日美合作的新的支柱。本章将对这一尚不为人所知的福田新能源开发构想进行具体介绍。

一 巩固日美关系的基础

（一）福田卡特会谈

福田政府上台后首先处理的外交课题，是巩固日美关系的基础。对于日本而言，美国不仅是安全保障上的合作伙伴，两国的 GNP 合计占全世界的 40% 左右。但是，长期主导西方世界的美国正处于混乱之中。福田政府成立后不久，1977 年（昭和五十二年）1 月，卡特民主党政权在美国成立。卡特（Jimmy Carter）总统此前只担任过一届佐治亚州州长，对于华盛顿政界而言完全是一个局外人。他能够当选，与"水门事件"之后美国国民对政府的不信任密切相关。

就任总统后，卡特将"道德原则"作为美国外交的基础。比起军事力量，他更关心经济、社会问题，在外交方面积极推进核裁军，重视人权问题。[①]

福田赞同卡特总统的理念，但在现实政策方面，二者的认识差距较大。1 月 13 日，在卡特就任总统之前的日美首脑电话会谈中，福田主张维持世界经济稳定的责任在于日美欧三边，二人就在预定于 5 月举办的伦敦峰会之前举行日美首脑会谈达成一致。[②]

福田希望与卡特讨论世界经济及亚洲局势。在福田思考对美政策的方针时，担任其顾问的是若泉敬。若泉参加过归还冲绳的谈判，之后也保持着与福田的关系。1976 年 12 月，访美归国的若泉向福田进行"访美汇报"，在介绍卡特政府的现状后，建议福田向卡特递交亲笔信。[③]

---

① Michael L. Dockrill、Michael F. Hopkins 著，伊藤裕子译《冷战 1945—1991》（岩波书店，2009 年）第 177—179 页。Jimmy Carter 著，日高义树监修《卡特回忆录》上（日本放送出版协会，1982 年）第 231—233 页。

② 清宫龙《福田政府的 714 日》（行政问题研究所，1984 年）第 97—99 页。

③《福田笔记（1978 年 2 月—5 月）》。

第十五章　宏观经济政策协调与日美关系

1977年3月福田访美之前，若泉提交了写给福田的便条。在便条中，若泉认为此次访美的主题可以设定为"为了世界的日美团结"，并具体提出了3个议题："一、核时代的世界和平；二、世界经济的重建（包括能源、资源、粮食问题）；三、亚洲的和平与发展。"

对于首脑会谈的意义，若泉做了以下说明："一、今后的日本，不能只是世界和平的受益者，还应该为人类的和平与繁荣，发挥适当的作用，做出有意义的贡献。因此，二、关于以上三个人类规模的课题，首先在日美首脑间坦率交换意见，达成基本一致，这是在思考今后如何做好'世界中的日本'时，不可欠缺的前提。三、卡特新政权现在正在着手制定其世界政策，还未完全确定。福田总理在较早时期明确传达日本的立场，是极为有效也意义重大的。"①

但是与日方的考虑不同，卡特政府重视的并不是日美两国首脑就国际话题交换意见，而是日本对美出口快速增长引起的贸易摩擦这一双边问题。

3月19日傍晚，福田首相一行搭乘日航专机飞往美国。21日晨，日美首脑会谈在华盛顿举行。与卡特首次会面，福田颇为罕见地没有按照原定计划，而是谈及朝鲜问题、核能问题等具体内容，会谈大大超过预定时间。②

之后，双方进入阁僚参加的全体会议。福田指出现在的日美之间，没有当年冲绳归还、纤维谈判、货币问题、日中邦交正常化那样的重大争议，提议将"我们如何促进世界经济的复苏，以及如何携手共同解决亚洲的问题"作为主要议题。③

在这次日本首脑会谈中，驻韩美军撤军问题、日美贸易摩擦问题，以及后面将论述的核能问题三点成为重要议题。

会谈中福田首先提到驻韩美军撤军问题。美国从福特政权开始，为

---

① 若泉敬《写给福田卡特日美首脑会谈的便条》（日期不详）福田事务所藏。
② 《小和田恒氏谈》（2016年7月4日）。
③ Memorandum of conversation（hereafter Memcon）：Fukuda and Carter, March 21, 1977, 11：15am, Box2, Armacost Chron File, 3/16 - 31/77, National Security Affatrs（hereafter NSA），Staff Material, Far East Files（NSA26），Jimmy Carter Library, Atlanta, GA, USA（hereafter JCL）.

了削减国防支出，开始考虑缩小在亚洲的驻军规模。卡特在竞选纲领中承诺从韩国撤军，就任后开始兑现其承诺。卡特的幕僚认为美国即使撤回地面部队，只要空军能够驰援，韩国也完全有能力保卫本国不受朝鲜进攻。①

然而，美国军事存在感的降低，有可能破坏朝鲜半岛的势力平衡。在日本国内，很多人并没有忘记当年艾奇逊关于美军太平洋防卫线的声明实际上成为朝鲜战争的导火索。国会中的超党派日韩议员联盟，认为驻韩美军撤军将带来东北亚整体的动荡，对此强烈反对。福田派议员也有多人参加了日韩议员联盟，来自联盟的压力是福田难以忽视的。②

驻韩美军撤军问题对于福田而言是一道难题。美国已经决定的方针很难因为日本要求就加以变更，如果日本表示强烈反对，很可能美国会提出由日本分担部分驻韩军费以及军事责任。③因此，福田在基本接受卡特撤军设想的基础上，希望能将其负面影响控制在最小范围。具体方式是要求美国政府在对外发表时不使用"撤军"这一表述，而是以"削减"代替，并对预定4—5年的撤军具体日程暂时保密。

福田的理由是朝鲜半岛的安全关乎日本及亚洲的安全，不宜采取会带来急剧变化、动摇朝鲜半岛军事平衡的行动。④ 对此，卡特回答说美国地面部队的撤军是竞选纲领中的承诺，没有接受福田变更"撤军"表述的提议。但同时，日方也得到了一定的保证，即在联合声明中，美国表示将在与日韩两国商议后，以"不影响朝鲜半岛和平的方式"撤军。⑤

就结果而言，卡特计划中的驻韩美军撤军并没有实现。福田访美后的5月，卡特签发了驻韩美军撤军的总统令，但遭到从美军内部到议会的强烈反对，不得不后退一步，借用福田的提议，将"撤军"改为"削

---

① Donald Oberdorfer 著，菱木一美译《特别最新版 两个朝鲜》（共同通信社，2007年）第108—111页。野添文彬《冲绳归还后的日美安保》（吉川弘文馆，2016年）第173页。

② 村田晃嗣《总统的挫折》（有斐阁，1998年）第171页。

③ 细谷千博编《日美关系通史》（东京大学出版会，1995年）第251—252页。

④ Memcon: Fukuda, Carter, et al., March 21, 1977, 11:00am, Box2, Armacost Chron File, 3/16-31/77, NSA, Staff Material, Far East Files (NSA26), JCL.

⑤ 《福田赳夫内阁总理大臣与美国吉米·卡特总统的共同声明》（1977年3月22日），《我国外交近况》22号（外务省，1978年）第82—84页。

减"。之后，随着新情报显示，朝鲜的军事力量大大高于之前的预测，重新考虑撤军政策的声音以军队为中心高涨，1979年7月，撤军政策终于被废止[①]。

（二）日美贸易摩擦问题

日美首脑会谈中，美方的最大课题是以彩电为中心的贸易摩擦问题。福田担任藏相的20世纪70年代初，日美经济关系一度因为纤维纠纷而高度紧张。当时日本出口美国的纤维产品仅占日本纤维生产的4%，美国纤维消费的1%。

福田就任首相的1976年（昭和五十一年）末，日美经济关系显示出完全不一样的样貌。正如上一章所述，石油危机后推动日本景气复苏的，是出口的扩大。1974年到1976年汇率较为稳定，日元汇率也处于较低水平，日本通过技术革新提高了竞争力，工业产品的对美出口剧增。尤其是电器、汽车、半导体等机械类的出口增幅惊人。面对仿佛浊流般滔滔涌入的便宜且功能强大的日本产品，美国的汽车产业及电子工业的危机感急剧上升。[②]

在首脑会谈上，卡特提及日美两国间的贸易不平衡仍在扩大，也介绍了对保护主义的压力极度高涨的现状。日本的彩电成为批评的具体对象。这是因为就在福田访美前的3月8日，美国国际贸易委员会（ITC）认定日本的彩电出口对美国业界造成了极大的损害，正式建议总统对其课以惩罚性高关税。[③] 卡特不愿采取ITC建议的限制贸易或是提高关税等永久性限制政策，而是提出了将本年度日本对美彩电的出口限制在250万台的方案。

对此，福田正面提出了反对意见，他解释说日本彩电出口的剧增只是美国景气恢复带来的暂时现象，日本政府虽然无法强制性命令业

---

① 细谷千博编《日美关系通史》（东京大学出版会，1995年）第253—257页。
② I. M. Destler、佐藤英夫编，丸茂明则监译《日美经济纠纷的解明》（日本经济新闻社，1982年）第3—15页。财省财务综合政策研究所财政史室编《昭和财政史 昭和四十九—六十三年度 第1卷》（东洋经济新报社，2005年）第119—121页。
③ 《朝日新闻》1977年3月9日（晚报）。

界限制出口,但已经向电器产业提出了自主限制的要求,本年度的对美出口绝不会超过上一年度的270万台。福田希望卡特不要公开上限250万台这个数字,并嘱咐说如果此事公之于众,将会大大妨碍两国的谈判。①

最后关于彩电出口问题,双方同意以业界自主限制的方式解决。伦敦峰会时通过事务局级讨论内容进一步具体化,即同年7月起的3年时间内,每年的对美出口限制在175万台。② 但是,关于彩电出口问题的一致意见并没有最终解决日美贸易摩擦,而是拉开了之后围绕钢铁、汽车、农产品等断断续续持续多年的日美贸易纠纷的序幕。

赴美访问是福田政府的第一次对外访问,在国际宏观经济政策协调方面日本支持美国这一基本关系再次得到确认。福田强调与卡特之间意见基本一致,表示在两个月后即将召开伦敦峰会之际,日美两国首脑声气相通,这让他对国际关系的光明未来充满了希望。③

而卡特也在会谈中表示支持日本成为联合国安理会的常任理事国。卡特高度评价了日本的经济实力,并希望日本不要低估自身在国际政治上的影响力。这也满足了日本的民族自豪感。④

卡特对日本的真心期待,是为了扭转贸易不平衡的局面,采取与其经济实力相匹配的具体行动。之后,卡特政府开始要求日本采取具体政策扩大内需,这成为日美关系的重大争议点。

二 峰会与"火车头理论"

(一)"三边主义"

在日本应该积极为国际经济秩序的稳定做贡献这一福田的主张的背后,是日本、欧洲、美国应该作为三边牵引世界经济前行的"三边主义"

---

① Memcon: Fukuda, Carter, et al., March 22, 1977, 10:35, Box2, Armacost Chron File, 3/16-31/77, NSA, Staff Material, Far East Files (NSA26), JCL.
② 《朝日新闻》1977年5月17日。
③ 福田赳夫《回顾九十年》(岩波书店,1995年)第273页。
④ Memcon: Fukuda, Carter, et al., March 21, 1977, 11:00am.

理念。

主导"三边主义"的，是1973年（昭和四十八年）设立的"日美欧委员会"（Trilateral Commission）。布雷顿森林体系解体之后，发达国家间的合作减弱，各国在政策上优先本国的状况令人担忧。时任哥伦比亚大学教授的布热津斯基（Zbigniew Brzezinski），向当时洛克菲勒家族的掌门人大卫·洛克菲勒（David Rockefeller）提出设立一个非政府政策研究组织，以此为基础，促进日本、美国、西欧各国三边开展紧密的政策协调的建议。[1]

为了说明设立这一委员会的宗旨，布热津斯基于1972年春访日，与日本政界及财界的重要人物会谈。当时担任外相的福田也与布热津斯基见面，并当场表示赞同。[2] 布热津斯基回国后在给洛克菲勒的报告中也提到福田表示"自己一直以来也认为需要这样一个组织"[3]。

1975年，时任佐治亚州州长的卡特加入了日美欧委员会。在他击败福特就任总统时，其政权主要阁僚中有15人为日美欧委员会系列的人脉，被人们称为"三边主义者"。布热津斯基也成为卡特的国家安全事务助理。[4]

作为卡特政府核心的"三边主义者"们，希望将峰会变革为发达工业国家间政策协调的机会。初期的峰会，是能够对政策直接负责的政府首脑们同聚一堂，进行坦率且没有禁忌的意见交换的会议。其模板，是布雷顿森林体系解体后，西方主要五国财政部长聚于白宫图书馆，讨论货币改革等经济问题的"library group"（图书馆集团）。[5]

但是卡特政府希望峰会成为制度化的政治领导人沙龙，即政府高官间进行紧密沟通、推进协议的机会。他们认为围绕实质性政策问题，应

---

[1] Daniel J. Sargent, *A Superpower Transformed*, Oxford University Press, 2015, pp. 170–171.
[2] 《小和田恒氏谈》（2016年7月4日）。
[3] Letter, Brzezinski to David Rockefeller, June 10, 1972, Box5, Zbigniew Brzezinski Chron File, 4/6/72–4/30/73, Trilateral Commission File, JCL.
[4] 大卫·洛克菲勒著，榆井浩一译《洛克菲勒回忆录》（新潮社，2007年）第530—534页。
[5] Robert D. Putnam、Nicholas Bayne著，山田进一译《峰会 发达国家首脑会议》（TBS Britannica，1986年）第39—41页。

该不仅仅停留于交换意见,而是具体摸索解决方案,展示出明确的政策协调成果。①

在这一思路下,日美德"火车头理论"出现了。正如前述,日本经济此时已经逐步走上了景气复苏的轨道,但其推动力是强劲的出口,而国内需求恢复缓慢,带来了国际收支的不平衡。在美国的对日不满情绪高涨之际,1976年11月,布鲁金斯学会的日美欧经济学家们正式建议美国、日本、联邦德国三国应作为"牵引世界经济复苏的发动机",采取刺激景气的国内经济政策。这一"发动机理论"不久就被卡特政府的经济顾问们发展成为"火车头理论"。日本应该作为肩负世界的火车头之一牵引世界经济前行,这一主张获得各国的广泛支持。② 对于卡特政府而言,"火车头理论"不但可以帮助美国恢复景气、减少贸易赤字,而且也能成为日本与欧洲在美国的领导之下各司其职的"三边主义"最好的实例。③

(二)伦敦峰会

福田对牵引世界经济的这一角色态度积极。正如上一章所述,福田政府上台后,采取了兼顾财政重建和经济恢复的姿态。关于经济增长率,1977年(昭和五十二年)1月10日的政府及执政党首脑会议上,最终确认了1977年度实际增长率6.7%的目标。④ 福田向这一时期访日的美国副总统蒙代尔(Walter Mondale)详细说明了日本以公共事业为轴心的经济刺激政策,并表示期待能实现6.7%的经济增长。⑤

日美首脑会议后,福田于5月4日上午从日本出发,参加在英国伦敦举办的峰会。福田一行中途在瑞士日内瓦略作停留后于6日抵达伦敦。

---

① Robert D. Putnam、Nicholas Bayne 著,山田进一译《峰会 发达国家首脑会议》(TBS Britannica,1986年)第76—78页。

② I. M. Destler、佐藤英夫编《日美经济纠纷的解明》(日本经济新闻社,1982年)第311—313页。

③ I. M. Destler、佐藤英夫编《日美经济纠纷的解明》(日本经济新闻社,1982年)第312—313页。

④ 《日本经济新闻》1977年1月11日。

⑤ Memcon: Fukuda, Mondale, et al., January 31, 1977, Box2, Armacost Chron File, 2/18-28/77, NSA, Staff Material, Far East Files (NSA26), JCL.

第十五章　宏观经济政策协调与日美关系

青年福田曾在伦敦度过了 3 年时光。福田选择入住的，是他第一次到伦敦时入住的格罗夫纳豪斯酒店。福田在会谈的间隙，重访当年寄宿的海姆斯丹德 11 号公寓，追思过往，感慨万千。①

在青春故地召开的峰会上，福田决定向各国首脑讲述自己 44 年前参加"1933 年世界经济会议的经历"。当时报纸的报道也提到，从飞往伦敦途中抵达日内瓦时开始，福田就反复对记者表示不能重蹈战前失败的覆辙。② 20 世纪 70 年代国际经济秩序面临危机，这让福田回想起 20 世纪 30 年代自己青年时在欧洲目睹自由贸易体制瓦解的场景。一直以来，福田都常常提及"货币集团经济"导致第二次世界大战的"历史教训"，对 30 年代那样的贸易保护主义的抬头深怀戒心。③

峰会中的首脑会谈从 5 月 7 日上午开始。出席的其他领导人是东道主英国首相卡拉汉（James Callaghan）、加拿大总理特鲁多（Pierre Trudeau）、意大利总理安德烈奥蒂（Giulio Andreotti）、法国总统德斯坦（Valéry Giscard d'Estaing）、联邦德国总理施密特、美国总统卡特。其中福田和卡特是第一次参加，72 岁的福田是出席者中最年长的。

根据近年公开的伦敦峰会议事要录，会议第一个议题是世界经济形势。东道主卡拉汉首相发言后，法国的德斯坦总统第二个发言。他认为当前的世界经济处于与以往危机迥异的结构性变化之中，因此需要面对新的形势，重新调整资源的分配。

接下来发言的是福田。他首先赞同当下形势非常严峻这一德斯坦总统的意见，同时表示相信一定能找到突破口，并指出当下的状况与自己当年长驻伦敦之时非常相似，将话题引到 20 世纪 30 年代。

福田从首发于美国的经济危机迅速波及英国及其他国家，失业率剧增，社会陷入不安说起，然后用具体数字对其影响进行了说明，即从 1929 年到 1934 年，世界生产总量暴跌 30%，贸易总量更是暴跌 40%，并指出许多国家在这样的形势下选择了法西斯主义或是极权主

---

① 清宫龙《福田政府的 714 日》（行政问题研究所，1984 年）第 106—107 页。《朝日新闻》1977 年 5 月 7 日（晚报）。
② 《朝日新闻》1977 年 5 月 7 日。
③ 福田赳夫《日本经济 内外的课题》《经济人》25 卷 6 号（1971 年）。

义体制，1933年的国际经济会议以失败告终，这成为第二次世界大战爆发的远因。

在回顾历史之后，福田表示相比之下目前还有机会，必须开展国际经济协调，抑制通货膨胀，刺激经济增长。福田还提及美国是世界经济复苏最重要的因素，卡特总统在竞选纲领中曾提出"退税政策"，但据说已经撤回，这有可能让人误解美国放弃了刺激经济的努力。最后，福田表达了自己的决心，即西方各国绝不能重蹈20世纪30年代失败的覆辙。[1]

福田所说的20世纪30年代的"历史教训"对这次峰会之所以重要，与其说是因为提示了具体的政策方向，不如说是因为强调了发达国家领导人应有的决心。在福田的发言后，不少出席者在发言中将20世纪30年代和当下做了比较。

在伦敦峰会上，虽然各国一致认为政策协调十分重要，但是在涉及刺激经济与抑制通胀的具体抉择时，依然存在认识上的很大不同。尤其是联邦德国，出于两次大战间的经验，对通货膨胀有着强烈的戒备心理。因此，对重视经济刺激、景气复苏的"火车头理论"的有效性持怀疑态度，对美国要求其刺激经济的意见也表示反对。

面对经济滞胀与浮动汇率这些前所未有的经济状况，应该采取怎样的政策，各国都只是在摸着石头过河。峰会的联合声明《唐宁街首脑会议宣言》中，关于宏观经济政策，采用了"承诺实现已公布的经济增长目标或实施经济稳定政策"这样并列式的表述。对于经济增长率也未举出具体的数字，只是在附件中提到"决定以适当合理的（经济）增长作为目标"[2]。

对此，福田态度明确。日后，他这样回顾自己参加峰会时的决心。

---

[1] Note of the First Session of the Downing Street Summit Conference at 10 Downing Street on Sunday 7 May 1977 at 1020, PREM 16/1223, Margaret Thatcher Foundation（http：//www.margaretthatcher.org/document/111490；2017/5/24）.

[2] 武田悠《"经济大国"日本的对美协调》（密涅瓦书房，2015年）第103页。日本经济调查协议会《峰会相关资料集》（日本经济调查协议会，1984年）第67、73页。

> 发生石油危机这样带来强烈冲击的突发事件时，自由社会各国往往会陷入狭隘的民族主义，互相嫉妒，发泄不满。绝不能让这种情况发生。五大国是肩负着世界责任的国家。这些国家面对冲击时应该坚决调整姿态，做到相互协调。①

为了维持西方阵营的协调关系，福田明确表示将为贯彻"火车头"作用而不懈努力。不远万里从东洋而来的最年长者福田，在峰会上发言，语重心长地强调了国际协调的精神。这成为第二年波恩峰会各国协调一致采取具体的宏观经济协调政策的重要前提。

对福田来说，参加发达国家领导人聚于一堂的峰会，成为他参与关乎全人类问题的一个契机。福田一直主张没有世界的繁荣就没有日本的繁荣。石油危机以后迎来了"资源有限时代"，在解决发展中国家的贫困问题、环境问题、能源问题等全人类规模的大课题之时，以发达国家为首的国际协调更加不可或缺。

日后福田积极活动，创设了由世界各国原总统或原首相参加的国际行动理事会。其主要成员是施密特等伦敦峰会的与会者。福田强调发达国家协调的伦敦峰会，成为国际行动理事会的原体验。

（三）美国对日压力的增大

福田在峰会上显示出了扩大内需、促进经济增长的决心，会后美国要求提出具体政策的压力日益增大。正如前述，日本曾提示过6.7%的经济增长率预期，峰会后这一数字实际带上了"国际承诺"的色彩。

然而，实现这一数字目标绝非易事。国内外的专家认为日本要想实现这一经济增长目标，公共事业支出及减税规模还不充分。② 蒙代尔副总统在访日之际告诉福田，经合组织对日本实现其经济增长预期持悲观态度，并提出日本完成目标的进展状况需在各国的监督之下。③

---

① 福田赳夫、细见卓《首脑外交如何推进》《中央公论》94卷7号（1979年）。
② I. M. Destler、佐藤英夫编《日美经济纠纷的解明》（日本经济新闻社，1982年）第314页。
③ Memcon: Fukuda, Mondale, et al., January 31, 1977.

第四部

峰会后，美国在与日本进行双边协议时，屡屡要求日本实现其目标。5月下旬美国财政部长布鲁门塔尔（W. Michael Blumenthal）访日与藏相坊秀男、通产相田中龙夫等经济阁僚会谈，要求日本追加经济刺激政策并提示国际收支赤字的具体政策目标。

国际层面，日本的经常顺差在日元大幅升值的情况下继续增加，而美国的贸易赤字仅1977年上半年的5个月，就已经打破了之前的全年纪录。美国在刺激政策下基本能够实现预期的经济增长，然而联邦德国的经济增长率远低于预期，日本无法实现预期6.7%增长的可能性也很大。西德和日本作为"火车头"没能够起到牵引作用，国际社会对此批评不断。

美国宏观经济政策的制定者担心世界经济未能完全复苏就迎来新一轮衰退，认为需要采取紧急对策。他们无法容忍本国的经常收支赤字完全被日本的经常收支黑字吸收的现状。为了扭转日本对外收支不平衡的状况，他们主张不是通过对日本产品施加出口限制，而是通过日本扩大美国产品的进口，实现"扩大平衡"。

随着对日不满情绪的高涨，美国政府内进行日美贸易谈判的意见也一波高于一波。美方的对日要求极为强硬，包括1978年实现8%的经济增长，废除被认为是贸易收支不平衡原因之一的农产品进口配额，实现市场的结构改革等内容。①

在正式的日美贸易谈判之前，11月，特别贸易代表办公室法律顾问里弗斯访日，提出了经常收支转为赤字、大幅增加产品进口、在关贸总协定东京回合谈判之前下调关税等要求，并希望在12月中旬之前得到日本政府的回复。② 关于经济增长率，里弗斯也提出了8%这个具体数字，但福田强烈反对。福田认为连自己都难以判断的经济增长率目标由美国提出来不太可信，此外，日本国内关于经济增长率本就争议不断，如果8%这一发言泄露到媒体，那么政府提出的目标经济增长率，就难免被视

---

① 《朝日新闻》1977年9月1日。I. M. Destler、佐藤英夫编《日美经济纠纷的解明》（日本经济新闻社，1982年）第318—319页。武田悠《"经济大国"日本的对美协调》（密涅瓦书房，2015年）第104—111页。

② 《日本经济新闻》1977年11月19日。

为是屈服于美国"外压"的结果。①

但同时，福田也认识到，在世界经济危机四伏，日美欧"火车头理论"也似乎将折戟沉沙之时，各国已不能再互相推卸责任。他不得不改变一直以来兼顾景气提升与财政健全的态度，正式将政策重心向财政扩大转移。

（四）"7%增长"与牛场—斯特劳斯联合声明

正如上一章所述，1977年（昭和五十二年）11月，以日元快速升值为背景，福田大幅度转变经济政策，决心采取"临时特例的财政运营"扩大内需。

11月28日内阁改组，新设与欧美各国就经济问题进行交涉的对外经济担当大臣，福田起用原驻美大使牛场信彦担任了这一职务。牛场经历了日美纤维谈判以及尼克松冲击后的对应，一直处于贸易谈判的第一线。因其出色的能力，在1975年朗布依埃召开的首届峰会上，福田特聘他为第一代首相个人代理。② 福田对其能力给予了高度评价，在组阁时甚至考虑过让他担任外交大臣。此时起用牛场担任对外经济担当相，是将艰难的、与美国进行贸易谈判的任务托付给了他。③

12月11日，牛场动身赴美参加日美贸易谈判。福田特地嘱咐与牛场同行的首相秘书官小和田恒说："按现在的形势，日本即使是勉为其难，也需要引领世界经济前行。否则，世界经济将要出大问题。希望你记住这一点，看看我们到底能做到哪一步，好好跟对方谈。"④

牛场抵达华盛顿后，从12月12日开始，与美国贸易代表斯特劳斯（Robert S. Strauss）等政府要人展开会谈。但是日本的追加经济刺激政策未达到美国的预期，目标经济增长率也大大低于美国的希望，谈判陷入

---

① 《福田笔记（1977年11月—1978年2月）》。
② 关于牛场的经历，请参照牛场信彦《外交的瞬间 我的履历书》（日本经济新闻社，1984年）。
③ 清宫龙《福田政府的714日》（行政问题研究所，1984年）第148页。牛场信彦《外交的瞬间 我的履历书》（日本经济新闻社，1984年）第160—161页。
④ 《小和田恒氏谈》（2016年7月4日）。

僵局。①

日本政府在牛场赴美谈判前，就已经决定按照美国的要求提前下调关税，实现农产品的部分自由化，以减少贸易顺差。但是，关于最大的争议点，即以下一年度经济增长率为中心的宏观经济对策，基本方针还未确定。②

此时，1977年度的实际经济增长率无法达到6.7%已成事实，政府不得不将目标下调到5.3%。因此，不仅是美国，而且自民党内及财界要求扩大内需刺激政策的呼声也很高。

如何设定下一年的经济增长率，成为考验福田的试金石。福田的判断根据，是趋势增长率即增长潜力和供需缺口这两点。关于中期增长趋势，福田在制定《昭和五十年代前期经济计划》时，就曾反复与经济企划厅事务当局议论过。该计划中的目标增长率是6.3%，福田也认为6%左右是稳定增长的轨道。③

但同时，现实中还存在较大的供需缺口。福田在判断时所使用的指标是制造业的实际开工率。从藏相时代开始，福田就习惯通过这一指标判断实际情况，计算与适当开工率之间的差距。这时的开工率低于适当开工率约10%。这个缺口如不填补，真正的设备投资就难以实现。为了填补这一缺口，目标增长率需要比6%的趋势增长率略高，这就是福田的逻辑。

另外，日本对于国际社会的责任也是福田较为重视的。美国提出了8%这一较高的数字，对于这样的"外压"，日本必须展示出作为"火车头"牵引世界经济的决心。在经济预期的制定进入最后阶段时，不仅仅是美国政府，国际货币基金组织也在对日审查中，要求将1978年度的增长率提高到8%—9%。④

---

① 武田悠《"经济大国"日本的对美协调》（密涅瓦书房，2015年）第114—115页。
② 《日本经济新闻》1977年12月11日。
③ 经济企划厅编《昭和五十年代前期经济计划》（大藏省印刷局，1976年）第16页。1977年9月10日在经团联会馆的讲演《日本经济新闻》1977年9月11日、1978年2月15日在日本记者俱乐部的讲演《日本经济新闻》1978年2月16日。
④ 《日本经济新闻》1977年12月15日。

第十五章　宏观经济政策协调与日美关系

12月13日深夜，藏相村山达雄、通产相河本敏夫、经济企划厅长官宫泽喜一等3名阁僚就经济预期进行了讨论，但各有想法，未能得出最后结论。宫泽提出供讨论的意见是6.2%左右。后来他回忆说"我内心觉得7%的增长不太可能"①。与此相对，河本主张应该在7%以上。会后宫泽前往首相官邸，向福田汇报了会议的经过。② 应该最后是福田一锤定音，15日召开的三阁僚协议会上，最终确定了"7%增长"这一结论。

在华盛顿的牛场接到训令后，于15日上午与斯特劳斯举行会谈，说明了日本政府通过景气刺激政策争取经济增长达到7%的基本方针。斯特劳斯对日方的提案给予了积极评价，并表示如果条件允许，自己将于1月访日，希望届时能签订最后协议。

此后日美贸易谈判的议题，从宏观经济对策，转向农产品、牛肉等具体领域。关于农产品，谈判一直持续到牛场回国以后，终于达成一致。

日美关系也为之动摇的日美贸易谈判，以1978年1月13日访日的斯特劳斯与牛场共同发表联合声明而和平结束。关于宏观经济，联合声明中明确表明日本政府为了实现1978年度7%的实际经济增长率，"将在公共支出方面，包括已发表的措施在内，采取合理且适当的一切措施"。关于经常收支问题，日本政府也承诺将不懈努力，实现1979年度以后经常收支的平衡，为此不惜出现财政赤字。③

（五）波恩峰会

牛场—斯特劳斯联合声明发表后，日美间的经济紧张气氛转向缓解。得到日本对经济增长的承诺后，美国的矛头转向了联邦德国。联邦德国1977年度的增长率仅为2.6%，远远未能达到国际社会的期待。在发达国家的领导人中，施密特总理对"火车头理论"的态度尤为谨慎，但美国以如果联邦德国政府在刺激内需方面毫无进展，将不出席预定于波恩召

---

① 经济企划厅编《战后日本经济的奇迹——经济企划厅50年史》（大藏省印刷局，1997年）第471页。
② 《日本经济新闻》1977年12月15日。
③ 《日本经济新闻》1978年1月14日。

开的下期峰会相威胁。美德谈判也由于卡特与施密特的关系不和，一度陷入僵局，最终联邦德国承诺追加 GNP 约 1% 规模的景气刺激政策，波恩峰会终于得以如期举办。①

1978 年（昭和五十三年）7 月 16 日，波恩峰会在联邦德国的总理府绍姆堡宫召开，为期两天。各国一致同意经常收支顺差国将加速经济增长、引领世界经济，逆差国则优先抑制通货膨胀、维持稳定，全体参加国应采取契合自身现状的政策，相互支援策应。②

福田带着 7% 的增长目标和 40 亿美元紧急进口计划等大家翘首期盼的"礼物"来到波恩。在会谈的开场发言中，福田提到现代是一个"不确定的年代"，未来不可知，人们为此感到不安。"不确定的年代"是 BBC 电视片的题目，由经济学者加尔布雷思（John Kenneth Galbraith）撰稿，加尔布雷思在解说词的基础上出版的同名著作在日本也被翻译出版，深受好评。

福田向与会者介绍了日本迄今为实现 7% 增长目标所采取的举措，强调日本经济作为"火车头"正"全速"运转。并且表示，如果实现 7% 的增长出现困难，在 8、9 月间就能判断出应该追加怎样的措施，可以赶在 9 月末之前提交法案并在国会进行审议。③

日本实现承诺不可或缺的，是国际货币的稳定。福田认为伦敦峰会后日本未能实现经济增长目标，很大程度上是受到了急剧的日元升值美元贬值的影响，要求各国都能努力，避免剧烈的汇率波动。福田不指名地批评了美国政府在日元升值美元贬值问题上的放任态度，希望美国政府平息作为关键货币的美元的剧烈波动，以确保日本减少贸易顺差的努

---

① I. M. Destler、佐藤英夫编《日美经济纠纷的解明》（日本经济新闻社，1982 年）第 325—326 页。Robert D. Putnam、Nicholas Bayne 著《峰会 发达国家首脑会议》（TBS Britannica，1986 年）第 120—126 页。

② 日本经济调查协议会编《峰会相关资料集》（日本经济调查协议会，1984 年）第 33—34 页。

③ Foreign Relations of the United States（hereafter FRUS），1977 - 1980，Vol. 3 document 145（https：//history.state.gov/historicaldicuments/frus1977 - 80v03：2017/6/8）。加尔布雷思著，都留重人译《不确定的年代》（TBS Britannica，1978 年）。

力不会消失在汇率波动之中。①

波恩峰会成为国际社会宏观经济协调的一次模范会议。福田也颇有成就感,在笔记中留下了"没有对日批评。首日午前强调日本之对策乃减少顺差,效果显著"的记录。② 与未能具体表明各国在宏观经济方面责任的伦敦峰会相比,波恩峰会的联合声明显示出了各国包括具体数字在内的明确的政策目标。

起初福田担心国内的反对,不希望日本7%的目标增长率作为"国际承诺"写入联合声明。他对随行的经济企划厅的宫崎勇说:"写上具体数字会被当作承诺,还是不要写了。"③ 但是在加拿大政府承诺5%的经济增长后,福田最终同意将"7%增长"写入声明。在声明中的最终表述是:"关于1978年度的实际经济增长率,日本国政府已经决定以扩大内需为中心,以高出上一年度约1.5%为具体目标,现正为此而加倍努力。"④

比起经济影响,福田更为担心的是发达国家间协调失败将带来的负面政治影响。福田在一次杂志的座谈会上曾表达过这一担忧。他说:"7月的首脑会谈(波恩峰会)如果失败,世界经济整体将陷入混乱,甚至进一步发展为政治上的动乱。"⑤ 峰会上日本与联邦德国作为"火车头"承担起牵引世界经济的责任,不仅仅有助于短期内的经济增长,在显示主要发达国家间的团结、防止保护主义抬头这一政治层面也具有重要意义。重视"历史教训"的福田,为了防止自由经济秩序的瓦解,不得已选择了与其财政健全理念背道而驰的、暂时特例的财政扩张政策。他是带着一种悲壮的心情走入峰会会场的。

---

① *FRUS*,1977–1980,Vol. 3 document 146.
② 《福田笔记(1978年5月—8月)》
③ 宫崎勇《证言 战后日本经济》(岩波书店,2005年)第215页。
④ *FRUS*,1977–1980,Vol. 3 document 148. 日本经济调查协议会《峰会相关资料集》(日本经济调查协议会,1984年)第93页。
⑤ 福田赳夫、江崎真澄、加藤宽《日美首脑会谈的成果与课题》《月刊自由民主》270号(1978年)。

三 资源能源问题方面的举措

（一）日美核能问题

关于福田政府的宏观经济政策协调，不应遗忘的还有资源能源问题方面的举措。

战后日本能够在高速经济增长的道路上高歌猛进，与稳定且低价格的石油供应密切相关。石油市场在国际石油资本的影响下长期保持稳定，但进入20世纪70年代后，产油国的民族主义高涨，石油的稳定供给出现了阴影。

福田敏锐地感受到了资源、能源市场的结构性变化，预料到从20世纪70年代初起将迎来"资源有限"时代。[1] 这一预见被第一次石油危机证实。面对日本经济受困于严重的经济衰退和通货膨胀的形势，福田积极推动代替能源技术的进步及新能源的开发，力图实现经济去石油化。

对于资源小国日本，当时核能被认为是最具有实用前景的石油替代能源。能源安全保障问题也日益受到重视，日本政府积极推进核燃料的再利用，即对核能发电后的核废料进行再处理后继续使用。建于茨城县东海村的日本第一家核废料再处理工厂，预定于1977年夏天投入使用。[2]

但是日本政府面临的一大问题，是卡特政府的核不扩散政策。核能和平利用的核扩散风险，在20世纪70年代以后，由于出口核燃料及原子炉的新的核能提供国家的兴起日益受到关注。对此感到担忧的卡特政府决定终止此前一直推进的核废料再处理及钚的使用。

这一决定让日本陷入绝境。东海村工厂处理的核废料来自美国，根据《日美核能协定》，日方在再处理时需要征得美国的同意。因此，日本的再处理设施面临无法开工的危险。

日美核能问题，是1977年（昭和五十二年）3月福田—卡特会谈中

---

[1] 福田赳夫监修，今后的日本政策委员会编《今后的日本 新能源时代的开幕》（旭屋出版，1979年）第233—239页。

[2] 围绕核能和平利用问题的日本外交请参照以下研究：武田悠《资源小国的核能外交》[波多野澄雄《冷战变容期的日本外交》（密涅瓦书房，2013年）第231—255页]。

最重要的议题之一。会谈时,卡特亲手将科学家们在福特财团资助下编撰的《核能:课题与选择》报告的复印件交给福田。卡特指出核废料再处理的过程中有制造核弹的可能,希望其他国家也能一致同意不再进行核废料的再处理。对此,福田在介绍日本批准核不扩散条约经过的基础上,表示终止核废料再处理十分困难。①

从日本的角度看,核能的和平利用一直是在与美国沟通并得到同意的情况下推进的。日本的方式,是以政府组织的连续性为前提,努力建立长期的信赖关系。而美国的政治,则视新一任总统提出新的政策路线为当然。新一任政府的推陈出新,正是美国政治的生命力所在。当然,这是一般情况,在卡特身上还有不谙华盛顿政治和国际关系的一面,因此其方案有些思虑不周,福田为此可谓颇费心神。

福田在会谈中的目的,是希望美国对日本与联邦德国同等对待,当时联邦德国的再处理设施已经投入运营。但卡特的态度十分强硬,希望把东海村变为构建核不扩散体制而停止核废料再处理的第一个例子。全体会议中,双方的意见也只是平行线。卡特强调为了防止核扩散应该全世界团结起来,而福田强调日本的特殊立场,即作为世界唯一的核爆受害国,向来坚持无核三原则。②

首脑会谈中确认了双方的基本立场,之后核能问题交给两国专家。正式的实务者磋商从4月开始。与强烈反对卡特政府政策变更的西欧各国不同,日本对美基本持合作态度,只是要求美国能将东海村作为例外。③ 面对这种形势,美国政府内部同意东海村投入使用的意见也逐步扩大。福田在5月下旬,有了东海村能够开工的实感。美国财政部长布鲁门塔尔访日时,给福田带来了卡特总统的口信。福田在5月23日的笔记上记录了口信的内容:"核处理(材料)不百分之百供应。让东海村夏天

---

① Memcon: Fukuda, Carter, et al., March 22, 1977, 10:00, Box2, Armacost Chron File, 3/16 – 31/77, NSA, Staff Material, Far East Files (NSA26), JCL. 武田悠《"经济大国"日本的对美协调》(密涅瓦书房,2015年)第167页。Donald Oberdorfer著,菱木一美、长贺一哉译《迈克·曼斯菲尔德》下(共同通信社,2005年)第256页。

② Memcon: Fukuda, Carter, et al., March 22, 1977, 10:35.

③ 武田悠《"经济大国"日本的对美协调》(密涅瓦书房,2015年)第167—173页。

能够开工。"①

最终谈判达成协议是在9月。日方接受卡特倡导的国际核燃料循环评价（International Nuclear Fuel Cycle Evaluation）并推迟使用钚，作为交换，美国同意东海村核废料再处理工厂投入使用。②

日美核能问题对福田而言是一道难题。对于卡特政府构建核不扩散体制的理念，福田举双手赞成。但是为了日美德"火车头理论"能够成功，依靠核能保证稳定的能源供给也是重要课题。一方面对美国的核不扩散政策表示出合作态度，另一方面也争取美国同意将东海村作为例外处理，福田以这样的方式，同时实现了核不扩散与经济增长。

（二）新能源开发领域的日美合作

东海村再处理工厂的开工问题，对于日本的核废料再利用而言是一个紧迫的问题。但福田心中早就在酝酿面向后石油时代的长期且雄心勃勃的计划，即日美联合设立基金，加强新能源开发。

日美核能问题中卡特政府主动，日本政府被动对应，显示出了日美关系的典型情况。新能源开发设想是极为少见的、日方主动向美方倡议的事例。

福田构思这一设想的契机，来自伦敦峰会。在新能源问题的讨论中，卡特总统提到太阳光、核聚变、快中子增殖等新能源的开发花销甚巨，需要摸索分散成本的方法。这引起了福田强烈的反应。福田对21世纪能够找到资源及能源的新来源表示乐观，但同时指出这一领域只靠美国单打独斗效率不高，提出在核聚变等技术的开发方面需要进行国际合作。③

为了将峰会上的这一发言具体化，福田开始摸索能源领域日美合作的具体方案。当时，在开发取代石油的新能源方面，通产省正在推进"阳光计划"（Sunshine Project）。这一计划从石油危机前就已经开始筹划，于1974年（昭和四十九年）正式实施。其目的是从根本上解决能源

---

① 《福田笔记（1977年4月—7月）》。
② 武田悠《"经济大国"日本的对美协调》（密涅瓦书房，2015年）第192—196页。
③ Note of the First Session of the Downing Street Summit Conference at 10 Downing Street on Sunday 7 May 1977 at 1020, op. cit.

问题及环境问题,重点是太阳能发电、煤炭液化、地热利用、氢能源等技术的开发。①

福田的日美合作方案,与产官学联合推进的阳光计划不同,其对象是在开发上需要耗费巨大时间与费用,且难以直接产生商业利益的基础研究。最初的候选领域是核聚变和光合作用,后来进一步缩小范围,聚焦于核聚变。作为太阳的能量来源广为人知的核聚变,在理论和技术两方面都有众多尚未解决的课题,直至今日也还不知何时能进入实用化。但是因为使用极易获取的氘和氚作为燃料就能产生巨大的能量,在当时作为 21 世纪能源的希望之星,受到人们极大的关注。②

福田的设想,是日美两国联合设立基金,支持两国科学家在新能源开发的基础研究方面进行共同研究。将来欧洲也将纳入其中,日美欧科学家能够在这一体制的保障下携手共进。

这是一个宏大的构想。③

福田希望他的日美联合基金构想,不仅仅止步于科学技术领域的合作,还能成为日美合作的新支柱,甚至超越巩固日美关系之基础这一目标,成为日美两国为了世界秩序而通力合作、提出新构思的试金石。④ 福田从这一时期开始,频繁使用"为了世界的日美合作"这一表述,便是这一思路的外在表现。前一年访美之际,若泉建议的主题是"为了世界的日美团结"。福田从强调日美关系的重要性更进一步,开始更多地思考日美两国能够为世界做出怎样的贡献。

因此,他把这一构思限定在难以与商业挂钩的基础研究领域。在日本的贸易顺差加大了日美贸易不平衡的形势下,日方如果提出能够直接与商业相连的提案,将有损为了世界进行建设性合作这一理念本身的价值。以核聚变为对象的日美联合基金构想,被视为日美超越国家利益进行合作的具有象征意义的事业。

---

① 关于"阳光计划"请参照岛本实《计划的创发》(有斐阁,2014 年)。
② 《小和田恒氏谈》(2016 年 7 月 4 日)。福田赳夫监修《今后的日本 新能源时代的开幕》(旭屋出版,1979 年)第 199—202 页。
③ 《小和田恒氏谈》(2016 年 7 月 4 日)。
④ 福田赳夫《回顾九十年》(岩波书店,1995 年)第 292—293 页。

第四部

　　1978年（昭和五十三年）5月3日，福田访美与卡特进行了第二次日美首脑会谈。在会谈中，福田提到了日本对世界的贡献方式，他表示日本愿意尽最大可能与美国合作，但因为宪法的限制无法在军事方面进行合作。福田提出了扩大对发展中国家的援助和面向后石油时代大力开发代替能源两方面日本可能做出贡献的领域。

　　听了福田的话，卡特总统开玩笑地说"太阳也是日本国旗的含义"，随后表示了对福田提案的赞成。"代替能源应该会由核聚变、太阳光以及高能物理学带来。为了巨额的开发成本无须因重复而浪费，我们应该充分共享研究成果。"[1]

（三）《面向21世纪的日美合作》

　　结束了在华盛顿的首脑会议后，福田立即奔赴纽约，4日正午，出席了日本学会（Japan Society）和外交关系协会（Council on Foreign Relations）联合举办的午餐会。为了世界秩序的日美合作这一福田的理念，在题为《面向21世纪的日美合作》的演讲中表现得淋漓尽致。

　　演讲开始，福田首先提到本次首脑会谈显示出了"为了世界的日美的作用"。接着福田表示日美安保条约不仅保障了日本的和平与安全，也象征着日美两国间的"全面的合作关系"，而两国的合作关系超越双边关系，为了世界而携手共进，变得越来越重要。在此，福田是在尝试在全球化的脉络中重新定位日美安保体制。

　　之后，福田的讲话进入日美关系在亚洲的作用、国际经济、开发、科技领域的日美合作等具体内容。在首脑会议中已取得共识的代替能源开发领域的日美合作，是演讲的高潮。福田花费演讲1/3的时间，论述了开发核聚变等代替能源的重要性，并提出了创设日美联合基金推进科技合作的提案。[2]

　　福田撰写这一演讲稿时，在背后支持他的是楠田实。楠田曾在佐藤

---

[1] Memcon: Fukuda, Carter, et al., May 3, 1978, 10:35 a.m., Box6, Armacost Chron File, 3/16 – 31/77, NSA, Staff Material, Far East Files (NSA26), JCL.

[2]《福田总理大臣在纽约的演说（面向21世纪的日美合作）》(1978年5月4日)[《外交蓝皮书》23号（http://www.mofa.go.jp/mofaj/gaiko/bluebook/：2017/6/21）]。

政府中担任首相秘书官，之后开设"楠田政治经济研究所"，继续开展政治活动。福田于1977年（昭和五十二年）8月任命他为内阁官房调查员。楠田的任务包括制定媒体应对策略，起草国会演说稿，以及充分利用佐藤政府时代积累的在知识分子及官员中的人脉，汇总他们的意见并向福田汇报等，是福田幕后的支持者。①

1978年4月10日，官房长官安倍晋太郎找到楠田，希望他在福田访美之前先期访美，向各方面充分传达福田访美的目的。楠田首先与国内相关人士见面会谈，掌握了事务局级的准备状况。他留下的笔记中有"一、确立理念（为何访美）；二、找到具体的诉求点"，以及"确立一个主题，呈现于大家面前。本次日美首脑会谈的目的不是处理悬而未决的事项，而是开辟一个新的时代"等内容。

4月27日，楠田赴美。楠田的笔记可见他与美国的广告公司就演讲内容进行讨论的预定日程，应该是在考虑如何更好地展示福田访美的成果。②

最初，日方希望在日美首脑会谈中就能签订关于新能源开发的协定。但是召开专家会议，起草协定草案，时间上来不及。因此，在7月的波恩峰会上福田与卡特举行了单独会谈，就为新能源开发准备10亿美元资金和建立核聚变开发领域的日美合作体制达成了共识。具体内容如下：

关于新能源开发的日美合作
一、目的
为了人类社会的繁荣，展望21世纪，推进Post oil（后石油）时代的能源研究及开发。
二、研究领域
（1）核聚变；
（2）其他两国关心的内容（太阳光、地热、煤炭液化）。

---

① 和田纯《〈楠田实资料〉的背景与全体像》《在线版 楠田实资料（佐藤荣作官邸文书）》（丸善雄松堂，2016年）。

② 《访美一五十三年4月》《楠田实资料》（Y-1-51）。

三、组织

设置由首相任命的 Top Level（顶层）运营机构，其下为实务者层面。

四、合作方式

Equal footing（地位对等）根据课题，包含必要设施，由运营机构决定。

五、资金

原则——日美各半。

六、合作时期

10 年。①

但是，9 月日美科技合作专门工作组开始活动后，两国想法的出入显露无遗。日方考虑的对象是核聚变，而美方把煤炭液化放在第一位，要求日本负担生产设备实用化的成本。② 关于预算，福田提出了总额 10 亿美元的基金构想，计划发行建设公债来确保预算。而已先行着手开发的美国认为财政方面对等负担则对日方过于有利，显示出对立的态度。③

结果是，日方在美方的强硬态度前不得不低头弯腰。同年 11 月的第二次专门工作组会上，日本决定参加由美国石油巨头海湾（Gulf）石油公司主导的煤炭液化计划。④ 当初共同开发核聚变的宏大构想，缩小为协助石油巨头开发煤炭液化技术。

这样的开发，当然无法代表福田心目中的"为了世界的日美合作"。福田在对 20 世纪 30 年代以来世界命运的反思之中，坚定了面对 70 年代的危机时日美应该充分合作及共同发挥领导作用的信念。但是寄托着他高远理想的提案，没能被美方接受。尽管如此，福田在首相退位之后也对资源、能源问题抱有浓厚的兴趣。这一问题也是日后以福田为中心设立的国际行动理事会的主要议题之一。

---

① 《福田笔记（1978 年 5 月—8 月）》。
② 《朝日新闻》1978 年 9 月 7 日。
③ 《朝日新闻》1978 年 9 月 9 日。
④ 《朝日新闻》1980 年 5 月 14 日（晚报）。

第十六章

全方位和平外交

前 言

本章以对东南亚地区外交及对苏、对中外交为中心，回顾福田政府外交视野的扩大过程。担任首相期间，福田常常称自己的外交政策为"全方位和平外交"。这一日常较少听闻的表述，到底包含着怎样的目的？福田卸任后在一篇杂志论文中曾这样说明："我们交往的国家，既有共产主义国家，也有自由主义国家，既有军事国家，也有发展中国家。虽然国家多种多样，立场也各不相同，但我希望能够超越立场的差异，做到相互理解。"[1]

福田是个创造新词的高手，但没有哪一个像"全方位和平外交"这样为他人所误解。一种意见将之理解为"全方位外交"，认为是指对苏对中的"等距离外交"，而加以批评。[2]

这一表述，是福田的外交事务顾问若泉敬的发明。[3] 若泉在1973年（昭和四十八年）1月发表在美国《外交事务》（*Foreign Affairs*）杂志上的文章中，以"all-directional foreign policy for peace"（全方位和平外交政策）来说明日本的外交。若泉在文章中分析说，美中接近象征着国际局势的缓和，军事力量的作用下降，国际潮流转向重视政治、经济等多方面要素。日本的外交也从缺乏灵活性的冷战型外交，转变为能够与社会

---

[1] 福田赳夫《我的首相时代》《中央公论》95卷13号（1980年）。
[2] 福田赳夫《回顾九十年》（岩波书店，1995年）第272页。
[3] 森田吉彦《评传 若泉敬》（文艺春秋，2011年）第226—235页。

体系不同的中国及苏联建立相互信赖关系的新型外交了。① 楠田实与若泉有着亲密交往，根据他的回忆，是福田借用了若泉的这一表述来说明自己的外交原则。②

若泉曾在福田发表的《和平大国的设计》等论文的基础上，撰写文章整理"全方位和平外交"概念，并亲手交给了福田。根据他的整理，"全方位和平外交"具有以下这些特色：

一、照顾到四面八方，在思考及认识上做到全方位、多角度；

二、既不八面玲珑也不四面受敌（确立日本的主体性）；

三、明确外交的优先顺序（否定形式上的平等和等距离式中立）；

四、"全方位和平外交"是更加明确地定义我国此前的"和平外交"之理念、目的、逻辑、原则的尝试，是一个积极、主动、且充满动态的概念。③

福田在对共产主义国家外交的脉络中，频繁使用这一表述。他开始使用"全方位和平外交"这一表述的时间出乎意料得比较晚，在国会会议录中出现，是1978年1月之后。这一时期《日中和平友好条约》的谈判已经正式开始，福田是在与日苏关系切割开，大力推进日中谈判这一脉络中，使用这个表述的。④

但"全方位和平外交"并非只是福田为了便于推进日中外交而使用的一个工具。对于福田而言，"全方位和平外交"更是理念层面的一种原则。福田的"全方位和平外交"，是在进入多极化时代后中苏两国的竞争变得更加激烈的情况下，表明日本将处身大国间权力博弈之外的一个无

---

① Kei Wakaizumi, "Japan's Role in a New World Order", Foreign Affairs, Vol. 51, No. 2, 1973, pp. 310 – 326.

② 若月秀和《"全方位外交"的时代》（日本经济评论社，2006年）第3页。

③ 若泉敬《全方位和平外交的提倡》（日期不详，从文中引用看应在1978年1月21日以后）福田事务所藏。

④ 《第84回国会参议院本会议第5号》1978年1月26日。

声的宣言。

在"全方位和平外交政策"中,福田另一个念念不忘的主题,是应对南北问题。北半球的发达工业国家与集中于南半球的发展中国家之间经济差距的扩大,是一个严重的问题,这一问题在20世纪60年代以后逐步受到关注。进入20世纪70年代后,与资源民族主义相结合,南北问题变得更加突出。石油危机动摇了既有的国际经济秩序,也让人们对发展中国家的影响力有了深刻的印象。南北对立问题在1974年的联合国第六届特别会议上达到了顶峰,发展中国家发表了《建立新的国际经济秩序(NIEO)宣言》,试图彻底改变由发达国家主导的国际经济体制。[①]

相比其他发达国家,日本更依赖于发展中国家的资源,南北问题的对应意义重大。在资源民族主义高涨的形势下,与资源出口国建立稳定的关系对于维持经济增长不可或缺。石油危机后,日本的ODA(政府开发援助)扩大到更广泛的地区,但福田认为仅仅是经济援助的增量还不够,需要有质的转化,即将重心放到"心与心的碰触"上。尤其是对1974年爆发了反日游行及暴动的东南亚地区,福田提出了"福田主义",明确表明了日本不做"军事大国",要与东南亚各国构建对等合作关系,通过经济合作为维护地区稳定做贡献的态度。

总而言之,"全方位和平外交"是在20世纪70年代国际秩序动荡的形势下,福田对日本面对的东西问题、南北问题这两大外交课题的一份答卷。这一表述中,凝聚了在日本宪法下维护国家安全及繁荣的"和平大国"的行动准则。与大国间的权力博弈保持距离,通过非军事途径为国际秩序的稳定贡献力量,福田通过"全方位和平外交"一词展示了日本的这一外交姿态。

一 "福田主义"

(一)对东盟外交的开始

在外交政策方面,福田最先展示出自己的理念的,是在对东南亚地

[①] 李钟元《南北问题》[田中明彦、中西宽《新·国际政治经济的基础知识》(有斐阁,2004年)]第166—167页。

区的外交上。东南亚地区从20世纪50年代起,以战后赔款为起点,与日本之间形成了紧密的经济关系。与处于东西冷战结构强烈影响下的中国、韩国不同,东南亚也是日本较容易以经济为杠杆发挥外交主动性的地区。对于在外交方面展开积极态势的福田政府而言,是展示自己理念的最佳之选。

但是进入20世纪70年代后,日本与东南亚的关系迎来了转变期。日本企业大量进驻这一地区,同时与当地的摩擦也日益增多。1974年(昭和四十九年)1月,田中角荣首相出访东南亚各国时,泰国发生了学生的游行示威,在印度尼西亚的雅加达则出现了大规模的反日暴动,令日本政府极为震惊。虽然雅加达的反日暴动与印度尼西亚国内的权力斗争有密切关系,但这一事实迫使日本重新思考对东南亚地区的政策。[1]

日本构建与东南亚地区关系的轴心,是东南亚国家联盟(东盟)。1975年4月,西贡被攻陷,越南战争结束,中南半岛全域面临共产主义化。外务省也转换方针,以地区组织东盟代替原来的东南亚开发阁僚会议,作为东南亚外交的主轴。1976年外务省亚洲局开始重新讨论东南亚政策,形成了以(一)提高东盟自身的强韧性、(二)助力东盟与中南半岛各国间协调关系的建立等为内容的重视东盟的政策。

另外,东盟各国的对日态度也出现了改观。越南战争结束后,东盟尝试与中南半岛的新政权改善关系。但与期待相反,越南急速向苏联靠近。担忧共产主义多米诺骨牌式扩大的东南亚各国,为了填补美国存在感下降带来的空白,开始谋求与日本加强关系。

于是,外务省出面向东盟各国呼吁,双方就1976年11月开设就日本与东盟合作关系进行事务局级讨论的"日本—东盟论坛",达成了一致。福田政府上台,正是在日本与东盟关系迎来新局面之时。[2]

1977年1月31日,在就任首相后第一次施政方针演说中,福田表示"东南亚各国的和平与繁荣,是同属亚洲的友邦日本最为关心的事",日

---

[1] 宫城大藏编著《战后日本的亚洲外交》(密涅瓦书房,2015年)第152页。
[2] 须藤季夫《"idea"与对外政策决定论》《国际政治》108号(1995年),第137—138页。

本将在人员交流、国家建设等方面对东盟给予支持。① 演说中，关乎东南亚的内容排在中国及韩国之前，表明了福田对东盟的重视。

"二战"后日本的政治家中，在东南亚地区有着广泛交往的当属岸信介。他与菲律宾总统何塞·劳雷尔（José Laurel）、印度尼西亚总统苏加诺（Sukarno）等均建立了密切的关系。福田除继承了他的人脉之外，自己在担任藏相期间也在参加亚洲开发银行大会时3次访问东南亚，以各国的经济阁僚为中心建立了广泛的关系。

其中，福田与印度尼西亚的关系最为密切。印度尼西亚大学教授、经济学家苏密特罗（Sumitro Djojohadikusumo）在与苏加诺总统的权力斗争中失败，不得不流亡国外时，福田曾在日本保护过他。1965年，苏哈托（Soeharto）总统以"9·30事件"为契机上台，其侧近大多是印度尼西亚大学苏密特罗一派，几乎所有的阁僚都是福田相识之人。② 之后为了印度尼西亚的经济重建，在东京召开了债权国会议，当时任藏相的福田拟定了支持苏哈托政权的重建方案，引导了国际社会对印度尼西亚的政策。于是，福田成了苏哈托体制在日本的保护者。③

与福田的积极态度相呼应，东盟各国也开始行动。2月召开的外交部长特别会议上，决定邀请福田参加将在同年8月举办的第二届东盟首脑会议。

（二）"福田主义"的起草过程

1977年（昭和五十二年）7月10日参议院选举结束，福田开始正式准备东南亚的外访。他召集相关各省厅的负责人举办了4次学习会。预定福田一行将于8月6日离开日本，赴马来西亚参加东盟首脑会议后，先后访问缅甸、印度尼西亚、新加坡、泰国和菲律宾④。

---

① 《第80回国会（常会）上的施政方针演说》1977年1月31日。
② 福田赳夫《回顾九十年》（岩波书店，1995年）第280—283页。
③ 宫城大藏《自民党内派阀与亚洲外交》[宫城大藏编《战后亚洲的形成与日本》（中央公论新社，2014年）第58—60页]。滨田雄二《"心与心"的福田赳夫（上）、（中）、（下）》（《雅加达新闻》2019年4月29日、30日、5月2日）。
④ 《福田总理大臣东南亚诸国访问日程》战后外交记录《福田总理东南亚诸国访问》（管理号2010—6242）外务省外交史料馆。

对于福田政府而言最大的课题，是如何通过经济合作构建与东盟各国之间的稳定关系。日本与东盟的贸易关系，是典型的南北型结构，即日本出口工业产品，东南亚各国出口原材料。除了出口石油的印尼、出口木材的马来西亚，其他东盟各国都有严重的对日贸易赤字。① 因此，东盟各国向日本提出了对工业化项目提供经济援助、面向东盟商品扩大日本市场、导入出口补偿制度、取消非关税壁垒等经济方面的要求。②

对东盟外交是日本处理南北问题的一环，而扩大经济援助是当务之急。自1976年夏起，日本的贸易顺差急剧扩大，作为收支平衡政策的一部分，国内外要求日本加大对发展中国家经济援助力度的声音高涨。但是，日本的对应颇为迟缓。经合组织开发援助委员会（DAC）一直要求日本增加援助金额，扩大赠予比例，改善援助质量。但日本正处于石油危机后的财政危机中，迟迟没有进展。③

在这样的形势下，经济援助的倍增计划，成为福田对东南亚外交政策中最引人注目的内容。福田在上台后不久的预算编制中就指示扩大ODA规模，于是在预算要求中1977年度ODA预算对GNP的占比从0.24%增加到了0.28%。在日美首脑会谈后，福田进一步指示事务当局讨论ODA倍增一事。5月末，福田在国际经济合作会议（CIEC）上表示将在今后5年内实现ODA的倍增。在第二年春的相关阁僚会议上完成时间再次缩短，3年内倍增成为第一次ODA中期目标的内容。

福田的ODA倍增计划，在以具体数字表明对外援助总量上，有划时代的意义。同时，也是20世纪80年代后期日本超越美国成为世界"援助大国"的开端。④

援助倍增计划已然成型，剩下的课题，是如何展示日本的对东南亚

---

① 若月秀和《"全方位外交"的时代》（日本经济评论社，2006年）第160页。
② Sueo Sudo, *The Fukuda Doctrine and ASEAN*, Institute of Southeast Asian Studies, 1992, p. 170.
③ 稻田十一《发展中国家与日本》[渡边昭夫编《战后日本的对外政策》（有斐阁，1985年）第298—299页]。
④ 财务省财务综合政策研究所财政史室编《昭和财政史 昭和四十九—六十三年度 第7卷》（东洋经济新报社，2004年）第149—158页。稻田十一《发展中国家与日本》[渡边昭夫编《战后日本的对外政策》（有斐阁，1985年）第301—302页]。

政策。

　　这一时期，首相秘书官小和田恒认为应该参考美国总统以"主义"（doctrine）之名发表其外交政策基本原则的方式，利用赴东南亚外访的机会，由首相本人就外交政策发表演讲。日本外交应该一改长期以来在亚洲问题上的被动姿态，在越战之后的国际社会面前，通过福田的演讲，表明日本今后政策的方向。①

　　外务省事务当局将这一设想推向了具体化。同一时期，外务省内部也在考虑由福田在外访结束之际发表演讲，显示日本对东南亚政策的整体面貌。亚洲局东南亚课课长谷野作太郎以访问各国时间仓促，难以拟定有内容的公报为理由，提议"在外访的最后一站马尼拉，就'我国的东南亚政策'发表涵盖主要政策内容的、可以称之为'福田主义'的演讲"②。

　　最初，外务省事务当局将福田的讲话内容归纳为"福田六原则"。撰稿的具体方式不是延聘撰稿人代笔，而是按照福田的思路模仿其语气来总结基本政策。因此，"六原则"中能看到不少诸如"协调与团结""心与心的碰触"等福田好用的措辞。③ 之后，主要内容进一步凝缩为"四原则"的讲稿，提交到了首相官邸。

　　福田拿到讲稿后，指示将不做军事大国这一决心加入讲稿。于是讲稿中添加了第一项"我国在推进东南亚政策之时，坚持致力和平、不做军事大国的立场"，变为"五原则"。福田希望展示出自己"和平大国"的理念，以及与东南亚各国构建对等关系，不追求经济霸权的姿态。④

---

①　Sudo, *The Fukuda Doctrine and ASEAN*, pp. 154－155. 小和田恒氏谈（2016 年 7 月 4 日）。

②　亚洲局《总理的东南亚历访》（1978 年 7 月 5 日）[《福田总理大臣东南亚诸国访问日程》（管理号 2010—6242）]。

③　《我国的东南亚政策——为了与东南亚诸国的团结与协调（福田六原则）》[《福田总理大臣东南亚诸国访问日程》（管理号 2010—6242）]。第 4 项"心与心的交流"用铅笔改为"心与心的碰触"。

④　中岛琢磨、升亚美子编，枝村纯郎著《外交谈判回想》（吉川弘文馆，2016 年）第 83 页。

（三）日本—东盟首脑会谈

福田首相一行 8 月 6 日从羽田机场出发。第二天 7 日下午 3 点半开始，第一次日本—东盟首脑会谈在马来西亚吉隆坡召开。除了福田，马来西亚首相胡申翁（Hussein bin Onn）、印度尼西亚总统苏哈托、菲律宾总统马科斯（Ferdinand E. Marcos）、新加坡总理李光耀（Lee Kuan Yew）和泰国首相他宁（Thanin Kraivichien）等参加了会谈。自田中首相以来，时隔 3 年 7 个月，日本首相再次访问东南亚。

在会谈一开始，福田便表达出自己的理念，他说日本与东盟的关系"迄今，是较为露骨的以物质与金钱为媒介的关系。这绝不是我们希望的关系。日本与东盟是乘坐在追求和平与繁荣的同一艘船上的地位对等的伙伴，应该通过心与心的碰触理解我们的相互团结。这正是一切的出发点"①。

阐述完基本理念后，福田进入具体内容，在整个首脑会谈中一直引导着议论的展开。关于经济援助，在"和平大国"这一基调下进行说明后，福田表明了日本希望将自己的经济余力用于"世界的民生和平"，为世界和平贡献力量的态度。福田保证日本将忠实执行 ODA 倍增计划，并表示"除了重点分配外，也尊重东盟的自主意见"，对东盟提出要求的工业项目（10 亿美元）积极进行经济援助。

在经济援助方面，福田做出了明确保证，但在地域特惠制度方面，他可以说寸步不让。东盟各国希望导入特惠关税制度，以调整对日贸易的不平衡。日本对此态度消极。福田担心再次出现"二战"之前那样的"货币集团经济"，认为与东南亚之间的贸易不平衡，归根结底应该在自由贸易的框架内对应。

对此提出异议的，是新加坡总理李光耀。李光耀 53 岁，比福田小 20 岁左右，但就任总理已 18 年，是基于其独特的政治经验和哲学引领东南亚的重要人物。

---

① 原荣吉驻马来西亚大使致外务大臣电信，1012 号（1977 年 8 月 8 日）[战后外交记录《福田总理东南亚诸国访问》（管理号 2011—724）外务省外交史料馆]。

他提出的方案是创设"东盟 STABEX"。STABEX 是"出口收入稳定制度（stabilization of export earnings system）"的简称。这一制度，旨在对因原材料价格波动贸易收支下跌达一定比例的国家进行收入补偿。1975 年欧洲共同体（EC）与非洲各国之间签订了《洛美公约》，其中包含这一制度。李光耀也在积极奔走，希望能够创设《洛美公约》的东南亚版。①

面对在地域特惠制度上态度消极的日本，李光耀毫不客气地利用福田发言中的比喻加以讽刺："刚才说日本与东盟坐在同一艘船上。但有人在豪华舱，有人在经济舱。……欧洲各国、欧共体看着情况不对，也许会跳到救生艇上去。自由贸易体制中开始出现集团化，那么日本和东盟还能分享同一艘救生艇吗？"

福田对此的反驳是"世界经济整体应该在自由贸易的基础上走向繁荣"，如果欧洲共同体有集团化的倾向，那么应该大声呵止。之后，福田再次提到在伦敦峰会上讲述过的 20 世纪 30 年代的"历史教训"②。福田就世界规模自由贸易体制重要性热情洋溢的论述打动了李光耀，他在第二天的记者见面会上表示"东盟方面接受福田总理阐述的日方立场"③。

首脑会谈中最显示出存在感的，是在文化援助方面。访问之前，福田就通过外务省文化事业部推进了"东盟文化交流基金"的具体化工作。这是一个由日本出资设立基金，支持东盟计划并开展文化事业，推进区域内合作的构想。这一基金日本没有设定各种使用限制，而是将决定权交给东盟，这一点有着划时代的意义。④ 在福田外访之前，外务省组织了以东京工业大学教授江藤淳为中心的调查团派往东南亚五国，进行了具体的援助对象考察。⑤

福田是带着以上的方案出访的。在会议中，他说："好不容易有了东

---

① 须藤季夫《"idea"与对外政策决定论》《国际政治》108 号（1995 年）第 140 页。
② 原荣吉驻马来西亚大使致外务大臣电信。
③ 西山健彦《福田总理的东南亚历访》《外交时报》1148 号（1977 年）。
④ 文化事业部《ASEAN 文化交流基金构想概要（案）》（1977 年 7 月 15 日）［战后外交记录《福田总理东南亚诸国访问》（管理号 2011—344）外务省外交史料馆］。
⑤ 矢野畅《福田历访及"福田主义"的背景》《亚洲时报》8 卷 11 号（1977 年）。

盟这一带有整体性的动向,我对其未来发展满怀期待,也很是关心。但从外部的视线看,似乎谈来谈去都是经济。我希望能发展到更广泛领域的'心与心的碰触'上。如果东盟在经济以外有其他加强内部交流的想法,我做好了尽我所能给予资金支持的准备,当然并不是想要强制。"苏哈托总统表示希望促进青少年、学者、文化人的交流,期待日本给予资金支持后,福田马上表示:"日本只提供财政援助,其他尊重东盟方面的自主性。"①

对这一未曾预料的文化援助提案,东盟领导人一致给予了高度评价。马科斯总统说"感谢日本提供的各种暖心援助。……尤其在亚洲,文化、精神方面我们引以为豪,日本能够提供资金支持,我们衷心感谢"。李光耀总理也十分感慨地表示:"能够想到促进区域内的文化交流,对此我要表示深深的谢意。真是新的时代开始了。"② 福田的想法是,日本虽然依靠经济的发展获得了地区性大国的地位,但绝不能走"二战"之前穷兵黩武的老路,而是要以"对等的合作者"的姿态扩大在东南亚的合作,摆脱偏重经济的旧路线,构建"心与心碰触"的新局面。福田扎根于"历史教训"的哲学,给东南亚各国领导人留下了鲜明的印象和深深的感动。

(四)马尼拉演讲("福田主义")

结束日本—东盟首脑会谈后,福田一行离开马来西亚,对缅甸、印度尼西亚、新加坡、泰国进行了正式访问,最后来到了菲律宾。8月18日,福田在马尼拉酒店举办的午餐会上演讲,阐述了日本对东南亚的基本方针。③

福田的演讲,开篇部分和结尾部分由福田本人以日语进行,中间则由翻译以英文代读。

正如前述,在出发之时外务省准备的讲稿内容由五个原则构成。但

---

① 原荣吉驻马来西亚大使致外务大臣电信。
② 原荣吉驻马来西亚大使致外务大臣电信。
③ 若月秀和《"全方位外交"的时代》(日本经济评论社,2006年)第166页。

福田一行离开吉隆坡的 8 月 10 日，演讲最终稿的摘要泄露，于是福田紧急指示修改讲稿。同行的秘书官小和田等人在抵达马尼拉的前一天经过讨论，完成了凝缩成三原则的讲稿方案。

第一，我国决心致力和平，不做军事大国，并以此等立场，贡献于东南亚乃至世界的和平与繁荣；

第二，我国愿与东南亚各国之间，在从政治、经济，到社会、文化的广泛领域，作为真正的友人，构建心与心碰触的相互信赖关系；

第三，我国愿站在"对等的合作者"之立场，对东盟及其加盟国加强团结与韧性的自主努力，与有同样意愿的其他国家一起，给予积极协助，同时努力与中南半岛各国结成相互理解的关系，为东南亚全域的和平与繁荣做出贡献。

经过修改后的"福田主义"，与其说是亚洲局反复讨论后的东南亚政策，不如说福田倡导的外交理念的色彩更为浓厚。外务省准备的关于东南亚政策的部分，全部凝缩到了第三条中，而福田在访问期间向东南亚各国领导人强调的对"军事大国"路线的否定、"心与心的碰触"等表述，分别独立发展成为第一原则和第二原则。[①]

马尼拉演讲的内容与当初的计划有了不少变化，但得到了与会者的交口称赞。福田演讲结束后，马科斯总统对他在短时间内重新整理政府的基本政策，提出"福田主义"给予了高度赞赏，表示："如果东盟需要一名友人，那个人就是您福田总理。这一点我们全体一致！"[②]

福田后来回顾道："演讲结束的瞬间，会场响起了潮水般的掌声，经久不息。我自己也确信'亚洲新的未来就此开幕了'。"[③] 福田的这一感觉并非夸大其词。汇报当天情况的日本驻菲律宾大使御巫清司也在外交

[①] 中岛琢磨、升亚美子编，枝村纯郎著《外交谈判回想》（吉川弘文馆，2016 年）第 83—85 页。

[②] 御巫清司驻菲律宾大使致外务大臣电信，1173 号（1977 年 8 月 19 日）战后外交记录《福田总理东南亚诸国访问》（管理号 2011—722）外务省外交史料馆。

[③] 福田赳夫《回顾九十年》（岩波书店，1995 年）第 280 页。

电报中说"强调我国与东盟的合作关系,以及我国不做军事大国、心与心的碰触等时,都响起了热烈的掌声",还提到对这次演讲,菲律宾、东盟相关者、当地外交人士等都"给予了极高的评价"①。

"福田主义"获得极大反响,与亚太地区政治环境的巨大变化密切相关。越南战争进一步恶化的1967年(昭和四十二年),周边五国结成了东盟。东盟渴望和平的环境,但美国从越南撤军后,如何填补秩序空白成为现实课题。正在东盟不以霸权为目的,而是摸索较为松散的团结和自立之际,日本出现在他们面前。

在这样的形势下,日本政府制定了恰当的对东盟政策,这一点很重要。但更为重要的,是福田的个性。扩大经济援助和文化交流,致力于南北问题的解决,是他从担任外相时代起的夙愿。对构建与东南亚地区的关系有着强烈愿望的福田,通过"心与心的碰触"这样自己的语言,描绘了日本外交的未来。这对东盟各国领导人产生了极大的说服力,为他们欣然接受。②

在此也想略记一下"福田主义"后来的发展。之前,日本在变化的国际环境中一直处于被动姿态,目光也多局限于经济,"福田主义"第一次明确表态将为东南亚地区的稳定发挥积极作用。正如马尼拉演讲的第三原则所说,日本的目的是通过对东盟各国的支持和与中南半岛各国结成友好关系,创造东南亚地区整体的和平与繁荣。但是越南侵略柬埔寨引发柬埔寨战争,苏联入侵阿富汗带来新的冷战局面,东南亚地区政治上的断裂加深,日本的尝试也陷入停滞。③

情况出现变化是1985年以后。苏联进入戈尔巴乔夫时代,国际形势发生变化,中南半岛的紧张局势也有所缓解。

此前只是在幕后支持东盟的日本政府,为了"福田主义"希望实现的地区秩序稳定而积极活动,促进柬埔寨恢复和平。日本政府一面与美

---

① 御巫清司驻菲律宾大使致外务大臣电信,1167号(1977年8月19日)《福田总理东南亚诸国访问》(管理号2011—722)。

② 西山健彦《福田总理的东南亚历访》《外交时报》1148号(1977年)。

③ Andrea Pressello《越战后的东南亚秩序与日本》[宫城大藏编《战后亚洲的形成与日本》(中央公论新社,2014年)第233—234页]。

国频繁沟通，一面积极开展对周边中国、泰国等国的工作，还主持召开关于柬埔寨和平的东京会议，支持和平协议框架的制定。1991年（平成三年）柬埔寨和平协定在巴厘岛签订后，日本主办了柬埔寨复兴会议，还制定"PKO法"派遣了约1300人参加联合国在柬埔寨的维和行动，对柬埔寨的和平进程做出了巨大贡献。[①]

柬埔寨实现和平后，东南亚地区变身为一个巨大的市场。如今，东南亚各国经济发展迅猛，东盟的经济一体化也在加速，成为世界经济增长的中心之一。日本对东南亚的支援也从经济援助，扩展到文化知识交流、人才培养、制度基础建设，以及反恐、反盗版等非传统安全领域等广泛范围。

在国际政治上，领导人的发言有时会产生巨大的效果。通过表述、记号的操作加强外交力量的"言辞政治"（word politics）近年来越发显现出其重要性。福田使用的"心与心的碰触"恐怕是"二战"后日本外交在"言辞政治"上的第一个成功案例。首先是福田的语言打开了东盟各国领导人的心扉，然后通过日本长期不懈的努力，日本才最终得以建立和保持与东南亚各国的友好关系。

2018年10月，在福田发表演讲的马尼拉酒店，举办了"福田主义"40周年纪念牌的揭幕仪式。从多个角度为东南亚地区的和平和稳定做出贡献的"福田主义"精神，如今已深深扎根于日本对东盟的外交之中了。

二 在中苏对立的夹缝之中

（一）中国与苏联

福田全方位和平外交的另一个核心课题，是对东西格局的应对。进入20世纪70年代后，国际局势缓和，如日中邦交正常化所象征的，日本

[①] 关于在柬埔寨和平进程中日本的参与情况，参见以下著作：河野雅治《和平工作——对柬埔寨和平的证言》（岩波书店，1999年）；波多野澄雄、佐藤晋《现代日本的东南亚政策》（早稻田大学出版部，2007年），第八章。

第四部

与共产主义国家间的外交也逐步扩大。但在这一方向的发展并非一帆风顺。1972 年（昭和四十七年）实现日中邦交正常化后，与中国之间和平友好条约的签订长期停滞，成为重大的外交课题。

中国政府正式提出《日中和平友好条约》缔约谈判的要求，是在 1974 年 11 月。中方应该是判断田中政府因为深陷金权政治丑闻已时日不多，希望抓紧谈判，但不久田中下台，实际开始谈判时，日方已是三木内阁。

谈判开始不久便陷入停滞，原因是中苏对立。中方要求在《日中和平友好条约》中，加入带有反苏联盟含义的反霸权的内容。而日本对此面露难色，谈判进入了胶着状态。①

三木政府面对僵局焦躁日增，逐步开始转变态度。1975 年 9 月，宫泽喜一外相在纽约与中国外交部长乔冠华会谈，提出了"宫泽四原则"，其主要内容是说明反霸权并不针对特定的第三国。之后 11 月，日本政府在宫泽方案的基础上拟定了日方第二次条约草案并提交给中方。第二次草案在条约正文中加入了反霸权的内容，但作为交换，在"反霸权"含义的解释上做了模糊化处理。②

福田政府诞生时，日中关系完全陷入停顿。福田虽然认识到与中国签订友好条约的必要性，但对立即重启谈判持谨慎态度。在上台前的 12 月 15 日，福田与田川诚一、川崎秀二、古井喜实等自民党内的亲中派会晤，之后留下了"中方仍不妥协。贯彻宫泽四原则日本便可接受。能否向苏联方面做解释？"的感触。③

福田谨慎的态度背后，既有中方政策没有发生任何变化的实际情况，也有对苏联的忌惮。1976 年 9 月，苏联空军中尉别连科（Viktor Belenko）驾驶米格 25 战斗机叛逃至北海道函馆机场，日本政府帮助他逃亡到美国，并在美军的协助下对飞机进行了详细研究。苏联对此表示出强烈

---

① 川岛真、毛里和子《走向国际化中国的历程》（岩波书店，2009 年）第 134—135 页。若月秀和《"全方位外交"的时代》（日本经济评论社，2006 年）第 103—104 页。

② 斋藤驻联合国大使致外务大臣电信，2646 号（1975 年 9 月 28 日）依据行政机构信息公开法请求公开的外务省文书（以下简称"外情"）（公开请求号 2015—290—163）。江藤名保子《中国的对外战略与日中和平友好条约》《国际政治》152 号（2008 年）第 38—39 页。

③ 《福田笔记（1976 年 12 月—　）》。

不满。①

福田就任之前的 12 月 10 日，苏联政府单方面设定 200 海里专属渔区，将日本北太平洋渔区也包括在内。设定专属渔区是国际潮流，目的是防止沿岸资源捕捞过度，确立渔业资源的国际管理及有效利用。但问题在于，在设定 200 海里水域时，苏联将日本的北方领土全部包括在本国范围之内。渔业问题同时也是领土问题。

福田起用鸠山威一郎担任外交大臣，也是试图向苏联方面释放信号，即福田政府对日苏关系的发展持积极态度。鸠山是福田在大藏省的后辈，1974 年刚刚当选参议院议员，还是一名新人。他的父亲是日苏恢复邦交时的首相鸠山一郎。福田通过任命他担任外相这一方式，表达了希望与苏联改善关系的态度。②

在福田的指派下，农林大臣铃木善幸于 1977 年 2 月 28 日访问莫斯科，与苏联渔业部长伊什科夫（Aleksandr Ishikov）进行渔业谈判。日方希望在谈判中将"领土问题"与"渔业问题"切分开，决定与苏联分别签订允许今后 1 年内捕鱼的临时渔业协定，以及涉及 1 年后的长期渔业协定。除此之外，每年循例进行的鲑鱼及鳟鱼捕捞量谈判也将在东京进行。因此日本要分别进行 3 个渔业谈判。

在日苏渔业谈判有可能长期化的情况下，福田担心日中条约谈判的重启会给渔业谈判带来负面影响。因此，对于发展日中关系暂持观望态度。

但是，内阁官房长官园田直的想法正好相反。园田在改进党时代，曾于 1954 年作为超党派议员团的成员访问中国，并结识了郭沫若、廖承志等中方知日派要人。③因此甫一上任，就通过外务省之外的自己的渠道，向北京传达了签订日中和平友好条约的意向，展开了水面下的联系。④

---

① 若月秀和《"全方位外交"的时代》（日本经济评论社，2006 年）第 174 页。
② 福田赳夫《回顾九十年》（岩波书店，1995 年）第 228 页。
③ 渡部亮次郎《园田直·全人像》（行政问题研究所，1981 年）第 122—123 页。
④ 渡部亮次郎《原外相秘书官讲述的秘话（2）》《自由》35 卷 10 号（1993 年）第 118—119 页。园田与北京之间通过"密使"的联系，到缔约为止往复共 12 次。关于"密使"，至今仍情况不详。从外务省的记录也可以看出，园田通过非正式渠道与廖承志保持联系。

福田对绕过外务大臣通过个人渠道推进对中外交的园田颇为戒备。因此一面压制急于推进谈判的园田，一面自己关于对中谈判给出详细的指示，通过外务官僚具体处理。

（二）日中两国的变化

福田认为重新开始日中谈判的合适时机，是1977年（昭和五十二年）7月参议院选举之后。6月28日，福田政府通过内阁审议决定起用外务事务次官佐藤正二担任驻中国大使。同日，在佐藤和接替他担任外务事务次官的有田圭辅来访时，福田指示他们在参议院选举结束前完成对日中和平友好条约的全面讨论。①

同时，福田也在水面下试探苏联对日中谈判的反应。进入6月，福田委托东海大学校长松前重义向莫斯科转达福田政府在日中条约签订后着手日苏关系改善的意向。松前是日本对外文化协会的会长，长期从事日苏学术、文化交流工作，有着与苏联政府沟通的渠道。②

松前同年9月访苏，与苏联部长会议主席柯西金（Aleksei N. Kosygin）见面。松前传达了福田对日苏谈判的热情，并主张1973年《日苏联合声明》中双方"解决第二次世界大战期间遗留的各种未决问题，缔结和约"的立场，无论采取什么形式，必须再次重申。根据松前的回忆录，这是他的一个战略，即对于主张领土问题已经解决的苏联，通过再次确认《日苏联合声明》中承认存在领土问题的表述，获得协议解决北方领土问题的突破口。③

对此，柯西金表示如果日苏间无法立即签订和平条约，有必要先签订一个"过渡性条约"，以确立双方的信赖关系。如果日方有对改善日苏关系的具体提案，苏联方面也愿意积极对待。会谈的结果，双方同意在

---

① 中国课长《关于日中和平友好条约》（1977年6月29日）外情（2013—768—28）。

② 松前重义、白井久也构成《我的昭和史》（朝日新闻社，1987年）第246页。《福田笔记（1977年8月—8月，东盟）》。笔记上有"千田恒 松前重义充当苏联渠道"的字样，可以知道在松前与福田之间的中间人是产经新闻记者千田恒。

③ 松前重义《我的昭和史》（朝日新闻社，1987年）第247页。

一年后再次会面，届时松前将带来日方的基本意见。① 就这样，福田在通过外务省推进日中谈判的准备工作的同时，也通过非官方的中间人积极建立与苏联之间的信任关系。

尽管如此，福田对日中谈判依然态度谨慎。外务省的判断是日中条约签订后即使苏联方面提出批评，也是暂时性的，主张对苏政策与对中政策可以切割开，各自推进。② 但9月20日，接到外务省的今后对应方案后，福田对"适当时候可以不再顾忌对苏问题，推进日中关系这一思路"表示出"极为谨慎的态度"。福田指出"如果苏联强烈反对，必将发展为内阁的责任问题"，因此"对苏联应该充分予以安抚"，同时要求加速推进渔业谈判。③ 福田对日苏渔业谈判将带给国内政治的影响颇为担忧。

而与日方态度相反，中方开始积极行动。邓小平在7月召开的中国共产党第十届中央委员会第三次全体会议上，恢复了中共中央副主席、国务院副总理的职务。第三次东山再起的邓小平在8月召开的党的第十一次全国代表大会上提出现代化建设的目标，对外政策也开始调整。④

邓小平的复出促进了对日外交的发展。9月，邓小平会见前来访问的日中友好议员联盟议长滨野清吾一行时指出，福田首相如果下决心，"只要一秒钟就解决了"，敦促日方尽快决断。与中方的积极态度相呼应，在日本，日中协会、日中友好议员联盟也举办了"条约促进国民集会"，要求福田政府立即缔约的气氛高涨。⑤

自民党内围绕中国问题的讨论也呈现出盛况。10月14日，田中派的高层二阶堂进访华，提出了反霸权条款的"二阶堂私案"。二阶堂的积极行动，似乎是在炫耀田中派才是自民党亲中派的代表。10月20日，"日

---

① 松前重义《我的民间外交20年》（日本对外文化协会，1986年）第151—158页。
② 《关于日中和平友好条约（案）》（1977年7月2日）外情（2013—768—29）。
③ 中国课《与总理就日中和平友好条约谈判问题的商谈（记录）》（1977年9月22日）外情（2013—769—19）。
④ 江藤名保子《中国的对外战略与日中和平友好条约》《国际政治》152号（2008年）第41页。
⑤ 永野信利《天皇与邓小平的握手》（行政问题研究所，1983年）第184页。古泽健一《昭和秘史 日中和平友好条约》（讲谈社，1988年）第71—72页。

中条约促进协议会"结成，小坂善太郎当选会长。与亲中派的活跃相对抗，党内中尾荣一、江藤隆美等条约谨慎派议员结成了"自由政治评议会"，围绕和平条约的签订，党内显现出鲜明的对立关系。①

对于条约谈判的开始时机，福田内心颇为矛盾。一方面他希望谨慎选择时机，最大程度减少来自苏联方面的阻力，但另一方面，他也知道如果日中友好的气氛过于热烈，激化自民党内的对立，那么日中条约的国内调整又会变得艰难。②

福田心中的天平逐渐向重开谈判倾斜。他一方面指示外务省事务当局等到日苏渔业长期协定基本成形的第二年春开始谈判，另一方面在11月28日的内阁改组中，将园田调任外务大臣。园田的任命，与其说是出于外交上的考虑，不如说是出于派阀考虑，要将他从内阁官房长官的位置上撤换下来。但是对日中条约的签订态度积极的园田担任外相，从外部的视线来看，显示出福田政府的外交重心向中国转移。

同时，为了形成日中条约缔约的共识，福田也着手进行党内调整。日华议员恳谈会会长滩尾弘吉、众议院议长保利茂等党内有力人士对条约谨慎派有很大的影响力，福田首先开始了针对他们的说服工作。③

（三）"全方位和平外交"的理念与战略

在日本日中条约缔约的气氛高涨之际，苏联采取了对抗措施。12月，苏联政府提出希望重启一度中断的日苏外长定期会议，邀请刚上任的园田访苏。

但是日苏关系未能取得进展。1978年（昭和五十三年）1月9日起，园田访问莫斯科，以1973年的《日苏联合声明》为底线开始了谈判。但苏联方面态度坚决，认为两国间"不存在领土问题"。非但如此，苏联在和平友好条约谈判之外，又单方面提出了一个由14项内容构成的《日苏

---

① 古泽健一《昭和秘史 日中和平友好条约》（讲谈社，1988年）第79—80页。
② 外务省《日中和平友好条约谈判今后的推进方式（案）》（1977年10月20日）外情（2015—288—45）。
③ 中国课《有田次官的保利议长访问》（1977年10月20日）外情（2013—770—7）。中国课《有田次官与滩尾会长的会谈》（1977年11月4日）外情（2013—770—11）。

睦邻合作条约》草案。对未提及领土问题的苏方提案日方无法接受，双方未发表联合声明，园田提前结束访问归国。①

面对苏联的单方面强势态度，福田终于决心转换方向。在 1 月 21 日的众议院本会议上，福田表示日中谈判"时机终于成熟"②，决定将日中关系与日苏关系进行切割，推进日中谈判。

但同时福田也认为在谈判之际，需要显示出与强烈要求增加反霸权条款的中国不同的理念。即应在和平宪法之下，为了国家的安全与繁荣，与所有国家构建友好关系。这一时期，福田开始频繁使用"全方位和平外交"一词。在官方资料的范围内，福田首次在国会上使用这一表述，是在 1978 年 1 月 26 日的参议院本会议上。他的发言如下：

> 所谓反霸权，是国际政治的当然原则，不应因此将我国的外交路线限定于特定方向。我也反复强调这一点。日本采取的方针是全方位和平外交。我们的想法是与任何国家都友好交往，即使签订日苏条约，也不会有敌视其他任何国家的内容。③

福田认为向中方明确阐明"全方位和平外交"理念，就结果而言能够成为有效的外交战略。东南亚各国对"福田主义"的高度评价，让福田对自己的"全方位和平外交"理念有了坚定的信心。面对这一理念只不过是缺乏现实性的理想这一批评，福田坦率地表明了自己的想法：

> 高举这一理想，我们才能置身强权政治之外，获得生存的空间，不是这样吗？这是一个美苏支配的世界，没有军事力量的国家无法直接涉足（权力政治）。……留给我们的道路只有一条，就是展示出日本希望像"福田主义"强调的那样，作为亚洲的一分子，作为和平国家，与任何国家都友好交往下去的愿望，并与各

---

① 小泽治子《日苏关系与"政经不可分"原则》[五百旗头真等编《日俄关系史》（东京大学出版会，2015 年）第 471 页]。
② 《第 84 回国会参议院本会议第 3 号》1978 年 1 月 21 日。
③ 《第 84 回国会参议院本会议第 5 号》1978 年 1 月 26 日。

国保持友好关系。①

福田坚信，在中苏对立的形势下，为了不被卷入霸权主义的争论，不应只停留于对条文的技术性讨论，而应该正面阐述日本的外交理念，从大局出发，谋求日中双方间的一致。

（四）围绕第三国条款的攻防战

日中条约谈判最大的争议点，当然就是如何处理反霸权条款。正如前述，三木政府曾向中国提交以"宫泽四原则"为基础的日方第二次草案。福田政府的方针是以这份草案为基础推进和谈。但中方除了催促福田首相早做缔约决断外，对增加第三国条款及在反霸权条款的表述上能够做多大程度的妥协，没有表示明确意见。1977年（昭和五十二年）9月，鸠山外相与中国外交部长黄华在纽约举行了日中外长会谈，但未能产生具体成果。②

在中方情况不明朗的形势下，日本驻中国大使佐藤正二展开了积极行动。12月，佐藤在临时归国之前，与外交部副部长韩念龙、中日友协会长廖承志进行会谈，试探了中方对于反霸权条款的态度。回国后的12月17日，佐藤就中方的反应向福田做了汇报，并建议应重启条约谈判。③

回到北京后，1978年1月8日，佐藤再次与廖承志进行会谈。佐藤传达了福田缔约的决心，并亲手递交了一份记载着双方就反霸权条款取得一致后日方对外说明时具体内容的"便条"。便条中，日本坦率地表明了所谓反霸权条款并不针对特定第三国的己方立场。提交便条是为了与中方相互确认双方在反霸权条款上的不同认识。④

但中方对佐藤大使的这一试探迟迟未作回复，而是在2月上旬通过

---

① 古泽健一《昭和秘史 日中和平友好条约》（讲谈社，1988年）第193页。

② 外务省《日中和平友好条约谈判今后的推进方式（案）》（1977年10月20日）外情（2013—770—1）。

③ 亚洲局长《佐藤驻中国大使向福田总理的汇报会》（1978年12月17日）外情（2013—771—10）。

④ 驻中国大使馆《与廖承志会长的会谈记录》（1978年1月8日）外情（2013—771—19）。

非正式渠道向园田外相转达了廖承志的意见，即批评佐藤大使的"便条"是"为了架空条约"，表示"希望园田大臣访华，快刀斩乱麻地解决问题"①。中方的想法很明确，就是避开很可能长期化的事务局级的讨论，通过高层首脑会谈一举缔结条约。

接到廖承志的意见后，园田立即向福田汇报，并表示自己愿意访问中国。福田笔记上记录了以下的"园田意见"："无须对中唯唯诺诺。我方虽需耐心谨慎，但长期拖延恐国内生变。应以园田访中决定是 go（行）或 no（否）。"②

但福田对指派园田访华仍是态度谨慎。认为在对第三国条款的中方态度尚不明朗的情况下，想象在友好气氛中开始会谈问题便能迎刃而解，是过于乐观。因此，福田没有同意园田访华，而是指示佐藤大使继续就第三国条款进行事务局级讨论。

中国方面，2 月到 3 月间中国共产党第五届全国人民代表大会召开。会上提出了发展国民经济的 10 年计划，其中包含为了实现现代化，从发达国家大规模引进生产设施的内容。中国明确将经济发展作为国家目标，这使得引进日本经济援助的必要性大大增加。③

人大闭幕后，中方出现了新的动向，突然主动邀请公明党高层访华。④ 日中邦交正常化以来，公明党一直扮演着中国共产党与自民党政权间联络人的角色。自民党内派阀激烈对立，小坂善太郎、藤山爱一郎等亲中派难以成为值得信赖的传话人，于是公明党成为连接自民党与中国的斡旋者（honest broker）。

福田委托公明党书记长矢野绚也以安倍官房长官的名义，向中方传达以下两点⑤：

---

① 中国课长《廖承志向园田大臣的联络》（1978 年 2 月 8 日）外情（2013—773—4）。
② 《福田笔记（1977 年 11 月—1978 年 2 月）》。
③ 江藤名保子《中国的对外战略与日中和平友好条约》《国际政治》152 号（2008 年）第 41 页。
④ 中国课《竹入委员长及矢野书记长对福田总理的访问（笔记）》（1978 年 3 月 8 日）外情（2013—773—26）。
⑤ 《日方的立场表明》（日期不详）外情（2013—776—16）。

一、日方满怀热忱，希望尽早签订日中和平友好条约；

二、希望中方理解日方与所有国家推进和平友好的外交基本立场。

其中福田尤其重视中方对第二点的反应，希望以此判断中方在第三国条款上将采取的对应。

3月14日，邓小平与矢野会谈，以书面形式传达了中方的见解。值得注意的是其中的第三条，包含着反霸权条款并不意味着日中两国应采取共同行动，"两国有着各自独立的外交政策。双方都不应干涉对方"的内容。[1] 归国后，矢野向福田转达了中方的意见，并认为四条原则中第三条才是中方的"真意"。福田的感觉是中方对第三国条款的态度有一定的弹性。[2]

三 日中和平友好条约的签订

（一）党内协调

3月22日晚，福田召集安倍官房长官、园田外相及外务省高层，在外务省饭仓会馆召开会议，商议日中谈判的时期与方针。

作为会议的准备工作，外务省亚洲局及条约局联合制定了《重开谈判基本方针（案）》。"日本坚持致力于同所有国家维持友好关系的基本立场"这一全方位和平外交的理念，被置于基本态度的第一条中。关于反霸权条款，基本接受了中方的提案。会上对外务省事先拟定的第三国条款的表述方式也进行了讨论，福田同意在谈判中使用"本条约的缔结，并不针对第三国"这一表述。

外务省最初计划3月结束对自民党内的说明，经过在北京的事务级磋商后，派遣园田外相4月9日访华。但是自民党内的协调陷入僵局。最大的问题，是条约谨慎派的存在。他们以自民党的亚洲问题研究会为中

---

[1] 佐藤驻中国大使致外务大臣电信（1978年3月14日）外情（2013—773—31）。
[2] 《福田笔记（1978年2月—5月）》。

心，虽然并不直接反对缔约，但在反霸权条款的处理及日苏关系等具体问题上纠缠不休。亲台派的藏相坊秀男在日记中写道，"关于日中和平友好条约，A研（亚洲问题研究会）成员讨论。急于缔结此极度危险之条约，派遣园田外相访华，对此吾等断然反对"，字里行间显示出对急于访华的园田外相极不信任。

福田观察前一年秋天以来的党内动向，认为坚持到底反对缔约的将会是少数，只要假以时日最终能达成一致。急于进入谈判，反而会让事态变得复杂。此时他脑海里闪现的，是当年日中邦交正常化之际，田中首相和大平外相在党内协调尚不充分的情况下访华，使得自民党内围绕中国问题出现激烈对立的那段记忆。秋天即将迎来自民党总裁选举，不能重蹈覆辙，出现《日中航空协定》时那样党内抗争与对中国政策联动的情况。

（二）美国与日中关系

由于自民党内条约谨慎派的阻挠以及"钓鱼岛渔船事件"，福田未能在早已预定的美国访问之前解决中国问题，只能先期动身访美。5月3日，正如上一章所述，福田访问华盛顿，与卡特总统进行了第二次日美首脑会谈。会谈中，日中条约并没有成为主要议题，卡特总统在会谈中表示"反霸权条款对我们毫无影响"。

卡特政府国家安全事务助理布热津斯基在回忆录中提到，他在从北京回美的途中访问东京，曾对福田首相说"美国对追加（反霸权）条款没有异议，希望你们尽快缔约"，他认为这对日本后来的行动产生了影响。[1]

但日中谈判最大的拦路虎是来自党内的反对意见，美国无法对日本的政策产生决定性影响。[2] 5月23日在首相官邸与布热津斯基会谈时福田强调的，是日中和平友好条约的签订并不意味着日本加入反苏同盟这一

---

[1] Zbigniew Brzezinski, *Power and Principles* (New York: Farrar, Straus & Giroux, 1983), p.218 [绪方贞子著、添谷芳秀译《战后日中、美中关系》（东京大学出版会，1992年）第166页］。

[2] 绪方贞子《战后日中、美中关系》（东京大学出版会，1992年）第166页。

"全方位和平外交"的理念。福田表示,日中谈判最为重要的问题是反霸权条款,日本只是作为原则性阐述而接受,不希望这一条款指向具体的第三国。① 会后,福田对是否正确地传达了自己的意图心有不安,还专门指示秘书官小和田向布热津斯基去做追加说明。②

综上,在日中谈判中美国的作用十分有限。但是美国对日中条约的支持态度,在说服自民党内的条约谨慎派时,起到了间接作用。5月16日,在自民党总务会上决定重启一度中断的党内协调,福田将谨慎派的滩尾弘吉请到首相官邸,再次恳请他们配合。

21日,福田在自己家中,与外相园田、官房长官安倍共同确认了尽快重开日中谈判的方针。之后政府首脑展开积极行动巩固党内共识,先后召开政府执政党首脑会议和自民党五役会议(22日)、外交调查会及外交部会联合会议(23—24日)、政调审议会(24日)、总务恳谈会(25日)。③ 在26日的党总务会上通过了题为《关于日中和平友好条约谈判重开的对应方针》的决议,党内调整终于告一段落。

党内审议颇为顺利,一则因为福田给了条约谨慎派充分的表明意见的机会,二则因为滩尾等谨慎派的大佬改变态度转而支持福田。另一个对条约谨慎派产生影响的,是围绕自民党总裁选举的党内形势。这一年秋天将迎来首次自民党总裁预选,各派阀都在加紧准备。大平派5月10日召开同派高层与"水曜会"(年轻议员的学习会)的联合会议,决定推选大平参加总裁选举。因此,福田派以及政治上与福田关系紧密的条约谨慎派开始担心,如果继续保持强硬态度阻挠日中谈判,将会削弱福田政府的威信,对福田参选总裁不利。④

---

① Memcon: Fukuda, Brzezinski, et. al., May 23, 1978, JA00392, *Japan and the United States: Diplomatic, Security, and Economic Relations, 1977 – 1992*, Digital National Security Archives.
② 小和田恒氏谈(2016年7月4日)。
③ 园田外务大臣致佐藤驻中国大使电信,632号(1978年5月26日)外情(2013—777—7)。
④ 古泽健一《昭和秘史 日中和平友好条约》(讲谈社,1988年)第174页。大平正芳回忆录刊行会编《大平正芳回忆录》(鹿岛出版会,1983年)第452—454页。绪方贞子《战后日中、美中关系》(东京大学出版会,1992年)第158—159页。

（三）日中友好条约谈判

在北京的佐藤大使向中国政府提出重开和平友好条约谈判的请求，是在 5 月 31 日。外务省的判断是，通过此前的谈判，双方已经将各自围绕反霸权问题的意见表达得淋漓尽致了。因此，计划在 7 月上旬重新启动事务局级的讨论，之后迅速召开外长会谈，取得最后的政治解决。[1]

但是，福田迟迟不批准园田访华。他认为如果一开始就以外相访华为前提会陷入中国的节奏中，因此指示在事务局级磋商中尽可能地完善之后再举办外长会谈。[2] 福田将缔约后的党内说明及国会批准都纳入视野，指示事务当局对反霸权条款的讨论要精确到细节。这一方式，与日中邦交正常化时通过领导人的政治决断正面突破，形成了鲜明的对比。

由于 4 月以后中越关系紧张，外交部副部长韩念龙又因病休养，日本也需要准备波恩峰会，日中谈判的重启最终拖到了 7 月下旬。[3]

7 月 21 日，事务局级磋商在北京中国外交部的 3 号迎宾馆正式开始。最初预计两三次会谈就可结束的磋商，由于佐藤大使和韩念龙副部长"堂堂正正而又极为精细的争论"[4]，到 8 月 10 日为止连日进行了 15 次，会谈的内容被逐字逐句记录下来，每天通过外交电信直接发至东京的首相官邸。[5]

谈判最大的争议点，仍然是围绕着第三国条款。日方提出"本条约并不针对特定第三国"的文案，此外，希望将反对谋求霸权的对象地区，从中方主张的"亚洲和太平洋地区"，扩大为"亚洲和太平洋地区，或其他任何地区"，让霸权的所指变得更加一般化。[6]

---

[1] 《日中条约谈判安排（案）》（1978 年 6 月 14 日）外情（2013—780—7）。
[2] 古泽健一《昭和秘史 日中和平友好条约》（讲谈社，1988 年）第 187—188 页。
[3] 杉本信行《大地的咆哮》（PHP 研究所，2006 年）第 64 页。
[4] 《朝日新闻》1978 年 8 月 13 日。
[5] 杉本信行《大地的咆哮》（PHP 研究所，2006 年）第 65—66 页。
[6] 永野信利《天皇与邓小平的握手》（行政问题研究所，1983 年）第 252—253 页。

第四部

但是中方强烈反驳了第三国条款，要求日方删除，谈判陷入僵局。中方态度出现变化，是在 7 月 31 日的第 7 次会谈中。中方提出将表述修改为"本条约不针对不谋求霸权的第三国"。

日方也提出了新的修改方案，即"本条约不影响缔约各方与第三国关系的立场"。新条款由秘书官小和田草拟，得到福田同意后交付外务省，在外务审议官高岛益郎手中最后定型。①

北京的事务局级磋商进入最终阶段，福田也需要决定派遣外相访华了。8 月 6 日傍晚，福田在疗养地箱根王子酒店与外务省相关者进行会谈。在会谈前，福田单独召见园田，批准他访华。

福田对日中谈判的日方原则，做了如下指示：

一、坚决贯彻日本谋求与所有国家的和平友好关系这一外交基本立场（全方位和平外交）；

二、关于反霸权条款，尤其是所谓第三国条款，需要毫无疑义地明确表明上述基本立场。不进行所谓模糊解决；

三、本条约缔约后，日中关系需确保绝不进行干涉对方内政的行为；

四、关于中苏同盟条约（指《中苏友好同盟互助条约》），该条约是以日本为对象的条约，需要妥善处理，令其与本条约的缔约不至于产生矛盾。②

一直以来对日中谈判表示出极大热情的园田，对福田迟迟不批准自己访华颇有怨言。据他自己的回顾，在箱根与福田会面的这一天，他"已经做好了准备，如果还不批准便辞去职务"。③

---

① 绪方贞子《战后日中、美中关系》（东京大学出版会，1992 年）第 160 页。外务大臣致佐藤驻中国大使电信，1017 号（日期不详）外情（2013—784—11）。小和田恒氏谈（2016 年 7 月 4 日）。

② 《福田笔记（1978 年 8 月—10 月）》。福田《回顾九十年》中也引用了这一内容，因编辑时有补充，内容略有不同。

③ 园田直《日本外交转换的尝试》[园田直《世界 日本 爱》（第三政经研究会，1981 年）]第 182 页。

而福田则是将视野扩大到缔约以后,仔细判断条约对日苏关系及国内政治可能产生的影响,谨慎地寻找着园田的访华时机。正因如此,福田严禁园田干涉第三国条款的字句,严格要求他仅应对领土问题或中苏问题等政治问题。[1]

在福田批准园田访华的同时,中方也下了缔约的决心。根据当时参与日中谈判的张香山的回顾,中方在8月1日连夜召开了中共中央政治局常务委员会。会上韩念龙副部长汇报说"日方未显示出中断谈判的迹象",并表示双方正在考虑新的对策。对此,邓小平做了"代表团应更加努力,争取最终缔约"的指示。[2]

不管怎样,在8月8日园田外相抵达北京后,日中和平友好条约谈判迅速向缔约发展。第二天的外长会谈中,中方表示接受日方的提案。

8月12日,《日中和平友好条约》在北京签订。福田在首相官邸,通过电视屏幕观看了缔约仪式的盛况。仪式结束后福田起身向周围的记者表达了他此时此刻的感想,那就是日中关系的吊桥终于变成了铁桥。[3]

正式签订的《日中和平友好条约》由5项条款构成。在第一条中约定"发展两国间持久的和平友好关系"。在第二条中宣布两国"不应在亚洲和太平洋地区或其他任何地区谋求霸权",并且"反对任何其他国家或国家集团建立这种霸权的努力"。第三条表示将促进经济及文化关系的发展。第四条为第三国条款。第五条是关于条约效力和终止的规定。[4]

福田的外交领导是步履坚实的。他没有急于通过政治决断解决问题,一面维持与苏联的关系不恶化,一面寻求在自民党内的支持,终于实现了《日中和平友好条约》的缔约,解决了日中邦交正常化以来最大的外交课题。日中关系由此进入了新的篇章。

---

[1] 永野信利《天皇与邓小平的握手》(行政问题研究所,1983年)第266—271页。
[2] 张香山著、铃木英司译《日中关系之管见与见证》(三和书籍,2002年)第154页。
[3] 永野信利《天皇与邓小平的握手》(行政问题研究所,1983年)第293—294页。
[4] 绪方贞子《战后日中、美中关系》(东京大学出版会,1992年)第161—162页。

第四部

四 未完成的全方位和平外交

(一) 中近东各国的访问

福田在亲眼确认《日中和平友好条约》缔约完成后,于1978年(昭和五十三年)9月5日起,赴中近东各国进行了为期10天的访问。日本首相访问中近东各国,福田是第一人。

正如上一章所述,石油危机后,在各产油国资源民族主义高涨的形势下,能源的稳定供给变得困难。福田在石油危机后,对田中政府对阿拉伯外交持批评态度。他认为作为向日本供给能源的重地,日本与中东地区之间的关系需要得到实质性加强。①

对于福田而言,对中近东地区的访问,在同时对应南北问题和东西问题这两个问题的意义上,是其全方位和平外交的重要一环。

石油危机后南北问题凸显,在这一脉络中思考日本与中东地区关系的福田,在访问中积极承诺增加经济援助及提供技术。产油国属于典型的单一资源经济,当时正为了对应后石油时代而加强重化学工业的建设。日本政府希望按照其期待加强支援,争取在结果上保证对日本稳定的石油供给。②

为了与中东各国之间的关系不停留于经济援助数量上的扩大,福田政府除了增加与伊朗及沙特的文化交流活动的预算外,还计划在福田访问沙特期间,通过当地媒体举办关于日本的宣传活动。当时的报纸是这样报道的:"作为出访的出发点,(福田)显示出追寻丝绸之路的历史记忆,促进中断已久的日本—中东间的学术、文化交流,增强社会的相互理解,通过'心与心的碰触'构建友好关系的无限热情。"③

---

① 福田赳夫《回顾九十年》(岩波书店,1995年)第286页。关于石油危机后田中政府对中东政策,请参照白鸟润一郎《"经济大国"日本的外交》(千仓书房,2015年)第三章。

② 外务省中近东非洲局《总理的中近东访问(未定稿)(访问的意义、目的、访问各国的定位、会谈主题、主要未定事项等)》(1978年7月)战后外交记录《福田首相中近东诸国访问》(管理号2014—5061)外务省外交史料馆。

③ 《在沙特的宣传计划》战后外交记录《福田首相中近东诸国访问》(管理号2015—0043)外务省外交史料馆。《朝日新闻》1978年9月4日。

第十六章 全方位和平外交

在福田结束访问之后，政府派遣了以国立民族学博物馆馆长梅棹忠夫为团长的"中东文化使节团"，希望为制定与中东各国文化交流的长期基本构想提供参考。访问归来的梅棹向政府建议设立国立中东研究所，以及在埃及开罗设立日本阿拉伯研究所。①

另外，福田的中近东地区访问，也有着对东西问题的战略性对应的一面。在日中关系取得进展后，福田外交留下的最大课题便是日苏关系。当时，沙特、伊朗等国都对苏联有着很强的戒备心理。福田对他们的态度显示出理解，同时也觉得有必要传达"日本在任何地区，都将支持防患纷争于未然的努力"这一全方位和平外交理念，显示日本外交的基本立场。②

这一中近东地区访问的构想，无疑是想复制前一年东南亚访问时"福田主义"的成功。实际上，外务省中近东非洲局制作的《总理中东各国访问（案）》也明确指出："东盟访问取得成功的现在，正是计划总理访问中近东地区的绝佳机会。"③通过文化交流促进相互理解，形成国家间关系的良好基础，这一方式在面对异文化时十分有效，"福田主义"作为先驱性的尝试值得瞩目。

但以与中近东各国间"心与心的碰触"为目标的中东版福田主义，其实现困难重重。首先中近东地区并没有东盟那样的地区一体性，产油国与非产油国之间的经济差距也极为悬殊。福田当初计划访问的，是伊朗、沙特，还有地区大国埃及3个国家。后来得知在预定访问期间，将在戴维营召开美国、以色列、埃及3国参加的中东和平会议，于是放弃了埃及，追加了阿联酋和巴林两国。④

此外在伊朗，巴列维国王（Mohammad Rezā Shāh Pahlavi）推进的现代化政策失败，国内各地民众严重不满，反体制运动指导下的游行示威和罢工频发。在政治形势不安之中，福田的访问虽然平安无事，但之后

---

① 《读卖新闻》1978年10月14日、11月12日。
② 《朝日新闻》1978年9月4日。
③ 中近东非洲局《总理的中近东访问（案）》（1978年4月）战后外交记录《福田首相中近东诸国访问》（管理号2014—5057）外务省外交史料馆。
④ 《朝日新闻》1978年8月15日。

不到4个月，1979年1月，巴列维逃亡国外，伊朗在霍梅尼（Rūhollāh Khomeini）的领导下建立了伊斯兰共和国。尽管中东地区局势动荡，但福田的访问，既是为了保证石油危机之后的能源稳定供应，同时也是摸索与异文化之间相互理解的一次尝试。

（二）对苏外交的摸索

从中近东出访归来的福田，于9月18日召集了临时国会。福田在信念表明演说中，从将由国会批准承认的《日中和平友好条约》缔约说起，汇报"长年的各种外交未处理问题"终于告一段落，并展望为了世界和平与繁荣发挥积极作用的新的日本外交。

福田从出访前就开始准备这次演讲的讲稿。根据官房长官安倍所言，讲稿几乎全由福田本人撰写。① 当时任内阁调查员的楠田实，在给福田的便条中建议："福田内阁组阁以来1年8个月，处理了国内外诸多未解决的问题。在这一总理演说中，应该总结迄今的政治成果，并在此基础上展示出我国今后前进的方向。"②

福田在施政方针演说中，在强调政府外交成果的基础上，展示了对新时代日本外交的展望。即作为成果，介绍了日中和平友好条约、中东问题、对东盟外交、日韩大陆架协定、峰会外交、日美关系等方面的收获，同时作为国际经济方面的课题，表示今后将敦促美元保持稳定，并为实现7%的实际经济增长而努力。③

福田的施政方针演说，表现出在外交方面取得了扎实成果的自负，同时也表明了自己将继续担当日本新外交掌舵人的决心。

福田"全方位和平外交"的遗留问题是日苏关系。正如前述，在推进《日中和平友好条约》缔约之际，福田最为担心的是苏联方面的阻力。在自民党内的说服工作正在进行的1978年5月19日，松前重义向福田传达了苏联的对日基本态度：

---

① 柳川卓也《福田赳夫语录》（政经社，1984年）第248—249页。
② 《福田内阁1年8个月》《楠田实资料》（2E—1—55）。
③ 柳川卓也《福田赳夫语录》（政经社，1984年）第247页。《第85回国会众议院本会议第2号》1978年9月20日。

一、领土问题（国境的划定）在条约谈判阶段进行；

二、日中条约无须着急。但若日本要推进也无他法，不会撤回大使；

三、若积极推进日苏条约，（反）霸权条款不予计较。[①]

由此，福田了解到如果日本对日苏条约态度"积极"，即使签订日中条约，苏联也不会采取报复措施。果然，8月12日《日中和平友好条约》签订后，苏联对日本提出了谴责，但没有进一步展开具体措施。外务省认为苏联的这一反应，是虽对日中条约感到不快，但愿意观望日本今后动向的审慎态度，给予了正面评价。[②]

这一时期，美国对苏联的态度逐渐变得强硬，外务省重视这一情况，在对苏外交上尤为谨慎。而苏联方面提案的《日苏睦邻合作条约》，意味着搁置领土问题，日方无法以此为前提进行谈判。

但即便如此，福田也没有完全放弃对苏外交。9月7日，还在中近东地区访问途中的福田提出日本政府可以在《日苏长期经济合作协定》的缔约上显示出积极态度，作为交换条件，邀请总书记勃列日涅夫（Leonid Brezhnev）等苏联领导人访日。[③] 此前，由于长期经济合作协定中未提及领土问题，日本政府一直坚持不予考虑的态度。但此时，福田似乎在考虑改变政策。

福田的发言与通过松前重义进行的对苏谈判紧密相连。9月19日，按照1年前的约定，松前访问莫斯科，与柯西金进行第二次会谈。松前将在请示福田意见的基础上事先准备好的《日本与苏联间国家关系的基本原则》交给苏方。这一方案，是参考苏联方面的《日苏睦邻合作条约》，加入了尊重领土与主权、不干涉内政、和平共处等两国应该遵循的原则后的文本，包含睦邻合作条约中没有的"解决两国第二次世界大战期间遗留的各种未决问题，继续进行包括国境线等广泛问题的和平条约

[①] 《福田笔记（1978年5月—8月）》。
[②] 《福田笔记（1978年8月—10月）》。
[③] 《朝日新闻》1978年9月7日（晚报）。

的缔约谈判"等内容。这表面上是松前的"个人方案",但据松前回顾,方案来自首相官邸。①

福田的目的是想通过日苏经济协定,实现苏联领导人的访日。在日苏谈判的过程中,争取苏方对领土问题态度的软化。福田不是把领土问题作为谈判的条件,而是认为等到日苏间形成信赖关系后领土问题更容易交涉,即采取"结果论"而非"前提论"的立场。②

但苏联对领土问题的态度十分强硬。柯西金的回答是,经过政治局讨论,有着"未决问题""国境线"等表述的松前方案无法缔约,如果删除这一部分,则可以同意日方的提案。松前对苏联的态度十分不满,批评说这是自1973年以来《日苏联合声明》的倒退,之后会谈未取得任何进展。③

10月17日,归国的松前向福田汇报了谈判的情况,他还告诉福田"苏联非常担心"中国的劳动力和资源与日本的技术相结合,并且苏方认为日本"无视睦邻条约极不礼貌"④。由于自民党总裁选举在即,难以展开进一步行动,福田决定在总裁选举之后再考虑对苏谈判一事。

在《日中和平友好条约》缔约后,福田也反复强调日中关系的发展并不意味着日本加入对苏包围圈。9月临时国会上提交的《日中和平友好条约》在众参两院通过,10月20日的内阁审议决定了批准的程序。⑤

两天后的10月22日,邓小平为参加条约批准书交换仪式访日。福田与邓小平在总理官邸举行会谈,提到了日本外交的基本方针。福田向各国领导人阐述日本的外交理念有高度的一贯性。即,日本不做军事大国,愿意通过经济力量为实现世界的和平与稳定而努力。福田还重申了日本对世界上的任何国家均不持敌视态度这一"全方位和平外交"的

---

① 松前重义《我的民间外交20年》(日本对外文化协会,1986年)第154—155页。松前重义《我的昭和史》(朝日新闻社,1987年)第248页。
② 松前重义《我的昭和史》(朝日新闻社,1987年)第252页。
③ 松前重义《我的昭和史》(朝日新闻社,1987年)第249—250页。
④ 《福田笔记(1978年10月—12月)》。
⑤ 李恩民《〈日中和平友好条约〉谈判的政治过程》(御茶水书房,2005年)第195—196页。

理念。①

在第二天的会谈中，福田称赞邓小平的本次访日是"日中历史上的大事"，对于中国正在推进的"四个现代化"，表示军事现代化方面因为宪法的限制无法援助，但其他方面日本愿意积极援助。福田指出，中国实现"四个现代化"，不仅有助于亚洲的和平与发展，对世界的稳定与和平也具有重要意义，衷心祝愿中国能够取得成功。

鉴于中苏关系在《日中和平友好条约》的缔约过程中成为双方重大的争议点，福田强调双方应该互不干涉内政。即，为了增进经济合作及相互交流、相互信赖，两国应该互不干涉内政，真心交往。福田之所以在此提请中国注意，是希望在今后的对苏外交中减少中国的牵制，获得更大的空间。②邓小平对福田的姿态表示理解。

经历了"文化大革命"的中国把经济建设作为新的目标，对日战略的侧重点也明显发生了变化。邓小平重视的不是日本政府的对苏态度，而是判断中国能够从日本引进哪些技术。结束会谈后，邓小平前往位于千叶县的新日铁君津制铁所参观，随后乘坐新干线奔赴关西地区，参观了松下电器公司茨木工厂。之后的邓小平，带领中国走上改革开放的道路。

福田计划在11月的总裁选举获胜后，重新着手推动日苏谈判。11月1日，自民党总裁预选日期公布，第二天在赤坂王子酒店召开了"福田赳夫推荐大会"，会上分发的为选举参与者准备的《预想问题集》中，关于日苏关系有这样一段话：

> 领土问题、经济交流等横亘于日苏之间的问题，双方都非常了解。因此，为了寻求新的发展，在所有问题上回到初心、从头开始谈判，也是一种方法。为此，我期待并欢迎苏联领导人访日。此外，

---

① 中国课《福田总理邓副总理会谈记录（第一次）》（1978年10月23日）"承认其历史资料价值的公开文书（复印件）"（管理号2004—1022—3）外务省外交史料馆。

② 中国课《福田总理邓副总理会谈记录（第二次）》（1978年10月25日）"承认其历史资料价值的公开文书（复印件）"（管理号2004—1022—4）外务省外交史料馆。

第四部

我自己也愿意不拘外交礼节，访问苏联。①

提到了自己访苏的可能性，显示出福田在推进日苏关系上的强烈愿望。但是，由于福田在 11 月 26 日的总裁预选上失败了，他的访苏也变成了泡影。

历史无法假设。但如果福田再次当选，又会展开怎样的全方位和平外交呢？这令人浮想联翩。后来，福田表示他对通过松前进行对苏接触抱有最大的期待，并对其夭折表达了深深的遗憾。"如果与苏对话能够继续，也许日苏间的问题，早已以某种形式得到解决了吧。"②

虽然如此，但不可否认在当时的国际形势下，福田推进对苏谈判的余地非常有限。在东南亚，与苏联关系密切的越南在 1978 年 12 月全面侵略柬埔寨，第二年 2 月中国对越自卫反击战争爆发。日本一面把中南半岛的形势看在眼里，一面本着"福田主义"的原则，计划重启对越援助。然而因为美国的对苏态度变得强硬，重启也不得不再次推迟。③ 另外，伴随着执政的长期化，勃列日涅夫的领导体制也逐步失去弹性，更多地采取强硬路线。苏联对埃塞俄比亚、也门民主人民共和国等第三世界国家的军事介入，2 月伊朗革命后反美伊斯兰革命政权的诞生，南美尼加拉瓜亲苏政权的成立等，国际形势瞬息万变，卡特政府也加强了对苏联的对抗态度，被称为"新冷战"的新的东西对立格局逐渐变得明确。④

福田认为，为了缓和东西对立，从本质上来说需要有一个强有力的美国，而日本应该对此予以协助。⑤ 在美国对苏采取强硬对抗政策的形势下，即使是外交成果颇丰的福田，想要在对苏外交上取得进展，恐怕也不容易。

---

① 《围绕总裁公选的问答集》《楠田实资料》（2E—1—71）。《读卖新闻》1978 年 11 月 3 日。若月秀和《"全方位外交"的时代》（日本经济评论社，2006 年）第 207 页。
② 松前重义《我的昭和史》（朝日新闻社，1987 年）第 250 页。
③ 宫城大藏编著《战后日本的亚洲外交》（密涅瓦书房，2015 年）第 168—170 页。
④ 佐佐木卓也《冷战》（有斐阁，2011 年）第 137 页。
⑤ 《福田笔记（1978 年 8 月—10 月）》。

福田把苏联在扩张政策下陷入外交孤立视为日本的机会，与之相反，在他之后上台的大平正芳政府则在对苏政策上极为谨慎。在日中关系方面，大平继承了福田的路线，为了支援中国的现代化建设，批准向中国提供日元贷款，与国际社会步调一致，积极参与到中国的发展进程中。但是福田显示出强烈意愿的日苏关系，则成为日本外交未完的课题。

第十七章

"大福对决"

前　言

　　福田政府虽然起步之初支持率较低，但依靠福田一贯的稳健风格逐步积累政策成果，支持率一路攀升，这一点可谓异类。福田在经济上稳定了物价，内政上实现了成田机场的通航，外交上也为后世留下了重要的遗产，如"福田主义"、《日中和平友好条约》等。[①]

　　福田政权能够取得这些成果，与福田执掌内阁，大平处理党务这一"大福体制"密切相关。当时国会保守派与革新派势力不相上下，长期处于抗争状态，政权运营步步艰难。但在福田与大平的紧密配合下，"角福之战"后陷于反反复复的内部斗争与混乱中的自民党政权，终于迎来了"小康"时代。但好景不长，福田与大平的关系也逐步走向了对立。"大福对决"使得自民党内的派系斗争达到了顶点。

　　本章聚焦福田政府后期到大平政府这一时期，梳理福田与大平走向对决的历程。"大福对决"肇始于1978年（昭和五十三年）的自民党总裁预选，经过"40日抗争""突发解散"，一直持续到众议院选举中大平的突然去世。在斗争中田中给予了大平全方位的支持，因此这一斗争也带有"角福战争"延长赛的性质，被称为"第二次角福战争"。

　　对于20世纪70年代的政治史，论者的注意力多在于争夺首相职位的权力斗争，而对"大福对决"中福田的政治理念关注不够。

[①]　山岸一平《昭和后期的10名首相》（日本经济新闻出版社，2008年）第155页。

第十七章 "大福对决"

正如前文所述，福田一贯挑战的是在政界蔓延的金权政治风潮。他认为，伴随高速经济增长出现的"昭和元禄"风潮催生了一种弊病，即对政治领导人的评价，不是取决于其国家观念、治国韬略，而是重视其筹措资金的能力。因此，在田中角荣因洛克希德事件被逮捕后，福田再次呼吁应脱离金权政治、解散派阀，在执政期间大力推进自民党的党内改革。

福田的这一理念，大平也应该是赞同的。大平的最大愿望是通过与福田的合作，实现保守势力的重新集结。因此作为干事长，全面投入福田倡导的党内改革之中。但田中角荣对这一"大福体制"抱有强烈的危机感。为了在洛克希德事件的审判中立场更为有利，也为了日后自己的东山再起，他大力鼓动大平，志在推翻福田。

从福田的角度看，与大平及其身后的田中的斗争，不是简单的派系之争，而是旨在实现合理政治的理智派，与肆意操纵无节制的金权及派阀政治的党内集团之间的战争。[①] 正因为不仅仅是权力之争，而更是理念之争，因此这一对立也更为尖锐和激烈。

一 总裁预选

（一）"大福体制"的结束

"大福体制"是福田政府稳定的核心，但在众议院解散问题上，开始出现细微的裂纹。福田最早提及解散众议院，是在1977年（昭和五十二年）夏参议院选举之时。在前一年年底举行的众议院总选举中自民党没能达到单独过半数，出现保守派与革新派势力伯仲的局面。福田希望尽早解散众议院并在新的总选举中获胜，以稳定自民党的政治基础。但是大平担心福田政权长期化，以距上一次总选举不到半年为由，提出了反对。

之后福田也曾多次考虑解散众议院，但大平一直持反对态度。结果

[①] 牧原出《权力转移》（NHK Books，2013年）第50—51页。

是在福田下决心解散之前，就迎来了1978年11月的自民党总裁选举。①

每逢总裁选举，党内派阀之间行贿收买成风，四处充斥来源不明的资金，福田对这种情况深恶痛绝，强烈意识到应该推进制度改革。就任首相不久前福田曾在杂志上发表论文，主张所谓资金来源问题、洛克希德事件，都是从深深浸透于自民党内部的"扭曲"与"松懈"中生长出来的毒苗，因此在追寻事件真相的同时，有必要以"解散全党，从零出发"的决心，着手"一切人事的刷新，并以此为杠杆，着手消除派阀等一直未能实现的组织改革"②。

福田把总裁预选制度的导入作为这一党务改革的重头戏。这一制度设想，源自三木政权之时。即由缴纳党费满2年的全体党员参加，首先以各都道府县为单位举行"总裁候选人决定选举"（预选），得票最高的2人参加由国会议员投票的"总裁决定选举"（本选举）。③ 福田认为，将总裁选举的选举权扩大到全体党员，可以让选举党首时曾被嘲讽是"Nikka""Suntory"④ 的收买工作变得困难。⑤

福田希望通过总裁预选制的导入，实现总裁选举的去金权、去派阀化，迈出自民党现代化的第一步。福田在笔记中记下了自己的决心："今后的课题是处理总裁选举，实现党的稳定。是政党史上破天荒的壮举，也是困难的工作。是本应如此的成果。"⑥

虽然福田认为全体党员参加就能避免收买行为，但是其他派阀领导的想法与之大相径庭。随着有预选投票权的党员入党期限的临近，首先是中曾根派，接着田中派都开始为了征集、拉拢党员及党友而奔走。自民党党员在1977年年末只有约40万人，但到了第二年2月末迅速增加到

---

① 清宫龙《福田政府的714日》（行政问题研究所，1984年）第222—228页。
② 福田赳夫《现在应该站在重新出发的第一线》《中央公论》92卷1号（1977年）。
③ 中北浩尔《自民党政权的变容》（NHK出版，2014年）第84—85页。
④ 译者注：以威士忌酒的品牌戏称议员受贿情况。Nikka、Suntory是威士忌酒的品牌，当时受贿成风，有投票权的议员同时接受两名候选人贿赂称为Nikka（ni是日语中2的发音），接受三个人的贿赂称为Suntory（日语中sun与3的发音相同）。此外，接受所有候选人的贿赂被称为Old Parr（日语中old前面部分的发音与all相同）。
⑤ 清宫龙《福田政府的714日》（行政问题研究所，1984年）第257页。
⑥ 《福田笔记（1978年5月—8月）》。

第十七章 "大福对决"

152 万人，其中有不少是"有名无人"或是由派阀垫付党费的虚增人员。与当初的设想正相反，总裁预选让派阀斗争变得更加激烈。①

党员及党友拉拢战日益激化，表面上一度解散的各派阀也纷纷复活。对此极为担忧的福田，在国会闭幕的 6 月 17 日晨与干事长大平会谈，双方就不解散众议院与举行总裁预选的 11 月之前不开展竞选活动达成了一致。媒体称之为"政治休战"。在这一天的记者见面会上，福田再次强调了"大福一心"，表示总裁与干事长将携手贯彻国会闭会后返回各自选区的议员不得开展先期竞选活动的原则。福田自己忠实地执行了这一原则，严禁身边的亲信议员以派阀为单位开展竞选活动，直到预选临近。②

福田认为"大福一心"体制不可破废。他担心大平表明参加总裁选举的意愿后，"大角联合"与自己之间的"角福战争"再燃战火，党务运营陷入困难。因此，他以内阁调查员伊藤昌哉为联络人，与大平之间保持着紧密的联系。③

福田的计划应该是，有力候选人大平和他都不开展预选的竞选活动，到 11 月上旬宣布大福继续合作，让总裁选举变成一次事实上的信任投票。福田在笔记上留下了"'杀身成仁'，相互本着此种精神"的语句。他期待一直以来支持着他的大平能从全局出发，最终宣布不参加竞选。④

大平也应该并不是一开始就有参加总裁预选的意向的。虽然具体时期不明，但福田是把大平当作自己的接班人的。日后，福田曾明确表示"虽然并没有什么'大福密约'，但在我心里是坚定认为自己之后就应该是大平君的"⑤。福田政府迄今没有大的失误，外交上也成果颇丰，作为干事长一直支持着福田内阁的大平，并没有倒阁的大义名分。

---

① 升味准之辅《现代政治》下（东京大学出版会，1985 年）第 351—352 页。
② 《朝日新闻》1978 年 6 月 18 日。清宫龙《福田政府的 714 日》（行政问题研究所，1984 年）第 258—262 页。
③ 伊藤昌哉《实录自民党战国史》（朝日 Sonorama，1982 年）第 346—383 页。
④ 《福田笔记（1978 年 5 月—8 月）》。
⑤ 福田赳夫《我的履历书》（同《我的履历书 保守政治的承担者》，日本经济新闻出版社，2007 年）第 206 页。

第四部

但问题来自大平身边。党员及党友拉拢战进入白热化，宏池会的大平身边希望他参选的声音也高涨起来。其中，也有主张"大福密约"真实存在，福田应该将政权禅让给大平的意见。①

媒体报道也在火上浇油。各大报纸连日煽动"大福对决"的气氛，在预选前发表了对各候选人支持率的调查结果。尤其是《读卖新闻》通过自家渠道获得了非公开的党员名册，并以此为基础对全国范围内 15000 名自民党党员进行了调查，10 月 10 日公布了其结果。根据这一调查，福田的支持率超过半数，一马当先，大平第二，已经表明参选的中曾根康弘紧随大平之后。②

这一结果也让宏池会内大平所受的压力进一步加大。结束不开展先期竞选活动的"政治休战"，即使辞去干事长职务，也要与福田斗争到底的激进意见占了主流。最终，大平利用 10 月 14 日在德岛举办政经文化集会的机会，在记者见面会上宣布自己将出马参选。③

正如前述，福田之前设想的是在 11 月上旬实现"大福一体化"，因此大平的参选可谓出乎意料。10 月 20 日夜，大平来到位于野泽的福田家里，两人进行了密谈。此时，福田还不认为将与大平进入全面决战，第二天还就总裁公选向来访的亲信盐川正十郎做了具体指示。④

关于大福决裂的经过，伊藤昌哉的说法是，虽然福田曾通过自己传话，告诉大平不会参加总裁预选，但 10 月 24 日晨，福田在电话里单方面通知大平"没法信守（不参选的）承诺了"⑤。

但是，也有证言表示伊藤的这一说法并不符合事实。盐川正十郎在后年说当时的情况应该是下面这样：

---

① 福田赳夫《我的履历书》（同《我的履历书 保守政治的承担者》，日本经济新闻出版社，2007 年）第 206 页。

② 伊藤昌哉《实录自民党战国史》（朝日 sonorama，1982 年）第 408 页。《读卖新闻》1978 年 10 月 10 日。

③ 大平正芳回忆录刊行会编著《大平正芳回忆录》（鹿岛出版会，1983 年）第 461—463 页。

④ 《访谈 盐川（正十郎）氏》《大平正芳相关文书》（索书号 2177）国立国会图书馆宪政资料室。

⑤ 伊藤昌哉《实录自民党战国史》（朝日 sonorama，1982 年）第 418—422 页。

第十七章 "大福对决"

（昭和）五十三年 10 月 21 日，那是个周六。福田打电话叫我去，到了野泽他跟我说"刚才（20 日夜）大平君来了，他双手紧紧按在桌子上，告诉我情况有变化，好像不参选不行了。说是 24 日周二宏池会有个早餐会，他会再跟周围的人好好谈谈，到时候再联系"。24 日那天，我又去了野泽，这次福田怒气冲冲地说"哎，大平君打电话告诉我他决定参选了。就一个电话！"当时是当着我和安倍（晋太郎）的面。伊藤说是福田告诉大平"不参选不行"的，绝对不是那样。他在美化大平。我就是活生生的证人。肯定不是那样。本来说好东京峰会后交班的，我当时就觉得奇怪，所以连是周几到现在都记得清清楚楚。①

大福合作关系为何破裂？一直以来街头巷尾流行的版本是，这是因为福田单方面破坏了双方在三木内阁末期签订的"大福密约"，表示要连任。但是正如在第 13 章中已经论证过的，福田并没有签订所谓密约。但是"大福密约"却在预选即将举行的 10 月左右，突如其来地通过报纸广为传播。

大平参选的决定性因素是田中角荣的支持。田中当时正在接受洛克希德事件的审判，虽然已经退党，是无所属的身份，但实际依然掌握着自民党田中派的实权，并且致力于扩大自己的派阀。他在政界最为忌惮的，正是提倡解散派阀、推动政党现代化的福田。

田中于 10 月 2 日，在位于信浓町的已故池田勇人的宅邸与大平见了面。在池田的牌位前，田中对大平表达了自己的决心。"挨了这么多打，不能就这么算了。我要东山再起。"并且表示如果两人联合起来能够掌握自民党的过半数，愿意为大平的竞选助力。②

田中为了自己能够东山再起需要阻止福田的连任，因此提出全面支持大平竞选总裁、总理。在他的劝说下，大平也做出了自己的决定。大

---

① 《盐川正十郎氏采访笔记》（日期不详）福田事务所藏。
② 伊藤昌哉《实录自民党战国史》（朝日 sonorama，1982 年）第 406—407 页。当日大平与福田曾会面一事，大平的笔记本中也有记载。《1978 年手账》《大平正芳相关文书》（索书号 4011）国立国会图书馆宪政资料室。

福合作破裂，田中主导政局，这将日本的政治卷入一场空前的混乱之中。

（二）"大福公选"

11月1日，预选开始。表明参选立场的，有福田、大平、中曾根、河本敏夫4人。

事前的民意调查，让福田对自己的当选信心十足。因为他在民意调查中获得了压倒性的优势，加之党员及党友152万人的名册属于非公开文件，难以以名册为基础开展竞选活动，因此应该有半数以上属于浮动票。这一情况对正在任上的福田十分有利。

预选以各都道府县联合会为单位，通过邮寄投票方式进行。自民党本部选举管理委员会印制选票并发送到各地，由地方支部联合会在总裁预选的10日前将选票以简易挂号信的方式寄给党员、党友。①

预选开始前，竞选活动进入白热化。10月以后，周刊杂志开始连篇累牍刊登揭露候选人"丑闻"的文章。并不存在的所谓"大福密约"的内容也赫然出现在报纸上。②

为了防止总裁预选脱离本来的轨道，成为一场"诽谤大战"，福田与干事长大平商议，制定了由3条内容构成的、以实现"清洁、公正、明朗"的选举为目的的《伦理纲领》。③ 福田认为总裁选举应该是党员凭借自身判断决定总裁的机会，不应是各派阀相互攻讦的舞台。

虽然出台了《伦理纲领》，但历史上首次总裁预选中仍然出现了利用制度漏洞进行大规模拉票的行为。广为人知的，是田中派事先拿到党员、党友名册的事件。具有选举权的党员、党友的名单，在党本部，被录入当时刚刚导入的计算机里。名册在预选结束前属于非公开，存有名册的磁带保管在三和银行系列的计算中心。但是田中派的高层、当时作为自民党全国组织委员长主持选举组织工作的竹下登，利用职权事先拿到了

---

① 自由民主党编纂《自由民主党党史 资料篇》（自由民主党，1986年）第68—69页。
② 《朝日新闻》1978年10月6日、29日。
③ 《朝日新闻》1978年10月11日。

这份名单。①

竹下登拿到名单后，田中派对大平给予了无保留的支持。他们采用人海战术，调动了总数超过400人的秘书团以及临时聘用人员入户访问或展开电话攻势。秘书们划分片区各自负责，手持党员名册和住宅地图，在东京都内展开了地毯式的拉票活动。②

预选开始不久，福田阵营就发现大平阵营手里持有党员名册，并向党本部提出了抗议。结果是不久所有阵营都拿到了名册，但为时已晚。此外，投票环节也存在违规行为。支持大平的田中派，与1972年总裁选举时一样，展开了大规模的"金钱选举"。田中派还指示关系紧密的地方支部联合会干部增印选票，投给大平。开票在地方支部进行，开票结果汇报给党本部后，回收的选票被寄回党本部。然而，选票送达后被立即焚毁了。不由得让人联想是为了不留下违规的证据。③

福田在派阀总会上对本次总裁预选中出现各种违规行为，派阀政治扩散到地方提出了谴责。但在田中—大平阵营"以多取胜"的作战之下，民意调查中遥遥领先的福田，到选举战的后半，逐步被追了上来。

正如前述，按规定，在预选中票数领先的2名候选人，将参加由国会议员投票的"总裁决定选举"（本选举）。但福田在记者见面会上表示，预选后的本选举应该尊重党员、党友的愿望，只保留1名候选人，进行信任投票。④ 当然，福田提出尊重预选结果的意见，也有在大平阵营节节追赶之际鞭策地方上反应迟钝的福田阵营背水一战的意思。⑤

预选的开票在11月27日进行。福田的选票从开局就增势缓慢，而大平的选票大大高于预期，冲在了前面。大平阵营在原本被认为在其势力范围外的地区票数也紧追不舍，最后在47个都道府县中超过半数的25个地区取得了第一。预选结果是福田出乎意料地以近10万票之差大幅

---

① 《访谈 竹下登氏》（1981年7月3日）《大平正芳相关文书》（索书号2491）国立国会图书馆宪政资料室。

② 清宫龙《福田政府的714日》（行政问题研究所，1984年）第266—268页。井芹浩文《派阀重编》（中央公论社，1988年）第77—78页。

③ 福田康夫氏谈（2019年6月3日）。

④ 《读卖新闻》1978年11月8日（晚报）。《朝日新闻》1978年11月25日。

⑤ 福田康夫氏谈（2019年6月3日）。

落败。

　　福田已经做好了在预选获胜后，与大平阵营在本选举彻底一战的准备。他在水面下与中曾根派和三木派达成了共识。开票前夜，三木、中曾根、福田三派举行会谈，认为在福田取得预选胜利后，三派联合发表号召全党打破金权政治的声明，能够争取中间派的支持，最终战胜"大角联合"。

　　然而，预选落败，使得这一策略失去了其前提。福田曾经主张"如果预选的结果非常明确，那么必须尊重党员、党友的愿望。排位第二的候选人应该退出选举"。这一发言反倒束缚了自己。

　　聚集到首相官邸执务室的福田派中坚及新生代议员都认为在本选举中能够获胜，劝福田竞选到底。但福田认为自己如果继续参选，"大角联合"必将采取一切手段相对抗。在预选阶段，就已经有地方支部联合会被买通，如果进入本选举，必然会陷入更加丑恶的金钱政治之中。继续争斗下去，只能露出更多丑态，增加国民对政治的不信任。①

　　于是，福田决定退出选举。在开票日的早上，记者曾经询问福田有几分胜算，当时福田信心十足地回答了一句"天行健"。这是《易经》中的句子，意思是就像太阳东升西落，天地的运行会朝向健全的方向而去。在得票形势已经基本明确时，记者又询问福田到底听到了怎样的"天之声"，福田的回答是"天之声，也有走调的时候"。福田用天命这样的表述，压制住强烈要求在本选举进行决战的派内不满之声，毫不拖泥带水地退出了选举。②

　　12月1日，在自民党两院议员总会上，大平以全体一致的方式当选自民党总裁，持续了714天的福田政府迎来了谢幕。但是因为预选中的对决，"大福体制"无法继续下去了。永野重雄、今里广记等与大平关系紧密的财界人士认为，如果没有福田的支持，政权运营将会变得不稳，于是以需要成功举办东京峰会为由，希望福田能够就任大平内阁的外相。根据福田笔记，大平也确实曾经试探过他，但他一口回绝了。"这个不

---

① 福田康夫氏谈（2019年6月3日）。
② 清宫龙《福田政府的714日》（行政问题研究所，1984年）第274—275、280—282页。

行。没法在国会一起进行答辩。Summit（峰会）会尽力协助。"两人修复关系已不可能，而这也削弱了大平政权的稳定性。①

二 "40日抗争"

（一）对党改革的执着

大平政府在风雨中启航。不久，以伊朗革命为开端的第二次石油危机迎面袭来。各国争相抢购石油，油价一再攀升。因为接受了第一次石油危机的教训，日本经济受到的影响较为有限，但围绕石油问题的国际调整成为日后东京峰会的重大议题。

第二个冲击，是所谓"道格拉斯/格鲁曼事件"。起因是美国证券交易委员会起诉道格拉斯公司和格鲁曼公司存在国际违法支付的问题，因为其中包含向日本政府高官的贿赂，在国会引起了极大反响。② 与洛克希德事件一样，都是围绕购入飞机的贪污事件。

目睹继洛克希德事件之后，又一个与自民党关系密切的政治腐败问题被追究，首相退位后的福田逐步把自己的奋斗目标锁定在"对扭曲、玷污了自民党乃至日本政治的'金权政治'的斗争"上。③

福田想要推进的党内改革的拦路虎，是田中角荣。田中在总裁选举中帮助大平获胜后重拾自信，致力扩大自己的派阀，露骨地开始为东山再起做准备。对田中象征的"政治取决于实力，实力来源于金钱"的党内潮流，福田可谓是深恶痛绝。④

这一时期，福田委托楠田实，对党务工作存在的问题进行了调查。调查结果，福田认为存在三个问题：（一）派阀的系列化进一步发展，党内形成了"大角联合"对抗三木、福田、中曾根及中间派的格局；（二）总裁—干事长—笔头副干事长—财务委员长—总务局长，这些要职

---

① 川内一诚《大平政权的554日》（行政问题研究所，1982年）第85—86页。《福田笔记（1978年10月—12月）》。

② 福永文夫《大平正芳》（中央公论新社，2008年）第239—240页。

③ 福田赳夫《回顾九十年》（岩波书店，1995年）第254页。

④ 福田赳夫《回顾九十年》（岩波书店，1995年）第254页。

都被大平派的大佬联合田中派所占据,通过"密室政治"掌握着全党;(三)亲金权的特质。对此福田抱有强烈的危机感,认为这些问题如果放任不管,"迟早党会分裂"①。

因此,福田强烈要求大平推进以排除田中影响为目的的党内改革。如果对田中的东山再起坐视不管,那么会助长国民对政治的不信任,自民党最终将失去国民的支持。这一点洞若观火。

福田主张的对策,第一,是避免权力过于集中在总裁所在的派阀。福田提出了总裁与干事长不应出自同一派阀的"总干分离"原则。围绕这一点,从组阁时福田就与大平意见对立。大平希望让自己的心腹铃木善幸担任干事长,对此福田等非主流派十分戒备,担心与田中角荣关系紧密的铃木担任干事长后,会加强"大角支配"体制。

在这一点上,因预选落败心怀不满的福田派新生力量,比福田本人态度更为强硬。福田派"八日会"在福田政权起步后不久就被解散,福田也一直没有同意复活。总裁预选落败后,1979年1月8日,福田派在新的"清和会"这一名下重新集结。福田一再强调清和会不是"为了派阀的团体"。他从很早就将派阀视为政策研究的团体。他以福田派的有志者为中心组织了一个名为"今后的日本政策委员会"的学习会,自己作为监修者,从1975年起,每年将会上的讨论内容编成书籍,出版刊行。②清和会也继承了政策研究的功能,同时,被视为福田接班人的安倍晋太郎担任事务局长,逐步形成了能够对抗田中派和大平派的阵容。③

清和会的新生力量一度计划集体抵制指名首相的众议院本会议。作为妥协,福田以设置为了实现政党现代化的"党改革实施本部"为交换条件,同意了与大平同属宏池会的斋藤邦吉就任干事长。④

---

① 《福田笔记(1979年1月—5月)》。
② 今后的日本政策委员会编《系列 今后的日本》(旭屋出版,1975—1986年)。该丛书各年1册,内容包括外交、防卫、经济、科技等,从1975年到1986年福田从清和会会长退位,共出版10册。
③ 《读卖新闻》1979年1月9日。
④ 川内一诚《大平政权的554日》(行政问题研究所,1982年)第72—77页。

第二，是改革总裁预选制度。首度预选，与无法先期开展竞选运动的预期相反，利用制度漏洞的违规行为横行无忌。福田认为，需要弥补制度的缺陷。具体而言，他主张修改关于预选的党章，加入强化党员资格审查、设定投票所实施投票、杜绝会员以党费垫付现象等内容。①

福田主张的总裁干事长分离及预选制度修订，在1月19日自民党内成立的"党改革推进本部"进行讨论。"党改革推进本部"下设两个委员会，第一委员会讨论是否制定总裁干事长分离的原则，第二委员会则讨论总裁选举制度的合理方式。具体而言，讨论以下问题：（一）是否将总裁的任期从3年改为2年；（二）分配给各都道府县的"点数"制度是否合理；（三）党员资格的限制及选举人名册的管理；（四）动员各派阀系列地方议员及后援会员的竞选活动方式等。能够看出，是对前次预选中暴露出来的问题的全面反思。②

在党内改革上寄托了极大热情的福田，仿佛是回到了当年的党风刷新联盟时代。进入3月后，福田高举党内改革的大旗，开始了全国游说。他曾经把自己比作水户黄门，希望能够作为"昭和的黄门"走遍全国。从福冈到冲绳，福田每到一地，都大声疾呼自民党急需一场改革，把派阀、金权体制一扫而光。③

而与福田形成鲜明对比的，是大平对改革自始至终的消极态度。对福田"至少，要认识到派阀是恶，努力实现不依靠金钱的政治"的主张，大平的意见则是"派阀的毒害确实应该消除，但做不到的事挂在嘴上也没有用"④。面对举步维艰的党内改革，福田压抑的不满在心中渐渐集聚。

（二）"40日抗争"的开幕

虽然是在风雨中启航，但头半年大平政府运营顺利。内政方面，预算修正和财政重建问题让人头疼，但在4月的统一地方选举中，自民党

---

① 《福田笔记（1979年1月—5月）》。
② 《朝日新闻》1979年1月20日。
③ 《读卖新闻》1979年3月1日、5日。
④ 《读卖新闻》1979年2月21日。

公认或是推荐的候选人在包括东京、大阪的全国 15 个选区获胜,当选知事,革新自治体时代结束了。继前一年的参议院选举,"保守回归"的倾向更加明显。①

在政权运营上获得自信后,大平开始认真考虑解散国会、谋求政局稳定这一选择项了。5 月日美首脑会谈、6 月东京峰会等外交事项顺利结束后,大平与其亲信开始着手创造解散国会的环境。峰会一周后的 7 月 7 日,在自己老家香川县高松市的演讲中,大平暗示将要提前解散国会。②

大平政府积极酝酿解散氛围,福田等非主流派则加强了对抗行动。福田主张应该把党内改革放在解散国会之前。5 月 24 日,福田与三木武夫、前尾繁三郎、滩尾弘吉等元老会谈,对党内的金权体制提出了批评,就应优先党内改革取得了一致。同时,福田派、三木派、中曾根派等非主流三派,也开始联手阻止解散。③ 7 月 20 日,大平、福田、三木三人会谈,福田对大平卷起"解散之风"提出了批评,指出如果马上解散,政治日程上将出现两个月的空白。④

但是,解散的潮流似乎难以阻挡。与福田时期不同,现在党务运营掌握在主流派手中,加之"保守回潮"的大势已然明确,党内的多数意见也是支持解散的。

这一时期,党改革推进委员会关于改革方案的讨论,也迎来了最终局面。非主流派在 7 月 25 日召开的联合会议上强烈要求将总裁干事长分离的原则制度化。但是对此,出席会议的大平表示"干事长这一职位关系到政权的命运,其任命在总裁的权限之内",态度强硬地拒绝了。⑤ 结果,在即将迎来总选举的局势下,非主流派不得不暂时收转枪口。8 月 23 日,第一委员会全体一致同意了消除派阀和保证党内人事公平这两条,

---

① 大平正芳回忆录刊行会编著《大平正芳回忆录》(鹿岛出版会,1983 年)第 522—523 页。

② 大平正芳回忆录刊行会编著《大平正芳回忆录》(鹿岛出版会,1983 年)第 523—525 页。

③ 《读卖新闻》1979 年 5 月 28 日。

④ 《福田笔记(1979 年 7 月—10 月)》。

⑤ 《读卖新闻》1979 年 7 月 26 日。

但内容比较抽象，也没有提及总裁干事长分离原则。①

面对优先考虑解散国会的大平，福田"关于解散，依然持谨慎态度"②，并决定在总选举之后加强对政府的攻势。8月上旬的笔记显示，福田计划在总选举后结成"党改革推进议员联盟"，志在"排除田中"③。

10月7日举行的众议院选举中，自民党大败。选举前大平胸有成竹，认为目前"保守回潮"，加之内阁支持率上升，选举即使难以大胜，也应该可以保证稳定的势力。但是导入一般消费税的主张，引起了国民的反感。而且在众议院解散的第二天，日本铁道建设公团大规模会计造假事件曝光，牵涉的政府部门也从环境省扩大到邮政省、大藏省。一面强调只能通过增税解决财政重建问题，一面又在大规模浪费税金，国民将心中对此的怒火投射到了选举之中。与事前的预测相反，众议院总选举中自民党仅获得248个议席，未到半数，结果惨淡。④

总选举惨败后，三木武夫最先向大平发出炮火。三木提到自己当年在选举大败后毫不犹豫地辞去了职务，实际上是在要求大平引咎辞职。

三木之后，福田也要求大平退位。10月17日下午，福田与大平在自民党本部总裁室会谈。福田劈头就说"今天你是基督，我是神。一个基督一个神，让我们来一场直来直去的对话"。福田指出，总选举失败后的对应，分为"承担责任"和"收拾局面"两点，而对国民而言最为简单易懂的承担责任的方式，就是辞职。对此，大平反驳说，虽然这次选举议席减少，但得票率增加了，国民的判决还没到要求自己辞职的地步。甚至放话"逼我辞职，就是逼我去死"，显示出继续主持政权的强烈愿望。大福会谈不欢而散，会谈后福田反主流的态度更加明确。⑤

（三）滩尾首相方案

"40日抗争"，并非是福田为了重新掌权展开的权力斗争。在福田眼

---

① 《朝日新闻》1979年8月23日。
② 《福田笔记（1979年7月—10月）》。
③ 《福田笔记（1979年7月—10月）》。
④ 福永文夫《大平正芳》（中央公论新社，2008年）第247—248页。
⑤ 大平正芳回忆录刊行会编著《大平正芳回忆录》（鹿岛出版会，1983年）第539—540页。

第四部

中，大平政权背后的"大角联合"，以"量多为胜"的方式，无视党内的民意任意而为，实际上成了"党中之党"。党内改革的承诺变成了空话，派阀的利益高于国家的利益。而总选举的惨败，正是"改变体制的绝佳机会"。

与福田的谈判破裂后，大平 10 月 20 日请求西村英一副总裁出面调停。在此之前，当党内对立陷入难以收拾的局面时，都是谙熟政界的表与里的元老们出面，巧妙化解危机。但这一年，保利茂、椎名悦三郎、船田中等元老先后病逝，这一次出山的是田中派的元老，82 岁的西村。①

在西村的协调下，24 日福田与田中再度举行会谈。福田明确表示自己无意继任大平，并再次敦促大平辞职："继任人选可谓人才济济，我考虑一下，你也想一想"，"因为继任者争论不休，会更加混乱。如果你能够支持，相信局面会安定下来。都取决于你。"这一天的笔记中，福田记下了自己的后续政权人事方案。第一方案是由众议院议长滩尾弘吉担任首相，第二、第三方案是由非主流派的派阀领袖分别担任总理和总裁的"总总分离"方案。②

但是，大平继续执掌政权的态度非常坚决。按大平的判断，非主流派无论是谁都难以建立起举党体制，但滩尾担任首相的方案出乎他的意料。感到危机的大平阵营召集特别国会，要求滩尾再次担任众议院议长，事先将滩尾首相方案扼杀于摇篮之中。③

10 月 30 日，特别国会召开。宪法规定总选举后应迅速组成新一届内阁，避免出现超过一个月的政治空白。这时距离总选举结束已经快一个月了，但首相指名还完全没有眉目。事态进一步恶化，滩尾首相设想也成为泡影。福田、三木、中曾根和中川一郎等反主流 4 派在此情况下加强了团结，31 日成立了"让自民党变得更好会"④。

为了收拾残局，福田开始摸索大平继续担任首相，作为交换，自己就任自民党总裁的"总总分离"方案。大平首相在福田总裁的支持之下，

---

① 川内一诚《大平政权的 554 日》（行政问题研究所，1982 年）第 182—183 页。
② 《福田笔记（1979 年 10 月—1980 年 2 月）》。
③ 川内一诚《大平政权的 554 日》（行政问题研究所，1982 年）第 183—185 页。
④ 川内一诚《大平政权的 554 日》（行政问题研究所，1982 年）第 185—187 页。

这一大福体制的复活,是财界人士最为乐见的结果。大平能够以辞去总裁职务的方式承担选举不力的责任,而福田也能够作为自民党总裁大力推进党内改革。

11月1日上午,福田向西村副总裁传达了"如果大平首相同意这一方案,那么平息反对意见方面我负全责"的意见。西村安排二人再次会谈。根据报道,会谈中福田与大平有如下的对话:

> 福田:我不忍心看到江户为战火席卷。我是以胜(海舟)和西乡(隆盛)的心情在跟你交心。自民党是否毁灭,现在是千钧一发。希望你能接受这个提案。
>
> 大平:(沉思了一会儿)本来想说一句"让我再考虑一下",但模棱两可没有意义。反而会引起误解。我的结论是,这一提案无法接受。[1]

福田笔记中这样记录了当时大平的反应:"提出总总分离案交换意见,大平不同意。(他说)此要求比要求辞去总理更为过分,总总分离案将成为历史上的污点。"[2]

最后的谈判破裂,同日夜,福田、三木、中曾根等反主流派一致决定联合推选福田为首相候选人。同一政党推出两名首相候选人,这是史无前例的情况。

(四)首相指名的分裂

反主流派并非一开始就打算进行首相指名分裂选举,只是希望在最大限度施加压力之后,大平能够主动辞职。但没料到大平对继续执政毫不妥协,于是高高举起的拳头也没法悄悄收起了。

福田也没有明确的战略。在与大平全面对决之前,他在笔记中写下了对首相指名选举后的想法,但对于万一落败之时应如何应对,并没有

---

[1] 《读卖新闻》1979年11月2日。
[2] 《福田笔记(1979年10月—1980年2月)》。

第四部

做好准备。

  甲 取胜。全党体制之下推进改革。转祸为福。
  乙 落败。支持大平？还是就事论事？是保持反主流姿态？还是索性成立新党（国民党）？与民社党联合执政。①

  与之相对，通过"大角联合"在人数上占优的大平，很早就放弃了谈判，着手开始拉拢活动，应对可能出现的分裂选举。除了亲自展开细致周到的电话攻势外，还在总选举一结束就有意拉拢新自由俱乐部，在首相指名选举之前，已经与其代表河野洋平、干事长田川诚一签订了政策协定。②

  在反主流派阵营中，三木的态度尤为强硬。在福田提出总裁总理（首相）分离方案时，三木也坚决反对大平仅仅辞去总裁职务。对中间派提出的总裁代行方案，也是直到最后也没有点头。与虽然多次想到成立新党，但一直态度谨慎的福田不同，三木明确表示不惜成立新党也要抗争到底。三木曾作为国民协同党的党首，参加过片山社会党政权，也许在他看来，如果自民党分裂，诞生中道保守的联合政府，那么自己还有东山再起的机会。③

  颇具讽刺意味的是，在当事者中，直到最后都希望回避分裂选举的，是福田。11月5日正午过后，福田与大平再次会谈。会谈上，福田提出了"（一）双方都退出选举；（二）通过代议士会实现合二为一"的新方案。而大平提出的方案是自己留任到第二年1月的党大会。这一方案是副总裁西村、国对委员长金丸信、参议院议员会长德永正利等出面与大平阵营谈判的结果，其内容是在即将到来的党大会正式选出总裁，着手党的重建。④

  福田准备在方案的"选出总裁"上加一个字，改为"选出新总裁"。

---

① 《福田笔记（1979年10月—1980年2月）》。
② 川内一诚《大平政权的554日》（行政问题研究所，1982年）第201页。
③ 川内一诚《大平政权的554日》（行政问题研究所，1982年）第195页。
④ 《福田笔记（1979年10月—1980年2月）》。

其含义是大平在下一期党大会上将不再参选。但大平马上打来电话，表示如果改为"新"总裁，就是将自己排除在候选人之外，要求改为"改选总裁"。福田认为这算是一个可以妥协的方案，接受了表述的调整。

关于大平是否参选，金丸信没有继续确认并敦促双方统一意见，而是希望保持较为模糊的状态，以达成协议为先。日后，他回忆说："进退出处，大平和福田自己心里有数就行。福田认为'大平不参选'也就行了。"①

但问题在于福田周围。三木特意赶到福田事务所，希望他再去找大平约定好党大会上大平不参加选举。在"让自民党变得更好会"的干事会上，事务局长山中贞则也施加压力说："选出新总裁与改选总裁是一个意思啊，这得好好问问总裁吧。"于是，福田只能决定再次与大平会谈。但不巧的是，就在会谈即将开始之际，NHK电视台播出了"福田决定退出首相指名选举，自民党终于避免了分裂"这一错误的消息。这样一来，被推到风口浪尖的福田没有了让步的余地，就在协调即将达成的前夕，二人终于宣告决裂。②

自民党在内部意见呈现分裂的情况下，进入了首相指名选举。主流派推荐大平，反主流派推荐福田，一个政党内两个候选人争执不下，这是破天荒的事情。而且主流派与反主流派之间差距不大，根据在野党的动向，有可能出现政界重组的局面。因此，在水面下，两阵营都积极展开行动，争取在野党各党的支持。但是，与自民党总裁选举不同，众议院的首相指名，是由议员们进行记名投票。因此，明目张胆的收买贿赂工作难以进行。而在这样的形势下，除了大平阵营已经争取到的新自由俱乐部以外，其他在野党各党派都不愿意被卷入自民党的内部斗争中。③

参加首相指名选举时的姿态，双方呈现出鲜明的对比。对于大平而言，为了阻止反主流派结成新党，必须在首相指名选举中获胜。因此，

---

① 金丸信《立技与寝技 我的履历书》（日本经济新闻社，1988年）第128—129页。
② 《福田笔记（1979年10月—1980年2月）》。川内一诚《大平政权的554日》（行政问题研究所，1982年）第196—197页。
③ 大平正芳回忆录刊行会编著《大平正芳回忆录》（鹿岛出版会，1983年）第544—547页。

甚至带着一丝悲壮。而福田则是淡然处之。他在笔记中说："本会议最终投票中孰胜孰败，均为第一回合之结束。第二回合即将开始。"可以看出福田并没有太在意首相指名选举的胜败，而是希望通过自己参选，贯彻党内改革的政治理念。①

11月6日众议院本会议上，第一轮投票结果是大平正芳135票，福田赳夫125票，最终投票结果是大平138票，福田121票，大平获胜，当选首相。

选举后，为了维持政权稳定，大平不得不致力于调整党内关系。11月9日第二次大平内阁上台，内阁成员中有4人来自福田派清和会，可以看出在尽力向福田派示好。在党内人事方面，起用安倍晋太郎担任政调会长，任命中曾根派的樱内义雄担任干事长，实质上接受了反主流派提出的总裁干事长分离要求。11月16日，一度陷入僵局的党内人事方案最终确立，发端于众议院总选举落败的漫长的"40日抗争"终于结束。

三 "大福对决"的结果

（一）内阁不信任

第二次大平内阁成立后，福田也没有偃旗息鼓。对于他而言，胜败是小，将反主流派的能量纳入党内改革之中是大。② 首相指名选举后，他在笔记中表明了自己的决心："战斗刚刚开始。第一回合结束。从现在开始，进入第二回合。一战过后日已落③。"④

1979年12月党改革推进委员会提出了报告书，根据这一报告，自民党在1980年1月的党大会上，制定了自民党伦理宪章，修订党章设置了最高顾问，修订了总裁公选规程。新设的最高顾问一职，其对象范围是

---

① 《福田笔记（1979年10月—1980年2月）》。柳川卓也《福田赳夫语录》（政经社，1984年）第278页。
② 柳川卓也《福田赳夫语录》（政经社，1984年）第280页。
③ 译者注：此句来自《战友》歌词的第7段，将原文中的"日暮"改为"日落"。歌中的主人公在血战之后还要回去寻找自己的战友，此处应指自己还有未竟之事。
④ 《福田笔记（1979年10月—1980年2月）》。

有总裁、副总裁或众参两院议长经验的现任国会议员。2月初，符合这一规定的三木和福田就任最高顾问。但大平几乎从未设定与最高顾问交流的机会。①

"40日抗争"后，政局早早便向着预定于1980年秋召开的自民党总裁选举而去。正如前述，党大会上修订了总裁公选规程，废除了"点数"制度，规定了"关于竞选运动自由、清洁、公正"的原则。② 但是史上第二次总裁预选的准备阶段，各派阀再次开始了白热化的党员、党友征集拉拢活动，党员、党友数在1月20日就已经大大超过预期，突破了300万大关。各派阀中获得支持人数一马当先的是大平派，而计划参选总裁的三木派的河本敏夫则紧追不舍。过热的预选竞选活动中，完全由企业资助的党员，以及党费垫付代缴现象大大超过前次，党员、党友变成了夺取总裁宝座的拉票机器。③

福田为此甚为担忧。1月23日，大平在首相官邸与福田会谈，其目的是在日益恶化的日美贸易摩擦问题及国会对应问题方面寻求福田的协助。但福田利用这一机会指出："在内外交困之时，以垫付党费等贿赂手段大规模征集党员的异常事态，不应该出现在执政党身上。从政治整治净化的角度看也无法忽视。"对预选准备中的党员征集拉拢活动提出了严厉批评，并要求大平采取"冻结"总裁预选、实现总裁总理（首相）分离等"强有力的措施"应对。④

另外，福田也加强了与中曾根、三木等反主流派的合作。2月25日，福田与中曾根会谈，福田在笔记中留下了"摧毁总裁预选，意见一致"的记录。⑤

反主流派各派阀开始合流。与大平关系较近的滨田幸一在拉斯维加斯豪赌的丑闻暴露后，4月2日，以赤城宗德为发起人代表，三木派的田

---

① 牧原出《权力转移》（NHK Books，2013年）第57—58页。
② 自由民主党编《自由民主党党史》（自由民主党，1986年）第844—845页。
③ 《读卖新闻》1980年1月21日。
④ 《读卖新闻》1980年1月24日。柳川卓也《福田赳夫语录》（政经社，1984年）第285页。
⑤ 《福田笔记（1980年2月—5月）》。

第四部

中伊三次和藤井胜志，福田派的坊秀男、福家俊一和中野四郎，中曾根派的稻叶修和中野荣一，中川派的长谷川峻和石原慎太郎等为发起人，结成了以党内刷新为名义的"自民党刷新联盟"（以下简称为"刷新联"）。因为有四十七人参加联盟，他们自称"自民党四十七士来讨"[①]，反大平的气势高涨。反主流派的计划是在在野党提出内阁不信任动议时与之配合，采用缺席战术，让动议得以通过。[②]

但大平觉察到了反主流派的这一目的。田中看出不信任案有可能通过，建议大平如果发生这样的情况，立即解散众议院，与原定7月举行的参议院选举一起，进行众参两院同日选举。田中表示，只要对非主流派中的主谋，采取国会除名、开除党籍等坚决态度，就能将党内的分裂控制在最低限度。而两院同日选举，也能让在野党难以统一步调，获得选举的胜利。大平接受了田中的建议，决心在不信任案通过之际解散众议院。[③]

主流派与非主流派决战的号角，在5月16日社会党提出对大平内阁的不信任动议之时吹响。关于提出不信任动议，在野党的步调也并不统一。尤其是了解反主流派动向的民社党，意识到不信任案有引发众议院解散的风险。但社会党态度坚决，表示即使是单独提议也要发起动议，于是公明党和民社党也就采取了跟随的态度。

社会党决定提出不信任动议后，刷新联开始讨论如何配合。[④] 而此时，又是福田表示不同意内阁不信任案，在动议的前一天夜里，与三木

[①] 译者注：典故来自日本江户时代著名的赤穗事件，即赤穗藩家臣47人忍辱负重终于为其主复仇的事件，后称之为"赤穗四十七义士"。

[②] 大平正芳回忆录刊行会编著《大平正芳回忆录》（鹿岛出版会，1983年）第592—593页。《朝日新闻》1980年4月3日。小堺昭三《自民党总裁选举》（角川书店，1986年）第259页。福家俊一《因为新领袖是那样，所以自民党有意思》（KK Long-sellers，1986年）第90—91页。

[③] 《福田氏执笔资料 森田笔记 内阁不信任案通过》《大平正芳相关文书》（索书号2258）国立国会图书馆宪政资料室。小堺昭三《自民党总裁选举》（角川书店，1986年）第259—262页。

[④] 坊秀男的记录是"讨论以社会党为中心提出不信任案时如何对应（于第一会馆外务委员长室）。拜访中曾根、福田、三木各宅邸"。《坊秀男日记》1980年5月14日《坊秀男相关文书》（索书号59）国立国会图书馆宪政资料室。

一起，对刷新联一腔热血的成员们做了艰苦的安抚工作。① 16 日晨，福家向福田传达了刷新联"一致团结，参加会议"的结论。②

内阁不信任动议于上午 10 时 39 分完成了提交手续，将交付本会议讨论议决。对此，自民党召开两院议员总会，决定对不信任动议采取一致团结的反对态度。清和会也于 12 时召开负责人会，将决定权全权委托给福田。

但是，中午过后情况急转直下。下午 2 时 50 分，刷新联请求与大平会面，要求他在党内改革和整肃纲纪上发挥领导力，并提出设置"纲纪整肃委员会"对滨田幸一进行证人质询。在会谈中，副干事长田中六助与福家俊一之间发生了"激烈的争论，几乎要动起手来"③。4 时 20 分，反主流派田中、三木、中曾根、中川 4 派与刷新联发起人进行会谈，会谈中樱内干事长前来，传达了大平首相对刷新联要求的回复。反主流派认为大平的回复不够令人满意，打算要求大平重新答复，正在商议之时，通知本会议即将开始的预备铃声响起。

大平为何决定直接进入议决程序？只要强行开会，反主流派议员们也会死心断念，进入会场吧？大平心中当然有这样的期待。大平的首相秘书官森田一也回忆，当时大平与政调会长安倍都坐在众议院的大臣室里，"完全感受不到福田派会集体缺席本会议的气氛"④。但是，最重要的因素，应该是大平已经有了解散国会的决心。在他身后，田中派早已建议他解散众议院，举行两院同日选举了。⑤

大平的态度让反主流派一片哗然。以为施加压力能让大平屈服的刷新联希望落空。正式开会铃声响起后，本会议会场的所有入口均被封闭。开始 15 分钟前，福田的女婿越智通雄和盐川正十郎两人前来，拼命劝说福田入场。但置身清和会强硬派的环绕之中，福田纹丝未动。⑥

---

① 《读卖新闻》1980 年 5 月 17 日。
② 《福田笔记（1980 年 5 月—9 月）》。
③ 《福田氏执笔资料 森田笔记 内阁不信任案通过》。
④ 《福田氏执笔资料 森田笔记 内阁不信任案通过》。
⑤ 《读卖新闻》1980 年 5 月 17 日。
⑥ 小堺昭三《自民党总裁选举》（角川书店，1986 年）第 270—271 页。

与他的态度形成鲜明对比的，是中曾根康弘。他表示不同意在野党的不信任动议，带领本派议员走入会场。中曾根与福田和田中都有较多接触，也看出二者力量的差距，在最关键的时候，选择了脱离反主流派的道路。①

进入会场的中曾根派议员，与接到福田和三木的指示退出会场的两派议员擦肩而过。本会议于 17 时 7 分正式开始。② 因为以福田、三木两派为中心共 69 名议员的集体缺席，内阁不信任动议以 56 票的较大差距获得通过。大平的反应也很迅速。接到不信任动议后马上召集临时内阁审议，决定解散众议院，进行总选举。于是自"55 年体制"以来，第一次出现了众参两院同日选举的局面。③

（二）我才是保守本流

按政党政治的逻辑，反主流派虽然是以间接的方式，但实质上同意了内阁不信任案，因此即便宣布脱党而自立新党，也并不奇怪。事实上，即使是党风刷新联盟中，结成新党的呼声也很高。

面对解散成为事实，福田在笔记中记录了自己的决心：

> 替天行道伐不义④。
> 骄奢平家不久长⑤。揭竿而起讨平家。
> 昭和元禄、七十义士、福田内藏助⑥。
> 奋起吧，
> 我才是保守本流！⑦

---

① 中曾根康弘《天地有情》（文艺春秋，1996 年）第 333—334 页。
② 《读卖新闻》1980 年 5 月 17 日。
③ 川内一诚《大平政权的 554 日》（行政问题研究所，1982 年）第 242—243 页。
④ 译者注：此句为 1904 年发表的日本陆军军歌歌词的第 1 段第一句。
⑤ 译者注：此句来自《平家物语》的开题诗，将原文中的"人"改为具体的"平家"。
⑥ 译者注：此句典故也是来自赤穗事件，该事件发生于元禄时代（1701 年），赤穗四十七义士的领头人是大石良雄（内藏助），即后来舞台剧中著名的"忠臣藏"。
⑦ 《福田笔记（1980 年 5 月—9 月）》。

第十七章 "大福对决"

对大角联合的怒气暂且不提，福田在此使用了"保守本流"一词，令人感到颇有兴味。大平一直以"保守本流"自居，福田正是针对这一点而言。在大平心目中，"二战"后保守政治的原型是自由党丙申会（吉田茂派），从中发展出来的宏池会（池田派—前尾派—大平派）和周山会（佐藤派—田中派），即"吉田学校"的毕业生才是"保守本流"正统的继承者。[①] 这当然同时意味着从日本民主党加入自民党的岸—福田一脉，并非"保守本流"。福田在此应该是怀着"保守本流"绝非田中派和大平派的专利这一自负，写下"我才是保守本流"这一句的。

5月17日夜，福家俊一拜访福田，传达了"安倍、中川、海部（俊树）3人会谈，决定以河本为总裁成立新党。已联系三木。答曰福田同意自己也同意。希望我致电三木"的意向。根据福家的说法，当时反主流3派决定脱党，以河本敏夫为总裁，中川一郎为干事长，安倍晋太郎为总务会长，海部俊树为政调会长，另立新党。福田在给三木的电话中做出了"如果三者一致，我同意"的承诺。[②]

但刷新联内部对成立新党也是谨慎论占主流。首先中曾根派的反水，让反主流派的战斗力大大削弱。其次，财界领袖对自民党的内部纷争提出了强烈批评，[③] 结成新党在资金方面也存在不安。而议员们最大的担忧，是社会舆论对反主流派的态度。结成新党后，是否能够获得支持当选，对议员们而言是生死问题。另外，对缺席者，党执行部最初摆出了将处以包括开除在内的严重惩戒的姿态，但18日则突然表示"将在地方支部联合会申请的基础上予以选举公认"，转换为实际上不予追究的怀柔态度。因为以上因素，刷新联内部谨慎论逐渐占据主流。[④]

福田自己，也对即将迎来总选举之际脱党持谨慎态度。[⑤] 18日安倍和中川来访，向福田建议："福家构想为时尚早。成立过渡性质的党内group

---

[①] 关于宏池会的"保守本流"意识，请参考《读卖新闻》1970年8月21日。
[②] 《福田笔记（1980年5月—9月）》。福家俊一《因为新领袖是那样，所以自民党有意思》第94—95页。
[③] 《读卖新闻》1980年5月17日。
[④] 升味准之辅《现代政治》上（东京大学出版会，1985年）第317—318页。
[⑤] 坊秀男在5月17日日记中的记录是"赴野泽町的福田宅访问福田君，劝说应离开自民党另立新党。依然没有决定。看来还是不行"。《坊秀男日记》1980年5月17日。

（团体）如何？"①

于是福田19日致电三木，表示"成立新党的话没多少人愿意跟过来"，决定继续留在党内。早就下定决心脱党的三木对此极为不满，表示"我想尽快成立新党"②。但最后三木还是放弃了这一想法。

5月20日反主流派三派成立了"党再生协议会"（以下简称为"再生协"）。为了在总选举中获得自民党的公认，反主流派选择了留在党内推进改革。对于成立新党，福田的意见是"今次政局异变，以有新党之论，然选举既近，不如待其结束，与大平氏等对话，若可合意，则无须成立新党"③。

新成立的再生协引人注意的一个特点，是福田和三木没有出面，而是由河本、安倍、中川等下一代领袖担任发起人。这表达了他们不是将再生协作为三木或福田重返政坛顶峰的工具，而是愿"舍弃私心，献身投入"政界刷新的决心。④

日本宪政史上首次众参两院同日选举，以5月30日参议院选举告示的发布拉开了序幕。自民党执行部为了显示出举党姿态，将福田派往大阪，三木派往福冈，中曾根派往札幌开展竞选游说。大阪是全国第一站，福田强调"国民批评的，不是我们维护自由社会的基本态度，也不是自民党的政策，而是腐败事件不断的党的体制和相关态度"，并展示出"为了自民党能够重生为清正廉洁的政党，我以一个政治家的良心，一定要将党内改革推进到底"的坚定决心。⑤

选举首日的游说之后，大平感到胸闷，当天夜间在极为秘密的情况下住进了虎门医院。政治斗争中的劳心，过于密集的外访，加上70岁的高龄，使得心脏本就不好的大平身体到了极限。⑥党执行部要求福田、三木、中曾根等党内巨头在党首缺席的情况下，代替首相站到游说的第一

---

① 《福田笔记（1980年5月—9月）》。
② 《福田笔记（1980年5月—9月）》。
③ 《福田笔记（1980年5月—9月）》。
④ 《读卖新闻》1980年5月21日。
⑤ 《读卖新闻》1980年5月30日。
⑥ 福永文夫《大平正芳》（中央公论新社，2008年）第265页。

线，福田接受了这一任务。① 6月6日，福田会见内阁官房长官伊东正义，请他向大平代致问候，并转告大平"不用担心竞选游说的事，好好静养，出席（预定于6月22日召开的威尼斯）峰会"②。

大平去世，是在6月12日凌晨5时54分。福田6时10分从中川那里得知大平病情突然恶化，不久后的6时20分，樱内干事长通知他大平去世。在这一天的笔记中，他写道："大平氏在病榻之上，依然心系党的团结与选举，热切期待出席summit（峰会）。"③

具有讽刺意味的是，大平的死，将残酷的大福抗争带来的党内隔膜一扫而空，把竞选变成了一场对他的追悼。包括反主流派在内的候选人，纷纷在自己的事务所挂上大平的遗像，戴着黑袖章发表竞选演说。6月22日两院同日选举的投票率，在参议院历史上创造了"二战"后的纪录，在众议院的历史上也是"二战"后第四的高值。投票结果，自民党在众议院增加了36个议席，议席数达到284个（加上追加公认为289个），在参议院取得了69个议席，与未改选议席合计达到135个议席，取得全胜。持续6年的朝野伯仲状态结束，仿佛是大平以生命换来一般，终于实现了政局的稳定。④

（三）与"金权支配"相抗争

众议院选举的胜利，为自民党内的分裂打上了句号。剩下的问题是谁来接替大平担任总裁。成为反主流派的福田，无法从本派推荐候选人。三木派情况也一样，但之前为参加总裁预选进行了长时间拉票工作的河本，在总裁选举后就从三木派独立出来成立了河本派，并宣布将参加下一次总裁选举。⑤

在这样的形势下，铃木善幸成为继任总裁的有力人选。铃木是宏池

---

① 《读卖新闻》1980年6月2日（晚报）。
② 《读卖新闻》1980年6月6日。
③ 《福田笔记（1980年5月—9月）》。
④ 大平正芳回忆录刊行会编《大平正芳回忆录》（鹿岛出版会，1983年）第619页。
⑤ 《朝日新闻》1980年6月27日。岩野美代治（竹内桂编）《三木武夫秘书回忆录》（吉田书店，2017年）第251—256页。作为三木的秘书，岩野认为河本派的成立是对三木派的"政变"。

第四部

会的"大管家",长期担任党总务会长,在党内调整方面颇有口碑。田中角荣也因为铃木一直在宏池会内支持大角联盟,对他表示支持。在福田身边,岸信介也早早表示了对铃木的支持。6月30日,岸信介向福田传达了他的意见:"让安倍做干事长。铃木当(总裁)是没办法的事。"①

福田虽然知道这样会保留田中的影响力,但也只能接受。7月15日夜,接到铃木的电话后,福田说了以下一番话,承诺将超越与大平之间的恩恩怨怨,支持他上任。

> 只有大福关系圆满,自民党才能稳定。大平时代,因为不正常的机缘形成了大角体制,大平政权也一直不得安宁。大平去世,正是拨乱反正的好机会。应该舍小异(怨恨、过去的种种)而求大同。在这个意义上,我欢迎铃木内阁,也愿意鼎力相助。②

铃木善幸内阁从1980年(昭和五十五年)7月17日起步。同日,党内职务确定,安倍没有当上干事长,而是继续担任政调会长。铃木政权实现了以宏池会为中心,田中派与福田派保持势力均衡并支持铃木的"总主流派体制"。

铃木政府与福田保持了良好的关系,福田也大力支持铃木首相,这一时期甚至被称为"铃福蜜月时代"。铃木在内阁职务上对清和会照顾有加,在党最高顾问中也把福田放在高人一等的位置上。制定重要政策时,铃木会一一征求福田的意见,积极构建与福田的亲密关系。③

大平去世后,福田依然继续着与田中代表的"金权支配"的斗争。田中希望扩大本派的规模,以维持在党内的影响力。当时洛克希德事件的审判还在进行之中,田中认为维持和扩大本派的权力,能够让审判变得对自己更加有利。

20世纪70年代后期,中间派四派的领袖先后去世或是隐退,派阀走

---

① 《福田笔记(1980年5月—9月)》。
② 《福田笔记(1980年5月—9月)》。
③ 柳川卓也《福田赳夫语录》(政经社,1984年)第297页。《读卖新闻》1981年2月20日。

向分崩离析，田中派吸收了不少中间派议员，规模继续扩大。1980 年 10 月，田中以心腹二阶堂进为会长，成立"木曜俱乐部"，以更便于自己直接调动的形式，进行了派阀组织的重组。之后也致力吸收无派阀议员，到同年年底，终于成为自民党历史上首个人数超过 100 人的派阀。①

福田对田中个人并没有怨恨之情。但是倚仗最大派阀的人数优势，作为幕后的决定性人物，在政界呼风唤雨，是福田难以容忍的。1981 年 11 月内阁改组，铃木不顾福田的反对，起用二阶堂进为干事长，福田的不满终于喷薄而出。因为铃木之所以接受二阶堂为干事长，无非是由于田中派掌控了党务运营，而这一人事安排也意味着此前在田中派与福田派之间保持的力量均衡不复存在。② 此后，福田逐渐走向反铃木的方向。

1982 年 10 月铃木宣布不参加下期自民党总裁选举，角福对决战火重燃。在标榜"和谐政治"的铃木政权之后如果举办总裁预选，那么"大福对决"时田中作为"国王拥立者"（kingmaker）在幕后操持的噩梦将再次上演。虽然中曾根、河本、安倍、中川都表示要参选，但福田与铃木首相、二阶堂干事长决定暂时冻结预选，尝试以商议的方式解决问题。

此时，总裁总理（首相）分离方案再次浮出水面。田村元提出以"中曾根总理、福田总裁"的方式收拾局面。根据田村的说法，福田当初对就任总裁态度并不积极，但在田村的说服下终于以"到来年 1 月党大会为止"为条件答应担任"临时总裁"③。但田中直接给中曾根打电话，劝他不要接受这一方案。最终中曾根拒绝了提案，不得不举行总裁预选。在田中派的全力支持下，中曾根在总裁选举中取得压倒性胜利，成立了中曾根内阁。④

1983 年 10 月洛克希德事件审判的一审结果出来时，福田劝田中主动辞去议员身份，再次强调了党内刷新的重要性。同年 12 月自民党在众议

---

① 井芹浩文《派阀重编》（中央公论社，1988 年）第 166—168 页。《读卖新闻》1980 年 10 月 15 日。朝日新闻政治部《田中支配及其瓦解》（朝日文库，1987 年）第 243 页。
② 柳川卓也《福田赳夫语录》（政经社，1984 年）第 297—298 页。
③ 盛山正仁编著《田村元与其时代》（创英社/三省堂书店，2015 年）第 731—733、1014—1015 页。
④ 早野透《田中角荣》（中央公论新社，2012 年）第 355—356 页。

院选举中落败，福田在最高顾问会议上主张应该排除田中对自民党的一切影响。中曾根应田中的要求计划任命二阶堂进为自民党副总裁时，福田甚至以不惜辞去最高顾问之职的态度进行坚决对抗。[1]

但福田最后还是没有辞职。清和会中党风刷新联盟以来的资深议员接连隐退，拥立安倍晋太郎为总裁的下一代人的时代到来了。他们计划在中曾根下台后拥戴安倍，因此不希望与最大派阀田中派全面对决。

1984年1月，福田任命安倍为会长代理，全权委托他处理派阀事务，但自己仍留任会长。因为清和会中集结了多种势力，福田担心自己禅让过早，派阀会失去凝聚力而分崩离析。对此福田后来也颇有感慨，表示"所谓党内集团，只是临时聚集起来安上一个脑袋，绝不可能稳定。派阀就像城堡，需要一块石头一块石头地垒起石墙，然后让天守阁稳稳当当地坐落其上"[2]。

福田一面守护着安倍作为派阀领袖的成长，一面在田中影响尚存时坚持不从政界隐退。这是将生命投入党内改革中的福田信念的表现。1984年10月，当铃木善幸发起拥立二阶堂的行动时福田也加入其中，他希望通过支持二阶堂达到分裂田中派、结束田中支配的目的。[3] 但拥立二阶堂的行动失败，福田、铃木等元老的时代也迎来了落幕。政界的世代交替加速，新领袖们的时代到来了。

福田与"金权支配"的战斗，一直持续到1985年2月竹下登成立"创政会"后不久田中因脑梗病倒为止。目送田中支配结束，福田终于能够安心离开清河会会长的位置，那是1986年7月的事。

---

[1] 柳川卓也《福田赳夫语录》（政经社，1984年）第331—335、344—347、352—354页。
[2] 福田赳夫《没来得及问安倍晋太郎君的事》《文艺春秋》69卷8号，1991年。
[3] 朝日新闻政治部《田中支配及其瓦解》（朝日文库，1987年）第173页。

第十八章

世界的福田

前　言

　　离开首相岗位后的福田将他的视野转向世界。福田的关注点是"地球及人类的问题",也就是现在我们所说的全球化进展的问题。晚年的福田不仅关注东西方对立、宏观经济政策协调等与主权国家相关的问题,对全人类面临的课题也采取了积极应对的措施。

　　这或许也是"世界的福田"应有的姿态,福田在担任外相时代就经常把"世界中的日本"挂在嘴边,一直思考为了国际社会的和平以及安定,日本应该做出怎样的贡献的问题。在担任首相后,福田又提出"全方位和平外交"的理念,以与政治体制不同的东方苏联以及中国建立信赖关系为目标,与发展中国家之间也不仅停留在经济协作,而是应该通过"心心相融"式的交流,达到相互理解和信任的目的。在担任首相期间,福田参加过两次七国集团会议。之后,福田一直在思考日本作为发达国家应该承担的责任。作为他对自己参加国际活动的总结,他策划发起前政府首脑国际行动理事会(Inter Action Council,以下简称国际行动理事会)。

　　汇集了世界各国的前总统、首相的国际行动理事会是由福田提议后设立的。这也是为数不多的,由日本主导的国际组织。直至去世前,福田一直承担了主导作用。本章以国际行动理事会为轴心,描述福田离任首相后的活动。晚年的福田所追逐的理想为何物?福田一贯主张以外交手段寻求和平。福田通过国际行动理事会所追求的目标是"世界和平",

其内容不是抽象的，而是如何从政治军事以及经济两个方面来对应和防止危险的实践行为。对前者，福田寻求的是美苏的核裁军，后者则将轴心放在了人口问题和环境问题上。

在参与实践课题的同时，福田认为，应对全球规模的问题，不仅只是政治家之间，全世界宗教界领袖们的对话与相互理解也是非常重要的。福田的这个理想在罗马召开的宗教政治会议上得到了实现。这正是福田常年以来所期待的，通过"心心相印"的交流，加深人与人交流的价值观的体现。

从政界引退后，福田的关注点转向了如何确立在应对世界范围各种矛盾时的伦理标准的问题上。特别是自20世纪90年代以后，伴随国际化的进展，人口、环境、开发等问题已经跨越了国家主权范围。福田直到他人生的最后一刻，都在思考如何确立应对国际化发展的"普遍伦理标准"。

一　创设国际行动理事会

（一）从人口问题到"世界和平"

在言及国际行动理事会之前，首先必须要谈的是福田与人口问题的关系。人口问题是与经济开发密切关联的课题。20世纪60年代以后，人们因为关注南北问题，发达国家对发展中国家的技术援助和资金援助不断增加。但是，其效果不容乐观。瓶颈就是发展中国家伴随幼儿死亡率的降低而出现的急速的人口增长。人口的增长从长期来看虽然可以为经济增长做出贡献，但是从短期来看会造成食品、住宅的短缺，进而拖延经济增长的速度。控制人口增长的同时，协调与开发的关系，这对于发展中国家而言是一个重大课题。

原本对于人口问题采取了积极应对措施的是岸信介。岸信介是为数不多意识到人口的急速增长会阻碍发展中国家的社会以及经济的发展的政治家。1973年（昭和四十八年）岸带领相关国会议员访问亚洲各国考察人口问题。岸意识到日本在该领域的国际协作落后于其他发达国家，因此他在次年4月发起成立了超党派的国际人口问题议员恳谈会

（JPFP），亲自担任了首届会长。①

1979 年，岸辞任国会议员后，福田接替他担任第二届会长的职务。1981 年 10 月福田实现了自南京回国后的再次访华。这一次他是作为日本代表受邀参加"关于人口与开发的亚洲国会议员会议"。在北京访问期间，福田分别与邓小平等人进行会谈。同时，在该会议期间，福田因为对人口问题的贡献而被联合国授予了联合国和平奖。福田也是继岸信介后获得这一奖项的第二个日本人。②

福田不仅关心人口问题。在辞任首相后，他先后出访了韩国（1979年 4 月、1980 年 9 月），东盟五国（1979 年 5 月），美国（1981 年 3 月），泰国、印度尼西亚（1981 年 9 月），中国（1981 年 10 月），沙特阿拉伯（1982 年 6 月）和马来西亚（1982 年 8 月），可谓无愧于"世界的福田"的称号。

通过与世界各国首脑的交流，他进一步认识到必须为实现普遍意义上的"世界和平"而努力。对福田而言，"世界和平"不只是一个抽象的概念，而是如何应对来自政治军事和经济两个方面威胁的实践性的行动。

政治、军事层面的巨大威胁来自新冷战的展开。福田政权时期，美苏间的紧张关系已经明显缓和，但是因为 1979 年 12 月苏联入侵阿富汗的事件，卡特政权表现出强硬的对抗态度。赢得 1980 年总统选举胜利后，将苏联称为"邪恶帝国"的里根更是展开了大规模的军事扩充，试图通过这样的举措压倒苏联。美苏关系空前紧张，也更让福田感到维护"世界和平"的重要性。③

在经济方面，福田关注能源问题。1979 年 2 月，伊朗的伊斯兰革命派推翻了王权，成立了伊朗伊斯兰共和国。由于伊朗革命，世界石油价格再次高涨，引发第二次石油危机。原油价格上涨导致南美以及非洲的

---

① 公益财团法人亚洲人口开发协会网页（http：www.apda.jp/jpfp.about.html；2019/5/27）。

② 柳川卓也《福田赳夫语录》（政经社，1984 年）第 293—294 页。

③ 迈克·德克利尔、迈克尔·霍普金斯（伊藤裕子译）《冷战 1945—1991》（岩波书店，2009 年）第 193—198 页。

第四部

发展中国家经济萎缩,更是导致累积的债务危机爆发。日本因为吸取了第一次石油危机的教训,受到第二次石油危机的影响较小,但是世界各国同时呈现了经济衰退的现象。① 通过这两次石油危机,福田对伴随经济发展而出现的大规模消费的现象发出了警告,他提醒世界各国要充分意识到"资源有限",并为此做好准备。

(二) 国际元老会议的构想

福田在1982年(昭和五十七年)6月与莫斯(F. Bradford Morse)的会谈时找到了他实现"世界和平"理想的机会。莫斯曾经长期担任美国马萨诸塞州的众议院议员,1976年起出任联合国开发计划组织(UNDP)的秘书长职务。

在与访日的莫斯进行会谈的时候,福田向他提出能否成立一个由"退职的各国元首及政府首脑组成的国际会议组织,用以研讨现任元首们没有精力应对的全球规模的课题"的建议。刚开始的时候,福田的想法是成立以七国集团会议(G7)的前首脑为对象的"国际元老"会议。② 对于福田的建议,莫斯从联合国前开发计划组织可以协同的角度建议,范围不应仅限于西方工业国家,应该将东方各国以及地球南面的发展中国家的首脑也容纳进来,形成"东西南北"的规模。莫斯更是建议由当时刚从联合国秘书长职务上离任的出生于澳大利亚的库尔德·瓦尔德海姆(Kurt Waldheim)担任首任议长。③

福田认为成立"国际元老会议",联邦德国的施密特前总理是必不可缺的关键人物。施密特是德国社会民主党人,在历任各种重要职位后,从1974年到1982年担任联邦德国总理。他与福田是在1971年以国防部长的职务访问时认识的。在石油危机发生后,两人同为藏相(财政部长),又在伦敦以及波恩的七国集团会议上以首相的身份维护了日美欧的协调体制。福田对施密特作为政治家所具备的见识与执行能

---

① 猪木武德《战后世界经济史》(中央公论新社,2009年)第304—308页。
② 福田在回忆录里用了"国际元老会议"的表述。福田赳夫《回顾九十年》(岩波书店,1995年)第328页。
③ 渥美桂子氏谈(2019年5月29日)。

力抱有敬意。①

福田向施密特提出建立"元老会议"的建议，是1983年1月施密特访日时。施密特在回想那个场景的时候记录道"简直太单纯了！"但是，这是一件在国际上尚无前例的事情。对他的这个想法，施密特也颇感兴趣，同时答应给予福田协助。之后，施密特与福田一起主导了国际行动理事会。②

为创设国际行动理事会的筹备委员会于1983年3月在奥地利的维也纳举行了会议。作为会场的霍夫堡宫曾经是哈布斯堡王朝的宫殿，1938年希特勒合并奥地利就是在这里发表宣言的。

参加会议的有福田、莫斯、瓦尔德海姆等七人。施密特因为要参与联邦议会的选举未能参与，英国的前首相希思（Edward Heath）临时参加了会议。七人仅正式的会议就进行了五次，即便是会议的时间超过十个小时，大家也饶有兴趣地进行了讨论。③

福田作为召集人，除了对设立会议的宗旨、目的进行说明以外，还特别强调，具备广泛政治经验的前国家领导人，聚集在一起讨论各种问题，一定能为世界的和平做出卓越的贡献。筹备委员会最终决定将会议的组织名称定为"前政府首脑国际行动理事会"（Inter-Action Council of Former Heads of States and Governments）。根据希思的建议，将"行动"加入了理事会的名称内。之后，又将会议的组织名短缩为 Inter-Action Council（国际行动理事会）。

国际行动理事会由全体会议与专家会议两个体系构成。具体而言就是，国际行动理事会围绕以下三个主要议题：和平与安全保障；世界经济的发展；人口开发与环境。在每一年度，将目前面临的焦点问题提交全体会议讨论，随后提交应对的"建议"。同时，在全体会议召开前，在

---

① 福田赳夫《日本的活路在这里》《中央公论》第99卷8号（1984年），H. 施密特（永井清彦、片冈哲史、内海隆司译）《施密特外交回忆录》下（岩波书店，1989年）第201页，福田赳夫《回顾九十年》（岩波书店，1995年）第330页。

② 《读卖新闻》1983年1月28日。宫泽喜一监修，宫崎勇编《探求普遍伦理价值》（日本经济新闻社，2001年）第2—3页。

③ 《读卖新闻》1983年3月11日。

第四部

国际行动理事会成员中担任议长的那位，会先召集专家会议，在听取各国专家的意见后，为全体会议准备好讨论草案。审议会及其成员在对草案进行讨论后，将获得通过的"建议"，直接交给世界各国的政府部门或是具有国际影响力的领导人。

会议的秘书处设置在维也纳，莫斯担任秘书长，聘请曾经有过联合国工作经验的人为职员。会议成员由20—25人构成。选任原则是，一个国家出一名代表，代表应具有国际影响力，且跟现任政府没有矛盾。①

通过外交手段寻求和平的想法是福田一贯的主张。有人批判以实现东西方军备缩减为目标的福田的主张，质疑其是否与日本想要提高防卫能力的做法相矛盾。针对这种批判，福田除反复强调日本不成为"军事大国"的主张之外，还反驳道："世界25个国家的元老聚集在一起，当然会各自主张本国的利益，但是我认为，反对军事扩张与积极活跃市场是可以达成一致的。"在国际行动理事会上，福田又谈到了自己的理想："一旦有了成果，苏联和美国也会积极参与进来，我们的组织说不定就会成为东西方交流的桥梁。"②

（三）国际行动理事会的启动

国际行动理事会的第一次全体会议是在1983年（昭和五十八年）11月16日召开的。会场安排在大雪飞舞的维也纳洲际酒店。以福田为首的世界二十个国家的前元首或政府首脑，莅临会议。

福田虽然终于实现了他所期待的国际行动理事会的梦想，但是也并非都满足了他的要求。最大的问题就是参会人员的选定。其中，苏联没有合适参会条件人员，美国方面的福特和卡特两位前总统也因为要参加总统选举而无法亲临会场，其他西方主要国家的首脑也有多名缺席。比如，法国的吉斯卡尔因为面临总统选举的挑战也无法参加，派出了前总理沙邦－戴尔马（Jacques Chaban-Delmas）作为代表，联邦德国的前总理施密特、英国

---

① 宫泽喜一监修，宫崎勇编《探求普遍伦理价值》（日本经济新闻社，2001年）第12—13页，福田赳夫《回顾九十年》（岩波书店，1995年）第330—334页，《读卖新闻》1983年3月11日，《朝日新闻》1983年5月5日。

② 《朝日新闻》1983年5月5日。

的前首相卡拉汉也各自因为国内的政局临时取消了参加会议。①

因为领袖会议是在西方各主要国家首脑缺席的情况下举办的，与会者中就有人担心，发展中国家的代表会不会乘机将它当作自己的舞台。②

为此，抵达维也纳后的福田，立刻就主动与参加国际行动理事会的人员说明了会议的目的。对福田来说，国际行动理事会不是一个固执地坚持主张狭隘的国家利益的场所，而是一个讨论"与人类社会生死存亡相关的问题"的场所。因此，福田在会议的间隙，利用各种机会说服与会代表接受他的观点。

福田在维也纳全体会议上所做的基调报告，其内容全部都只是讨论世界范围的问题。福田重视的问题还是在伦敦七国集团会议上提及的"历史教训"。福田指出，世界面临经济和政治两个方面的威胁。

首先，在经济方面，福田分析了失业问题日益严重的1983年的世界经济情况，全面总结了生产规模缩小、投资减少、不稳定的银行利息以及汇率、贸易保护主义的倾向、世界贸易额的减少和债务增加的问题。同时指出，上述问题没有一个国家可以独善其身，1983年的经济衰退是继20世纪30年代世界经济危机之后第二次全球经济衰退，福田特别警示与会者说："我们不能重蹈30年代的覆辙"。福田以他常年的实际经验得出的分析结论，正是"福田经济学"的精髓之所在。

同时，福田还指出，更为深刻的问题存在于军事和政治方面。他说道："在东西方对立的框架中的国际政治，在这三十八年之间出现了紧张缓和以及和解的迹象。但是，20世纪70年代后期，世界又陷入了危险的东西方对立的时期。某一局部区域的纷争，或许会引发比1914年萨拉热窝的一枪更为可怕的结果。"福田为新冷战时期东西方紧张关系不断升级的国际局势敲响了警钟。③

---

① 宫泽喜一监修，宫崎勇编《探求普遍伦理价值》（日本经济新闻社，2001年）第22—23页。

② 宫泽喜一监修，宫崎勇编《探求普遍伦理价值》（日本经济新闻社，2001年）第23—24页。

③ 宫泽喜一监修，宫崎勇编《探求普遍伦理价值》（日本经济新闻社，2001年）第25—26页。

第四部

福田尤为担心的是美苏两大阵营的军备扩张竞争。福田指出，军事费用的膨胀往往是诸多国家发生财政赤字的主要原因，同时也妨碍了世界经济的发展。

在总结了上述危机的基础上，福田对与会者提出了"我们正在打算走向何方"的疑问。并发出了呼吁："作为国际行动理事会，我们的重要的任务就是，构筑面向 21 世纪的共同基础，我们这些曾经担任过政府首脑的人们，应该集中我们的智慧，为了人类共同的利益进行认真探索。"

福田这个在回顾历史的基础上同时面向 21 世纪的演说，成为连续三天的闭门讨论环节的基础论调。国际行动理事会还讨论了下一阶段的优先课题，提出将和平与缩小军备、活跃世界经济、强化人口环境以及开发问题的国际合作机制等三点作为优先课题的基本方针。

福田是会议的实际主导。参加会议的人员，出于维护本国利益的目的，反复坚持各自的主张，每当瓦尔德海姆议长要宣布"放弃"的时候，福田总是在一旁说道："请各位从长远着想，为全人类考虑一下"。每次听到福田这样说的时候，一直在脸红脖子粗地争论不休的与会者也只能低头沉默。[①]

福田对瓦尔德海姆议长的会议运营有所不满。因为瓦尔德海姆习惯于联合国方式的讨论模式，过度重视外交礼仪，与其说鼓励大家讨论，还不如说是更习惯于专心低头念秘书处为他准备好的稿件。对此，福田认为，国际行动理事会只是一个"既没有基础支持也没有任何权力的团体"，为了树立在世界范围的权威性，深化问题讨论的内容尤为重要。[②]

重视会议内容的福田与重视以联合国会议形式的讨论方法的瓦尔德海姆以及莫斯之间的意见对立，持续了一段时间。直至 1985 年瓦尔德海姆决定参加奥地利总统选举，宣布由施密特就任议长后才得以解决。

将来自世界各国参会者的意见进行集约的劳作，一直持续到了最后一天形成共同声明的时刻。大多数的与会者，对总论均表示了赞同，但

[①] 宫泽喜一监修，宫崎勇编《探求普遍伦理价值》（日本经济新闻社，2001 年）第 27 页。
[②] 宫泽喜一监修，宫崎勇编《探求普遍伦理价值》（日本经济新闻社，2001 年）第 33 页。

是对各段落的表述却表示反对,都希望将自己的发言写入共同声明中。为此,福田为如何将公报表述得简洁明了一事大费周折。

最后,参加维也纳全体会议的成员对会议的召集人福田表示敬意,会议决定推荐福田担任名誉议长的职务。同时,会议还一致同意今后将定期举办国际行动理事会。全体会议结束后发表的公报,以当时已经进行到关键阶段的"美国与苏联关于销毁中程与较近程导弹谈判(INF)"为对象,呼吁美苏两国"为实现缔结有实际效果的协议而努力,从维护人类全体利益的角度出发,避免谈判的失败"。

在强化世界经济交流问题上,公报建议美西方各国在实行降息的同时,着手帮助陷入日益深刻化债务危机的发展中国家解决问题。① 尤其是针对后者,设立了以施密特为议长的金融、货币专家会议。会议形成的议案将会在全体会议上进行讨论。②

二 面向冷战的终结

(一) 面向美苏核军控的实现

既没有章程也没有策划就开始启动的国际行动理事会,以在维也纳的第一次全体会议的成功召开为契机步入了正轨。1984年(昭和五十九年)3月,在联邦德国汉堡举行了筹备下一届会议的执行委员会会议。之所以将会议安排在联邦德国举行,主要是为了配合工作繁忙的施密特的日程。

在举办第一次全体会议的1983年秋天,美苏关系空前紧张。9月发生了苏联空军战斗机击落途经阿拉斯加前往汉城的大韩航空飞机的事件。该飞机脱离原计划航线进入苏联领空,而苏联方面误判为美国的间谍机而实施了击落。虽然里根政府对苏联提出严重抗议,但是苏联方面没有正式道歉。

---

① Final Communique of Inter-Action Council, 16 – 18 November 1983.
② 宫泽喜一监修,宫崎勇编《探求普遍伦理价值》(日本经济新闻社,2001年)第26—27页。

第四部

　　10月，美军入侵位于加勒比海的格林纳达，推翻了当地的社会主义政权。同时，11月北约实施了大规模军事演习。面对西方的一系列行动，苏联方面感到了威胁，同时也加强了警戒。

　　美苏间的相互不信任导致了两国削减核武器谈判的中止。伴随北约各国配备了美制巡航导弹以及潘兴-2导弹，11月22日，苏联宣布停止INF谈判。[1]

　　在美苏关系空前紧张的情况下，国际行动理事会的存在感显得尤为突出。协助改善美苏关系也就成了国际行动理事会的最大课题。在汉堡举行的执行委员会一致认为，应该劝导"美苏两个超级大国的领导人见面"。于是便分别给白宫和克里姆林宫发去了写着"强烈希望两国领导人进行会见，建立个人信任关系，寻求共同点，打破事态僵局"内容的电报[2]。

　　第二次全体会议是在1984年5月召开的，地点在南斯拉夫（现黑山共和国）的布里奥尼，该市位于亚得里亚海的小岛上，曾经也是铁托（Josip Broz Tito）总统的疗养地，在其去世后作为接待国宾的场所。

　　第二次全体会议除了第一次会议的与会者，还加上了施密特以及卡拉汉两位西欧重要国家的前领导人。会议也总算有了一点"国际元老会议"的感觉。

　　作为名誉议长的福田，在他的基调报告中着重提及需要促使对立严重的美苏两国建立对话机制。他强调，为了达到削减核武器的目的，必须开启已经中止的美苏之间的对话。为此，国际行动理事会必须发挥积极作用。

　　在闭门会谈的环节，促使美苏首脑会谈的具体方法，以及由施密特议长汇总的货币、金融专家会议的报告成为主要议题。同时，在全体会议上以公告的形式，确认了要求美苏两国领导人，在尽可能早的时间内进行直接见面会谈。为此，世界各国的领导人需团结一致合作努力。会

---

[1] 迈克·德克利尔、迈克尔·霍普金斯（伊藤裕子译）《冷战 1945—1991》（岩波书店，2009年）第201—223页，濑川高央《美苏核削减交涉与日本外交》（北海道大学出版会，2016年）第140—141页。

[2] 宫泽喜一监修，宫崎勇编《探求普遍伦理价值》（日本经济新闻社，2001年）第37页。

议结束后，全体会议代表的成员，匈牙利的前总理福克（Fock Jeno）前往莫斯科，前首相卡拉汉前往华盛顿，以实际行动进行了推动。① 以"行动"为重点目标的国际行动理事会，实际上也是这么执行的。

美苏关系的改善，在 1985 年苏联领导人进行更替后露出了曙光。1982 年 11 月苏联的勃列日涅夫去世后，安德罗波夫（Yuri Andropov）成为苏共总书记，但是安德罗波夫也在 1984 年 2 月病逝，其后接任的契尔年科（Konstantin Chrnenenko）也仅担任了一年总书记的职务便去世。美苏关系一直没有进展的一个主要原因就是，最高领导的健康问题以及他们对美国所抱有的强烈的不信任感。② 但是，1985 年 3 月 11 日，当时 54 岁的戈尔巴乔夫（Mikhail Gorbachev）成为新的总书记后，事情发生了重大的转变。日内瓦美苏总体军备削减会议在戈尔巴乔夫担任总书记的第二天就重新召开。

国际行动理事会的第三次全体会议是 1985 年 4 月在巴黎召开的。在当时，戈尔巴乔夫总书记已经宣布，暂时停止在欧洲部署中距离核弹道导弹。美苏会谈也具备了成熟的条件。众人都在期待，在上一年秋天再次当选为美国总统的里根，实现与戈尔巴乔夫的会见，美苏关系迎来转折点。③

在巴黎的全体会议上，之前设置的三个专业委员会，分别提交了《对发展中国家的援助》《发展中国家的军费支出》《核武器削减与军备管理问题》的报告。

国际行动理事会在发起一年半多的时间内，举办了三次年度全体会议，出席人员也逐步固定下来。参加本次全体会议的又增加了加拿大的特鲁多总理。特鲁多从 1968 年起担任过 15 年以上的加拿大总理，他是推动将英法语言作为正式语言，促进加拿大多元文化发展的政治家。特鲁

---

① 宫泽喜一监修，宫崎勇编《探求普遍伦理价值》（日本经济新闻社，2001 年）第 41—43 页。

② 迈克·德克利尔、迈克尔·霍普金斯（伊藤裕子译）《冷战 1945—1991》（岩波书店，2009 年）第 202—203 页。

③ 迈克·德克利尔、迈克尔·霍普金斯（伊藤裕子译）《冷战 1945—1991》（岩波书店，2009 年）第 216—217 页。

第四部

多是在施密特的推荐下参加的会议，同时成为执行委员会的成员。

巴黎全体会议的主题不用说也是美苏关系。福田在基调报告中对与会者说明了国际行动理事会设立的经历，以及至巴黎全体会议为止的主要工作之后，对世界的经济形势进行了分析。在对美国以6%的年经济增长率扩大世界贸易的发展，先进工业国的经济增长率也达到了2%给予了评价的同时，对美国巨大的财政赤字、高利率、高美元汇率对世界整体经济，尤其是对债务国的不良影响提出了警告。

福田着重对世界军备削减的问题进行了探讨，对不断增加的各国的军事开支已经达到一万亿美元敲响了警钟。尤其指出，美国的军事支出占总预算的25%、苏联占总预算的44%，这就是产生财政赤字的根源。在此基础上，福田提出了美苏两国削减军事支出的必要性，主张两国首脑应该进行会谈，重新构筑相互的信赖关系。福田认为，伴随里根总统的再次当选以及戈尔巴乔夫总书记的就任，两国应该明白相互间的疑心暗鬼是一件多么愚蠢的事情。指出："两国领导人必须尽快见面，以会见为契机，找到恢复信赖关系的机会，只有不断接触交流，才能找到求同存异的方法。国际行动理事会一直以行动为指针，我们应该为推动实现美苏领导人见面发挥各自的作用"。在福田基调报告的基础上，全体会议也提出了尽早实现美苏首脑会见的共同呼吁。

全体大会上的争论焦点是削减核武器的问题。在巴黎全体会议上邀请到了曾经担任过美国国防部长以及世界银行总裁的麦克纳马拉（Robert S. Mcnamara）。围绕他提出的"废除核武器理论"，施密特谈到了面对在两德边境上配备着大量核武器的心情。福田也代表唯一经历过核武器爆炸的国家，表述了日本国民的心情。但是，围绕废除核武器的论点是否要写入公告里，与会者的意见发生了分歧。来自拥有核武器国家的英法的卡拉汉和沙邦－戴尔马表示出为难。为此，最终在公告中表述为："核战争没有胜者，因此，绝对不能进行核战争"。[①]

巴黎全体会议后，1985年11月，再次在汉堡举行了执行委员会会

[①] 宫泽喜一监修，宫崎勇编《探求普遍伦理价值》（日本经济新闻社，2001年）第50—59页。

议。参加这次会议的成员显露出欢快的表情。原因是，在这次执行委员会刚结束的时候，国际行动理事会的各位所期待的美苏领导会谈的日程就已经决定了。为此，执行委员会给里根以及戈尔巴乔夫两位领导人发出了"欢迎首脑会见的举行，希望本次会见能成为两大超级大国领导人实现相互理解的契机"的电报[1]。

在日内瓦举行了美苏首脑会谈后，两国领导人继续互通书简进行交流。1986 年 10 月，两国首脑再次在冰岛的雷克雅未克进行了会谈。紧接着在 1987 年 12 月，在华盛顿举行美苏领导会谈时，两国签署了《美国与苏联关于销毁中程与较近程导弹谈判条约》(INF)。伴随该条约的签署，两国配备在欧洲及亚洲的射程 500 公里至 5500 公里的陆地中距离核导弹被全面废除，可谓可载入史册的大规模削减核武器行动[2]。国际行动理事会所期待的阻止美苏两国核武器竞争的努力，终于看见了希望。

(二) 在东京举办国际行动理事会

平时一直自称"明治 38 岁"的福田，过了喜寿的年龄却还是依然身体健壮。在位于纪尾井町的赤坂王子酒店旧馆的福田事务所，福田除了每天接待络绎不绝的访客，还要为了国际行动理事会等事项，经常出访各地。[3]

1986 年（昭和六十一年）对福田来说尤其是繁忙的一年。根据福田出行记录的记载：福田 3 月作为政府特使出席了瑞典前首相帕尔梅（Olof Palme）的葬礼。4 月参加在箱根举办的第四次国际行动理事会，同月访问中华人民共和国。8 月为参加原日本留学生十周年大会，出访菲律宾的马尼拉，并会见阿基诺总统（Corazon Aquino）。9 月为参加国际人口问题议员恳谈会出访尼泊尔。10 月访问韩国并与全斗焕总统会见，同月在意大利的米兰与施密特和基辛格会见讨论。12 月在夏威夷参加国际行动理

---

[1] 宫泽喜一监修，宫崎勇编《探求普遍伦理价值》（日本经济新闻社，2001 年）第 63—65 页。

[2] 迈克·德克利尔、迈克尔·霍普金斯（伊藤裕子译）《冷战 1945—1991》（岩波书店，2009 年）第 216—218 页。

[3] 柳川卓也《福田赳夫语录》（政经社，1984 年）第 378—379 页。

第四部

事会执行委员会会议。①

日本在当年的 7 月举行众议院选举。中曾根内阁的这次选举将参众两院的选举放在了同一天举行。在保守回潮的背景下，自民党获得了 300 个议席的历史性胜利。福田获得了 12 万 500 票，以比现任首相中曾根还要多的第一名的票数成功获得了第十四次当选。同年 7 月，福田将清和会会长的职务让给了安倍晋太郎，专注于以国际行动理事会为中心的国际交流活动。但是，在自民党内福田作为长老的影响力依然存在。

4 月在箱根进行的第四次国际行动理事会也是该会议第一次在东京举办。意气风发的福田邀请了政府的政要们参加在东京都内会场的开幕仪式后，将会场移至箱根。

在东京举办的全体会议上，福田提出了着眼于 21 世纪的人口及环境问题。在美苏关系看到了曙光的时刻，国际行动理事会又将主题回归到了它的出发点的国际焦点问题上。

从东京全体会议开始，福田将关于世界现状的基调报告委托给了施密特。在开幕式上，施密特做了一个小时的基调报告。施密特的演说包含了世界的政治、经济、防卫、战略等多方面的内容，非常成功，连福田也不由得表示钦佩。福田的报告集中于人口环境问题，简洁明了。他指出："人口问题与各国的文化、自我认知、宗教紧密关联，毫无疑问，各国有权利制定本国的人口政策，但是当把它作为全球规模的问题，寻求解决方案的时候，各国应该在宗教、问题等方面探索、得到最大限度的公约数。"同时，福田还介绍了先于全体会议举行的专家会议所提出的建议。②

在开幕式结束后，会议成员分别访问了东宫御所以及首相官邸。次日起全体成员转至箱根。考虑到交通拥堵以及安全警备上的问题，大家乘坐同一辆大巴一起行动。这是为了养成成员共同行动的习惯，同时也节约了大量费用。先行抵达箱根的福田，在会场及下榻地的王子酒店的

---

① 《福田赳夫经历》《楠田实资料》（无号码）。
② 宫泽喜一监修，宫崎勇编《探求普遍伦理价值》（日本经济新闻社，2001 年）第 66—71 页。

大门，迎接大家。

在箱根举办的为期两天的会议上，大家探讨的第一个议题就是，福田在开幕式上谈到的"人口环境及其与开发关联的诸问题"。与会者一致同意该问题无法单独切割解决的观点。特别是关于人口问题，众人认为，有必要通过与世界各国宗教领袖的交流取得相互的理解。如同后述那样，这一共识也成为未来由福田主导的宗教界交流的起因。

在长时间的讨论中"领导人论"也被抬上了桌面。迄今为止的领导人只需集中精力解决眼前的问题即可的时代已经结束。如今对领导人的要求已经变成了面对复杂的人类全体的问题，能站在一定的高度进行思考，并具备率先解决这类问题的能力。当年公告的开头就写着："领导人的首要义务就是指导"，强调了这一原本是理所应当，却容易被忘却的事情。

国际行动理事会公告的起草，一般都是从第二天会议结束后连夜起草，直至天明的时候完成。箱根全体会议的时候，福田也如同往常那样等待着彻夜起草完成的初稿。尽管福田多次表达了希望公告内容简洁明了的愿望，但是秘书处的那些联合国前职员的欧美员工们，还是坚持要将所有的内容都写到公告里。在福田的指导下，非联合国前职员起草了另一份公告。最终，形成了长短两份公告。

施密特议长虽然选用了福田他们起草的较为简洁的公告，但是，很多人因为自己的主张没有被选入公告而找施密特告状，结果，福田起草的公告的内容很快也增加了一倍。福田虽然无奈地表示："这就是民主主义"，但是也对这种将问题的焦点模糊化的做法表示了不满。

围绕公告的纠纷虽然消解，但是福田、施密特等执行委员会的成员与以莫斯为首的秘书处的矛盾其后也没有消除。结果，莫斯在次年吉隆坡全体会议结束后的执行委员会上，提交了辞呈并离开了委员会。[①]

（三）罗马宗教政治会议

在箱根全体会议上，福田有一个新的提议，那就是政治领导人与宗

---

① 宫泽喜一监修，宫崎勇编《探求普遍伦理价值》（日本经济新闻社，2001年）第73—77、83页。

教领导人的对话。他认为，在应对诸如人口问题这样的全球规模课题的时候，通过与世界各国宗教领导人的交流获得相互理解是必不可缺的。福田认为，在讨论与全人类共同利益息息相关的问题的时候，每个人都应该有必要超越自我认同，将问题上升到"内心"的高度进行思考。多年后，施密特在回想福田的这些观点的时候，曾这样说：将世上的各种问题的基本起因都归结为"内心"的问题的福田，试图摸索一条宗教领导人与政治领导人对话的道路。他认为，政治领导人有必要从具备数千年的智慧与传统的宗教领导人那里汲取智慧。他的这种"典型的福田式的思考方法"真的让我感到佩服。这是因为"心心相印"就是他的政治理念。"心心相印"对福田来说就代表着，与人交往，无论于公于私，都要满怀诚意、坦率、理解、宽容与容忍。政治上虽然显得有些过于理想，但却正表现出他希望世界能够变得更为公平与和平的愿望与努力。①

这也正是福田作为一名政治家，希望通过"心心相印"式的交流，在充满对立的世界里，建立相互理解、信赖、合作的关系，从而实现世界和平的价值观的体现。

福田的愿望于1987年（昭和六十二年）3月，在罗马举行的宗教政治会议上得到了实现。在古老的耶稣修道院内举办的会议上，有福田、施密特等八名国际行动理事会的成员参加。来自宗教界的代表有佛教、伊斯兰教、基督教新教、基督教、天主教、印度教、犹太教五大宗教的领导人与会，同时也邀请了代表科学界的环境专家莱斯特·布朗（Lester Brown）参加会议。

作为召集人的福田，在第一阶段的会议上特意没有设定议题，他希望听到与会者诉说各自内心最为关切的问题。与平时的国际行动理事会不同，这一阶段的会议，没有活跃的讨论，与会者以独白的口吻陈述自己想要诉说的问题。②

----

① 福田康夫、赫尔穆德·施密特、马克·福莱萨《世界为什么而争执》（朝仓书店，2016年）第3页。

② 宫泽喜一监修，宫崎勇编《探求普遍伦理价值》（日本经济新闻社，2001年）第234—237页。

接着上一阶段的会议，福田将议题转移到了可预见的未来人类将要面临的问题分析上。在此福田认识到，即便基本的理念有很大的差异，但是，如果能以世界上的宗教与政治领导人所共有的"道德价值"为基础，则在很多领域可以进行协作。作为召集人的福田，尽可能将获得全体成员接受的观点集中在一起，以全体成员都能接纳的形式发表了《关于世界各类问题的声明》（《罗马宣言》）。

《罗马宣言》的主要内容有三点，即"和平""世界经济""开发、人口、环境"。

（1）真正的和平、对话以及有包容力的理解，只有不断通过对包括所有的社会领域以及国际广泛的接触才能实现。

（2）必须从道德、政治、经济的角度解决地球上为数众多的贫困现象，同时须建立以公平的经济结构为目标的努力方向。

（3）承认未来家庭的道德价值观将建立在男女共同承担的基础上，这也是解决开发、人口、环境等关联问题必不可缺的前提条件。①

罗马宗教政治会议后，在福田的内心依然难以释怀的是，在应对世界各种矛盾的时候，世界却缺乏广泛共有的伦理标准这个问题。特别是在 20 世纪 90 年代，伴随经济全球化的不断发展，人口、环境、开发等问题已经超越了传统的主权国家的应对框架。针对这些全球化时代面临的问题，福田认为有必要确立一个"普遍的伦理标准"。

三　注视 21 世纪

（一）政界引退

福田宣布不参加下一次众议院选举并将不再担任议员，是在元号从

---

① 宫泽喜一监修，宫崎勇编《探求普遍伦理价值》（日本经济新闻社，2001 年）第 241—243 页。

第四部

昭和改为平成不久的1989年（平成元年）3月的时候。福田说："我终身都没有离开政界的想法，但是戴着议员的徽章会被别人用各种眼光注视，从今往后希望能更自由且公正地发言"，也表明了他的职业生涯都将坚持政治活动的决心。①

当时的政界正值利库路特事件浮出水面的时刻，竹下登内阁的未来也变得扑朔迷离。

利库路特事件是战后日本最大的悬疑事件。利库路特公司用与自己公司关联企业的非公开股票，贿赂众多政界人士。行贿的对象包括竹下登首相、安倍晋太郎、宫泽喜一、前首相中曾根以及前阁僚和自民党派阀的领袖。通过这一事件，重新让人们认识到"政治与金钱"的问题，已经深深地渗透了全体政界。同时，政治家为了维护派阀的日常运营，需要不断补充巨额的政治资金。②

面对这样的现状，以自民党内当选次数较少的年轻骨干议员为中心，对利库路特事件进行反省，要求实现金钱与权力分割的"政治改革"。以武村正义为代表的乌托邦政治研究会等超派阀的团体不断涌现，与以往的党风刷新联盟一样，要求进行党的改革。这样的呼声也在党内引起了波澜，围绕"政治改革"，党内分成了两派，成为推动日本政治变动的大课题。③

1989年4月25日，竹下登首相宣布辞职，但是他的后任人选却难以决定。因为可以作为首相候选人的党内重要人物，几乎都与利库路特事件有关联。为此，由党内元老出面成立临时内阁的方案被提上了日程。但由于最有实力的伊东正义表示坚辞不受，由84岁的福田出任首相候补的方案便浮出了水面。

推荐福田的是竹下派的元老金丸信副总裁，宏池会的铃木善幸和宫泽喜一也表示了支持。因为福田与利库路特事件既无关联，又拥有清廉的形象，虽然已经高龄，但是没有健康问题。更为重要的是，7月即将召

---

① 《朝日新闻》1989年3月8日。
② 药师寺克行《现代日本政治史》（有斐阁，2014年）第26页。
③ 每日新闻政治部《自民党》（角川书店，1989年）第186—187页。

开巴黎西方七国集团会议，为了在国际舞台发挥主导作用，日本必须选出一个既有丰富的国际经验又精通经济政策的领导人。①

这一年的国际行动理事会的全体大会是与乔治城大学战略研究所共同举办的，会场安排在美国华盛顿。福田在讲演中指出："冷战的帷幕正在缓慢降下，我们应该为下一代人的共存与合作做好切实的准备。"他又同时强调了以下四点：（一）坚持不断缩减军备；（二）实现普遍的民主与人权；（三）经济方面废除贸易保护主义，确保货币稳定，保持平衡发展，缩小南北差距；（四）重视人口与环境问题。

因为进入了总裁候选人名单，福田在华盛顿尤为繁忙。除了来自东京不间断的电话，派驻当地的新闻媒体以及电视台特派员也时刻关注着福田的行动。国际行动理事会的成员中也有人劝他说："福田先生，哪怕只当一年，您也接受大家的要求吧，这样可以革新一下日本的政治。"福田本人虽然并无此打算，但是作为常年主张进行党内改革的元老，不可能不跟大家就此问题进行交流。为此，他决定不等国际行动理事会的最终宣言起草完成就启程回国。

但是就在福田打算离开华盛顿的时候，他接到了由竹下内阁的外相宇野宗佑接任首相职务的通报。围绕后任首相的人选，竹下的原则是："钟表的指针虽不能回转，但是也不前进"。他找了既不是元老，也不是年轻人的骨干人群中的宇野，临时担负起政权的责任。他真正的想法是把政权交给他的盟友，当时在住院的安倍晋太郎。②

对竹下这种强势的决定感到不满的福田，回国后跟铃木善幸前首相一起对宇野作为后任人选表示了异议。铃木提出了将总裁的职务临时委托福田，从50多岁的年轻政治家里挑一人出任首相的总理与总裁分离的方案。这也是从20世纪70年代就反复出现又消失的方案。福田也对竹下提出了建立党的"集体领导体制"的方案，即以在自民党建党之初设定的由鸠山一郎、绪方竹虎、大野伴睦、三木武吉等担任总裁代理委员制度为范本的模式。福田与铃木希望以党的元老为中心，决定总裁代理的

---

① 《读卖新闻》1989年5月25日。
② 后藤谦次《文献 平成政治史1》（岩波书店，2014年）第30—31页。

第四部

人选，由他们进行调整后再选出后任首相。但是这样的主张并没有被接受，最终以竹下强行推进的形式，6月3日宇野内阁成立。

利库路特事件在日本国内造成重大影响的1989年，国际形势也发生了巨大变化。东欧方面在进入夏季以后，形势发生了变化。波兰进行了首次自由选举，"团结工会"取得了压倒性的胜利。匈牙利的民主化也得到了推进。民主德国方面有众多的国民离开自己的国家，到了11月，象征着东西分裂的柏林墙被推倒。由于苏联对东欧的政治变动采取了默许的态度，民主化运动也波及了其他东欧国家。12月在地中海的马耳他，布什（George H. W. Bush）总统与戈尔巴乔夫总书记进行了首脑会谈，确认了结束美苏对立的局面。[1]

回首自1952年（昭和二十七年）福田投身政界之后的行动轨迹，可以发现很多被东西方冷战所约束的部分。他在进入政界前所写的《世界一统的梦想》一文被载入名为《金融财政事情》的杂志。在文章中，福田写道："世界一统的梦想，是未来人类共同追逐的梦想。"这个梦想不是单一形式的，可以有"交流型的""联合国型—民主型"等，而类型的不同，使世界一统的梦想有着复杂性和困难性。但是福田在文章的最后写道："然而，梦想难道只有这两种类型吗？一个样子、一种色彩，难道就不能有新的梦想了吗？说不定那就是梦想中的梦想。"[2]

对福田而言，实现世界一统，在四十年前或许只是一种"梦想中的梦想"，但是"全方位和平外交"和国际行动理事会都是为了实现这个梦想而诞生的。结束冷战，是福田的夙愿。

1990年（平成二年）1月24日，众议院解散，福田也结束了他38年的议员生涯。在这次选举中，有多名与福田有过密切交往的议员辞去了职务，诸如铃木善幸以及福田的亲信田中龙夫、细田吉藏等也离开了政坛。因为脑梗而一直在静养的田中角荣也是如此。对作为福田最大"政敌"的田中的引退，福田在接受记者的采访时回答说："我们都经历

---

[1] 小川浩之、板桥拓己、青野利彦《国际政治史》（有斐阁，2018年）第196—197页。
[2] 福田赳夫《世界一统的梦想》《金融财政事情》二卷1号（1951年）。

了波澜万丈的人生，我们的时代已经结束了。"① 1993 年 12 月，比福田年轻 13 岁的田中离开了人世。

福田在宣布引退的时候有过这样的陈述：

> 如果被问到 90 年代的政治课题是什么？我想那就是苏联政治改革的成功，以及这种改革能否持续下去这一件事。对于这种新的改革浪潮，我并非无条件地感到高兴，因为它的前方还有很多障碍。我认为全世界的人类必须痛下决心，为迎接充满希望的 21 世纪，在本世纪的最后十年团结努力，共同打造一个全新的地球村。结束东西方对立的体制，并与东西对立的恐怖时代告别。这也是 90 年代政治的最重要的课题。我虽然很早就声明将不参加下一次大选，但是不当议员并不代表不继续从政。我这一生都将为全球规模的问题，为人类生存的问题奋斗。②

福田的谈话俯瞰了从冷战结束到 21 世纪的世界局势，为 20 世纪 90 年代的日本政治指明了方向。

（二）最后的时光

福田喜欢有草坪的庭院。据长女和子介绍：因为福田年轻时在英国的生活经历，他对居所有草坪庭院的要求。从大久保、东中町、新宿余丁町、隼町到野泽的每一次搬家，都离他的理想中的草坪庭院近了一步；在父亲的晚年，经常可以看见他在野泽的自家庭院里，坐在藤椅子上，在柔和的阳光下思考问题的身影。③

辞去议员后的福田，除了继续国际行动理事会的工作，还开始着手撰写回忆录。迄今为止，虽然也有很多人劝他执笔，但来自深受福田尊敬的施密特的建言成为最大的动因。④《福田赳夫回想录》发行筹备委员

---

① 《朝日新闻》1989 年 10 月 15 日。
② 《读卖新闻》1990 年 1 月 17 日。
③ 越智和子《永远的明治 38 岁 "福田赳夫"》《新潮 45》19 卷 6 号（2000 年）。
④ 福田赳夫《回顾九十年》（岩波书店，1995 年）第 6 页。

第四部

会第一次会议是在1990年（平成二年）8月召开的。大日向一郎、楠田实、西村恭辅、柳川卓也等与福田长期交往的新闻记者作为筹备委员加入了委员会，福田的次子，担任福田秘书的横手征夫也加入了团队。

执笔方式是，以对福田及福田周边人士的采访材料为基础，编撰委员们分别各自承担写作任务，最终由福田进行修改确认。一开始，筹备委员们认为可以以福田长期积累的笔记为基础材料，撰写大部头的回顾录。福田却提出了不同的意见，"大部头的书籍不方便阅读，可以分为四五册，方便躺着也能看"。为此，《回顾九十年》便成了便携式的图书。[①]

福田在为回想录执笔前，1993年1月在寄给日本经济新闻社《我的履历书》的手稿中，对包括幼年时期的人生进行了回顾。这对自投身政界后，全身心投入工作的福田而言，是回首迄今为止人生的绝好机会。

1991年5月，福田出席在捷克斯洛伐克布拉格举行的国际行动理事会的时候，虽然觉得有些感冒症状，但还是坚持参加了对受酸雨侵蚀的森林的考察活动，结果导致了身体状况的恶化，并在回国途经伦敦的时候感染了肺炎。回国后，经过一个夏季的治疗，他的身体虽有所好转，但是日渐衰弱[②]。

1992年国际行动理事会全体会议计划在墨西哥的疗养胜地克雷塔罗举办，福田因为家人的反对，自国际行动理事会开创以来，第一次缺席而由次子征夫代表他参加会议，但是福田的缺席，令很多人感到担忧。

1993年年底开始，福田一直受到低烧感冒困扰。之前每天都在事务所与各种人会谈的福田，已经有一两个月没有出门。平素从来不对外显示衰弱的福田，在这个冬天也让家人看到了他疲惫的样子。此时，又发生了雪上加霜的事，那就是征夫因为癌症，才55岁的年龄就去世了。作为秘书长年陪伴在身边的次子的去世，使福田感到身心交瘁。[③]

一边努力掩饰丧子之痛，一边为了出席计划于1994年6月在德国德累斯顿召开的国际行动理事会全体会议，福田努力蓄积体力。在此期间，

---

① "《福田赳夫回想录》发行筹备委员会"（年月不明）《楠田实资料》（2E—12—1）。
② 宫泽喜一监修，宫崎勇编《探求普遍伦理价值》（日本经济新闻社，2001年）第134页。
③ 《朝日新闻》1994年6月1日。

第十八章 世界的福田

他每天坚持做操、散步、养生，最后连说"绝对不行"的主治医生也同意了他的远行。

由主治医生相伴的德国访问，也是福田最后的海外之行。在德累斯顿的全体会议上，福田以89岁的高龄，作为创建者进行了讲演。在讲演中福田强调：正因为已经进入了可以构建世界的"对话与协调"新时代，人类必须认真应对关联到未来生存命运的核武器的管理以及人口问题。会议的最后，福田发出了希望次年全体会议在日本举办的邀请。可能也是考虑到年龄上福田难以远渡重洋，与会者都接受了福田的邀请。

自觉已将不久人世的福田，为了使国际行动理事会能在未来继续下去做了各种准备。国际行动理事会在当时面临了财务困境。1985年秘书处从维也纳搬到了纽约，1990年又搬到了巴黎。一系列的运营费用使财务变得拮据起来。"财务复兴"是福田擅长的领域，他与施密特商量后决定，关闭耗费大笔经费的纽约与巴黎秘书处，辞退从联合国借调的人员，同时又将秘书处搬到东京。上述改革手段使得长年以来一直赤字运营的国际行动理事会的财务，在三年后恢复了正常。[1]

进入1995年（平成七年）后，福田频繁进出医院。3月的时候，福田的回顾录《回顾九十年》由岩波书店出版。从前一年开始，福田见缝插针利用工作的间隙进行校阅的回想录终于面世。福田在新书开头"代序"的部分谈到了自己的人生哲学观。他写道："一个人的生存不可能只依靠自己。"文章的字里行间表现出福田提倡的国家观：在不同国家及各种社会里，人与人之间应该取长补短，共同发展。同时福田认为，人生在世，应该不断努力提高自己的能力，具备为公众服务的意识，而评价一个人的价值应该以他对社会贡献的程度为衡量的标准。[2]

3月16日，庆祝福田的九十岁生日及回忆录出版的宴会在赤坂的王子酒店举办。福田显得非常精神，他在致辞的时候除了表示谢意，还表达了未来还将继续为全人类奋斗的决心，这使大家都稍微感到了一丝安

---

[1] 宫泽喜一监修，宫崎勇编《探求普遍伦理价值》（日本经济新闻社，2001年）第168—169页，宫崎勇《证言战后日本经济》（岩波书店，2005年）第310—313页。

[2] 福田赳夫《回顾九十年》（岩波书店，1995年）第5—6页。

心。但是，九十岁的福田的身体还是到达了一个极限。他从医院去参加了为4月的国际行动理事会全体会议做准备的专家会议。

福田生前参加的最后一次国际行动理事会的全体会议从5月23日开始，在东京青山的联合国大学召开。会议前，作为国际行动理事会倡导者的福田和施密特向全体会议提交了辞呈。全体会议授予了福田"创建人"的称号，授予了施密特"名誉议长"的称号。东京全体会议的主持人是加拿大的特鲁多。这次会议除了正式成员以外，村山富市首相以及前首相宫泽喜一作为特别贵宾受邀出席。宫泽在这次会议后，作为福田引退后的日方代表继续参加国际行动理事会的活动。

这一天，福田不顾家人的反对，坐着孙女推的轮椅穿着和服出席了会议。会议主办方考虑到福田的身体状况，原计划请人代读他的发言。但是，福田不顾身体虚弱，竭尽全力坚持完成了约20分钟的演讲。演讲中，福田首先提到了当年发生的地铁沙林事件，指出："针对这种无差别恐怖活动，国际社会应该确立有效的应对措施。"回顾20世纪的战争与大量消费社会的历史，福田将其归纳为"荣光与悔恨的世纪"。而对21世纪及其未来的安全保障，福田提醒人们要从粮食、资源、能源、环境等方面做好准备。福田的演讲既阐述了以全球课题为视野的国际行动理事会的意义，又对未来进行了明确展望，该演说也是福田面向21世纪的政治遗言。

也许是出于对国际行动理事会顺利结束的安心，几天后，福田再次住进医院。7月5日正午时分，福田安详地停止了呼吸。

结　语

　　出生于 20 世纪初期的福田，是从那个有着各种巨变的世纪中存活下来的历史证人。福田在他生前最后的国际行动理事会上的发言中，回顾自己九十年的生涯，以"荣光与悔恨的世纪"一词进行了概括。

　　回顾福田的一生，他的起点是在 20 世纪 30 年代军部势力急剧扩展、日本深陷战争的泥潭，进入了一个令后世悔恨的时代。在大藏省主计局负责陆军预算的福田，面对没有财政保障的军备扩张路线却没有能力进行阻止。作为大藏官僚的福田的最大的任务就是，如何防止不断膨胀的财政透支造成通货膨胀的恶化。福田等财政官员为了阻止国家经济的崩溃，进行了诸多努力。

　　在战后成为政治家以后，福田的经济政策在一贯高度重视物价因素的同时，也运用"高低风险交错"的手段判断经济动向以维持长期繁荣。而这一切均是基于他在担任大藏官僚时代所积累的宝贵经验。

　　总动员时代结束后的 20 世纪七八十年代，是日本实现高度经济增长的高光时代。在这个时代，不仅是日本，在很多国家，为寻求持续安定的经济成长，具有专业知识的官僚都得到了重用。伴随日本的战败而又重新回到了政治中心的各大政党，最为渴求的也是熟知政策的官僚出身的议员。以无党派身份进入政界的福田，之所以能在这么短的时间内就跻身执政中枢，跟他卓越的政策运营能力息息相关。

　　福田从早期就因为他的经济计划被采用而主导了有计划的政策运营，根据该项福利政策，经济增长的成果被广泛地分配给了全体国民。福田虽然是推崇日本传统的保守政治家，但与近年来使富裕阶层变得更为富

结　语

裕的新自由主义者相比，积极支援贫困农村以及中小企业，以强化社会福利、缩小贫富差距、建设国民共同体的目标为己任的福田是一位典型的保守改革派。同时他又设立了由政党主导政策、以政务调查会为中心的制度。战后日本的保守政治之所以能出乎意料地保持着顽强的生命力，与有福田这样的保守改革派的存在密切相关。

曾经三次出任藏相的福田，目睹了日本经济从高速增长到低迷的全过程，他也曾经多次巧妙地运用经济手段让日本安全地应对了景气的波动。在石油危机爆发引发经济低迷的时期，他作为财政专家大显身手。在其他工业发达国家找不到有效的解决方案的时候，他很早就得出了"全面恢复需要三年"的结论。他从一开始就执行彻底的财政紧缩政策，在日元高涨的时候又及时采取了积极财政的方法。福田宽严相济的管理手段实在是高明无比。同时，还在众人沉迷于高度经济成长的梦幻之中的时候，福田虽然没有明确进行否定，但是也适时提出了"稳定可控的增长"目标。

为国民的热情推波助澜，同时将这种热情化为国家发展的动力，这是统治阶层的重要能力。但是，对狂热的国民感情加以调整，使之回归秩序，这对统治阶层而言同样也是一件非常有难度的工作。福田在多次承担压缩财政这样被人憎恨的工作的同时，为日本的安定且高速的经济增长描绘了清晰的蓝图。

在体现政策运营能力的同时，福田也是一名理想主义者。福田在将政治定义为"最高道德"的同时，经常把"那些认为'人最终不过是金钱与权力的奴隶'的人是干不了政治的"那句话挂在嘴边。[①] 这么说，不仅只是为了追求理念，是福田对物质万能风潮的反驳，也体现了他对精神理念的追求。战后的日本伴随高度经济发展，物质变得非常丰富。在美式生活方式以及大众文化的快速渗透下，福田非常担心日本人在精神道德层面发生颓废。为此他认为，一定要排除个人利己主义，通过强化人与人之间的相互信赖和尊敬，重建具备"连带感"的社会。

福田将高速经济增长期比喻为"昭和元禄"加以严厉批判，其背景源自于，他对当时缺乏节制、一味追求经济增长，导致社会发展的不均衡，

[①] 浦田进《评传福田赳夫》（国际商业出版，1978年）第186页。

原本以勤俭节约为美德的国民品质被金钱第一所取代等社会问题的忧虑。福田之所以强烈反对池田勇人的"高速增长论"以及田中角荣的"列岛改造论",其原因也不仅是政策方面的不同,更是由于他们的价值观的不同。

最能体现福田政治理念的是他的外交政策,他认为:日本在成为"经济大国"后,不能寻求成为"军事大国",日本应该成为"世界中的日本",应该与其他各国在"心心相印"关系基础上共同和平发展。

福田的"和平大国"主张也是为了试图协调战后日本国内在思想上的左右分裂。围绕战后国家理念,日本国内分为以革新派为中心的"和平国家"论,以及以自民党为中心的保守派的"传统国家"论的左右两派。他们各不相让,斗争激烈。岸信介主导的"修宪强军备"路线与革新派发生了激烈的对峙,在安保斗争时达到了高峰。其结果,20世纪60年代后,日本虽然形成了日美安保基轴,但是,不以修宪为目标,"轻武装、重经济"的吉田茂时代"保守本流"外交路线重新成为主流。福田在政治派系上虽然归属于岸信介,但是他更是佐藤政权的"保守本流"外交路线的继承者。作为佐藤的后继者,在日本实现高度成长,成为"经济大国"后,福田试图赋予日本外交以"和平大国"的新的理念。

在福田担任首相的20世纪70年代的后期,美国的霸权已经产生了阴影。石油危机造成的世界经济的衰退,让人们感受到了资源有限以及过度依赖资源的危机。福田主张各国放弃狭隘的国家观念,确立国际合作机制,如果不是这样,30年代那样的世界大战的悲剧必将重演。通过参加两次七国集团会议,确立了由工业先进国家主导宏观经济调整政策的福田坚信,只要世界各国的领袖能够以国际视野思考问题并付诸行动,就一定能改变现状。

根据福田的提议成立的国际行动理事会,既是他的外交理念的升华,也是展现他的政治哲学的场所。福田认为,为解决世界面临的各种危机,不仅要以经济协作解决物质上的问题,还需要实现精神层面"心心相印"的问题。在他的主导下举办的罗马宗教政治会议,也是他试图通过政治领袖以及宗教领袖的共同努力,解决国际社会共同面临问题的一次尝试。垂暮之年的福田认为:对人类社会而言,最为重要的是拥有普遍的价值。冷战结束后,应对伴随国际化而发生的各种问题,必须确立具备普遍价

结 语

值的伦理基础。但是，还没有等到形成模式，福田就已经离世了。

福田所提倡的认真地对待"心灵"交流的遗愿，已经被以赫尔穆德·施密特为代表的国际行动理事会所继承。在福田的葬仪结束后，国际行动理事会执行委员会决定以"普遍伦理标准"为主题，再次召集世界各国主要宗教领袖展开讨论。1996年3月，在维也纳召开的专家会议上，政治家、宗教学者、哲学家等聚集在一起，围绕确立人类的道德、伦理等问题进行了讨论。在两天的讨论中，与会者得到的共同认识是：面对急剧变化的世界形势，人类应该认真地思考伦理的标准，同时应该从世界的宗教以及伦理的传统中获取其源泉。

在维也纳会议的基础上，国际行动理事会于同年5月在温哥华召开的全体会议上进行了更深层次的研讨，最终一致同意决定将迄今为止的讨论成果，以宣言的形式向全世界进行公布。其后，以基督教学者汉斯·金（Hans Kung）为中心，国际行动理事会起草了《世界人类责任宣言》。经过将近一年的讨论，1997年4月，前述会议的成员再次相聚维也纳，对草案的内容再次进行讨论。

所有与会者的共同认识是在以下的基础上形成的："我们必须要做的是，教育市民们感觉到自己肩负重大的社会责任，同时也增强他们的相互关联。之所以要这么做，是因为现代社会导致的过度个人主义以及世俗化的情况下，如果要实现社会的融合，就必须形成关于共同价值观以及标准的社会共识。也就是通过相互关联，人与人之间形成责任与自律，权利与义务的关系。"这种想法与福田一直告诫大家的"对政治要有较高的道德要求，经济高速发展要与社会进步相互关联"相一致。

《世界人类责任宣言》发布于1997年9月1日，包括"人性的基本原则""非暴力与尊重生命""正义与关联""真实与宽容""相互尊重与合作伙伴"五大项19条内容。该宣言可谓是以确立"普遍伦理标准"为目标的福田哲学的结晶。[①] 福田的理念在国际行动理事会的伙伴们的帮助

[①] 宫泽喜一监修，宫崎勇编《探求普遍伦理标准》（日本经济新闻社，2001年）第三章，兵藤长雄《我们对孩子们是否尽到了责任？"世界人类责任宣言"的尝试》[东京经济大学现代法学会编《现代法学》第八号（2005年）]。

下，得以流传到21世纪的今天。

　　福田已经离世二十多年，但是，当今世界的现实与宣言所期待的理想还相去甚远。伴随资本的全球化发展，贫富差距愈加严重。发达国家之间的民粹主义愈演愈烈，好像已经丧失了以往的国际合作精神。但是如同施密特所言："若想改变他人和社会，唯有人人都胸怀为建设公正、和平的社会的责任感，并付之以不屈不挠的努力。"[1] 像福田这样既能面对现实，同时又坚持不断追求崇高理想的一生，必当成为后世判断是否真正的政治家的标准。

---

[1] 福田康夫、赫尔穆德·施密特、马尔科姆·弗雷泽《世界为什么有纷争？》（朝仓书店，2016年）第4—5页。

后　　记

　　本书是在上西朗夫、长濑要石、井上正也三位外加笔者（五百旗头真）的共同研究基础上写成的《福田赳夫评传》。前三者是执笔者，我担任监修的工作。

　　上西氏作为每日新闻政治部的记者，在福田赳夫现役时代一直就跟随采访、观察，是一位一投入工作就展现出无穷无尽的知识和热情的人，他同时还写了很多著作。

　　长濑氏是福田赳夫担任经济企划厅长官时候的秘书，曾经是参与规划"经济动向""经济计划"的官方专家，经常能恰到好处地指出问题的关键点。

　　井上氏在31岁就出版了《日中邦交正常化的政治史》的大作（名古屋大学出版会，2010年）并得到了三得利学术奖。在执笔者中最年轻，也是有着深厚学术功底的政治史专家。

　　井上跟我同为历史学者，跟福田没有过直接的接触。因此2013年组建这个研究会后，有很长的一段时间，我们专门用来听上西和长濑两位叙述他们的亲身经历。2017年《福田笔记》可以被允许查阅，情况才开始有了变化。井上在阅读了为数庞大的《福田笔记》的基础上，以史学家的眼光，参阅了政治、经济等各种文献，同时还整理挖掘了很多未公开资料，将福田赳夫的回忆、记录放在政治史和财政史的范畴内进行了研究分析。

　　最初的执笔计划是，上西氏负责战前以及战后初期。围绕福田正式展开政治活动的时代，则由长濑氏负责经济财政，井上氏负责政治外交。

后　记

但是由于大家各自都将其初稿进行了交换、修正，最终成稿的文章，只能算作共同执笔。而我作为监修，通览了全文。

也谈谈我个人的想法。几乎与冷战时代结束同步，昭和时代也迎来了终结。"昭和是一个什么时代？""所谓的战后是什么时候结束的？发生了什么？"史学界和社科界的学者对这些问题都饶有兴趣。在上述思考的基础上，我们以国际政治学会相关学者为主要成员，向文部科学省申请了为期三年，题为《战后日本形成的基础研究》重点领域共同研究的科研项目。渡边昭夫编写的《战后日本的宰相们》（中央公论社，1995年）就是其中的一项成果。在该书中，作者们将战后昭和初期的17名首相，逐一分担，以书写列传的形式完成了出版。我在其中负责写作福田赳夫政权，写下了《福田赳夫——政策的胜者，政治斗争的失败者》一文。

决定好负责文案内容后，我给福田写了一封信，希望他能接受我的采访。过了一段时间，收到了他回复的明信片。大致的内容是："虽然非常愿意接受采访，但是这个冬天身体有些不适，等身体好转时希望有机会见面。"就在我期待着等天气回暖时能有机会见面的时候，1995年7月突然就接到噩耗，我就是这样遗憾地失去了与政治家福田赳夫的见面机会。

但是，我曾经作为群众中的一员远眺过他。那是在20世纪70年代，我从京都大学大学院毕业后，在广岛大学担任助手的时候。某天，在街头看见张贴着"福田赳夫来了"的讲演预告宣传。心想能见一下下一期呼声最高的首相候补也不错，于是便挤到了会场后方。从远处观望，发觉他比自己想象得更瘦小一些，讲话却很洪亮，还记得他当时讲的内容："持续保持每年10%的高速增长，对国内外会造成很大影响，与其为高增长感到骄傲，不如认真思考如何应对方法"，当时就觉得他是一个视野宽广且认真朴实的政治家。

福田赳夫担任首相的时候，我正好在哈佛大学进行为期一年的海外研修。在哈佛大学有像赖肖尔教授、傅高义教授那样对日本政治饶有兴趣的学者，学生人数也很多，跟在日本上大学时相比，进行了更多的与日本政治相关的讨论。在哈佛，我看到了福田政权从刚开始没有什么人气，到重建经济、拓展外交后获得国民支持的过程。当时我就想：如果

后　记

　　这是英国的内阁，是否就能成为执政10年的长期政权呢？但是，当自民党总裁预备选举采用了新的制度后，福田一反媒体的预测，败给了其他候选人。这完全就是"出师未捷身先死，长使英雄泪满襟"的感觉。

　　我在《战后日本的首相们》书中负责福田赳夫部分的写作，就是想回答围绕福田的这种龃龉感。虽然将文章的副标题写作"政策的胜者，政治斗争的失败者"，但是这样写真的就行吗？

　　将视野拉伸到之后的历史画面，情景就发生了变化。如同序文中所写的那样，在福田、田中都辞去职务后的20世纪90年代，日本的政坛发生了巨大的政治改革。以往那种以金钱和人数的力量为后盾的金权政治以及派阀政治，在遭到国民的严厉批判后得到了修正，这正也是福田长期以来所呼吁的。从这个角度来说，历史不是站在田中这边而是站在了福田这边。

　　回顾战后日本的政治史，福田在政策方面做出了卓越的贡献，但是，在政局上由于对金权政治的谨慎而败给了田中，然而福田尽其一生都在诉求改变这样的政治生态。

　　再次回到主题，关于田中角荣和大平正芳的书籍多如牛毛。与其对比，关于福田赳夫的真正的研究却非常缺乏。出于对战后政治史可能遗漏这段历史的担心，本书的执笔者们组织了专门的研讨。

　　第一次研究会是在2013年5月16日召开的。除上述四位之外，曾经担任过福田赳夫藏相以及首相时代秘书官的大藏省的保田博（原事务次官）也出席了会议，那时候，保田氏正在编撰解读困难的"福田笔记"，由保田氏完成的"福田笔记"，是作为实证评传写作的基础材料，在此，由衷地表示感谢！

　　第一次研究会之后，我们基本上是以两个月一次的频次，不定期地召开会议。根据我的记录，9月24日，上西氏拿着厚厚的草稿，围绕战前福田作了报告。这样的报告之后又重复了很多次。2014年1月28日长濑氏就战前福田的财政政策作了报告。对于我这样一个依赖于福田赳夫本人所写的《回顾九十年》以及一般公开文献了解福田的人来说，从他们这些直接与福田有过接触的人的资料以及详细说明中学到了很多。

　　研究会还对了解福田的方方面面的人进行了采访。关于外交问题，

— 560 —

后　记

有福田时期担任外相、首相时代秘书官的外务省的小和田恒，以及枝春纯郎、田岛高志、谷野作太郎、河野雅治等。政治问题有小泉纯一郎。经济财政问题有长冈实、保田博、佐泽利和、坂本佶三、赤羽隆夫、小林进、公文宏等各位。国际行动理事会问题有渥美桂子。关于故乡的群马则从柳泽本次、横手诚二两位那里得到了很多指教，乡土史专家的手岛仁氏在提供资料之外还给予了各种帮助。

最后，还是要感谢福田康夫氏允诺并提供了"福田笔记"，对于本书的写作内容也给予了学术上的充分的尊重和自由。对福田氏的这种姿态深表敬意和感谢！

本书期待通过对福田赳夫对日本政坛贡献的研究，能帮助读者从宏观方面深度了解战后日本的政治经济外交。

2021 年 4 月

监修　五百旗头真

福田赳夫年谱

1905年（明治三十八年）	1月14日	出生于群马县群马郡金古町足门
1922年（大正十一年）	3月	高崎中学毕业
1926年（大正十五年）	3月	第一高等学校文科丙类（法语）毕业
1928年（昭和三年）	10月	高等（文官）考试行政科考试合格
1929年（昭和四年）	3月	东京帝国大学法学部法律学科毕业
	4月	大藏省入省·大臣官房文书课
1930年（昭和五年）	2月	美国视察后，英法驻在（财务官事务所，财务书记官）（—1933年4月）
1932年（昭和七年）	1月	洛桑赔偿会议代表委员，和平条约会议实施委员
1933年（昭和八年）	4月	下京税务署长
	6月	与新井三枝结婚
1934年（昭和九年）	2月	横滨税务署长
	7月	主计局（主管）
1940年（昭和十五年）	9月	主计局调查课长
1941年（昭和十六年）	5月	南京汪伪政权财政顾问
1942年（昭和十七年）	12月	总务局文书课长
1944年（昭和十九年）	2月	大臣官房秘书课长（兼任）（—1946年7月）
	2月	大藏大臣秘书官（兼任）（—1946年7月）
1945年（昭和二十年）	5月	大臣官房文书课长
	9月	大藏省参事官·大臣官房长
	10月	大藏省终战联络部长（兼任）
1946年（昭和二十一年）	7月	银行局长

续表

1947年（昭和二十二年）	9月	主计局长
1948年（昭和二十三年）	9月	停职（昭电事件）
1950年（昭和二十五年）	11月	大藏省荣休
1951年（昭和二十六年）	8月	福田经济研究会会长
1952年（昭和二十七年）	10月	众议院议员（—1990年1月）
1953年（昭和二十八年）	12月	自由党入党
1954年（昭和二十九年）	11月	日本民主党建党
1955年（昭和三十年）	3月	日本民主党政务调查会副会长（—1955年11月）
	11月	保守合流，自由民主党（以下称自民党）建党
1956年（昭和三十一年）	12月	自民党政务调查会副会长（—1957年2月）
1957年（昭和三十二年）	2月	自民党副干事长（—1958年6月）
1958年（昭和三十三年）	6月	自民党政务调查会长（—1959年1月）
1959年（昭和三十四年）	1月	自民党干事长（—1959年6月）
	6月	农林大臣（—1960年7月）
1960年（昭和三十五年）	12月	自民党政务调查会长（—1961年7月）
1962年（昭和三十七年）	5月	组织党风刷新恳谈会
1965年（昭和四十年）	6月	大藏大臣（—1966年12月）
1966年（昭和四十一年）	12月	自民党干事长（—1968年11月）
1968年（昭和四十三年）	11月	大藏大臣（—1970年1月）
1970年（昭和四十五年）	1月	大藏大臣（—1971年7月）
1971年（昭和四十六年）	7月	外务大臣（—1972年7月）
	9月	访问欧洲（天皇、皇后首席随员）
1972年（昭和四十七年）	7月	自民党总裁选举参选
	12月	行政管理厅长官（国务大臣）（—1973年11月）
1973年（昭和四十八年）	11月	大藏大臣（—1974年7月）
1974年（昭和四十九年）	12月	副总理兼经济企划厅长官（—1976年11月）
1975年（昭和五十年）	9月	访问美国（天皇、皇后首席随员）
1976年（昭和五十一年）	12月	内阁总理大臣（—1978年12月）
1977年（昭和五十二年）	3月	访问美国（日美首脑会谈）
	5月	参加伦敦七国集团会议
	8月	访问东南亚
	11月	内阁改造

续表

1978年（昭和五十三年）	5月	访问美国（日美首脑会谈）
	7月	参加波恩七国集团会议
	8月	签署《日中和平友好条约》
	9月	访问中东
1980年（昭和五十五年）	2月	任自民党最高顾问
1983年（昭和五十八年）	11月	主办第一次国际行动理事会总会（维也纳）
1986年（昭和六十一年）	7月	退任清和会会长
1990年（平成二年）	1月	众议院议员选举不出马
1995年（平成七年）	5月	主办第十三届国际行动理事会总会（东京）
	7月5日	逝世

作者简介

井上正也

1979 年出生于大阪府。神户大学法学部,法律学科毕业,政治学博士。曾任香川大学准教授,现任庆应义塾大学法学部教授。

主要著作:《日中邦交正常化的政治史》(名古屋大学出版会,2010 年),《战后日本的亚洲外交》(共著,密涅瓦书房,2015 年)等。

上西朗夫

1939 年出生于东京都,东京大学文学部社会学科毕业。入职每日新闻社后任政治部记者、政治部长、常务取缔役西部本社代表。2000 年起任下野新闻社社长、同社会长、顾问等,2013 年退休。

主要著作:《转换期的"安保"》(共著 2004 每日新闻社,1979 年),《智囊政治》(讲谈社现代新书,1985 年),《政治家与金钱》(共著,角川文库,1991 年)等。

长濑要石

1938 年出生于长野县。东京教育大学(现筑波大学)农村经济学科毕业。进入农林省后,任经济企划厅(现内阁府)长官秘书官、国土厅计划调整局长、企划厅物价局长、综合计划局长、调整局长、机械振兴协会经济研究所长、富士通总研副理事长、国际协力银行副总裁、KOEI 总研会长等任职务。现任开发政策研究机构理事。

主要著作:《分水岭时期的日本经济》(筑波书房,1995 年),《日本经济的分水岭——从平成到令和》（22 世纪 ART，2019 年）等。

五百旗头真（监修）

1943 年出生于兵库县。京都大学法学部毕业，法学博士。先后任广岛大学助教授、神户大学教授、防卫大学校长、熊本县立大学理事长、兵库县立大学理事长，兵库震灾纪念 21 世纪研究机构理事长，（京都大学）文化功劳者。

主要著作：《美国的日本占领政策》上、下（中央公论社，1985 年），《占领期——首相们的新日本》（读卖新闻社，1997 年），《战后日本外交史》（编著，有斐阁，1999 年）。